WALTER SCOTT.

ŒUVRES

DE

WALTER SCOTT.

TOME XIX.

IMPRIMERIE DE H. FOURNIER,
RUE DE SEINE, N° 14.

QUENTIN DURWARD
CH. X.

Publié par Furne à Paris.

QUENTIN DURWARD.

(𝕼uentin 𝔇urward.)

TRADUCTION

DE M. DEFAUCONPRET,

AVEC DES ÉCLAIRCISSEMENS ET DES NOTES HISTORIQUES.

PARIS.
FURNE, LIBRAIRE-ÉDITEUR,
QUAI DES AUGUSTINS, N° 39.

M DCCC XXX.

INTRODUCTION.

> « Et un homme qui a fait des pertes. —Allez ! »
> SHAKSPEARE. *Beaucoup de bruit pour rien.*

QUAND l'honnête Dogberry[1] récapitule tous ses titres à la considération, qui, à son avis, auraient dû le mettre à l'abri de l'apostrophe injurieuse que lui adresse *Monsieur le gentilhomme Conrade*, il est remarquable qu'il ne parle pas avec plus d'emphase même de *ses deux robes* (chose assez importante dans certaine ci-devant capitale que je connais[2]), ni de ce qu'il est *un aussi joli morceau de chair que qui ce soit dans Messine*, ni même de l'argument conclusif qu'il est *un camarade assez riche*, que de ce qu'il est *un homme qui a fait des pertes*.

Dans le fait, j'ai toujours observé que les enfans de la prospérité, soit pour ne pas éblouir de tout l'éclat de leur splendeur ceux que le destin a traités moins favorablement, soit parce qu'ils pensent qu'il est aussi honorable pour eux de s'être élevés en dépit des calamités, qu'il l'est pour une forteresse d'avoir soutenu un siège; j'ai toujours observé, dis-je, que ces gens-là ne manquent jamais de vous entretenir des pertes que leur occasione la dureté des temps. Vous dînez rarement à une table bien servie, sans que les intervalles entre le champagne, le bourgogne et le vin du Rhin soient remplis, si votre Amphitryon est un capitaliste, par des plaintes sur la baisse de l'intérêt de l'argent, et sur la difficulté de trouver à placer celui qui reste improductif entre ses mains; ou, si c'est un propriétaire, par de tristes commentaires sur l'arriéré des rentes et la diminution des loyers. Cela produit son effet. Les convives soupirent,

---

[1] Dogberry est un officier de police ridicule dans la pièce d'où l'épigraphe est tirée : Conrade lui dit qu'il est un âne, ce qui fâche beaucoup cette espèce de Brid'oison. ÉD. — [2] Edimbourg. ÉD.

et secouent la tête en cadence avec leur hôte, regardent le buffet chargé d'argenterie, savourent de nouveau les excellens vins qui circulent rapidement autour de la table, et pensent à la noble bienveillance qui, ainsi lésée, fait un usage hospitalier de ce qui lui reste; ou, ce qui est encore plus flatteur, ils s'étonnent de la nature de cette richesse qui, nullement diminuée malgré ces pertes, continue, comme le trésor inépuisable du généreux Aboulcasem, à fournir des distributions copieuses sans qu'il y paraisse.

Cette manie de doléances a pourtant ses bornes, de même que les plaintes des valétudinaires, qui, comme ils le savent tous, sont le passe-temps le plus agréable ; tant qu'ils ne sont affectés que de maladies chroniques. Mais je n'ai jamais entendu un homme dont le crédit va véritablement en baissant, parler de la diminution de ses fonds; et mon médecin, homme aussi humain qu'habile, m'assure qu'il est fort rare que ceux qui sont attaqués d'une bonne fièvre, ou de quelque autre de ces maladies aiguës

> Dont la crise mortelle aussi bien que prochaine
> Pronostique la fin de la machine humaine,

trouvent dans leurs souffrances un sujet de conversation amusante.

Ayant bien posé toutes ces choses, je ne puis plus cacher à mes lecteurs que je ne suis ni assez oublié, ni assez bas en finances pour ne pas avoir ma part de la détresse qui afflige en ce moment les capitalistes et les propriétaires des trois royaumes. Vos auteurs qui dînent avec une côtelette de mouton, peuvent être charmés que le prix en soit tombé à trois pence la livre, et se féliciter, s'ils ont des enfans, de ce que le pain de quatre livres ne leur coûte plus que six pence; mais nous qui appartenons à cette classe que la paix et l'abondance ruinent,—nous qui avons des terres et des bœufs, et qui vendons ce que ces pauvres glaneurs sont obligés d'acheter, — nous sommes réduits au désespoir précisément par les mêmes causes qui feraient illuminer tous les greniers de Grub-Street¹, si Grub-Street avait jamais des bouts de chandelle de reste. Je mets donc en avant, avec fierté, mon droit de partager les calamités qui ne tombent que sur les riches ; je me déclare, comme Dogberry, *un camarade assez riche*, et cependant *un homme qui a fait des pertes*.

Avec le même esprit de généreuse émulation, j'ai eu recours récemment au remède universel contre le mal de *l'impécuniosité*² pendant un court séjour dans un climat méridional ; par-là, non-seulement j'ai épargné plusieurs voitures de charbon, mais j'ai eu aussi le plaisir d'exciter une compassion générale pour la décadence de ma fortune parmi ceux qui, si j'eusse continué à dépenser mes revenus au milieu d'eux, auraient pu me voir pendre sans que cela les inquiétât beaucoup : ainsi, tandis que je bois mon *vin ordinaire*, mon brasseur trouve que le débit de sa petite bière diminue. Tandis que je vide mon flacon à *cinq francs*, ma portion quotidienne de Porto³ reste au comptoir de mon marchand de vin. Tandis que ma *côtelette à la Maintenon* fume sur mon assiette, le formidable aloyau reste accroché à une cheville dans la boutique de mon ami à tablier bleu, le boucher du village. En un mot, tout ce que je dépense ici forme un déficit aux lieux de mon domicile habituel. Jusqu'aux petits sous que gagne *le garçon perruquier*, et même la croûte de pain que je donne à son petit chien au derrière tondu et aux yeux rouges, c'est encore *autant de perdu* pour mon ancien ami le barbier et pour l'honnête Trusty, gros mâtin qui est dans ma cour. C'est ainsi que j'ai le bonheur de savoir à chaque instant du jour que mon absence est sentie et regrettée par ceux qui s'inquiéteraient fort peu de moi, s'ils me voyaient dans mon cercueil, pourvu qu'ils pussent compter sur la pratique de mes hé-

(1) Quartier de la *petite propriété littéraire* à Londres, pour nous servir d'un terme honnête envers les petits auteurs. Ed. — (2) L'auteur fait ici un mot nouveau : *impecuñiosity*. Ed. — (3) Ce vin de Portugal est généralement le *vin ordinaire* des Anglais qui boivent du vin. Ed.

ritiers. J'excepte pourtant solennellement de cette accusation d'égoïsme et d'indifférence le fidèle Trusty, mon chien de cour, dont j'ai raison de croire que les politesses à mon égard avaient des principes plus désintéressés que celles d'aucune des personnes qui m'aident à dépenser les revenus que je dois à la libéralité du public.

Hélas! à l'avantage d'exciter cette sympathie chez soi sont attachés de grands inconvéniens personnels.

Veux-tu me voir pleurer? pleure d'abord toi-même,

dit Horace; et véritablement je pleurerais quelquefois quand je songe que mes jouissances domestiques, devenues des besoins par l'habitude, ont été échangées pour les équivalens étrangers que le caprice et l'amour de la nouveauté ont mis à la mode. Je ne puis m'empêcher d'avouer que mon estomac, conservant ses goûts nationaux, soupire après la bonne tranche de bœuf, apprêtée à la manière de Dolly, servie toute chaude en sortant du gril, brune à l'extérieur, et devenant écarlate au premier coup de couteau. Tous les mets délicats inscrits sur la *carte* de Véry, et ses mille manières d'orthographier ses *bifsteks de mouton*, ne peuvent y suppléer. Ensuite le fils de ma mère n'a aucun goût pour les libations claires; et aujourd'hui qu'on peut avoir la drèche presque pour rien, je suis convaincu qu'une double mesure de John Barley-Corn[1] doit avoir changé cette *pauvre créature domestique*, *la petite bière*, en une liqueur vingt fois plus généreuse que ce breuvage acide et sans force qu'on honore ici du nom de vin, quoique sa substance et ses qualités la rendent plutôt semblable à l'eau de la Seine. Les vins français de première qualité sont assez bons; il n'y a rien à dire contre le château-margot et le sillery; et cependant je ne puis oublier la qualité généreuse de mon excellent vin vieux d'Oporto. Enfin, jusqu'au garçon et à son chien, quoique ce soient tous deux des animaux assez divertissans, et qu'ils fassent mille singe-

---

(1) L'orge personnifiée; figure souvent reproduite dans l'anglais, Ep.

ries qui ne laissent pas d'amuser, cependant il y avait plus de franche gaieté dans le clignement d'œil avec lequel notre vieux Packwood avait coutume d'annoncer au village les nouvelles de la matinée, que toutes les gambades d'Antoine ne pourraient en exprimer dans le cours d'une semaine; et dans le mouvement de queue du vieux Trusty, il y avait plus de sympathie humaine et canine, que dans la patience de son rival Toutou, se fût-il tenu sur ses pattes de derrière pendant toute une année.

Ces signes de repentir viennent peut-être un peu tard, et je conviens (car je dois une franchise sans réserve à mon cher ami le public) qu'ils ont été un peu accélérés par la conversion de ma nièce Christy à l'ancienne foi papale, grace à un certain prêtre madré de notre voisinage; et par le mariage de ma tante Dorothée à un capitaine de cavalerie à *demi-solde*, ci-devant membre de la Légion-d'Honneur, qui, à ce qu'il nous assure, serait aujourd'hui officier-général, si notre ancien ami Buonaparte avait continué à vivre et à triompher. Quant à Christy, je dois avouer que la tête lui avait tellement tourné à Edimbourg, en courant jusqu'à cinq routs[1] par nuit, que, quoique je me méfiasse un peu des causes et des moyens de sa conversion, je ne fus pas fâché de voir qu'elle commençait à envisager les choses sous un aspect sérieux, n'importe de quelle manière. D'ailleurs la perte ne fut pas très-grande pour moi, car le couvent m'en a débarrassé pour une pension fort raisonnable. Mais le mariage terrestre de ma tante Dorothée était une chose toute différente des épousailles spirituelles de ma nièce : d'abord elle avait 2000 livres sterling, placées dans les trois pour cent, et qui sont aussi bien perdues pour ma famille que si l'on avait fait un biffage général sur le grand livre de la dette publique; car qui aurait cru que ma tante Dorothée se fût mariée? Bien plus, qui aurait jamais pensé qu'une femme, ayant cinquante ans d'expérience, aurait épousé un sque-

[1] Grandes assemblées. Ed.

lette français, dont les bras et les jambes, offrant les mêmes dimensions, semblaient deux compas entr'ouverts, placés perpendiculairement l'un sur l'autre, et tournant sur un pivot commun tout juste assez fort pour figurer un corps? Tout le reste n'était que moustaches, pelisses et pantalons. Elle aurait pu acheter un polk de véritables cosaques en 1815, pour la moitié de la fortune qu'elle a abandonnée à cet épouvantail militaire. Mais il est inutile d'en dire davantage sur ce sujet, d'autant plus qu'elle en était venue au point de citer Rousseau pour le sentiment : — qu'il n'en soit plus question.

Ayant ainsi expectoré ma bile contre un pays qui n'en est pas moins un pays fort agréable, et auquel je n'ai nul reproche à faire, puisque c'est moi qui l'ai cherché, et non lui qui m'a cherché, j'en viens au but plus direct de cette Introduction. Si je ne compte pas trop, mon cher public, sur la continuation de vos bonnes graces (quoique, pour dire la vérité, la constance et l'uniformité de goût soient des qualités sur lesquelles ceux qui courtisent vos faveurs doivent à peine compter), ce but pourra peut-être me dédommager des pertes et dommages que j'ai essuyés en amenant ma tante Dorothée dans le pays des beaux sentimens, des moustaches noires, des jambes fines, des gros mollets et des membres sans corps; car je vous assure que le drôle, comme le disait mon ami L***, est un vrai pâté d'abatis, tout ailerons et pattes. Si elle avait choisi sur le contrôle de la demi-paie un montagnard écossais à grandes phrases, ou un fils élégant de la verte Erin [1] je n'aurais pas dit un seul mot; mais, de la manière dont l'affaire s'est arrangée, il est bien difficile de se garantir d'un mouvement de rancune en voyant ma tante dépouiller si gratuitement ses héritiers légitimes. Mais... — silence, ma mauvaise humeur, — et offrons à notre cher public un sujet plus agréable pour nous et plus intéressant pour les autres.

A force de boire le breuvage acide dont j'ai déjà parlé, et

(1) L'Irlande.

INTRODUCTION. 7

de fumer des cigares, art dans lequel je ne suis pas novice, je parvins peu à peu, tout en buvant et en fumant, à faire une sorte de connaissance avec *un homme comme il faut*. Je veux dire qu'il était du petit nombre de ces vieux échantillons de noblesse qu'on trouve encore en France, et qui, comme ces statues antiques et mutilées, objets d'un culte suranné et oublié, commandent encore un certain respect et une certaine estime, même à ceux qui ne leur accordent volontairement ni l'un ni l'autre.

En fréquentant le café du village, je fus d'abord frappé de l'air singulier de dignité et de gravité de ce vieux gentilhomme, de son attachement constant pour les bas et les souliers, au mépris des demi-bottes et des pantalons. Je remarquai la *croix de Saint-Louis* à sa boutonnière, et la petite cocarde blanche de son chapeau à bras. Il y avait en lui quelque chose d'intéressant; et, d'ailleurs, sa gravité semblait d'autant plus piquante au milieu de la vivacité de tous ceux qui l'entouraient, comme l'ombre d'un arbre touffu frappe davantage les regards dans un paysage éclairé par les rayons ardens du soleil. Je fis, pour lier connaissance avec lui, les avances que le lieu, les circonstances et les mœurs du pays autorisaient : c'est-à-dire, je me plaçai près de lui; et, tout en fumant mon cigare d'un air calme et de manière que chaque bouffée intermittente de fumée était presque imperceptible, je lui adressai ce petit nombre de questions que partout, et surtout en France, le savoir-vivre autorise un étranger à faire, sans l'exposer au reproche d'impertinence. Le marquis de Haut-Lieu, car c'était un marquis, fut aussi laconique et aussi sentencieux que la politesse française le permettait; il répondit à toutes mes questions, mais ne m'en fit aucune, et ne m'encouragea nullement à lui en adresser d'autres.

La vérité était que, n'étant pas très-accessible pour les étrangers de quelque nation qu'ils fussent, ni même pour ceux de ses compatriotes qu'il ne connaissait pas, le marquis avait surtout une réserve toute particulière à l'égard des Anglais. Ce sentiment pouvait être un reste de l'ancien préjugé national; peut-être aussi venait-il de l'idée qu'il avait conçue que l'Anglais est un peuple hautin, fier de sa bourse, et pour qui le rang, joint à une fortune bornée, est un objet de dérision autant que de pitié; ou peut-être enfin qu'en réfléchissant sur certains événemens récens, il éprouvait, comme Français, quelque mortification, même des succès qui avaient rétabli son Maître sur le trône, et qui lui avaient rendu à lui-même des propriétés forts diminuées d'ailleurs, et un château dilapidé. Son aversion pourtant n'allait jamais au-delà de cet éloignement pour la société des Anglais. Lorsque les affaires de quelque étranger exigeaient l'intervention de son crédit, il l'accordait toujours avec toute la courtoisie d'un gentilhomme français qui sait ce qu'il se doit à lui-même et ce qu'il doit à l'hospitalité nationale.

Enfin, par quelque hasard, le marquis découvrit que l'individu qui fréquentait depuis peu le même café que lui était Écossais, circonstance qui milita puissamment en ma faveur. Il m'informa que quelques-uns de ses ancêtres étaient d'origine écossaise; et il croyait même que sa maison avait encore quelques parens dans ce qu'il lui plaisait d'appeler la province de *Hanguisse* en Écosse. La parenté avait été reconnue de part et d'autre au commencement du siècle dernier; et, pendant son exil, car on peut bien penser que le marquis avait joint les rangs de l'armée de Condé et partagé les privations et les infortunes de l'émigration, il avait eu l'envie une fois d'aller renouer connaissance avec ses parens d'Écosse, et réclamer leur protection : — Mais, tout bien réfléchi, me dit-il, il ne s'était pas soucié de se présenter à eux dans une situation qui n'aurait pu leur faire que peu d'honneur, ou qu'ils auraient pu regarder comme leur imposant quelque fardeau et leur faisant même quelque honte; il avait donc cru que le mieux était de s'en rapporter à la Providence, et de se tirer d'affaire comme il le pourrait. Qu'avait-il fait pour cela? c'est ce que je n'ai pu savoir, mais jamais rien, j'en suis sûr, capable de compromettre la loyauté de cet excellent vieillard, qui soutint ses opinions et conserva sa loyauté contre vent et marée, jusqu'à ce que le temps l'eût ramené, vieux et indigent, dans un pays qu'il avait quitté à la fleur de l'âge, riche alors et animé par un ressentiment qui se promettait une prompte vengeance. J'aurais pu rire de quelques traits du caractère du marquis, particulièrement de ses préjugés relativement à la noblesse et à la politique, si je l'avais connu dans des circonstances plus prospères; mais dans la position où il était, quand même ses préjugés n'auraient pas eu une base honorable, quand ils n'auraient pas été purs de tout motif bas et intéressé, on devait le respecter comme nous respectons le confesseur et le martyr d'une religion qui n'est pas tout-à-fait la nôtre.

Peu à peu, devenus bons amis, nous bûmes notre café, fumâmes notre cigare, et prîmes notre *bavaroise* ensemble pendant plus de six semaines; des deux côtés, les affaires ne mirent pas grande interruption à ce commerce. Ayant, non sans difficulté, trouvé la clef de ses questions relativement à l'Écosse, grace à une heureuse conjecture que la province de Hanguisse ne pouvait être que notre comté d'Angus, je fus en état de répondre d'une manière plus ou moins satisfaisante à tout ce qu'il demanda sur les alliances qu'il avait dans ce pays: à ma grande surprise, le marquis connaissait la généalogie de quelques-unes des familles les plus distinguées de ce comté, beaucoup mieux que je n'aurais pu m'y attendre.

De son côté, il éprouva tant de satisfaction de notre liaison, qu'il en vint jusqu'à prendre la résolution de m'inviter à dîner au château de Haut-Lieu, château très digne de ce nom, puisqu'il est situé sur une hauteur qui commande les bords de la Loire. Cet édifice est à environ trois milles du village où j'avais fixé mon domicile temporaire; et, quand je le vis pour la première fois, je pardonnai aisément la mortification qu'éprouvait le propriétaire en recevant un hôte dans l'asile qu'il s'était formé au milieu des ruines du palais de ses ancêtres. Avec une gaieté qui couvrait évidemment un sentiment plus profond, il m'avait préparé peu à peu à la vue du lieu que je devais visiter. Il en eut même tout le temps le jour qu'il me conduisit à cette antique demeure, dans son petit cabriolet traîné par un grand cheval normand.

Les restes du château de Haut-Lieu sont situés sur une belle colline qui domine les bords de la Loire, et qui conduisait, divisée en diverses terrasses, par des degrés en pierre, ornés de statues et d'autres embellissemens artificiels, jusqu'au fleuve même. Toute cette décoration architecturale, les parterres de fleurs odoriférantes et les bosquets d'arbres exotiques avaient disparu depuis bien des années pour faire place aux travaux plus profitables du vigneron. Cependant les terrasses nivelées et les pentes artificielles, travaux exécutés trop solidement pour pouvoir être détruits, subsistent encore, et prouvent combien l'art avait été judicieusement employé pour embellir la nature.

Il est peu de ces maisons de plaisance parfaitement conservées aujourd'hui; car l'inconstance de la mode a effectué en Angleterre le changement total que la dévastation et la fureur populaire ont accompli de l'autre côté du détroit. Quant à moi, je me contente de souscrire à l'opinion du meilleur juge de notre temps [1], qui pense que nous avons poussé à l'excès notre goût pour la simplicité, et que le voisinage d'une habitation imposante exige des embellissemens plus recherchés que ceux qu'on doit au gazon et aux sentiers sablés. Une situation éminemment pittoresque se-

(1) *Voyez* plusieurs passages de l'Essai de Price sur le pittoresque, et surtout le détail plein de beautés poétiques de ce qu'il éprouva quand, suivant les avis d'un amateur d'améliorations, il détruisit un ancien jardin, ses haies d'ifs, ses grilles en fer, et lui fit perdre l'air de solitude qu'on y respirait.

rait peut-être dégradée par une tentative pour y introduire des décorations artificielles ; mais combien de sites où l'intervention de plus d'ornemens d'architecture qu'il n'est d'usage d'en employer aujourd'hui me semblerait indispensable pour racheter la nudité uniforme d'une grande maison s'élevant solitairement au milieu d'une pelouse de verdure, et qui ne paraît pas plus en rapport avec tout ce qui l'environne, que si elle était sortie de la ville pour aller prendre l'air.

Comment le goût vint à changer si subitement et si complètement, c'est une circonstance assez singulière; et l'on ne peut l'expliquer que par le principe d'après lequel, dans une comédie de Molière, les trois amis du père lui recommandent un remède pour guérir la mélancolie de sa fille, et qui est de remplir son appartement de tableaux, de tapisseries ou de porcelaines, suivant le commerce différent que fait chacun de ces donneurs de conseil[1]. En faisant l'application de ces motifs secrets au cas dont il s'agit, nous découvrirons peut-être qu'autrefois l'architecte traçait lui-même les jardins et les parterres qui entouraient une maison; naturellement il déployait son art en y plaçant des vases et des statues, en y distribuant des terrasses et des escaliers garnis de balustrades ornées, tandis que le jardinier, placé à un rang subordonné, faisait en sorte que le règne végétal se conformât au goût dominant : pour y réussir, il taillait ses haies vives en remparts avec des tours et des créneaux, et ses arbustes isolés comme l'aurait fait un statuaire. Mais, depuis ce temps, la roue a tourné : le jardinier décorateur, comme on l'appelle, est presque au niveau de l'architecte; et de là vient l'usage libéral et excessif que le premier fait de la pioche et de la hache, et l'ostentation avec laquelle le second ne vise qu'à faire une *ferme ornée*, aussi conforme à la simplicité que déploie la nature dans la contrée environnante, que cela

(1) C'est le : — Vous êtes orfèvre, M. Josse. — Ep.

peut s'accorder avec l'agrément et la propreté nécessaires dans les avenues de la résidence d'un riche propriétaire.

La célérité du cabriolet de monsieur le marquis avait été grandement retardée par l'embonpoint de Jean-Roastbeef[1] que le cheval normand maudissait probablement d'aussi bon cœur que son compatriote exécrait autrefois l'obésité d'un stupide serf saxon; mais la digression que je viens de terminer lui a donné le temps de gravir la colline par une chaussée tournante, maintenant en fort mauvais état. Nous aperçûmes enfin une longue file de bâtimens découverts et tombant en ruines, qui tenaient à l'extrémité occidentale du château.

—M'adressant à un Anglais, me dit alors le marquis, je dois justifier le goût de mes ancêtres, qui ont joint à leur château cette rangée d'écuries; car je sais que, dans votre pays, on a contume de les placer à quelque distance. Mais ma famille mettait un orgueil héréditaire à ses chevaux; et, comme mes aïeux aimaient à les aller voir fréquemment, ils n'auraient pu le faire si commodément, s'ils les avaient éloignés davantage. Avant la révolution, j'avais trente beaux chevaux dans ces bâtimens ruinés.

Ce souvenir d'une magnificence passée lui échappa par hasard; car, en général, il faisait très-rarement allusion à son ancienne opulence. Il fit cette réflexion tout simplement, sans avoir l'air d'attacher de l'importance à la fortune qu'il avait possédée autrefois, ou de demander qu'on le plaignît de l'avoir perdue. Elle éveilla pourtant quelques idées tristes, et nous gardâmes tous deux le silence pendant le peu de temps que dura encore notre voyage.

En arrivant à la porte du château, je vis sortir d'une sorte de masure, qui n'était qu'une partie de l'ancienne loge du portier, une paysanne pleine de vivacité, dont les yeux étaient noirs comme du jais et brillans comme des diamans. Elle vint à nous avec un sourire qui laissait aper-

(1) Un des surnoms que la populace en France donne aux Anglais. — Ed.

cevoir des dents assez belles pour faire envie à bien des duchesses, et elle tint la bride du cheval pendant que nous descendions de cabriolet.

—Il faut que Madelon exerce aujourd'hui le métier de palefrenier, dit le marquis en lui faisant un signe de tête gracieux, en retour de la révérence profonde qu'elle avait adressée à monseigneur. Son mari est allé au marché; et, quant à La Jeunesse, il a tant d'occupations, qu'il en perd presque l'esprit.—Madelon était la filleule de mon épouse, et destinée à être la femme de chambre de ma fille, continua le marquis pendant que nous passions sous la porte principale, dont le cintre était surmonté des armoiries mutilées des anciens seigneurs de Haut-Lieu et à moitié cachées sous la mousse et le gramen, sans compter les branches de quelques arbrisseaux sortis des fentes du mur.

Cette dernière phrase, qui me fit comprendre, en passant, que je voyais en lui un époux, un père, privé de son épouse et de sa fille, augmenta mon respect pour un infortuné vieillard que tout ce qui avait rapport à sa situation actuelle devait, sans aucun doute, entretenir dans ses réflexions mélancoliques. Après une pause d'un instant il continua d'un ton plus gai.

—Mon pauvre La Jeunesse vous amusera, dit-il; et, soit dit en passant, il a dix ans de plus que moi (le marquis en a plus de soixante), il me rappelle un acteur du Roman comique, qui jouait lui seul dans toute une pièce. Il prétend remplir à la fois les rôles de maître-d'hôtel, de chef de cuisine, de sommelier, de valet de chambre, et de tous les domestiques à la fois. Il me rappelle aussi quelquefois un personnage de *la Bride*[1] *de Lammermoor*. Vous devez avoir lu ce roman, car c'est l'ouvrage d'un de vos *gens de lettres qu'on appelle*, je crois, *le chevalier Scott*.

—Vous voulez dire, sans doute, sir Walter?

---

[1] La Fiancée de Lammermoor. *Bride* signifie *fiancée*; mais on prononce *Braïde*, et le marquis prononce mal. Tr.

—Oui, précisément; lui-même.—J'oublie toujours les mots qui commencent par *cette lettre impossible*[1].

Cette observation écarta des souvenirs plus pénibles, car j'avais à redresser mon ami français sur deux points. Je n'eus raison qu'avec peine pour le premier ; car le marquis, avec toute sa répugnance pour les Anglais, ayant passé trois mois à Londres, prétendait que notre langue n'offrait aucune difficulté qui pût l'arrêter un instant, et il en appela à tous les dictionnaires, depuis le plus ancien jusqu'au plus nouveau, pour prouver que *bride* signifiait la bride d'un cheval. Son scepticisme sur cette question de philologie était tel, que, lorsque je me hasardai à lui dire que, dans tout le roman, il n'était pas une seule fois question de bride, il rejeta gravement la faute de cette inconséquence sur le malheureux auteur. J'eus ensuite la franchise de l'informer, d'après des motifs que personne ne pouvait connaître comme moi, que l'homme de lettres, mon compatriote, dont je parlerai toujours avec le respect que méritent ses talens, n'était pas responsable des ouvrages frivoles qu'il plaisait au public de lui attribuer avec trop de générosité et de précipitation. Surpris par l'impulsion du moment, j'aurais peut-être été plus loin, et confirmé ma dénégation par une preuve positive, en lui disant que personne ne pouvait avoir écrit des ouvrages dont j'étais l'auteur; mais le marquis m'épargna le désagrément de me trahir ainsi, en me répliquant, avec beaucoup de sang-froid, qu'il était charmé d'apprendre que de pareilles bagatelles n'avaient pas été écrites par un homme de condition.

—Nous les lisons, ajouta-t-il, comme nous écoutons les plaisanteries débitées par un comédien, ou comme nos ancêtres écoutaient celles d'un bouffon de profession, dont ils s'amusaient, quoiqu'ils eussent été bien fâchés de les entendre sortir de la bouche d'un homme qui aurait eu de meilleurs droits pour être admis dans leur société.

[1] Le W. Cette dernière phrase est supprimée dans la deuxième édition anglaise de *Quentin Durward*. Ed.

INTRODUCTION. 15

Cette déclaration me rappela complètement à ma prudence ordinaire; et je craignis tellement de me laisser surprendre, que je n'osai pas même expliquer au digne aristocrate, mon ami, que l'individu qu'il avait nommé devait son avancement, à ce que j'avais entendu dire, à certains ouvrages qu'on pouvait, sans lui faire injure, comparer à des romans en vers.

La vérité est qu'indépendamment de quelques autres préjugés injustes auxquels j'ai déjà fait allusion, le marquis avait contracté une horreur mêlée de mépris pour toute espèce d'écrivains, à l'exception peut-être de ceux qui composent un volume in-folio sur la jurisprudence ou la théologie; et il regardait l'auteur d'un roman, d'une nouvelle, d'un poëme, ou d'un ouvrage de critique, comme on regarde un reptile venimeux, c'est-à-dire avec crainte et dégoût.—L'abus de la presse, disait-il, surtout dans ses productions les plus légères, a empoisonné en Europe toutes les sources de la morale, et regagne encore peu à peu une influence nouvelle après avoir été réduite au silence par le bruit de la guerre.—Il regardait tous les écrivains, excepté ceux du plus gros et du plus lourd calibre, comme dévoués à la mauvaise cause, depuis Rousseau et Voltaire, jusqu'à Pigault-Lebrun et l'auteur des romans écossais, quoiqu'il convînt qu'il les lisait pour passer le temps; cependant, comme Pistol mangeant son poireau[1], il ne dévorait l'histoire qu'en exécrant la tendance de l'ouvrage qui l'occupait.

Cette observation me fit reculer le franc aveu que ma vanité avait projeté de faire, et j'amenai le marquis à de nouvelles remarques sur le château de ses ancêtres.—Ici, me dit-il, était le théâtre sur lequel mon père obtint plus d'une

(1) Le jour de Saint-David les Gallois ornaient leurs chapeaux d'un poireau, en mémoire de la victoire d'Azincourt; leur poste dans cette bataille avait été dans un jardin potager, où ils s'étaient parés de cette espèce de cocarde. Dans la pièce d'*Henri V*, Shakspeare introduit le capitaine gallois Fluellen, qui tient aux usages nationaux et se voit en butte aux quolibets de Pistol, faux brave et vantard, qu'il force à manger le poireau dont il s'est moqué, en exprimant un dégoût prononcé pour ce végétal.— Ed.

fois un ordre pour faire paraître quelques-uns des principaux acteurs de la Comédie-Française, quand le roi et madame de Pompadour venaient l'y voir, ce qui lui arriva plus d'une fois. Là bas, plus au centre, était la salle baroniale, où le seigneur exerçait sa juridiction féodale, quand son bailli avait quelque criminel à juger, car nous avions, comme vos anciens nobles écossais, le droit de haute et basse justice, *fossa cum furcâ*, comme le disent les juristes. En dessous est la chambre de la question, c'est-à-dire où l'on donnait la torture; et véritablement je suis fâché qu'un droit si sujet à abus ait jamais été accordé à personne. Mais, ajouta-t-il avec un air de dignité que semblait même augmenter le souvenir des atrocités que ses ancêtres avaient commises dans le souterrain dont il me montrait les soupiraux grillés, — tel est l'effet de la superstition, que même encore aujourd'hui, les paysans n'osent approcher de ces cachots dans lesquels on dit que le courroux de mes aïeux commit plus d'un acte de cruauté.

Comme nous approchions de la fenêtre, et que je montrais quelque curiosité de voir ce séjour de terreur, nous entendîmes sortir des éclats de rire de cet abîme souterrain, et nous découvrîmes aisément qu'ils partaient d'un groupe d'enfans qui s'étaient emparés de ce caveau abandonné, pour y jouer à Colin-Maillard.

Le marquis fut un peu déconcerté, et il eut recours à sa tabatière; mais il se remit sur-le-champ. — Ce sont les enfans de Madelon, dit-il, et ils se sont familiarisés avec ces voûtes qui inspirent la terreur au reste des habitans. D'ailleurs, pour vous dire la vérité, ces pauvres enfans sont nés depuis l'époque des prétendues lumières qui ont banni la superstition et la religion en même temps; cela me fait penser à vous dire que c'est aujourd'hui *un jour maigre*. Je n'ai d'autres convives que vous et le *curé* de ma paroisse, et je ne blesserais pas volontiers ses opinions. D'ailleurs, ajouta-t-il d'un ton plus ferme et perdant toute contrainte : l'adversité m'a donné sur ce sujet d'autres idées que celles qu'inspire la prospérité; et je remercie le ciel de ne pas rougir en vous avouant que je suis les commandemens de mon Église.

Je me hâtai de lui répondre que, quoiqu'ils pussent différer de ceux de la mienne, j'avais tout le respect convenable pour les réglemens religieux de chaque communion chrétienne, sachant que nous nous adressions au même Dieu, adoré d'après le même principe de la rédemption, quoique sous des formes différentes; et que, s'il avait plu au Tout-Puissant de ne pas permettre cette variété de cultes, nos devoirs nous auraient été prescrits aussi distinctement qu'ils l'étaient sous la loi de Moïse.

Le marquis n'avait pas l'habitude de secouer la main [1], mais en cette occasion il saisit la mienne et la secoua cordialement. C'était peut-être la seule manière qu'un zélé catholique pût ou dût employer pour me faire sentir qu'il acquiesçait à mes sentimens.

Ces explications, ces remarques et celles auxquelles donnèrent encore lieu les ruines étendues du château, nous occupèrent pendant deux ou trois tours que nous fîmes sur la longue terrasse, et pendant un quart d'heure que nous restâmes dans un petit pavillon, dont le toit en voûte était encore en assez bon état, quoique le ciment fût détaché sur les côtés.

—C'est ici, dit-il en reprenant le ton de la première partie de notre entretien, que j'aime à venir m'asseoir à midi pour y trouver un abri contre la chaleur, ou le soir pour voir les rayons du soleil couchant s'éteindre dans les belles eaux de la Loire. C'est ici que, comme le dit votre grand poète, avec lequel, quoique Français, je suis plus familier que bien des Anglais, j'aime à m'asseoir,

Montrant le code d'une imagination douce et amère [2].

(1) Suivant l'usage des Anglais. Éd. — (2) *Shewing the code of sweet and bitter fancy.*

J'eus grand soin de ne pas protester contre cette variante d'un passage bien connu de Shakspeare, car je présume que notre grand poète aurait perdu quelque chose dans l'opinion d'un juge aussi délicat que le marquis, si je lui avais prouvé que, suivant toutes les autres autorités, il a écrit :

Ruminant les pensées d'une imagination douce et amère [1].

D'ailleurs notre première discussion littéraire me suffisait, étant convaincu depuis long-temps (quoique je ne l'aie été que dix ans après être sorti du collège d'Édimbourg) que l'art de la conversation ne consiste pas à montrer des connaissances supérieures dans des objets de peu d'importance, mais à augmenter, à corriger, à perfectionner ce qu'on peut savoir, en profitant de ce que savent les autres. Je laissai donc le marquis *montrer son code* suivant son bon plaisir, et j'en fus récompensé par une dissertation savante et bien raisonnée qu'il entama sur le style fleuri d'architecture introduit en France pendant le dix-septième siècle. Il en démontra le mérite et les défauts avec beaucoup de goût; et après avoir ainsi parlé de sujets semblables à celui qui m'a fait faire une digression quelques pages plus haut, il fit en leur faveur un appel d'un autre genre, fondé sur les idées que leur vue faisait naître.

—Qui pourrait détruire sans remords les terrasses du château de Sully? me dit-il. Pouvons-nous les fouler aux pieds sans nous rappeler cet homme d'état aussi distingué par une intégrité sévère que par la force et l'infaillible sagacité de son jugement? Si elles étaient moins larges, moins massives, ou si l'uniformité solennelle en était dénaturée, pourrions-nous supposer qu'elles furent le théâtre de ses méditations

---

[1] *Chewing the cud of sweet and bitter fancy.* C'est-à-dire, « Se livrant aux prestiges tour à tour tristes et rians de l'imagination. » En fait de traduction, comme on voit, la lettre tue et l'esprit vivifie. — Je ne sais trop si ces passages sont même fort piquans en anglais. Du reste, il faut ajouter que l'erreur du marquis vient de ce que *shewing the code* et *chewing the cud* semblent prononcés à peu près de la même manière pour l'oreille d'un étranger. — ÉD.

patriotiques? Pouvons-nous nous figurer le duc sur un fauteuil, la duchesse sur un *tabouret*, dans un salon moderne, donnant des leçons de courage et de loyauté à leurs fils, de modestie et de soumission à leurs filles, celles d'une morale rigide aux uns et aux autres, tandis qu'un cercle de jeune noblesse les écoute avec attention, les yeux modestement baissés, sans parler, sans s'asseoir, à moins de l'ordre exprès donné par Sully lui-même? Non, monsieur, détruisez le pavillon royal dans lequel cette édifiante scène de famille se passait, et vous éloignez de l'esprit la vraisemblance et la vraie couleur d'un tel tableau. Pouvez-vous vous figurer ce pair, ce patriote distingué, se promenant dans un jardin à l'anglaise? Autant vaudrait vous le représenter en frac bleu et en gilet blanc, et non avec son habit à la Henri IV et *son chapeau à plumes*. Comment aurait-il pu se mouvoir dans le labyrinthe tortueux de ce que vous avez appelé une *ferme ornée*, au milieu de son cortège ordinaire de deux files de gardes suisses? En vous rappelant sa figure, sa barbe, ses *haut-de-chausses à canon*, attachés à son justaucorps par mille *aiguillettes* et nœuds de rubans, si votre imagination se le représente dans un jardin moderne, en quoi le distinguerez-vous d'un vieillard en démence qui a la fantaisie de porter le costume de son trisaïeul, et qu'un détachement de gendarmes conduit à une *maison de fous*? Mais, si elle existe encore, contemplez la longue et magnifique terrasse où le loyal, le grand Sully, avait coutume de se promener solitairement deux fois par jour, en méditant sur les plans que son patriotisme lui inspirait pour la gloire de la France, ou lorsqu'à une époque plus avancée et plus triste de sa vie, il rêvait douloureusement au souvenir de son maître assassiné, et au destin de son pays déchiré par des factions; jetez sur ce noble arrière-plan d'arcades des vases, des urnes, des statues, tout ce qui peut annoncer la proximité d'un palais ducal, et le tableau sera d'accord dans toutes ses parties avec la noble figure du grand homme. Les factionnaires portant l'arquebuse, placés aux extrémités de cette longue terrasse bien nivelée, annoncent la présence du souverain féodal; sa garde d'honneur le précède et le suit avec la hallebarde haute, l'air martial et imposant, comme si l'ennemi était en présence; tous semblent animés de la même ame que leur noble chef, mesurant leurs pas sur les siens, marchant quand il marche, s'arrêtant quand il s'arrête, observant même ses légères irrégularités de marche et ses haltes d'un instant, occasionées par ses réflexions; tous exécutent avec une précision militaire les évolutions requises devant et derrière celui qui semble le centre et le ressort de leurs rangs, comme le cœur donne la vie et l'énergie au corps humain. Si vous riez d'une promenade si peu conforme à la liberté frivole des mœurs modernes, ajouta le marquis en me regardant comme s'il eût voulu lire dans le fond de mes pensées, pourriez-vous vous décider à détruire cette autre terrasse que foula aux pieds la séduisante marquise de Sévigné, et au souvenir de laquelle s'unissent tant de souvenirs éveillés par de nombreux passages de ses lettres délicieuses?

Un peu fatigué de la longue tirade du marquis, dont le but était certainement de faire valoir les beautés naturelles de sa propre terrasse, qui, malgré son état de dilapidation, n'avait pas besoin d'une recommandation si solennelle, j'informai mon ami que je venais de recevoir d'Angleterre le journal d'un voyage fait dans le midi de la France par un jeune étudiant d'Oxford, mon ami, poète, dessinateur, et fort instruit, dans lequel il donne une description intéressante et animée du château de Grignan, demeure de la fille chérie de madame de Sévigné, et où elle résidait elle-même fréquemment. J'ajoutai que quiconque lirait cette relation, et ne serait qu'à quarante milles de cet endroit, ne pourrait se dispenser d'y faire un pèlerinage. Le marquis sourit, parut très-content, me demanda le titre de cet ouvrage, et écrivit sous ma dictée: *Itinéraire d'un voyage fait en Provence et sur les bords du Rhône, en* 1819, par John Hughes, maître ès-arts du collège Oriel, à Oxford. Il ajouta qu'il ne pouvait maintenant acheter des livres pour le château, mais qu'il en recommanderait l'achat au libraire chez lequel il était abonné dans la ville voisine.—Mais, ajouta-t-il, voici le curé qui arrive pour couper court à notre discussion, et je vois La Jeunesse tourner autour du vieux portique, sur la terrasse, pour aller sonner la cloche du dîner, cérémonie assez inutile pour appeler trois personnes; mais je crois que le brave vieillard mourrait de chagrin si je lui disais de s'en dispenser. Ne faites pas attention à lui en ce moment, attendu qu'il désire s'acquitter incognito du service des départemens inférieurs; quand il aura sonné la cloche, il paraîtra dans tout son éclat en qualité de majordome.

Tandis que le marquis parlait ainsi, nous avancions vers la partie orientale du château, seule partie de cet édifice qui fût encore habitable.

—*La bande-noire*, me dit-il, en dévastant le reste du château pour en prendre le plomb, le bois et les autres matériaux, m'a rendu un service sans le vouloir; celui de le réduire à des dimensions plus convenables à la fortune du propriétaire actuel. La chenille a encore trouvé de quoi placer sa chrysalide dans la feuille : peu lui importe quels sont les insectes qui ont dévoré le reste du buisson.

A ces mots nous arrivâmes à la porte. La Jeunesse nous y attendait avec un air respectueux et empressé, et sa figure, quoique sillonnée de mille rides, était prête à répondre par un sourire à chaque mot que son maître lui adressait avec bonté; ses lèvres laissaient voir alors deux rangs entiers de dents blanches qui avaient résisté à l'âge et aux maladies. Ses bas de soie bien propres, si souvent lavés qu'ils en avaient pris une teinte jaunâtre, sa queue nouée avec une rosette, les deux boucles de cheveux blancs qui accompagnaient ses joues maigres, son habit couleur de perle, sans collet; le solitaire qu'il avait au doigt, son jabot, ses manchettes, et son *chapeau à bras*, tout annonçait que La Jeunesse avait regardé l'arrivée d'un convive au château comme un événement extraordinaire et qui exigeait qu'il déployât lui-même toute la magnificence et tout l'éclat de son service.

En considérant ce bizarre mais fidèle serviteur du marquis, des préjugés duquel il héritait sans doute comme de ses vieux habits, je ne pus m'empêcher de reconnaître la ressemblance qui existait, ainsi que l'avait dit son maître, entre lui et mon Caleb, le fidèle écuyer du maître de Ravenswood. Mais un Français, un vrai Jean-fait-tout par nature, peut seul se charger d'une multitude de fonctions et y suffire avec plus d'aisance et de souplesse qu'on ne pourrait l'attendre de la lenteur imperturbable d'un Écossais. Supérieur à Caleb par la dextérité, sinon par le zèle, La Jeunesse semblait se multiplier suivant l'occasion; et il s'acquittait de ses divers emplois avec tant d'exactitude et de célérité, qu'un domestique de plus aurait été complètement superflu.

Le dîner surtout fût exquis. La soupe, quoique *maigre*, épithète que les Anglais emploient avec dérision [1], avait un goût délicieux, et la matelotte de brochet et d'anguille me réconcilia, quoique Écossais, avec ce dernier poisson. Il y avait même un petit bouilli pour *l'hérétique*, et la viande était cuite si à propos, qu'elle conservait tout son jus et était aussi tendre que délicate. Deux autres petits plats non moins bien apprêtés servaient d'accompagnement au potage; mais ce que le vieux maître d'hôtel regardait comme le *nec plus ultrà* de son savoir-faire, et qu'il plaça sur la table d'un air satisfait de lui-même et en me regardant avec un sourire, comme pour jouir de ma surprise, ce fut un énorme plat d'épinards, ne formant pas une surface plane comme ceux

---

(1) La soupe des Anglais (et ils n'en mangent pas tous les jours) est un consommé très-épicé qui brûlerait un gosier français. On conçoit, quand on en a goûté, que nos soupes leur paraissent du *bouillon de grenouilles*. Nos soupes maigres surtout sont un texte éternel de plaisanteries sur le théâtre anglais. ÉD.

qui sortent des mains sans expérience de nos cuisiniers anglais[1], mais offrant à l'œil des coteaux et des vallées où l'on découvrait un noble cerf poursuivi par une meute de chiens et par des cavaliers portant des cors, des fouets, et armés de couteaux de chasse; cerf, chiens, chasseurs, tout était fait de pain artistement taillé, puis grillé et frit dans du beurre. Jouissant des éloges que je ne manquai pas de donner à ce chef-d'œuvre, le vieux La Jeunesse avoua qu'il lui avait coûté près de deux jours de travail pour le porter à sa perfection; et voulant en donner l'honneur à qui de droit, il ajouta qu'une conception aussi brillante ne lui appartenait pas en entier; que Monseigneur avait eu la bonté de lui donner quelques idées fort heureuses, et avait même daigné l'aider à les mettre à exécution, en taillant de ses propres mains quelques-unes des principales figures.

Le marquis rougit un peu de cet éclaircissement, dont il aurait probablement dispensé volontiers son majordome; mais il avoua qu'il avait voulu me surprendre en me mettant sous les yeux une scène tirée d'un poëme qui avait eu du succès dans mon pays, *milady Lac*[2]. Je lui répondis qu'un cortège si splendide retraçait une grande chasse de Louis XIV, plutôt que celle d'un pauvre roi d'Écosse, et que le paysage en épinards ressemblait à la forêt de Fontainebleau, plutôt qu'aux montagnes sauvages de Callender. Il me fit une gracieuse inclination de tête en réponse à ce compliment, et reconnut que le souvenir de l'ancienne cour de France, quand elle était dans toute sa splendeur, pouvait bien avoir égaré son imagination. La conversation tomba bientôt sur d'autres objets.

Le dessert était excellent. Le fromage, les fruits, les olives, les cerneaux et le délicieux vin blanc étaient *impaya-*

---

(1) Les épinards en Angleterre, comme en général tous les légumes, sont servis sans être hachés, et simplement bouillis. — ÉD.

(2) LA *Dame du Lac.* Mais il nous semble que l'auteur exagère un peu trop les bévues *philologiques* de ce bon émigré. — ÉD.

bles chacun dans son genre : aussi le bon marquis remarqua, avec un air de satisfaction sincère, que son convive y faisait honneur très-cordialement.

— Après tout, me dit-il, et cependant ce n'est qu'avouer une faiblesse presque ridicule, je ne puis m'empêcher d'être charmé de pouvoir encore offrir à un étranger une sorte d'hospitalité qui lui semble agréable. Croyez-moi, ce n'est pas tout-à-fait par orgueil que nous autres, *pauvres revenans*, nous menons une vie si retirée, et voyons si peu de monde. Il est vrai qu'on n'en voit que trop parmi nous qui errent dans les châteaux de leurs pères, et qu'on prendrait plutôt pour les esprits des anciens propriétaires que pour des êtres vivans rétablis dans leurs possessions. Cependant c'est pour vous-mêmes, plutôt que pour épargner notre susceptibilité, que nous ne recherchons pas la société des voyageurs de votre pays. Nous nous sommes mis dans l'idée que votre nation opulente tient particulièrement au *fuste* et à la *grande chère*; que vous aimez à avoir toutes vos aises, toutes les jouissances possibles; or, les moyens qui nous restent pour vous bien accueillir sont généralement si limités, que nous sentons que toute dépense et toute ostentation nous sont interdites. Personne ne se soucie d'offrir ce qu'il a de mieux, quand il a raison de croire que ce mieux ne fera pas plaisir; et, comme beaucoup de vos voyageurs publient le journal de leur voyage, on n'aime guère à voir le pauvre dîner qu'on a pu donner à quelque milord anglais figurer éternellement dans un livre.

J'interrompis le marquis pour l'assurer que, si jamais je publiais une relation de mon voyage, et que j'y parlasse du dîner qu'il venait de me donner, ce ne serait que pour le citer comme un des meilleurs repas que j'eusse faits de ma vie. Il me remercia de ce compliment par une nouvelle inclination de tête, et dit qu'il fallait que je ne partageasse guère le goût national, ou que ce qu'on en disait fût grandement exagéré; il me remerciait de lui avoir montré la valeur des possessions qui lui restaient; l'*utile* avait sans doute survécu au *somptueux* à Haut-Lieu comme ailleurs ; les grottes, les statues, la serre chaude, l'orangerie, le temple, la tour, avaient disparu; mais les vignobles, le potager, le verger, l'étang, existaient encore, et il était charmé de voir que leurs productions réunies eussent suffi à composer un repas trouvé passable par un Anglais. J'espère seulement, ajouta-t-il, que vous me prouverez que vos complimens sont sincères, en acceptant l'hospitalité au château de Haut-Lieu, toutes les fois que vous n'aurez pas d'engagemens préférables pendant votre séjour dans ces environs.

Je me rendis bien volontiers à une invitation faite d'une manière si gracieuse, qu'il semblait qu'en l'acceptant j'obligeasse celui qui la faisait.

La conversation tomba alors sur l'histoire du château et de ses environs; sujet qui plaçait le marquis sur son terrain, quoiqu'il ne fût ni grand antiquaire, ni même très-profond historien dès qu'il ne s'agissait plus de sa propriété. Mais le curé était l'un et l'autre, homme aimable, de plus causant fort bien, plein de prévenance, et mettant dans ses communications cette politesse aisée qui m'a paru être le caractère distinctif des membres du clergé catholique, quelque soit leur degré d'instruction. Ce fut de lui que j'appris qu'il existait encore au château de Haut-Lieu le reste d'une fort belle bibliothèque. Le marquis leva les épaules, tandis que le curé parlait ainsi, porta les yeux de côté et d'autre, et parut éprouver de nouveau ce léger embarras qu'il avait montré involontairement quand La Jeunesse avait jasé de l'intervention de son maître dans les arrangemens de la cuisine.

— Je vous ferais voir mes livres bien volontiers, me dit-il ; mais ils sont en si mauvais état, et dans un tel désordre, que je rougis de les montrer à qui que ce soit.

— Pardon, monsieur le marquis, dit le curé; mais vous avez que vous avez permis au docteur Dibdin, le célèbre bibliomane anglais, d'examiner ces précieux restes, et vous n'oubliez pas quel éloge il en a fait.

—Pouvais-je en agir autrement, mon cher ami? répondit le marquis : on avait fait au docteur des rapports exagérés sur le mérite des restes de ce qui avait été autrefois une bibliothèque. Il s'était établi dans l'auberge voisine du château, déterminé à emporter sa pointe, ou à mourir sous les murailles. J'avais même ouï dire qu'il avait mesuré trigonométriquement la hauteur de la petite tour, afin de se pourvoir d'échelles pour l'escalader. Vous n'auriez pas voulu que je réduisisse un respectable docteur en théologie, quoique membre d'une communion différente de la nôtre, à commettre cet acte de violence; ma conscience en aurait été chargée.

—Mais vous savez aussi, monsieur le marquis, reprit le curé, que le docteur Dibdin fut si courroucé de la dilapidation que votre bibliothèque avait souffert, qu'il avoua qu'il aurait voulu être armé des pouvoirs de notre Église pour lancer un anathème contre ceux qui en avaient été coupables.

—Je présume, répliqua notre hôte, que son ressentiment était proportionné à son désappointement.

—Pas du tout! s'écria le curé; car il parlait avec tant d'enthousiasme de la valeur de ce qui vous reste, que je suis convaincu que, s'il n'avait cru devoir céder à vos instantes prières, le château de Haut-Lieu aurait occupé au moins vingt pages dans le bel ouvrage dont il nous a envoyé un exemplaire, et qui sera un monument durable de son zèle et de son érudition [1].

—Le docteur Dibdin est la politesse même, dit le marquis; et, quand nous aurons pris notre café (le voici qui arrive), nous nous rendrons à la petite tour. Comme mon-

---

(1) C'est le *Voyage Bibliographique* qui vient d'être traduit par MM. Crapelet et Liquet. Nous avons surnommé ailleurs le révérend M. Dibdin un vrai Don Quichotte de bibliomanie, le Dr. Syntaxe des bouquinistes. — Ed.

sieur n'a pas méprisé mon humble dîner, j'espère qu'il aura la même indulgence pour une bibliothèque en désordre; et je m'estimerai heureux s'il y trouve quelque chose qui puisse l'amuser. D'ailleurs, mon cher curé, vous avez tous les droits possibles sur ces livres, puisque, sans votre intervention, leur propriétaire ne les aurait jamais revus.

Quoique ce dernier acte de politesse lui eût été en quelque sorte arraché malgré lui par le curé, et que le désir de cacher la nudité de son domaine et l'étendue de ses pertes parussent toujours lutter contre sa disposition naturelle à obliger, il me fut impossible de prendre sur moi de ne pas accepter une offre que les règles strictes de la civilité auraient peut-être dû me faire refuser. Mais renoncer à voir les restes d'une collection assez curieuse pour avoir inspiré au docteur Dibdin le projet de recourir à une escalade, c'eût été un acte d'abnégation dont je ne me sentis pas la force.

Cependant La Jeunesse avait apporté le café tel qu'on n'en boit que sur le continent[1], sur un plateau couvert d'une serviette, afin qu'on pût croire qu'il était d'argent, et du *pousse-café* de la Martinique dans un porte-liqueurs qui était certainement de ce métal. Notre repas ainsi terminé, le marquis me fit monter par un escalier dérobé. Je fus introduit dans une grande galerie, de forme régulière, et qui avait près de cent pieds de longueur, mais tellement dilapidée et ruinée, que je tins constamment mes yeux fixés sur le plancher, de crainte que mon hôte ne se crût obligé de faire une apologie pour tous les tableaux délabrés, les tapisseries tombant en lambeaux, et, ce qui était encore pire, les fenêtres brisées par le vent.

—Nous avons tâché de rendre la petite tour un peu plus habitable, me dit le marquis en traversant à la hâte ce séjour de désolation. C'était ici autrefois la galerie de ta-

---

[1] Il est rare en effet que le café soit bien fait en Angleterre, où l'art de faire le thé est poussé si loin. — Éd.

bleaux; et dans le boudoir qui est à l'autre bout, et qui sert à présent de bibliothèque, nous conservions quelques tableaux précieux de chevalet, dont la dimension exigeait qu'on les considérât de plus près.

En parlant ainsi, il écarta un pan de la tapisserie déjà mentionnée, et nous entrâmes dans l'appartement dont il venait de parler.

C'était une salle octogone, répondant à la forme extérieure de la petite tour dont elle occupait l'intérieur. Quatre des côtés étaient percés de croisées garnies de petits vitraux semblables à ceux qu'on voit dans les églises, et chacune de ces fenêtres offrait un point de vue magnifique sur la Loire et sur toute la contrée à travers laquelle serpente ce fleuve majestueux. Les vitraux étaient peints; et les rayons du soleil couchant, qui brillaient de tout leur éclat à travers deux de ces croisées, montraient un assemblage d'emblèmes religieux et d'armoiries féodales qu'il était presque impossible de regarder sans être ébloui. Mais les deux autres fenêtres, n'étant plus exposées à l'influence de cet astre, pouvaient être contemplées avec plus de facilité; on devinait qu'elles étaient garnies de vitraux qui, dans l'origine, ne leur avaient pas été destinés. J'appris ensuite qu'ils avaient appartenu à la chapelle du château, avant qu'elle eût été profanée et pillée. Le marquis s'était amusé, pendant plusieurs mois, à accomplir ce *rifacimento* avec l'aide du curé et de l'universel La Jeunesse; et, quoiqu'ils n'eussent fait qu'assembler des fragmens souvent fort petits, cependant les vitraux peints, à moins qu'on ne les examinât de très-près et d'un œil d'antiquaire, produisaient un effet fort agréable.

Les côtés de l'appartement qui n'avaient pas de fenêtres étaient, à l'exception de l'espace nécessaire pour la petite porte, garnis d'armoires à tablettes, en bois de noyer parfaitement sculpté, et à qui le temps avait donné une couleur foncée de châtaigne mûre. Quelques-unes étaient en bois blanc, et elles avaient été faites récemment pour suppléer au déficit occasioné par la dévastation. Sur ces tablettes étaient déposés les restes précieux échappés au naufrage d'une magnifique bibliothèque.

Le père du marquis avait été un homme instruit, et son aïeul s'était rendu célèbre par l'étendue de ses connaissances, même à la cour de Louis XIV, où la littérature était, en quelque sorte, regardée comme un objet à la mode. Ces deux seigneurs, dont la fortune était considérable, et qui s'étaient libéralement livrés à leur goût, avaient fait de telles augmentations à une ancienne bibliothèque gothique fort curieuse, qui leur venait de leurs ancêtres, qu'il existait en France peu de collections de livres qu'on pût comparer à celle du château de Haut-Lieu. Elle avait été complètement dispersée par suite d'une tentative mal avisée faite par le marquis actuel, en 1790, pour dissiper un rassemblement révolutionnaire. Heureusement le curé, qui par sa conduite charitable et modérée, et par ses vertus évangéliques, avait beaucoup de crédit sur l'esprit des paysans du voisinage, obtint de plusieurs d'entre eux, pour quelques sous, et souvent même pour un petit verre d'eau-de-vie, des ouvrages qui avaient coûté des sommes considérables, et dont les coquins qui avaient pillé le château s'étaient emparés uniquement par envie de mal faire. Ce digne ecclésiastique avait ainsi racheté un aussi grand nombre de livres de son seigneur, que sa petite fortune le lui permettait; et c'était grace à ce soin généreux qu'ils étaient retournés dans la petite tour où je les trouvai. On ne peut donc pas être surpris qu'il fût fier et charmé de montrer aux étrangers la collection dont il était le restaurateur.

En dépit des volumes dépareillés et mutilés, et de toutes les autres mortifications qu'un amateur éprouve quand il visite une bibliothèque mal tenue, il se trouvait dans celle de Haut-Lieu beaucoup d'ouvrages faits, comme le dit

Bayes[1], pour surprendre et enchanter le bibliomane; et, comme le docteur Ferrier le dit avec toute la sensibilité d'un amateur, on y voyait un grand nombre de ces ouvrages rares et curieux,

De ces petits formats jadis dorés sur tranche,

des missels richement enluminés, des manuscrits de 1380, de 1320, ou même de plus ancienne date; enfin, des ouvrages imprimés en caractères gothiques pendant le quinzième et le seizième siècle. Mais j'ai dessein d'en rendre un compte plus détaillé, si je puis en obtenir la permission du marquis.

En attendant, il me suffira de dire qu'enchanté du jour que j'avais passé à Haut-Lieu, j'y fis de fréquentes visites, et que la clef de la tour octogone était toujours à ma disposition. Ce fut alors que je me pris d'une belle passion pour une partie de l'histoire de France que je n'avais jamais suffisamment étudiée, malgré l'importance de ses rapports avec celle de l'Europe en général, et quoique traitée par un ancien historien inimitable[2]. En même temps, pour satisfaire les désirs de mon digne hôte, je m'occupai de temps en temps de quelques mémoires de sa famille qui avaient été heureusement conservés, et contenant des détails curieux sur l'alliance de cette maison avec une famille écossaise, alliance à laquelle j'avais dû, dans l'origine, les bonnes graces du marquis de Haut-Lieu.

Je méditai sur cet objet, *more meo*, jusqu'à l'instant où je quittai la France pour aller retrouver le roasbeef et le

[1] Poète ridicule, personnage de *la Répétition* (*the Rehearsal*), comédie, par le duc de Buckingham. — Ed.

[2] On nous permettra de rappeler ici à l'attention des lecteurs un ouvrage qui n'existait pas encore lors de la première édition de *Quentin Durward*, et qui leur offrira un thème curieux de comparaison, c'est *l'Histoire des ducs de Bourgogne*, par M. de Barante — Ed.

feu de houille de la Grande-Bretagne; ce qui n'eut lieu qu'après que j'eus mis en ordre ces réminiscences gauloises. Enfin le résultat de mes méditations prit la forme dont mes lecteurs pourront juger dans un instant, si cette préface ne les épouvante pas.

Que le public accueille cet ouvrage avec bonté, et je ne regretterai pas mon absence momentanée de mon pays.

QUENTIN DURWARD.

(Quentin Durward.)

CHAPITRE PREMIER.

Le Contraste.

« Voyez ces deux portraits : ce sont ceux de deux frères. »
SHAKSPEARE. *Hamlet*, acte III, scène 4.

La fin du quinzième siècle prépara pour l'avenir une suite d'événemens dont le résultat fut d'élever la France à cet état formidable de puissance qui a toujours été depuis le principal objet de la jalousie des autres nations de l'Europe. Avant cette époque, il ne s'agissait de rien moins que de son existence dans sa lutte contre les Anglais, déjà maîtres de ses plus belles provinces ; et tous les efforts de son roi, toute la bravoure de ses habitans, purent à peine préserver la nation du joug de l'étranger. Ce n'était pas le seul danger qu'elle eût à craindre ; les princes qui possédaient les grands fiefs de la couronne, et particulièrement les ducs de Bourgogne et de Bretagne, en étaient venus à rendre si légères leurs chaînes féodales, qu'ils ne se faisaient aucun scrupule de lever l'étendard contre leur seigneur suzerain, le roi de France, sous les plus faibles prétextes. En temps de paix, ils gouvernaient leurs provinces en princes absolus, et la maison de Bourgogne, maîtresse du pays qui portait ce nom et de la partie la plus riche et la plus belle de la Flandre, était si riche et si puissante par elle-même, qu'elle ne le cédait à la couronne de France ni en force ni en splendeur.

À l'imitation des grands feudataires, chaque vassal inférieur de la couronne s'arrogeait autant d'indépendance que le lui permettaient la distance où il était du point central de l'autorité, l'étendue de son fief et les fortifications de sa tour féodale : tous ces petits tyrans, affranchis de la juridiction des lois, se livraient impunément à tous les caprices et à tous les excès de l'oppression et de la cruauté. Dans l'Auvergne seule on comptait plus de trois cents de ces nobles indépendans, pour qui le pillage, le meurtre et l'inceste n'étaient que des actes ordinaires et familiers.

Outre ces maux, un autre fléau, fruit des longues guerres entre l'Angleterre et la France, ajoutait encore aux malheurs de cet infortuné pays. De nombreux corps de soldats, réunis en bandes sous des chefs qu'ils choisissaient eux-mêmes parmi les aventuriers les plus braves et les plus heureux, s'étaient formés, en diverses parties de la France, du rebut de tous les autres pays. Ces soldats mercenaires vendaient leurs services au plus offrant; et quand ils ne trouvaient pas à les vendre, ils continuaient la guerre pour leur compte, s'emparaient de tours et de châteaux convertis par eux en places de retraite, faisaient des prisonniers dont ils exigeaient des rançons, mettaient à contribution les villages et les maisons isolées; enfin justifiaient, par toutes sortes de rapines, les épithètes de *tondeurs* et d'*écorcheurs* qui leur avaient été données.

Au milieu des misères et des horreurs que faisait naître un état si déplorable des affaires publiques, la prodigalité était portée jusqu'à l'excès par les nobles subalternes, qui, jaloux d'imiter les grands princes, dépensaient, en déployant un luxe grossier mais magnifique, les richesses qu'ils extorquaient au peuple. Un ton de galanterie romanesque et chevaleresque (qui cependant dégénérait souvent en licence) était le trait caractéristique des relations entre les deux sexes. On parlait encore le langage de la chevalerie errante, et l'on continuait à s'assujettir à ses formes, quand déjà le chaste sentiment d'un amour honorable et la généreuse bravoure qu'il inspire avaient cessé d'en adoucir et d'en réparer les extravagances. Les joutes et les tournois, les divertissemens et les fêtes multipliées de chaque petite cour de France, attiraient dans ce royaume toute aventurier qui ne savait où aller; et en y arrivant il était rare qu'il ne trouvât pas quelque occasion d'y donner des preuves de ce courage aveugle, de cet esprit téméraire et entreprenant auxquels sa patrie plus heureuse n'offrait pas de théâtre.

A cette époque, la Providence, pour sauver ce beau royaume des maux de toute espèce dont il était menacé, fit monter sur le trône chancelant le roi Louis XI, dont le caractère, tout odieux qu'il était en lui-même, sut faire face aux maux du temps, les combattit, et, jusqu'à un certain point, les neutralisa; comme les poisons de qualités opposées, à ce que disent les anciens livres de médecine, ont la vertu de réagir l'un sur l'autre et d'empêcher réciproquement leur effet.

Assez brave, quand un but utile et politique l'exigeait, Louis n'avait pas la moindre étincelle de cette valeur romanesque, ni de cette noble fierté qui y tient de si près ou qu'elle fait naître, et qui continue à combattre pour le point d'honneur quand le but d'utilité est atteint. Calme, artificieux, attentif avant tout à son intérêt personnel, il savait sacrifier tout orgueil, toute passion qui pouvaient le compromettre. Il avait grand soin de déguiser ses sentimens et ses vues à tout ce qui l'approchait; et on l'entendit répéter souvent que—le roi qui ne savait pas dissimuler ne savait pas régner; et que, quant à lui, s'il croyait que son bonnet connût ses secrets, il le jetterait au feu. Personne, ni dans son siècle, ni dans aucun autre, ne sut mieux tirer parti des faiblesses des autres, et éviter en même temps de donner avantage sur lui, en cédant inconsidérément aux siennes.

Il était cruel et vindicatif, au point de trouver du plaisir aux exécutions fréquentes qu'il commandait. Mais de même qu'aucun mouvement de pitié ne le portait jamais à épargner ceux qu'il pouvait condamner sans rien craindre, jamais aucun désir de vengeance ne lui fit commettre un acte prématuré de violence. Rarement il s'élançait sur sa proie avant qu'elle fût à sa portée et qu'il ne lui restât aucun moyen de fuir; tous ses mouvemens étaient déguisés avec tant de soin, que ce n'était ordinairement que par le succès qu'il avait obtenu qu'on apprenait le but que ses manœuvres avaient voulu atteindre.

De même l'avarice de Louis faisait place à une apparence de prodigalité quand il fallait qu'il gagnât le favori ou le ministre d'un prince rival, soit pour détourner une attaque dont il était menacé, soit pour rompre une confédération dirigée contre lui. Il aimait le plaisir et les divertissemens; mais ni l'amour ni la chasse, quoique ce fussent ses passions dominantes, ne l'empêchèrent jamais de donner régulièrement ses soins aux affaires publiques et à l'administration de son royaume. Il avait une connaissance profonde des hommes, et il l'avait acquise en se mêlant personnellement dans tous les rangs de la vie privée. Quoique naturellement fier et hautain, il ne faisait aucune attention aux distinctions arbitraires de la société; et quoiqu'une telle conduite fût regardée à cette époque comme aussi étrange que peu naturelle, il n'hésitait pas à choisir dans le rang le plus bas les hommes à qui il confiait les emplois les plus importans; mais ces hommes, il savait si bien les choisir, qu'il se trompait rarement sur leurs qualités.

Il y avait cependant des contradictions dans le caractère de ce monarque aussi habile qu'artificieux; car l'homme n'est pas toujours d'accord avec lui-même. Quoique Louis fût le plus faux et le plus trompeur des hommes, quelques-unes des plus grandes erreurs de sa vie vinrent de la confiance trop aveugle qu'il accorda à l'honneur et à l'intégrité des autres. Les fautes qu'il commit dans ce genre semblent avoir eu pour cause un raffinement excessif de sa politique, qui lui persuadait de feindre une confiance sans réserve envers ceux qu'il se proposait de tromper; car, dans sa conduite ordinaire, il était aussi méfiant et aussi soupçonneux qu'aucun tyran qui ait jamais existé. Deux traits peuvent encore servir à compléter l'esquisse du portrait de ce monarque terrible parmi les souverains turbulens de son époque, et qui pourrait être comparé à un gardien au milieu des bêtes féroces qu'il domine par sa seule prudence et son habileté supérieure, mais par lesquelles il serait mis en pièces s'il ne les domptait en leur distribuant avec adresse et discernement la nourriture et les coups.

Le premier de ces traits caractéristiques de Louis XI était une superstition excessive, fléau dont le ciel afflige souvent ceux qui refusent d'écouter les avis de la religion. Jamais Louis ne chercha à apaiser le remords de ses actes criminels en changeant quelque chose à son système machiavélique; mais il s'efforçait, quoique en vain, de calmer sa conscience et de la réduire au silence par des pratiques superstitieuses, des pénitences sévères, et des donations libérales au clergé.

Le second, et il se trouve quelquefois étrangement associé au premier, était le goût des plaisirs crapuleux et des débauches secrètes. Le plus sage ou du moins le plus astucieux des souverains de son temps, il aimait passionnément la vie privée; homme d'esprit lui-même, il jouissait des plaisanteries et des reparties de la conversation plus qu'on n'aurait pu s'y attendre d'après les autres traits de son caractère. Il s'engageait même dans des intrigues obscures et dans des aventures comiques, avec une facilité qui n'était guère d'accord avec son naturel méfiant et ombrageux. Enfin, il avait un goût si prononcé pour les anecdotes de ce genre de galanterie ignoble, qu'il en fit faire une collection bien connue des bibliomanes, pour lesquels la *bonne* édition de cet ouvrage est d'un très-grand prix, et qui seuls doivent se permettre d'y jeter les yeux.

Le ciel fit servir à ses desseins les ravages de la tempête comme la pluie la plus douce. Ce fut par le moyen du caractère prudent et énergique, quoique fort peu aimable, de ce monarque, qu'il lui plut de rendre à la grande nation française les bienfaits d'un gouvernement civil, qu'elle avait presque entièrement perdu au moment de son avènement à la couronne.

Avant de succéder à son père, Louis avait donné plus de preuves de vices que de talens. Sa première femme, Marguerite d'Écosse, avait succombé sous les traits de la calomnie, dans la cour de son mari, sans les encouragemens duquel personne n'eût osé prononcer un seul mot injurieux contre cette aimable princesse. Il avait été fils ingrat et rebelle, tantôt conspirant pour s'emparer de la personne de son père, tantôt lui faisant la guerre ouvertement. Pour le premier de ces crimes, il fut banni dans le Dauphiné, qui était son apanage, et qu'il gouverna avec beaucoup de sagesse. Après le second, il fut réduit à un exil absolu, et forcé de recourir à la merci et presque à la charité du duc de Bourgogne et de son fils, à la cour desquels il reçut, jusqu'à la mort de son père, arrivée en 1461, une hospitalité dont il les paya ensuite assez mal.

Louis XI commençait à peine à régner, qu'il fut presque subjugué par une ligue que formèrent contre lui les grands vassaux de sa couronne, et à la tête de laquelle était le duc de Bourgogne, ou, pour mieux dire, son fils le comte de Charolais. Ils levèrent une armée formidable, firent le blocus de Paris, et livrèrent, sous les murs même de cette capitale, une bataille dont le succès douteux mit la monarchie française à deux doigts de sa perte. Il résulte souvent de ces batailles, dont l'événement est contesté, que le plus sage des deux généraux en recueille, sinon l'honneur, du moins le véritable fruit. Louis, qui avait donné, à celle de Montlhéri, des preuves de courage, sut, par sa prudence, tirer de cette journée incertaine autant de profit que si elle eût été pour lui une victoire complète. Il temporisa jusqu'à ce que ses ennemis eussent rompu leur ligue, et il sema avec tant d'adresse la méfiance et la jalousie entre ces grandes puissances, que leur *ligue du bien public ;* comme ils la nommaient, mais dont le véritable but était de renverser la monarchie française et de n'en laisser subsister que l'ombre, fut complètement dissoute, et ne se renouvela jamais d'une manière si formidable.

Depuis cette époque, Louis, n'ayant rien à craindre de l'Angleterre, déchirée par ses guerres civiles entre les maisons d'York et de Lancastre, s'occupa, pendant plusieurs années, en médecin habile, mais sans pitié, à guérir les blessures du corps politique, ou plutôt à arrêter, tantôt par des remèdes doux, tantôt en employant le fer et le feu, les progrès de la gangrène mortelle dont il était attaqué. Ne pouvant réprimer entièrement les brigandages des compagnies franches et les actes d'oppression d'une noblesse enhardie par l'impunité, il chercha du moins à y mettre des bornes, et peu à peu, à force d'attention et de persévérance, il augmenta d'une part l'autorité royale, et diminua de l'autre le pouvoir de ceux qui la contrebalançaient.

Le roi de France était pourtant toujours entouré d'inquiétudes et de périls. Quoique les membres de la ligue du bien public ne fussent pas d'accord entre eux, ils existaient encore, et les tronçons du serpent pouvaient se réunir et redevenir dangereux ; mais Louis avait surtout à craindre la puissance croissante du duc de Bourgogne, alors un des plus grands princes de l'Europe, et qui ne perdait guère de son rang par la dépendance précaire où se trouvait son duché de la couronne de France.

Charles, surnommé l'Intrépide, ou plutôt le Téméraire, car son courage était allié à une folle audace, portait alors la couronne ducale de Bourgogne, et il brûlait de la changer en couronne royale et indépendante. Le caractère de ce prince formait, sous tous les rapports, un contraste parfait avec celui de Louis XI.

Celui-ci était calme, réfléchi et plein d'adresse, ne poursuivant jamais une entreprise désespérée, et n'en abandonnant aucune dont le succès était probable, quoique éloigné. Le génie du duc était tout différent : il se précipitait dans le péril, parce qu'il l'aimait, et n'était arrêté par aucune difficulté, parce qu'il les méprisait. Louis ne sacrifiait jamais son intérêt à ses passions. Charles, au contraire, ne sacrifiait ni ses passions, ni même ses fantaisies, à aucune considération. Malgré les liens de parenté qui les unissaient, malgré les secours que le duc et son père avaient accordés à Louis pendant son exil, lorsqu'il était dauphin, il régnait entre eux une haine et un mépris réciproques. Le duc de Bourgogne méprisait la politique cauteleuse du roi ; il l'accusait de manquer de courage, quand il le voyait employer l'argent et les négociations pour se procurer des avantages dont, à sa place, il se serait assuré à main armée ; et il le haïssait, non-seulement à cause de l'ingratitude dont ce prince avait payé ses services, mais pour les injures personnelles qu'il en avait reçues. Il ne pouvait lui pardonner les imputations que les ambassadeurs de Louis s'étaient permises contre lui pendant la vie de son père, et surtout l'appui que le roi de France accordait en secret aux mécontens de Gand, de Liège et d'autres grandes villes de Flandre. Ces cités, jalouses de leurs privilèges et fières de leurs richesses, étaient souvent en insurrection contre leurs seigneurs suzerains, et ne manquaient jamais de trouver des secours secrets à la cour de Louis, qui saisissait toutes les occasions de fomenter des troubles dans les États d'un vassal devenu trop puissant.

Louis rendait au duc sa haine et son mépris avec une égale

énergie, quoiqu'il cachât ses sentimens sous un voile moins transparent. Il était impossible qu'un prince d'une sagacité si profonde ne méprisât pas cette obstination opiniâtre qui ne renonçait jamais à ses desseins, quelques suites fatales que pût avoir sa persévérance, et cette témérité impétueuse qui se précipitait dans la carrière sans se donner le temps de réfléchir sur les obstacles qu'elle pouvait y rencontrer. Cependant le roi haïssait le duc Charles encore plus qu'il ne le méprisait, et ces deux sentimens de mépris et de haine acquéraient un nouveau degré d'intensité par la crainte qui s'y joignait; car il savait que l'attaque d'un taureau courroucé, auquel il comparait le duc de Bourgogne, est toujours redoutable, quoique cet animal fonde sur son ennemi les yeux fermés. Cette crainte n'était pas seulement causée par la richesse des domaines de la maison de Bourgogne, par la discipline de ses habitans belliqueux et par la masse de leur population nombreuse; elle avait aussi pour objet les qualités personnelles qui rendaient le duc formidable. Doué d'une bravoure qu'il portait jusqu'à la témérité et même au-delà, prodigue dans ses dépenses, splendide dans sa cour, dans son costume, dans tout ce qui l'entourait, déployant partout la magnificence héréditaire de la maison de Bourgogne, Charles-le-Téméraire attirait à son service tous les esprits ardens de ce siècle, tous ceux dont le caractère était analogue au sien; et Louis ne voyait que trop clairement ce que pouvait tenter et exécuter une pareille troupe d'hommes résolus, sous les ordres d'un chef dont le caractère était aussi indomptable que le leur.

Une autre circonstance augmentait l'animosité de Louis contre un vassal devenu trop puissant. Il en avait reçu des services dont il n'avait jamais eu dessein de s'acquitter, et il était souvent dans la nécessité de temporiser avec lui, d'endurer même des éclats de pétulance insolente et injurieuse à la dignité royale, sans pouvoir le traiter autrement que comme *son beau cousin de Bourgogne.*

C'est à l'année 1468, lorsque la haine divisait ces deux princes plus que jamais, quoiqu'il existât alors entre eux une trève trompeuse et peu sûre, comme cela arrivait souvent, que se rattache le commencement de notre histoire. On pensera peut-être que le rang et la condition du personnage que nous allons faire paraître le premier sur la scène, n'exigeaient guère une dissertation sur la situation relative de deux puissans princes; mais les passions des grands, leurs querelles et leurs réconciliations intéressent la fortune de tout ce qui les approche; et l'on verra, par la suite de cette histoire, que ce chapitre préliminaire était nécessaire pour qu'on pût bien comprendre les aventures du personnage dont nous allons parler.

CHAPITRE II.

Le Voyageur.

« Eh bien! le monde est l'huître, et ce fer l'ouvrira. »
PISTOL.

PAR une délicieuse matinée d'été, avant que le soleil s'armât de ses rayons brûlans, et pendant que la rosée rafraîchissait et parfumait encore l'atmosphère, un jeune homme, arrivant du nord-est, s'approcha du gué d'une petite rivière, ou pour mieux dire d'un grand ruisseau, tributaire du Cher, près du château royal de Plessis, dont les nombreuses tours noires s'élevaient dans le lointain au-dessus de la vaste forêt qui l'entourait. Ces bois comprenaient une *noble-chasse*, ou parc royal fermé par une clôture, qu'on nommait dans le latin du moyen âge *plexitium*, ce qui fit donner le nom de Plessis à un si grand nombre de villages en France. Pour les distinguer des autres portant le même nom, on appelait Plessis-les-Tours le château et le village dont il est ici question. Ils étaient situés à environ deux milles vers le sud de la belle ville capitale de l'ancienne Touraine, dont la riche campagne a été nommée le jardin de la France.

Sur la rive opposée à celle dont le voyageur s'approchait, deux hommes qui paraissaient occupés d'une conversation sérieuse semblaient de temps en temps examiner ses mouvemens; car, se trouvant sur une position beaucoup plus élevée que la sienne, ils avaient pu l'apercevoir à une distance considérable.

Le jeune voyageur pouvait avoir de dix-neuf à vingt ans. Ses traits et son extérieur prévenaient en sa faveur, mais annonçaient que le pays dans lequel il se trouvait ne lui avait pas donné le jour. Son habit gris fort court et son haut-de-chausses étaient coupés à la mode de Flandre plutôt qu'à celle de France, et son élégante toque bleue, surmontée d'une branche de houx et d'une plume d'aigle, le faisait reconnaître pour un Écossais. Son costume était fort propre, et arrangé avec le soin d'un jeune homme qui n'ignore pas qu'il est bien tourné. Il portait sur le dos un havresac qui semblait contenir son petit bagage; sa main gauche était couverte d'un de ces gants qui servaient à tenir un faucon, quoiqu'il n'eût pas d'oiseau, et il tenait de la main droite un épieu de chasseur. A son épaule gauche était fixée une écharpe brodée, à laquelle était suspendu un petit sac de velours écarlate, semblable à ceux que portaient les fauconniers de distinction, et où ils mettaient la nourriture de leurs faucons et tous les objets nécessaires pour cette chasse favorite. Cette écharpe était croisée par une autre bandoulière qui soutenait un couteau de chasse. Au lieu des bottes qu'on portait à cette époque, ses jambes étaient couvertes de brodequins de peau de daim à demi tannée.

Quoique sa taille n'eût pas atteint tout son développement, il était grand, bien fait, et la légèreté de sa marche prouvait que, s'il voyageait en piéton, il y trouvait plus de plaisir que de fatigue. Il avait le teint blanc, quoique un peu bruni, soit par l'influence des rayons du soleil de ce climat étranger, soit parce qu'il avait été constamment exposé au grand air dans sa terre natale.

Ses traits, sans être parfaitement réguliers, étaient agréables et pleins de candeur. Un demi-sourire, qui semblait naître de l'heureuse insouciance de la jeunesse, montrait de temps en temps que ses dents étaient bien rangées, et blanches comme de l'ivoire; ses yeux bleus, brillans et pleins de gaieté, se fixaient sur chaque objet qu'ils rencontraient, avec une expression de bonne humeur, de joyeuse franchise et de bonne résolution.

Le salut du petit nombre de voyageurs qu'il rencontrait sur la route, dans ces temps dangereux, était reçu et rendu par lui suivant le mérite de chacun. Le militaire traîneur, moitié soldat, moitié brigand, mesurait le jeune homme des yeux, comme pour calculer les chances du butin ou d'une résistance déterminée; mais il voyait bientôt dans les regards du jeune voyageur une assurance qui faisait tellement pencher la balance du dernier côté, qu'il renonçait à son projet criminel pour lui dire avec humeur : — Bonjour, camarade! — salut auquel le jeune Écossais répondait d'un ton tout aussi martial quoique moins bourru. Le pèlerin et le frère mendiant répondaient à sa salutation respectueuse par une bénédiction paternelle; et la jeune paysanne aux yeux noirs se retournant pour le regarder quand elle l'avait dépassé de quelques pas, ils échangeaient ensemble un bonjour en souriant. En un mot, il y avait quelque chose en lui qui excitait naturellement l'attention, et il exerçait une attraction véritable, qui prenait sa source dans la réunion d'une franchise intrépide, d'une humeur enjouée, d'un air spirituel, d'un extérieur agréable. Tout son aspect semblait aussi indiquer un jeune homme entré dans le monde sans la moindre crainte des dangers qui en assiègent toutes les avenues, et n'ayant guère pourtant d'autres moyens de lutter contre les obstacles, qu'un esprit plein de vivacité et une bravoure naturelle : or, c'est avec de tels caractères que la jeunesse sympathise le plus volontiers, comme c'est pour ceux-là aussi que la vieillesse et l'expérience éprouvent un intérêt affectueux.

Le jeune homme dont nous venons de faire le portrait avait été aperçu depuis long-temps par les deux individus qui se promenaient le long de la rivière, sur le bord opposé où étaient situés le parc et le château; mais comme il descendait la rive escarpée avec la légèreté d'un daim courant vers une fontaine pour s'y désaltérer, le moins âgé des deux dit à l'autre :

— C'est notre jeune homme, c'est le Bohémien; s'il essaie de passer la rivière, il est perdu : les eaux sont enflées, la rivière n'est pas guéable.

— Qu'il fasse cette découverte lui-même, compère, répondit le plus âgé; il est possible que cela épargne une corde et fasse mentir un proverbe.[1]

— Je ne le reconnais qu'à sa toque bleue, reprit le premier, car je ne puis distinguer sa figure : écoutez ! il crie pour nous demander si l'eau est profonde.

— Il n'a qu'à essayer, répliqua l'autre; il n'y a en ce monde rien de tel que l'expérience.

Cependant le jeune homme, voyant qu'on ne lui faisait aucun signe pour le détourner de son intention, et prenant le silence de ceux à qui il s'adressait pour une assurance qu'il ne courait aucun risque, entra dans le ruisseau sans hésiter et sans autre délai que celui qui fut nécessaire pour ôter ses brodequins. Le plus âgé des deux inconnus lui cria au même instant de prendre garde à lui; et se tournant vers son compagnon :

— Par la mort-Dieu, compère, lui dit-il à demi-voix,

vous avez fait encore une méprise; ce n'est pas le bavard de Bohémien.

Mais cet avis arriva trop tard pour le jeune homme : ou il ne l'entendit pas, ou il ne put en profiter, car il avait déjà perdu pied; la mort eût été inévitable pour tout homme moins alerte et moins habitué à nager, le ruisseau étant alors aussi profond que rapide.

—Par sainte Anne! s'écria le même interlocuteur, c'est un jeune homme intéressant! Courez, compère, et réparez votre méprise en le secourant si vous le pouvez : il est de votre troupe; et si les vieux dictons ne mentent pas, l'eau ne le noiera point.

Dans le fait, le jeune voyageur nageait si vigoureusement, et fendait l'eau avec tant de dextérité, que, malgré l'impétuosité du courant, il aborda à la rive opposée presque en ligne droite de l'endroit d'où il était parti.

Pendant ce temps, le moins âgé des deux inconnus avait couru sur le bord de l'eau pour donner du secours au nageur, tandis que l'autre le suivait à pas lents, se disant à lui-même, chemin faisant : —Sur mon ame, le voilà à terre; il empoigne son épieu : si je ne me presse davantage, il battra mon compère pour la seule action charitable que je l'aie jamais vu faire de sa vie.

Il avait quelque raison pour supposer que tel serait le dénouement de cette aventure; car le brave Écossais avait déjà accosté le Samaritain qui venait à son secours, en s'écriant d'un ton courroucé :—Chien discourtois! pourquoi ne m'avez-vous pas répondu quand je vous ai demandé si la rivière était guéable? Que le diable m'emporte si je ne vous apprends à mieux connaître une autre fois les égards qui sont dus à un étranger!

Il accompagnait ces paroles de ce mouvement formidable de son bâton qu'on appelle *le moulinet*, parce qu'on tient le bâton par le milieu en brandissant les deux bouts dans tous les sens, comme les ailes d'un moulin que le vent fait tourner. Son antagoniste, se voyant ainsi menacé, mit la main sur son épée ; car c'était un de ces hommes qui, en toute occasion, sont toujours plus disposés à agir qu'à discourir. Mais son compagnon plus réfléchi, étant arrivé en ce moment, lui ordonna de se modérer, et se tournant vers le jeune homme, l'accusa à son tour d'imprudence et de précipitation pour s'être jeté dans une rivière dont les eaux étaient enflées, et d'un emportement injuste, pour vouloir chercher querelle à un homme qui accourait à son secours.

En entendant un homme d'un âge avancé et d'un air respectable lui adresser de tels reproches, le jeune Écossais baissa sur-le-champ son bâton, et répondit qu'il serait bien fâché d'être injuste envers eux, mais que véritablement il lui semblait qu'ils l'avaient laissé mettre ses jours en péril, faute d'avoir daigné dire un mot pour l'avertir; ce qui ne convenait ni à d'honnêtes gens ni à de bons chrétiens, encore moins à de respectables bourgeois, comme ils paraissaient être.

— Beau fils, dit le plus âgé, à votre air et à votre accent, on voit que vous êtes étranger ; et vous devriez songer que, quoique vous parliez facilement notre langue, il ne nous est pas aussi aisé de comprendre vos discours.

— Eh bien, mon père, répondit le jeune homme, je m'embarrasse fort peu du bain que je viens de prendre, et je vous pardonnerai d'en avoir été la cause en partie, pourvu que vous m'indiquiez quelque endroit où je puisse faire sécher mes habits, car je n'en ai pas d'autres, et il faut que je tâche de les conserver dans un état présentable.

— Pour qui nous prenez-vous, beau fils? lui demanda le même interlocuteur au lieu de répondre à sa question.

— Pour de bons bourgeois, sans contredit, répondit l'Écossais; ou bien, tenez, vous, mon maître, vous m'avez l'air d'un traficant d'argent ou d'un marchand de grains, et votre compagnon me semble un boucher ou un nourrisseur de bestiaux.

— Vous avez admirablement deviné nos professions, dit en souriant celui qui venait de l'interroger. Il est très-vrai que je trafique en argent autant que je le puis, et le métier de mon compère a quelque analogie avec celui de boucher. Quant à vous, nous tâcherons de vous servir : mais il faut d'abord que je sache qui vous êtes et où vous allez; car, dans le moment actuel, les routes sont remplies de voyageurs à pied et à cheval, qui ont dans la tête toute autre chose que des principes d'honnêteté et la crainte de Dieu.

Le jeune homme jeta un regard vif et pénétrant sur l'individu qui lui parlait ainsi, et sur son compagnon silencieux, comme pour s'assurer s'ils méritaient la confiance qu'on lui demandait; et voici quel fut le résultat de ses observations.

Le plus âgé de ces deux hommes, celui que son costume et sa tournure rendaient le plus remarquable, ressemblait au négociant ou au marchand de cette époque. Sa jaquette, ses hauts-de-chausses et son manteau étaient d'une même étoffe, d'une couleur brune, et montraient tellement la corde, que l'esprit malin du jeune Écossais en conclut qu'il fallait que celui qui les portait fût très-riche ou très-pauvre; et il inclinait vers la première supposition. Ses vêtemens étaient très-courts et étroits, mode non adoptée alors par la noblesse, ni même par des citoyens d'une classe respectable, qui portaient des habits fort lâches et descendant à mi-jambe.

L'expression de sa physionomie était en quelque sorte prévenante et repoussante à la fois; ses traits prononcés, ses joues flétries et ses yeux creux avaient pourtant une expression de malice et de gaieté qui se trouvait en rapport avec le caractère du jeune aventurier. Mais, d'une autre part, ses gros sourcils noirs avaient quelque chose d'imposant et de sinistre. Peut-être cet effet devenait-il encore plus frappant à cause du chapeau à forme basse, en fourrure, qui, lui couvrant le front, ajoutait une ombre de plus à celle de ses épais sourcils; mais il est certain que le jeune étranger éprouva quelque difficulté pour concilier le regard de cet inconnu avec le reste de son extérieur, qui n'avait rien de distingué. Son chapeau surtout, partie du costume sur laquelle tous les gens de qualité portaient quelque bijou en or ou en argent, n'avait d'autre ornement qu'une plaque de plomb représentant la Vierge, semblable à celles que les pauvres pèlerins rapportaient de Lorette.

Son compagnon était un homme robuste, de moyenne taille, et plus jeune d'une dizaine d'années. Il avait ce qu'on appelle l'air en dessous, et un sourire sinistre, quand par hasard il souriait, ce qui ne lui arrivait jamais que par forme de réponse à certains signes secrets qu'il échangeait avec l'autre inconnu. Il était armé d'une épée et d'un poignard, et l'Ecossais remarqua qu'il cachait sous son habit uni un *jaseran* ou cotte de mailles flexible, telle qu'en portaient souvent, dans ces temps périlleux, même les hommes qui n'avaient pas pris le parti des armes, mais que leur profession obligeait à de fréquens voyages; ce qui le confirma dans l'idée que ce pouvait être un boucher, un nourrisseur de bestiaux, ou un homme occupé de quelque métier de ce genre.

Le jeune Écossais n'eut besoin que d'un instant pour faire les observations dont il nous a fallu quelque temps pour rendre compte, et il répondit, après un moment de silence et en faisant une légère salutation : — Je ne sais à qui je puis avoir l'honneur de parler, mais il m'est indifférent qu'on sache que je suis un cadet écossais, et que je viens chercher fortune en France ou ailleurs, suivant la coutume de mes compatriotes.

— Pâques-Dieu! s'écria l'aîné des deux inconnus, et c'est une excellente coutume. Vous semblez un garçon de bonne mine, et de l'âge qu'il faut pour réussir avec les hommes et avec les femmes. Eh bien! qu'en dites-vous? je suis commerçant, et j'ai besoin d'un jeune homme pour m'aider dans mon trafic. Mais je suppose que vous êtes

4

trop gentilhomme pour vous mêler des travaux ignobles du négoce.

— Mon beau monsieur, si vous me faites cette offre sérieusement, ce dont j'ai quelque doute, je vous dois des remerciemens ; je vous prie de les agréer : mais je crois que je ne vous serai pas fort utile dans votre commerce.

— Oh ! je crois bien que tu es plus habile à tirer de l'arc qu'à rédiger un mémoire de marchandises, et que tu sais manier un sabre mieux que la plume ; n'est-il pas vrai ?

— Je suis un homme de bruyères, monsieur, et par conséquent archer, comme nous le disons. Mais j'ai été dans un couvent, et les bons pères m'ont appris à lire, à écrire, et même à compter.

— Pâques-Dieu ! cela est trop magnifique. Par Notre-Dame d'Embrun, tu es un véritable prodige, l'ami !

— Riez tant qu'il vous plaira, mon beau maître, répliqua le jeune homme qui n'était pas très-satisfait du ton de plaisanterie de sa nouvelle connaissance ; quant à moi, je pense que je ferais bien d'aller me sécher, au lieu de m'amuser ici à répondre à vos questions, tandis que l'eau découle de mes habits.

— Pâques-Dieu ! s'écria le même inconnu en riant encore plus haut, le proverbe ne ment jamais : *fier comme un Écossais.*— Allons, jeune homme, vous êtes d'un pays que j'estime, ayant fait autrefois commerce avec l'Écosse. Les Écossais sont un peuple pauvre et honnête. Si vous voulez nous accompagner au village, je vous donnerai un verre de vin chaud et un bon déjeuner, pour vous dédommager de votre bain. Mais, Tête-Bleue ! que faites-vous de ce gant de chasse sur votre main ? Ne savez-vous pas que la chasse à l'oiseau n'est pas permise dans un parc royal ?

— C'est ce que m'a appris un coquin de forestier du duc de Bourgogne. Je n'avais fait que lâcher sur un héron, près de Péronne, le faucon que j'avais apporté d'Écosse, et sur lequel je comptais pour fixer l'attention sur moi ; le pendard le perça d'une flèche.

— Et que fîtes-vous alors ?

— Je le battis, répondit le jeune brave en brandissant son bâton ; je le battis autant qu'un chrétien peut en battre un autre sans le tuer ; car je ne voulais pas avoir sa mort à me reprocher.

— Savez-vous que si vous étiez tombé entre les mains du duc de Bourgogne, il vous aurait fait pendre comme une châtaigne ?

— Oui, on m'a dit qu'en fait de cette besogne, il y va aussi vite que le roi de France ; mais, comme cela était arrivé près de Péronne, je sautai par-dessus la frontière, et je me moquai de lui. S'il n'avait pas été un prince si emporté, j'aurais peut-être pris du service dans ses troupes.

— Il aura à regretter la perte d'un tel paladin, si la trêve vient à se rompre !

Et celui qui parlait ainsi jeta en même temps un coup d'œil sur son compagnon ; celui-ci répondit par un de ces sourires en dessous qui animaient un moment sa physionomie, comme un éclair illumine un instant un ciel d'hiver.

Le jeune Écossais les regarda tour à tour, en enfonçant son bonnet sur l'œil droit, en homme qui ne veut servir de jouet à personne. — Mes maîtres, leur dit-il avec fermeté, et vous surtout qui êtes le plus âgé, et qui devriez être le plus sage, il faudra, je crois, que je vous apprenne qu'il n'est ni sage ni prudent de plaisanter à mes dépens. Le ton de votre conversation ne me plaît nullement. Je sais entendre la plaisanterie, souffrir une réprimande de la part d'un homme plus âgé que moi, et même l'en remercier quand je sens que je l'ai méritée ; mais je n'aime pas à être traité comme un enfant, quand Dieu sait que je me crois assez homme pour vous frotter convenablement tous les deux, si vous me poussez à bout.

Celui à qui il s'adressait particulièrement semblait prêt

à étouffer de rire en l'entendant parler ainsi. La main de son compagnon se portait de nouveau sur la garde de son épée, lorsque le jeune homme lui asséna sur le poignet un coup de bâton si bien appliqué qu'il lui eût été impossible de s'en servir : cet incident ne fit qu'augmenter la bonne humeur de l'autre.

— Holà ! holà ! très-vaillant Écossais ! s'écria-t-il pourtant ; par amour pour ta chère patrie ! Et vous, compère, point de regards menaçans. Pâques-Dieu ! il faut de la justice dans le commerce, et un bain peut servir de compensation pour un coup donné sur le poignet avec tant de grace et d'agilité. Écoutez-moi, l'ami, ajouta-t-il en s'adressant au jeune étranger avec une gravité sérieuse qui lui en imposa et lui inspira du respect en dépit de lui-même : plus de violence ; il ne serait pas sage de vous y livrer contre moi, et vous voyez que mon compère est suffisamment payé. Quel est votre nom ?

— Quand on me fait une question avec civilité, je puis y répondre de même, et je suis disposé à avoir pour vous le respect dû à votre âge, à moins que vous n'épuisiez ma patience par vos railleries. Ici, en France et en Flandre, on s'est amusé à m'appeler le *varlet* au sac de velours, à cause du sac à faucon que je porte ; mais mon véritable nom, dans mon pays, est Quentin Durward.

— Durward ! et ce nom est-il celui d'un gentilhomme ?

— Depuis quinze générations. Et c'est ce qui fait que je ne me soucie pas de suivre une autre profession que celle des armes.

— Véritable Écossais ! j'en réponds : surabondance de sang, surabondance d'orgueil, et grande pénurie de ducats. Eh bien ! compère, marchez en avant et faites-nous préparer à déjeuner au bosquet des Mûriers, car ce jeune homme fera autant d'honneur au repas qu'une souris affamée en ferait au fromage d'une ménagère. — Et quant au Bohémien, écoute-moi.

Il lui dit quelques mots à l'oreille; son compagnon n'y répondit que par un sourire d'intelligence qui avait quelque chose de sombre, et il partit d'un assez bon pas.

— Eh bien! dit le premier au jeune Durward, maintenant nous allons faire route ensemble; et en traversant la forêt nous pourrons entendre la messe à la chapelle de Saint-Hubert; car il n'est pas juste de s'occuper des besoins du corps avant d'avoir songé à ceux de l'ame.

Durward, en bon catholique, n'avait pas d'objection à faire à cette proposition, quoiqu'il eût probablement désiré commencer par faire sécher ses habits et prendre quelques rafraîchissemens. Ils eurent bientôt perdu de vue le compagnon du marchand; mais en suivant le même chemin qu'il avait pris, ils entrèrent bientôt dans un bois planté de grands arbres entremêlés de buissons et de broussailles, et traversé par de longues avenues dans lesquelles ils voyaient passer des troupeaux de daims dont la sécurité semblait annoncer qu'ils sentaient que ce parc était un asile pour eux.

—Vous me demandiez si j'étais bon archer, dit le jeune Écossais; donnez-moi un arc et une couple de flèches, et je vous réponds que vous aurez de la venaison.

—Pâques-Dieu! mon jeune ami, prenez-y bien garde. Mon compère a l'œil ouvert sur les daims; il est chargé d'y veiller, et c'est un garde rigide.

—Il ressemble plutôt à un boucher qu'à un joyeux forestier. Je ne puis croire que ce visage de pendard appartienne à quelqu'un qui connaisse les nobles règles de la vénerie.

—Ah! mon jeune ami, mon compère n'a pas la figure prévenante à la première vue, et cependant aucun de ceux qui ont eu affaire à lui n'a jamais été s'en plaindre.

Quentin Durward trouva quelque chose de singulier et de désagréablement expressif dans le ton dont ces derniers mots avaient été prononcés, et levant tout à coup les yeux sur son compagnon, il crut voir sur sa physionomie, dans le sourire qui couvpait ses lèvres, et dans le clignement de son œil noir et plein de vivacité, de quoi justifier la surprise qu'il éprouvait.

—J'ai entendu parler de voleurs, de brigands, de coupe-jarrets, pensa-t-il en lui-même ; ne serait-il pas possible que le drôle qui est en avant fût un assassin, et que celui-ci fût chargé de lui amener sa proie dans un endroit convenable ? Je me tiendrai sur mes gardes, et ils n'auront guère de moi que de bons horions écossais.

Tandis qu'il réfléchissait ainsi, ils arrivèrent à une clairière où les grands arbres de la forêt étaient plus écartés les uns des autres. La terre, nettoyée des buissons et des broussailles, y était couverte d'un tapis de la plus riche verdure, qui, protégée par les grands arbres contre l'ardeur brûlante du soleil, était plus fraîche et plus belle qu'on ne la trouve généralement en France. Les arbres, en cet endroit retiré, étaient principalement des bouleaux et des ormes gigantesques qui s'élevaient comme des montagnes de feuilles. Au milieu de ces superbes enfans de la terre, dans l'endroit le plus découvert, s'élevait une humble chapelle près de laquelle coulait un petit ruisseau. L'architecture en était simple et même grossière. A quelques pas, on voyait une cabane pour l'ermite ou le prêtre qui se consacrait au service de l'autel dans ce lieu solitaire. Dans une niche pratiquée au-dessus de la porte, une petite statue représentait saint Hubert, avec un cor passé autour du cou, et deux levriers à ses pieds. La situation de cette chapelle, au milieu d'un parc rempli de gibier, avait fait naître naturellement l'idée de la dédier au saint qui est le patron des chasseurs.

Le vieillard, suivi du jeune Durward, dirigea ses pas vers ce petit édifice consacré par la religion ; et comme ils en approchaient, le prêtre, revêtu de ses ornemens sacerdotaux, sortit de sa cellule et entra dans la chapelle, probablement pour y exercer son saint ministère. Durward s'inclina profondément devant lui, par respect pour son caractère sacré; mais son compagnon porta plus loin la dévotion, et mit un genou en terre pour recevoir la bénédiction du saint homme. Il le suivit dans l'église à pas lents, et d'un air qui exprimait la contrition et l'humilité la plus sincère.

L'intérieur de la chapelle était orné de manière à rappeler les occupations auxquelles s'était livré le saint patron quand il était sur terre. Les plus riches dépouilles des animaux qu'on poursuit à la chasse dans différens pays tenaient lieu de tapisserie et de tenture autour de l'autel et dans toute l'église. On y voyait suspendus, le long des murs, des cors, des arcs, des carquois, mêlés avec des têtes de cerfs, de loups et d'autres animaux; en un mot, tous les ornemens avaient un caractère forestier. La messe même y répondit, car elle fut très-courte, étant ce qu'on appelait une messe de chasse, telle qu'on la célébrait devant les nobles et les grands qui, en assistant à cette solennité, étaient ordinairement impatiens de pouvoir se livrer à leur amusement favori. Pendant cette courte cérémonie, le compagnon de Durward parut y donner l'attention la plus entière et la plus scrupuleuse, tandis que le jeune Écossais, n'étant pas tout-à-fait aussi occupé de pensées religieuses, ne pouvait s'empêcher de se reprocher intérieurement d'avoir pu concevoir des soupçons injurieux contre un homme qui paraissait si humble et si dévot. Bien loin de le regarder alors comme associé et complice de brigands, il était presque tenté de le prendre pour un saint.

Quand la messe fut finie, ils sortirent ensemble de la chapelle, et l'inconnu dit à Durward :—Nous sommes maintenant à peu de distance du village, et vous pouvez rompre le jeûne en toute sûreté de conscience. Suivez-moi.

Tournant sur la droite, et prenant un chemin qui montait graduellement, il recommanda à son compagnon d'avoir grand soin de ne pas s'écarter du sentier, et d'en garder le milieu autant qu'il le pourrait.

Durward lui demanda pourquoi il lui recommandait cette précaution.

— C'est que nous sommes près de la cour, jeune homme; et, Pâques-Dieu! on ne marche pas dans cette région comme sur vos montagnes couvertes de bruyères. A l'exception du sentier que nous suivons, chaque toise de terrain est rendue dangereuse et presque impraticable par des pièges et des trappes armées de faux qui tranchent les membres du voyageur imprudent, comme la serpette du jardinier coupe une branche d'aubépine. Des pointes de fer vous traverseraient les pieds, et il y a des fosses assez profondes pour vous y ensevelir à jamais. Vous êtes maintenant dans l'enceinte du domaine royal, et nous allons voir tout à l'heure la façade du château.

— Si j'étais le roi de France, je ne me donnerais pas tant de peine pour placer autour de ma demeure des pièges et des trappes. Au lieu de cela, je tâcherais de gouverner si bien, que personne n'oserait en approcher avec de mauvaises intentions; et quant à ceux qui y viendraient avec des sentimens de paix et d'affection, plus le nombre en serait grand, plus j'en serais charmé.

Le compagnon de l'Ecossais regarda autour de lui d'un air alarmé, et lui dit : — Silence, sire varlet au sac de velours, silence! car j'ai oublié de vous dire que les feuilles de ces arbres ont des oreilles, et qu'elles rapportent dans le cabinet du roi tout ce qu'elles entendent.

— Je m'en inquiète fort peu, répondit Quentin Durward; j'ai dans la bouche une langue écossaise, et elle est assez hardie pour dire ce que je pense en face du roi Louis : que Dieu le protège! Et quant aux oreilles dont vous parlez, si je les voyais sur une tête humaine, je les abattrais avec mon couteau de chasse.

CHAPITRE III.

Le Château.

« Un imposant château se présente à la vue ;
« Par des portes de fer l'entrée est défendue,
« Les murs en sont épais et les fossés profonds :
« On y voit des créneaux, des tours, des bastions,
« Et des soldats armés veillent sur les murailles. »
Anonyme.

Tandis que Durward et sa nouvelle connaissance parlaient ainsi, ils arrivèrent vis-à-vis de la façade de Plessis-les-Tours, château qui, même dans ces temps dangereux, où les grands étaient obligés de résider dans des places fortes, était remarquable par les précautions jalouses qu'on prenait pour en rendre l'accès difficile.

A partir de la lisière du bois où le jeune Écossais s'était arrêté avec son compagnon pour contempler cette résidence royale, s'étendait, ou pour mieux dire s'élevait, quoique par une montée fort douce, une esplanade découverte, sur laquelle on ne voyait ni arbre, ni arbuste, à l'exception d'un chêne gigantesque, à demi mort de vieillesse. Cet espace avait été laissé ouvert, conformément aux règles de fortification de tous les siècles, afin que l'ennemi ne pût approcher des murs à couvert et sans être aperçu du haut du château, situé à l'extrémité de cette esplanade.

Le château était entouré de trois remparts extérieurs garnis de créneaux et de tourelles de distance en distance, et notamment à tous les angles. Le second mur s'élevait plus haut que le premier, et était construit de manière à commander celui-ci, si l'ennemi parvenait à s'en emparer : il en était de même du troisième, qui formait la barrière intérieure. Autour du mur extérieur (ce dont le Français informa son compagnon, attendu qu'étant placés plus bas que le niveau des fondations ils ne pouvaient l'apercevoir) on avait creusé un fossé d'environ vingt pieds de profondeur, où l'eau arrivait au moyen d'une saignée qu'on avait faite au Cher, ou plutôt à une de ses branches tributaires. Un second fossé régnait au pied du second mur; un troisième défendait pareillement la dernière muraille, et tous trois étaient également de dimension peu ordinaire. Les rives intérieure et extérieure de ce triple fossé étaient garnies de palissades en fer qui atteignaient le même but que ce qu'on appelle des *chevaux-de-frise* en termes de fortification modernes, car chaque pieu de fer se terminait en différentes pointes bien aiguës, et divergentes en tous sens, de sorte qu'on ne pouvait risquer une escalade sans s'exposer à une mort certaine.

Dans l'intérieur de l'enceinte formée par le troisième mur s'élevait le château, composé de bâtimens construits à différentes dates, dont le plus ancien était une tour noircie par le temps, qui semblait un géant éthiopien d'une taille démesurée; l'absence de toute autre fenêtre plus grande que des barbacanes pratiquées à distances inégales, pour servir à la défense de la forteresse, faisait naître, à l'approche de cette tour, cette sensation pénible qu'on éprouve en voyant un aveugle.

Les autres bâtimens ne semblaient pas devoir être beaucoup plus agréables pour ceux qui les habitaient, car toutes les fenêtres s'ouvraient sur une cour intérieure, de sorte que tout l'extérieur annonçait une prison plutôt qu'un palais. Le roi régnant avait même ajouté à cette ressemblance, en faisant construire les fortifications nouvelles de manière à ce qu'on ne pût les distinguer des anciennes; car il était, comme la plupart des gens soupçonneux, très-jaloux de cacher ses soupçons. On avait employé pour cela des briques et des pierres de la couleur la plus sombre, et mêlé de la suie dans le ciment, de manière que tous les bâtimens avaient uniformément la même teinte d'antiquité.

Cette place formidable n'avait qu'une seule entrée, du moins Durward n'en vit qu'une seule sur toute la façade; elle était flanquée, selon l'usage, de deux fortes tours, et défendue par une herse en fer et un pont-levis. La herse était baissée, et le pont-levis levé. Des tours semblables s'élevaient de même à la seconde et à la troisième enceinte; mais elles n'étaient pas sur la même ligne que celles de la première, car on ne pouvait aller directement d'une porte à l'autre; mais après avoir passé la première, on avait à faire une cinquantaine de pas entre les deux premiers murs avant d'arriver à la seconde; et en supposant que ce fût une troupe ennemie, elle était exposée aux traits dont on pouvait l'accabler des deux côtés. De même, après avoir passé la seconde porte, il fallait dévier encore une fois de la ligne droite pour gagner la troisième; de sorte que, pour entrer dans la cour, au centre de laquelle s'élevaient les bâtimens, il fallait traverser deux défilés étroits et dangereux, en prêtant le flanc à des décharges d'artillerie, et forcer trois portes défendues de la manière la plus formidable.

Venant d'un pays non moins désolé par une guerre étrangère que par les divisions intestines, et dont la surface inégale et montagneuse, fertile en rochers et en torrens, offre tant de situations admirablement fortifiées, le jeune Durward connaissait assez bien tous les différens moyens par lesquels les hommes, dans ce siècle encore un peu barbare, cherchaient à protéger leurs habitations; mais il avoua franchement à son compagnon qu'il n'aurait pas cru qu'il fût au pouvoir de l'art de faire tant dans un lieu où la nature avait fait si peu; car le château, comme nous l'avons donné à entendre, n'était situé que sur une éminence peu élevée, à laquelle on montait par une rampe fort douce, depuis l'endroit où Quentin s'était arrêté.

Pour ajouter à sa surprise, son compagnon lui apprit

qu'à l'exception du sentier tournant par lequel ils étaient arrivés, tous les environs du château étaient, de même que la partie de bois qu'ils venaient de traverser, parsemés de pièges, de trappes, de fosses et d'embûches de toutes sortes, qui menaçaient de mort quiconque oserait s'y hasarder sans guide; il y avait sur les murs des espèces de guérites en fer, appelées *nids d'hirondelles*, d'où les sentinelles, lui dit-il, régulièrement postées, pouvaient tirer presqu'à coup sûr contre quiconque oserait se présenter sans avoir le signal ou le mot d'ordre, qui était changé chaque jour; les archers de la garde royale remplissaient nuit et jour ce devoir, pour lequel ils recevaient du roi Louis profit et honneur, une forte paie et de riches habits.

—Et maintenant, jeune homme, ajouta-t-il, dites-moi si vous avez jamais vu un château aussi fort, et si vous pensez qu'il existe des gens assez hardis pour le prendre d'assaut?

Durward était resté long-temps les yeux fixés sur cette forteresse, dont la vue l'intéressait à un tel point qu'il en oubliait que ses vêtemens étaient mouillés. A la question qui venait de lui être faite, ses yeux étincelèrent, et son visage s'anima de nouvelles couleurs, semblable à un homme entreprenant qui médite un trait de hardiesse.

—C'est une place très-forte et bien gardée, répondit-il; mais il n'y a rien d'impossible pour les braves.

—Et en connaissez-vous dans votre pays qui y réussiraient? demanda le vieillard d'un ton un peu dédaigneux.

—Je n'oserais l'affirmer; mais il s'y trouve des milliers d'hommes qui, pour une bonne cause, ne reculeraient pas devant cette entreprise.

—Oui-dà! et vous vous comptez peut-être dans ce nombre?

—Je ferais mal de me vanter quand il n'y a aucun danger; mais mon père a fait un trait assez hardi, et je me flatte que je ne suis point bâtard.

—Eh bien! vous pourriez trouver à qui parler, et même

des compatriotes; car les archers écossais de la garde du roi Louis sont en sentinelle sur ces murs,—trois cents gentilshommes des meilleures maisons de votre pays.

—En ce cas, si j'étais le roi Louis, je me confierais en ces trois cents gentilshommes écossais, j'abattrais ces murs pour combler les fossés, j'appellerais près de moi mes pairs et mes paladins, et je vivrais en roi, faisant rompre des lances dans des tournois, donnant des festins le jour à mes nobles, dansant la nuit avec les dames, et ne craignant pas plus un ennemi qu'une mouche.

Son compagnon sourit encore; et tournant le dos au château, dont il lui dit qu'ils s'étaient un peu trop approchés, il le fit rentrer dans le bois, en prenant un chemin plus large et plus battu que le sentier par lequel ils étaient venus.

—Cette route, lui dit-il, conduit au village du Plessis; et comme étranger, vous trouverez à vous y loger honorablement et à un prix raisonnable. A environ deux milles plus loin est la belle ville de Tours, qui donne son nom à cette riche et superbe province. Mais le village du Plessis, ou Plessis-du-Parc, comme on l'appelle à cause de sa proximité du château du roi et du parc royal qui l'entoure, vous fournira un asile plus voisin et non moins hospitalier.

—Je vous remercie de vos renseignemens, mon bon maître, mais mon séjour ici ne sera pas long, et si je trouve au village du Plessis, Plessis-le-Parc ou Plessis-l'Étang, un morceau de viande à manger et quelque chose de meilleur que de l'eau à boire, mes affaires y seront bientôt terminées.

—Je m'imaginais que vous aviez quelque ami à voir dans ces environs.

—C'est la vérité, le propre frère de ma mère; et avant qu'il quittât les montagnes d'Angus, c'était le plus bel homme dont *les brogues*[1] en eussent foulé les bruyères.

—Et comment le nommez-vous? Je vous le ferai cher-

(1) Sandales à brodequins.—Éd.

cher; car il ne serait pas prudent à vous de monter au château. On pourrait vous prendre pour un espion.

—Par la main de mon père! me prendre pour un espion! Celui qui oserait me donner un nom pareil sentirait le froid du fer que je porte. Quant au nom de mon oncle, je n'ai nulle raison pour le cacher. Il se nomme Lesly. C'est un nom noble et honorable.

—Je n'en doute nullement; mais il se trouve dans la garde écossaise trois personnes qui le portent.

—Mon oncle se nomme Ludovic Lesly.

—Mais parmi les trois Lesly, deux portent le nom de Ludovic.

—On surnommait mon parent Ludovic à la cicatrice; car nos noms de famille sont si communs en Écosse, que, lorsqu'on n'a pas de terre dont on puisse prendre le nom pour se distinguer, on porte toujours un sobriquet.

—Un nom de guerre, vous voulez dire? Mais je vois que le Lesly dont vous parlez est celui que nous surnommons *le Balafré*, à cause de la cicatrice qu'il porte sur la figure. C'est un brave homme et un bon soldat. Je désire pouvoir vous faciliter une entrevue avec lui, car il appartient à un corps dont les devoirs sont stricts, et ceux qui le composent sortent rarement du château, à moins que ce ne soit pour escorter la personne du roi. Et maintenant, jeune homme, répondez à une question. Je parie que vous désirez entrer, comme votre oncle, dans la garde écossaise. Si tel est votre projet, il est un peu hardi, d'autant plus que vous êtes fort jeune, et que l'expérience de quelques années est nécessaire pour remplir les hautes fonctions auxquelles vous aspirez.

—Il est possible que j'aie eu quelque idée semblable, mais, si cela est, la fantaisie en est passée.

—Que voulez-vous dire, jeune homme? Parlez-vous avec ce ton de légèreté d'une garde dans laquelle les plus nobles de vos compatriotes sont jaloux d'être admis?

—Je leur en fais mon compliment. Pour parler franchement, j'aurais assez aimé à entrer au service du roi Louis; mais malgré les beaux habits et la bonne paie, je préfère le grand air à ces cages de fer qu'on voit là-haut; à ces nids d'hirondelles, comme vous appelez ces espèces de boîtes à poivre. D'ailleurs, je vous avouerai que je n'aime pas un château dans les environs duquel on voit croître des chênes qui portent des glands semblables à celui que j'aperçois.

— Je devine ce que vous voulez dire, mais expliquez-vous plus clairement.

—Soit. Regardez ce gros chêne qui est à quelques portées de flèche du château : ne voyez-vous pas pendu à une branche de cet arbre un homme en jaquette grise pareille à la mienne?

—C'est ma foi vrai! Pâques-Dieu! voyez ce que c'est que d'avoir des yeux jeunes! J'apercevais bien quelque chose, mais je croyais que c'était un corbeau perché dans les branches. Au surplus, ce spectacle n'a rien de nouveau, jeune homme : quand l'été fera place à l'automne, qu'il y aura de longs clairs de lune, et que les routes deviendront peu sûres, vous verrez accrochés à ce même chêne des groupes de dix et même de vingt glands semblables. Mais qu'importe? chacun d'eux sert d'épouvantail pour effrayer les coquins; et pour chaque drôle qui est suspendu de cette manière, l'honnête homme peut compter qu'il y a en France un brigand, un traître, un voleur de grand chemin, un pillard ou un oppresseur de moins. Vous devez y reconnaître, jeune homme, des preuves de la justice de notre souverain.

—Cela peut être; mais si j'étais le roi Louis, je les ferais pendre un peu plus loin de mon palais. Dans mon pays nous suspendons des corbeaux morts dans les endroits fréquentés par les corbeaux vivans, mais non pas dans nos jardins ou dans nos pigeonniers. L'odeur de ce cadavre... Fi! je crois la sentir à la distance où nous en sommes.

—Si vous vivez assez pour devenir un honnête et loyal serviteur de notre prince, mon bon jeune homme, vous apprendrez qu'il n'y a pas de parfum qui vaille l'odeur d'un traître mort.

— Je ne désirerai jamais vivre assez long-temps pour perdre l'odorat et la vue. Montrez-moi un traître vivant, et voilà mon bras et mon épée; quand il est mort, ma haine ne peut lui survivre. Mais je crois que nous arrivons au village; et j'espère vous y prouver que ni le bain que j'ai pris, ni le dégoût que j'ai éprouvé, ne m'ont ôté l'appétit pour déjeuner. Ainsi, mon bon ami, à l'hôtellerie et par le plus court chemin.—Cependant, un moment: avant de recevoir de vous l'hospitalité, dites-moi quel est votre nom?

— On me nomme maître Pierre. Je ne suis pas marchand de titres; je suis un homme tout uni, qui ai de quoi vivre de mon bien; voilà comment on m'appelle.

— Maître Pierre, soit! dit Quentin, — je suis charmé qu'un heureux hasard nous ai fait faire connaissance; car j'ai besoin de quelques mots de bon avis, et je sais en être reconnaissant.

Tandis qu'ils parlaient ainsi, la tour de l'église et un grand crucifix de bois qui s'élevait au-dessus des arbres leur annonçaient qu'ils étaient à l'entrée du village.

Mais maître Pierre se détournant un peu du chemin, qui venait d'aboutir à une grande route, lui dit que l'auberge où il avait dessein de le conduire était dans un endroit un peu écarté, et qu'on n'y recevait que des voyageurs de la meilleure espèce.

— Si vous désignez par-là ceux qui voyagent avec la bourse la mieux garnie, dit le jeune Écossais, je ne suis pas de ce nombre, et j'aime autant avoir affaire à vos *escorcheurs* de la grande route qu'à ceux de votre hôtellerie.

— Pâques-Dieu! comme vous êtes prudens, vous autres Écossais! Un Anglais se jette tout droit dans une taverne, boit et mange tout ce qu'il y trouve de mieux, et ne songe à l'écot que lorsqu'il a le ventre plein. Mais vous oubliez, maître Quentin, puisque Quentin est votre nom, vous oubliez que je vous dois un déjeuner pour le bain que ma méprise vous a valu; c'est la pénitence de mon tort à votre égard.

— En vérité, j'avais oublié le bain, le tort et la pénitence; car mes vêtemens se sont séchés sur moi, ou à peu près, en marchant. Cependant je ne refuserai pas votre offre obligeante; car j'ai dîné hier fort légèrement, et je n'ai pas soupé. Vous semblez être un vieux bourgeois respectable, et je ne vois pas pourquoi je n'accepterais pas votre courtoisie.

Le Français sourit à part lui; car il voyait clairement que son jeune compagnon, quoique presque mourant de faim selon toute apparence, avait quelque peine à se faire à l'idée de déjeuner aux dépens d'un étranger, et qu'il s'efforçait de réduire son orgueil au silence, par la réflexion, que, lorsqu'il s'agissait d'obligations si légères, celui qui consentait à en être redevable montrait autant de complaisance que celui qui faisait la politesse.

Cependant ils entrèrent dans une avenue étroite ombragée par de beaux ormes, au bout de laquelle une grande porte les conduisit dans la cour d'une auberge plus vaste qu'une auberge n'est ordinairement, et destinée au logement des nobles et des courtisans qui avaient quelque affaire au château voisin, où il était rare que Louis XI accordât un appartement à qui que ce fût de sa cour, excepté en cas de nécessité absolue. Un écusson portant les fleurs de lis ornait la principale porte d'un grand bâtiment irrégulier: mais, ni dans la cour, ni dans la maison, on ne remarquait cet air actif, empressé, par lequel les garçons et domestiques d'un semblable établissement annonçaient alors le nombre de leurs hôtes et la multitude de leurs occupations : il semblait que le caractère sombre et insociable du château royal situé dans le voisinage avait communiqué une partie du sérieux glacial et mélancolique qui y régnait, à une maison destinée à être le temple de la gaieté, du plaisir et de la bonne chère.

Maître Pierre, sans appeler personne et sans même approcher de la principale entrée, leva le loquet d'une petite porte, et précéda son compagnon dans une grande salle. La flamme d'un fagot brillait dans la cheminée, près de laquelle tout était disposé pour un déjeuner solide.

— Mon compère n'a rien oublié, dit le Français à Durward : vous devez avoir froid, voilà un bon feu ; vous devez avoir faim, et vous allez avoir à déjeuner.

Maître Pierre siffla : l'aubergiste entra, et répondit à son *bonjour* par un salut respectueux ; mais il ne montra nullement cette humeur babillarde, attribut caractéristique des maîtres d'auberge français de tous les siècles.

— Quelqu'un devait venir ordonner un déjeuner, dit maître Pierre ; l'a-t-il fait ?

L'aubergiste ne répondit que par une profonde inclination de tête ; et tout en apportant les divers mets qui devaient composer le déjeuner et en les plaçant sur la table, il ne dit pas un seul mot pour en faire valoir le mérite. Le repas cependant était digne de tous les éloges que les aubergistes français sont dans l'usage de donner aux fruits de leur savoir-faire, comme les lecteurs pourront en juger dans le chapitre suivant.

CHAPITRE IV.

Le Déjeuner.

« Juste Ciel! quels coups de dents! — Que de pain! »
Voyages d'Yorick.

Nous avons laissé notre jeune étranger en France, dans une situation plus agréable qu'aucune de celles dans lesquelles il s'était trouvé depuis son arrivée sur le territoire des anciens Gaulois. Le déjeuner, comme nous l'avons donné à entendre en finissant le dernier chapitre, était admirable. Il y avait un pâté de Périgord, sur lequel un gastronome aurait voulu vivre et mourir, comme les mangeurs de lotus d'Homère, oubliant parens, patrie, et toutes les obligations sociales. Sa croûte magnifique s'élevait comme les remparts d'une grande capitale, emblème des richesses qu'ils sont chargés de protéger. Il y avait encore un ragoût exquis avec cette petite pointe d'ail que les Gascons aiment, et que les Écossais ne haïssent point; de plus, un jambon délicat qui avait naguère fait partie d'un noble sanglier de la forêt voisine de Montrichard. Le pain était aussi blanc que délicieux, et avait la forme de petites boules (d'où les Français ont tiré le nom de *boulanger*) : la croûte en était si appétissante, qu'avec de l'eau seule elle aurait pu passer pour une friandise. Mais il y avait autre chose que de l'eau pour l'assaisonner; car on voyait sur la table un de ces flacons de cuir qu'on appelait *bottrines*, et qui contenait environ deux pintes du meilleur vin de Beaune.

Tant de bonnes choses auraient, comme on dit, donné de l'appétit à un mort. Quel effet devaient-elles donc produire sur un jeune homme d'environ vingt ans, qui depuis deux jours (car il faut dire la vérité) n'avait presque vécu que des fruits à demi mûrs que le hasard lui avait fait trouver, et d'une ration assez modique de pain d'orge! il se jeta d'abord sur le ragoût, et le plat fut bientôt vide. Il attaqua ensuite le superbe pâté, y fit une entaille qui pénétra jusqu'à ses fondemens, et revint à la charge plus d'une fois, en l'arrosant de temps en temps d'un verre de vin, au grand étonnement de l'hôte, et au grand amusement de maître Pierre.

Celui-ci surtout, probablement parce qu'il se trouvait avoir fait une meilleure action qu'il ne l'avait cru, semblait enchanté de l'appétit du jeune Écossais; quand enfin il remarqua que son activité commençait à se ralentir, il chercha à lui faire faire de nouveaux efforts, en ordonnant que l'on apportât des fruits confits, des darioles, et toutes les autres friandises qu'il put imaginer pour prolonger le repas. Tandis qu'il l'occupait ainsi, son visage exprimait une sorte de bonne humeur qui allait jusqu'à la bienveillance, et toute différente de sa physionomie ordinaire, qui était froide, sévère et caustique. Les gens âgés prennent toujours quelque plaisir à voir les jouissances et les exercices de la jeunesse, lorsque leur esprit, dans sa situation naturelle, n'est troublé ni par un sentiment secret d'envie, ni par une folle émulation.

De son côté, Quentin Durward, tout en employant son temps d'une manière si agréable, ne put s'empêcher de découvrir que les traits de l'homme qui le régalait si bien, et qu'il avait d'abord trouvés si repoussans, gagnaient beaucoup quand celui qui les considérait était sous l'influence de quelques verres de vin de Beaune; et ce fut avec un ton de cordialité qu'il reprocha à maître Pierre de rire de son appétit et de ne rien manger lui-même.

— Je fais pénitence, répondit maître Pierre, et je ne puis prendre avant midi que quelques confitures et un verre d'eau; puis, se tournant vers l'hôte, il ajouta: — Dites à la dame de là-haut de m'en apporter.

— Eh bien! continua maître Pierre quand l'aubergiste fut parti, vous ai-je tenu parole relativement au déjeuner que je vous avais promis?

— C'est le meilleur que j'aie fait, répondit l'Écossais, depuis que j'ai quitté Glen-Houlakin.

— Glen quoi? s'écria maître Pierre; avez-vous envie d'évoquer le diable en prononçant de pareils mots?

— Glen-Houlakin, mon bon monsieur, c'est-à-dire la vallée des moucherons. C'est le nom de notre ancien domaine. Vous avez acquis le droit d'en rire, si cela vous plaît.

— Je n'ai pas la moindre intention de vous offenser, mon jeune ami; mais je voulais vous dire que si le repas que vous venez de faire est de votre goût, les archers de la garde écossaise en font un aussi bon, et peut-être meilleur, tous les jours.

— Je n'en suis pas surpris. S'ils sont enfermés toute la nuit dans les *nids d'hirondelles*, ils doivent avoir le matin un terrible appétit.

— Et ils ont abondamment de quoi le satisfaire; ils n'ont pas besoin, comme les Bourguignons, d'aller le dos nu, afin de pouvoir se remplir le ventre. Ils sont vêtus comme des comtes, et font ripaille comme des abbés.

— J'en suis bien aise pour eux.

— Et pourquoi ne pas prendre du service parmi eux, jeune homme? Je suis sûr que votre oncle pourrait vous faire entrer dans la compagnie, dès qu'il y aura une place vacante; et, je vous le dirai tout bas, j'ai moi-même quelque crédit, et je puis vous être utile : je présume que vous savez monter à cheval aussi bien que tirer de l'arc?

— Tous ceux qui ont porté le nom de Durward sont aussi bons écuyers que qui que ce soit qui ait jamais appuyé son soulier ferré sur l'étrier, et je ne sais trop pourquoi je n'accepterais pas votre offre obligeante. La vie et l'habit sont deux choses indispensables; mais cependant, voyez-vous, les hommes comme moi pensent à l'honneur, à l'avancement, à de hauts faits d'armes. Votre roi Louis, — que Dieu le protège, car il est ami et allié de l'Écosse; — mais il reste toujours dans ce château, ou ne fait qu'aller d'une ville fortifiée à une autre. Il gagne des cités et des provinces par des ambassades politiques, et non à la pointe de l'épée. Or, quant à moi, je suis de l'avis des Douglas, qui ont toujours tenu la campagne parce qu'ils aiment mieux entendre le chant de l'alouette que le cri de la souris.

— Jeune homme, ne jugez pas témérairement des actions des souverains. Louis cherche à épargner le sang de ses sujets, mais il n'est pas avare du sien. Il a fait ses preuves de courage à Montlhéri.

— Oui, mais il y a de cela une douzaine d'années ou davantage. Or, j'aimerais à suivre un maître qui voudrait conserver son honneur aussi brillant que son écusson, et qui serait toujours le premier au milieu de la mêlée.

— Pourquoi donc n'êtes-vous pas resté à Bruxelles avec le duc de Bourgogne? Il vous mettrait à même d'avoir les os brisés tous les jours; et de peur que l'occasion ne vous en manquât, il se chargeait de vous les rompre lui-même, surtout s'il apprenait que vous avez battu un de ses forestiers.

— C'est la vérité. Ma mauvaise étoile m'a fermé cette porte.

— Mais il ne manque pas de chefs qui braveraient le diable, et sous lesquels un jeune étourdi peut trouver du service? Que pensez-vous, par exemple, de Guillaume de la Marck?

— Quoi! l'homme à la longue barbe, le sanglier des Ardennes! Moi, je servirais un chef de pillards et d'assassins; un brigand qui tuerait un paysan pour s'emparer de sa casaque; qui massacre les prêtres et les pèlerins comme si c'étaient des chevaliers et des hommes d'armes! ce serait imprimer une tache ineffaçable sur l'écusson de mon père.

— Eh bien! mon jeune cerveau brûlé, si le *sanglier* vous paraît trop scrupuleux, pourquoi ne pas suivre le jeune duc de Gueldre?

—Je suivrais plutôt le diable! Que je vous dise un mot à l'oreille. C'est un fardeau trop pesant pour la terre. L'enfer s'ouvre déjà pour lui. On dit qu'il tient son père en prison, et qu'il a même osé le frapper. Pouvez-vous le croire?

Maître Pierre parut un peu décontenancé en voyant l'horreur naïve avec laquelle le jeune Écossais parlait de l'ingratitude d'un fils, et il lui répondit :

—Vous ignorez, jeune homme, combien les liens du sang sont faibles pour les hommes d'un rang élevé. Quittant alors le ton sentimental qu'il avait pris d'abord, il ajouta avec une sorte de gaieté : — D'ailleurs, si le duc a battu son père, je vous réponds que ce père l'avait battu plus d'une fois : ainsi ce n'est qu'un solde de compte.

—Je suis surpris de vous entendre parler ainsi, dit le jeune Écossais en rougissant d'indignation. Une tête grise comme la vôtre devrait savoir mieux choisir ses sujets de plaisanterie. Si le vieux duc a battu son fils dans son enfance, il ne l'a point battu assez. Il aurait mieux valu qu'il le fît périr sous les verges, que de le laisser vivre pour faire rougir toute la chrétienté du baptême d'un tel monstre !

—A ce compte, et de la manière dont vous épluchez le caractère des princes et des chefs, je crois que ce que vous avez de mieux à faire, c'est de devenir capitaine vous-même ; car où un homme si sage en trouvera-t-il un qui soit digne de lui commander?

—Vous riez à mes dépens, maître Pierre, et vous avez peut-être raison. Mais vous ne m'avez pas nommé un chef plein de vaillance, qui a de bonnes troupes à ses ordres, et sous lequel on pourrait prendre du service assez honorablement.

— Je ne devine pas qui vous voulez dire.

—Eh! celui qui est comme le tombeau de Mahomet (maudit soit le prophète !) suspendu entre deux pierres d'aimant; celui qu'on ne peut appeler ni Français ni Bourguignon, mais qui sait maintenir la balance entre eux, et se faire craindre et servir par les deux princes, quelque puissans qu'ils soient.

—Je ne devine pas encore qui vous voulez dire, répéta maître Pierre d'un air pensif.

—Et qui serait-ce, sinon le noble Louis de Luxembourg, comte de Saint-Pol et grand connétable de France? Il se maintient à la tête de sa petite armée, levant la tête aussi haut que le roi Louis et le duc Charles, et se balançant entre eux, comme l'enfant placé au milieu d'une planche dont deux de ses compagnons font monter et descendre successivement chacun des deux bouts.

—Et l'enfant dont vous parlez est celui des trois qui peut faire la chute la plus dangereuse. Mais écoutez-moi, mon jeune ami, vous à qui le pillage paraît un tel crime: savez-vous bien que votre politique comte de Saint-Pol est celui qui a le premier donné l'exemple d'incendier les campagnes pendant la guerre; et qu'avant les honteuses dévastations qu'il a commises, les deux partis ménageaient les villages et les villes ouvertes qui ne faisaient pas résistance?

—Sur ma foi, si la chose est ainsi, je commencerai à croire que pas un de ces grands hommes ne vaut mieux que l'autre, et que faire un choix parmi eux, c'est comme si l'on choisissait un arbre pour y être pendu. Mais ce comte de Saint-Pol, ce connétable, a trouvé moyen de se mettre en possession de la ville qui porte le nom de mon saint patron, de Saint-Quentin. (Ici le jeune Écossais fit un signe de croix.) Et il me semble que si j'étais là, mon bon patron veillerait un peu sur moi; car il est moins occupé que certains saints qui ont un bien plus grand nombre de personnes de leur nom : et cependant il faut qu'il ait oublié le pauvre Quentin Durward, son fils spirituel, puisqu'il le laisse un jour sans nourriture, et que le lendemain il l'abandonne à la protection de saint Julien et à l'hospitalité d'un étranger achetée, par un bain pris dans la fameuse rivière du Cher, ou dans quelqu'une de celles qui vont s'y jeter.

—Ne blasphème pas les saints, mon jeune ami, dit maître Pierre. Saint Julien est le fidèle patron des voyageurs, et il est possible que le bienheureux saint Quentin ait fait beaucoup plus et beaucoup mieux que tu ne te l'imagines.

Comme il parlait encore, la porte s'ouvrit, et une jeune fille paraissant avoir quinze ans apporta un plateau couvert d'une belle serviette de damas, sur lequel était un compotier rempli de ces prunes sèches pour lesquelles la ville de Tours a été renommée dans tous les temps. Il s'y trouvait aussi une coupe richement ciselée, espèce d'ouvrages que les orfèvres de cette ville exécutaient autrefois avec un art qui les distinguait de ceux des autres villes de France, et même de la capitale. La forme en était si élégante, que Durward ne songea pas à examiner si elle était d'argent, ou seulement d'étain, comme le gobelet placé devant lui sur la table, et qui était si brillant qu'on aurait pu le croire d'un métal plus précieux.

Mais la vue de la jeune personne qui tenait le plateau attira l'attention de Durward, beaucoup plus que les objets qui y étaient placés.

Il eut bientôt découvert qu'une profusion de longues tresses de beaux cheveux noirs, qu'elle portait de même que les jeunes Écossaises, sans autre ornement qu'une guirlande de feuilles de lierre, formaient un voile naturel autour de son visage, dont les traits réguliers, les yeux noirs et l'air pensif auraient pu rappeler la mélancolique Melpomène ; mais il y avait sur ses joues une nuance de carmin, et un sourire sur ses lèvres et dans son regard, qui portaient à croire que la gaieté n'était pas étrangère à une physionomie si séduisante, quoique ce ne fût pas son expression la plus habituelle. Quentin crut même pouvoir distinguer que des circonstances affligeantes étaient la cause qui prêtait à la figure d'une si jeune et si jolie personne l'apparence d'une gravité qui n'accompagne pas ordinairement la beauté dans sa première jeunesse ; et comme l'imagination d'un jeune homme est prompte à tirer des conclusions des données les plus légères, il lui plut d'inférer de ce qui va suivre, que la destinée de cette charmante inconnue était enveloppée de mystère et de silence.

—Que veut dire ceci, Jacqueline? dit maître Pierre dès qu'elle entra. N'avais-je pas demandé que dame Perrette m'apportât ce dont j'avais besoin? Pâques-Dieu! est-elle ou se croit-elle trop grande dame pour me servir?

—Ma mère est mal à l'aise, répondit Jacqueline à la hâte et du ton le plus humble; elle ne se porte pas bien, et garde la chambre.

—Elle la garde seule, j'espère! s'écria maître Pierre avec une sorte d'emphase; je suis *un vieux routier*, et ce n'est pas à moi qu'on en fait accroire par une maladie prétendue.

A ces paroles Jacqueline pâlit, et chancela même; car il faut avouer que le ton et le regard de maître Pierre, toujours durs, caustiques et désagréables, devenaient sinistres et alarmans quand ils exprimaient la colère ou le soupçon.

La galanterie de notre jeune montagnard prit l'éveil sur-le-champ, et il s'approcha de Jacqueline pour la soulager du fardeau qu'elle portait, et qu'elle lui remit d'un air pensif, en jetant sur le bourgeois en courroux un regard timide et inquiet. Il eût été contre nature de résister à l'expression de ces yeux tendres qui semblaient implorer la compassion; et maître Pierre lui dit, non plus d'un air de mécontentement, mais avec autant de douceur que sa physionomie pouvait en exprimer:—Je ne te blâme pas, Jacqueline; car tu es trop jeune pour être déjà ce qu'il est dur de penser que tu dois être un jour,... fausse et perfide comme tout le reste de ton sexe frivole. Personne n'est parvenu à l'âge d'homme sans avoir été à portée de vous connaître toutes; et voici un cavalier écossais qui te dira la même chose.

Jacqueline jeta les yeux un instant sur le jeune étranger, comme pour obéir à maître Pierre; mais ce regard, quelque rapide qu'il fût, parut à Durward un appel touchant à sa générosité. Avec l'empressement d'un jeune homme, et le respect romanesque pour le beau sexe que lui avait inspiré son éducation, il répondit à l'instant qu'il jetterait le gant du combat à tout antagoniste de son rang et de son âge qui oserait dire que des traits semblables à ceux qu'il voyait pouvaient ne pas être animés par l'ame la plus pure.

Les joues de la jeune fille se couvrirent d'une pâleur mortelle, et elle jeta un regard craintif sur maître Pierre, à qui la bravade du jeune Écossais parut n'inspirer qu'un sourire de mépris plutôt que d'approbation. Quentin, dont la seconde pensée corrigeait ordinairement la première, rougit d'avoir prononcé quelques mots qui pouvaient passer pour une fanfaronnade devant un vieillard pacifique par état ; et se condamnant à une sorte de réparation aussi juste que proportionnée à sa faute, il résolut de supporter patiemment le ridicule qu'il avait mérité. Il présenta à maître Pierre le plateau dont il s'était chargé, en rougissant et avec un air d'embarras qu'il cherchait vainement à cacher.

—Vous êtes un jeune fou, lui dit maître Pierre ; et vous ne connaissez pas mieux les femmes que les princes, dont Dieu, ajouta-t-il en faisant le signe de la croix dévotement, tient les cœurs dans sa main droite.

— Et qui tient donc les cœurs des femmes ? demanda Quentin, déterminé à ne pas s'en laisser imposer par l'air de supériorité de cet homme extraordinaire, dont les manières hautaines et insouciantes exerçaient sur lui une influence dont il était un peu humilié.

—Je crois qu'il faut faire cette question à quelque autre, répondit maître Pierre avec beaucoup de sang-froid.

Cette nouvelle rebuffade ne déconcerta pourtant pas entièrement Quentin Durward. —A coup sûr, pensa-t-il, ce n'est pas pour la misérable obligation d'un déjeuner, quelque substantiel et excellent qu'il fût, que j'aurais tant de déférence envers ce bourgeois de Tours ! On s'attache les chiens et les faucons en les nourrissant ; c'est par les liens de l'amitié et des services qu'on peut enchaîner le cœur de l'homme. Mais ce bourgeois est vraiment extraordinaire; et cette apparition enchanteresse —qui va déjà disparaître, —un être si parfait, ne peut appartenir à si bas lieu, il ne peut même dépendre de ce riche marchand, quoique celui-ci semble exercer à son égard une sorte d'autorité comme il le fait sans doute sur tout ce que le hasard jette dans son petit cercle. Il est étonnant quelles idées d'importance ces Flamands et ces Français attachent à la richesse, infiniment plus qu'elle n'en mérite; car je suppose que ce vieux marchand s'imagine devoir à son argent la considération que j'accorde à son âge. Moi, gentilhomme écossais d'une ancienne race, d'une naissance distinguée, et lui un marchand de Tours !

Telles étaient les idées qui se succédaient rapidement dans l'esprit du jeune Durward, tandis que maître Pierre disait à Jacqueline, en souriant, et en passant la main sur ses longs cheveux :—Ce jeune homme me servira, Jacqueline; tu peux te retirer. Je dirai à ta négligente mère qu'elle a tort de t'exposer aux yeux sans nécessité.

—C'était seulement pour vous servir, répondit la jeune fille : j'espère que vous ne serez pas mécontent de votre parente, puisque...

—Pâques-Dieu! s'écria maître Pierre en l'interrompant d'un ton vif, mais sans dureté, avez-vous envie de discuter avec moi, ou restez-vous ici pour regarder ce jeune homme? Retirez-vous. Il est noble; il suffira pour me servir.

Jacqueline sortit; et Durward était si occupé de sa disparition subite, qu'elle rompit le fil de ses réflexions; et il obéit machinalement quand maître Pierre, se jetant nonchalamment sur son grand fauteuil, lui dit du ton d'un homme habitué à commander :— Placez ce plateau près de moi.

Le marchand, fronçant les sourcils, les fit retomber sur ses yeux pleins de vivacité, de manière qu'à peine étaient-ils visibles, quoiqu'ils lançassent quelquefois un rayon rapide et brillant comme ceux du soleil qui se couche derrière un sombre nuage, à travers lequel il brille par intervalles.

—N'est-ce pas une charmante créature? dit maître Pierre en levant la tête et fixant un regard ferme sur Quentin en lui faisant cette question; une fille fort aimable pour une servante d'auberge? Elle figurerait bien à la table d'un honnête bourgeois, mais cela a reçu une mauvaise éducation; cela a une origine basse.

Il arrive quelquefois qu'un mot jeté au hasard démolit un splendide château qu'on vient de construire dans les airs; et, en pareille occasion, l'architecte ne sait pas beaucoup de gré à celui qui a laissé tomber le mot fatal, alors même qu'il a parlé sans intention de nuire. Quentin se sentit déconcerté, et il était disposé à se mettre en courroux, sans trop savoir pourquoi, contre ce vieillard, pour l'avoir informé que cette créature enchanteresse n'était ni plus ni moins que ce que ses occupations annonçaient,—une servante d'auberge, une servante d'un ordre supérieur, à la vérité (une nièce peut-être ou une parente de l'aubergiste), mais une servante enfin, obligée de se conformer à l'humeur de tous les hôtes, et particulièrement à celle de ce maître Pierre, qui paraissait être assez fantasque et assez riche pour vouloir que ses caprices devinssent autant de lois.

Une pensée se présentait encore à son esprit: c'était qu'il devait faire comprendre au vieillard la différence qui existait entre leurs conditions, et lui faire sentir que quelque riche qu'il pût être, sa richesse ne pouvait le faire marcher l'égal d'un Durward de Glen-Houlakin. Cependant, quand il levait les yeux sur maître Pierre, dans l'intention de lui dire quelques mots à ce sujet, il trouvait dans sa physionomie, malgré ses yeux baissés, ses traits amaigris, et ses vêtemens communs, quelque chose qui l'empêchait de faire valoir cette supériorité qu'il croyait avoir sur le marchand. Au contraire, plus il le regardait, plus il le considérait avec attention, et plus il sentait redoubler sa curiosité de savoir qui était cet homme et quel était son rang; il se le représentait alors comme un des premiers magistrats, ou tout au moins un syndic de Tours; en un mot, pour un homme habitué, de manière ou d'autre, à exiger et à obtenir le respect.

Cependant maître Pierre semblait se livrer de nouveau à une rêverie dont il ne sortit que pour faire dévotement le signe de la croix, après quoi il mangea quelques prunes et un biscuit. Il fit signe ensuite à Quentin de lui donner la coupe dont nous avons déjà parlé; mais comme celui-ci la lui présentait, il ajouta avant de la prendre : — Vous m'avez dit que vous êtes noble, je crois?

— Sans doute, je le suis, répondit l'Écossais, si quinze générations suffisent pour cela. Je vous l'ai déjà dit; mais ne vous gênez pas, maître Pierre : on m'a toujours appris que le devoir du plus jeune est de servir le plus âgé.

— C'est une excellente maxime, répondit le marchand en recevant la coupe que Quentin lui présentait, et en y versant de l'eau d'une aiguière qui semblait de même métal, sans paraître avoir, au sujet des convenances sociales, le moindre de ces scrupules que Quentin peut-être s'était attendu à voir naître en lui.

— Au diable soient l'aisance et la familiarité de ce bourgeois! pensa le jeune homme. Il se fait servir par un noble Écossais avec aussi peu de cérémonie que j'en montrerais moi-même envers un paysan de Glen-Isla.

Cependant maître Pierre, ayant vidé sa coupe, dit à son compagnon :

— D'après le goût que vous avez montré pour le vin de Beaune, je m'imagine que vous n'êtes pas tenté de me faire raison avec la liqueur que je viens de boire. Mais j'ai sur moi un élixir qui peut changer en vin délicieux l'eau qui sort du rocher.

Tout en parlant ainsi, il prit dans son sein une grande bourse de peau de loutre de mer, et fit tomber une pluie de petites pièces d'argent, jusqu'à ce qu'il en eût empli à moitié la coupe, qui n'était pas des plus larges.

— Vous devez plus de reconnaissance à votre patron saint Quentin, et à saint Julien, que vous ne semblez le penser, jeune homme, dit alors maître Pierre, et je vous conseille de faire quelques aumônes en leur nom. Restez dans cette hôtellerie jusqu'à ce que vous voyiez votre parent le Balafré, qui sera relevé de garde ce soir. J'aurai soin de le faire informer qu'il peut vous trouver ici; car j'ai affaire au château.

Quentin Durward ouvrait la bouche pour s'excuser d'accepter le présent que lui offrait la libéralité de son nouvel ami; mais maître Pierre, fronçant ses gros sourcils, se redressant, et prenant un air plus imposant qu'il ne l'avait encore fait, lui dit d'un ton d'autorité : — Point de réplique, jeune homme, et faites ce qui vous est ordonné.

A ces mots, il sortit de l'appartement, et fit signe à Quentin qu'il ne devait pas le suivre.

Le jeune Écossais resta stupéfait, ne sachant que penser de tout ce qui venait de lui arriver. Son premier mouvement, le plus naturel, sinon le plus noble, fut de jeter un coup d'œil sur la coupe, qui était plus qu'à demi pleine de pièces d'argent dont peut-être il n'avait jamais eu le quart à sa disposition pendant tout le cours de sa vie. Mais sa dignité, comme gentilhomme, lui permettait-elle d'accepter l'argent de ce riche plébéien ? C'était une question délicate; car, quoiqu'il vînt de faire un excellent déjeuner, il n'était pas en fonds, soit pour retourner à Dijon, dans le cas où il voudrait entrer au service du duc de Bourgogne, au risque de s'exposer à son courroux, soit pour se rendre à Saint-Quentin, s'il donnait la préférence au connétable de Saint-Pol, car il était déterminé à offrir ses services à l'un de ces deux seigneurs, sinon au roi de France. La résolution à laquelle il s'arrêta fut peut-être la plus sage qu'il pût prendre dans la circonstance; c'était de se laisser guider par les conseils de son oncle. En attendant, il mit l'argent dans son sac de velours, et appela l'hôte pour lui dire d'emporter la coupe d'argent, et pour lui faire en même temps quelques questions sur ce marchand si libéral, et qui savait si bien prendre un ton d'autorité.

Le maître de la maison arriva à l'instant; et, s'il ne fut pas très-communicatif, au moins fut-il moins silencieux qu'il ne l'avait été jusqu'alors. Il refusa positivement de reprendre la coupe d'argent. Il n'en avait aucun droit, lui dit-il : elle appartenait à maître Pierre, qui en avait fait présent à celui à qui il venait de donner à déjeuner. Il avait à la vérité quatre hanaps ¹ d'argent qui lui avaient été laissés par sa grand'mère, d'heureuse mémoire, mais qui ne ressemblaient pas plus à ce beau vase ciselé qu'un navet ressemble à une pêche. — C'était une de ces fameuses coupes de Tours, travaillées par Martin Dominique, artiste qui pouvait défier tout Paris.

—Et qui est ce maître Pierre qui fait de si beaux présens aux étrangers? lui demanda Quentin en l'interrompant.

—Qui est maître Pierre? répéta l'hôte en laissant échapper ces paroles de sa bouche aussi lentement que si elles eussent été distillées.

—Sans doute, dit Durward d'un ton vif et impérieux. Quel est ce maître Pierre qui se donne les airs d'être si libéral? et qui est cette espèce de boucher qu'il a envoyé en avant pour ordonner le déjeuner?

—Ma foi, monsieur, quant à ce qu'est maître Pierre, vous auriez dû lui faire cette question à lui-même; et pour celui qui est venu donner ordre de préparer le déjeuner, Dieu nous préserve de faire connaissance de plus près avec lui.

—Il y a quelque mystère dans tout cela! Ce maître Pierre m'a dit qu'il est marchand.

—S'il vous l'a dit, c'est que c'est la vérité.

(1) Espèce de coupe. Ce vieux mot français est employé par l'auteur. —Ed.

— Et quel genre de commerce fait-il?

— Oh! un très-beau commerce. Entre autres choses, il a été établi ici des manufactures de soieries qui peuvent le disputer à ces riches étoffes que les Vénitiens apportent de l'Inde et du Cathay. Vous avez vu de grandes plantations de mûriers en venant ici : elles ont été faites par ordre de maître Pierre, pour nourrir les vers à soie.

— Et cette jeune personne qui a apporté ce plateau, qui est-elle, mon cher ami?

— Ma locataire, ainsi qu'une tutrice plus âgée, qui est quelque tante ou quelque cousine, à ce que je pense.

— Et êtes-vous dans l'usage d'employer vos locataires à servir vos hôtes? J'ai remarqué que maître Pierre ne voulait rien recevoir ni de votre main ni de celle de votre garçon.

— Les gens riches ont leurs fantaisies, parce qu'ils peuvent les payer. Ce n'est pas la première fois que maître Pierre a trouvé le moyen de se faire servir par des nobles.

Le jeune Écossais se trouva un peu offensé de cette observation; mais, déguisant son humeur, il demanda à son hôte s'il pouvait avoir un appartement chez lui pour la journée, et peut-être pour plus long-temps.

— Sans contredit, et pour tout le temps que vous le désirerez.

— Et comme je vais loger sous le même toit que ces deux dames, pourrait-il m'être permis de leur présenter mes respects?

— Je n'en sais trop rien. Elles ne sortent point, et ne reçoivent aucune visite.

— A l'exception de celle de maître Pierre, sans doute?

— Il ne m'est pas permis de citer aucune exception, répondit l'aubergiste avec une assurance respectueuse.

Quentin avait une idée assez haute de son importance, si on considère le peu de moyens qu'il avait pour la soutenir. Un peu mortifié par la réponse de l'hôte, il n'hésita

pas à se prévaloir d'un usage assez commun dans ce siècle.
— Portez à ces dames, lui dit-il, un flacon de *vernat*[1]; offrez-leur mes très-humbles respects, et dites-leur que Quentin Durward, de la maison de Glen-Houlakin, honorable cavalier écossais, et logeant en ce moment comme elles dans cette hôtellerie, leur demande la permission de leur présenter personnellement ses hommages.

L'hôte sortit, revint presque au même instant, et annonça que les dames offraient leurs remerciemens au cavalier écossais, ne croyaient pas devoir accepter le rafraîchissement offert, et regrettaient de ne pouvoir recevoir sa visite, attendu la retraite dans laquelle elles vivaient.

Quentin se mordit les lèvres; puis, se versant un coup du *vernat* qu'on avait refusé, et que l'hôte avait placé sur la table, il dit en lui-même : — Par la messe! voici un pays bien étrange. Des marchands et des ouvriers y ont les manières et la munificence de grands seigneurs, et de petites filles qui tiennent leur cour dans un cabaret, se donnent des airs comme si elles étaient des princesses déguisées! Je reverrai pourtant cette belle aux sourcils noirs, ou les choses iraient bien mal.

Ayant pris cette sage résolution, il demanda à être conduit dans l'appartement qui lui était destiné.

L'aubergiste le fit monter par un escalier tournant qui aboutissait à une galerie sur laquelle donnaient plusieurs portes, comme celles des cellules d'un couvent; cette ressemblance n'excita pas une grande admiration en notre héros, qui se souvenait avec beaucoup d'ennui de l'avant-goût qu'il avait eu de bonne heure de la vie monastique. L'hôte s'arrêta au bout de la galerie, choisit une clef dans le trousseau qu'il portait à sa ceinture, ouvrit une porte et montra à Durward une chambre formant l'intérieur d'une tourelle. Elle était étroite à la vérité, mais fort propre, un peu écartée des autres, garnie d'un fort beau lit,

---

[1] Espèce de liqueur. — Ed.

et de meubles fort supérieurs à ceux qu'on trouve ordinairement dans les auberges; elle lui parut, au total, un petit palais.

—J'espère, monsieur, que vous trouverez votre appartement agréable, lui dit l'hôte en se retirant. C'est un devoir pour moi de satisfaire tous les amis de maître Pierre.

—L'heureux plongeon que j'ai fait ce matin! s'écria Quentin, qui en parlant ainsi pirouetta de contentement dans sa chambre, dès que l'hôte fut parti; il n'y eut jamais bonheur si grand, ni homme aussi mouillé. C'est un véritable déluge de bonne fortune.

En parlant ainsi, il s'approcha de la petite fenêtre qui éclairait sa chambre. Comme la tourelle s'avançait considérablement au-delà de la ligne du bâtiment, on découvrait non-seulement le joli jardin assez étendu de l'auberge, mais encore la plantation de mûriers qu'on disait que maître Pierre avait fait faire pour élever des vers à soie. En détournant les yeux de ces objets éloignés, on découvrait directement, le long du mur, une seconde tourelle éclairée par une fenêtre qui faisait face à celle où notre héros se trouvait en ce moment. Or, il serait difficile à un homme qui a vingt ans de plus que n'en avait alors Quentin, de dire pourquoi cette seconde tourelle et cette seconde croisée l'intéressaient plus que le joli jardin et la belle plantation de mûriers, car, hélas! une tourelle dont la croisée n'est que entr'ouverte pour admettre l'air et ne pas laisser pénétrer le soleil ou les regards trop curieux peut-être, n'est vue qu'avec indifférence par des yeux de quarante ans et plus, quand même ils verraient suspendu tout à côté un luth à moitié caché sous un léger voile de soie verte. Mais à l'âge heureux de Durward, de tels *accidens*, comme un peintre les appellerait, forment une base suffisante pour y fonder cent visions aériennes, dont le souvenir fait sourire et soupirer, soupirer et sourire l'homme d'un âge mûr.

Comme on peut supposer que notre ami Quentin désirait en apprendre un peu plus sur sa belle voisine, la propriétaire du luth et du voile ; comme on peut supposer du moins qu'il prenait quelque intérêt à savoir si ce n'était point par hasard cette même jeune personne qu'il avait vue servir maître Pierre avec tant d'humilité, on doit bien présumer qu'il ne se mit point la moitié du corps hors de la fenêtre, la bouche ouverte et les yeux pétillans de curiosité. Durward connaissait mieux l'art de prendre les oiseaux. Se cachant avec soin derrière la muraille, il avança la tête avec précaution, et se contenta de regarder à travers les barreaux d'une jalousie : ce fut à tous ces soins réunis que ses yeux durent le plaisir de voir un joli bras, blanc de lis et fait au tour, prendre l'instrument suspendu ; et au bout de quelques momens ses oreilles partagèrent la récompense de son adroite manœuvre.

L'habitante de la petite tourelle, la propriétaire du luth et du voile, chanta précisément un petit air tel que ceux que nous supposons généralement que chantaient les grandes dames du temps de la chevalerie, tandis que les chevaliers et les troubadours les écoutaient en soupirant. Les paroles n'avaient pas assez de sentiment, d'esprit et d'imagination pour détourner l'attention de la musique, et la musique n'était pas assez savante pour empêcher d'écouter les paroles. Le poète et le musicien semblaient si nécessaires l'un à l'autre, que si l'on avait lu la chanson sans accompagnement, ou qu'on eût joué l'air sur un instrument sans lui prêter le secours de la voix, les vers et les notes auraient perdu tout leur mérite. Peut-être avons-nous tort de conserver ici une chanson qui n'a été faite ni pour être lue ni pour être récitée, mais seulement pour être chantée. Ces lambeaux d'ancienne poésie ont toujours eu des attraits pour nous ; et comme l'air est perdu pour toujours, à moins qu'il n'arrive que Bishop[1] en retrouve les notes, ou que quelque

---

(1) Compositeur anglais, célèbre en Angleterre. — Éd.

rossignol apprenne à Stephens[1] à les gazouiller, nous courons le risque de compromettre notre goût et celui de la dame au luth, en insérant ici des vers dans lesquels on ne trouve qu'une simplicité sans ornement.

Comte Guy, l'heure est arrivée :
L'astre du jour a quitté l'horizon.
Fleur d'oranger embaume le vallon;
Sur l'Océan la brise s'est levée;
A chanter son amour
L'alouette a passé le jour,
Et près de sa compagne en paix attend l'aurore :
L'oiseau, le vent, la fleur
Connaissent l'instant du bonheur,
Pourquoi donc, comte Guy, ne viens-tu pas encore?

La villageoise, sous l'ombrage,
De son amant écoute la leçon :
Le chevalier vient au pied d'un balcon
Chanter sa dame et son doux esclavage.
L'étoile du berger,
D'amour fidèle messager,
Eclipse tous les feux dont le ciel se décore :
On voit grands et petits
A son influence soumis,
Pourquoi donc, comte Guy, ne viens-tu pas encore?

Quoi que le lecteur puisse penser de cette chanson si simple, elle produisit un effet puissant sur Quentin, lorsqu'il l'entendit chanter par une voix douce et mélodieuse dont les accens se mariaient aux soupirs d'un doux zéphyr qui apportait jusqu'à la fenêtre les parfums des fleurs du jardin. Le visage de celle qui chantait ne pouvait être reconnu qu'imparfaitement; ce qui jetait sur cette scène comme un charme mystérieux.

A la fin du second couplet, Durward ne put s'empêcher

(1) Miss Stephens, cantatrice distinguée, que nous avons entendu louer par madame Pasta; elle est appelée le Rossignol de Covent-Garden dans le *Voyage historique et littéraire en Angleterre et en Écosse.* — Ed.

de se montrer un peu plus à découvert, en faisant une tentative pour mieux voir la sirène qui l'enchantait. La musique cessa à l'instant; la fenêtre se ferma, un rideau fut tiré, et l'on mit fin par-là aux observations du voisin de la seconde tourelle.

Quentin fut aussi mortifié que surpris des suites de sa précipitation; mais il se consola par l'espoir que la dame au luth n'abandonnerait pas si facilement un instrument dont elle jouait si bien, et qu'elle ne serait pas assez cruelle pour se priver de l'air pur et du plaisir d'ouvrir sa croisée, dans l'intention peu généreuse de jouir seule des doux sons de sa voix : peut-être même qu'un peu de vanité personnelle vint se mêler à ces réflexions consolantes. Si, comme il le soupçonnait, l'habitante de la tourelle voisine était une belle demoiselle à longs cheveux noirs, il ne pouvait s'empêcher de croire qu'un jeune cavalier, beau, bien fait, plein de feu et de vivacité, occupait la seconde; et les romans, ces sages instituteurs de la jeunesse, lui avaient appris que si les demoiselles étaient timides et réservées, elles étaient également assez curieuses de connaître les affaires de leurs voisins, et y prenaient quelquefois intérêt.

Tandis que Quentin faisait ces réflexions, un garçon de l'auberge vint l'informer qu'un cavalier demandait à lui parler.

CHAPITRE V.

L'Homme d'armes.

« Barbu comme un chat-pard, jurant comme un démon,
« Et prêt à défier la bouche d'un canon
« Pour cette bulle d'air qu'on appelle la gloire. »
SHAKSPEARE. *Comme vous voudrez.*

Le cavalier qui attendait Quentin Durward dans l'appartement où il avait déjeuné, était un de ceux dont Louis XI avait dit depuis long-temps qu'ils tenaient entre leurs mains la fortune de la France, parce que c'était à eux qu'il avait confié la garde de sa personne royale.

Ce corps célèbre, qu'on nommait les archers de la garde écossaise, avait été formé par Charles VI, avec plus de raison qu'on ne peut en alléguer généralement pour entourer le trône d'une troupe de soldats mercenaires. Les dissensions qui avaient arraché à ce monarque plus de la moitié de son royaume, et la fidélité douteuse et chancelante de la noblesse qui défendait encore sa cause, rendaient imprudent et impolitique de confier à ses sujets le soin de sa sûreté personnelle. Les Écossais étaient les ennemis héréditaires de l'Angleterre, les anciens amis, et, à ce qu'il semblait, les alliés naturels de la France. Ils étaient pauvres, courageux et fidèles. La population surabondante de l'Écosse, le pays de l'Europe qui voyait partir le plus grand nombre de hardis aventuriers, fournissait toujours de qoui ruter leurs rangs. Leurs prétentions à une antique noblesse leur donnaient en outre le droit d'approcher de la personne d'un monarque de plus près que toute autre troupe, tandis que leur petit nombre empêchait qu'ils ne pussent se mutiner, et s'ériger en maîtres là où ils devaient obéir.

D'une autre part, les monarques français s'étaient fait une politique de se concilier l'affection de ce corps d'élite, en leur accordant des privilèges honorifiques et une paie considérable, que la plupart d'entre eux dépensaient avec une profusion vraiment militaire, pour soutenir leur rang. Chacun d'eux avait le grade et les honneurs de gentilhomme, et leurs fonctions, en les approchant de la personne du roi, leur donnaient de l'importance à leurs propres yeux, comme à ceux de tous les Français. Ils étaient armés, équipés et montés somptueusement, et chacun d'eux avait le droit d'entretenir un écuyer, un page, un varlet, et deux serviteurs dont l'un était nommé *le coutelier*, d'après le grand couteau qu'il portait pour dépêcher ceux que son maître avait renversés dans la mêlée. Avec cette suite, et un équipage qui y répondait, un archer de la garde écossaise était un homme de qualité et d'importance; et comme les places vacantes étaient ordinairement accordées à ceux qui avaient appris le service en qualité de pages ou de varlets, on envoyait souvent les cadets des meilleures familles d'Ecosse servir sous quelque ami ou quelque parent, jusqu'à ce qu'il se présentât une chance d'avancement.

Le coutelier et son compagnon n'étant pas nobles, et par conséquent ne pouvant prétendre à cette promotion, se recrutaient parmi des gens de qualité inférieure; mais comme ils avaient une bonne paie, leurs maîtres trouvaient aisément parmi leurs concitoyens errans des hommes aussi braves que pleins de force pour les servir en cette qualité.

Ludovic Lesly, ou, comme nous l'appellerons plus fréquemment, le Balafré, car c'était sous ce nom qu'il était généralement connu en France, était un homme de près de six pieds, robuste; les traits déjà peu gracieux de son visage semblaient encore plus durs par suite d'une énorme cicatrice qui partait du haut du front, passait tout à côté de l'œil droit, traversait la joue, et se terminait au bas de l'oreille. Cette suture profonde, tantôt écarlate, tantôt pourpre, quelquefois presque noire, était toujours hideuse, par le contraste qu'elle formait avec la couleur de son visage agité ou calme, enflammé par un mouvement de passion, ou offrant habituellement la couleur sombre de son teint hâlé par le soleil.

Son costume et ses armes étaient splendides. Il portait la toque écossaise, surmontée d'un panache, avec une Vierge d'argent en guise d'agrafe. Cet ornement avait été donné par le roi à la garde écossaise, parce que dans un de ses accès de piété superstitieuse, il avait consacré les épées de sa garde au service de la sainte Vierge. Il avait même été, suivant quelques historiens, jusqu'à en nommer Notre-Dame le capitaine-général, et à en signer le brevet pour elle. Le hausse-col du Balafré, ses brassarts et ses gantelets étaient du plus bel acier damasquiné en argent; et son haubert, ou sa cotte de mailles, brillait comme la gelée d'une matinée d'hiver sur la bruyère. Il portait un surtout flottant, ou casaque de velours blanc, ouvert sur les côtés comme l'habit d'un héraut, et ayant par devant et par derrière une grande croix blanche brodée en argent. Ses cuissards et ses genouillères étaient aussi de mailles, et ses souliers étaient couverts en acier. Un poignard à lame large et bien affilée, qu'on nommait *la merci de Dieu*, était attaché à son côté droit; un baudrier richement brodé, passé sur son épaule, soutenait un grand sabre; mais, pour plus de commodité, il tenait à la main en ce moment cette arme pesante, que les règles de son service ne lui permettaient jamais de quitter.

Quoique Durward, de même que tous les jeunes Ecossais de ce temps, eût été habitué de bonne heure aux armes et à la guerre, il pensa qu'il n'avait jamais vu un homme d'armes d'un air plus martial et plus complètement équipé que celui qui l'embrassa en ce moment; et c'était le frère de sa mère, Ludovic Lesly-le-Balafré. Cependant l'expression d'une physionomie qui n'était rien moins que prévenante pensa presque le faire reculer, tandis que son cher oncle, lui caressant ses deux joues l'une après l'autre avec ses moustaches rudes, félicitait son neveu de son arrivée en France, et lui demandait en même temps quelles nouvelles il apportait d'Écosse.

— Rien de bon, mon cher oncle, répondit Durward; mais je suis charmé de voir que vous m'ayez reconnu si aisément.

— Je t'aurais reconnu, mon garçon, dit le Balafré, quand je t'aurais rencontré dans les landes de Bordeaux, monté sur des échasses, comme une cigogne. Mais assieds-toi, assieds-toi : et si tu as de mauvaises nouvelles à m'apprendre, nous aurons du vin pour nous aider à les supporter. Holà, hé! Petite Mesure, notre bon hôte! Du vin, du meilleur, et à l'instant.

L'accent écossais était aussi familier alors dans les tavernes des environs du Plessis, que l'est aujourd'hui l'accent suisse dans les guinguettes modernes de Paris, et dès qu'on l'entendit, on obéit avec une promptitude sans égale et la précipitation de la crainte. Un flacon de vin de Champagne fut bientôt placé entre l'oncle et le neveu. L'oncle s'en versa un grand verre, tandis que le neveu n'en prit que la moitié d'un, pour répondre à la politesse de son parent, en lui faisant observer qu'il avait déjà bu du vin le matin.

— Cette excuse serait bonne dans la bouche de ta sœur, mon neveu, dit le Balafré; il ne faut pas craindre ainsi la bouteille, si tu veux avoir de la barbe au menton et devenir bon soldat. Mais voyons, déboutonnez-vous; que dit le courrier d'Écosse? donnez-moi les nouvelles de Glen-Houlakin. Comment se porte ma sœur?

— Elle est morte, mon oncle, répondit Quentin douloureusement.

— Morte! répéta son oncle, d'un ton qui annonçait plus de surprise que d'affliction; comment diable! Elle était de cinq ans plus jeune que moi, et je ne me suis jamais mieux porté. Morte! cela est impossible! je n'ai jamais eu même un mal de tête, si ce n'est après deux ou trois jours de ripaille avec les confrères de la joyeuse science. Ainsi donc ma pauvre sœur est morte! Et votre père, mon neveu, est-il remarié?

Avant que son neveu eût eu le temps de lui répondre, il lut sa réponse dans la surprise que lui causa cette question, et ajouta : — Il ne l'est pas? J'aurais juré qu'Allan Durward n'était pas homme à vivre sans femme. Il aimait à voir sa maison en bon ordre. Il aimait à regarder une jolie femme, et cependant il était austère dans ses principes. Le mariage lui procurait tout cela. Quant à moi, je m'en soucie fort peu, et je puis regarder une jolie femme sans penser au sacrement; je ne suis pas assez saint pour cela.

— Hélas! mon cher oncle, il y avait près d'un an que ma mère était veuve quand elle mourut. Lorsque Glen-Houlakin fut attaqué par les Ogilvies, mon père, mes deux oncles, mes deux frères aînés, sept de nos parents, le ménestrel, l'intendant et six autres de nos gens, furent tués en défendant le château. Il ne reste pas un seul foyer, ni pierre sur pierre dans tout Glen-Houlakin.

— Par la croix de saint André[1]! c'est ce que j'appelle un véritable sac. Oui, ces Ogilvies ont toujours été de fâcheux voisins pour Glen-Houlakin. C'est une mauvaise chance, mais c'est le destin de la guerre. Le destin de la guerre........! Et quand ce désastre arriva-t-il, beau neveu?

En faisant cette question, il avala un grand verre de vin; et il secoua la tête d'un air solennel, quand son neveu

---

(1) Jurement tout écossais. La croix de saint André est l'emblème national de l'Ecosse. — ED.

lui répondit qu'il y avait eu un an à la Saint-Jude que toute sa famille avait péri.

—Voyez, dit le Balafré, ne vous disais-je pas que c'était la chance de la guerre? C'est ce jour-là même que j'ai emporté d'assaut, avec vingt de mes camarades, le château de Roche-Noire, appartenant à Amaury Bras-de-fer, capitaine des Francs-Lanciers, dont vous avez dû entendre parler. Je le tuai sur le seuil de sa porte; et je gagnai assez d'or dans cette affaire pour en faire cette belle chaîne, qui avait autrefois le double de la longueur que vous lui voyez. Et cela me fait penser qu'il faut que j'en consacre une partie à une destination religieuse. —André! holà! André.

André entra sur-le-champ. C'était le coutelier du Balafré. Il était, en général, équipé de même que son maître, si ce n'est qu'il n'avait d'autre armure défensive qu'une cuirasse plus grossièrement fabriquée, que sa toque était sans panache, et surtout d'un drap commun au lieu d'être de velours. Otant de son cou sa chaîne d'or, le Balafré en arracha avec les dents environ la longueur de quatre pouces à l'un des bouts, et remit ce fragment à André.

—Portez ceci de ma part, lui dit-il, à mon joyeux compère le père Boniface, moine de Saint-Martin. Saluez-le de ma part en lui rappelant qu'il ne pouvait pas dire Dieu vous aide, la dernière fois que nous nous quittâmes à minuit. Dites-lui que mon frère, ma sœur et plusieurs autres de mes parens sont morts et partis pour l'autre monde, et que je le prie de dire des messes pour le salut de leurs ames autant qu'il en pourra dire pour ce bout de chaîne d'or; et s'il faut quelque chose de plus pour les tirer du purgatoire, qu'il le fasse à crédit. Et écoutez-moi; comme c'étaient des gens vivant bien, et n'étant souillés par aucune hérésie, il peut se faire qu'ils aient déjà un pied hors du purgatoire; et en ce cas, voyez-vous, je désire qu'il emploie cet or en malédictions contre une race appelée les Ogilvies, et en malédictions des meilleures qu'ait l'Église pour les atteindre. Vous me comprenez bien?

André répondit par un signe de tête affirmatif.

— Mais prends bien garde, continua le Balafré, qu'aucun de ces chaînons ne trouve le chemin d'un cabaret avant que le moine y ait touché; car si cela t'arrive j'userai sur ton dos tant de sangles et de courroies qu'il ne te restera pas plus de peau qu'à saint Barthélemy. Attends, je vois que tu couves des yeux ce flacon de vin, eh bien! tu ne partiras pas sans y avoir goûté.

A ces mots il lui en versa une rasade, et le coutelier, après avoir bu, partit pour exécuter ses ordres.

— Et maintenant, mon neveu; dites-moi ce que vous devîntes dans cette fâcheuse affaire.

— Je combattis avec ceux qui étaient plus âgés et plus vigoureux que moi, jusqu'à ce qu'ils eussent tous succombé, et je reçus une cruelle blessure.

— Pas pire que celle que je reçus il y a dix ans, à ce qu'il me semble. Regardez cette cicatrice. Jamais la lame d'un Ogilvie n'a creusé un sillon si profond.

— Ceux qu'ils creusèrent en cette occasion ne l'étaient que trop, répondit Durward douloureusement; mais ils finirent pas se lasser du carnage, et quand on remarqua qu'il me restait un souffle de vie, ma mère obtint, à force de prières, qu'on ne me le ravirait pas. Un savant moine d'Aberbrothock[1] qui était par hasard au château lors de l'attaque, et qui pensa périr lui-même dans la mêlée, obtint la permission de bander ma blessure, et de me faire transporter en lieu de sûreté; mais ce ne fut que sur la parole que ma mère et lui donnèrent que je me ferais moine.

— Moine! s'écria son oncle, par saint André! c'est ce qui ne m'est jamais arrivé. Personne, depuis mon enfance jusqu'à ce jour, n'a seulement rêvé de me faire moine. Et

(1) La même abbaye est mentionnée dans l'*Antiquaire*. — ED.

cependant j'en suis surpris quand j'y pense; car excepté la lecture et l'écriture, que je n'ai jamais pu apprendre; la psalmodie, qui m'a toujours été insupportable; le costume, qui rend les bons pères semblables à des fous et à des mendians, Notre-Dame me pardonne! (ici il fit un signe de croix) et leurs jeûnes, qui ne conviennent pas à mon appétit, je ne vois pas ce qui m'aurait manqué pour faire un aussi bon moine que mon petit compère de Saint-Martin. Mais, je ne sais pas pourquoi, personne ne me l'a jamais proposé. Ainsi donc, beau neveu, vous deviez être moine! Et pourquoi, s'il vous plaît?

—Pour que la maison de mon père s'éteignît dans le cloître ou dans la tombe.

—Je vois, je comprends; rusés coquins! oui, très-rusés! Ils auraient pu se tromper dans leurs calculs pourtant; car, voyez-vous, beau neveu, je me souviens du chanoine Robersart, qui avait prononcé ses vœux, et qui sortit ensuite du cloître et devint capitaine de troupes franches. Il avait une maîtresse, la plus jolie fille que j'aie jamais vue, et trois enfans charmans. Il ne faut pas se fier aux moines, beau neveu; il ne faut pas s'y fier. Ils peuvent devenir soldats et pères quand vous vous y attendez le moins. Mais continuez votre histoire.

—J'ai peu de choses à y ajouter, si ce n'est que, regardant ma pauvre mère comme en quelque sorte responsable pour moi, je pris l'habit de novice, je me soumis aux règles du cloître, et j'appris même à lire et à écrire.

—A lire et à écrire! s'écria-t-il; je ne puis le croire :— jamais un Durward, que je sache, ne put écrire son nom, et un Lesly pas davantage. C'est du moins ce que je puis garantir pour un de ces derniers; je ne suis pas plus en état d'écrire que de voler dans les airs. Mais au nom de saint Louis, comment vous ont-ils appris tout cela?

—Ce qui me paraissait d'abord difficile, est devenu plus aisé avec le temps. Ma blessure et la grande perte de sang qui en avait été la suite m'avaient affaibli ; je désirais faire plaisir à mon libérateur, le père Pierre, de sorte que je m'appliquai de bon cœur à ma tâche ; mais après avoir langui plusieurs mois, ma bonne mère mourut ; et comme ma santé était alors parfaitement rétablie, je communiquai à mon bienfaiteur, qui était le sous-prieur du couvent, ma répugnance à prononcer les vœux. Il fut alors décidé entre nous que, puisque ma vocation ne m'appelait pas au cloître, j'irais chercher fortune dans le monde ; mais que, pour mettre le sous-prieur à l'abri du courroux des Ogilvies, mon départ aurait l'air d'une fuite : pour y donner plus de vraisemblance, j'emportai avec moi un faucon de l'abbé ; mais je reçus une permission régulière de départ, écrite et signée par lui, comme je puis en justifier.

— Voilà qui est bien ! parfaitement bien. Notre roi s'inquiétera fort peu que tu aies volé un faucon ; mais il a en horreur tout ce qui ressemble à un moine qui a jeté le froc aux orties. Et je présume que le trésor que tu portes avec toi ne te gêne pas pour marcher ?

— Seulement quelques pièces d'argent, bel oncle ; car je dois être franc avec vous.

— Diable ! c'est là le pire ! Mais, quoique je ne fasse jamais de grandes épargnes sur ma paie, parce que, dans ces temps dangereux, ce serait être mal avisé de garder beaucoup d'argent sur soi, j'ai toujours quelque bijou en or que je porte pour l'ornement de ma personne, une chaîne, par exemple, parce qu'au besoin on peut en détacher quelques chaînons. Mais vous me demanderez, beau neveu, comment je puis me procurer des babioles de cette espèce, ajouta le Balafré en secouant sa chaîne d'un air de triomphe ; on ne les trouve pas suspendues à tous les buissons ; elles ne croissent pas dans les champs comme ces graines de narcisse avec lesquelles les enfans font des colliers ; mais vous pouvez en gagner de semblables de la même manière que j'ai gagné celle-ci, au service du bon roi de France, où il y a toujours une fortune à trouver, pourvu qu'on ait l'esprit de la chercher. Il ne s'agit pour cela que de risquer sa vie ou ses membres.

— J'ai entendu dire, répondit Quentin, qui voulait éviter de prendre une détermination avant d'être mieux instruit, que le duc de Bourgogne tient un plus grand état de maison que le roi de France, et qu'il y a plus d'honneur à gagner sous ses bannières; qu'on y frappe d'estoc et de taille, et qu'on y voit de hauts faits d'armes; tandis que le roi très-chrétien n'emploie pour gagner ses victoires que la langue de ses ambassadeurs.

— Vous parlez comme un jeune insensé, beau neveu; et pourtant je crois que lors de mon arrivée ici j'étais aussi simple que vous. Je ne pouvais me représenter un roi que comme un homme assis sous un dais magnifique, faisant bonne chère avec ses grands vassaux et ses paladins, se nourrissant de blanc-manger, avec une grande couronne d'or sur le front, ou chargeant à la tête de ses troupes, comme Charlemagne dans les romans, ou comme Robert Bruce et William Wallace dans notre histoire. Mais un mot à l'oreille, mon garçon. Ce n'est là que l'image de la lune dans un seau : c'est la politique, la politique qui fait tout. Notre roi a trouvé le secret de se battre avec les épées des autres, et de prendre dans leur bourse de quoi payer ses soldats. Ah! jamais prince plus sage n'endossa la pourpre. Et cependant il n'en use guère, car je le vois souvent plus simplement vêtu qu'il ne me conviendrait de l'être.

— Mais vous ne répondez pas à mon objection, bel oncle. Puisqu'il faut que je serve en pays étranger, je voudrais servir quelque part où une action d'éclat, si j'avais le bonheur d'en faire une, pût me faire distinguer.

— Je vous comprends, beau neveu, je vous comprends assez bien; mais vous n'êtes pas mûr pour cette sorte d'affaire. Le duc de Bourgogne est une tête chaude, un homme impétueux, un cœur doublé de fer : il charge à la tête de ses nobles et de ses chevaliers de l'Artois et du Hainault; pensez-vous que, si vous étiez là ou que j'y fusse moi-même, nous irions plus en avant que le duc et toute la brave noblesse de son pays? Si nous ne les suivions pas d'assez près, nous aurions la chance d'être livrés entre les mains du grand prévôt de l'armée comme traîneurs; si nous étions sur le même rang, on dirait que nous ne faisons que notre devoir et gagner notre paie; mais si le hasard voulait que je me trouvasse de la longueur d'une pique en avant des autres, ce qui est difficile et dangereux dans une telle mêlée où chacun fait de son mieux, eh bien! le duc crierait dans son jargon flamand, comme quand il voit porter un bon coup : Ah! *gut getroffen!* une bonne lance; un bon Écossais ; qu'on lui donne un florin pour boire à notre santé : mais ni rang, ni terres, ni argent n'arrivent à l'étranger dans un tel service ; tout est pour les enfans du sol.

—Et, au nom du ciel! qui peut y avoir plus de droits, bel oncle?

—Celui qui protège les enfans du sol, répondit le Balafré en se redressant de toute sa hauteur. Voici comme parle le roi Louis :

— « Mon bon paysan, songez à votre charrue, à votre houe, à votre herse, à votre serpette, à tous vos instrumens de culture; voici un brave Écossais qui se battra pour vous, et vous n'aurez que la peine de le payer. Et vous, sérénissime duc, illustre comte, très-puissant marquis, enchaînez votre courage bouillant jusqu'à ce qu'on en ait besoin, car il est sujet à se tromper de chemin et à vous nuire à vous-même; voici mes compagnies franches, mes gardes françaises, voici par-dessus tous mes archers écossais et mon brave Ludovic-le-Balafré; ils se battront aussi bien et mieux que vous dont la valeur indisciplinée fit perdre à vos pères les batailles de Crécy et d'Azincourt. »

—Or, ne voyez-vous pas, beau neveu, dans lequel de ces deux États un cavalier de fortune doit tenir le plus haut rang et parvenir au plus haut degré d'honneur?

—Je crois que je vous entends, bel oncle; mais, à mon avis, il ne peut y avoir d'honneur à gagner où il n'y a pas de risque à courir. Je vous demande pardon : mais il me semble que c'est une vie d'indolent et de paresseux, que de monter la garde autour d'un vieillard à qui personne ne songe à nuire, et de passer les jours d'été et les nuits d'hiver sur le haut des murailles, enfermé dans une cage de fer, de peur que vous ne désertiez de votre poste. Mon oncle! mon oncle! c'est rester sur le penchoir comme le faucon qu'on ne mène jamais en chasse.

—Par saint Martin de Tours! le jeune homme a du feu; on reconnaît en lui le sang des Leslys. C'est moi trait pour trait, avec un grain de folie de plus. Écoutez-moi, mon neveu : vive le roi de France! à peine se passe-t-il un jour sans qu'il ait à donner à quelqu'un de nous quelque commission qui peut lui rapporter honneur et profit. Ne croyez pas que toutes les actions les plus braves et les plus dangereuses se fassent à la lumière du jour. Je pourrais vous citer quelques faits d'armes, tels que des châteaux pris d'assaut, des prisonniers enlevés, et d'autres semblables, pour lesquels quelqu'un dont je tairai le nom a couru plus de dangers et gagné plus de faveurs qu'aucun des enragés qui suivent l'enragé duc de Bourgogne. Et pendant qu'on est ainsi occupé, s'il plaît à Sa Majesté de se tenir à l'écart et dans le lointain, qu'importe? Il n'en a que plus de liberté d'esprit pour apprécier les aventuriers qu'il emploie, et les récompenser dignement. Il juge mieux leurs dangers et leurs faits d'armes que s'il y avait pris part personnellement. Oh! c'est un monarque politique et plein de sagacité!

Quentin garda le silence quelques instans, et lui dit ensuite en baissant la voix, mais d'un ton expressif : —Le bon père Pierre avait coutume de dire qu'il pouvait y avoir beaucoup de danger dans les actions par lesquelles on n'acquiert que peu de gloire. Je n'ai pas besoin de vous dire, bel oncle, que je suppose toutes ces commissions honorables.

—Pour qui me prenez-vous, beau neveu? s'écria le Balafré d'un ton un peu sévère. Il est vrai que je n'ai pas été élevé dans un cloître, et que je ne sais ni lire ni écrire; mais je suis le frère de votre mère, je suis un loyal Lesly. Pensez-vous que je sois homme à vous engager à faire quelque chose indigne de vous? Le meilleur chevalier de toute la France, Duguesclin lui-même, s'il vivait encore, se ferait honneur de compter mes hauts faits parmi les siens.

—Je ne doute nullement de ce que vous me dites, bel oncle; mon malheureux destin ne m'a laissé que vous dont je puisse recevoir des avis. Mais est-il vrai, comme on le dit, que le roi tient ici, dans son château du Plessis, une cour bien maigre? Point de nobles ni de courtisans à sa suite; point de grands feudataires ni de grands officiers de la couronne près de lui : quelques amusemens presque solitaires, que partagent seulement les officiers de sa maison; des conseils secrets, auxquels n'assistent que des hommes d'une origine basse et obscure; la noblesse et le rang mis à l'écart; des gens sortis de la lie du peuple admis à la faveur royale : tout cela paraît irrégulier, et ne ressemble guère à la conduite de son père, le noble Charles, qui arracha des ongles du lion anglais plus de la moitié du royaume de France.

—Vous parlez comme un enfant sans cervelle; et comme un enfant, vous ne faites que produire toujours les mêmes sons en frappant sur une nouvelle corde. Faites bien attention. Si le roi emploie Olivier le Dain, son barbier, pour ce qu'Olivier peut faire mieux qu'aucun pair du royaume, le royaume n'y gagne-t-il pas? S'il ordonne à son vigoureux grand-prévôt Tristan d'arrêter tel ou tel bourgeois séditieux, de le débarrasser de tel ou tel noble turbulent, l'affaire est faite, et l'on n'y pense plus; au lieu que, s'il confiait cette commission à un duc ou à un pair de France, celui-ci lui enverrait peut-être en réponse un message pour le braver. De même, s'il plaît au roi de confier à Ludovic-le-Balafré, qui n'a pas d'autre titre, une mission qu'il exécutera, au lieu d'en charger le grand connétable, qui le trahirait peut-être, n'est-ce pas une preuve de sagesse? Par-dessus tout, un monarque de ce caractère n'est-il pas le prince qu'il faut à des cavaliers de fortune, qui doivent aller où leurs services sont le plus recherchés et le mieux appréciés? Oui, oui, jeune homme, je vous dis que Louis sait choisir ses confidens, connaître leur capacité, et proportionner la charge aux épaules de chacun, comme on dit. Il ne ressemble pas au roi de Castille, qui mourait de soif parce que le grand échanson n'était pas derrière lui pour lui présenter sa coupe. Mais j'entends la cloche de Saint-Martin; il faut que je retourne au château. Adieu, passez le temps joyeusement, et demain à huit heures présentez-vous au pont-levis, et demandez-moi à la sentinelle. Ayez bien soin de ne pas vous écarter du droit chemin, du sentier battu; car il pourrait vous en coûter un membre, et vous le regretteriez sans doute. Vous verrez le roi, et vous apprendrez à le juger par vous-même. Adieu!

A ces mots le Balafré partit à la hâte, oubliant, dans sa précipitation, de payer le vin qu'il avait demandé; défaut de mémoire auquel sont sujets les hommes de son caractère, et que l'aubergiste ne crut pas devoir relever, sans doute à cause du respect que lui inspiraient son panache flottant et sa grande lame à double poignée.

On pourrait supposer que Durward, resté seul, se serait retiré dans sa tourelle, dans l'espoir d'y entendre de nouveau les sons enchanteurs qui lui avaient procuré dans la matinée une rêverie délicieuse : mais cet incident était un chapitre de roman, et la conversation qu'il venait d'avoir avec son oncle lui avait ouvert une page de l'histoire véritable de la vie. Le sujet n'en était pas fort agréable; les réflexions et les souvenirs qu'il faisait naître devaient écarter toute autre idée, et surtout les idées tendres et riantes.

Il prit le parti d'aller faire une promenade solitaire sur les bords du Cher au cours rapide, après avoir eu soin de demander à l'hôte quel chemin il pouvait suivre sans avoir à craindre que des trappes et des pièges apportassent à sa marche une interruption désagréable. Là il s'efforça de rappeler le calme dans son esprit agité, et de réfléchir au parti qu'il devait prendre, son entretien avec son oncle lui ayant encore laissé quelque incertitude à cet égard.

CHAPITRE VI.

Les Bohémiens.

« Il cheminait si gaîment,
« Si vite, si lestement,
« Qu'il se mit enfin en danse
« Sous la potence. »
Ancienne chanson.

L'ÉDUCATION qu'avait reçue Quentin Durward n'était pas de nature à faire germer dans le cœur de doux sentimens, ni même à y graver des principes bien purs de morale. On lui avait appris, à lui comme à tous les Durward, que la chasse était le seul amusement qui lui convînt, et la guerre leur unique occupation sérieuse; le grand devoir de toute leur vie était de souffrir avec fermeté, et de chercher à rendre au centuple les maux que pouvaient leur faire leurs ennemis féodaux, qui avaient enfin presque exterminé leur race : et cependant il se mêlait à ces haines héréditaires un esprit de chevalerie grossière, et même de courtoisie, qui en adoucissait la rigueur; de sorte que la vengeance, seule justice qui fût connue, ne s'exerçait pas sans quelque égard pour l'humanité et la générosité. D'une autre part, les leçons du bon vieux moine, que le jeune Durward avait peut-être écoutées, dans l'adversité et pendant une longue maladie, avec plus de profit qu'il ne l'eût fait s'il eût été heureux et bien portant, lui avaient donné des idées plus justes sur les devoirs qu'impose l'humanité : aussi, si l'on fait attention à l'ignorance générale qui régnait alors, aux préjugés qu'on avait conçus en faveur de l'état militaire, et à la manière dont il avait été élevé, le jeune Quentin était à même de comprendre les devoirs moraux qui convenaient à sa situation dans le monde, avec plus de justesse qu'on ne le faisait généralement alors.

Ce fut avec embarras et désappointement qu'il réfléchit sur son entrevue avec son oncle. Il avait conçu de grandes espérances ; car quoiqu'il ne fût pas question à cette époque de communications épistolaires, un pèlerin, un commerçant aventureux, ou un soldat estropié, prononçaient quelquefois le nom de Lesly à Glen-Houlakin, et vantaient tous, d'un commun accord, son courage indomptable et les succès qu'il avait obtenus dans diverses expéditions dont son maître l'avait chargé. L'imagination du jeune Quentin avait complété l'esquisse à sa manière : les exploits de son oncle, auxquels la relation ne faisait probablement rien perdre, lui représentaient cet aventurier semblable aux champions et aux chevaliers errans chantés par les ménestrels, gagnant des couronnes et des filles de roi à la pointe de l'épée et de la lance. Il était maintenant forcé de le placer à un degré beaucoup plus bas sur l'échelle de la chevalerie ; et cependant, aveuglé par le respect qu'il avait pour ses parens et pour ceux dont l'âge était au-dessus du sien, soutenu par les préventions favorables qu'il avait conçues sur son compte, dépourvu d'expérience, et passionnément attaché à la mémoire de sa mère, il ne voyait pas sous son véritable jour le caractère du seul frère de cette mère chérie, soldat mercenaire comme il y en avait tant, ne valant ni beaucoup plus ni beaucoup moins que la plupart des gens de la même profession, dont la présence ajoutait encore aux maux qui déchiraient la France.

Sans être cruel de gaieté de cœur, le Balafré avait contracté, par habitude, beaucoup d'indifférence pour la vie et les souffrances des hommes. Il était profondément ignorant, avide de butin, peu scrupuleux sur les moyens d'en faire, et en dépensant le produit avec prodigalité pour satisfaire ses passions. L'habitude de donner une attention exclusive à ses besoins et à ses intérêts, avait fait de lui un des êtres les plus égoïstes de l'univers; de sorte qu'il était rarement en état, comme le lecteur peut l'avoir remarqué, d'aller bien loin sur aucun sujet, sans considérer en quoi il pouvait lui être applicable, ou, comme on le dit, sans en faire sa propre cause, mais par un sentiment bien différent de ceux qu'inspire un désintéressement généreux. Il faut ajouter encore que le cercle étroit de ses devoirs et de ses plaisirs avait circonscrit peu à peu ses pensées, ses désirs et ses espérances, et calmé jusqu'à un certain point cette soif ardente d'honneur, ce désir de se distinguer par les armes, qui l'avaient autrefois animé.

En un mot, le Balafré était un soldat actif, endurci, égoïste, à esprit étroit, infatigable et hardi dans l'exécution de ses devoirs; mais ne connaissant presque rien au-delà, si ce n'est l'observance des pratiques d'une dévotion superstitieuse, à laquelle il faisait diversion de temps en temps en vidant quelques bouteilles avec le frère Boniface son camarade et son confesseur. Si son génie avait eu une portée plus étendue, il aurait probablement obtenu quelque grade important; car le roi, qui connaissait individuellement chaque soldat de sa garde, avait beaucoup de confiance dans le courage et dans la fidélité du Balafré. D'ailleurs, l'Écossais avait eu assez de bon sens ou d'adresse pour pénétrer l'humeur de ce monarque, et pour trouver les moyens de la flatter; mais ses talens étaient d'un genre trop borné pour qu'il pût être appelé à un rang plus élevé; et quoique Louis lui accordât souvent un sourire et quelques faveurs, le Balafré n'en resta pas moins simple archer dans la garde écossaise.

Sans avoir parfaitement défini quel était le caractère de son oncle, Quentin n'en fut pas moins choqué de l'indifférence avec laquelle il avait appris la destruction de toute la famille de son beau-frère, et il fut surpris qu'un si proche parent ne lui eût pas offert l'aide de sa bourse, qu'il aurait été dans la nécessité de lui demander directement, sans la générosité de maître Pierre. Il ne rendait pourtant pas justice à son oncle, en supposant que l'avarice était la cause de ce manque d'attention. N'ayant pas lui-même besoin d'argent en ce moment, il n'était pas venu à l'esprit du Balafré que son neveu pût en être dépourvu; autrement, il regardait un si proche parent comme faisant tellement partie de lui-même, qu'il aurait fait pour son neveu vivant ce qu'il avait tâché de faire pour les ames de sa sœur et de ses autres parens décédés. Mais quel que fût le motif de cette négligence, elle n'était pas plus satisfaisante pour Durward, et il regretta plus d'une fois de ne pas avoir pris du service dans l'armée du duc de Bourgogne, avant sa querelle avec le forestier.

—Quoi que je fusse devenu, pensait-il, j'aurais toujours pu me consoler par la réflexion que j'avais en mon oncle un ami sûr en cas d'événemens fâcheux; mais à présent je l'ai vu, et malheureusement pour lui j'ai trouvé plus de secours dans un marchand étranger que dans le frère de ma propre mère, mon compatriote, et noble cavalier. On croirait que le coup de sabre qui l'a privé de tous les agrémens de la figure lui a fait perdre en même temps tout le sang écossais qui coulait dans ses veines.

Durward fut fâché de n'avoir pas trouvé l'occasion de parler de maître Pierre au Balafré, pour tâcher d'apprendre quelque chose de plus sur ce personnage mystérieux : mais son oncle lui avait fait des questions si rapides et si multipliées, et la cloche de Saint-Martin de Tours avait terminé leur conférence si subitement, qu'il n'avait pas eu le temps d'y songer. Il se rappelait que ce vieillard paraissait revêche et morose, qu'il semblait aimer à lâcher des sarcasmes ; mais il était généreux et libéral dans sa conduite, et un tel étranger, pensa-t-il, vaut mieux qu'un parent insensible.

— Que dit notre vieux proverbe écossais? ajoutait-il encore : *Mieux vaut bon étranger que parent étranger.* Je découvrirai cet homme : la tâche ne doit pas être bien difficile, s'il est aussi riche que mon hôte le prétend. Au moins, il me donnera de bons avis sur ce que je dois faire; et s'il voyage en pays étranger, comme le font bien des marchands, je ne sais pas si l'on ne peut pas trouver des aventures à son service tout aussi bien que dans les gardes du roi Louis.

Tandis que cette pensée se présentait à l'esprit de Quentin, une voix secrète, partant du fond du cœur, dans lequel il se passe tant de choses à notre insu, ou du moins sans que nous voulions nous les avouer, lui disait bien bas que peut-être l'habitante de la tourelle, la dame au luth et au voile, serait du voyage auquel il songeait.

En ce moment le jeune Quentin rencontra deux hommes à physionomie grave, probablement habitans de la ville de Tours. Otant son bonnet avec le respect qu'un jeune homme doit à la vieillesse, il les pria de lui indiquer la maison de maître Pierre.

— La maison de qui, mon fils? dit l'un des passans.

— De maître Pierre, répondit Durward, le riche marchand de soie qui a fait planter tous ces mûriers.

— Jeune homme, dit celui qui était le plus près de lui, vous avez commencé bien jeune un sot métier.

— Et vous devriez savoir mieux adresser vos sornettes, ajouta l'autre. Ce n'est pas ainsi que des bouffons, des vagabonds étrangers, doivent parler au syndic de Tours.

Quentin fut tellement surpris que deux hommes qui avaient l'air décent se trouvassent offensés d'une question si simple, et qu'il leur avait adressée avec la plus grande politesse, qu'il lui fut impossible de se fâcher à son tour du ton de dureté avec lequel ils y avaient répondu. Il resta immobile quelques instans, les regardant pendant qu'ils s'éloignaient en doublant le pas et en tournant de temps en temps la tête de son côté, comme s'ils eussent désiré se mettre le plus tôt possible hors de sa portée.

Il fit la même question à une troupe de vignerons qu'il rencontra ensuite, et ceux-ci, pour toute réponse, lui demandèrent s'il voulait parler de maître Pierre le maître d'école, ou de maître Pierre le charpentier, ou de maître Pierre le bedeau, ou de cinq à six autres maîtres Pierre. Les renseignemens qu'il obtint sur tous ces maîtres Pierre ne convenant nullement à celui qu'il cherchait, les paysans l'accusèrent d'être un impertinent qui ne voulait que se moquer d'eux; et ils montraient même quelques dispositions à passer à des voies de fait contre lui pour le payer de ses railleries; mais le plus âgé, qui paraissait avoir quelque influence sur les autres, les engagea à ne se permettre aucun acte de violence.

—Est-ce que vous ne voyez pas à son accent et à son bonnet de fou, que c'est un de ces charlatans étrangers que les uns appellent magiciens ou sorciers, et les autres jongleurs? Et qui sait les tours qu'ils ont à nous jouer? On m'en a cité un qui avait payé un liard à un pauvre homme pour manger tout son saoul du raisin dans son vignoble, et il en a mangé plus de la charge d'une charrette, sans défaire tant seulement un bouton de sa jaquette. Ainsi, laissons-le passer tranquillement; allons-nous-en, lui de son côté, et nous du nôtre. Et vous, l'ami, de crainte de pire, passez votre chemin, au nom de Dieu, de Notre-Dame de Marmoutiers et de saint Martin de Tours, et ne nous ennuyez plus de votre maître Pierre, qui, pour ce que nous en savons, peut bien n'être qu'un autre nom pour désigner le diable.

Le jeune Écossais, ne se trouvant pas le plus fort, jugea que ce qu'il avait de mieux à faire était de continuer sa marche sans rien répondre. Mais les paysans, qui s'étaient d'abord éloignés de lui avec une sorte d'horreur que leur inspiraient les talens qu'ils lui supposaient pour la sorcellerie et pour dévorer leurs raisins, reprirent courage quand ils se trouvèrent à une certaine distance; ils s'arrêtèrent, poussèrent de grands cris, le chargèrent de malédictions, et finirent par lancer contre lui une grêle de pierres, quoiqu'ils fussent trop loin pour pouvoir atteindre ou du moins blesser l'objet de leur courroux. Quentin, tout en continuant son chemin, commença à croire à son tour qu'il était sous l'influence d'un charme, ou que les paysans de la Touraine étaient les plus stupides, les plus brutaux et les plus inhospitaliers de toute la France. Ce qui lui arriva quelques instans après tendit à le confirmer dans cette opinion.

Une petite éminence s'élevait sur les rives de la magnifique et rapide rivière dont nous avons déjà parlé plus d'une fois; et précisément en face de son chemin, Durward aperçut deux ou trois grands châtaigniers si heureusement placés, qu'ils formaient un groupe remarquable. A quelques pas, trois ou quatre paysans immobiles levaient les yeux, et semblaient les fixer sur les branches de l'arbre le plus près d'eux. Les méditations de la jeunesse sont rarement assez profondes pour ne pas céder à la plus légère impulsion de la curiosité aussi aisément qu'un caillou, que la main laisse échapper par hasard, rompt la surface d'un étang limpide. Quentin doubla le pas, et arriva sur la colline assez à temps pour voir l'horrible spectacle qui attirait les regards des paysans. C'était un homme pendu à une des branches de châtaignier, et qui expirait dans les dernières convulsions de l'agonie.

—Que ne coupez-vous la corde? s'écria Durward, dont la main était toujours aussi prête à secourir le malheur des autres qu'à venger son honneur quand il le croyait attaqué.

Un des paysans, pâle comme la cendre, tourna vers lui des yeux qui n'avaient d'autre expression que celle de la crainte, en lui montrant du doigt une marque taillée sur l'écorce de l'arbre, portant la même ressemblance grossière avec une *fleur de lis*, que certaines entailles talismaniques, bien connues de nos officiers du fisc, ont avec la *flèche du roi* [1]. Ne sachant pas ce que signifiait ce symbole, et s'en inquiétant peu, Quentin grimpa sur l'arbre avec l'agilité de l'once, tira de sa poche cet instrument compagnon inséparable du montagnard et du chasseur, son fidèle *skene dhu* [2]; et criant à ceux qui étaient en bas de recevoir le corps dans leurs bras, il coupa la corde avant qu'une minute se fût passée depuis qu'il avait aperçu cette scène.

Mais son humanité fut mal secondée par les spectateurs. Bien loin d'être d'aucun secours à Durward, ils parurent épouvantés de son audace, et prirent la fuite d'un commun accord, comme s'ils eussent craint que leur présence suffît pour les faire regarder comme complices de sa témérité.

Le corps n'étant soutenu par personne, tomba lourdement sur la terre, et Quentin, descendant précipitamment de l'arbre, eut le désagrément de voir que la dernière étincelle de la vie était déjà éteinte en lui. Il n'abandonna pourtant pas son projet charitable sans faire de nouveaux efforts. Il dénoua le nœud fatal qui serrait le cou du malheureux, déboutonna son pourpoint, lui jeta de l'eau sur le visage, et eut recours à tous les moyens pratiqués ordinairement pour ranimer les fonctions suspendues de la vie.

(1) *Broad arrow.* On appelle ainsi en Angleterre les lettres initiales H. M. *His Majesty* (Sa Majesté), qui servent à désigner les caisses contenant les objets à l'usage du roi ou pour le service de l'Etat; c'est un symbole employé surtout dans les magasins de la marine, les entrepôts de douanes, etc.—ED.

(2) Poignard écossais.—ED.

Tandis qu'il prenait ainsi des soins qui lui étaient inspirés par l'humanité, il entendit autour de lui des clameurs sauvages en une langue qu'il ne comprenait pas; et à peine avait-il eu le temps de remarquer qu'il était environné d'hommes et de femmes d'un air singulier et étranger, qu'il se sentit saisir rudement par les deux bras, et qu'on lui mit un couteau sur la gorge.

— Pâle esclave d'Eblis! s'écria un homme en mauvais français; volez-vous celui que vous avez assassiné? Mais nous vous tenons, et vous allez nous le payer.

Dès que ces paroles eurent été prononcées, les lames de couteau brillèrent de toutes parts autour de Quentin, et ces êtres féroces et courroucés qui l'entouraient avaient l'air de loups prêts à se jeter sur leur proie.

Son courage et sa présence d'esprit le tirèrent pourtant d'affaire. — Que voulez-vous dire, mes maîtres? s'écria-t-il. Si ce corps est celui d'un de vos amis, je viens de couper par pure charité la corde qui le suspendait; et vous feriez mieux de chercher à le rappeler à la vie, que de maltraiter un étranger innocent qui n'a voulu que le sauver, s'il eût été possible.

Cependant les femmes s'étaient emparées du corps du défunt; elles continuaient les mêmes efforts qu'avait déjà faits Durward pour ranimer en lui le principe de la vie; mais n'obtenant pas plus de succès, elles renoncèrent à leurs tentatives infructueuses. La bande entière alors s'abandonna à toutes les démonstrations de chagrin usitées dans l'Orient, les femmes poussant des cris de douleur et s'arrachant leurs longs cheveux noirs, tandis que les hommes semblaient déchirer leurs vêtemens et se couvraient la tête de poussière. La cérémonie de leur deuil les occupa tellement, qu'ils ne firent plus attention à Durward, la vue de la corde coupée leur ayant fait reconnaître son innocence. Le plus sage parti qu'il eût à prendre était sans doute de laisser cette espèce de caste sauvage se livrer à ses lamentations ; mais habitué au mépris de tous les dangers, il éprouvait dans toute sa force la curiosité de la jeunesse.

Les hommes et les femmes de cette troupe bizarre portaient des turbans ou des toques qui ressemblaient plutôt à celle de Quentin qu'aux chapeaux alors en usage en France. La plupart des hommes avaient la barbe noire et frisée, et tous avaient le teint presque aussi noir que des Africains. Un ou deux, qui semblaient être leurs chefs, avaient quelques petits ornemens en argent autour de leur cou ou à leurs oreilles, et des écharpes jaunes, ou d'un vert pâle ; mais leurs jambes et leurs bras étaient nus, et toute la troupe semblait misérable et malpropre au dernier degré. Durward ne vit d'autres armes parmi eux que les longs couteaux dont ils l'avaient menacé quelques instans auparavant, et un petit sabre mauresque, c'est-à-dire à lame recourbée, porté par un jeune homme paraissant fort actif, qui surpassait tout le reste de la troupe dans l'expression extravagante de son chagrin, et qui, mettant souvent la main sur la poignée de son arme, semblait murmurer des menaces de vengeance. Ce groupe en désordre, qui se livrait ainsi à des lamentations, était si différent de tous les êtres que Quentin avait vus jusqu'alors, qu'il crut presque reconnaître une troupe de Sarrasins, de ces chiens de païens, éternels antagonistes des braves chevaliers et des monarques chrétiens, dans tous les romans qu'il avait lus ou dont il avait entendu parler ; et il était sur le point de s'éloigner d'un voisinage si dangereux, quand un bruit de chevaux arrivant au galop se fit entendre : ces prétendus Sarrasins, qui venaient de placer sur leurs épaules le corps de leur compagnon, furent chargés au même instant par une troupe de soldats français.

Cette apparition soudaine changea les lamentations mesurées des amis du défunt en cris irréguliers de terreur. Le corps fut jeté à terre en un instant, et ceux qui l'entouraient montrèrent autant d'adresse que d'activité pour échapper aux lances dirigées contre eux-mêmes en passant sous le ventre des chevaux, pendant que leurs ennemis s'écriaient:—Point de quartier à ces maudits brigands païens; arrêtez-les, tuez-les, enchaînez-les comme des bêtes féroces; percez-les à coup de javeline comme des loups!

Ces cris étaient accompagnés d'actes de violence; mais les fuyards étaient si alertes, et le terrain si défavorable à la cavalerie à cause des buissons et des taillis qui le couvraient, qu'ils réussirent tous à s'échapper, à l'exception de deux, qui furent faits prisonniers. L'un d'eux était le jeune homme armé d'un sabre, et il ne se laissa pas arrêter sans faire quelque résistance. Quentin, que la fortune semblait avoir pris en ce moment pour le but de ses traits, fut saisi en même temps par les soldats, qui lui lièrent les bras avec une corde, en dépit de toutes ses remontrances: ceux qui s'étaient emparés de sa personne mirent dans leurs opérations tant de promptitude, qu'il était clair que ce n'étaient pas des gens novices en expéditions de police.

Jetant un regard inquiet sur le chef de ces cavaliers, dont il espérait obtenir sa mise en liberté, Quentin ne sut pas trop s'il devait s'alarmer ou s'applaudir, quand il reconnut en lui le compagnon sombre et silencieux de maître Pierre. Il était vrai que, quelque crime que ces étrangers fussent accusés d'avoir commis, cet officier pouvait savoir, d'après l'aventure de cette matinée même, que Durward n'avait avec eux aucune espèce de liaison; mais une question plus difficile à résoudre était de savoir si cet homme farouche serait pour lui un juge favorable ou un témoin disposé à lui rendre justice; or Quentin ne savait trop s'il rendrait sa situation moins dangereuse en s'adressant directement à lui.

On ne lui laissa pas le temps de prendre une détermination.

—Trois-Échelles, Petit-André, dit à deux hommes de sa

troupe l'officier à figure sinistre, ces arbres se trouvent là fort à propos. J'apprendrai à ces mécréans, à ces voleurs, à ces sorciers, à se jouer de la justice du roi quand elle a frappé quelqu'un de leur maudite race. Descendez de cheval, mes enfans, et remplissez vos fonctions.

Trois-Échelles et Petit-André eurent mis pied à terre en un instant, et Quentin remarqua que chacun d'eux avait au pommeau et à la croupière de la selle plusieurs trousseaux de cordes; et tous deux se mettant à les dérouler avec activité, il vit qu'un nœud coulant y avait été préparé d'avance afin de pouvoir s'en servir à l'instant même. Son sang se glaça dans ses veines quand il vit qu'ils en prenaient trois, et qu'ils se disposaient à lui en ajuster une au cou. Il appela l'officier à haute voix, le fit souvenir de leur rencontre, réclama les droits que devait avoir un Écossais libre dans un pays allié et ami, et déclara qu'il n'avait aucune connaissance des gens avec lesquels il avait été arrêté, ni des crimes qui pouvaient leur être imputés.

L'officier, à qui Durward s'adressait, daigna à peine le regarder pendant qu'il lui parlait, et ne parut faire aucune attention à la prétention qu'il avançait d'être déjà connu de lui. Il se contenta de se tourner vers quelques paysans accourus soit par curiosité, soit pour rendre témoignage contre les prisonniers, et il leur demanda d'un ton brusque :—Ce jeune drôle était-il avec ces vagabonds?

—Oui, monsieur le grand prévôt, répondit un des paysans. C'est lui qui est arrivé le premier, et qui a eu la témérité de couper la corde à laquelle était pendu le coquin que la justice du roi avait condamné, et qui le méritait bien, comme nous l'avons dit.

—Je jurerais par Dieu et par saint Martin de Tours, dit un autre, que je l'ai vu avec la bande quand elle est venue piller notre métairie.

—Mais, mon père, dit un enfant, celui dont vous voulez parler avait la peau noire, et ce jeune homme a le teint blanc; il avait des cheveux courts et crépus, et celui-ci a une longue et belle chevelure.

—C'est vrai, mon enfant, répondit le paysan, et de plus cet autre avait un habit vert, et celui-ci en a un gris. Mais monsieur le grand prévôt sait fort bien que ces vauriens peuvent changer leur teint aussi aisément que leurs habits, et je persiste à croire que c'est le même.

—Il suffit, dit l'officier, que vous l'ayez vu interrompre le cours de la justice du roi en coupant la corde d'un criminel condamné et exécuté. Trois-Échelles, Petit-André, faites votre devoir.

—Un moment, monsieur l'officier, s'écria Durward dans une transe mortelle, écoutez-moi un instant. Ne faites pas périr un innocent; songez que mes compatriotes en ce monde, et la justice du ciel dans l'autre, vous demanderont compte de mon sang.

—Je rendrai compte de mes actions dans l'un et dans l'autre, répondit froidement le prévôt, et il fit un signe de la main aux exécuteurs. Alors avec un sourire de vengeance satisfaite, il toucha du doigt son bras droit, qu'il portait en écharpe probablement par suite du coup qu'il avait reçu de Durward dans la matinée.

—Misérable, ame vindicative! s'écria Quentin, convaincu par ce geste que la soif de la vengeance était le seul motif de la rigueur de cet homme, et qu'il n'avait à attendre de lui aucune merci.

—La peur de la mort fait extravaguer ce pauvre jeune homme, dit le prévôt; Trois-Échelles, dis-lui quelques paroles de consolation avant de l'expédier; tu es un excellent consolateur en pareil cas, lorsqu'on n'a pas un confesseur sous la main. Accorde-lui une minute pour écouter tes avis spirituels, et que tout soit terminé dans la minute suivante. Il faut que je continue ma ronde. Soldats, suivez-moi!

Le prévôt partit avec son cortège, dont il laissa seulement deux ou trois hommes pour aider les exécuteurs. Le malheureux jeune homme jeta sur lui des yeux troublés par le désespoir, et crut voir disparaître avec son cheval toute chance de salut. En tournant ses regards autour de lui avec désespoir, il fut surpris, même dans un tel moment, de voir l'indifférence stoïque de ses compagnons d'infortune. D'abord ils avaient montré une grande crainte, et fait tous les efforts possibles pour s'échapper ; mais depuis qu'ils étaient solidement garottés, et destinés à une mort qui leur paraissait inévitable, ils l'attendaient avec l'indifférence la plus stoïque. La perspective d'une mort prochaine donnait peut-être à leurs joues basanées une teinte plus jaune, mais elle n'agitait pas leurs traits de convulsions, et n'abattait pas la fierté opiniâtre de leurs yeux. Ils ressemblaient à des renards qui, après avoir épuisé toutes leurs ruses pour donner le change aux chiens, meurent avec un courage sombre et silencieux que ne montrent ni les loups, ni les ours, objets d'une chasse plus dangereuse.

Leur constance ne fut pas ébranlée par l'approche des exécuteurs, qui se mirent en besogne avec encore plus de promptitude que n'en avait recommandé leur maître : ce qui venait sans doute de l'habitude qui leur faisait trouver une espèce de plaisir à s'acquitter de leurs horribles fonctions. Nous nous arrêterons ici un instant pour tracer leur portrait, parce que, sous une tyrannie soit despotique soit populaire, le personnage du bourreau devient un sujet de grave importance.

L'air et les manières de ces deux fonctionnaires différaient essentiellement. Louis avait coutume de les appeler Démocrite et Héraclite ; et leur maître, le grand prévôt, les nommait Jean qui pleure et Jean qui rit.

Trois-Echelles était un homme grand, sec, maigre et laid. Il avait un air de gravité toute particulière, et portait autour du cou un rosaire qu'il avait coutume d'offrir pieusement à ceux qui étaient livrés entre ses mains. Il avait continuellement à la bouche deux ou trois textes latins sur le néant et la vanité de la vie humaine; et si une telle cumulation de charges eût été régulière, il aurait pu joindre aux fonctions d'exécuteur des hautes œuvres celles de confesseur dans la prison.

Petit-André, au contraire, était un petit homme tout rond, actif, à face joyeuse, et qui faisait sa besogne comme si c'eût été l'occupation la plus divertissante du monde. Il semblait avoir une tendre affection pour ses victimes, et il leur parlait toujours en termes affectueux et caressans : c'étaient ses chers compères, ses honnêtes garçons, ses jolies filles, ses bons vieux pères, suivant leur âge et leur sexe. De même que Trois-Echelles tâchait de leur inspirer des pensées philosophiques et religieuses sur l'avenir, ainsi Petit-André manquait rarement de les régaler d'une plaisanterie ou deux pour leur faire quitter la vie comme quelque chose de ridicule, de méprisable, et qui ne méritait pas un seul regret.

Je ne puis dire ni pourquoi ni comment cela arrivait; mais il est certain que ces deux braves gens, malgré l'excellence et la variété de leurs talens, très-rares chez les personnes de leur profession, étaient peut-être plus cordialement détestés que ne le fut jamais aucune créature de leur espèce, avant ou après eux, de quiconque les connaissait : il ne restait qu'un doute; c'était de savoir lequel était le plus redouté ou le plus abhorré, du grave et pathétique Trois-Echelles, ou du comique et alerte Petit-André. Il est sûr qu'ils remportaient la palme à ces deux égards sur tous les bourreaux de la France, si l'on en excepte peut-être leur maître Tristan l'Ermite, le fameux grand prévôt, ou le maître de celui-ci, Louis XI.

Il ne faut pas supposer que ces réflexions occupassent en ce moment Quentin Durward. La vie, la mort, le temps, l'éternité, étaient en même temps devant ses yeux : perspective accablante qui fait frémir la faiblesse de la nature

8.

humaine, même quand l'orgueil cherche à la braver. Il s'adressait au Dieu de ses pères; et pendant ce temps la petite chapelle ruinée où avaient été déposés les restes de toute sa famille, dont il était le seul reste, se présenta à son imagination.

—Nos ennemis féodaux, pensa-t-il, nous ont accordé une sépulture dans notre domaine, et il faut que je serve de pâture aux corneilles et aux corbeaux dans un pays étranger, comme un félon excommunié!

Cette pensée lui tira quelques larmes des yeux. Trois-Echelles, lui frappant doucement sur l'épaule, le félicita de ce qu'il se trouvait dans de si heureuses dispositions pour mourir, en s'écriant d'une voix pathétique, *beati qui in Domino moriuntur!* il ajouta qu'il était heureux pour l'ame de quitter le corps pendant qu'on avait la larme à l'œil. Petit-André, lui touchant l'autre épaule, lui dit:—Courage, mon cher enfant; puisqu'il faut que vous entriez en danse, ouvrez le bal gaiement, car les instrumens sont d'accord. Et il secoua sa corde en même temps pour faire ressortir le sel de sa plaisanterie. Comme le jeune homme tournait un regard de désolation d'abord sur l'un et ensuite sur l'autre, ils se firent entendre plus clairement en le poussant vers l'arbre fatal, et en lui disant de prendre courage, attendu que tout serait terminé dans un instant.

Dans cette fâcheuse situation, le jeune homme jeta autour de lui un regard de désespoir.—Y a-t-il ici quelque bon chrétien qui m'entende, s'écria-t-il, et qui veuille dire à Ludovic Lesly, archer de la garde écossaise, surnommé en ce pays le Balafré, que son neveu périt indignement assassiné?

Ces mots furent prononcés à propos; car un archer de la garde écossaise, passant par hasard, avait été attiré par les apprêts de l'exécution, et s'était arrêté avec deux ou trois autres personnes pour voir ce qui se passait.

—Prenez garde à ce que vous faites! cria-t-il aux exécuteurs ; car, si ce jeune homme est Ecossais, je ne souffrirai pas qu'il soit mis à mort injustement.

— A Dieu ne plaise, sire cavalier! répondit Trois-Echelles ; mais il faut que nous exécutions nos ordres. Et il tira Durward par un bras pour le faire avancer.

— La pièce la plus courte est toujours la meilleure, ajouta Petit-André en le tirant par l'autre.

Mais Quentin venait d'entendre des paroles d'espérance; et, réunissant toutes ses forces, il se débarrassa, par un effort soudain, de ses deux satellites, et courant vers l'archer les bras encore liés : — Secourez-moi, mon compatriote, lui dit-il en écossais, secourez-moi, pour l'amour de l'Ecosse et de saint André! Je suis innocent ; je suis votre concitoyen; secourez-moi, au nom de toutes vos espérances au jour du dernier jugement!

— Par saint André! ils ne vous atteindront qu'à travers mon corps, répondit l'archer en tirant son sabre.

— Coupez mes liens, mon compatriote, s'écria Quentin, et je ferai quelque chose pour moi-même.

Le sabre de l'archer lui rendit l'usage des mains en un instant, et le captif libéré, s'élançant à l'improviste sur un des gardes du grand prévôt, lui arracha la hallebarde dont il était armé.

— Maintenant, s'écria-t-il, avancez si vous l'osez!

Les deux exécuteurs se parlèrent un instant à voix basse.

— Cours après le grand prévôt, dit Trois-Echelles, et je les retiendrai ici, si je le puis. — Soldats de la garde du grand prévôt, à vos armes!

Petit-André monta à cheval, et partit au grand galop, tandis que les soldats, dociles au commandement de Trois-Echelles, se mirent en ordre de bataille avec tant de précipitation, qu'ils laissèrent échapper les deux autres prisonniers. Peut-être ne mettaient-ils pas beaucoup d'empressement à les garder; car, depuis quelque temps, ils avaient été rassasiés du sang de bien des victimes semblables; et, de même que les autres animaux féroces, ils s'étaient lassés de carnage à force de massacres. Mais ils alléguèrent, pour se justifier, qu'ils s'étaient crus appelés immédiatement à la sûreté de Trois-Échelles ; car il existait une jalousie qui conduisait souvent à des querelles ouvertes entre les archers de la garde écossaise et les soldats de la garde prévôtale.

—Nous sommes en état de battre ces deux fiers Écossais, si vous le voulez, dit un de ces soldats à Trois-Échelles.

. Mais ce personnage officiel fut assez prudent pour lui faire signe de rester en repos; et, s'adressant à l'archer écossais avec beaucoup de civilité:—Monsieur, lui dit-il, c'est une insulte grave au grand prévôt, que d'oser interrompre ainsi le cours de la justice du roi, dont l'exécution lui est dûment et légalement confiée; c'est un acte d'injustice envers moi qui suis en possession légitime de mon criminel; et ce n'est pas une charité bien entendue pour ce jeune homme lui-même, attendu qu'il peut être exposé cinquante fois à être pendu, sans s'y trouver jamais aussi bien disposé qu'il l'était avant votre intervention mal-avisée.

—Si mon jeune compatriote, répondit l'archer en souriant, pense que je lui aie fait tort, je le remettrai entre vos mains sans discuter davantage.

— Non, pour l'amour du ciel! non! s'écria Quentin; abattez-moi plutôt la tête avec votre sabre. Cette mort serait plus convenable à ma naissance que celle que je recevrais des mains de ce misérable.

—Entendez-vous comme il blasphème? dit l'exécuteur des sentences de la loi. Hélas! comme nos meilleures résolutions s'évanouissent promptement! Il n'y a qu'un instant, il était dans les plus belles dispositions pour une bonne fin, et maintenant le voilà qui méprise les autorités!

—Mais apprenez-moi donc ce qu'a fait ce jeune homme, demanda l'archer.

—Il a osé, répondit Trois-Échelles, couper la corde qui

suspendait le corps d'un criminel aux branches de cet arbre, quoique j'eusse gravé moi-même sur le tronc la *fleur de lis*.

— Que veut dire ceci, jeune homme? dit l'archer. Pourquoi avez-vous commis un tel délit?

— Par la protection que j'attends de vous, je jure de vous dire la vérité comme si j'étais à confesse, répondit Durward. J'ai vu un homme pendu à cet arbre, dans les convulsions de l'agonie, et j'ai coupé la corde par pure humanité. Je n'ai pensé ni à fleurs de lis, ni à fleurs de giroflée, et je n'ai pas eu plus d'idée d'offenser le roi de France que notre saint père le pape.

— Et que diable aviez-vous besoin de toucher à ce pendu? reprit l'archer. Vous n'avez qu'à suivre les pas de ce digne personnage, et vous en verrez accrochés à tous les arbres comme des grappes de raisin. Vous ne manquerez pas d'ouvrage dans ce pays, si vous allez glaner après le bourreau. Néanmoins, je n'abandonnerai pas un compatriote, si je puis le sauver. Écoutez-moi, monsieur l'exécuteur des hautes œuvres, vous voyez que tout ceci n'est qu'une méprise. Vous devriez avoir quelque compassion pour un voyageur si jeune. Il n'a point été accoutumé dans notre pays à voir rendre la justice d'une manière aussi expéditive que vous et votre maître la rendez.

— Ce n'est pas que vous n'en ayez bon besoin, monsieur l'archer, répondit Petit-André qui arrivait en ce moment. Tiens ferme, Trois-Échelles! voici le grand prévôt qui vient; nous allons voir s'il trouvera bon qu'on lui retire son ouvrage des mains, avant qu'il soit achevé.

— Et voici fort à propos, dit l'archer, quelques-uns de mes camarades qui arrivent.

Effectivement, tandis que Tristan l'Ermite gravissait d'un côté avec sa suite la petite colline qui était la scène de cette altercation, quatre ou cinq archers arrivaient de l'autre, et le Balafré lui-même était de ce nombre.

Ludovic Lesly, en cette occasion, ne montra nullement pour son neveu cette indifférence dont celui-ci l'avait intérieurement accusé; car, dès qu'il eut vu son camarade et Durward dans une attitude de défense, il s'écria : — Cunninghâm, je te remercie! Messieurs mes camarades, je réclame votre aide. C'est un gentilhomme écossais, mon neveu. Lindesay, Guthrie, Tyrie, dégaînons et frappons!

Tout annonçait un combat désespéré entre les deux partis, et ils n'étaient pas en nombre assez disproportionné pour que la supériorité des armes ne donnât pas aux cavaliers écossais une chance de victoire. Mais le grand prévôt, soit qu'il doutât de l'issue de l'affaire, soit qu'il prévît que le roi pourrait s'en fâcher, fit signe à ses gens de s'abstenir de toute violence; et s'adressant au Balafré, qui était en avant comme chef de l'autre parti, il lui demanda pourquoi lui, cavalier de la garde du roi, il s'opposait à l'exécution d'un criminel?

— C'est ce que je nie, répondit le Balafré. Par saint Martin! il y a quelque différence entre l'exécution d'un criminel et le meurtre de mon propre neveu.

— Votre neveu peut être criminel comme un autre, répliqua le grand prévôt, et tout étranger est justiciable en France des lois du pays.

— Soit! répliqua le Balafré; mais nous avons nos privilèges, nous autres archers écossais. N'est-il pas vrai, camarades?

—Oui, oui! s'écrièrent tous les archers; nos privilèges! nos privilèges! Vive le roi Louis! vive le brave Balafré! vive la garde écossaise! mort à quiconque enfreindra nos privilèges!

— Écoutez la raison, messieurs, dit Tristan; faites attention à la charge dont je suis revêtu.

—Ce n'est pas de vous que nous devons entendre la raison! s'écria Cunningham; nous l'entendrons de la bouche de nos officiers; nous serons jugés par le roi, ou par notre capitaine, puisque le grand connétable est absent.

—Et nous ne serons pendus par personne, ajouta Lindesay, si ce n'est par Sandie Wilson, le vieil officier prévôtal de notre corps.

—Ce serait faire un vol à Sandie, si nous cédions à d'autres ses droits, dit le Balafré; et Sandie est un homme aussi brave que n'importe quel homme qui ait jamais fait un nœud coulant à une corde. Si je devais être pendu moi-même, personne que lui ne me serrerait la cravate.

—Mais écoutez-moi, dit le grand prévôt; ce jeune drôle n'est pas des vôtres, et il ne peut avoir droit à ce que vous appelez vos privilèges.

—Ce que nous appelons nos privilèges! s'écria Cunningham. Qui osera nous les contester?

—Nous ne souffrirons pas qu'on les mette en question, s'écrièrent tous les archers.

—Vous perdez l'esprit, mes maîtres, dit Tristan l'Ermite. Personne ne vous conteste vos privilèges; mais ce jeune homme n'est pas des vôtres.

—Il est mon neveu, dit le Balafré d'un air triomphant.

—Mais il n'est pas archer de la garde, à ce que je pense, dit Tristan.

Les archers se regardèrent l'un l'autre d'un air incertain.

—Ferme, cousin, dit tout bas Cunningham au Balafré; dites qu'il est enrôlé parmi nous.

—Par saint Martin! vous avez raison, beau cousin, répondit Ludovic; et élevant la voix, il jura qu'il avait enrôlé ce matin même son neveu parmi les gens de sa suite.

Cette déclaration fut un argument décisif.

—Fort bien, messieurs, dit le grand prévôt, qui savait que le roi avait la plus grande crainte de voir des germes de mécontentement se glisser dans sa garde; vous connaissez vos privilèges, comme vous le dites; mon devoir est d'éviter toute querelle avec les gardes du roi, et non de les chercher. Je ferai un rapport au roi sur cette affaire et il en décidera lui-même. Mais je dois vous dire qu'en agissant ainsi je montre peut-être plus de modération que le devoir de ma charge ne m'y autorise.

À ces mots, il ordonna à sa troupe de se mettre en marche, tandis que les archers, restant sur le lieu, tinrent conseil à la hâte sur ce qu'ils avaient à faire.

— Il faut d'abord, dit l'un d'eux, que nous avertissions notre capitaine, lord Crawford, de tout ce qui vient de se passer, et que nous fassions mettre sur le contrôle le nom de ce jeune homme.

— Mais, messieurs, mes dignes amis, mes sauveurs, dit Quentin en hésitant, je n'ai pas encore suffisamment réfléchi si je dois m'enrôler parmi vous ou non.

— Eh bien! lui dit son oncle, réfléchissez si vous voulez être pendu ou non; car je vous promets que, tout mon neveu que vous êtes, je ne vois pas d'autre moyen pour vous sauver de la potence.

C'était un argument irrésistible, et Quentin se vit réduit à accepter sur-le-champ une proposition qui, en toute autre circonstance, ne lui aurait point paru très-agréable. Mais après avoir si récemment échappé à la corde, qui lui avait été à la lettre passée autour du cou, il aurait probablement consenti à une alternative encore plus fâcheuse.

— Il faut qu'il nous accompagne à notre caserne, dit Cunningham; il n'y a pas de sûreté pour lui hors de nos limites, tant que ces lévriers sont en chasse.

— Ne puis-je donc passer cette nuit dans l'hôtellerie où j'ai déjeuné ce matin, bel oncle? demanda Quentin, qui pensait peut-être, comme beaucoup de nouvelles recrues, que même une seule nuit de liberté était toujours quelque chose de gagné.

— Vous le pouvez, beau neveu, lui répondit son oncle

d'un ton ironique, si vous voulez nous donner le plaisir de vous pêcher dans quelque canal, ou dans un étang, ou peut-être dans un bras de la Loire, cousu dans un sac, ce qui vous donnera plus de facilité pour nager. Le grand prévôt souriait en nous regardant quand il est parti, continua-t-il en se tournant vers Cunningham, et c'est un signe qu'il médite quelque projet dont nous devons nous défier.

— Je m'inquiète fort peu de ses projets, répliqua Cunningham : des oiseaux tels que nous prennent leur vol trop haut pour que ses traits puissent les atteindre. Mais je vous conseille de conter toute l'affaire à ce diable d'Olivier le Dain, qui s'est toujours montré ami de la garde écossaise. Il verra le père Louis avant que le prévôt puisse le voir, car il doit le raser demain matin.

— Fort bien, répliqua le Balafré; mais vous savez qu'on ne peut guère se présenter devant Olivier les mains vides, et je suis aussi nu que le bouleau en hiver.

— Nous pouvons tous en dire autant, dit Cunningham; mais Olivier ne refusera pas d'accepter pour une fois notre parole d'Écossais. Nous pouvons entre nous lui faire un joli présent le premier jour de paie; et s'il s'attend à entrer en partage, permettez-moi de vous dire que le jour de paie n'en viendra que plus tôt.

— Et maintenant au château, dit le Balafré. Chemin faisant, mon neveu nous dira comment il s'y est pris pour mettre à ses trousses le grand prévôt, afin que nous puissions préparer notre rapport à lord Crawford et à Olivier.

CHAPITRE VII.

L'Enrôlement.

Le juge de paix. « Donnez-moi les statuts, et lisez les articles.
« Prêtez serment, signez, et soyez un héros.
« Vous recevrez, pour prix de vos futurs travaux,
« Six sous par jour, en sus de votre nourriture. »
FARQHUAR. *L'Officier en recrutement.*

On fit mettre pied à terre à un homme de la suite d'un des archers, et l'on donna son cheval à Quentin Durward, qui, accompagné de ses belliqueux concitoyens, s'avança d'un bon pas vers le château du Plessis, sur le point de devenir, quoique involontairement de sa part, habitant de cette sombre forteresse dont l'extérieur lui avait causé tant de surprise dans la matinée.

Cependant, en réponse aux questions multipliées de son oncle, il lui fit le détail exact de l'aventure qui venait de l'exposer à un si grand danger. Quoiqu'il n'y eût rien de fort gai, selon lui, dans son histoire, elle fut pourtant reçue avec de grands éclats de rire par son escorte.

— C'est une fort mauvaise plaisanterie, dit son oncle; que diable ce jeune écervelé avait-il besoin de se mêler d'aller décrocher le corps d'un maudit mécréant, juif, maure ou païen?

— Passe encore, dit Cunningham, s'il avait eu querelle avec la garde prévôtale pour une jolie fille, comme Michel de Moffat; il y aurait eu plus de bon sens à cela.

— Mais je crois qu'il y va de notre honneur, dit Lindesay, que Tristan et ses gens n'affectent pas de confondre nos toques écossaises avec les turbans de ces pillards vagabonds. S'ils n'ont pas la vue assez bonne pour en faire la différence, il faut la leur apprendre à tour de bras. Mais je suis convaincu que Tristan ne prétend s'y méprendre qu'afin de pouvoir accrocher les braves Ecossais qui viennent voir leurs parens.

— Puis-je vous demander, mon oncle, dit Durward, quelle sorte de gens sont ceux dont vous parlez?

— Sans doute, vous le pouvez, beau neveu, répondit Ludovic, mais je ne sais pas qui est en état de vous répondre. A coup sûr, ce n'est pas moi, quoique j'en sache peut-être autant qu'un autre. Il y a un an ou deux qu'ils ont paru dans ce pays, comme aurait pu le faire une nuée de sauterelles.

— C'est cela même, dit Lindesay, et Jacques Bonhomme (c'est ainsi que nous désignons ici le paysan, mon jeune camarade; avec le temps vous apprendrez notre manière de parler); l'honnête Jacques Bonhomme, dis-je, s'inquiéterait peu de savoir quel vent les a apportés, eux ou les sauterelles, s'il pouvait espérer que quelque autre vent les emportât.

— Ils font donc bien du mal? demanda Quentin Durward.

— Du mal! répondit Cunningham en faisant le signe de la croix; savez-vous bien que ce sont des païens, ou des juifs, ou des mahométans tout au moins; qu'ils ne croient ni à Notre-Dame ni aux saints; qu'ils volent tout ce qui peut leur tomber sous la main; qu'ils chantent, et qu'ils disent la bonne aventure?

— Et l'on assure qu'il y a parmi leurs femmes quelques filles de bonne mine, ajouta Guthrie; mais Cunningham sait cela mieux que personne.

— Comment! s'écria Cunningham; j'espère que vous n'avez pas dessein de m'insulter?

— Rien n'est plus loin de ma pensée, répondit Guthrie.

— J'en fais juge toute la compagnie, répliqua Cunningham. N'avez-vous pas dit que moi, gentilhomme écossais et vivant dans le giron de la sainte Église, j'avais une belle amie parmi ces chiens de païens?

— Allons, allons, dit le Balafré, il n'a fait que plaisanter. Il ne faut pas de querelles entre camarades.

— En ce cas il ne faut pas de pareilles plaisanteries, murmura Cunningham comme s'il se fût parlé à lui-même.

— Trouve-t-on de pareils vagabonds ailleurs qu'en France? demanda Lindesay.

— Oui, sur ma foi, répondit le Balafré; on en a vu paraître des bandes en Allemagne, en Espagne, en Angleterre. Mais, grace à la protection du bon saint André, l'Ecosse n'en est pas encore empestée.

— L'Écosse, dit Cunningham, est un pays trop froid pour les sauterelles, et trop pauvre pour les voleurs.

— Ou peut-être, ajouta Guthrie, John-Highlander[1] ne veut-il pas y souffrir d'autres voleurs que lui.

— Il est bon, s'écria le Balafré, que je vous fasse savoir à tous que je suis né sur les montagnes d'Angus; que j'ai de braves parens sur celles de Glen-Isla, et que je ne souffrirai pas qu'on parle mal des montagnards.

— Vous ne nierez pas, ajouta Guthrie, qu'ils ne descendent sur les basses terres pour enlever les troupeaux?

— Chasser une proie[2] n'est pas voler, répondit le Balafré, et je le soutiendrai quand vous le voudrez et où il vous plaira.

— Eh bien! eh bien, camarade, dit Cunningham, qui est-ce qui se querelle à présent? Fi donc! il ne faut pas que ce jeune homme voie de si folles altercations parmi nous. Allons, voilà que nous sommes au château; si vous

---

(1) Jean des Montagnes.

(2) *To drive a spreagh*. En employant une expression locale l'Ecossais croit justifier l'acte dont on accuse ses compatriotes. Les écoliers disent de même, *chiper* n'est pas *voler*. — ED.

voulez venir dîner avec moi, je paierai un poinçon de vin, pour nous réjouir en bons camarades; et nous boirons à l'Écosse, aux montagnes et aux basses terres.

—Convenu! convenu! s'écria le Balafré, et j'en paierai un autre pour noyer le souvenir de toute altercation et célébrer l'entrée de mon neveu dans notre corps, en buvant à sa santé.

Lorsqu'ils arrivèrent au château, on ouvrit le guichet et le pont-levis fut baissé. Ils entrèrent un à un; mais lorsque Quentin se présenta, les sentinelles croisèrent leurs piques et lui ordonnèrent de s'arrêter tandis que les arcs et les arquebuses se dirigeaient vers lui du haut des murailles : précaution sévère qui fut observée quoique le jeune étranger arrivât en compagnie de plusieurs membres de la garnison, faisant même partie du corps qui avait fourni les sentinelles.

Le Balafré, qui était resté à dessein près de son neveu, donna les explications nécessaires; et après beaucoup de délais et d'hésitation, le jeune homme fut conduit, sous bonne garde, à l'appartement de lord Crawford.

Ce seigneur était un des derniers restes de cette vaillante troupe de lords et de chevaliers écossais, fidèles serviteurs de Charles VII, dans ces guerres sanglantes qui décidèrent l'indépendance de la couronne française et l'expulsion des Anglais.

Il avait combattu dans sa jeunesse à côté de Douglas et de Buchan, avait suivi la banière de Jeanne d'Arc, et était peut-être un des derniers de ces chevaliers écossais qui avaient de si bon cœur défendu les fleurs de lis contre leurs anciens ennemis les Anglais.

Les changemens qui avaient eu lieu dans le royaume d'Ecosse, et peut-être l'habitude qu'il avait contractée du climat et des mœurs de la France, avaient fait perdre au vieux baron toute idée de retourner dans sa patrie, d'autant plus que le rang élevé qu'il occupait dans la maison de Louis, et son caractère franc et loyal, lui avaient donné un ascendant considérable sur le roi. Ce prince, quoiqu'il ne fût pas en général très-disposé à croire à l'honneur et à la vertu, ne doutait pas que lord Crawford n'en fût rempli, et lui accordait d'autant plus d'influence, que le vieux militaire ne l'employait jamais que pour des affaires qui avaient un rapport direct avec son commandement.

Le Balafré et Cunningham suivirent Durward et son escorte dans l'appartement de leur capitaine dont l'air de dignité, et le respect que lui accordaient ces fiers soldats, qui semblaient ne respecter que lui, en imposèrent considérablement au jeune Ecossais.

Lord Crawford était d'une taille avantageuse; l'âge l'avait maigri; mais il conservait encore la force, sinon l'élasticité de la jeunesse, et il était en état de supporter le poids de son armure pendant une marche, aussi bien que le plus jeune de ceux qui servaient dans son corps. Il avait les traits durs, le teint basané, le visage sillonné de cicatrices, un œil qui avait vu la mort de près dans trente batailles, mais qui cependant exprimait plutôt un mépris joyeux pour le danger que le courage féroce d'un soldat mercenaire. Sa grande taille était alors enveloppée dans une ample robe de chambre, serrée autour de lui par un ceinturon de buffle, dans lequel était passé un poignard dont le manche était richement orné. Il avait autour du cou le collier et la décoration de l'ordre de Saint-Michel; il était assis sur un fauteuil couvert en peau de daim, avait sur le nez des lunettes, invention alors toute nouvelle, et s'occupait à lire un manuscrit intitulé *le Rosier de la Guerre*, code de politique civil et militaire que Louis avait compilé pour l'instruction du dauphin son fils, et dont il désirait savoir ce que pensait un vieux guerrier plein d'expérience.

Lord Crawford mit son livre de côté avec une sorte d'humeur, en recevant cette visite inattendue, et demanda, dans son dialecte national, ce que diable on lui voulait.

Le Balafré, avec plus de respect peut-être qu'il n'en aurait montré à Louis lui-même, lui fit un détail des circonstances dans lesquelles son neveu se trouvait, et lui demanda humblement sa protection. Lord Crawford l'écouta fort attentivement ; il sourit de l'empressement qu'avait mis le jeune homme à couper la corde d'un pendu ; mais il secoua la tête quand il apprit la querelle qui avait eu lieu à ce sujet entre les archers écossais et les gens du grand prévôt.

— M'apporterez-vous donc toujours des écheveaux embrouillés ? s'écria-t-il. Combien de fois faut-il que je vous le dise, et surtout à vous deux, Ludovic Lesly et Archie Cunningham ? le soldat étranger doit se comporter avec douceur et réserve à l'égard des habitans de ce pays, si vous ne voulez pas avoir sur vos talons tous les chiens de la ville. Cependant, s'il faut que vous ayez une affaire avec quelqu'un, j'aime mieux que ce soit avec ce coquin de prévôt qu'avec un autre ; et je vous blâme moins pour cette incartade que pour les autres querelles que vous vous êtes faites, Ludovic, car il était convenable et naturel de soutenir votre jeune parent ; il ne faut pas non plus qu'il soit victime de sa simplicité : ainsi prenez le registre du contrôle de la compagnie sur ce rayon, et donnez-le-moi. Nous y inscrirons son nom, afin qu'il puisse jouir de nos privilèges.

— Si votre Seigneurie me le permet, dit Durward, je....

— A-t-il perdu l'esprit ? s'écria son oncle. Comment osez-vous parler à Sa Seigneurie, sans qu'elle vous interroge ?

— Patience, Ludovic, dit lord Crawford ; écoutons ce que le jeune homme veut nous dire.

— Rien qu'un seul mot, milord, répondit Quentin. J'avais dit ce matin à mon oncle que j'avais quelque doute si je devais entrer dans cette troupe. J'ai à déclarer maintenant qu'il ne m'en reste plus aucun, depuis que j'ai vu son noble et respectable chef sous lequel je serai fier de servir ; car son air respire l'autorité.

— C'est bien parlé, mon enfant, dit le vieux lord, qui ne fut pas insensible à ce compliment ; nous avons quelque expérience, et Dieu nous a fait la grace d'en profiter, tant en servant qu'en commandant. Vous voilà reçu, Quentin Durward, dans l'honorable corps des archers de la garde écossaise, comme écuyer de votre oncle, et servant sous sa lance. J'espère que vous prospérerez, car vous devez faire un brave homme d'armes, si tout ce qui vient de haut lieu est brave, puisque vous êtes d'une famille honorable. Ludovic, vous aurez soin que votre parent suive exactement ses exercices, car nous aurons des lances à rompre un de ces jours.

— Par le pommeau de mon sabre! j'en suis ravi, milord. Cette paix n'est bonne qu'à nous changer tous en poltrons. Moi-même je ne me sens plus la même ardeur quand je me vois enfermé dans ce maudit donjon.

— Eh bien! un oiseau m'a sifflé à l'oreille qu'on verra bientôt la vieille bannière se déployer en campagne.

— J'en boirai ce soir un coup de plus sur cet air, milord.

— Tu en boiras sur tous les airs du monde, Ludovic; mais je crains que tu ne boives un jour quelque breuvage amer que tu te seras préparé toi-même.

Lesly, un peu déconcerté, répondit qu'il y avait bien des jours qu'il n'avait fait aucun excès, mais que Sa Seigneurie connaissait l'usage de la compagnie, de célébrer la bienvenue d'un nouveau camarade, en buvant à sa santé.

— C'est vrai, dit le vieux chef; je l'avais oublié. Je vous enverrai quelques cruches de vin pour vous aider à vous réjouir; mais que tout soit fini au coucher du soleil Et écoutez-moi : veillez à ce qu'on choisisse avec soin les soldats qui doivent être de garde cette nuit, et qu'aucun d'eux ne fasse la débauche avec vous.

— Votre Seigneurie sera ponctuellement obéie, répondit Ludovic, et sa santé ne sera pas oubliée.

— Il peut se faire, dit lord Crawford, que j'aille moi-même vous joindre quelques instans, uniquement pour voir si tout se passe en bon ordre.

—En ce cas, milord, la fête sera complète, dit Ludovic. Et ils se retirèrent tous trois fort satisfaits du résultat de leur entrevue, pour songer aux apprêts de leur banquet militaire, auquel Lesly invita une vingtaine de ses camarades qui, assez généralement, étaient dans l'usage de manger à la même table.

Une fête de soldats est ordinairement un impromptu, et tout ce qu'on exige, c'est qu'il s'y trouve de quoi boire et manger. Mais, en cette occasion, le Balafré eut soin de se procurer du vin de meilleure qualité que de coutume : — Car, dit-il à ses camarades, le vieux lord est le convive sur lequel nous pouvons le plus compter. Il nous prêche la sobriété; mais après avoir bu à la table du roi autant de vin qu'il en peut prendre décemment, il ne manque jamais une occasion honorable de passer la soirée en compagnie d'un bon pot de vin : ainsi il faut nous préparer à entendre les vieilles histoires des batailles de Verneuil et de Beaugé.

L'appartement gothique dans lequel ils prenaient ordinairement leurs repas fut mis à la hâte dans le meilleur ordre; on chargea les palefreniers d'aller cueillir des joncs pour les étendre sur le plancher, et les bannières sous lesquelles la garde écossaise avait marché au combat, de même que celles qu'elle avait prises sur les ennemis, furent déployées au-dessus de la table et autour des murs de la chambre, en guise de tapisseries.

On s'occupa ensuite de fournir à Durward l'uniforme et les armes convenables au grade qu'il venait d'obtenir, afin qu'il pût paraître, sous tous les rapports, avoir droit aux importans privilèges de ce corps, en vertu desquels, et grace à l'appui de ses compatriotes, il pouvait braver hardiment le pouvoir et l'animosité du grand prévôt, quoiqu'on sût que l'un était aussi terrible que l'autre était implacable.

Le banquet fut des plus joyeux, et les convives s'abandonnèrent entièrement au plaisir qui les animait en recevant dans leurs rangs une nouvelle recrue arrivant de leur chère patrie. Ils chantèrent de vieilles chansons écossaises, racontèrent d'anciennes histoires de héros écossais, rapportèrent les exploits de leurs pères, citèrent les lieux qui en avaient été témoins. Enfin les riches plaines de la Touraine semblaient devenues en ce moment les régions stériles et montagneuses de la Calédonie.

Tandis que leur enthousiasme était porté au plus haut point et que chacun cherchait à placer son mot pour rendre encore plus cher le souvenir de l'Ecosse, une nouvelle impulsion fut donnée par l'arrivée de lord Crawford, qui, ainsi que le Balafré l'avait fort bien prévu, avait été assis comme sur des épines à la table du roi, jusqu'à ce qu'il eût trouvé l'occasion de la quitter pour venir partager la fête de ses concitoyens. Un fauteuil de parade lui avait été réservé au bout de la table; car d'après les mœurs de ce siècle et la constitution de ce corps, et quoique leur chef n'eût au-dessus de lui que le roi et le grand-connétable, les membres de cette troupe (les simples soldats, comme nous le dirions aujourd'hui) étant tous de naissance noble, leur capitaine pouvait prendre place à la même table avec eux sans inconvenance, et partager leur gaieté quand cela lui plaisait, sans déroger à sa dignité.

Cette fois-ci néanmoins, lord Crawford ne voulut pas prendre la place d'honneur qui lui avait été destinée; et exhortant les convives à la joie, il les regarda d'un air qui semblait annoncer qu'il jouissait de leurs plaisirs.

—Laissez-le faire, dit tout bas Cunningham à Lindesay, qui venait de présenter un verre de vin à leur noble commandant; il ne faut pas faire marcher les bœufs d'un autre plus vite qu'il ne veut : il y viendra de lui-même.

Dans le fait, le vieux lord, qui avait d'abord souri, secoua la tête et mit le verre sur la table sans y avoir touché. Un moment après, il y porta les lèvres, comme par distraction; et au même instant il se souvint heureusement que ce serait un mauvais augure s'il ne buvait pas à la santé

du brave jeune homme qui venait d'entrer dans son corps.
Il en fit la proposition; et, comme on peut bien le supposer, elle fut accueillie par de joyeuses acclamations. Il les informa ensuite qu'il avait rendu compte à maître Olivier de ce qui s'était passé dans la matinée ; — et comme le tondeur de mentons, ajouta-t-il, n'a pas une grande affection pour le grand *serre-cou*, il s'est réuni à moi pour obtenir du roi un ordre qui enjoint au grand prévôt de suspendre toutes poursuites, quelque cause qu'elles puissent avoir, contre Quentin Durward, et de respecter, en toute occasion, les privilèges de la garde écossaise.

Ces mots excitèrent de nouvelles acclamations ; les verres se remplirent de nouveau, et se remplirent au point que le vin pétillait sur les bords ; on porta, par acclamation générale, la santé du noble lord Crawford, du soutien intrépide des droits et privilèges de ses concitoyens. La politesse du bon vieux lord ne lui permettait pas de se dispenser de faire raison aux braves militaires servant sous ses ordres, et tout en s'y prêtant, il se laissa tomber sur le grand fauteuil qui lui avait été préparé ; puis appelant Quentin Durward près de lui, il lui fit, relativement à l'Ecosse et aux grandes familles de ce pays, beaucoup de questions à la plupart desquelles notre jeune homme n'était pas toujours en état de répondre.

Dans le cours de cet interrogatoire, le digne capitaine remplissait et vidait de temps en temps son verre, par forme de parenthèse, en disant que tout gentilhomme écossais devait toujours se montrer bon convive, mais en ajoutant que les jeunes gens comme Quentin ne devaient se livrer au plaisir de la table qu'avec précaution, de peur de se laisser entraîner dans des excès. Il dit à cette occasion beaucoup d'excellentes choses, et enfin sa langue, occupée à faire l'éloge de la tempérance, commença à devenir plus épaisse que de coutume. Ce fut alors que l'ardeur militaire de la compagnie croissant en proportion que chaque flacon se vidait, Cunningham proposa de boire au prompt déploiement de l'Oriflamme (la bannière royale de la France).

— Et à un bon vent venant de Bourgogne pour l'agiter, ajouta Lindesay.

— Je porte cette santé avec toute l'ame qui reste dans ce corps usé, mes enfans! s'écria lord Crawford; et tout vieux que je suis, j'espère voir encore flotter cet étendard. Ecoutez-moi, camarades, continua-t-il, car le vin l'avait rendu un peu communicatif, vous êtes tous de fidèles serviteurs du royaume de France, pourquoi donc vous cacherais-je qu'il y a ici un envoyé de Charles, duc de Bourgogne, chargé d'un message qui ne paraît pas d'une nature très-amicale.

— J'ai vu l'équipage, les chevaux et la suite du comte de Crèvecœur, à l'auberge voisine du bosquet des mûriers, dit un des convives. On assure que le roi ne lui permettra pas l'entrée du château.

— Puisse le ciel inspirer au roi de répondre vertement à ce message! s'écria Guthrie. Mais de quoi donc se plaint le duc de Bourgogne?

— D'une foule de griefs relativement aux frontières, répondit lord Crawford; mais surtout de ce que le roi a reçu sous sa protection une dame de son pays, une jeune comtesse qui s'est enfuie de Dijon parce que le duc, dont elle est la pupille, voulait la marier à son favori Campo Basso.

— Et est-elle venue seule ici, milord? demanda Lindesay.

— Non, pas tout-à-fait. Elle est accompagnée de la vieille comtesse, sa parente, qui a cédé aux désirs de sa cousine à cet égard.

— Et le roi, dit Cunningham, comme souverain féodal du duc, interviendra-t-il entre lui et sa pupille, sur laquelle Charles a les mêmes droits que, s'il était mort lui-même, Louis aurait sur l'héritière de Bourgogne?

— Le roi se déterminera, suivant sa coutume, d'après les règles de la politique; et vous savez qu'il n'a pas reçu ces dames ouvertement; il ne les a placées ni sous la protection de sa fille, la dame de Beaujeu, ni sous celle de la princesse Jeanne; de sorte que, sans aucun doute, il se décidera d'après les circonstances. Il est notre maître; mais on peut dire, sans se rendre coupable de trahison, qu'il est en état de suivre les chiens de tous les princes de la chrétienté, et de courir le lièvre avec eux.

— Mais le duc de Bourgogne n'est pas homme à se laisser mettre en défaut, reprit Guthrie.

— Non sans doute ; et c'est ce qui rend vraisemblable qu'il y aura maille à partir entre eux.

— Eh bien! milord, fasse saint André que cela arrive! s'écria le Balafré. On m'a prédit il y a dix ans, — il y en a vingt, je crois, — que je devais faire la fortune de ma maison par un mariage. Qui sait ce qui peut arriver, si nous venons une fois à nous battre pour l'honneur, l'amour et les dames, comme dans les vieux romans.

— Tu oses parler de l'amour et des dames, avec une telle tranchée sur ta figure! dit Guthrie.

— Autant vaut ne rien aimer que d'aimer une païenne, une Bohémienne, répliqua le Balafré.

— Halte-là! camarades, s'écria lord Crawford; vous ne devez jouter ensemble qu'avec des armes courtoises : un sarcasme n'est pas une plaisanterie. Soyez tous amis. Quant à la comtesse, elle est trop riche pour tomber en partage à un pauvre lord écossais, sans quoi je mettrais moi-même en avant mes prétentions, avec mes quatre-vingts ans ou à peu près. Quoi qu'il en soit, voici pour porter sa santé; car on dit que c'est un astre de beauté.

— Je crois l'avoir vue ce matin, dit un autre archer, tandis que j'étais de garde à la dernière barrière; mais elle ressemblait à une lanterne sourde plutôt qu'à un astre, car elle et une autre dame furent amenées au château dans des litières bien fermées.

— Fi! Arnot; fi! dit lord Crawford : un soldat ne doit jamais parler de ce qu'il voit quand il est en faction. D'ailleurs, ajouta-t-il après une pause d'un instant, sa curiosité l'emportant sur la leçon de discipline qu'il avait cru à propos de donner, sur quoi jugez-vous que la comtesse Isabelle de Croye était dans une de ces litières?

—Tout ce que j'en sais, milord, répondit Arnot, c'est que mon coutelier, faisant prendre l'air à mes chevaux sur la route qui conduit au village, rencontra Doguin, le muletier, qui reconduisait les litières à l'auberge, car elles appartenaient au maître de l'hôtellerie du bosquet des mûriers, à l'enseigne des Fleurs-de-Lis, je veux dire. De sorte que Doguin demanda à Saunders Steed s'il voulait boire un verre de vin avec lui, car ils sont gens de connaissance, et bien certainement Saunders y était tout disposé...

—Sans doute, sans doute, s'écria le vieux lord en l'interrompant; et c'est ce que je voudrais voir changer parmi vous, messieurs. Vos écuyers, vos couteliers, vos *jackmen*, comme nous les appellerions en Ecosse, ne sont que trop disposés à boire un verre de vin avec le premier venu. C'est une chose dangereuse en temps de guerre, et qui exige une réforme. Mais votre histoire est bien longue, André Arnot, et il faut la couper par un verre de vin : comme dit le montagnard, *skeoch doch nan skial;* et c'est d'excellent gallique. Allons! à la santé de la comtesse Isabelle de Croye, et puisse-t-elle trouver un meilleur mari que ce Campo Basso, qui est un vil coquin d'Italien. Et maintenant, André Arnot, que disait le muletier à ton coutelier?

—Il lui a dit, milord, sous le secret, que les dames qu'il venait de conduire au château, dans les litières fermées, étaient de grandes dames qui étaient depuis quelques jours chez son maître, et qui ne voyaient personne; que le roi les avait visitées plusieurs fois mystérieusement, et leur avait rendu de grands honneurs. Il croyait qu'elles s'étaient réfugiées au château, de crainte du comte de Crèvecœur, ambassadeur du duc de Bourgogne, dont l'arrivée venait d'être annoncée par un courrier qui le précédait.

—Oui-dà, André; en sommes-nous là? dit Guthrie. En ce cas, je jurerais que c'est la comtesse que j'ai entendue chanter en s'accompagnant sur son luth, tandis que je traversais la cour intérieure pour venir ici. Le son partait des grandes fenêtres de la tour du Dauphin, et je crois que personne n'avait encore entendu une semblable mélodie dans le château du Plessis-du-Parc. Je pensais, sur ma foi, que cette musique était de la façon de la fée Mélusine. Je restais là, quoique je susse que le dîner était servi et que vous vous impatientiez tous. Je restais là comme...

— Comme un âne, John Guthrie, lui dit son commandant; ton long nez flairant le souper, tes longues oreilles entendant la musique, et ton jugement étroit ne te mettant pas en état de décider à quoi tu devais donner la préférence. Écoutez! la cloche de la cathédrale ne sonne-t-elle pas vêpres? A coup sûr, l'heure n'en est pas encore arrivée. Le vieux fou de sacristain a sonné la prière du soir une heure trop tôt.

—Sur ma foi, dit Cunningham, la cloche n'est que trop fidèle à l'heure; car voilà le soleil qui disparaît à l'occident de cette belle plaine.

— Vraiment! dit lord Crawford: en sommes-nous déjà là? Eh bien, mes amis, il ne faut pas outre-passer les bornes.—En marchant à petits pas, on n'en va que plus loin.—Les mets cuits à petit feu n'en sont que meilleurs. — Être joyeux et sage est un excellent proverbe. — Ainsi, encore une rasade à la prospérité de la vieille Écosse, et ensuite que chacun pense à son devoir.

La coupe d'adieu fut vidée, et les convives congédiés. Le vieux baron prit, d'un air de dignité, le bras du Balafré, sous prétexte de lui donner quelques instructions relativement à son neveu, mais peut-être, à vrai dire, de peur que son pas majestueux ne parût, aux yeux de ses soldats, moins assuré qu'il ne convenait à son grade. Il traversa ainsi d'un air grave les deux cours qui séparaient son appartement de la salle où s'était donné le festin, et ce fut avec le ton solennel d'un homme qui avait vidé quelques flacons, qu'il recommanda à Ludovic, en le quittant, de surveiller avec soin la conduite de son neveu, surtout en ce qui concernait les jolies filles et le bon vin.

Cependant pas un mot de ce qu'on avait dit relativement à la belle comtesse Isabelle n'avait échappé au jeune Durward, qui, ayant été conduit dans un petit cabinet qu'il devait partager avec le varlet ou page de son oncle, fit de sa nouvelle et humble demeure la scène de grandes et importantes méditations.

Le lecteur s'imaginera aisément que le jeune écuyer dut fonder un joli roman sur la supposition que l'habitante de la tourelle, dont il avait écouté la chanson avec tant d'intérêt, et la jolie fille qui avait servi maître Pierre dans l'auberge, s'identifiaient avec une comtesse de haut rang, et jouissant d'une grande fortune, qui fuyait les poursuites d'un amant détesté, favori d'un cruel tuteur qui abusait de son pouvoir féodal. Il se trouva aussi, dans la vision de Quentin, une place pour ce maître Pierre, qui semblait exercer une telle autorité même sur l'officier formidable aux mains duquel il avait eu tant de peine à échapper.

Enfin les rêveries de Quentin, qui avaient été respectées par le jeune Will Harper, le compagnon de sa cellule, furent interrompues par le retour de son oncle. Le Balafré venait lui dire de se mettre au lit, afin de pouvoir se lever le lendemain de bonne heure, pour le suivre dans l'antichambre du roi, où il devait être de garde avec cinq de ses compagnons.

CHAPITRE VIII.

L'Envoyé.

« Parais comme l'éclair aux regards de la France,
« J'y porte sur tes pas la foudre et la vengeance;
« Elle entendra gronder mon bronze destructeur.
« Va donc ! sois le héros de ma juste fureur.
SHAKSPEARE. *Le roi Jean.*

Si la paresse eût été capable de retenir Durward, le bruit qui retentit dans la caserne des gardes, après le premier coup de matines, aurait certainement banni cette sirène de sa couche; mais les habitudes régulières du château de son père et du couvent d'Aberbrothock lui avaient appris à se lever avec l'aurore, et il s'habilla gaiement au son des trompettes et au bruit des armes, qui annonçaient qu'on relevait les gardes, dont les uns rentraient dans la caserne après avoir été en faction pendant la nuit, les autres sortaient pour aller prendre leur poste pour la matinée, et quelques-uns, parmi lesquels était son oncle, se préparaient à être de service près de la personne même du roi.

Quentin, avec tout le plaisir qu'éprouve un jeune homme en pareille occasion, se revêtit de son splendide uniforme, et prit les belles armes qui appartenaient à son nouvel état. Son oncle, après avoir examiné avec attention s'il ne manquait rien à son équipement, ne put cacher un mouvement de satisfaction en voyant que ce nouveau costume relevait la bonne mine de son neveu.

— Si tu es aussi fidèle et aussi brave que tu es beau garçon, lui dit-il, j'aurai en toi un des meilleurs et un des plus élégans écuyers qui soient dans la garde, ce qui ne peut que faire honneur à la famille de ta mère. Suis-moi dans la salle d'audience du roi, et aie soin de marcher toujours à mon côté.

En finissant ces mots, il saisit une grande et lourde pertuisane superbement ornée et damasquinée; et ayant dit à son neveu de prendre une arme semblable, mais de moindre dimension, ils descendirent dans la cour intérieure du palais, où ceux de leurs camarades qui devaient être de service dans les appartemens étaient déjà rangés et sous les armes, les écuyers placés en second rang derrière leurs maîtres. On y voyait aussi plusieurs piqueurs tenant de nobles chevaux et de beaux chiens que Quentin regardait avec tant de plaisir et d'attention, que son oncle fut obligé de lui rappeler plusieurs fois que ces animaux n'étaient pas là pour son amusement, mais pour celui du roi, qui aimait passionnément la chasse. Ce divertissement était du petit nombre de ceux que Louis se permettait quelquefois, même dans les instans où la politique aurait dû l'occuper tout différemment; et il était si jaloux du gibier de ses forêts royales, qu'on disait communément qu'il y avait moins de risques à tuer un homme qu'un cerf.

A un signal donné par le Balafré, qui remplissait en cette occasion les fonctions d'officier, les gardes se mirent en mouvement; et après quelques minutes de mots d'ordre et de signaux qui n'avaient d'autre but que de montrer avec quelle exactitude scrupuleuse ils s'acquittaient de leurs devoirs, ils entrèrent dans la salle d'audience, où le roi était attendu à chaque instant.

Quelque nouvelles que fussent pour Quentin les scènes de splendeur, l'effet de celle qui s'ouvrait devant lui ne répondit pas tout-à-fait à l'idée qu'il s'était formée de la magnificence d'une cour. Il y avait, à la vérité, des officiers de la maison du roi richement vêtus, des gardes parfaitement équipés, des domestiques de tous grades; mais il ne vit aucun des anciens conseillers du royaume, ni des grands officiers de la couronne; il n'entendit prononcer aucun de ces noms qui rappelaient alors des idées chevaleresques; il n'aperçut aucun de ces chefs et de ces généraux qui, dans toute la vigueur de l'âge, étaient la force de la France, ni de ces jeunes seigneurs, nobles aspirans à la gloire, qui en faisaient l'orgueil. La jalousie, la réserve, la politique profonde et artificieuse du roi, avaient écarté de son trône ce cercle splendide; ceux qui le composaient n'étaient appelés à la cour que dans les occasions où l'étiquette l'exigeait impérieusement : ils y venaient malgré eux et en partaient gaiement, comme les animaux de la fable s'approchaient et s'éloignaient de l'antre du lion.

Le peu de personnes qui semblaient remplir les fonctions de conseillers étaient des gens de mauvaise mine, dont la physionomie exprimait quelquefois de la sagacité, mais dont les manières prouvaient qu'ils avaient été appelés dans une sphère pour laquelle leur éducation et leurs habitudes ne les avaient guère préparés. Deux individus lui parurent pourtant avoir l'air plus noble et plus distingué que les autres, et les devoirs que son oncle avait à remplir en ce moment n'étaient pas assez stricts pour l'empêcher de lui apprendre les noms de ceux qu'il remarquait ainsi.

Duward connaissait déjà, et nos lecteurs connaissent aussi lord Crawford, qu'on voyait revêtu de son riche uniforme, et tenant en main un bâton de commandement en argent. Parmi les autres personnages de distinction, le plus remarquable était le comte de Dunois, fils de ce célèbre Dunois connu sous le nom de Bâtard d'Orléans, qui, combattant sous la bannière de Jeanne d'Arc, avait puissamment contribué à délivrer la France du joug des Anglais. Son fils soutenait parfaitement l'honneur d'une telle origine; et malgré son affinité à la famille royale, et l'affection héréditaire qu'avaient pour lui le peuple et les nobles, Dunois avait montré en toute occasion un caractère si franc, si loyal, qu'il semblait même avoir échappé aux soupçons du méfiant Louis, qui aimait à le voir près de lui et l'appelait souvent à ses conseils. Quoiqu'il passât pour accompli dans tous les nobles exercices, et qu'il eût la réputation d'être ce qu'on appelait alors un chevalier parfait, il s'en fallait de beaucoup qu'il eût pu servir de modèle pour tracer le portrait d'un héros de roman. Il était petit de taille, quoique fortement constitué, et ses jambes étaient un peu courbées en dedans, forme plus commode pour un cavalier qu'élégante dans un piéton. Il avait les épaules larges, les cheveux noirs, le teint basané, les bras nerveux et d'une longueur remarquable; l'irrégularité de ses traits allait jusqu'à la laideur : et cependant on trouvait dans le comte de Dunois un air de noblesse et de dignité qui le faisait reconnaître, à la première vue, pour un homme de haute naissance et un soldat intrépide. Il avait la tête haute et le maintien hardi, la démarche fière et majestueuse; la dureté de sa physionomie était ennoblie par un coup d'œil vif comme celui d'un aigle, et des sourcils comme ceux d'un lion. Il portait un habit de chasse plus somptueux qu'élégant, et en beaucoup d'occasions il remplissait les fonctions de grand veneur, quoique nous ne pensions pas qu'il en portât le titre.

Semblant chercher un appui sur le bras de son parent Dunois, et marchant d'un pas lent et mélancolique, venait ensuite Louis, duc d'Orléans, premier prince du sang, à qui les gardes rendaient les honneurs militaires en cette qualité. Objet des soupçons de Louis, qui le surveillait avec grand soin, ce prince, héritier présomptif de la couronne, si le roi mourait sans enfans mâles, ne pouvait jamais s'éloigner de la cour, et en y restant ne jouissait d'aucun crédit, n'était revêtu d'aucun emploi. L'abattement que cet état de dégradation et presque de captivité imprimait naturellement sur sa physionomie, était en ce moment considérablement augmenté par la connaissance qu'il avait que le roi méditait à son égard un des actes les plus cruels et les plus injustes qu'un tyran puisse se permettre, en le contraignant à épouser la princesse Jeanne de France, la plus jeune des filles de Louis, à laquelle il avait été fiancé dès son anfance, et dont la difformité lui donnait à penser qu'on ne pouvait le forcer à remplir un tel engagement, sans une rigueur odieuse.

L'extérieur de ce malheureux prince n'était distingué par aucun avantage personnel; mais il avait un caractère doux, paisible et bienveillant, qualités qu'on pouvait remarquer, même à travers ce voile de mélancolie extrême qui couvrait ses traits en ce moment. Quentin observa que le duc évitait avec soin de regarder les gardes en leur rendant leur salut, et qu'il avait les yeux baissés vers la terre, comme s'il eût craint que la jalousie du roi ne pût interpréter cette marque de politesse ordinaire comme ayant pour but de se faire des partisans parmi eux.

Bien différente était la conduite du fier prélat et cardinal Jean de La Balue, alors ministre favori de Louis, et qui, par son élévation et son caractère, ressemblait autant à Wolsey, que le permettait la différence qu'il y avait entre le politique et l'astucieux Louis et l'impétueux et opiniâtre Henri VIII d'Angleterre. Le premier avait élevé son ministre, du rang le plus bas, à la dignité ou du moins aux émolumens de grand aumônier de France, l'avait comblé de bénéfices, et avait obtenu pour lui le chapeau de cardinal; et quoiqu'il fût trop méfiant pour accorder à l'ambitieux La Balue la confiance et le pouvoir sans bornes dont Henri avait investi Wolsey, il se laissait pourtant influencer par lui plus que par aucun autre de ses conseillers avoués.

Il en résultait que le cardinal n'avait pas échappé à l'erreur commune de ceux qui, du rang le plus obscur, se voient tout à coup élevés au pouvoir. Ebloui sans doute par la promptitude de son élévation, il était convaincu qu'il était en état de traiter toute espèce d'affaires, même celles du genre le plus étranger à sa profession et à ses connaissances. De haute taille, mais gauche dans sa tournure, il affectait de la galanterie et de l'admiration pour le beau sexe, quoique ses manières rendissent ses prétentions absurdes, et que le caractère dont il était revêtu en fît ressortir l'inconvenance. Quelque flatteur, n'importe de quel sexe, lui avait persuadé, dans un moment malheureux, que deux grosses jambes charnues dont il avait hérité de son père, tailleur à Limoges, offraient des contours admirables, et il était devenu tellement infatué de cette idée, qu'il avait toujours sa robe de cardinal relevée d'un côté, afin que les bases solides sur lesquelles son corps reposait ne pussent échapper au regards. Revêtu du riche costume appartenant au rang qu'il occupait dans l'Eglise, il traversait ce magnifique appartement d'un pas majestueux, en se baissant de temps à autre pour examiner les armes et l'équipement des cavaliers qui étaient de garde, leur faisant quelques questions d'un ton d'autorité. Il prit même sur lui d'en censurer quelques-uns pour ce qu'il appelait des irrégularités de discipline, dans des termes auxquels ces braves soldats n'osaient répondre, quoiqu'il fût évident qu'ils ne l'écoutaient qu'avec impatience et mépris.

—Le roi sait-il, demanda Dunois au cardinal, que l'envoyé du duc de Bourgogne réclame audience sans délai?

—Il le sait, répondit le cardinal, et voici, je crois, l'universel Olivier le Dain, qui nous fera connaître le bon plaisir du roi.

Comme il parlait ainsi, un homme fort remarquable, qui partageait la faveur de Louis avec l'orgueilleux cardinal, sortit d'un appartement intérieur et entra dans la salle d'audience, mais sans cet air de suffisance qui caractérisait le prélat tout bouffi de sa dignité. C'était un petit homme, pâle et maigre, dont le pourpoint et le haut-de-chausses de soie noire, sans habit ni manteau, n'offraient rien aux yeux qui pût faire valoir un extérieur fort ordinaire. Il tenait à la main un bassin d'argent; et une serviette étendue sur son bras annonçait les fonctions qu'il remplissait à la cour. Ses yeux étaient vifs et pénétrans, quoiqu'il s'efforçât d'en bannir cette expression en les tenant constamment fixés à terre, tandis que, s'avançant avec le pas tranquille et furtif d'un chat, il semblait glisser plutôt que marcher dans l'appartement. Mais quoique la modestie puisse couvrir le mérite, elle ne peut cacher la faveur de la cour; et toutes tentatives pour traverser incognito la salle d'audience ne pouvaient qu'être vaines de la part d'un homme aussi bien connu pour avoir l'oreille du roi que l'était son célèbre valet de chambre barbier, Olivier le Dain, surnommé quelquefois le Mauvais et quelquefois le Diable, épithètes qu'il devait à l'astuce peu scrupuleuse avec laquelle il concourait à l'exécution des plans de la tortueuse politique de son maître.

Olivier parla quelques instans avec vivacité au comte de Dunois, qui sortit sur-le-champ de la salle d'audience, tandis que le barbier retournait tranquillement dans l'appartement d'où il était venu. Chacun s'empressait de lui faire place, et il ne répondait à cette politesse qu'en saluant de la manière la plus humble. Cependant il rendit une ou deux personnes un objet d'envie pour tous les autres courtisans, en leur disant un seul mot à l'oreille; et au même instant, murmurant quelques mots sur les devoirs de sa place, il disparut sans écouter ni leurs réponses, ni les sollicitations muettes de ceux qui désiraient attirer de même son attention. Ludovic Lesly ce jour-là eut la bonne fortune d'être du petit nombre de ceux qu'Olivier favorisa d'un mot en passant, et c'était pour l'assurer que son affaire était heureusement terminée.

Un moment après, il eut une nouvelle preuve qui lui confirma cette agréable nouvelle; car Tristan l'Ermite, grand prévôt de la maison du roi, entra dans l'appartement et s'avança sur-le-champ vers le Balafré. Le riche costume de ce fonctionnaire ne faisait que rendre plus remarquables son air commun et sa physionomie sinistre, et ce qu'il regardait comme un ton de conciliation ne ressemblait à rien tant qu'au grognement d'un ours. Le peu de mots qu'il adressa au Balafré semblaient pourtant plus agréables que le ton dont ils furent prononcés. Il regretta la méprise qui avait eu lieu la veille, et dit qu'il ne fallait l'attribuer qu'à ce que le neveu du sieur le Balafré ne portait pas l'uniforme du corps et ne s'était pas annoncé comme en faisant partie : telle était la seule cause de l'erreur dont il lui faisait ses excuses.

Ludovic fit à ce compliment la réponse convenable ; et dès que Tristan fut passé, il se tourna vers son neveu et lui dit qu'ils avaient maintenant l'honneur d'avoir un ennemi mortel en la personne de ce redoutable officier. — Mais un soldat qui remplit ses devoirs, ajouta-t-il, peut se moquer du grand prévôt.

Quentin ne put s'empêcher d'être du même avis que son oncle. Car Tristan, en s'éloignant d'eux, leur avait lancé ce regard de courroux que l'ours jette sur le chasseur dont la lance vient de le blesser. Il est vrai que, même lorsqu'il était moins courroucé, son regard sombre exprimait une malveillance qui faisait frémir ; et il inspirait une horreur encore plus profonde au jeune Ecossais, qui croyait encore sentir sur ses épaules la main meurtrière des deux officiers subalternes de ce grand fonctionnaire.

Cependant Olivier avait traversé presque furtivement la salle d'audience, comme nous l'avons déjà dit ; tout le monde, et même les plus grands personnages, s'était dérangé pour le laisser passer, en l'accablant de civilités cérémonieuses auxquelles sa modestie semblait vouloir se dérober. Il rentra dans l'appartement intérieur, dont les portes battantes se rouvrirent un instant après pour le roi Louis.

Quentin, comme tous les autres, leva les yeux sur le monarque, et fut saisi d'un tel tressaillement qu'il en laissa presque tomber son arme, quand il reconnut dans le roi de France ce marchand de soie, ce maître Pierre qu'il avait rencontré la veille pendant la matinée. Quelques soupçons sur le rang de ce personnage s'étaient présentés à plusieurs reprises à son esprit ; mais ses conjectures les plus hardies avaient toujours été bien loin de la réalité qu'il voyait maintenant.

Un regard sévère de son oncle, mécontent de le voir oublier ainsi le décorum du service, le rappela à lui, mais Quentin ne fut pas peu surpris quand le roi, dont l'œil perçant l'avait découvert sur-le-champ, s'avança droit à lui, sans donner aucune marque d'attention à qui que ce fût, et lui adressa la parole.

— Ainsi donc, jeune homme, lui dit-il, j'apprends que, dès le premier jour de votre arrivée en Touraine, vous avez fait le tapageur ; mais je vous le pardonne, parce que je sais qu'il faut en accuser un vieux fou de marchand qui s'est imaginé que votre sang calédonien avait besoin d'être échauffé dès le matin avec du vin de Beaune. Si je puis le découvrir, j'en ferai un exemple qui servira de leçon à ceux qui débauchent mes gardes. Balafré, ajouta-t-il en se tournant vers Lesly, votre parent est un brave jeune homme, quoiqu'un peu emporté. Nous aimons ces caractères-là, et nous avons dessein de faire plus que jamais pour les braves gens qui nous entourent. Ayez soin de mettre par écrit l'année, le mois, le jour, l'heure et la minute de sa naissance, et d'en faire part à Olivier le Dain.

Le Balafré s'inclina presque jusqu'à terre, et se releva pour prendre son attitude militaire, en homme qui voulait montrer par-là la promptitude avec laquelle il soutiendrait la querelle du roi ou prendrait sa défense.

Cependant Quentin, revenu de sa première surprise, examinait avec plus d'attention la physionomie du roi, et il fut tout étonné de voir que ses manières et ses traits lui paraissaient bien différens de ce qu'il les avait jugés la veille. Son extérieur n'était guère changé; car Louis, qui méprisait toujours toute espèce de parure, portait en cette occasion un vieil habit de chasse d'un bleu foncé, qui ne valait guère mieux que son habit bourgeois de la veille. Il avait un gros rosaire d'ébène qui lui avait été envoyé par le grand-seigneur lui-même, avec une attestation prouvant qu'il avait servi à un ermite cophte du Mont-Liban, renommé par sa grande sainteté. Le tour de son nouveau chapeau était garni au moins d'une douzaine de petites images de saints en plomb. Mais ses yeux, qui, suivant la première impression qu'ils avaient faite sur Durward, ne semblaient briller que de l'amour du gain, étaient, maintenant qu'il savait qu'ils appartenaient à un puissant monarque, armés d'un regard perçant et majestueux; les rides de son front, qu'il avait attribuées à une longue suite de méditations sur de misérables spéculations de commerce, lui paraissaient alors des sillons creusés par de profondes réflexions sur le destin des peuples.

Immédiatement après l'arrivée du roi, les princesses de France et les dames de leur suite entrèrent dans l'appartement. L'aînée, qui dans la suite épousa Pierre de Bourbon, et qui est connue dans l'histoire de France sous le nom de la dame de Beaujeu, n'a que fort peu de rapport avec notre histoire. Elle était grande et assez belle, avait de l'éloquence, des talens et une grande partie de la sagacité de son père, qui était plein de confiance en elle et l'aimait peut-être autant qu'il était capable d'aimer.

Sa sœur cadette, l'infortunée Jeanne, la fiancée du duc d'Orléans, marchait timidement à côté de sa sœur, n'ignorant pas qu'elle ne possédait aucun de ces dons extérieurs que les femmes désirent tant et qu'elles aiment du moins qu'on puisse leur supposer. Elle était pâle, maigre, et avait le teint d'une convalescente. Sa taille était visiblement déviée d'un côté, et sa marche si inégale, qu'elle pouvait passer pour boiteuse. De belles dents, des yeux dont l'expression habituelle était la mélancolie, la douceur et la résignation, de longs cheveux blonds, étaient les seuls traits de son visage que la flatterie elle-même aurait osé indiquer comme rachetant la difformité de toute sa personne. Pour compléter ce portrait, il était aisé de remarquer, d'après le peu de soin que la princesse prenait de sa parure, et la timidité de ses manières, qu'elle avait le sentiment de sa laideur (circonstance aussi fâcheuse qu'elle est rare), et qu'elle n'osait faire aucune tentative pour réparer par l'art les torts de la nature, ou pour chercher d'autres moyens de plaire.

Le roi, qui ne l'aimait pas, s'avança sur-le-champ vers elle lorsqu'elle entra.

— Eh quoi, notre fille! s'écria-t-il, toujours méprisant le monde? Vous êtes-vous habillée ce matin pour une partie de chasse ou pour un couvent? Parlez, répondez.

— Pour ce qu'il vous plaira, Sire, dit la princesse d'une voix si faible qu'on pouvait à peine l'entendre.

— Oui sans doute, reprit le roi; vous voudriez me persuader que vous désirez quitter la cour et renoncer au monde et à ses vanités. Quoi! Jeanne, voudriez-vous qu'on pût croire que nous, fils aîné de la sainte Eglise, nous refuserions au ciel notre fille? A Notre-Dame et à saint Martin ne plaise que nous rejetions l'offrande, si elle était digne de l'autel, et si votre vocation vous y appelait véritablement.

En parlant ainsi, le roi fit dévotement le signe de la croix, ressemblant, à ce qu'il parut à Quentin, à un vassal rusé qui déprécie le mérite de quelque chose qu'il désire garder pour lui-même, afin d'avoir une excuse pour ne pas l'offrir à son seigneur.

— Ose-t-il ainsi faire l'hypocrite avec le ciel, pensa Durward, et se jouer de Dieu et des saints, comme il peut le faire des hommes qui n'osent pas scruter sa conscience de trop près!

Cependant, après avoir donné ce court moment à la dévotion mentale, Louis reprit la parole.

— Non, Jeanne, dit-il, moi et un autre nous connaissons mieux vos secrètes pensées: n'est-il pas vrai, beau cousin d'Orléans? Allons, approchez, et conduisez à son cheval cette vestale qui vous est toute dévouée.

Le duc d'Orléans tressaillit lorsque le roi lui adressa la parole, et il se hâta de lui obéir, mais avec tant de précipitation et d'un air si troublé, que Louis s'écria : — Doucement, beau cousin, doucement! votre galanterie prend le mors aux dents. Regardez devant vous. Comme la promptitude d'un amant le fait quelquefois galoper de travers! Avez-vous dessein de prendre la main d'Anne au lieu de celle de sa sœur? Faut-il que je vous donne moi-même celle de Jeanne, monsieur?

Le malheureux prince leva les yeux, et frémit comme un enfant obligé de toucher quelque chose dont il a un dégoût d'instinct. Puis, faisant un effort sur lui-même, il prit la main de la princesse, qui ne la lui présenta ni ne la lui refusa. Dans la situation où ils se trouvaient, en voyant la main de la fille du roi, humide d'une sueur froide, à peine tenue dans la main tremblante du duc, et leurs yeux également baissés, il aurait été difficile de dire lequel de ces deux êtres était le plus complètement misérable, ou le duc qui se trouvait enchaîné à l'objet de son aversion par des liens qu'il n'osait briser, ou l'infortunée jeune fille qui voyait trop clairement qu'elle faisait horreur à celui dont elle aurait acheté l'affection au prix de sa vie.

—Maintenant, à cheval, messieurs et dames, dit le roi; nous nous chargerons nous-mêmes de conduire notre fille de Beaujeu; et puisse la bénédiction de Dieu et celle de saint Hubert nous procurer une heureuse chasse ce matin!

—Je crains, Sire, dit le comte de Dunois qui venait de rentrer, que le destin ne m'ait réservé la tâche de l'interrompre. L'envoyé du duc de Bsurgogne est à la porte du château, et il exige une audience.

—*Exige*, Dunois! s'écria le roi. Ne lui avez-vous pas répondu, comme je vous l'ai fait dire par Olivier, que nous n'avions pas le loisir de le recevoir aujourd'hui; que c'était demain la fête de saint Martin, jour pendant lequel, avec la grace de Dieu, nous ne nous occupons d'aucune pensée mondaine; et que le jour suivant nous partirions pour Amboise; mais qu'à notre retour nous ne manquerions pas de lui donner audience aussi promptement que nos autres affaires nous le permettraient?

— J'ai dit tout cela, Sire, répondit Dunois....., et cependant....

— Pâques-Dieu[1]! s'écria le roi, qu'est-ce qui s'arrête ainsi dans ton gosier, Dunois? Il faut que ce Bourguignon t'ait parlé en termes de dure digestion.

— Si mon devoir, vos ordres, Sire, et son caractère d'envoyé ne m'eussent retenu, il aurait eu à les digérer lui-même; car, par Notre-Dame d'Orléans, j'avais plus envie de lui faire rentrer ses paroles dans le corps, que de venir les répéter à Votre Majesté.

— Par la mort de Dieu! Dunois, il est étrange que toi, qui es aussi impatient qu'homme qui vive, tu aies tant de peine à pardonner le même défaut dans notre fier et impétueux cousin Charles de Bourgogne. Hé bien! quant à moi, je ne me soucie pas plus de ces messages impertinens, que les tours de ce château ne s'inquiètent du sifflement du vent du nord-est, qui vient de Bourgogne comme ce fanfaron d'envoyé.

— Sachez donc, Sire, que le comte de Crèvecœur est resté à la porte du château avec son cortège de trompettes et de poursuivans d'armes. Il dit que, puisque Votre Majesté lui refuse l'audience que son maître lui a donné ordre de demander pour affaires de l'intérêt le plus pressant, il y restera jusqu'à minuit; et à quelque heure que Votre Majesté en sorte, soit pour affaires, soit pour prendre l'air, soit pour quelque pratique de dévotion, il se pré-

---

[1] Ce serment, qui pouvait déjà désigner le roi sous son costume de maître Pierre, n'appartient en quelque sorte qu'à Louis XI. Les rois et les grands personnages avaient fréquemment chacun son serment ou son juron particulier. On connaît ce quatrain chronologique rapporté par Brantôme:

Quand la *Pasques-Dieu* décéda	(Louis XI.)
Par le *Jour-Dieu* lui succéda;	(Charles VIII.)
Le *Diable m'emporte* s'en tint près.	(Louis XII.)
Foi de gentilhomme vint après.	(François Ier.) — Éd.

sentera devant elle, lui parlera, et que rien que la force ouverte ne pourra l'en empêcher.

—Il est fou, dit le roi avec beaucoup de sang-froid. Ce cerveau brûlé de Flamand pense-t-il que ce soit une pénitence pour un homme de bon sens, que de rester tranquillement vingt-quatre heures dans les murs de son château, quand il a, pour s'occuper, toutes les affaires d'un royaume? Ces brouillons impatiens pensent que tout le monde leur ressemble.—Donnez ordre qu'on fasse rentrer les chiens et qu'on en ait soin; mon cher Dunois, nous tiendrons conseil aujourd'hui au lieu d'aller à la chasse.

—Votre Majesté ne se débarrassera pas ainsi du comte de Crèvecœur, répondit Dunois; car les instructions de son maître sont que, s'il n'obtient pas l'audience qu'il demande, il ait à clouer son gantelet aux palissades qui entourent le château, en signe de défi à mort de la part de son maître, et pour annoncer qu'il renonce à foi et hommage envers la France, et qu'il vous déclare la guerre à l'instant.

—Oui! dit Louis sans qu'on pût remarquer aucun changement dans le son de sa voix, mais en fronçant ses épais sourcils de manière à en couvrir presque entièrement ses yeux; les choses en sont-elles venues là? Notre ancien vassal prend-il ainsi un ton de maître? Notre cher cousin nous traite-t-il avec si peu de cérémonie? Eh bien! Dunois, il faut déployer l'Oriflamme, et crier:—*Montjoie saint Denis*.

—A la bonne heure! Ainsi soit-il et *Amen!* s'écria le belliqueux Dunois; et les gardes qui étaient dans la salle, incapables de résister à la même impulsion, firent un mouvement chacun à leur poste; il en résulta un cliquetis d'armes qui ne dura qu'un instant, mais qui se fit entendre distinctement. Le roi porta autour de lui un regard de satisfaction et de fierté, et pour un instant il pensa et se montra comme l'aurait fait son valeureux père.

L'enthousiasme céda pourtant à une foule de considérations politiques qui, dans cette conjoncture, rendaient une rupture avec la Bourgogne particulièrement dangereuse. Edouard IV, roi brave et victorieux, qui avait combattu en personne dans trente batailles, était alors assis sur le trône d'Angleterre ; il était frère de la duchesse de Bourgogne, et l'on pouvait supposer qu'il n'attendait qu'une rupture entre son beau-frère et Louis, pour introduire en France, par la porte toujours ouverte de Calais, ces armes qui avaient triomphé dans les guerres civiles, heureux d'effacer le souvenir des dissensions intestines, par la guerre toujours accueillie avec le plus de plaisir par les Anglais, une guerre contre la France. A cette considération se joignait encore celle qui résultait de la foi chancelante du duc de Bretagne, sans parler d'autres puissans motifs de réflexions.

Après un silence de quelques instans, Louis reprit la parole ; mais quoiqu'il parlât du même ton, ce fut dans un esprit tout différent.—Mais à Dieu ne plaise, dit-il, qu'aucune autre cause qu'une nécessité absolue puisse nous engager, nous roi très-chrétien, à occasioner l'effusion du sang chrétien, si nous pouvons sans déshonneur éviter cette calamité. La sûreté de nos sujets nous touche de plus près que l'injure que peuvent faire à notre dignité les paroles grossières d'un ambassadeur mal-appris, qui a peut-être outre-passé ses pouvoirs. Qu'on admette en notre présence l'envoyé du duc de Bourgogne.

—*Beati pacifici!* dit le cardinal de La Balue.

—C'est la vérité, ajouta le roi, et Votre Eminence sait aussi que ceux qui s'humilient seront élevés.

Le cardinal prononça un *Amen* auquel peu de personnes répondirent ; car les joues pâles du duc d'Orléans même étaient devenues pourpres d'indignation, et le Balafré fut si peu maître de la sienne, qu'il laissa tomber lourdement sur le plancher le bout de sa pertuisane ; mouvement d'impatience qui lui valut un reproche sévère de la part du cardinal, suivi d'une instruction sur la manière dont on devait manier les armes en présence du souverain. Le roi lui-même semblait extraordinairement embarrassé du silence qui régnait autour de lui.

—Vous êtes pensif, Dunois, dit-il; vous désapprouvez que nous cédions à cette tête chaude d'envoyé?

—Nullement, Sire, dit Dunois; je ne me mêle pas de ce qui s'élève au-dessus de ma sphère : je pensais seulement à demander une faveur à Votre Majesté.

—Une faveur, Dunois! répéta le roi; vous en demandez rarement, et vous pouvez compter sur mes bonnes graces.

—Je voudrais donc, Sire, dit Dunois avec la franchise d'un militaire, que Votre Majesté m'envoyât à Evreux pour y maintenir la discipline parmi le clergé.

—Ce serait effectivement au-dessus de votre sphère, répliqua le roi en souriant.

—Sire, dit le comte, je suis aussi en état de maintenir la discipline parmi des prêtres, que monseigneur l'évêque d'Evreux, ou monseigneur le cardinal, s'il préfère ce dernier titre, l'est d'apprendre l'exercice aux soldats de la garde de Votre Majesté.

Le roi sourit encore; et se penchant vers l'oreille de Dunois, il lui dit à voix basse et d'un ton mystérieux :—Le moment peut venir où vous et moi nous mettrons une bonne discipline parmi les prêtres; mais quant à présent, nous souffrons celui-ci comme un bonhomme d'évêque qui s'en fait trop accroire. Ah! Dunois, c'est Rome, c'est Rome qui nous impose ce fardeau, ainsi que beaucoup d'autres; mais patience, cousin, et battons les cartes jusqu'à ce qu'il nous arrive une bonne main[1].

Le son des trompettes, qui se fit entendre dans la cour, annonça l'arrivée du seigneur bourguignon. Tous ceux qui

---

(1) Le docteur Dryasdust remarque ici que les cartes, qu'on dit avoir été inventées sous le règne précédent pour amuser Charles VI pendant les intervalles de sa maladie mentale, semblent être devenues très-promptement communes parmi les courtisans, puisqu'elles fournissaient déjà une métaphore à Louis XI. Le même proverbe est cité par Durandard dans la *caverne enchantée de Montésinos*.

se trouvaient dans la salle d'audience s'empressèrent de prendre leurs places, suivant l'odre de préséance, le roi et ses filles restant seuls au centre de l'assemblée.

Le comte de Crèvecœur¹, guerrier intrépide et renommé, entra alors dans l'appartement; et, contre l'usage des envoyés des puissances amies, il se présenta armé de toutes pièces, ayant seulement la tête nue. Il portait une armure magnifique de Milan, du plus bel acier, damasquinée en or, et travaillée dans le goût fantastique qu'on appelait arabesque. Autour de son cou et sur sa cuirasse bien polie était l'ordre de son maître, celui de la Toison-d'Or, l'un des ordres de chevalerie les plus honorables que l'on connût alors dans toute la chrétienté. Un page magnifiquement vêtu le suivait chargé de son casque, et il était précédé d'un héraut qui portait ses lettres de créance, et qui les présenta au roi, un genou en terre, tandis que l'ambassadeur s'arrêta à quelques pas, comme pour donner le temps d'admirer son air noble, sa taille imposante et la fierté tranquille de ses traits et de ses manières. Le reste de son cortège se tenait dans l'antichambre ou dans la cour.

—Approchez, seigneur comte de Crèvecœur, dit Louis après avoir jeté un coup d'œil sur ses lettres de créance; nous n'avons besoin des lettres de créance de notre cousin, ni pour nous présenter un guerrier si bien connu, ni pour nous assurer du crédit dont vous jouissez à si juste titre auprès de votre maître. Nous espérons que votre belle épouse, dont le sang n'est pas tout-à-fait étranger à celui de nos ancêtres, est en bonne santé. Si vous vous étiez présenté devant nous en la tenant par la main, seigneur comte, nous aurions pensé que vous portiez votre armure, en cette occasion, et contre l'usage, pour soutenir la supériorité de ses charmes contre tous les chevaliers amoureux de France; mais sans cela, nous ne pouvons deviner le motif de cette panoplie complète.

(1) Philippe de Crèvecœur des Cordes, ou de Querdes, qui passa dans la suite au service de Louis XI, et mourut maréchal de France en 1494. — ED.

—Sire, répondit l'envoyé, le comte de Crèvecœur doit déplorer son infortune, et vous supplier de l'excuser, s'il ne peut en cette occasion répondre à Votre Majesté avec l'humble déférence due à la courtoisie royale dont vous avez daigné l'honorer. Mais quoique ce ne soit que la voix de Philippe Crèvecœur des Cordes qui se fait entendre, les paroles qu'il prononce doivent être celles de son gracieux seigneur et souverain, le duc de Bourgogne.

—Et quelles paroles Crèvecœur a-t-il à prononcer au nom du duc de Bourgogne? demanda Louis en prenant un air de dignité convenable à la circonstance. Mais un instant! Souvenez-vous qu'en ce lieu Philippe Crèvecœur des Cordes parle à celui qu'il appelle le souverain de son souverain.

Crèvecœur salua, et reprit la parole : —Roi de France, le puissant duc de Bourgogne vous envoie encore une fois une cédule contenant le détail des griefs et des oppressions commises sur les frontières par les garnisons et les officiers de Votre Majesté; et ma première question est de savoir si l'intention de Votre Majesté est de lui faire réparation de ces injures.

Le roi, ayant jeté un léger coup d'œil sur la note que le héraut lui présentait à genoux, répondit :—Ces plaintes ont été soumises à notre conseil il y a déjà long-temps. Des faits allégués, les uns sont des représailles d'injures souffertes par mes sujets, les autres sont dénués de preuves; les garnisons et les officiers du duc se sont chargés eux-mêmes de tirer vengeance de plusieurs autres. Si pourtant il s'en trouve quelqu'un qui ne puisse se ranger sous aucune de ces trois classes, en notre qualité de prince chrétien, nous ne refusons pas de faire satisfaction pour les injures dont notre voisin pourrait avoir à se plaindre, quoique commises non-seulement sans notre autorisation, mais contre nos ordres exprès.

— Je transmettrai la réponse de Votre Majesté à mon très-gracieux maître, répondit l'ambassadeur; mais qu'il me soit permis de dire que, comme elle ne diffère en rien des réponses évasives qui ont déjà été faites à ses justes plaintes, je ne puis espérer qu'elle suffise pour rétablir la paix et l'amitié entre la France et la Bourgogne.

— Il en sera ce qu'il plaira à Dieu, dit le roi. Ce n'est point pas crainte des armes de votre maître, c'est uniquement par amour pour la paix, que je fais une réponse si modérée à ses reproches injurieux. Mais continuez à vous acquitter de votre mission.

— La seconde demande de mon maître, reprit l'ambassadeur, est que Votre Majesté cesse d'entretenir sous main des intelligences clandestines avec ses villes de Gand, de Liège et de Malines. Il requiert Votre Majesté de rappeler les agens secrets qui sèment le mécontentement parmi ses bons citoyens de Flandre, et de bannir de vos domaines; ou plutôt de livrer à leur seigneur suzerain, pour être punis comme ils le méritent, ces traîtres qui, ayant abandonné le théâtre de leurs manœuvres, n'ont trouvé que trop aisément un asile à Paris, à Orléans, à Tours, et en d'autres villes de la France.

— Dites au duc de Bourgogne, répondit le roi, que je ne connais pas les intelligences clandestines dont il m'accuse injustement; que mes sujets de France ont des relations fréquentes avec les bonnes villes de Flandre, par suite d'un commerce à l'avantage des deux pays, et qu'il serait aussi contraire aux intérêts du duc qu'aux miens de vouloir interrompre; enfin, que beaucoup de Flamands résident dans mon royaume, et jouissent de la protection de mes lois pour la même cause; mais que je n'en connais aucun qui s'y soit réfugié par suite de révolte ou de trahison contre le duc. Poursuivez. Vous avez entendu ma réponse.

— Avec autant de peine que celle de tout à l'heure, Sire, car elle n'est ni assez directe, ni assez explicite pour que le duc mon maître veuille la recevoir en réparation d'une longue suite de manœuvres secrètes, qui n'en sont pas moins certaines, quoique Votre Majesté les désavoue en ce moment. Mais je continue mon message. — Le duc de Bourgogne requiert en outre le roi de France de renvoyer sans délai dans ses domaines, sous bonne et sûre garde, les personnes d'Isabelle, comtesse de Croye, et de sa parente et tutrice, la comtesse Hameline, de la même famille, attendu que ladite comtesse Isabelle, qui est, par la loi du pays et l'inféodation de ses domaines, pupille dudit duc de Bourgogne, a pris la fuite hors de l'enceinte de sa juridiction, se dérobant à la surveillance qu'en prince attentif il devait avoir sur sa pupille : elle est ici sous la protection secrète du roi de France, qui l'encourage dans sa rébellion contre le duc, son tuteur et son seigneur naturel, au mépris des lois divines et humaines, telles qu'elles ont toujours été reconnues dans l'Europe civilisée. Je m'arrête encore une fois, Sire, pour attendre votre réponse.

— Vous avez fort bien fait, comte de Crèvecœur, dit Louis avec un ton de dédain; vous avez fort bien fait de commencer votre ambassade de bon matin; car si vous avez dessein de me demander compte de chaque vassal que les passions turbulentes de votre maître peuvent avoir fait fuir de ses domaines, le soleil pourra se coucher avant que la liste en soit épuisée. Qui peut affirmer que ces dames sont dans mon royaume? et si elles y sont, qui ose dire que je les ai favorisés dans leur fuite, ou que je les ai prises sous ma protection?

— Sire, Votre Majesté me permettra de lui dire que j'avais un témoin dans cette affaire, — un témoin qui avait vu ces dames fugitives à l'auberge des Fleurs-de-Lis, située à peu de distance de ce château; — un témoin, dis-je, qui avait vu Votre Majesté en leur compagnie, quoique sous le déguisement, peu digne d'elle, d'un bourgeois de Tours; un témoin enfin qui a reçu d'elles, en votre royale présence, Sire, des messages et des lettres pour leurs amis de Flandre; qui a rapporté les uns et remis les autres au duc de Bourgogne.

— Produisez ce témoin, comte; faites-moi voir en face l'homme qui ose avancer des faussetés si palpables.

— Vous parlez d'un ton de triomphe, Sire, car vous savez fort bien que ce témoin n'existe plus. Quand il vivait, il se nommait Zamet Magraubin, et c'était un de ces vagabonds Bohémiens. Il a été hier, à ce que j'ai appris, exécuté par des gens de la suite de votre grand prévôt, sans doute pour empêcher qu'il ne se trouvât ici pour déposer de la vérité de ce qu'il a dit à ce sujet au duc de Bourgogne, en présence de son conseil, et de moi Philippe Crèvecœur des Cordes.

— Par Notre-Dame d'Embrun, s'écria le roi, ces accusations sont si absurdes, et je suis si loin de me reprocher rien qui puisse les motiver, que, par l'honneur d'un roi, je suis tenté d'en rire plutôt que de m'en fâcher. Ma garde prévôtale met à mort, comme c'est son devoir, les brigands et les vagabonds; ma couronne serait insultée par tout ce que ces brigands et ces vagabonds peuvent avoir dit à notre bouillant cousin duc de Bourgogne et à ses sages conseillers! Je vous prie de dire à mon beau cousin que s'il aime leur compagnie, il ferait bien de les garder dans ses domaines, car ils ne trouveront ici qu'une courte absolution et une bonne corde.

— Mon maître n'a pas besoin de pareils sujets, Sire, répondit le comte d'un ton moins respectueux que celui avec lequel il avait parlé jusqu'alors; car le noble duc n'a pas coutume d'interroger des sorcières, des Egyptiens et autres vagabonds, sur le destin de ses alliés et de ses voisins.

— Nous avons eu assez de patience, s'écria le roi en l'interrompant; et puisque ta mission ici semble n'avoir d'autre but que de nous insulter, nous enverrons quelqu'un en notre nom au duc de Bourgogne, convaincu qu'en te conduisant ainsi à notre égard, tu as outre-passé tes pouvoirs quels qu'ils puissent être.

— Au contraire, répondit Crèvecœur, je ne m'y suis pas encore entièrement conformé. Ecoutez, Louis de Valois, roi de France; écoutez, nobles et gentilshommes qui pouvez être présens; écoutez, fidèles et loyaux Français de toutes conditions; et toi, Toison-d'Or, ajouta-t-il en se tournant vers le héraut, répète après moi cette proclamation : — Moi, Philippe Crèvecœur des Cordes, comte de l'Empire, et chevalier de l'honorable ordre de la Toison-d'Or, au nom de très-puissant seigneur et prince Charles, par la grace de Dieu duc de Bourgogne et de Lorraine, de Brabant, de Limbourg, de Luxembourg, et de Gueldres; comte de Flandre et d'Artois, comte palatin de Hainaut, de Hollande, de Zélande, de Namur et de Zutphen; seigneur de la Frise, de Salines et de Malines, vous fais savoir à vous, Louis, roi de France, qu'attendu que vous avez refusé réparation de tous les griefs, de toutes les injures et offenses faites et occasionées par vous ou par votre aide, à votre suggestion et instigation, à mondit duc et à ses sujets chéris, il renonce, par ma bouche, à sa foi et hommage envers votre couronne, vous déclare faux et sans foi, et vous défie, comme prince et comme homme. — Voici mon gage, en preuve de ce que j'ai dit.

En parlant ainsi, il ôta le gantelet de sa main droite, et le jeta sur le plancher de la salle d'audience.

Jusqu'à ce dernier trait d'audace, le plus profond silence avait régné dans l'appartement; mais à peine eut-on entendu le bruit que fit le gantelet en tombant, et l'exclamation, *vive Bourgogne!* que fit entendre au même instant Toison-d'Or, le héraut bourguignon, qu'un tumulte général y succéda. Tandis que Dunois, le duc d'Orléans, le vieux lord Crawford, et un ou deux autres que leur rang autorisait à cette démarche, se disputaient à qui ramasserait le gantelet, la salle retentissait des cris : — Frappez, frappez, qu'il périsse! vient-il ici pour insulter le roi de France jusque dans son palais?

Mais le roi apaisa le tumulte en s'écriant d'une voix semblable au tonnerre, qui couvrait toutes les autres, et qui en imposa à chacun : — Silence, messieurs, que personne ne mette la main sur l'envoyé, ni un doigt sur son gage! Et vous, sire comte, de quoi est composée votre vie, et comment est-elle garantie, pour que vous la hasardiez sur un coup de dé si périlleux? Votre duc est-il fait d'un autre métal que les autres princes, pour soutenir sa prétendue querelle d'une manière aussi inusitée?

—Oui, sans doute, répondit l'intrépide comte de Crèvecœur, il est fait d'un métal tout différent, d'un métal bien plus noble que les autres princes de l'Europe; car, lorsque nul d'entre eux n'osait vous donner un asile à vous-même, roi Louis, exilé de France, poursuivi par la vengeance amère de votre père, et par toute la puissance de son royaume, vous fûtes accueilli et protégé comme un frère par mon noble maître, dont vous avez si mal récompensé la générosité. Adieu, Sire, j'ai rempli ma mission.

A ces mots, le comte sortit de l'appartement sans prendre autrement congé.

—Suivez-le! suivez-le! s'écria le roi, ramassez son gantelet, et suivez-le! Ce n'est pas à vous que je parle, Dunois, ni à vous, lord Crawford; il me semble que vous êtes un peu vieux pour une affaire aussi chaude; ni à vous, cousin d'Orléans, vous êtes trop jeune pour vous en mêler. Monsieur le cardinal, monsieur l'évêque d'Evreux, il appartient à la sainteté de vos fonctions de faire la paix entre les princes; relevez ce gantelet, et allez faire sentir au comte de Crèvecœur le péché qu'il a commis en insultant un grand monarque dans sa propre cour, et en le forçant à attirer les calamités de la guerre sur son royaume et sur celui de son voisin.

Interpellé ainsi personnellement, le cardinal de La Balue alla relever le gantelet avec autant de précaution qu'on en prendrait pour toucher une vipère, tant paraissait grande son aversion pour ce symbole de guerre, et sortit sur-le-champ de l'appartement du roi pour courir après l'envoyé.

Louis promenait ses regards en silence sur le cercle de ses courtisans, dont la plupart, à l'exception de ceux que nous avons déjà nommés, étaient des hommes de basse naissance, qui devaient le haut rang auquel le roi les avait élevés dans sa maison, non à leur courage, ni à leurs exploits, mais à des talens de tout autre genre. Ils se regardaient les uns les autres, et la pâleur de leurs visages prouvait que la scène dont ils venaient d'être témoins avait fait sur eux une impression peu agréable. Louis jeta sur eux un coup d'œil de mépris, et dit à haute voix : — Quoique le comte de Crèvecœur soit présomptueux et arrogant, il faut avouer que le duc de Bourgogne a en lui un serviteur aussi hardi qu'aucun de ceux qu'un prince ait jamais chargé d'un message. Je voudrais savoir où je pourrais en trouver un aussi fidèle pour envoyer ma réponse.

— Vous faites injure à votre noblesse française, Sire, dit Dunois. Il n'y a pas un de nous qui ne portât un défi au duc de Bourgogne, à la pointe de son épée.

— Et vous n'êtes pas plus juste, Sire, dit le vieux Crawford, à l'égard des gentilshommes écossais qui ont l'honneur de vous servir. Ni moi, ni aucun de ceux qui servent sous mes ordres, étant de rang convenable, nous n'hésiterions à demander à cet orgueilleux envoyé compte de sa conduite. Mon bras est encore assez vigoureux pour le punir, si Votre Majesté m'en accorde la permission.

— Mais Votre Majesté, ajouta Dunois, ne veut nous employer à aucun service qui puisse être honorable pour nous, pour elle et pour la France.

— Dites plutôt, Dunois, répondit le roi, que je ne veux pas céder à cette impétuosité téméraire qui, pour un vain point d'honneur de chevalier errant, vous perdrait vous-même, le trône et la France. Il n'y a pas un de vous qui ne sache combien chaque heure de paix est précieuse en ce moment pour guérir les blessures d'un pays déchiré; et cependant il n'y en a pas un qui ne fût prêt à guerroyer pour le premier conte que ferait une Bohémienne vagabonde, ou quelque demoiselle errante dont la réputation vaut à peine mieux. Mais voici La Balue, et nous espérons qu'il nous apporte des nouvelles plus pacifiques. Eh bien!

monsieur le cardinal, avez-vous rendu au comte la raison et le sang-froid?

— Sire, répondit La Balue, ma tâche a été difficile. J'ai demandé à ce fier comte comment il avait osé adresser à Votre Majesté le reproche présomptueux qui a mis fin à son audience, témérité qui devait être attribuée, non à son maître, mais à sa propre insolence, et qui par conséquent le mettait à la discrétion de Votre Majesté, et l'assujettissait à tel châtiment qu'il vous plairait de lui infliger.

— Vous avez bien parlé, dit le roi; et qu'a-t-il répondu?

— Le comte, continua le cardinal, avait en ce moment le pied sur l'étrier pour monter à cheval, et en entendant ma remontrance il a tourné la tête sans changer de position. Si j'avais été à la distance de cinquante lieues, me dit-il, et que j'eusse appris que le roi de France avait fait une question humiliante pour mon prince, j'aurais à l'instant tourné la bride de mon cheval, et je serais venu décharger mon cœur en lui faisant la réponse que je viens de vous faire.

— Je vous avais dit, messieurs, dit le roi en jetant un regard autour de lui, sans montrer aucun signe de colère ni même d'émotion, que notre cousin le duc possède en Philippe de Crèvecœur un aussi digne serviteur que jamais prince ait eu à sa droite. — Mais vous l'avez déterminé à rester?

— A rester vingt-quatre heures, répondit le cardinal, et à reprendre provisoirement son gage de défi. Il est descendu à l'auberge des Fleurs-de-Lis.

— Veillez à ce qu'il soit servi et traité noblement et à nos frais, dit le roi; un tel serviteur est un joyau pour la couronne d'un prince. — Vingt-quatre heures! ajouta-t-il à voix basse en semblant se parler à lui-même et en ouvrant les yeux comme s'il eût cherché à lire dans l'avenir; vingt-quatre heures! le terme est des plus courts! Cependant vingt-quatre heures bien et habilement employées peuvent valoir l'année entière d'un agent indolent ou incapable.

Allons, messieurs, en chasse! à la forêt! Cousin d'Orléans, laissez de côté cette modestie; quoiqu'elle vous aille bien, et ne vous inquiétez pas de l'air réservé de Jeanne. La Loire cessera de recevoir les eaux du Cher avant que vous cessiez de l'aimer, ajouta-t-il tandis que le malheureux prince suivait à pas lents sa fiancée. Et maintenant, messieurs, prenez vos épieux, car Allégre, mon piqueur, a reconnu un sanglier qui mettra à l'épreuve les hommes et les chiens. Dunois, prêtez-moi votre épieu et prenez le mien, car il est trop pesant pour moi; mais vous, quand vous êtes-vous plaint d'un tel défaut dans votre lance? A cheval, messieurs, à cheval!

Et toute la cour partit pour la chasse.

CHAPITRE IX.

La Chasse au sanglier.

> « Je cause avec l'enfance, elle est sans artifice,
> « Même avec la folie ouverte et sans malice;
> « Mais ne me parlez pas de ces gens soupçonneux,
> « Voulant me deviner et lire dans mes yeux. »
> SHAKSPEARE. *Le roi Richard.*

TOUTE l'expérience que le cardinal pouvait avoir du caractère de son maître ne l'empêcha pas de commettre en cette occasion une grande faute politique. Sa vanité le porta à croire qu'il avait mieux réussi, en déterminant le comte de Crèvecœur à rester à Tours, que ne l'aurait fait tout autre négociateur employé par le roi; sachant combien Louis attachait d'importance à éloigner une guerre avec le duc de Bourgogne, il ne put s'empêcher de faire voir qu'il croyait lui avoir rendu un grand et agréable service.

Il se tint plus près de la personne du roi qu'il n'avait coutume de le faire, et tâcha d'entrer en conversation avec lui sur les événemens de la matinée.

C'était manquer de tact sous plus d'un rapport : les monarques n'aiment pas à voir leurs sujets les approcher d'un air qui semble annoncer qu'ils ont bien mérité d'eux et qu'ils veulent en arracher de la reconnaissance ou des récompenses : or, Louis, le monarque le plus jaloux de son autorité qui ait jamais existé, était particulièrement impénétrable et réservé pour quiconque semblait se prévaloir d'un service qu'il lui avait rendu, ou vouloir lire dans ses secrets.

Cependant le cardinal, très-content de lui-même, et s'abandonnant à l'humeur du moment, comme cela arrive quelquefois à l'homme le plus prudent, continuait à se tenir à la droite du roi, et ramenait la conversation, toutes les fois qu'il le pouvait, sur Crèvecœur et son ambassade. C'était peut-être l'objet qui, en ce moment, occupait le plus les pensées du roi, et néanmoins c'était précisément celui dont il avait le moins envie de s'entretenir. Enfin Louis, qui l'avait écouté avec attention, quoique sans lui faire aucune réponse qui pût tendre à prolonger la conversation, fit signe à Dunois, qui était à peu de distance, de se placer à la gauche de son cheval.

—Nous sommes venus ici pour prendre de l'exercice et pour nous amuser, lui dit-il; mais le révérend père que voici voudrait nous faire tenir un conseil d'Etat.

—J'espère que Votre Majesté me dispensera d'y assister, répondit Dunois; je suis né pour combattre pour la France; mon cœur et mon bras sont à son service, mais ma tête n'est pas faite pour les conseils.

—Celle du cardinal n'est faite que pour cela, Dunois, répliqua le roi. Il vient de confesser Crèvecœur à la porte du château, et il nous a rapporté toute sa confession.—Ne m'avez-vous pas dit *tout*? ajouta-t-il en appuyant sur ce dernier mot, et en lançant sur le cardinal un regard pénétrant, qui s'échappa entre ses longs sourcils noirs, comme la lame d'un poignard brille en sortant du fourreau.

Le cardinal trembla en s'efforçant de répondre à la plaisanterie du roi, et il lui dit que, quoique son ministère lui imposât l'obligation de garder les secrets de ses pénitens en général, il n'existait pas de *sigillum confessi* qu'un souffle de Sa Majesté ne pût fondre.

—Et comme le cardinal, continua le roi, est disposé à nous communiquer les secrets des autres, il s'attend naturellement que je ne serai pas moins communicatif à son égard; afin d'établir entre nous cette réciprocité, il désire très-raisonnablement savoir si ces deux dames de Croye sont véritablement dans nos domaines. Nous sommes fâchés de ne pouvoir satisfaire sa curiosité, ne sachant pas nous-mêmes précisément dans quel lieu de nos Etats peuvent se cacher des demoiselles errantes, des princesses déguisées, des comtesses persécutées; car, grace à Dieu et à Notre-Dame d'Embrun, nos Etats sont un peu trop étendus pour que nous puissions répondre aisément aux questions très-discrètes de Son Eminence. Mais en supposant que ces dames fussent avec nous, Dunois, quelle réponse feriez-vous à la demande définitive de notre cousin de Bourgogne?

—Je vous le déclarerai, Sire, s'il plaît à Votre Majesté de me dire si elle veut la paix ou la guerre, répondit Dunois avec une franchise qui prenait sa source dans un caractère naturellement ouvert et intrépide, et qui, de temps à autre, plaisait beaucoup au roi; car Louis, comme tous les hommes astucieux, désirait autant voir dans le cœur des autres que cacher ce qui se passait dans le sien.

—Par saint Martin de Tours, Dunois, dit Louis, je serais aussi charmé de pouvoir te le dire que tu le serais de l'apprendre; mais je ne le sais pas encore bien moi-même. Au surplus, en supposant que je me décidasse pour la guerre, que ferais-je de cette belle, riche et jeune héritière, si elle se trouvait réellement dans mes Etats?

—Votre Majesté la donnerait en mariage à un de ses fidèles serviteurs, qui aurait un cœur pour l'aimer et un bras pour la défendre.

—A toi, par exemple, Dunois! Pâques-Dieu! je ne te croyais pas si politique avec toute ta franchise.

—Je ne suis rien moins que politique, Sire. Par Notre-Dame d'Orléans, j'en viens au fait tout d'un coup, et je monte sur mon cheval dès qu'il est sellé. Votre Majesté doit à la maison d'Orléans au moins un heureux mariage.

—Et je le paierai, comte. Pâques-Dieu! je le paierai. Ne voyez-vous pas ce beau couple?

En parlant ainsi, Louis lui montra le malheureux duc d'Orléans et la princesse Jeanne, qui, n'osant ni rester plus éloignées du roi, ni se séparer en sa présence, marchaient sur la même ligne, quoique leurs chevaux fussent à un intervalle de deux ou trois pas l'un de l'autre, distance que la timidité d'une part et l'antipathie de l'autre ne leur permettaient pas de diminuer, tandis que la crainte les empêchait réciproquement d'oser l'augmenter.

Dunois porta les yeux dans la direction que le roi donnait à son bras en lui parlant; et comme la position de son infortuné parent et de sa fiancée présentait à son imagination l'idée de deux chiens accouplés ensemble, mais marchant séparés l'un de l'autre autant que le leur permet la longueur de la laisse qui les accouple, il ne put s'empêcher de secouer la tête, quoique sans oser répondre autrement au tyran hypocrite.

Louis parut deviner ses pensées. —Ce sera un ménage paisible et tranquille, dit-il; je ne crois pas que les enfans leur donnent beaucoup d'embarras; mais ce n'est pas toujours un bonheur d'en avoir.

Ce fut peut-être le souvenir de son ingratitude envers son propre père, qui fit que le roi garda un instant de silence après avoir prononcé ces derniers mots, et qui changea presque en expression de repentir le sourire ironique arrêté sur ses lèvres; mais un moment après il reprit la parole sur un autre ton.

—Franchement, mon cher Dunois, malgré mon respect pour le saint sacrement du mariage, dit-il en faisant un signe de croix, plutôt que de voir le royaume déchiré comme l'Angleterre par la rivalité des prétentions légitimes à la couronne, je préférerais ne devoir à la maison d'Orléans que de braves soldats comme ton père et toi, dans les veines desquels coule le sang royal, mais sans vous en donner les droits. Le lion ne devrait jamais avoir qu'un lionceau.

Dunois soupira et garda le silence; car il savait qu'en contredisant un monarque si arbitraire, il ne pouvait que nuire aux intérêts de son parent, sans lui rendre aucun service. Cependant il ne put s'empêcher d'ajouter l'instant d'après :

—Puisque Votre Majesté a fait allusion à la naissance de mon père, je dois convenir que, mettant à part la fragilité de ses parens, on doit le regarder comme plus heureux, plus fortuné, d'avoir été le fils de l'amour illégitime, que s'il eût été celui de la haine conjugale.

—Tu es un compagnon bien hardi, Dunois, dit le roi; de parler avec tant d'irrévérence de ce nœud sacré! mais au diable cette conversation : le sanglier est débusqué. Lâchez les chiens, au nom du bienheureux saint Hubert. Ah! ah! tra la la li rala!

Et le cor du roi fit retentir les bois de sons joyeux, tandis qu'il suivait la chasse accompagné de deux ou trois de ses gardes, parmi lesquels était notre ami Quentin Durward; et il est bon de remarquer ici que, même en se livrant avec ardeur à son divertissement favori, le roi, fidèle à son caractère caustique, trouva le moyen de s'amuser encore en tourmentant le cardinal de La Balue.

Nous avons déjà dit qu'une des faiblesses de cet homme d'Etat était de se regarder, malgré l'obscurité de sa naissance et son éducation bornée, comme propre à jouer le rôle d'un courtisan et d'un galant accompli. Il est très-vrai qu'il n'entrait pas dans la lice comme jadis Becket, qu'il ne levait pas de soldats comme Wolsey; mais la galanterie, à laquelle ces deux grands hommes n'avaient pas été eux-mêmes étrangers, était son étude favorite, et il affectait aussi d'être passionné pour le divertissement martial de la chasse. Cependant, quoiqu'il pût réussir auprès de certaines femmes à qui son pouvoir, sa richesse et son influence comme homme d'Etat paraissaient une compensation suffisante de ce qui pouvait lui manquer du côté de la tournure et des manières, les chevaux magnifiques qu'il achetait presque à tous prix étaient insensibles à l'honneur qu'ils avaient de porter un cardinal, et ne lui témoignaient pas plus de respect qu'ils n'en auraient eu pour son père le tailleur, dont il était le digne rival dans l'art de l'équitation. Le roi ne l'ignorait pas; et s'amusant tantôt à exciter son cheval, tantôt à le retenir, il finit, à force de répéter cette manœuvre, par mettre celui du cardinal, qui ne quittait pas son côté, dans une sorte de rébellion contre son cavalier. Tout annonçait qu'ils fausseraient bientôt compagnie. Tandis que le coursier du prélat maladroit hennissait, ruait, se cabrait, le roi, qui se plaisait à le tourmenter, lui faisait diverses questions sur des affaires importantes, et lui donnait à entendre qu'il allait saisir cette occasion pour lui confier quelques-uns de ces secrets d'Etat que le cardinal, peu d'instans auparavant, semblait si empressé d'apprendre.

Il serait difficile d'imaginer une situation plus désagréable que celle d'un conseiller privé, obligé d'écouter son souverain et de lui répondre, tandis que chaque courbette d'un cheval qu'il ne pouvait plus gouverner le forçait à changer d'attitude, et le mettait dans une situation de plus en plus précaire. Sa longue robe violette flottait dans tous les sens, et la seule chose qui le préservât d'une chute était la profondeur de sa selle. Dunois riait sans se contraindre; le roi avait une manière à lui de jouir intérieurement de ses malices, sans en rire tout haut. Il adressait à son ministre, du ton le plus amical, des reproches sur son ardeur excessive pour la chasse, qui ne lui permettait pas de donner quelques momens aux affaires.—Mais je ne veux pas mettre plus long-temps obstacle à vos plaisirs, ajouta-t-il en s'adressant au cardinal, qui se trouvait alors très-mal à l'aise; et il lâcha la bride à son cheval.

Avant que La Balue eût pu dire un mot pour lui répondre ou pour s'excuser, son cheval, prenant le mors aux dents, partit au grand galop, et laissa bientôt derrière lui le roi et Dunois, qui suivaient d'un pas plus modéré, en jouissant de la détresse du prélat courtisan.

S'il est arrivé à notre lecteur dans son temps, comme cela nous est arrivé dans le nôtre, d'être emporté ainsi par sa monture, il se fera d'abord une idée de tout ce qu'il y avait de pénible, de dangereux et de ridicule dans une telle situation. Ces quatre jambes du quadrupède qui ne sont plus aux ordres de son cavalier, ni quelquefois même à ceux de l'animal lui-même, et qui courent avec la même rapidité que si celles de derrière avaient dessein de rejoindre celles de devant; ces deux jambes du bipède, que nous voudrions alors pouvoir appuyer sûrement sur le vert gazon, et qui ne font qu'augmenter notre détresse en pressant les flancs de notre coursier; les mains qui ont abandonné la bride pour saisir la crinière; le corps, qui, au lieu d'être droit et ferme, sur le centre de gravité, comme le vieil Angelo[1], ou penché en avant comme celui d'un jockey à Newmarket[2], est couché sur le cou du cheval, sans plus de chances pour éviter une chute que n'en aurait un sac de blé : tout contribue à rendre ce tableau assez risible pour les spectateurs, quoique celui qui le

---

(1) Auteur d'un traité d'équitation.—Ed.
(2) Ville où se font les grandes courses de chevaux.—Ed.

présente à leurs yeux n'ait nullement envie de rire. Mais ajoutez à cela quelque chose de singulier dans les vêtemens ou les manières de l'infortuné cavalier, un uniforme splendide, une robe ecclésiastique, quelque autre costume extraordinaire; que cette scène se passe à une course de chevaux, à une procession, à un lieu quelconque de réunion publique : si la malheureuse victime veut éviter de devenir l'objet d'un éclat de rire inextinguible, il faut qu'elle tâche de se rompre un membre ou deux en tombant, ou, ce qui serait encore plus efficace, de se faire tuer sur la place, car on ne peut acheter à meilleur marché une compassion sérieuse. En cette occasion la robe courte du cardinal, car il avait quitté sa soutane avant de partir du château, ses bas rouges, son chapeau de même couleur garni de ses longs cordons, et son air embarrassé, ajoutaient beaucoup à la gaieté que faisait naître sa gaucherie en équitation.

Le cheval, devenu complètement son maître, galopant, ou pour mieux dire volant dans une longue avenue tapissée de verdure, rencontre la meute qui poursuivait le sanglier : il renverse un ou deux piqueurs, qui ne s'attendaient guère à être chargés à l'arrière-garde; foule aux pieds plusieurs chiens, et jette la confusion dans la chasse; animé par les cris et les menaces des chasseurs, il emporte le cardinal épouvanté jusqu'au-delà du formidable animal, qui courait au grand trot, furieux et ayant les défenses couvertes d'écume.

La Balue, en se voyant si près du sanglier, poussa un cri épouvantable pour demander du secours. Ce cri, ou peut-être la vue du terrible animal, produisit un tel effet sur le coursier emporté, qu'il interrompit sa carrière, et fit si brusquement un saut de côté, que le cardinal tomba lourdement; car depuis long-temps il ne se maintenait en selle que parce que la course rapide du cheval avait toujours imprimé à son corps le même mouvement en avant.

Cette conclusion de la chasse de La Balue eut lieu si près du sanglier, que, si l'animal n'eût été en ce moment trop occupé de ses propres affaires, ce voisinage aurait pu être aussi fatal au prélat que pareil événement le fut, dit-on, à Favila, roi des Visigoths, en Espagne. Il en fut pourtant quitte pour la peur; et se traînant, aussi promptement qu'il le put, hors du chemin des chiens et des chasseurs, il vit passer toute la chasse devant lui sans que personne lui offrît la moindre assistance; car les chasseurs de cette époque n'avaient pas plus de compassion pour de tels accidens que ceux de nos jours.

Le roi, en passant, dit à Dunois : — Voilà Son Eminence assez bas. Ce n'est pas un grand chasseur; quoique, comme pêcheur, il puisse le disputer à saint Pierre même quand il s'agit de pêcher un secret. Mais, pour cette fois, je crois qu'il a trouvé son homme.

Le cardinal n'entendit pas ces paroles, mais le regard méprisant dont elles furent accompagnées lui en fit deviner le sens. Le diable, dit-on, choisit pour nous tenter des occasions semblables à celle que lui offrait l'amer dépit inspiré à La Balue par l'air ironique du roi. Sa frayeur momentanée se dissipa, dès qu'il fut assuré qu'il ne s'était pas blessé en tombant; mais sa vanité mortifiée et sa rancune contre Louis exercèrent sur lui une influence qui fut de plus longue durée.

Toute la chasse avait passé, quand un cavalier, qui semblait moins partager cet amusement qu'en être spectateur, s'avança avec une couple d'hommes à sa suite, et témoigna beaucoup de surprise en trouvant le cardinal à pied, seul, sans cheval, et dans un désordre qui annonçait clairement la nature de l'accident qui lui était arrivé. Mettre pied à terre, lui offrir obligeamment son assistance, ordonner à un de ses gens de descendre d'un palefroi doux et tranquille pour le céder au cardinal, exprimer son étonnement que les usages de la cour de France permissent d'abandonner aux périls de la chasse et de délaisser au moment du besoin le plus distingué de ses hommes d'Etat; tels furent les secours et les consolations qu'une rencontre si étrange mit Crèvecœur à même d'offrir au cardinal démonté; car c'était l'ambassadeur bourguignon lui-même qui était survenu.

Il trouva La Balue dans un moment fort opportun et dans des dispositions favorables pour faire sur sa fidélité quelques-unes de ces tentatives auxquelles on sait que le ministre eut la faiblesse criminelle de ne savoir pas résister. Déjà, dans la matinée, il s'était passé entre eux, comme le caractère méfiant de Louis le lui avait fait soupçonner, certaines choses que le cardinal n'avait pas osé rapporter à son maître; il avait écouté avec une oreille satisfaite l'assurance que lui avait donnée le comte de l'estime infinie que le duc de Bourgogne avait conçue pour sa personne et pour ses talens; il n'avait pu se défendre d'un mouvement de tentation, en entendant Crèvecœur parler de la munificence de son maître et des riches bénéfices qu'il avait à sa disposition en Flandre. Toutefois ce ne fut qu'après avoir été irrité par les événemens que nous venons de rapporter, et avoir vu sa vanité si cruellement mortifiée, qu'il résolut, dans un fatal moment, de prouver que nul ennemi ne peut être aussi dangereux que l'ami et le confident qu'on a offensé.

En cette occasion, il se hâta d'engager Crèvecœur à se séparer de lui, de peur qu'on ne les vît ensemble; mais il lui donna un rendez-vous, pour le soir, à l'abbaye de Saint-Martin de Tours, après vêpres, et ce fut d'un ton qui convainquit le Bourguignon que son maître venait d'obtenir un avantage qu'il aurait à peine osé espérer.

Cependant Louis, qui, quoique le prince le plus politique de son temps, n'en cédait pas moins fréquemment à ses goûts et à ses passions, suivait avec ardeur la chasse du sanglier, et elle était alors au moment le plus intéressant : il était arrivé qu'un marcassin, ou pour mieux dire un sanglier de deux ans, avait traversé la voie de l'animal poursuivi ; les chiens, mis en défaut, avaient suivi cette nouvelle trace, et il n'y avait que deux ou trois paires de vieux chiens, parfaitement exercés, qui fussent restés sur la bonne piste ; enfin tous les chasseurs s'étaient laissé dévoyer. Le roi vit avec une secrète satisfaction Dunois prendre le change aussi bien que les autres, et jouit d'avance du plaisir de triompher d'un chevalier accompli dans l'art de la vénerie, art regardé alors comme presque aussi glorieux que celui de la guerre.

Louis était bien monté, il suivait de très-près les chiens qui n'avaient pas perdu la voie ; et quand le sanglier se retourna, sur un terrain marécageux, pour opposer une dernière résistance à ses ennemis, le roi se trouvait seul près de l'animal furieux.

Louis montra toute la bravoure et toute l'habileté d'un chasseur expérimenté ; car, sans s'inquiéter du péril, il courut sur le sanglier qui se défendait contre les chiens en écumant de rage, et le frappa de son épieu. Mais son cheval ne s'était approché qu'avec un mouvement de crainte, et le coup ne put être assez bien appliqué pour tuer l'animal ou le mettre hors de combat. Nul effort ne put déterminer le coursier effrayé à une seconde charge ; de sorte que le roi, mettant pied à terre, s'avança seul contre le sanglier, tenant à la main une de ces épées courtes, droites, pointues et bien affilées, dont les chasseurs se servent en pareilles rencontres. L'animal courroucé oublia les chiens pour se précipiter sur ce nouvel ennemi, tandis que le roi, s'arrêtant de pied ferme, dirigea son fer de manière à l'enfoncer dans la gorge du sanglier, ou plutôt dans la poitrine, sous l'omoplate, auquel cas le poids et l'impétuosité de la bête féroce n'auraient servi qu'à accélérer sa destruction. Malheureusement l'humidité du sol fit que le pied du roi glissa à l'instant même où il allait accomplir cette manœuvre délicate et dangereuse; la pointe de son épée rencontrant la cuirasse de soies hérissées qui garnissait l'épaule de l'animal, la dépassa sans lui faire de blessure, et Louis tomba étendu par terre. Cette chute fut pourtant assez heureuse pour le monarque; car elle fit que le sanglier, qui avait dirigé un coup de boutoir contre sa cuisse, manqua son but à son tour et ne fit que déchirer le pan de son habit de chasse. L'impétuosité de sa course l'emporta d'abord, mais il ne tarda point à revenir sur ses pas pour attaquer de nouveau le roi à l'instant où il se relevait; et la vie de Louis se trouvait dans le plus grand danger, lorsque Quentin Durward, que la lenteur de son cheval avait retenu en arrière, mais qui avait reconnu et suivi le son du cor du roi, arriva dans ce moment critique, et perça l'animal d'un coup d'épieu.

Le roi, qui s'était relevé pendant ce temps, vint à son tour au secours de Durward, et acheva le sanglier en lui enfonçant son épée dans la gorge. Avant de dire un seul mot à Quentin, il mesura la longueur de l'animal abattu, non-seulement par le nombre des pas, mais en calculant les pieds et les pouces; il essuya la sueur qui coulait de son front et le sang qui souillait ses mains, ôta son chapeau de chasse, le plaça sur un buisson, et adressa dévotement une prière aux petits saints de plomb qui le couvraient. Regardant ensuite Durward:—Est-ce toi, mon jeune Écossais? lui dit-il: tu as bien commencé ton cours de chasse; et maître Pierre te doit un aussi bon déjeuner que celui qu'il t'a donné là-bas aux Fleurs-de-lis. Eh bien! pourquoi ne parles-tu pas! As-tu perdu toute ta fougue et ton feu, à la cour, qui en donne aux autres?

Le jeune Quentin, Écossais fin et adroit si jamais il en fut, avait trop de prudence pour profiter de la dangereuse familiarité qui semblait lui être accordé. Il répondit brièvement, mais en termes choisis, que, s'il pouvait se permettre d'adresser la parole à Sa Majesté, ce ne serait que pour la supplier de lui pardonner la hardiesse rustique avec laquelle il s'était conduit lorsqu'il ne connaissait pas son rang élevé.

— Bon, bon! dit le roi, je te pardonne ta hardiesse en faveur de ton audace et ta malice. J'ai admiré comme tu as deviné à peu près juste quelle était la profession de mon compère Tristan. Depuis ce temps, il t'a presque servi un plat de son métier, à ce que j'ai appris. Je te conseille de prendre garde à lui : c'est un homme méchant qui trafique en bracelets un peu durs et en colliers bien serrés. Aide-moi à monter à cheval. Tu me plais, et je veux te faire du bien. Ne compte sur personne que sur moi, pas même sur ton oncle, ni sur lord Crawford ; et ne parle à qui que ce soit du secours que tu m'as apporté si à propos dans ma rencontre avec ce sanglier; car celui qui se vante d'avoir secouru un roi dans un cas si urgent, doit compter que le plaisir de se vanter sera toute sa récompense.

Alors le roi sonna du cor, et ce son amena bientôt près de lui Dunois et plusieurs autres chasseurs dont il reçut les complimens sur la mort de ce noble animal, sans se faire scrupule de s'approprier une plus grande part de cette gloire qu'il ne lui en appartenait véritablement : car il parla de l'assistance du jeune Durward aussi légèrement qu'un chasseur qui se vante du nombre de pièces de gibier qu'il rapporte dans sa gibecière, parle de celle du garde qui l'a aidé à les abattre. Il ordonna ensuite à Dunois de faire porter le sanglier aux moines de Saint-Martin de Tours, pour qu'ils s'en régalassent les jours de fête, et qu'ils se souvinssent du roi dans leurs prières.

— Et qui a vu Son Eminence le cardinal? demanda Louis. Il me semble que c'est manquer de politesse, et montrer peu d'égards pour la sainte Eglise, que de le laisser à pied dans cette forêt.

— Si Votre Majesté me le permet, dit Durward, qui vit que tout le monde gardait le silence, je lui dirai que j'ai vu

Son Éminence sortir de la forêt, montée sur un cheval qu'on lui avait prêté.

—Le ciel prend soin de ceux qui lui appartiennent, dit le roi. Allons, messieurs, partons; nous ne chasserons pas davantage aujourd'hui. Sire écuyer, ajouta-t-il en s'adressant à Quentin, donnez-moi mon couteau de chasse : je l'ai laissé tomber près du sanglier. Marchez en avant, Dunois; je vous suis dans un instant.

Louis, dont les mouvemens les moins importans en apparence étaient souvent calculés comme des stratagèmes de guerre, se procura ainsi l'occasion de dire un mot à Durward en particulier.

—Mon brave Ecossais, lui dit-il, tu as des yeux, à ce que je vois. Peux-tu me dire qui a donné un cheval au cardinal? Quelque étranger, sans doute; car mes courtisans, m'ayant vu passer devant lui sans m'arrêter, ne se seront sûrement pas pressés de lui rendre ce service.

— Je n'ai vu qu'un instant ceux qui ont rendu ce bon office à Son Eminence, Sire, répondit Quentin; car j'avais eu le malheur d'être jeté à bas de cheval, et je faisais hâte pour me trouver à mon poste; mais je crois que c'était l'ambassadeur de Bourgogne et ses gens.

—Ah! dit Louis, fort bien : eh bien! soit, le roi de France est en état de faire leur partie.

Il ne se passa plus rien de remarquable ce jour-là, et le roi rentra au château avec sa suite.

CHAPITRE X.

La Sentinelle.

« D'où nous viennent ces sons ? de la terre ou de l'air? »
SHAKSPEARE. *La Tempête.*
« J'écoutais ! mon oreille aussitôt fut ravie
« Par des sons qui pourraient aux morts rendre la vie.»
MILTON. *Comus.*

QUENTIN était à peine rentré dans sa petite chambre, pour y faire à son costume quelques changemens indispensables, que son digne oncle vint lui demander des détails sur ce qui lui était arrivé pendant la chasse.

Le jeune homme, qui ne pouvait s'empêcher de penser que le bras de Ludovic valait probablement mieux que son jugement, eut soin, en lui répondant, de laisser le roi en pleine possession de la victoire qu'il avait paru vouloir s'approprier exclusivement. Le Balafré lui répondit en faisant le détail de la manière bien supérieure dont il se serait conduit en pareilles circonstances; et il ajouta, quoique avec douceur, quelques reproches sur le peu d'empressement qu'il avait mis pour courir au secours du roi, lorsque sa vie pouvait être en danger. Le jeune homme eût assez de prudence, en lui répliquant, pour ne chercher à se justifier qu'en alléguant que, d'après toutes les règles de la chasse, il n'était pas honnête de frapper l'animal attaqué par un autre chasseur, à moins que celui-ci ne demandât assistance. Cette discussion était à peine finie, que Quentin eut lieu de s'applaudir de sa réserve. On frappa légèrement à la porte; elle fut ouverte, et Olivier le Dain, ou le Mauvais, ou le Diable, car il était connu sous ces trois noms, entra dans l'appartement.

Nous avons déjà fait, du moins quant à l'extérieur, la description de cet homme habile, mais sans principes. Son allure et ses manières pouvaient être assez heureusement comparées à celles du chat domestique, qui, couché et en apparence endormi, ou traversant l'appartement à pas lents, furtifs et timides, n'en est pas moins occupé à guetter le trou de quelque malheureuse souris, et, se frottant avec un air de confiance contre ceux dont il désire que la main le flatte, saute sur sa proie un moment après, et égratigne peut-être celui-là même qu'il vient de caresser.

Olivier entra, arrondissant les épaules d'un air humble et modeste, et salua le Balafré avec tant de civilité, que tout témoin de cette entrevue n'aurait pu s'empêcher d'en conclure qu'il venait solliciter une faveur de l'archer écossais. Il félicita Lesly sur l'excellente conduite de son neveu pendant la chasse, et ajouta qu'elle avait attiré l'attention particulière du roi. Il fit une pause à ces mots, et resta les yeux baissés, les soulevant seulement de temps en temps pour jeter un regard à la dérobée sur Quentin, tandis que le Balafré disait que le roi avait été fort malheureux de ne pas l'avoir près de lui au lieu de son neveu, attendu qu'il aurait incontestablement percé le sanglier d'un bon coup d'épieu, tandis qu'il apprenait, autant qu'il en pouvait juger, que Quentin en avait laissé tout l'embarras à Sa Majesté :—Mais, ajouta-t-il, cela servira de leçon à Sa Majesté pour tout le reste de sa vie, et lui apprendra à monter un homme de ma taille sur un meilleur coursier. Comment mon cheval flamand, espèce de montagne, aurait-il pu suivre le coursier normand de Sa Majesté ? et cependant ce n'était pas faute de lui labourer les flancs à coups d'éperons. Cela est fort mal vu, monsieur Olivier, et vous devriez faire une représentation à ce sujet à Sa Majesté.

M. Olivier ne répondit à cette observation qu'en adressant à l'intrépide archer un de ces regards lents et équivoques, qui, accompagnés d'un léger mouvement de la main d'un côté, et de la tête de l'autre, peuvent être interprétés, soit comme un assentiment à ce qu'on vient d'entendre, soit comme une invitation à ne pas en dire davantage sur ce sujet. Le coup d'œil qu'il jeta ensuite sur le jeune écuyer était plus vif, plus observateur, et il lui dit avec un sourire dont l'expression était difficile à interpréter :—Ainsi donc, jeune homme, c'est l'usage en Ecosse de laisser vos princes en danger, faute de secours, dans les occasions comme celle qui s'est présentée ce matin?

—Notre usage, répondit Quentin, déterminé à ne pas jeter plus de jour sur cet objet, est de ne pas intervenir mal à propos dans les honorables amusemens de nos rois, quand ils peuvent se tirer d'affaire sans notre aide. Nous pensons qu'un prince à la chasse doit courir la même chance que tout autre, et qu'il n'y va que pour cela. Que serait la chasse sans fatigue et sans danger?

—Vous entendez ce jeune fou! dit son oncle; il est toujours le même. Il a toujours une réponse prête, une raison à donner pour tout ce qu'il fait. Je ne sais où il a pêché ce talent; car, quant à moi, je n'ai jamais pu rendre raison d'aucune action de ma vie, si ce n'est de celle de manger quand j'ai faim, de faire l'appel de ma troupe, et d'autres devoirs semblables.

—Et je vous prie, mon digne monsieur, dit le barbier royal en soulevant à demi ses paupières pour le regarder, quelle raison donnez-vous pour faire l'appel de votre troupe?

—L'ordre de mon capitaine, répondit le Balafré. Par saint Gilles! je n'en connais pas d'autre raison. S'il le donnait à Tyrie ou à Cunningham, il faudrait qu'ils le fissent de même.

—C'est une cause finale tout-à-fait militaire, dit Olivier. Mais, monsieur Lesly, vous serez sans doute charmé d'apprendre que Sa Majesté est si loin d'avoir le moindre mécontentement de la manière dont votre neveu s'est conduit ce matin, qu'elle l'a choisi pour lui donner aujourd'hui un devoir à remplir.

— L'a choisi! s'écria le Balafré du ton de la plus grande surprise; vous voulez dire m'a choisi?

— Je veux dire précisément ce que je dis, répliqua le barbier avec beaucoup de douceur, mais d'un ton positif. Le roi a des ordres à donner à votre neveu.

— Comment! s'écria le Balafré, pourquoi? comment se fait-il? par quelle raison Sa Majesté choisit-elle un enfant de préférence à moi?

— Je ne puis vous donner de meilleures raisons, monsieur Lesly, répondit Olivier, que celle que vous m'alléguiez vous-même tout à l'heure : tel est l'ordre de Sa Majesté. Mais si je puis me permettre de faire une conjecture, c'est peut-être que Sa Majesté a une mission à donner qui convient mieux à un jeune homme comme votre neveu, qu'à un guerrier expérimenté comme vous l'êtes. En conséquence, jeune homme, préparez vos armes et suivez-moi. Prenez une arquebuse, car vous allez remplir les fonctions de sentinelle.

— De sentinelle! répéta l'oncle. Etes-vous bien sûr que vous ne vous trompez pas, monsieur Olivier? La garde des postes de l'intérieur n'a jamais été confiée qu'à ceux qui, comme moi, ont servi douze ans dans notre honorable corps.

— Je suis tout-à-fait certain des intentions de Sa Majesté, répondit Olivier; et je ne dois pas tarder plus long-temps à les remplir. Ayez la bonté d'aider votre neveu à se préparer pour son service.

Le Balafré, qui n'était ni envieux ni jaloux, s'empressa d'aider Quentin à s'équiper et à s'armer ; et il lui donnait en même temps des instructions sur la manière dont il devait se conduire quand il serait sous les armes, s'interrompant de temps en temps pour mêler à ses leçons une interjection de surprise sur ce qu'une telle bonne fortune arrivait si promptement à un si jeune homme.

— Jamais on n'a vu pareille chose dans la garde écossaise, dit-il, pas même en ma faveur; mais il va sans doute être en faction près des paons et des perroquets des Indes dont l'ambassadeur de Venise a fait présent au roi tout récemment. Ce ne peut être autre chose; et ce service ne pouvant convenir qu'à un jeune homme sans barbe, ajouta-t-il en relevant ses moustaches, je suis charmé que le choix de Sa Majesté soit tombé sur mon beau neveu.

Doué d'un esprit vif et subtil, et d'une imagination ardente, Quentin attacha beaucoup plus d'importance à l'ordre qu'il venait de recevoir, et son cœur battit de joie à l'idée d'une distinction qui lui promettait un avancement rapide. Il résolut d'épier avec soin les discours et jusqu'aux gestes de son conducteur; car il soupçonnait qu'en certain cas, du moins, il fallait les interpréter par les contraires, comme on dit que les devins expliquent les songes. Il ne pouvait que se féliciter d'avoir gardé le plus profond secret sur les événemens de la matinée; et il prit une détermination qui, vu son âge, annonçait beaucoup de prudence: c'était d'enchaîner ses pensées dans son cœur, et de tenir sa langue dans un assujettissement complet, tant qu'il respirerait l'air dans cette cour mystérieuse.

Son équipement fut bientôt terminé, et suivant Olivier le Dain, il sortit de la caserne, l'arquebuse sur l'épaule; car quoique la garde écossaise conservât le nom d'archers, elle avait substitué de bonne heure les armes à feu à l'arc, qui n'avait jamais été l'arme favorite de l'Écosse.

Son oncle le suivit long-temps des yeux, d'un air qui annonçait un mélange d'étonnement et de curiosité; et quoique ni l'envie ni les sentimens honteux qu'elle engendre n'eussent part à ses réflexions, il lui semblait que la faveur accordée à son neveu, dès le premier jour de son service, offensait un peu sa propre importance, et cette idée ne laissait pas de diminuer le plaisir qu'il en ressentait.

Il branla gravement la tête, ouvrit un buffet, y prit une grande *bottrine* de vin vieux, la secoua pour s'assurer si le contenu ne commençait pas à baisser, en remplit un verre, le vida d'un seul trait, et s'assit, le dos bien appuyé, dans un grand fauteuil en bois de chêne. Ayant alors branlé la tête une seconde fois, il paraît qu'il trouva un tel soulagement dans ce mouvement d'oscillation, semblable à celui du jouet d'enfant qu'on nomme un mandarin, qu'il le continua jusqu'à ce qu'il tombât dans un assoupissement dont il ne fut tiré que par le signal ordinaire du dîner.

Ayant laissé son oncle libre de se livrer à ses sublimes méditations, Quentin Durward suivit son guide Olivier le Dain, qui, sans traverser aucune cour, le conduisit par des passages, les uns voûtés, les autres exposés en plein air, par des escaliers, des galeries et des corridors, tous communiquant les uns aux autres au moyen de portes secrètes, placées aux endroits où on les aurait le moins soupçonnées. De là, il le fit entrer dans une grande et spacieuse galerie, décorée d'une tapisserie plus antique que belle, et de quelques tableaux de ce style de peinture dur et froid appartenant à l'époque qui précéda immédiatement celle où les arts brillèrent tout à coup d'un éclat si grand. Ils étaient censés représenter les paladins de Charlemagne, qui figurent d'une manière si distinguée dans l'histoire romanesque de la France; et comme le célèbre Roland, avec sa stature de géant, en était le personnage le plus remarquable, on avait nommé cet appartement la galerie de Roland.

—Vous allez rester ici en sentinelle, dit Olivier à voix basse, comme s'il eût pensé que les monarques et les guerriers représentés autour de lui pourraient armer d'une expression de courroux leurs traits austères en l'entendant élever la voix, ou comme s'il eût craint d'éveiller les échos qui sommeillaient dans les voûtes sculptées et les ornemens gothiques de ce vaste et sombre appartement.

—Quelle est ma consigne? Quel est le mot d'ordre? demanda Durward sans élever la voix plus haut que ne l'avait fait Olivier.

—Votre arquebuse est-elle chargée? lui demanda le barbier sans répondre à ses questions.

—Cela sera bientôt fait, répondit Quentin ; et ayant chargé son arme, il alluma la mèche aux restes d'un feu presque éteint, dans une immense cheminée d'une telle dimension, qu'on aurait pu la prendre pour un cabinet ou une chapelle gothique dépendant de cette galerie.

Pendant ce temps, Olivier lui dit qu'il ne connaissait pas encore un des principaux privilèges du corps dans lequel il servait, et qui était de recevoir des ordres directs du roi ou du grand connétable, sans qu'ils fussent transmis par la bouche des officiers.—Vous êtes placé ici, jeune homme, ajouta-t-il, par ordre de Sa Majesté, et vous ne tarderez pas à savoir pourquoi vous y avez été appelé. En attendant, vous allez vous mettre en faction dans cette galerie. Vous pouvez vous promener ou rester en place, comme bon vous semblera ; mais vous ne devez ni vous asseoir ni quitter un instant votre arme. Il ne vous est permis ni de siffler, ni de chanter ; mais vous pouvez, si vous le voulez, murmurer quelques prières de l'Eglise, ou même fredonner quelques chansons décentes, pourvu que ce soit à voix basse. Adieu, et soyez attentif à tout surveiller.

—A tout surveiller ! pensa le jeune soldat pendant que son guide s'éloignait sans bruit, de ce pas furtif qui lui était habituel, et en le voyant disparaître par une porte latérale, cachée sous la tapisserie.—Et sur qui, sur quoi dois-je exercer ma surveillance ? Je ne vois pas d'apparence que je trouve ici d'autres ennemis à combattre que quelque rat et quelque chauve-souris, à moins que ces sombres et antiques portraits ne s'animent pour venir me troubler dans ma faction. N'importe, c'est mon devoir, à ce qu'il paraît, et il faut l'exécuter.

Ayant ainsi formé l'énergique résolution de remplir son devoir à la rigueur, il essaya d'abréger le temps en chantant à voix basse quelques-unes des hymnes qu'il avait apprises dans le couvent où il avait trouvé un asile après la mort de son père, reconnaissant en même temps que, sauf le changement du froc de novice en un bel uniforme militaire, tel que celui qu'il portait alors, sa promenade dans une galerie d'un château royal de France ressemblait beaucoup à celle dont il s'était dégoûté dans la solitude monastique d'Aberbrothock.

Bientôt, comme pour se convaincre qu'il n'appartenait plus au cloître, mais au monde, il se mit à chanter, assez bas pour ne pas excéder la permission qui lui avait été donnée, quelques-unes des anciennes ballades que lui avait apprises le vieux joueur de harpe de sa famille : telles que la Défaite des Danois à Aberlemno et à Forres; le Meurtre du roi Duffus à Forfar, et d'autres lais ou sonnets énergiques relatifs à l'histoire de son pays, et particulièrement à celle du canton qui l'avait vu naître. Il passa ainsi un temps assez considérable, et il était plus de deux heures après midi quand l'appétit de Quentin lui rappela que, si les bons pères d'Aberbrothock exigeaient strictement sa présence aux heures des offices de l'église, ils n'étaient pas moins ponctuels à l'avertir de celles des réfections; au lieu que, dans l'intérieur d'un château royal, après avoir passé la matinée à la chasse, et être resté trois ou quatre heures en faction, il lui semblait que personne ne songeait qu'il devait naturellement être pressé de dîner.

Il existe pourtant dans les sons harmonieux un charme qui peut calmer le sentiment d'impatience que Quentin éprouvait en ce moment. Aux deux extrémités opposées de la galerie étaient deux grandes portes ornées de lourdes architraves qui donnaient probablement entrée dans différentes suites d'appartemens auxquels la galerie servait de communication. Tandis que notre héros se promenait solitairement d'une de ces portes à l'autre, limite de sa faction, il fut surpris par les sons d'une musique délicieuse qui se firent entendre tout à coup, et qui, du moins dans son imagination, parurent produits par le même luth et par la même voix qui l'avaient enchanté la veille. Tous ses rêves du jour précédent, et dont le souvenir s'était affaibli par suite des événemens plus que sérieux qui lui étaient arrivés ensuite, se présentèrent à son esprit plus vivement que jamais, et prenant en quelque sorte racine sur la place d'où son oreille pouvait le plus facilement s'enivrer de ces accens mélodieux, l'arquebuse sur l'épaule, la bouche à demi ouverte, et dans l'attitude de l'attention la plus vive, il semblait la statue d'une sentinelle plutôt qu'un être animé, et n'avait plus d'autre idée que celle de saisir chaque son au passage.

Ces sons délicieux ne se faisaient entendre que par intervalles. Ils languissaient, se ralentissaient, cessaient entièrement, et se renouvelaient de temps en temps après un silence dont la durée était irrégulière. Mais la musique, de même que la beauté, n'en est souvent que plus séduisante, ou du moins plus intéressante à l'imagination, quand elle ne déploie ses charmes que par intervalles, et qu'elle laisse à la pensée le soin de remplir le vide occasioné par la distance; d'ailleurs Quentin, pendant les intervalles de l'enchantement qu'il éprouvait, avait encore de quoi se livrer à ses rêveries. D'après le rapport des camarades de son oncle, et la scène qui s'était passée dans la salle d'audience, il ne pouvait plus douter que la sirène qui avait ainsi charmé ses oreilles ne fût, non la fille ou la parente d'un vil *cabaretier*, comme il l'avait profanement supposé, mais l'infortunée comtesse déguisée, pour la cause de laquelle les rois et les princes étaient sur le point de prendre les armes et de lever la lance. Cent idées bizarres, auxquelles se livrait aisément un jeune homme entreprenant et romanesque, dans un siècle romanesque et entreprenant, effacèrent à ses yeux la scène réelle où il figurait, et y substituèrent leurs propres illusions; mais elles se dissipèrent tout à coup lorsqu'il sentit une main saisir brusquement son arme; une voix dure lui cria en même temps à l'oreille : — Pâques-Dieu! sire écuyer, il me semble que vous montez votre garde en dormant!

C'était la voix monotone, mais imposante et ironique, de maître Pierre; et Quentin, rappelé soudainement à lui-même, fut saisi de honte et de crainte en voyant qu'il avait été tellement absorbé dans sa rêverie qu'il ne s'était pas aperçu que le roi, entré probablement sans bruit par une porte secrète, et se glissant le long du mur, ou derrière la tapisserie, s'était assez approché de lui pour s'emparer de son arme.

Dans sa surprise, son premier mouvement avait été de dégager son arquebuse par une secousse violente, qui fit reculer le roi de quelques pas. A ce mouvement irréfléchi succéda la crainte qu'en cédant à cet instinct, comme on peut l'appeler, qui porte un homme brave à résister à une tentative qu'on fait pour le désarmer, il n'eût aggravé, en luttant ainsi contre le roi, le mécontentement que Louis devait avoir conçu en voyant la négligence avec laquelle il montait sa garde. Plein de cette idée, il reprit son arquebuse, presque sans savoir ce qu'il faisait; et l'appuyant sur son épaule, il resta immobile devant le monarque, qu'il avait lieu de croire mortellement offensé.

Louis, dont les dispositions tyranniques prenaient leur source moins dans une férocité naturelle et dans un caractère cruel, que dans une politique jalouse et soupçonneuse, avait pourtant sa bonne part de cette sévérité caustique qui aurait fait de lui un despote dans la conversation, s'il n'eût été qu'un particulier, et il semblait toujours jouir des inquiétudes qu'il causait dans des occasions semblables. Il ne poussa pourtant pas son triomphe trop loin, car il se contenta de dire à Durward :—Le service que tu nous as rendu ce matin est plus que suffisant pour faire excuser une négligence dans un si jeune soldat. As-tu dîné?

Quentin, qui s'attendait à être envoyé au grand prévôt plutôt qu'à recevoir un tel compliment, répondit négativement avec humilité.

—Pauvre garçon! dit Louis d'un ton plus doux que de

coutume, c'est la faim qui l'a assoupi. Je sais que ton appétit est un loup, continua-t-il, et je te sauverai d'une bête féroce, comme tu m'as sauvé d'une autre. Tu as été discret dans cette affaire, et je t'en sais bon gré. Peux-tu tenir encore une heure sans manger?

—Vingt-quatre, Sire, répondit Durward, ou je ne serais pas un véritable Ecossais.

—Je ne voudrais pas pour un autre royaume, répliqua le roi, être le pâté que tu rencontrerais après un tel jeûne. Mais il s'agit en ce moment, non de ton dîner, mais du mien. J'admets à ma table aujourd'hui, et tout-à-fait en particulier, le cardinal de La Balue, et cet envoyé bourguignon, ce comte de Crèvecœur, et... il pourrait se faire que... Le diable a fort à faire quand des ennemis se réunissent sur le pied de l'amitié.

Il s'interrompit, garda le silence d'un air sombre et pensif.

Comme le roi ne semblait pas se disposer à reprendre la parole, Quentin se hasarda enfin à lui demander quels devoirs il aurait à remplir en cette circonstance.

—Rester en faction au buffet avec ton arquebuse chargée, répondit le roi, et s'il y a quelque trahison, faire feu sur le traître.

—Quelque trahison, Sire! s'écria Durward, dans un château si bien gardé!

—Tu le crois impossible, dit le roi sans paraître offensé de sa franchise; mais notre histoire a prouvé que la trahison peut s'introduire par le trou que fait une vrille. — La trahison prévenue par des gardes?—Jeune insensé! *Sed quis custodiat ipsos custodes?* Qui me garantira contre la trahison de ces mêmes gardes?

—L'honneur écossais, Sire, répondit Quentin avec hardiesse.

—Tu as raison. Cette réponse me plaît. Elle est vraie, dit Louis avec un ton d'enjouement; l'honneur écossais ne s'est jamais démenti, et c'est pourquoi j'y mets ma confiance. Mais la trahison... Et reprenant son air sombre, il se promena dans l'appartement, d'un pas irrégulier, et ajouta :

— Elle s'assied à nos banquets; elle brille dans nos coupes; elle porte la barbe de nos conseillers; elle affecte le sourire de nos courtisans et la gaieté maligne de nos bouffons : par-dessus tout, elle se cache sous l'air amical d'un ennemi réconcilié. Louis d'Orléans se fia à Jean de Bourgogne; il fut assassiné dans la rue Barbette. Jean de Bourgogne se fia au parti d'Orléans; il fut assassiné sur le pont de Montereau. Je ne me fierai à personne, à personne. Écoute-moi, j'aurai l'œil sur cet insolent Bourguignon, et aussi sur ce cardinal, que je ne crois pas trop fidèle sujet. Si je dis : *Ecosse, en avant!* fais feu sur Crèvecœur, et qu'il meure sur la place!

— C'est mon devoir, dit Quentin, la vie de Votre Majesté se trouvant en danger.

— Certainement, ajouta le roi, je ne l'entends pas autrement. Quel fruit retirerais-je de la mort d'un insolent soldat? Si c'était le connétable de Saint-Pol... Il fit une nouvelle pause comme s'il eût craint d'avoir dit un mot de trop, et reprit ensuite la parole en souriant : — Notre beau-frère, Jacques d'Ecosse, Durward, votre roi Jacques, poignarda Douglas pendant qu'il lui donnait l'hospitalité dans son château royal de Skirling[1].

— De Stirling, s'il plaît à Votre Majesté, répondit Quentin; et ce fut un acte dont il ne résulta pas grand bien.

— Appelez-vous ce château Stirling? dit le roi sans vouloir paraître faire attention à ce que Quentin avait ajouté. Stirling soit; le nom n'y fait rien. Au surplus, je ne

---

(1) Allusion au sort de William VIII, comte de Douglas, poignardé par Jacques II.

Ye towers within whose circuit dread
A Douglas by his sovereign bled, etc.

O château! dans ton enceinte redoutable un Douglas périt de la main de son roi!
La Dame du Lac, ch. v.— É<small>D</small>.

veux aucun mal à ces gens-ci : je n'y trouverais aucun avantage. Mais ils peuvent avoir à mon égard des projets moins innocens, et, en ce cas, je compte sur ton arquebuse.

— Je serai prompt au signal, Sire, mais cependant...

— Vous hésitez ! Parlez ! je vous le permets. Des gens comme vous peuvent quelquefois donner un avis utile.

— Je voulais seulement prendre la liberté de dire que, Votre Majesté ayant lieu de se méfier de ce Bourguignon, je suis surpris que vous l'admettiez si près de votre personne, et tellement en particulier.

— Soyez tranquille, sire écuyer, il y a des dangers qui s'évanouissent quand on les brave, et qui deviennent certains et inévitables quand on laisse voir qu'on les craint. Quand je m'avance hardiment vers un chien qui gronde, et que je le caresse, il y a dix à parier contre un que je lui rendrai sa bonne humeur; mais si je lui montre qu'il me fait peur, il s'élancera sur moi et me mordra. Je serai franc avec toi, Quentin : il m'importe de ne pas renvoyer cet homme à son maître impétueux, avec le ressentiment dans l'ame; et je consens à courir quelque risque, parce que je n'ai jamais craint d'exposer ma vie pour le bien de mon royaume. Suis-moi.

Louis fit passer le jeune écuyer, pour lequel il semblait avoir conçu une affection toute particulière, par la porte dérobée, et dit en la lui montrant : — Celui qui veut réussir à la cour a besoin de connaître les guichets et les escaliers secrets, même les trappes et les pièges des palais des rois, aussi bien que les grandes entrées et les portes à deux battans.

Après avoir parcouru un long labyrinthe de passages et de corridors, le roi entra dans une petite salle voûtée où une table à trois couverts était préparée pour le dîner. L'ameublement en était si simple, qu'il pouvait passer pour mesquin. Un buffet sur lequel étaient placées quelques pièces de vaisselle d'or et d'argent, était la seule chose qui annonçât qu'on était dans le palais d'un roi. Louis assigna à Durward son poste derrière ce meuble, qui le cachait entièrement; et après s'être assuré, en se plaçant dans diverses parties de la salle, qu'on ne pouvait l'apercevoir, il lui donna ses dernières instructions. Souviens-toi des mots *Ecosse, en avant!* Dès que je les prononcerai, renverse le buffet, ne t'inquiète ni des coupes ni des gobelets, et fais feu sur Crèvecœur d'une main sûre. Si tu manques ton coup, tombe sur lui le couteau à la main. Olivier et moi nous nous chargerons du cardinal.

A ces mots il donna un coup de sifflet, et ce signal fit paraître Olivier, qui était premier valet de chambre aussi bien que barbier du roi, et qui, dans le fait, remplissait près de ce prince toutes les fonctions qui concernaient immédiatement sa personne. Il arriva, suivi de deux hommes âgés, seuls domestiques qui servirent à table. Dès que le roi se fut assis, les deux convives furent admis, et Quentin, quoique invisible pour eux, était placé de manière à ne perdre aucun des détails de cette entrevue.

Louis les reçut avec une cordialité que Durward eut beaucoup de difficulté à concilier avec les ordres qui lui avaient été donnés et avec le motif qui l'avait fait placer en sentinelle derrière ce buffet avec une arme de mort. Non-seulement le roi paraissait étranger à toute espèce de crainte, mais on aurait même pu supposer que les deux individus auxquels il avait fait l'honneur d'accorder une place à sa table, étaient ceux à qui il pouvait le plus justement accorder une confiance sans réserve, et à qui il voulait témoigner le plus d'estime. Il y avait dans ses manières une extrême dignité, et en même temps beaucoup de courtoisie. Si tout ce qui l'entourait, et même ses vêtemens, offrait moins de luxe que les plus petits princes du royaume n'en déployaient dans les solennités, ses discours et ses gestes annonçaient un puissant monarque dans un moment de condescendance. Quentin était tenté de supposer, ou que la conversation qu'il avait eue auparavant avec Louis était un rêve, ou que le respect et la soumission du cardinal, et l'air franc, ouvert et loyal du brave Bourguignon, avaient entièrement dissipé les soupçons de ce prince.

Mais tandis que les deux convives, obéissant aux ordres de Sa Majesté, prenaient les places qui leur étaient destinées à sa table, le roi jeta sur eux un coup d'œil prompt comme un éclair, et porta ensuite un regard vers le buffet derrière lequel Quentin était posté. Ce fut l'affaire d'un instant; mais ce regard était animé par une telle expression de haine et de méfiance contre ses deux hôtes, il semblait porter à Durward une injonction si précise de veiller avec soin, et d'exécuter promptement ses ordres, qu'il ne put lui rester aucun doute que les craintes et les dispositions de Louis ne fussent toujours les mêmes. Il fut donc plus surpris que jamais du voile épais dont ce monarque était en état de couvrir les mouvemens de sa méfiance.

Semblant avoir entièrement oublié le langage que Crève-cœur lui avait tenu en face de toute sa cour, le roi causa avec lui des anciens temps, et des événemens qui s'étaient passés pendant qu'il était lui-même en exil en Bourgogne; il lui fit des questions sur tous les nobles qu'il avait connus alors, comme si cette époque avait été la plus heureuse de sa vie, et comme s'il avait conservé pour tous ceux qui avaient contribué à adoucir le temps de son exil les plus tendres sentimens de reconnaissance et d'amitié.

—S'il s'était agi d'un ambassadeur d'une autre nation, lui dit-il, j'aurais mis plus de pompe et d'appareil dans sa réception; mais à un ancien ami qui a mangé à ma table au château de Génappes, j'ai voulu me montrer tel que j'aime à être, le vieux Louis de Valois, aussi simple et aussi uni qu'aucun de ses *badauds* de Paris. Cependant, j'ai ordonné qu'on nous fît meilleure chère que de coutume, sire comte; car je connais votre proverbe bourguignon, *mieux vault bon repas que bel habit,* et j'ai recommandé qu'on nous servît un bon dîner. Quant au vin, vous savez que c'est le sujet d'une ancienne émulation entre la France et la Bourgogne; mais nous arrangerons les choses de manière à contenter les deux pays. Je boirai à votre santé du vin de Bourgogne, et vous me ferez raison avec du vin de Champagne. Olivier, donnez-moi un verre de vin d'Auxerre. Et en même temps il entonna gaiement une chanson alors fort connue :

Auxerre est la boisson des rois.

— Sire comte, continua-t-il, je bois à la santé de notre bon et cher cousin, le noble duc de Bourgogne. Olivier, emplissez cette coupe d'or de vin de Reims, et offrez-la au comte, à genoux : il représente ici notre frère. Monsieur le cardinal, nous remplirons nous-même votre coupe.

— La voilà pleine, Sire, jusqu'à verser, dit le cardinal avec l'air vil d'un favori parlant à un maître indulgent.

— Nous savons que Votre Éminence est en état de la tenir d'une main ferme, répondit le roi. Mais quel parti épouserez-vous dans notre grande controverse? Sillery ou Auxerre? France ou Bourgogne?

— Je resterai neutre, Sire, répondit le cardinal, et je remplirai ma coupe de vin d'Auvergne.

— La neutralité est un rôle dangereux, répliqua le roi. Mais voyant que le cardinal rougissait un peu, il changea de sujet, et ajouta : — Vous préférez le vin d'Auvergne, parce qu'il est si généreux qu'il ne supporte pas l'eau. Eh bien! sire comte, vous hésitez à vider votre coupe? j'espère que vous n'y trouvez pas d'amertume nationale.

— Je voudrais, Sire, répondit le comte de Crèvecœur, que toutes les querelles nationales pussent se terminer aussi agréablement que la rivalité de nos vignobles.

— Avec le temps, sire comte, avec le temps, dit le roi; autant qu'il vous en a fallu pour boire ce champagne; et maintenant qu'il est bu, faites-moi le plaisir de mettre cette coupe dans votre sein, et de la garder comme un gage de notre estime. C'est un présent que je ne ferais pas au premier venu. Elle a appartenu à la terreur de la France, à

Henri V, roi d'Angleterre. Elle fut prise à la réduction de Rouen, quand ces insulaires furent chassés de Normandie par les armes réunies de Bourgogne et de France. Je ne puis donner un plus digne maître à cette coupe qu'un noble et vaillant Bourguignon, qui sait que ce n'est que par l'union de ces deux nations que le continent peut demeurer libre du joug de l'Angleterre.

Le comte fit la réponse que la circonstance exigeait; et Louis se livra sans contrainte à la gaieté satirique qui jetait quelquefois un éclair de lumière sur son humeur naturellement sombre. Tenant le dé dans la conversation, comme cela était naturel, il faisait des remarques toujours fines et caustiques, souvent spirituelles, mais qui semblaient rarement partir d'un bon cœur; et les anecdotes qu'il y entremêlait brillaient ordinairement par la gaieté plus que par la délicatesse. Mais pas un mot, pas une syllabe, pas une lettre ne trahissait la situation d'un homme qui, craignant d'être assassiné, avait dans son appartement un militaire armé d'une arquebuse chargée, pour prévenir ou anticiper ce forfait.

Le comte de Crèvecœur fit chorus avec franchise à la gaieté du roi, tandis que le prélat, d'une humeur plus flexible, éclatait de rire à chaque plaisanterie, et renchérissait sur chaque quolibet qui échappait au roi, sans être effarouché le moins du monde d'expressions qui faisaient rougir le jeune Écossais dans l'endroit où il était caché. Au bout d'une heure et demie on se leva de table, et le roi, prenant congé de ses hôtes avec courtoisie, leur fit entendre qu'il désirait être seul.

Dès qu'ils furent partis, et qu'Olivier lui-même se fut retiré, il appela Quentin, en lui disant qu'il pouvait se montrer; mais ce fut d'une voix si faible que le jeune homme put à peine croire que c'était la même qui venait d'animer la gaieté du festin par ses plaisanteries. En approchant, il vit que la physionomie du roi avait subi un pareil changement.

Le feu d'une vivacité forcée s'était éteint dans ses yeux, le sourire avait abandonné ses lèvres, et tous ses traits montraient la même fatigue que celle qu'éprouve un acteur célèbre quand il vient d'épuiser ses forces pour jouer un rôle dans lequel il voulait entraîner tous les suffrages.

—Tu n'es pas encore relevé de garde, dit Louis à Durward; mais prends quelques rafraîchissemens; cette table t'en offre les moyens. Ce n'est qu'en suite que je t'instruirai de ce qui te reste à faire, car je sais que ventre affamé n'a point d'oreilles.

Il s'assit de nouveau sur son fauteuil, s'appuya le front sur la main, et garda le silence.

CHAPITRE XI.

La Galerie de Roland.

« Cupidon est aveugle ! Hymen y voit-il mieux ?
« Ou peut-être on lui met, pour abuser ses yeux,
« Des parens, des tuteurs les trompeuses lunettes,
« Qui peuvent, à travers leurs verres à facettes,
« Décupler la valeur de l'argent, des joyaux,
« Des terres, des maisons, des rentes, des lingots ?
« C'est une question à discuter, je pense. »
Les Malheurs d'un mariage forcé.

Louis XI, quoiqu'il fût le souverain de l'Europe le plus jaloux de son pouvoir, savait pourtant se contenter d'en posséder les avantages réels; et quoiqu'il connût et qu'il exigeât quelquefois strictement tout ce qui était dû à son rang, il négligeait en général ce qui ne tenait qu'à la représentation extérieure.

Dans un prince doué de meilleures qualités, la familiarité avec laquelle il invitait des sujets à sa table, ou quelquefois même s'asseyait à la leur, l'aurait rendu populaire au plus haut degré; et même, malgré son caractère bien connu, la simplicité de ses manières lui faisait pardonner une bonne partie de ses vices par la classe de ses sujets qui n'était point immédiatement exposée à en ressentir les conséquences. Le tiers-état, qui sous le règne de ce prince habile s'était élevé à un nouveau degré d'opulence et d'importance, respectait sa personne, quoique sans l'aimer; et ce fut grace à son appui qu'il fut en état de se maintenir contre la haine des nobles, qui l'accusaient de dégrader l'honneur de la couronne de France, et de ternir leurs brillans privilèges par ce même mépris pour l'étiquette qui plaisait aux citoyens d'une classe moins élevée[1].

Avec une patience que beaucoup d'autres princes auraient regardée comme dégradante, peut-être même en y trouvant quelque amusement, le roi de France attendit qu'un soldat de sa garde eût satisfait un appétit des mieux aiguisés. On doit pourtant supposer que Quentin avait trop de bon sens et de prudence pour soumettre la patience d'un roi à une trop longue épreuve, et, dans le fait, il avait voulu plus d'une fois terminer son repas, sans que Louis le lui permît.

— Non, non, lui dit-il, je vois dans tes yeux qu'il te reste encore du courage. En avant, de par Dieu et saint Denis! retourne à la charge. Je te dis qu'un bon repas et une messe (et il fit le signe de la croix) ne nuisent jamais à la besogne d'un chrétien. — Bois un verre de vin, mais tiens-toi en garde contre le flacon: c'est le défaut de tes concitoyens aussi-bien que des Anglais, qui, cette folie à part, sont les meilleurs soldats du monde. Allons, lave-toi les mains

---

(1) Dans une de ses brillantes improvisations de la tribune, le général Foy avait fait allusion à l'impopularité de Louis XI. Une lettre spirituelle, signée *Philippe de Comines*, parut dans *la Quotidienne*, pour venger la réputation de Louis XI sous ce rapport. L'orateur reconnut qu'il avait exagéré l'impopularité du monarque si heureusement défendu, et depuis ce jour il appelait familièrement notre ami Charles Nodier *Philippe de Comines*. Le roman de *Quentin Durward* et l'*Histoire des ducs de Bourgogne* n'avaient pas encore alors été publiés. — ED.

promptement, n'oublie pas de dire tes graces, et suis-moi.

Durward obéit; et traversant d'autres corridors que ceux par lesquels il avait déjà passé, mais qui formaient également une sorte de labyrinthe, il se retrouva dans la galerie de Roland.

— Souviens-toi bien, lui dit le roi d'un ton d'autorité, que tu n'as jamais quitté ce poste, et que ce soit là ta réponse à ton oncle et à tes camarades. Ecoute, pour mieux graver cet ordre dans ta mémoire, je te donne cette chaîne d'or. (Et il lui jeta sur le bras une chaîne d'un grand prix.) Si je ne me pare pas moi-même, ceux à qui j'accorde ma confiance ont toujours le moyen de disputer de parure avec qui que ce soit. Mais quand une chaîne comme celle-ci ne suffit pas pour lier une langue indiscrète, mon compère l'Ermite a une amulette pour la gorge, qui ne manque jamais d'opérer une cure certaine. Maintenant, fais attention à ce que je vais te dire. Aucun homme, excepté Olivier et moi, ne doit entrer ici ce soir; mais il y viendra des dames, peut-être d'un bout de cette galerie, peut-être de l'autre, peut-être de tous les deux. Tu peux leur répondre, si elles te parlent; mais étant en faction, ta réponse doit être courte, et tu ne dois ni leur adresser la parole à ton tour, ni chercher à prolonger la conversation. Seulement, aie soin d'écouter ce qu'elles diront. Tes oreilles sont à mon service comme tes bras : je t'ai acheté corps et ame; par conséquent, ce que tu pourras entendre de leur entretien, tu le graveras dans ta mémoire, jusqu'à ce que tu me l'aies rapporté, après quoi tu l'oublieras. Et maintenant que j'y réfléchis, il vaudra mieux que tu passes pour un nouveau venu d'Ecosse, arrivé directement de ses montagnes et qui ne connaît pas encore notre langue très-chrétienne. C'est cela : de cette manière, si elles te parlent, tu ne leur répondras pas. Cela te délivrera de tout embarras, et elles n'en parleront que plus librement devant toi. Tu m'as bien compris; adieu, sois prudent, et tu as un ami.

A peine le roi avait-il parlé ainsi, qu'il disparut derrière la tapisserie, laissant Quentin libre de réfléchir sur tout ce qu'il avait vu et entendu. Le jeune Ecossais se trouvait dans une de ces situations où il est plus agréable de regarder en avant qu'en arrière; car l'idée qu'il avait été placé comme un chasseur à l'affût qui guette un cerf derrière un buisson, pour ôter la vie au noble comte de Crèvecœur, n'avait rien de flatteur. A la vérité, les mesures prises par le roi en cette occasion semblaient purement défensives et de précaution; mais comment savait-il s'il ne recevrait pas bientôt des ordres pour quelque expédition offensive du même genre? Ce serait une crise fort désagréable, car il ne pouvait douter, d'après le caractère de son maître, qu'il ne fût perdu s'il refusait d'obéir, tandis que l'honneur lui disait que l'obéissance, en pareil cas, serait une honte et un crime. Il détourna ses pensées de ce sujet de réflexions, et fit usage de la sage consolation, si souvent adoptée par la jeunesse quand elle aperçoit des dangers en perspective, en songeant qu'il serait temps de réfléchir à ce qu'il devrait faire quand l'occasion s'en présenterait, et que le mal de chaque jour lui suffit[1].

Il fut d'autant plus facile à Quentin de faire usage de cette réflexion, que les derniers ordres du roi lui avaient donné lieu de s'occuper d'idées plus agréables que celles que lui inspirait sa propre situation.

La dame au luth était certainement une des dames auxquelles il devait consacrer son attention, et il se promit bien de se conformer exactement à cette partie des instructions qu'il venait de recevoir, et d'écouter avec le plus grand soin chaque mot qui sortirait de ses lèvres, afin de voir si la magie de sa conversation égalait celle de sa musique. Mais ce ne fut pas avec moins de sincérité qu'il prêta intérieurement le serment de ne rapporter au roi, de tout ce qu'il entendrait, que ce qui pourrait lui inspirer des sen-

(1) Expression de l'Ecriture : *sufficit cuique diei malitia sua.* — Ed.

timens favorables pour celle à qui il prenait tant d'intérêt.

Cependant, il n'y avait pas de danger qu'il s'endormît de nouveau à son poste. Chaque souffle d'air qui, passant à travers une fenêtre ouverte, agitait la vieille tapisserie, lui paraissait annoncer l'approche de l'objet de son attente. En un mot, il éprouvait cette inquiétude mystérieuse, cette impatience vague qui accompagnent toujours l'amour, et qui quelquefois même ne contribuent pas peu à le faire naître.

Enfin une porte s'ouvrit et cria en roulant sur ses gonds ; car les portes du quinzième siècle n'exécutaient pas ce mouvement aussi silencieusement que les nôtres.

Mais hélas ! ce n'était pas la porte placée à l'extrémité de la galerie où les sons du luth s'étaient fait entendre. Une femme se montra. Elle était accompagnée de deux autres, à qui elle fit signe de ne pas la suivre, et elle entra dans la galerie. A l'inégalité de sa marche, qui n'était que plus sensible dans le vaste appartement où elle s'avançait, Quentin reconnut la princesse Jeanne ; et prenant l'attitude respectueuse qu'exigeait sa situation, il lui rendit les honneurs militaires quand elle passa devant lui. Elle répondit à cette politesse par une inclination gracieuse, et il eut alors l'occasion de la voir plus distinctement qu'il ne l'avait pu dans la matinée.

Les traits de cette malheureuse princesse n'étaient guère faits pour compenser les défauts de sa taille et de sa marche. Il était vrai que sa figure n'avait rien de désagréable en elle-même, quoiqu'elle fût dépourvue de beauté, et l'on remarquait une expression de douceur, de chagrin et de patience dans ses grands yeux bleus, qu'elle tenait ordinairement baissés. Mais outre que son teint était naturellement pâle, sa peau avait cette teinte jaunâtre qui annonce une mauvaise santé habituelle ; et quoique ses dents fussent blanches et bien placées, elle avait les lèvres maigres et blafardes. La chevelure de la princesse était d'une nuance blonde fort singulière et tirant presque sur le bleu ; et sa femme de chambre, qui regardait sans doute comme une beauté de nombreuses tresses disposées autour d'une figure sans couleurs, les multipliait tellement, qu'au lieu de remédier à ce défaut elle le rendait plus frappant, et donnait à la physionomie de sa maîtresse une expression qui ne semblait pas appartenir à une habitante de ce monde. Enfin, pour que rien ne manquât au tableau, Jeanne avait choisi une simarre de soie d'un vert pâle, qui achevait de lui donner l'air d'un fantôme ou d'un spectre.

Tandis que Quentin la suivait des yeux avec une curiosité mêlée de compassion, car chaque regard, chaque mouvement de la princesse semblait appeler ce dernier sentiment, la seconde porte s'ouvrit à l'autre extrémité de la galerie, et deux dames entrèrent dans l'appartement.

L'une d'elles était la jeune personne qui, d'après l'ordre de Louis, lui avait apporté des fruits, lors du mémorable déjeuner de Quentin à l'auberge des Fleurs-de-Lis. Investie alors de toute la mystérieuse dignité qui appartenait à la nymphe au voile et au luth, et étant au moins, à ce que pensait Durward, la noble héritière d'un riche comté, sa beauté fit sur lui dix fois plus d'impression que lorsqu'il n'avait vu en elle que la fille d'un misérable aubergiste servant un vieux bourgeois riche et fantasque. Il ne concevait pas alors quel étrange enchantement avait pu lui cacher son véritable rang. Cependant son costume était presque aussi simple que lorsqu'il l'avait vue la première fois ; car elle ne portait qu'une robe de deuil sans aucun ornement ; sa coiffure ne consistait qu'en un voile de crêpe rejeté en arrière, de manière à laisser son visage à découvert ; et ce ne fut que parce que Quentin connaissait alors sa naissance qu'il crut trouver dans sa belle taille une élégance et dans son maintien une dignité qui ne l'avaient pas frappé auparavant, avec un air de noblesse qui rehaussait des traits réguliers, un teint brillant et des yeux pleins de feu et de vivacité.

Quand la mort aurait dû en être le châtiment, Durward n'aurait pu s'empêcher de lui rendre, ainsi qu'à sa compagne, le même tribut d'honneur qu'il venait de payer à la princesse royale. Elles le reçurent en femmes accoutumées aux témoignages de respect de leurs inférieurs, et y répondirent avec courtoisie; mais Quentin pensa (peut-être n'était-ce qu'une vision de jeunesse) que la plus jeune rougissait un peu, avait les yeux baissés, et semblait éprouver un léger embarras en lui rendant son salut militaire. Ce ne pouvait être que parce qu'elle se rappelait le téméraire étranger, habitant la tourelle voisine de la sienne à l'auberge des Fleurs-de-Lis; mais était-ce un signe de mécontentement? — question impossible à résoudre.

La compagne de la jeune princesse, vêtue comme elle fort simplement et en grand deuil, était arrivée à cet âge où les femmes tiennent le plus à la réputation d'une beauté qui commence à être sur son déclin. Il lui en restait encore assez pour montrer quel avait dû être autrefois le pouvoir de ses charmes; et il était évident, d'après ses manières, qu'elle se souvenait de ses anciennes conquêtes, et qu'elle n'avait pas tout-à-fait renoncé à de nouveaux triomphes. Elle était grande, avait l'air gracieux quoique un peu hautain, et en rendant à Quentin son salut avec un agréable sourire de condescendance, presqu'au même instant elle dit quelques mots à l'oreille de sa jeune compagne, qui se retourna vers le militaire de service, comme pour vérifier quelque remarque qui venait de lui être faite, et à laquelle elle répondit sans lever les yeux. Quentin ne put s'empêcher de soupçonner que l'observation faite à la jeune dame ne lui était pas défavorable, et il fut charmé, je ne sais pourquoi, de l'idée qu'elle n'avait pas levé les yeux sur lui pour en vérifier la justesse. Peut-être pensait-il qu'il commençait déjà à exister entre eux une sorte de sympathie mystérieuse, qui donnait de l'importance à la moindre bagatelle.

Cette réflexion fut bien rapide, car la rencontre de la

princesse avec les deux dames étrangères attira bientôt toute son attention. En les voyant entrer, elle s'était arrêtée pour les attendre, probablement parce qu'elle savait que la marche ne lui était pas favorable; et comme elle semblait éprouver quelque embarras en recevant ou en leur rendant leur révérence, la plus âgée des deux dames fit la sienne d'un air qui semblait annoncer qu'elle croyait faire plus d'honneur qu'elle n'en recevait.

—Je suis charmée, madame, lui dit-elle avec un sourire de condescendance et d'encouragement, qu'il nous soit enfin permis de jouir de la société d'une personne de notre sexe aussi respectable que vous le paraissez. Je dois dire que ma nièce et moi nous n'avons guère eu à nous louer jusqu'à présent de l'hospitalité du roi Louis. Ne me tirez pas la manche, ma nièce : je suis sûre que je vois dans les yeux de cette jeune dame la compassion que notre situation lui inspire. Depuis notre arrivée, belle dame, nous avons été traitées en prisonnières plutôt qu'autrement; et après nous avoir fait mille invitations de mettre notre cause et nos personnes sous la protection de la France, le roi très-chrétien ne nous a assigné d'autre résidence qu'une misérable auberge, et ensuite, dans un coin de ce château vermoulu, un appartement dont il ne nous est permis de sortir que vers le coucher du soleil, comme si nous étions des chauves-souris ou des chouettes, dont la présence au grand jour doit être regardée comme de mauvais augure.

—Je suis fâchée, répondit la princesse, plus embarrassée que jamais d'après la tournure que prenait l'entretien, que nous n'ayons pu jusqu'ici vous recevoir comme vous le méritiez. Je me flatte que votre nièce est beaucoup plus satisfaite.

—Beaucoup, beaucoup plus que je ne puis l'exprimer, s'écria la jeune comtesse : je ne cherchais qu'une retraite sûre, et j'ai trouvé solitude et secret. Nous vivions retirées dans notre premier asile; mais notre réclusion est encore plus complète en ce château, ce qui augmente à mes yeux le prix de la protection que le roi daigne accorder à de malheureuses fugitives.

— Silence, ma nièce! dit la tante; vos propos sont inconsidérés. Parlons d'après notre conscience, puisque enfin nous sommes seules avec une personne de notre sexe. Je dis seules, car ce jeune militaire n'est qu'une belle statue, puisqu'il ne paraît pas même avoir l'usage de ses jambes: et d'ailleurs j'ai appris qu'il n'a pas davantage celui de sa langue, du moins pour faire entendre un langage civilisé. Ainsi donc, puisque cette dame seule peut nous entendre, je disais que ce que je regrette le plus au monde, c'est d'avoir entrepris ce voyage en France. Je m'attendais à une réception splendide, à des tournois, à des carrousels, à des fêtes, et nous n'avons eu que réclusion et obscurité. La première société que le roi nous ait procurée a été un Bohémien vagabond, qu'il nous a engagées à employer pour correspondre avec nos amis de Flandre. Peut-être sa politique a-t-elle conçu le projet de nous tenir enfermées ici le reste de nos jours, afin de pouvoir saisir nos domaines, lors de l'extinction de l'ancienne maison de Croye. Le duc de Bourgogne n'a pas été si cruel, car il offrait à ma nièce un mari, bien que ce fût un mauvais mari.

— J'aurais cru le voile préférable à un mauvais mari, dit la princesse trouvant à peine l'occasion de placer un mot.

— On voudrait du moins avoir la liberté du choix, répliqua la dame avec beaucoup de volubilité; Dieu sait que c'est à cause de ma nièce que je parle; car quant à moi, il y a long-temps que j'ai renoncé à l'idée de changer de condition. Je vous vois sourire, madame; mais c'est la vérité: ce n'est pourtant pas une excuse pour le roi, qui, par sa conduite et sa personne, ressemble au vieux Michaud, changeur à Gand, plutôt qu'à un successeur de Charlemagne.

— Songez, madame, dit la princesse, que vous me parlez de mon père.

— De votre père! répéta la dame bourguignonne avec l'accent de la plus grande surprise.

— De mon père, dit la princesse avec dignité; je suis Jeanne de France. Mais ne craignez rien, madame, ajouta-t-elle avec le ton de douceur qui lui était naturel; vous n'aviez pas dessein de m'offenser, et je ne m'offense pas. Disposez de mon crédit pour rendre plus supportable votre exil et celui de cette jeune personne. Hélas! ce crédit est bien faible, mais je vous l'offre de tout mon cœur.

Ce fut avec une révérence profonde et un air de soumission que la comtesse Hameline de Croye (c'était le nom de la plus âgée des deux étrangères) reçut l'offre obligeante de la protection de la princesse. Elle avait longtemps habité les cours; elle y avait acquis toutes les formules d'usage, et elle tenait fortement à ce principe adopté par les courtisans de tous les siècles, que quoiqu'ils puissent chaque jour, dans leurs conversations particulières, blâmer les vices et les folies de leurs maîtres, et se plaindre d'en être oubliés et négligés, cependant jamais un mot semblable ne doit leur échapper en présence du souverain ou de qui que ce soit de sa famille. Elle fut donc contrariée au dernier point de la méprise qu'elle avait commise en parlant à la fille de Louis d'une manière si contraire à toutes les règles du décorum. Elle se serait épuisée à lui faire des excuses et lui témoigner tous ses regrets, si la princesse ne l'avait interrompue et un peu tranquillisée, en lui disant avec une douceur qui, dans la bouche d'une fille de France, avait pourtant la force d'un ordre, qu'elle n'avait pas besoin d'en dire davantage par forme d'excuse ou d'explication.

La princesse Jeanne prit alors un fauteuil avec un air de dignité qui lui allait fort bien, et dit aux deux étrangères de s'asseoir à ses côtés, ce que la plus jeune fit avec une timidité respectueuse qui n'avait rien d'emprunté, tandis que sa campagne y mettait une affectation de respect et d'humilité qui aurait pu faire douter de la sincérité de ces deux sentimens. Elles s'entretinrent ensemble, mais d'un ton trop bas pour que Quentin pût entendre. Il remarqua seulement que la princesse semblait accorder une attention particulière à la plus jeune, à la plus intéressante des deux dames, et que, quoique la comtesse Hameline parlât davantage, elle produisait moins d'effet sur Jeanne par ses complimens exagérés que sa jeune compagne par ses réponses aussi courtes que modestes.

Cette conversation n'avait pas duré un quart d'heure, quand la porte de l'extrémité inférieure de la galerie s'ouvrit tout à coup, et l'on vit entrer un homme enveloppé d'un manteau. Quentin, se rappelant les injonctions du roi, et résolu de ne pas s'exposer une seconde fois au reproche de négligence, s'avança vers lui aussitôt; et se plaçant entre lui et les trois dames, il lui commanda de se retirer à l'instant.

—En vertu de quel ordre? demanda le nouveau venu d'un ton de surprise et de mépris.

— En vertu de l'ordre du roi, répondit Quentin avec fermeté; et je suis placé ici pour le faire exécuter.

—Il n'est pas applicable à Louis d'Orléans, dit le duc en laissant tomber son manteau.

Le jeune homme hésita un moment : — comment exécuter ses ordres contre le premier prince du sang, qui allait, comme le bruit en courait généralement, être incessamment allié à la propre famille du roi?

— La volonté de Votre Altesse, dit Quentin, est trop respectable pour moi pour que j'ose m'y opposer ; mais j'espère que Votre Altesse rendra témoignage que je me suis acquitté de mon devoir autant qu'elle me l'a permis.

—Allez, allez, jeune homme, répondit d'Orléans, personne ne vous blâmera; et s'avançant vers la princesse, il l'aborda avec cet air de politesse contrainte qu'il avait toujours en lui parlant.

Il avait dîné, lui dit-il, avec Dunois; et apprenant qu'il y avait compagnie dans la galerie de Roland, il avait cru pouvoir prendre la liberté de venir l'y joindre.

Une légère rougeur qui se montra sur les joues de la malheureuse Jeanne, et qui pour le moment donna à ses traits une apparence de beauté, prouva que le nouveau venu était bien loin de lui être désagréable. Elle le présenta aux deux comtesses de Croye, qui le reçurent avec le respect dû à son rang élevé; et la princesse lui montrant une chaise, l'invita à prendre part à la conversation.

Le duc répondit galamment qu'il ne pouvait accepter une chaise en pareille compagnie; et prenant le coussin d'un fauteuil, il le mit aux pieds de la jeune comtesse de Croye, et s'y assit de manière que, sans négliger la princesse, il pouvait donner à sa belle voisine la plus grande partie de son attention.

D'abord cet arrangement parut plaire à la princesse plutôt que l'offenser. Elle sembla même encourager le duc à débiter des galanteries à la belle étrangère, et les regarder comme dictées par l'idée de lui plaire en se rendant agréable à une jeune personne qu'elle paraissait avoir sous sa protection. Mais le duc d'Orléans, quoique accoutumé à soumettre toutes ses facultés au joug de Louis quand il était en sa présence, avait l'esprit assez élevé pour suivre ses propres inclinations lorsqu'il était délivré de cette contrainte; et son rang lui permettant de négliger le cérémonial d'usage, et de prendre le ton de la familiarité, les louanges qu'il donna à la beauté de la comtesse Isabelle devinrent si énergiques, et il en fut si prodigue, peut-être parce qu'il avait bu un peu plus de vin que de coutume (car Dunois, avec qui le prince avait dîné, n'était nullement ennemi de Bacchus), qu'enfin il devint tout-à-fait passionné, et parut presque oublier la présence de la princesse.

Le ton complimenteur auquel il se livrait n'était agréable qu'à une des trois dames qui composaient le cercle; car la comtesse Hameline entrevoyait déjà dans l'avenir une alliance avec le premier prince du sang de France; et il faut convenir que la naissance, la beauté et les domaines considérables de sa nièce n'auraient pas rendu cet événement impossible aux yeux de tout faiseur de projets qui n'aurait pas fait entrer les vues de Louis XI dans le calcul des chances. La jeune comtesse Isabelle écoutait les galanteries du duc avec embarras et contrainte, et jetait de temps en temps un regard suppliant sur la princesse, comme pour la prier de venir à son secours. Mais la sensibilité blessée et la timidité naturelle de Jeanne de France la mettaient hors d'état de faire un effort pour rendre la conversation plus générale; et enfin, à l'exception de quelques interjections de civilité de la part de la comtesse Hameline, elle fut soutenue presque exclusivement par le duc lui-même, quoique aux dépens d'Isabelle, dont les charmes formaient toujours le sujet de son éloquence inépuisable.

Nous ne devons pas oublier qu'il y avait là un autre témoin, la sentinelle à laquelle personne ne faisait attention, qui voyait ses belles visions s'évanouir, comme la cire fond sous les rayons du soleil, à mesure que le duc paraissait mettre plus de chaleur dans ses discours. Enfin la comtesse Isabelle de Croye se détermina à faire un effort pour couper court à une conversation qui lui devenait d'autant plus insupportable, qu'il était évident que la conduite du duc mortifiait la princesse.

S'adressant donc à Jeanne, elle lui dit avec modestie, mais non sans fermeté, que la première faveur qu'elle réclamait de sa protection, était qu'elle voulût bien tâcher de convaincre le duc d'Orléans que les dames de Bourgogne, sans avoir autant d'esprit et de graces que celles de France, n'étaient pourtant pas assez sottes pour ne goûter d'autre conversation que celles qui ne consistent qu'en complimens extravagans.

— Je suis fâché, madame, dit le duc, prenant la parole avant que la princesse eût pu répondre, que vous fassiez en même temps la satire de la beauté des dames de Bourgogne et de la véracité des chevaliers de France. Si nous sommes extravagans et prompts à exprimer notre admiration, c'est parce que nous aimons comme nous combattons, sans abandonner notre cœur à de froides délibérations; et nous nous rendons à la beauté aussi promptement que nous triomphons de la valeur.

— La beauté de nos concitoyennes, répondit la jeune comtesse avec une fierté dédaigneuse dont elle n'avait pas encore osé s'armer, méprise un tel triomphe, et la valeur de nos chevaliers est incapable de le céder.

— Je respecte votre patriotisme, comtesse, répliqua le duc, et je ne combattrai pas la dernière partie de votre argument, jusqu'à ce qu'un chevalier bourguignon se présente pour le soutenir, la lance en arrêt. Mais quant à l'injustice que vous faites aux charmes que produit votre pays, c'est à vous-même que j'en appelle. Regardez là, ajouta-t-il en lui montrant une grande glace, présent fait au roi par la république de Venise, car c'était alors un objet de luxe aussi rare qu'il était cher; regardez là, et dites-moi quel est le cœur qui pourrait résister aux charmes qu'on y voit.

La princesse, accablée par l'entier oubli que faisait d'elle celui qui devait être son époux, tomba renversée sur sa chaise, en poussant un soupir qui rappela le duc du pays des chimères, et qui engagea la comtesse Hameline à lui demander si elle était indisposée.

— J'ai éprouvé tout à coup une violente douleur à la tête, répondit la princesse; mais je sens qu'elle se passe.

Sa pâleur croissante démentait ses paroles; et la comtesse

Hameline, craignant qu'elle ne s'évanouît, s'empressa d'appeler du secours.

Le duc, se mordant les lèvres et maudissant la folie qui l'empêchait de mieux surveiller sa langue, courut chercher les dames de la princesse, qui étaient dans l'appartement voisin. Elles accoururent à la hâte; et, pendant qu'elles prodiguaient à leur maîtresse les secours usités en pareils cas, il ne put se dispenser, en cavalier galant, d'aider à la soutenir et de partager les soins qu'on lui rendait. Sa voix, devenue presque tendre par suite de la compassion qu'il éprouvait et des reproches qu'il se faisait, contribua plus que toute autre chose à la rappeler à elle; et au même instant le roi entra dans la galerie.

CHAPITRE XII.

Le Politique.

« C'est un grand politique, et qui serait capable,
« En mainte occasion, d'en remontrer au diable;
« Et, soit dit sans manquer au rusé tentateur,
« Dans l'art de tenter l'homme il est passé docteur. »
Ancienne comédie.

En entrant dans la galerie, Louis fronça ses sombres sourcils de la manière que nous avons dit lui être particulière, et jeta un regard rapide autour de lui. Ses yeux, comme Quentin raconta depuis, se rapetissèrent tellement, et devinrent si vifs et si perçans, qu'ils ressemblaient à ceux d'une vipère qu'on aperçoit à travers la touffe de bruyère sous laquelle ses replis sont cachés.

Quand ce regard, aussi rapide que pénétrant, eut fait reconnaître au roi la cause du tumulte qui régnait dans l'appartement, il s'adressa d'abord au duc d'Orléans.

— Vous ici, beau cousin! s'écria-t-il; et se tournant vers Quentin, il lui dit d'un ton sévère : —Est-ce ainsi que vous exécutez mes ordres?

— Pardonnez à ce jeune homme, Sire, dit le duc, il n'a pas négligé son devoir; mais comme j'avais appris que la princesse était ici...

— Rien ne pouvait vous empêcher de venir lui faire votre cour, ajouta le roi dont l'hypocrisie détestable persistait à représenter le duc comme partageant une passion qui n'existait que dans le cœur de sa malheureuse fille.

— Et c'est ainsi que vous débauchez les sentinelles de ma garde? Mais que ne pardonne-t-on pas à un galant chevalier qui ne vit que *par amour!*

Le duc d'Orléans leva la tête comme s'il eût voulu répondre de manière à relever l'opinion du roi à ce sujet; mais le respect d'instinct qu'il éprouvait pour Louis, ou plutôt la crainte dans laquelle il avait été élevé depuis son enfance, lui enchaînèrent la voix.

— Et Jeanne a été indisposée? dit le roi. Ne vous chagrinez pas, Louis, cela se passera bientôt. Donnez-lui le bras pour la reconduire dans son appartement, et j'accompagnerai ces dames jusqu'au leur.

Cet avis fut donné d'un ton qui équivalait à un ordre, et le duc sortit avec la princesse par une des extrémités de la galerie, tandis que le roi, ôtant le gant de sa main droite, conduisait galamment la comtesse Isabelle et sa parente vers leur appartement, qui était situé à l'autre. Il les salua profondément lorsqu'elles y entrèrent, resta environ une minute devant la porte quand elles eurent disparu, et la fermant alors avec beaucoup de sang-froid, il fit le double tour, ôta de la serrure une grosse clef, et la passa dans sa ceinture, ce qui lui donnait plus de ressemblance que jamais avec un vieil avare qui ne peut vivre tranquille s'il ne porte pas sur lui la clef de son coffre-fort.

D'un pas lent, d'un air pensif et les yeux baissés, Louis s'avança alors vers Durward, qui, s'attendant à supporter sa part du mécontentement du roi, ne le vit pas s'approcher sans inquiétude.

— Tu as eu tort, dit le roi en levant les yeux et les fixant sur Quentin quand il en fut à deux ou trois pas, tu as mal agi, et tu mérites la mort. Ne dis pas un mot pour te défendre. Qu'avais-tu à t'inquiéter de ducs et de princesses? devais-tu considérer autre chose que mes ordres?

— Mais que pouvais-je faire, Sire? demanda le jeune soldat.

— Ce que tu pouvais faire, quand on forçait ton poste? répondit le roi d'un ton de mépris; à quoi sert donc l'arme que tu portes sur l'épaule? Tu devais en présenter le bout au présomptueux rebelle; et s'il ne se retirait pas à l'instant, l'étendre mort sur la place. Retire-toi; passe par cette porte, tu descendras par un grand escalier qui est dans le premier appartement; il te conduira dans la cour intérieure où tu trouveras Olivier le Dain; tu me l'enverras : après quoi retourne à ta caserne. Si tu fais quelque cas de la vie, songe qu'il faut que ta langue ne soit pas aussi prompte que ton bras a été lent aujourd'hui.

Charmé d'en être quitte à si bon marché, mais révolté de la froide cruauté que le roi semblait exiger de lui dans l'exécution de ses devoirs, Durward fit ce que Louis venait de lui commander, et communiqua à Olivier les ordres de son maître. L'astucieux barbier salua, soupira, sourit, souhaita le bonsoir au jeune homme d'une voix encore plus mielleuse que de coutume, et ils se séparèrent, Quentin pour retourner à sa caserne, et Olivier pour aller trouver le roi.

Il se trouve ici malheureusement une lacune dans les mémoires dont nous nous sommes principalement servis pour rédiger cette histoire véritable; car, ayant été composés en grande partie sur les renseignemens donnés par Quentin Durward, ils ne contiennent aucun détail sur l'entrevue qui eut lieu, en son absence, entre le roi et son conseiller secret. Par bonheur la bibliothèque du château de Haut-Lieu contenait un manuscrit de la *Chronique scandaleuse*[1] de Jean de Troyes, beaucoup plus ample que celui qui a été imprimé, et auquel ont été ajoutées plusieurs notes curieuses que nous sommes portés à regarder comme ayant été écrites par Olivier lui-même après la mort de son maître, avant qu'il eût le bonheur d'être gratifié de la hart qu'il avait si bien méritée. C'est dans cette source que nous avons puisé un compte très-circonstancié de l'entretien qu'il eut avec Louis en cette occasion, et qui jette sur la politique de ce prince un jour que nous aurions inutilement cherché ailleurs.

Lorsque le favori barbier arriva dans la galerie de Roland, il y trouva le roi assis d'un air pensif sur la chaise que sa fille venait de quitter. Connaissant parfaitement le caractère de son maître, il s'avança sans bruit, suivant sa coutume, jusqu'à ce qu'il eût trouvé la ligne du rayon visuel du roi, après quoi il recula modestement, et attendit qu'il lui fût donné l'ordre de parler et d'écouter. Le premier mot que lui adressa Louis annonçait de l'humeur.

—Eh bien! Olivier, voilà vos beaux projets qui s'évanouissent, comme la neige fond sous le vent du sud! Plaise à Notre-Dame d'Embrun qu'ils ne ressemblent pas à ces avalanches dont les paysans suisses content tant d'histoires, et qu'ils ne nous tombent pas sur la tête!

—J'ai appris avec regret que tout ne va pas bien, Sire, répondit Olivier.

—Ne va pas bien! s'écria le roi en se levant et en parcourant la galerie à grands pas; tout va mal, presque aussi

---

[1] La chronique de Jean de Troyes, telle du moins que nous l'avons aujourd'hui, n'a de *scandaleux* que son titre. Cependant Brantôme rapporte que François Ier en possédait un exemplaire plus complet, et semblable sans doute à celui que l'auteur écossais se vante d'avoir trouvé dans le château de Haut-Lieu.—Ed.

mal qu'il est possible; et voilà le résultat de tes avis romanesques. Était-ce à moi à m'ériger en protecteur des damoiselles éplorées? Je te dis que le Bourguignon prend les armes, et qu'il est à la veille de contracter alliance avec l'Anglais. Edouard, qui n'a rien à faire maintenant dans son pays, nous fera pleuvoir des milliers d'hommes par cette malheureuse porte de Calais. Pris séparément, je pourrais les cajoler ou les défier, mais réunis, réunis!... et avec le mécontentement et la trahison de ce scélérat de Saint-Pol! C'est ta faute, Olivier : c'est toi qui m'as conseillé de recevoir ici ces deux femmes, et d'employer ce maudit Bohémien pour porter leurs messages à leurs vassaux.

— Vous connaissez mes motifs, Sire. Les domaines de la comtesse sont situés entre les frontières de la Bourgogne et celles de la Flandre. Son château est presque imprenable, et elle a de tels droits sur les domaines voisins, que s'ils étaient convenablement soutenus, ils donneraient du fil à retordre au Bourguignon. Il faudrait seulement qu'elle eût pour époux un homme bien disposé pour la France.

— C'est un appât fait pour tenter, Olivier, j'en conviens; et si nous avions pu cacher qu'elle était ici, il nous aurait été possible d'arranger un mariage de ce genre pour cette riche héritière. Mais ce maudit Bohémien! comment as-tu pu me recommander de confier à ce chien de païen une mission qui exigeait de la fidélité?

— Votre Majesté voudra bien se rappeler que c'est elle-même qui lui a accordé trop de confiance, et beaucoup plus que je ne l'aurais voulu. Il aurait porté fidèlement une lettre de la comtesse à son parent pour lui dire de tenir bon dans son château, et lui promettre de prompts secours; mais Votre Majesté a voulu mettre à l'épreuve sa science prophétique, et lui a fait connaître ainsi des secrets qui valaient la peine d'être trahis.

— J'en suis honteux, Olivier, j'en suis honteux. Et cependant on dit que ces païens descendent des sages chaldéens, qui ont appris les mystères des astres dans les plaines de Shinar.

Sachant fort bien que son maître, malgré toute sa pénétration et sa sagacité, était d'autant plus porté à se laisser tromper par les devins, les astrologues, et toute cette race d'adeptes prétendus, qu'il croyait avoir lui-même quelque connaissance dans ces sciences occultes, Olivier n'osa insister davantage sur ce point, et se contenta d'observer que le Bohémien avait été mauvais prophète en ce qui le concernait lui-même, sans quoi il se serait bien gardé de revenir à Tours pour y chercher la potence qu'il méritait.

— Il arrive souvent, répondit Louis avec beaucoup de gravité, que ceux qui sont doués de la science prophétique n'ont pas le pouvoir de prévoir les événemens qui les intéressent personnellement.

— Avec la permission de Votre Majesté, c'est comme si l'on disait qu'un homme ne peut voir son bras à la lumière d'une chandelle qu'il tient à la main, et qui lui montre tous les autres objets de l'appartement.

— La lumière qui lui montre le visage des autres ne peut lui faire apercevoir le sien, et cet exemple est ce qui prouve le mieux ce que je disais. Mais ce n'est pas ce dont il s'agit en ce moment. Le Bohémien a été payé de ses peines; que la paix soit avec lui. Mais ces deux dames? non-seulement le Bourguignon nous menace d'une guerre, parce que nous leur accordons un asile; mais leur présence ici paraît même dangereuse pour mes projets à l'égard de ma propre famille. Mon cousin d'Orléans, simple qu'il est, a vu cette demoiselle, et je prédis que cette vue le rendra moins souple relativement à son mariage avec Jeanne.

— Votre Majesté peut renvoyer les comtesses de Croye au duc de Bourgogne, et acheter la paix à ce prix. Certaines gens pourront penser que c'est sacrifier l'honneur de la couronne; mais si la nécessité exige ce sacrifice....

— Si ce sacrifice devait être profitable, Olivier, je le ferais sans hésiter. Je suis un vieux saumon; j'ai acquis de l'expérience, et je ne mords point à l'hameçon du pêcheur parce qu'il est amorcé de cet appât qu'on nomme honneur. Mais ce qui est pire qu'un manque d'honneur, c'est qu'en rendant ces dames au Bourguignon nous perdrions l'espoir avantageux qui nous a déterminés à leur donner un asile. Ce serait un crève-cœur de renoncer à établir un ami de notre couronne, un ennemi du duc de Bourgogne, dans le centre même de ses domaines, si près des villes mécontentes de la Flandre. Non, Olivier, nous ne pouvons renoncer aux avantages que semble nous présenter notre projet de marier cette jeune comtesse à quelque ami de notre maison.

— Votre Majesté, dit Olivier après un moment de réflexion, pourrait accorder sa main à quelque ami digne de confiance, qui prendrait tout le blâme sur lui, et qui vous servirait secrètement, tandis que vous pourriez le désavouer en public.

— Et où trouver un tel ami? Si je la donnais à un de nos nobles mutins et intraitables, ne serait-ce pas le rendre indépendant? Et n'est-ce pas ce que ma politique a cherché à éviter depuis bien des années? Dunois, à la vérité... oui, c'est à lui, à lui seul que je pourrais me fier. Il combattrait pour la couronne de France, quelle que fût sa situation. Et cependant les richesses et les honneurs changent le caractère des hommes. Non, je ne me fierai pas même à Dunois.

— Votre Majesté peut en trouver un autre, dit Olivier d'un ton encore plus mielleux et plus insinuant que celui qu'il était habitué de prendre en conversant avec le roi, qui déjà lui accordait beaucoup de liberté :—vous pourriez lui donner un homme dépendant entièrement de vos bonnes graces et de votre faveur, et qui ne pourrait pas plus exister sans votre appui que s'il était privé d'air et de soleil, un homme plus recommandable par la tête que par le bras; un homme...

—Un homme comme toi, n'est-ce pas? Ha! ha! ha! Non, Olivier, sur ma foi! cette flèche est un peu trop hasardée. Quoi! parce que je t'accorde ma confiance et que, pour récompense, je te laisse de temps en temps tondre mes sujets d'un peu près, tu t'imagines pouvoir aspirer à épouser une pareille beauté, et à devenir en outre un comte de la première classe! toi! toi, dis-je, sans naissance, sans éducation, dont la prudence est une sorte d'astuce, dont le courage est plus que douteux?

—Votre Majesté m'impute une présomption dont je ne suis pas coupable, Sire.

—J'en suis charmé, et puisque tu désavoues un rêve si absurde, j'en ai meilleure opinion de ton jugement; cependant il me semble que tes propos te conduisaient à toucher cette corde. Mais pour en revenir à ce que je disais, je n'ose la renvoyer en Bourgogne; je n'ose marier cette belle comtesse à aucun de mes sujets; je n'ose la faire passer ni en Angleterre ni en Allemagne, parce qu'il est vraisemblable qu'elle y deviendrait la proie d'un homme qui serait plus porté à s'unir à la Bourgogne qu'à la France; qui serait plus disposé à réduire les honnêtes mécontens de Gand et de Liège, qu'à leur accorder une force suffisante pour donner à la valeur de Charles-le-Téméraire assez d'occupation sans l'obliger de sortir de ses domaines. Ils étaient si mûrs pour une insurrection! Les Liégeois surtout! Bien échauffés et bien appuyés, ils tailleraient seuls de la besogne à mon beau cousin pour plus d'un an. Que serait-ce, soutenus par un belliqueux comte de Croye?..... Non, Olivier, ton plan offre trop d'avantages pour y renoncer sans faire quelques efforts; fouille dans ton cerveau fertile; ne peux-tu rien imaginer?

Après un assez long silence, Olivier répondit enfin :—Ne serait-il pas possible de faire réussir un mariage entre Isabelle de Croye et le jeune Adolphe, duc de Gueldres?

—Quoi! s'écria le roi d'un air de surprise, la sacrifier,

une créature si aimable, à un furieux, à un misérable qui a déposé, emprisonné et menacé plusieurs fois d'assassiner son propre père? Non, Olivier, non! ce serait une cruauté trop atroce, même pour vous ou pour moi qui marchons d'un pas ferme vers notre excellent but, la paix et le bonheur de la France, sans nous inquiéter beaucoup des moyens qui peuvent y conduire. D'ailleurs le duc est à trop de distance de nous; il est détesté des habitans de Gand et de Liège. Non, non! je ne veux pas de ton Adolphe de Gueldres; pense à quelque autre mari pour la comtesse.

— Mon imagination est épuisée, Sire; elle ne m'offre personne qui, comme mari d'Isabelle de Croye, me semble en état de répondre aux vues de Votre Majesté. Il faut qu'il réunisse tant de qualités différentes! Ami de Votre Majesté; ennemi de la Bourgogne; assez politique pour se concilier les Gantois et les Liégeois; assez brave pour défendre ses petits domaines contre la puissance du duc Charles; de noble naissance, car Votre Majesté insiste sur ce point; et, par-dessus le marché, d'un caractère vertueux et excellent!

— Je n'ai pas appuyé sur le caractère, Olivier, c'est-à-dire pas si fortement; mais il me semble qu'il ne faut pas que l'époux d'Isabelle de Croye soit aussi publiquement, aussi généralement détesté qu'Adolphe de Gueldres. Par exemple, puisqu'il faut que je cherche moi-même quelqu'un, pourquoi pas Guillaume de la Marck?

— Sur ma foi, Sire, je ne puis me plaindre que vous exigiez une trop grande perfection morale dans l'heureux époux de la jeune comtesse, si le Sanglier des Ardennes vous paraît pouvoir lui convenir. De la Marck! il est notoire que c'est le plus grand brigand, le plus féroce meurtrier de toutes nos frontières; il a été excommunié par le pape à cause de mille crimes.

— Nous obtiendrons son absolution, ami Olivier: l'Eglise est miséricordieuse.

— C'est presque un proscrit; il a été mis au ban de l'Empire par la diète de Ratisbonne.

— Nous ferons révoquer cette sentence, ami Olivier : la diète entendra raison.

— Et en admettant qu'il soit de noble naissance, il a les manières, le visage, les airs et le cœur d'un boucher flamand; jamais elle n'en voudra.

— Si je ne me trompe pas, Olivier, sa manière de faire la cour rendra difficile de le refuser.

— J'avais en vérité grand tort, Sire, quand j'accusais Votre Majesté d'avoir trop de scrupules. Sur mon ame, les crimes d'Adolphe sont des vertus auprès de ceux de Guillaume de la Marck; et comment se rencontrera-t-il avec sa future épouse? Votre Majesté sait qu'il n'ose se montrer hors de sa forêt des Ardennes.

— C'est à quoi il s'agit de songer. D'abord il faut informer ces deux dames en particulier qu'elles ne peuvent rester plus long-temps en cette cour sans occasioner une rupture entre la France et la Bourgogne, et que, ne voulant pas les remettre entre les mains de notre beau cousin, nous désirons qu'elles quittent secrètement nos domaines.

— Elles demanderont à être envoyées en Angleterre, et nous les en verrons revenir avec un lord de cette île, à figure ronde, à longs cheveux bruns, suivi de trois mille archers.

— Non! non! nous n'oserions, vous me comprenez, offenser notre beau cousin de Bourgogne au point de leur permettre de passer en Angleterre : ce serait une cause de guerre aussi certaine que si nous les gardions ici. Non! non! ce n'est qu'aux soins de l'Église que je puis confier la jeune comtesse. Tout ce que je puis faire, c'est de fermer les yeux sur le départ des comtesses Hameline et Isabelle, déguisées et suivies d'une petite escorte, pour aller se réfugier chez l'évêque de Liége, qui placera pour quelque temps la belle comtesse sous la sauve-garde d'un couvent.

— Et si ce couvent peut lui servir d'abri contre Guillaume de la Marck, quand il connaîtra les intentions favorables de Votre Majesté, je me trompe fort sur son compte.

— Il est vrai que, grace au secours d'argent que je lui fournis en secret, de la Marck a rassemblé autour de lui une jolie troupe de soldats aussi peu scrupuleux que bandits le furent jamais; et par leur aide il parvient à se maintenir dans ses bois de manière à se rendre formidable, tant au duc de Bourgogne qu'à l'évêque de Liège. Il ne lui manque que quelque territoire dont il puisse se dire le maître; et trouvant une si belle occasion d'en acquérir par un mariage, je crois, Pâques-Dieu! qu'il saura la saisir sans que j'aie besoin de l'en presser bien fortement. Le duc de Bourgogne aura alors dans le flanc une épine qu'aucun chirurgien ne pourra en extirper de notre temps. Quand le Sanglier des Ardennes, déjà proscrit par Charles, se trouvera fortifié par la possession des terres, châteaux et seigneurie de cette belle dame; quand peut-être les Liégeois mécontens se décideront à le prendre pour chef et pour capitaine, que le duc alors pense à faire la guerre à la France quand il le voudra, ou plutôt qu'il bénisse son étoile si la France ne la lui déclare pas. Eh bien! comment trouves-tu ce plan, Olivier?

— Admirable, Sire! sauf la sentence qui adjuge cette pauvre dame au Sanglier des Ardennes. Par la sainte Vierge, s'il était un peu plus galant, Tristan l'Ermite, le grand prévôt, lui conviendrait mieux.

— Et tout à l'heure tu proposais maître Olivier le barbier. Mais l'ami Olivier et le compère Tristan, quoique excellens pour le conseil et l'exécution, ne sont pas de l'étoffe dont on fait des comtes. Ne sais-tu pas que les bourgeois de Flandre estiment la naissance dans les autres, précisément parce qu'ils n'ont pas eux-mêmes cet avantage. Des plébéiens insurgés désirent toujours un chef pris dans l'aristocratie. Voyez en Angleterre : Ked, ou Cade[1] (comment l'appelez-

(1) Telle n'avait pas été cependant la forme de l'insurrection des vilains en France,

vous?) cherchait à rallier toute la canaille autour de lui en se prétendant issu du sang des Mortimers. Le sang des princes de Nassau coule dans les veines de Guillaume de la Marck. Maintenant songeons aux affaires. Il faut que je détermine les comtesses de Croye à partir secrètement et promptement avec une escorte sûre. Cela sera facile. Il n'est besoin que de leur donner à entendre qu'elles n'ont pas d'autre alternative à choisir, si elles ne veulent pas être livrées au Bourguignon. Il faut que tu trouves le moyen d'informer Guillaume de la Marck de leurs mouvemens, et ce sera à lui à choisir le temps et le lieu convenables pour se faire épouser. J'ai fait choix de quelqu'un pour les accompagner.

— Puis-je demander à Votre Majesté à qui elle a dessein de confier une mission si importante?

— A un étranger, bien certainement ; à un homme qui n'a en France ni parentage, ni intérêts qui puissent intervenir dans l'exécution de mes ordres, et qui connaît trop peu le pays et les diverses factions, pour soupçonner de mes intentions plus que je n'ai dessein de lui en apprendre. En un mot, j'ai dessein de charger de cette mission le jeune Écossais qui vient de t'avertir de te rendre ici.

Olivier garda le silence quelques instans, d'un air qui semblait annoncer quelque doute sur la prudence d'un tel choix.

— Votre Majesté, dit-il enfin, n'est pas dans l'usage d'accorder si promptement sa confiance à un étranger.

à l'époque de la Jacquerie. De même en Angleterre l'*égalité* avait été le mot d'ordre de Wat-Tyler et de ses partisans en 1381. L'insurrection de Jack Cade, en 1448, était bien encore une insurrection populaire; mais à cette époque les factions aristocratiques avaient en quelque sorte usurpé le privilège des insurrections. Les vilains, dans les excès de leur résistance contre l'oppression, s'étaient habitués à voir marcher à leur tête un rebelle titré : une bannière de noble parlait aussi plus vivement à l'imagination des hommes d'armes. Voilà sans doute une partie des motifs qui déterminèrent Jack Cade à se donner pour un prince de la famille royale d'Angleterre. Mais il est vrai de dire que cette insurrection, comme celle de Wat-Tyler, fut une réaction contre les vexations et les injustices de l'aristocratie.—Ép.

—J'ai mes raisons, répondit le roi. Tu connais ma dévotion pour le bienheureux saint Julien,—et il fit le signe de la croix en prononçant ces paroles.—Je lui avais dit mes oraisons l'avant-dernière nuit, et je l'avais humblement supplié d'augmenter ma maison de quelques-uns de ces braves étrangers qui courent le monde, et si nécessaires pour établir dans tout notre royaume une soumission sans bornes à nos volontés; faisant vœu, en retour, de les accueillir, de les protéger et de les récompenser en son nom.

—Et saint Julien, dit Olivier, a-t-il envoyé à Votre Majesté ces deux longues jambes d'Écosse, en réponse à vos prières?

Quoique le barbier connût la faiblesse du roi, qu'il sût que son maître avait autant de superstition qu'il avait lui-même peu de religion, que rien n'était plus facile que de l'offenser sur un pareil sujet, et qu'en conséquence il eût eu grand soin de faire cette question du ton le plus simple et le moins ironique, Louis n'en sentit pas moins le sarcasme, et il lança sur Olivier un regard de courroux.

—Maraud! s'écria-t-il, on a raison de t'appeler Olivier-le-Diable, toi qui oses te jouer ainsi de ton maître et des bienheureux saints. Je te dis que, si tu m'étais moins nécessaire, je te ferais pendre au vieux chêne en face du château, pour servir d'exemple à ceux qui se raillent des choses saintes. Apprends, misérable infidèle, que je n'eus pas plus tôt les yeux fermés, que le bienheureux saint Julien m'apparut, tenant par la main un jeune homme qu'il me présenta en me disant que son destin était d'échapper au fer, à l'eau et à la corde; qu'il porterait bonheur au parti qu'il embrasserait, et qu'il réussirait dans ce qu'il entreprendrait. Je sortis le lendemain matin, et je rencontrai ce jeune Écossais. Dans son pays, il avait échappé au fer au milieu du massacre de toute sa famille; et ici, dans l'espace d'un seul jour, un double miracle l'a sauvé de l'eau et de la corde. Déjà, dans une occasion particulière, comme je te l'ai donné à entendre, il m'a rendu un service important. Je le reçois donc comme m'étant envoyé par saint Julien, pour me servir dans les entreprises les plus difficiles, les plus périlleuses, et même les plus désespérées.

En finissant de parler, le roi ôta son chapeau, et ayant choisi parmi les petites figures de plomb qui en garnissaient le tour celle qui représentait saint Julien, il plaça son chapeau sur une table, en tournant de son côté l'image du saint, et s'agenouillant devant elle, comme il le faisait souvent quand il était agité par la crainte ou l'espérance, ou peut-être tourmenté par les remords, il murmura à demi-voix, avec un air de profonde dévotion : *Sancte Juliane, adsis precibus nostris, ora, ora pro nobis* [1].

C'était un de ces accès de piété superstitieuse dont Louis était pris dans des circonstances si extraordinaires qu'elles auraient pu faire passer un des monarques les plus remplis de sagacité qui aient jamais régné, pour un homme privé de raison, ou du moins dont l'esprit était troublé par le remords de quelque grand crime.

Tandis qu'il était ainsi occupé, son favori le regardait avec une expression de sarcasme et de mépris qu'il cherchait à peine à cacher. Une des particularités de cet homme était que, dans toutes ses relations avec son maître, il se dépouillait de cette affectation mielleuse d'humilité qui distinguait sa conduite envers les autres ; et s'il conservait encore alors quelque ressemblance avec le chat, c'était lorsque cet animal est sur ses gardes, vigilant, animé, prêt à bondir au premier besoin. La cause de ce changement venait sans doute de ce qu'Olivier savait parfaitement que Louis était trop profondément hypocrite lui-même pour ne pas voir à travers l'hypocrisie des autres.

—Les traits de ce jeune homme, s'il m'est permis de parler, dit Olivier, sont donc semblables à ceux de l'inconnu que vous avez vu en songe?

---

(1) Saint Julien, soyez favorable à nos prières, et priez, priez pour nous. — Tr.

— Très-ressemblans, on ne peut davantage, répondit le roi, qui, comme la plupart des gens superstitieux, souffrait souvent que son imagination lui en imposât. D'ailleurs, j'ai fait tirer son horoscope par Galeotti Martivalle, et j'ai appris positivement, autant par son art que par mes propres observations, que, sous bien des rapports, la destinée de ce jeune homme sans amis est soumise aux mêmes constellations que la mienne.

Quoi que Olivier pût penser des motifs que le roi assignait si hardiment à la préférence qu'il accordait à un jeune homme sans expérience, il n'osa pas faire d'autres objections, sachant bien que Louis, qui pendant son exil avait étudié avec grand soin la prétendue science de l'astrologie, ne serait pas d'humeur à écouter aucune raillerie tendant à rabaisser ses connaissances. Il se borna donc à répondre qu'il espérait que le jeune homme remplirait fidèlement une tâche si délicate.

— Nous prendrons des mesures pour qu'il ne puisse le faire autrement, dit Louis. Tout ce qu'il saura, c'est qu'il est chargé d'escorter les deux comtesses jusqu'à la résidence de l'évêque de Liège. Il ne sera pas plus instruit qu'elles ne le seront elles-mêmes de l'intervention probable de Guillaume de la Marck. Personne ne connaîtra ce secret que le guide; il faut donc que Tristan ou toi vous nous en trouviez un convenable à nos projets.

— Mais en ce cas, répliqua Olivier, et à en juger d'après son air et son pays, il est probable que ce jeune homme sautera sur ses armes dès qu'il verra le Sanglier des Ardennes attaquer ces dames, et il est possible qu'il ne se tire pas d'affaire aussi heureusement qu'il s'en est tiré ce matin.

— S'il périt, dit Louis avec sang-froid, le bienheureux saint Julien m'en enverra un autre en sa place. Que le messager soit tué quand il a rempli sa mission, ou que le flacon soit brisé quand le vin est bu, c'est la même chose. Mais il faut accélérer le départ de ces dames, et persuader ensuite au comte de Crèvecœur qu'il a eu lieu sans notre connivence, attendu que nous désirions les remettre en la garde de notre beau cousin, ce que leur fuite soudaine nous a empêché de faire.

— Le comte peut-être est trop clairvoyant, et son maître trop prévenu contre Votre Majesté, pour qu'ils puissent le croire.

— Sainte Mère de Dieu! Quelle incrédulité ce serait pour des chrétiens! Mais il faudra qu'ils nous croient, Olivier. Nous mettrons dans toute notre conduite envers notre beau cousin de Bourgogne une confiance si entière et si illimitée, que pour ne pas croire à notre sincérité à son égard, sous tous les rapports, il faudrait qu'il fût pire qu'un infidèle. Je te dis que je suis si convaincu que je puis donner à Charles de Bourgogne telle opinion de moi que je le voudrai, que s'il le fallait, pour dissiper tous ses doutes, j'irais sans armes, monté sur un palefroi, le visiter sous sa tente, sans autre garde que toi seul, l'ami Olivier.

— Et moi, Sire, quoique je ne me pique pas de manier l'acier sous aucune autre forme que celle d'un rasoir, je chargerais un bataillon de Suisses armés de hallebardes, plutôt que d'accompagner Votre Majesté dans une semblable visite d'amitié rendue à Charles de Bourgogne, quand il a tant de motifs pour être bien assuré que le cœur de Votre Majesté nourrit de l'inimitié contre lui.

— Tu es un fou, Olivier, avec toutes tes prétentions à la sagesse; et tu ne sais pas qu'une politique profonde doit quelquefois prendre le masque d'une extrême simplicité, de même que le courage se cache parfois sous l'apparence d'une timidité modeste. Si les circonstances l'exigeaient, je ferais bien certainement ce que je viens de te dire; les saints bénissant nos projets, et les constellations célestes amenant dans leur cours une conjonction favorable à cette entreprise.

Ce fut en ces termes que Louis XI donna la première idée de la résolution extraordinaire qu'il exécuta par la suite, dans l'espoir de duper son rival, et qui faillit le perdre lui-même.

En quittant son conseiller, le roi se rendit dans l'appartement des comtesses de Croye. Il n'eut pas besoin de faire de grands efforts pour les persuader de quitter la cour de France, dès qu'il leur eut fait entendre qu'il serait possible qu'elles n'y trouvassent pas une protection assurée contre le duc de Bourgogne : sa simple permission aurait suffi ; mais il ne lui fut pas si facile de les déterminer à prendre Liège pour le lieu de leur retraite. Elles lui demandèrent et le supplièrent de les envoyer en Bretagne ou à Calais, où, sous la protection du duc de Bretagne ou du roi d'Angleterre, elles pourraient rester en sûreté jusqu'à ce que le duc de Bourgogne se montrât moins rigoureux à leur égard. Mais aucun de ces lieux de sûreté ne convenait aux plans de Louis, et il réussit enfin à leur faire adopter celui qui favorisait l'exécution de ses projets.

On ne pouvait mettre en doute le pouvoir qu'avait l'évêque de Liège de les défendre, puisque sa dignité d'ecclésiastique lui donnait les moyens de les protéger contre tous les princes chrétiens, et que, d'une autre part, ses forces comme prince séculier, si elles n'étaient pas considérables, suffisaient au moins pour défendre sa personne et ceux qu'il prenait sous sa protection, contre toute violence soudaine. La difficulté était de parvenir sans risque jusqu'à la petite cour de l'évêque ; mais Louis promit d'y pourvoir en faisant répandre le bruit que les dames de Croye s'étaient échappées de Tours pendant la nuit, de crainte d'être livrées entre les mains de l'envoyé bourguignon, et qu'elles avaient pris la fuite vers la Bretagne. Il leur promit aussi de leur donner une petite escorte sur la fidélité de laquelle elles pourraient compter, et des lettres pour enjoindre aux commandans des villes et forteresses par où elles devaient passer, de leur donner, par tous les moyens possibles, assistance et protection pendant leur voyage.

15

Les dames de Croye, quoique intérieurement mécontentes de la manière discourtoise et peu généreuse dont Louis les privait de l'asile qu'il leur avait promis à sa cour, furent si loin de faire la moindre objection à ce départ précipité, qu'elles allèrent au-devant de ses désirs en le priant de les autoriser à partir cette nuit même. La comtesse Hameline était déjà lasse d'une cour où il n'y avait ni fêtes pour y briller, ni courtisans pour l'admirer; et la comtesse Isabelle pensait qu'elle en avait vu assez pour conclure que si la tentation devenait un peu plus forte, Louis XI, peu content de les renvoyer de sa cour, ne se ferait pas un scrupule de la livrer à son suzerain irrité, le duc de Bourgogne. Leur résolution satisfit d'autant plus le roi, qu'il désirait maintenir la paix avec le duc Charles, et qu'il craignait que la présence d'Isabelle ne devînt un obstacle à l'exécution de son plan favori de donner la main de sa fille Jeanne à son cousin d'Orléans.

CHAPITRE XIII.

L'Astrologue.

« Vous me parlez de rois, quelle comparaison !
« Je suis au-dessus d'eux, puisque je suis un SAGE.
« Sur tous les élémens je règne sans partage,
« Ou du moins on le croit, et sur cette croyance
« J'assieds les fondemens de ma toute-puissance. »
Albumazar.

SANS cesse de nouvelles occupations et de nouvelles aventures semblaient survenir à notre jeune Écossais, comme se succèdent les flots rapides d'un torrent; car il ne tarda pas à être mandé dans l'appartement de son capitaine lord Crawford, où, à son grand étonnement, il trouva encore le roi. Les premières paroles du monarque, au sujet de la preuve de confiance dont il allait l'honorer, lui firent craindre qu'il ne fût encore question d'une embuscade semblable à celle où il avait été placé contre le comte de Crèvecœur, ou peut-être de quelque expédition encore moins de son goût. Il fut non-seulement bien rassuré, mais ravi, en apprenant que le roi le choisissait pour mettre sous ses ordres trois hommes et un guide avec lesquels il devait escorter les dames de Croye jusqu'à la cour de leur parent, l'évêque de Liège, de la manière la plus sûre, la plus commode, et en même temps la plus secrète possible. Louis lui remit des informations par écrit sur les endroits où il devait faire halte, et qui étaient en général des villages et des couvens situés à quelque distance des villes ; son itinéraire indiquait aussi les précautions qu'il devait prendre, surtout en approchant des frontières de la Bourgogne. Enfin il reçut des instructions sur ce qu'il devait faire pour jouer le rôle de maître d'hôtel de deux dames anglaises de distinction. Il lui était recommandé de donner à croire que ces nobles insulaires venaient de faire un pèlerinage à Saint-Martin de Tours, et allaient en faire un autre dans la sainte ville de Cologne, dans l'intention d'honorer les reliques des trois mages, ces sages monarques venus de l'Orient pour adorer Jésus-Christ dans la crèche.

Sans trop pouvoir se rendre compte des motifs de son émotion, Quentin sentit son cœur bondir de joie à la seule pensée qu'il allait s'approcher de si près de la beauté de la tourelle, et s'en approcher à un titre qui lui donnait droit d'obtenir une partie au moins de sa confiance, puisque c'était à sa conduite et à son courage qu'allait être remis en grande partie le soin de la protéger. Il ne doutait nullement qu'il ne réussît à la conduire heureusement au terme de son voyage : la jeunesse pense rarement aux périls ; et Durward surtout, ayant respiré dès son enfance l'air de la liberté, intrépide et plein de confiance en lui-même, n'y pensait que pour les défier.

Il lui tardait d'être débarrassé de la contrainte que lui imposait la présence du roi, afin de se livrer librement à sa joie secrète. Cette joie allait jusqu'à des transports qu'il était forcé de réprimer en pareille compagnie; mais Louis n'avait pas encore fini avec lui. Ce monarque soupçonneux avait à consulter un conseiller d'une trempe toute différente de celle d'Olivier-le-Diable, et qu'on regardait comme tirant sa science des astres et des intelligences supérieures; de même qu'on croyait en général que les conseils d'Olivier, à en juger par les fruits, lui étaient inspirés par le diable même.

Louis ordonna donc à l'impatient Quentin de le suivre, et il le conduisit dans une tour séparée du château du Plessis, où était installé avec assez d'aisance et de splendeur le célèbre astrologue, poète et philosophe Galeotti Marti, ou Martius, ou Martivalle[1], né à Narni, en Italie, auteur du fameux Traité *De vulgo incognitis*[2], et l'objet de l'admiration de son siècle et des éloges de Paul Jove. Il avait long-temps fleuri à la cour de Mathias Corvin, roi de Hongrie; mais Louis l'avait en quelque sorte leurré pour l'attirer à la sienne, jaloux que le monarque hon-

---

(1) Les critiques pourront s'étonner de trouver Galeotti à la cour de Louis XI, malgré l'histoire, qui le fait mourir à Lyon d'une chute de cheval, dans son empressement à saluer le roi, qui se trouvait dans cette ville en 1476; et c'était son premier voyage en France. Il y a bien d'autres anachronismes plus sérieux dans *Quentin Durward*; mais le *romancier* n'est ici *historien* que comme peintre de mœurs. Ce qu'il y a de singulier à propos de Galeotti, c'est que son panégyriste Paul Jove (cité par sir Walter Scott) le fait mourir à Agnani, étouffé par excès de graisse. Paul Jove était pourtant presque le contemporain de Galeotti. Sir Walter Scott, romancier, pourrait donc à la rigueur préférer son témoignage contre l'opinion plus générale des autres historiens. Enfin croira-t-on que la *Biographie universelle* de Michaud (article Galeotti, 1816) fait mourir notre astrologue en 1494, seulement au passage de Charles VIII à Lyon. Après cette note un peu *savante*, on demandera peut-être encore laquelle de toutes ces autorités a fait de l'histoire. — Ed.

(2) *Des choses inconnues à la plupart des hommes*. On prétend que c'est le manuscrit original de ce Traité qui est à la Bibliothèque royale. Galeotti a laissé plusieurs autres ouvrages. — Ed.

grois profitât des conseils et de la société d'un sage qui était initié à l'art de lire dans les décrets du ciel.

Martivalle n'était pas un de ces pâles ascétiques professeurs des sciences mystiques, dont les traits se flétrissent, et dont les yeux s'usent en veillant la nuit sur leurs creusets, et qui se macèrent le corps à force d'examiner l'ourse polaire. Il se livrait à tous les plaisirs du monde, et avant d'être devenu trop corpulent, il avait excellé dans la science des armes et dans tous les exercices militaires et gymnastiques; de sorte que Janus Pannonius a laissé une épigramme, en vers latins, sur une lutte qui eut lieu entre Galeotti et un champion renommé dans cet art, lutte dans laquelle l'astrologue fut complètement victorieux [1].

Les appartemens de ce sage belliqueux et courtisan étaient beaucoup plus somptueusement meublés qu'aucun de ceux que Quentin avait encore vus dans le palais du roi. Les boiseries ornées et sculptées de sa bibliothèque et la magnificence des tapisseries montraient le goût élégant du savant Italien. De sa bibliothèque une porte conduisait dans sa chambre à coucher, une autre à une tourelle qui lui servait d'observatoire. Une grande table en chêne, placée au milieu de l'appartement, était couverte d'un beau tapis de Turquie, dépouilles prises dans la tente d'un pacha après la grande bataille de Jaiza, où l'astrologue avait combattu à côté de Mathias Corvin, ce vaillant champion de la chrétienté. Sur cette table on voyait un grand nombre d'instrumens de mathématiques et d'astrologie, tous aussi précieux par la main-d'œuvre que par la matière. L'astrolabe d'argent du sage était un présent de l'empereur d'Allemagne, et son bâton de Jacob en ébène, incrusté en or, était une marque d'estime du pape alors régnant [2].

(1) Cette lutte célèbrée dans l'épigramme de Janus Pannonius ou Pannon, eut lieu sur la grande place de Bude, entre Galeotti et un fameux lutteur du pays nommé Alz, en présence du roi Mathias Corvin et de toute sa cour. — Ed.

(2) Le pape Sixte IV était l'élève de Galeotti, et ce fut Sa Sainteté qui tira notre astrologue des prisons de l'inquisition, où il avait été enfermé comme hérétique. — Ed.

Divers objets étaient rangés sur cette table, ou suspendus le long des murs; entre autres deux armures complètes, l'une en mailles, l'autre en acier, et qui toutes deux, par leur grandeur, semblaient désigner pour leur maître Galeotti Martivalle, dont la taille était presque gigantesque; une épée espagnole, une claymore d'Écosse, un cimeterre turc, des arcs, des carquois et d'autres armes de guerre : on remarquait aussi des instrumens de musique de plusieurs sortes, un crucifix d'argent, un vase sépulcral antique, plusieurs de ces petits pénates de bronze, objets du culte du paganisme, et beaucoup d'autres choses curieuses qu'il serait difficile de décrire, et dont plusieurs, d'après les opinions superstitieuses de ce siècle, semblaient devoir servir à l'art magique.

La bibliothèque de cet homme étrange offrait un mélange non moins varié. On y trouvait d'anciens manuscrits d'auteurs classiques, mêlés avec les ouvrages volumineux des théologiens chrétiens, et ceux des sages laborieux qui professaient les sciences chimiques, qui prétendaient découvrir à leurs élèves les secrets les plus mystérieux de la nature, par le moyen de la philosophie hermétique. Quelques-uns étaient écrits en caractères orientaux; d'autres cachaient leur sens ou leur absurdité sous le voile de caractères hiéroglyphiques ou cabalistiques.

Tout l'appartement et les divers meubles offraient aux yeux un tableau calculé pour faire une impression dont l'effet sur l'imagination était encore augmenté par l'air et les manières de l'astrologue. Assis dans un grand fauteuil, il examinait avec curiosité un spécimen de l'art tout nouvellement inventé de l'imprimerie, qui sortait de la presse de Francfort.

Galeotti Martivalle était un homme de grande taille, et qui, malgré son embonpoint, avait un air de dignité. Il avait passé l'âge moyen de la vie, et l'habitude de l'exercice qu'il avait contractée dans sa jeunesse, et à laquelle il n'avait pas encore totalement renoncé, n'avait pu réprimer une tendance naturelle à la corpulence, augmentée par une vie sédentaire consacrée à l'étude, et son goût pour les plaisirs de la table. Quoiqu'il eût de gros traits, il avait l'air noble et majestueux, et un santon aurait pu être jaloux de la longue barbe noire qui descendait sur sa poitrine. Il portait une robe de chambre du plus beau velours de Gênes, à manches larges, garnie d'agrafes en or, bordée d'hermine, et serrée sur sa taille par une ceinture de parchemin vierge, sur lequel étaient représentés, en cramoisi, les douze signes du zodiaque. Il se leva et salua le roi, mais avec les manières d'un homme à qui la présence d'un personnage d'un rang si élevé n'en imposait pas, et qui ne paraissait pas devoir compromettre la dignité qu'affectait alors quiconque se consacrait à l'étude des sciences.

—Vous êtes occupé, mon père, lui dit le roi; et, à ce qu'il me semble, c'est de cette nouvelle manière de multiplier les manuscrits par le moyen d'une machine. Comment des choses si mécaniques, si terrestres, peuvent-elles intéresser les pensées d'un homme devant qui le firmament déroule ses volumes célestes?

—Mon frère, répondit Martivalle, car c'est ainsi que l'habitant de cette cellule doit appeler le roi de France, quand il daigne venir le visiter comme un disciple,—croyez qu'en réfléchissant sur les conséquences de cette invention, j'y lis avec autant de certitude que dans aucune combinaison des corps célestes, l'augure des changemens les plus étonnans et les plus prodigieux. Quand je songe avec quel cours lent et limité le fleuve de la science nous a jusqu'à présent apporté ses eaux, combien de difficultés éprouvent à s'en procurer ceux qui en sont le plus altérés; combien elles sont négligées par ceux qui ne pensent qu'à leurs aises; combien elles sont exposées à être détournées ou à se tarir, par suite des invasions de la barbarie; puis-je envisager sans être émerveillé les destins qui attendent les générations futures sur lesquelles les connaissances descendront, comme la première et la seconde pluie, sans interruption et sans diminution, fertilisant certaines contrées, en inondant quelques autres; changeant toutes les formes de la vie sociale; établissant et renversant des religions, érigeant et détruisant des royaumes.....

—Un instant, Galeotti! s'écria Louis; tous ces changemens arriveront-ils de notre temps?

—Non, mon frère, répondit Martivalle; cette invention peut se comparer à un jeune arbre qui vient d'être planté, mais qui produira, dans les générations suivantes, un fruit aussi fatal, mais aussi précieux que celui du jardin d'Éden, c'est-à-dire la connaissance du bien et du mal.

—Que l'avenir songe à ce qui le concerne, dit Louis après une pause d'un instant; nous vivons dans le siècle présent, et c'est à ce siècle que nous réserverons nos soins. Chaque jour a bien assez du mal qu'il apporte. Dites-moi, avez-vous terminé l'horoscope que je vous ai chargé de tirer, et dont vous m'avez déjà dit quelque chose? j'ai amené ici la partie intéressée, afin que vous puissiez employer à son égard la chiromancie ou telle autre science qu'il vous plaira. L'affaire est pressante.

Le sage se leva; et s'approchant du jeune soldat, il fixa sur lui ses grands yeux noirs, pleins de vivacité, comme s'il eût été occupé intérieurement à analyser tous les traits et linéamens de sa physionomie. Rougissant et confus d'être l'objet d'un examen si sérieux de la part d'un homme dont l'aspect était si vénérable et si imposant, Quentin baissa les yeux, et ne les releva que pour obéir à l'ordre que lui en donna l'astrologue d'une voix retentissante.

—Ne sois pas effrayé; lève les yeux, et avance ta main.

Lorsque Martivalle eut examiné la main droite de Durward, suivant toutes les formes des arts mystiques qu'il cultivait, il tira le roi à l'écart, et le conduisit à quelque pas.

—Mon frère royal, lui dit-il, la physionomie de ce jeune

homme, et les lignes imprimées sur sa main, confirment d'une manière merveilleuse le rapport que je vous ai fait, d'après son horoscope, vos progrès dans notre art sublime vous ont permis d'en porter vous-même un jugement semblable. Tout annonce que ce jeune homme sera brave et heureux.

— Et fidèle? dit le roi; car la fidélité n'est pas toujours compagne inséparable de la bravoure et du bonheur.

— Et fidèle, répondit l'astrologue; car il a dans l'œil et dans le regard une fermeté mâle, et sa *linea vitæ* est droite et profondément tracée, ce qui prouve qu'il sera fidèlement et loyalement attaché à ceux qui lui feront du bien ou qui lui accorderont leur confiance; et cependant....

— Et cependant? répéta le roi. Eh bien! père Galeotti, pourquoi ne continuez-vous pas?

— Les oreilles des rois ressemblent au palais de ces malades délicats qui ne peuvent supporter l'amertume des médicamens nécessaires à leur guérison.

— Mes oreilles et mon palais ne connaissent pas une telle délicatesse. Je puis entendre tout bon conseil, et avaler tout médicament salutaire : je ne m'inquiète ni de la rudesse de l'un, ni de l'amertume de l'autre. Je n'ai pas été un enfant gâté à force d'indulgence : ma jeunesse s'est passée dans l'exil et dans les souffrances. Mes oreilles sont accoutumées à entendre sans offense tous les conseils, quelque durs qu'ils puissent être.

— Je vous dirai donc clairement, Sire, que s'il se trouve dans la mission que vous projetez quelque chose.... quelque chose qui.... qui, en un mot, puisse effaroucher une conscience timorée, vous ne devez pas la confier à ce jeune homme, du moins, jusqu'à ce que quelques années passées à votre service l'aient rendu aussi peu scrupuleux que les autres.

— Est-ce là tout ce que vous hésitiez à dire, mon bon Galeotti? et aviez-vous quelque crainte de m'offenser en parlant ainsi? Je sais que vous sentez parfaitement qu'on ne peut toujours être dirigé dans le chemin de la politique royale comme on doit l'être invariablement dans celui de la vie privée, par les maximes abstraites de la religion et de la morale. Pourquoi, nous autres princes de la terre, fondons-nous des églises et des monastères, entreprenons-nous des pèlerinages, nous imposons-nous des pénitences, et faisons-nous des actes de dévotion dont les autres hommes peuvent se dispenser, si ce n'est que le bien public et l'intérêt de nos royaumes nous forcent à des mesures qui peuvent charger notre conscience comme chrétiens? Mais le ciel est miséricordieux; l'Eglise a un fonds inépuisable de mérites, et l'intercession de Notre-Dame d'Embrun et des bienheureux saints est continuelle et toute-puissante.

A ces mots, il ôta son chapeau, le mit sur la table, et s'agenouillant devant les images de plomb qui l'entouraient, il dit : — *Sancte Huberte, sancte Juliane, sancte Martine, sancta Rosalia, sancti quotquot adestis, orate pro me peccatore*[1]! Il se frappa la poitrine en se relevant, remit son chapeau sur sa tête, et se tournant vers l'astrologue : — Soyez assuré, mon bon père, lui dit-il, que s'il se trouve dans la mission que nous avons en vue quelque chose de la nature de ce que vous venez de nous donner à entendre, l'exécution n'en sera pas confiée à ce jeune homme, et qu'il ne sera pas même instruit de cette partie de nos projets.

— Vous agirez sagement en cela, mon frère royal. On peut aussi appréhender quelque chose de l'impétuosité de ce jeune homme, défaut inhérent à tous ceux dont le tempérament est sanguin. Mais, d'après toutes les règles de l'art, cette chance ne peut entrer en balance avec les autres qualités découvertes par son horoscope et autrement.

—Minuit sera-t-il une heure favorable pour commencer un voyage dangereux? Tenez, voici vos éphémérides.

(1) Saint Hubert, saint Julien, saint Martin, sainte Rosalie, et vous autres saints qui m'écoutez, priez pour moi, pauvre pécheur. — Ed.

Vous voyez la position de la lune à l'égard de Saturne, et l'ascendant de Jupiter. Il me semble, avec toute soumission à vos connaissances supérieures, que c'est un augure de succès pour celui qui fait partir une expédition à cette heure.

— Oui, répondit l'astrologue après un moment de réflexion ; cette conjonction promet le succès *à celui qui fait partir* l'expédition ; mais je pense que Saturne étant en combustion, elle menace de dangers et d'infortunes *ceux qui partent*; d'où je conclus que le voyage peut être dangereux et même fatal pour ceux qui l'entreprendront à une telle heure. Cette conjonction défavorable présage des actes de violence et une captivité.

— Violence et captivité à l'égard de ceux qui partent, dit le roi, mais succès pour celui qui fait partir. N'est-ce pas là ce que vous nous dites, mon docte père ?

— Précisément, répondit Martivalle.

Louis ne répliqua rien à cette prédiction, que l'astrologue avait probablement hasardée parce qu'il voyait que l'objet sur lequel il était consulté couvrait quelque projet dangereux. Il ne laissa même pas entrevoir jusqu'à quel point elle s'accordait avec ses vues, qui, comme le lecteur le sait, étaient de livrer la comtesse Isabelle de Croye entre les mains de Guillaume de la Marck, chef distingué par son caractère turbulent et par sa bravoure féroce.

Le roi tira alors un papier de sa poche ; et avant de le remettre à Martivalle, il lui dit d'un ton qui ressemblait à une apologie : — Savant Galeotti, ne soyez pas surpris que, possédant en vous un oracle, un trésor, une sience supérieure à celles que possède aucun être vivant de nos jours sans même en excepter le grand Nostradamus [1], je désire fréquemment profiter de vos connaissances, dans mes dou-

---

(1) Anachronisme difficile à pallier. — Le grand Michel Nostradamus naquit à Saint-Remy en Provence, en 1503, et ne publia ses prophéties qu'en 1555. L'auteur aurait pu citer Angelo de Catho, qui fut tour à tour l'aumônier du duc de Bourgogne et de Louis XI. Ce monarque le nomma plus tard à l'archevêché de Vienne. C'était un mer-

tes et dans ces difficultés par lesquelles est assiégé tout prince forcé de combattre dans ses domaines des rebelles audacieux, et au dehors des ennemis puissans et invétérés.

— Sire, répondit le philosophe, lorsque vous m'avez invité à quitter la cour de Bude pour celle du Plessis, je l'ai fait avec la résolution de mettre à la disposition de mon protecteur royal tout ce que mon art peut faire pour lui être utile.

— C'en est assez, mon bon Martivalle, dit le roi : maintenant faites donc attention à cette question. Alors il déplia le papier qu'il tenait à la main, et lut ce qui suit : — Un homme engagé dans une contestation importante, qui paraît devoir être décidée, soit par les lois, soit par la force des armes, désire chercher à arranger cette affaire par le moyen d'une entrevue personnelle avec son antagoniste. Il demande quel jour sera propice pour l'exécution de ce projet; quel pourra être le succès de cette négociation; et si son adversaire répondra à cette preuve de confiance par la reconnaissance et la franchise, ou abusera des avantages dont une telle entrevue peut lui donner l'occasion de profiter?

— C'est une question importante, répondit Martivalle quand le roi eut fini sa lecture. Elle exige que je trace un planétaire, et que j'y consacre de sérieuses et profondes réflexions.

— Faites-le, mon bon père, mon maître ès-sciences, reprit le roi; et vous verrez ce que c'est que d'obliger un roi de France. Nous avons résolu, si les constellations le permettent, et nos faibles connaissances nous portent à penser qu'elles approuvent notre projet, de hasarder quelque chose en notre propre personne, pour arrêter ces guerres antichrétiennes.

— Puissent les saints favoriser les pieuses intentions de

veilleux astrologue qui prédit même dix jours d'avance la mort de Charles-le-Téméraire. Son ami Philippe de Comines n'a pas oublié de vanter sa grande science. — ED.

Votre Majesté, répondit l'astrologue, et veiller sur votre personne sacrée !

— Je vous remercie, docte père, dit Louis : en attendant, voici quelque chose pour augmenter votre précieuse bibliothèque.

En même temps, il glissa sous un des volumes une petite bourse d'or ; car, économe jusque dans ses superstitions, il croyait avoir suffisamment acheté les services de l'astrologue par la pension qu'il lui avait accordée, et pensait avoir le droit d'employer ses talens à un prix très-modéré, même dans les occasions les plus importantes.

Louis, pour nous servir du langage du barreau, ayant ainsi payé les honoraires de son avocat consultant, se tourna vers Durward : — Suis-moi, lui dit-il, mon brave Ecossais, suis-moi comme un homme choisi par le destin et par un monarque pour accomplir une aventure importante. Aie soin que tout soit prêt pour que tu puisses mettre le pied sur l'étrier à l'instant même où la cloche de Saint-Martin sonnera minuit. Une minute plus tôt ou une minute plus tard, tu perdrais l'aspect favorable des constellations qui sourient à ton expédition.

A ces mots, le roi sortit, suivi de son jeune garde, et ils ne furent pas plus tôt partis, que l'astrologue se livra à des sentimens tout différens de ceux qui avaient paru l'animer en présence du monarque.

— Le misérable avare ! s'écria-t-il en pressant la bourse dans sa main ; car, ne mettant pas de bornes à ses dépenses, Galeotti avait toujours besoin d'argent. — Le vil et sordide imbécile ! la femme du maître d'un bâtiment m'en donnerait davantage pour savoir si son mari fera une heureuse traversée. Lui ! acquérir quelque teinture des belles-lettres ! oui, quand le renard glapissant et le loup hurlant deviendront musiciens. Lui ! lire dans le glorieux blason du firmament ! oui, quand la taupe aveugle aura les yeux du lynx. *Post tot promissa !* Après m'avoir prodigué tant de promesses pour me tirer de la cour du magnifique Mathias, où le Hun et le Turc, le chrétien et l'infidèle, le czar de Moscovie et le kan des Tartares, disputaient à qui me comblerait de plus de présens! Pense-t-il que je sois homme à rester dans ce vieux château, comme un bouvreuil en cage, prêt à chanter dès qu'il lui plaît de siffler? Non, sur ma foi! *Aut inveniam viam, aut faciam.* Je découvrirai ou j'imaginerai un expédient. Le cardinal de La Balue est politique et libéral; il verra la question que le roi vient de me soumettre, et ce sera la faute de Son Eminence si les astres ne parlent pas comme il souhaite.

Il reprit le présent dédaigné, et le pesa de nouveau dans sa main.—Il est possible, dit-il, qu'il se trouve au fond de cette misérable bourse quelque perle ou quelque joyau de prix : j'ai entendu dire qu'il peut être généreux jusqu'à la prodigalité quand son caprice le veut ou que son intérêt l'exige.

Il vida la bourse sur la table, et n'y trouva ni plus ni moins que dix pièces d'or, ce qui excita son indignation au plus haut degré.

—Pense-t-il que, pour ce misérable salaire, je le ferai jouir des fruits de cette science céleste que j'ai étudiée avec l'abbé arménien d'Istrahoff, qui n'avait pas vu le soleil depuis quarante ans; avec le Grec Dubravius, qu'on dit avoir ressuscité des morts, et avoir même visité le scheik Eba-Ali dans sa grotte des déserts de la Thébaïde? Non, de par le ciel! celui qui méprise la science périra par son ignorance. Dix pièces d'or! je rougirais presque d'offrir cette somme à Toinette pour s'acheter un corset.

Tout en parlant ainsi, le sage indigné n'en mit pas moins cet or méprisé dans une grande poche qu'il portait à sa ceinture, et que Toinette et les autres personnes qui l'aidaient dans ses dépenses extravagantes savaient ordinairement vider plus promptement que notre astrologue, avec toute sa science, ne trouvait le moyen de la remplir.

CHAPITRE XIV.

Le Voyage.

> « France, je te revois, pays chéri des cieux,
> « Qu'ornèrent à l'envi les arts et la nature;
> « Aux faciles travaux de tes enfans joyeux,
> « Ton sein reconnaissant répond avec usure.
> « De tes jeunes beautés j'aime les noirs cheveux,
> « Leur sourire enchanteur, leurs regards pleins de graces !
> « Hélas ! pour toi le sort eut aussi ses rigueurs;
> « Ce n'est pas de nos jours que datent tes disgraces,
> « Mais tu sais supporter noblement tes malheurs (1). »
> *Anonyme.*

ÉVITANT d'entrer en conversation avec qui que ce fût, car tel était l'ordre qu'il avait reçu, Durward alla se couvrir sans retard d'une cuirasse excellente, mais sans ornemens; prit des brassards et des cuissards, et mit sur sa tête un bon casque d'acier sans visière; il revêtit aussi un bon surtout en peau de chamois, brodé sur toutes les coutures, et qui pouvait convenir à un officier supérieur servant dans une noble maison.

Ces armes et ces vêtemens lui furent apportés dans son appartement par Olivier, qui, avec son air tranquille et son sourire insinuant, l'informa que son oncle avait reçu ordre de monter la garde, pour qu'il ne pût faire aucune question sur la cause de tous ces mouvemens mystérieux.

— On fera vos excuses à votre parent, lui dit Olivier

---

(1) Quand on rapproche cette épigraphe de la date de l'introduction, ou plutôt de celle du véritable voyage que sir Walter Scott fit en France, on y trouve l'expression d'une généreuse pitié sur les malheurs de la France de 1815. Nous le faisons remarquer avec plaisir à ceux qui ont cru trouver dans les *Lettres de Paul* le sujet de griefs amers contre sir Walter Scott. — ED.

en souriant encore; et, mon cher fils, quand vous serez de retour sain et sauf, après avoir exécuté une mission si agréable, je ne doute pas que vous ne soyez trouvé digne d'une promotion qui vous dispensera de répondre de vos actions à qui que ce soit. Oui, nous vous verrons alors commander vous-même des gens qui auront au contraire à vous rendre compte.

C'était ainsi que s'exprimait Olivier-le-Diable, tout en calculant probablement dans son esprit les chances qui pouvaient faire croire que le pauvre jeune homme, dont il serrait cordialement la main, devait nécessairement trouver la mort ou la captivité dans sa mission.

Quelques minutes avant minuit, Quentin, conformément à ses instructions, se rendit dans la seconde cour, et s'arrêta près de la tour du Dauphin, qui, comme nos lecteurs le savent, avait été assignée pour la résidence temporaire des comtesses de Croye. Il trouva à ce rendez-vous les hommes et les chevaux de l'escorte, deux mules déjà chargées de bagage, trois palefrois destinés aux deux comtesses et à une fidèle femme de chambre; enfin, pour lui-même, un superbe cheval de guerre, dont la selle garnie en acier brillait aux blancs rayons de la lune. Pas un mot de reconnaissance ne fut prononcé d'aucun côté. Les hommes étaient immobiles sur leurs selles, comme s'ils eussent été des statues, et Quentin, à la lueur imparfaite de l'astre de la nuit, vit avec plaisir qu'ils étaient bien armés et qu'ils avaient en main de longues lances. Ils n'étaient que trois; mais l'un d'eux dit tous bas à Quentin, avec un accent gascon fortement prononcé, que leur guide devait les joindre au-delà de Tours.

Pendant tout ce temps, des lumières brillaient dans la tour, d'une fenêtre à l'autre, comme si les dames s'empressaient de faire leurs préparatifs de départ. Enfin une petite porte qui conduisait dans la cour s'ouvrit, et trois femmes en sortirent, accompagnées d'un homme enveloppé d'un manteau. Elles montèrent en silence sur les palefrois qui leur avaient été préparés ; et l'homme qui les accompagnait, marchant devant elles, donna le mot de passe et fit les signaux nécessaires aux gardes vigilans devant lesquels elles eurent à passer successivement. Elles arrivèrent enfin à la dernière de ces barrières formidables ; là, l'homme qui leur avait servi de guide jusqu'alors s'arrêta, et dit tout bas quelques mots aux deux comtesses, avec un air d'empressement officieux.

—Que le ciel vous protège ! Sire, répondit une voix qui fit tressaillir le cœur de Durward, et qu'il vous pardonne si vous avez des vues plus intéressées que vos paroles ne l'expriment ! Me trouver sous la protection du bon évêque de Liège est à présent tout ce que je désire.

L'homme à qui elle parlait ainsi murmura une réponse qu'on ne put entendre, et rentra dans le château, tandis que Quentin, à la clarté de la lune, reconnaissait en lui le roi lui-même, que son désir d'être bien sûr du départ des deux dames avait sans doute déterminé à l'honorer de sa présence, de crainte qu'il n'y eût quelque hésitation de leur part, ou que les gardes du château ne fissent quelques difficultés imprévues.

Tant que la cavalcade fut dans les environs du château, il fallut qu'elle marchât avec beaucoup de précaution pour éviter les trappes, les pièges et embûches placés de distance en distance. Mais le Gascon semblait avoir un fil pour se guider dans ce labyrinthe fatal aux étrangers. Après un quart d'heure de marche, ils se trouvèrent au-delà des limites de Plessis-le-Parc, et non loin de la ville de Tours.

La lune, qui venait de se dégager entièrement des nuages qu'elle n'avait fait jusqu'alors que percer de temps en temps, jetait un océan de lumière sur un paysage des plus magnifiques. La superbe Loire roulait ses eaux majestueuses à travers la plus riche plaine de France, entre des rives ornées de tours et de terrasses, de vignobles, et de plantations de mûriers. L'ancienne capitale de la Touraine élevait dans les airs les tours qui défendaient ses portes et ses remparts blanchis par les rayons de la lune, tandis que, dans l'enceinte qu'ils formaient, on apercevait le faîte de cet immense édifice que la dévotion du saint évêque Perpétue avait fait construire dès le cinquième siècle, et auquel le zèle de Charlemagne et de ses successeurs avait ajouté des ornemens d'architecture en assez grand nombre pour en faire l'église la plus belle de toute la France. Les tours de l'église de Saint-Gratien étaient également visibles, ainsi que le château sombre et formidable qui autrefois, dit-on, fut la résidence de l'empereur Valentinien.

Quoique les circonstances dans lesquelles se trouvait Quentin Durward fussent de nature à occuper toutes ses pensées, il ne put contempler qu'avec enchantement une scène que la nature et l'art semblaient avoir enrichie à l'envi de tous leurs ornemens. Son admiration s'accroissait encore par la comparaison avec ses montagnes natales, dont les sites les plus imposans ont toujours un aspect d'aridité. Il fut tiré de sa contemplation par la voix de la comtesse Hameline, montée aux moins à une octave plus haut que les sons flûtés qu'elle avait fait entendre en disant adieu au roi. Elle demandait à parler au chef de la petite escorte. Quentin, pressant son cheval, se présenta respectueusement aux deux dames en cette qualité, après quoi la comtesse Hameline lui fit subir l'interrogatoire suivant :

—Quel est votre nom? quelle est votre qualité?

Durward la satisfit sur ces deux points.

—Connaissez-vous parfaitement la route?

—Il ne pouvait, répondit-il, assurer qu'il la connût très-bien, mais il avait reçu des instructions détaillées, et, à la première halte, il devait trouver un guide en état, sous tous les rapports, de diriger leur marche ultérieure. En attendant, un cavalier qui venait de les joindre, et qui complétait l'escorte, leur en servirait.

—Et pourquoi vous a-t-on choisi pour un pareil service? on m'a dit que vous êtes le même jeune homme qui était hier de garde dans la galerie où nous avons trouvé la princesse de France. Vous paraissez bien jeune, bien peu expérimenté pour être chargé d'une telle mission. D'ailleurs vous n'êtes pas Français, car vous parlez notre langue avec un accent étranger.

—Mon devoir est d'exécuter les ordres du roi, madame, et non d'en discuter les motifs.

—Êtes-vous de naissance noble?

—Je puis l'affirmer en sûreté de conscience, madame.

—Et n'est-ce pas vous, lui demanda la comtesse Isabelle avec un air de timidité, que j'ai vu avec le roi à l'auberge des Fleurs-de-Lis?

Baissant la voix, peut-être parce qu'il éprouvait le même sentiment de timidité, Quentin répondit affirmativement.

—En ce cas, belle tante, dit-elle à la comtesse Hameline, je crois que nous n'avons rien à craindre, étant sous la sauve-garde de monsieur; il n'a pas l'air d'un homme à qui l'on aurait pu confier prudemment l'exécution d'un plan de trahison et de cruauté contre deux femmes sans défense.

—Sur mon honneur, madame, s'écria Durward, sur la gloire de ma maison et sur les cendres de mes ancêtres, je ne voudrais pas, pour la France et l'Écosse réunies, être coupable de trahison et de cruauté envers vous.

—Vous parlez bien, jeune homme! dit la comtesse Hameline; mais nous sommes accoutumées aux beaux discours du roi Louis et de ses agens. C'est ainsi qu'il nous a déterminées à chercher un refuge en France, quand nous aurions pu, avec moins de danger qu'aujourd'hui, en trouver un chez l'évêque de Liège, nous mettre sous la protection de Wenceslas d'Allemagne, ou sous celle d'Edouard d'Angleterre. Et à quoi ont abouti les promesses du roi? A nous cacher indignement, honteusement, comme des marchandises prohibées, sous des noms plébéiens, dans une misé-

16.

rable hôtellerie, tandis que tu sais, Marton, ajouta-t-elle en se tournant vers la femme de chambre, que nous n'avons jamais fait notre toilette que sous un dais et sur une estrade à trois marches; et là, nous étions obligées de nous habiller sur le plancher d'une chambre, comme si nous eussions été deux laitières.

Marton convint que sa maîtresse disait une triste vérité.

— Je voudrais que nous n'eussions pas eu d'autres sujets de plaintes, dit Isabelle; je me serais bien volontiers passée de tout appareil de grandeur.

— Mais non pas de société, ma nièce, cela est impossible.

— Je me serais passée de tout, ma chère tante, répondit-elle d'une voix qui alla jusqu'au cœur de son jeune conducteur; oui, de tout, pourvu que j'eusse trouvé une retraite sûre et honorable. Je ne désire pas, Dieu sait que je n'ai jamais désiré occasioner une guerre entre la France et la Bourgogne, ma patrie. Je serais bien fâchée que ma cause coûtât la vie à un seul homme. Je ne demandais que la permission de me retirer au couvent de Marmoutiers, ou dans quelque saint monastère.

— Vous parlez en véritable folle, belle nièce, et non en fille de mon noble frère. Il est heureux qu'il existe encore quelqu'un qui conserve quelque chose de la fierté de la noble maison de Croye. Comment distinguerait-on une femme bien née d'une laitière brûlée par le soleil, si ce n'est parce qu'on rompt des lances pour l'une, et qu'on casse des branches de coudrier pour l'autre? Je vous dis que, lorsque j'étais dans la fleur de la jeunesse, à peine plus âgée que vous ne l'êtes aujourd'hui, on soutint en mon honneur la fameuse passe d'armes d'Haflinghem. Les tenans étaient au nombre de quatre, et celui des assaillans alla jusqu'à douze. Cette joute coûta la vie à deux chevaliers, et il y eut une épine du dos, une épaule, trois jambes et deux bras cassés, sans parler d'un si grand nombre de blessures dans les chairs, et de contusions, que les hérauts d'armes ne purent les compter. C'est ainsi que les dames de notre maison ont toujours été honorées. Ah! si vous aviez la moitié autant de cœur que vos nobles ancêtres, vous trouveriez le moyen, dans quelque cour où l'amour des dames et la renommée des armes sont encore en honneur, de faire donner un tournois dont votre main serait le prix, comme celle de votre bisaïeule, de bienheureuse mémoire, fut celui de la fameuse joute d'armes de Strasbourg; vous vous assureriez ainsi la meilleure lance de l'Europe pour soutenir les droits de la maison de Croye contre l'oppression du duc de Bourgogne et la politique de la France.

— Mais, belle tante, ma vieille nourrice m'a dit que, quoique le rhingrave fût la meilleure lance de la fameuse joute de Strasbourg, et qu'il eût obtenu ainsi la main de ma respectable bisaïeule, de bienheureuse mémoire, ce mariage ne fut pourtant pas très-heureux, attendu qu'il avait coutume de la gronder souvent, et quelquefois même de la battre.

— Et pourquoi non? s'écria la comtesse Hameline dans son enthousiasme romanesque pour la chevalerie; pourquoi ces bras victorieux, accoutumés à frapper de taille et d'estoc en rase campagne, seraient-ils sans énergie dans leur château? J'aimerais mille fois mieux être battue deux fois par jour par un noble chevalier dont le bras serait aussi redoutable aux autres qu'à moi-même, que d'avoir pour époux un lâche qui n'oserait lever la main sur sa femme ni sur personne.

— Je vous souhaiterais beaucoup de plaisir avec un époux si turbulent, belle tante, et je ne vous l'envierais pas; car s'il est vrai qu'on puisse supporter l'idée de quelque membre rompu dans un tournois, il n'en est pas de même dans le salon d'une dame.

— Mais on peut épouser un chevalier de renom, sans que

la conséquence nécessaire soit d'être battue, quoiqu'il soit vrai que notre ancêtre de glorieuse mémoire, le rhingrave Gottfried, eût le caractère un peu brusque, et aimât un peu trop le vin du Rhin. Un chevalier parfait est un agneau avec les dames, et un lion au milieu des lances. Il y avait Thibault de Montigny, que la paix soit avec lui! c'était l'homme le plus doux qu'on pût voir, et jamais il ne fut assez discourtois pour lever la main contre son épouse, de sorte que, par Notre-Dame, lui qui battait tous les ennemis en champ clos, il se laissait battre chez lui par une belle ennemie. Eh bien! ce fut sa faute. Il était un des tenans à la passe d'armes d'Haflinghem, et il s'y conduisit si bien, que, si tel eût été le bon plaisir du ciel et celui de votre aïeul, il aurait pu y avoir une dame de Montigny qui aurait répondu plus convenablement à sa douceur.

La comtesse Isabelle, qui avait quelque raison pour craindre cette fameuse passe d'armes d'Haflinghem, attendu que c'était un sujet sur lequel sa tante était toujours fort prolixe, laissa tomber la conversation; et Quentin, avec la politesse d'un jeune homme bien élevé, craignant que sa présence ne les gênât dans leur entretien, piqua en avant, et alla joindre le guide, comme pour lui faire quelques questions relativement à la route.

Cependant les deux dames continuèrent leur route en silence, ou s'entretinrent de choses qui ne méritent pas d'être rapportées. Le jour commença enfin à paraître; et, comme elles avaient été à cheval plusieurs heures, Durward, craignant qu'elles ne fussent fatiguées, devint impatient d'arriver à la première halte.

— Je vous la montrerai dans une demi-heure, lui répondit le guide.

— Et alors vous nous laisserez aux soins d'un autre guide? demanda Quentin.

— Comme vous le dites. Mes voyages sont toujours courts et en droite ligne. Quand vous et beaucoup d'autres, monsieur l'archer, vous décrivez une courbe en forme d'arc, moi je suis toujours la corde.

La lune avait quitté l'horizon depuis long-temps, mais la lumière de l'aurore commençait à briller du côté de l'orient, et se répercutait sur le cristal d'un petit lac dont les voyageurs suivaient les bords depuis quelques instans. Ce lac était situé au milieu d'une grande plaine où l'on voyait des arbres isolés, quelques bouquets d'arbustes et quelques buissons, mais assez découverte pour qu'on pût déjà apercevoir les objets distinctement. Quentin jeta alors les yeux sur l'individu près duquel il se trouvait, et sous l'ombre d'un grand chapeau rabattu à larges bords, qui ressemblait au *sombrero* d'un paysan espagnol, il reconnut les traits facétieux de ce même Petit-André dont les doigts, peu de temps auparavant, de concert avec ceux de son lugubre confrère Trois-Echelles, avaient déployé tant d'activité autour de son cou.

L'exécuteur des hautes-œuvres étant regardé en Ecosse avec une horreur presque superstitieuse, Quentin, cédant à un mouvement d'aversion qui n'était pas sans quelque mélange de crainte, et que le souvenir de l'aventure dans laquelle il avait couru de si grands risques ne tendait pas à diminuer, tourna vers la droite la tête de son cheval, et le pressant en même temps de l'éperon, lui fit faire une demi-volte qui le mit à sept ou huit pieds de son odieux compagnon.

—Ho! ho! ho! s'écria Petit-André; par Notre-Dame de la Grève, notre jeune soldat ne nous a pas oublié. Eh bien! camarade, vous ne m'en voulez pas, j'espère? Dans ce pays il faut que chacun gagne son pain. Personne n'a à rougir d'avoir passé par mes mains; car j'attache un fruit vivant à un arbre aussi proprement que qui que ce puisse être; et, par-dessus le marché, Dieu m'a fait la grace de faire de moi un gaillard des plus joyeux! Ah! ah! ah! ah! je pourrais vous citer de si bonnes plaisanteries de ma façon, faites entre le bas et le haut de l'échelle, que j'étais obligé de précipiter ma besogne, de peur que mes patiens ne mourussent de rire, ce qui aurait été une honte pour mon métier.

En finissant ces mots, il tira de côté la bride de son cheval, pour regagner la distance que l'Ecossais avait mise entre eux, et lui dit en même temps : — Allons, monsieur l'archer, point de bouderie entre nous; car, pour moi, je fais toujours mon devoir sans rancune et avec gaieté, et je n'aime jamais mieux un homme que lorsque je lui mets mon cordon autour du cou, pour en faire un chevalier de l'ordre de Saint-Patibularius, comme le chapelain du grand prévôt, le digne père Vaconeldiablo, a coutume d'appeler le saint patron de la prévôterie.

— Retire-toi, misérable, dit Quentin à l'exécuteur des sentences de la loi, en voyant qu'il cherchait à se rapprocher de lui; retire-toi, ou je serai tenté de t'apprendre l'intervalle qui sépare un homme d'honneur du plus vil rebut de la société.

— Là! là! dit Petit-André; comme vous êtes vif! Si vous aviez dit un honnête homme, il pourrait y avoir quelque chose de vrai là-dedans; mais quant aux hommes d'honneur, j'ai tous les jours à travailler avec eux d'aussi près que j'ai été sur le point de le faire avec votre personne. Mais que la paix soit avec vous, et restez tout seul, si bon vous semble. Je vous aurais donné un flacon de vin d'Auvergne pour noyer le souvenir de toute rancune; mais, puisque vous méprisez ma politesse, boudez tant qu'il vous plaira. Je n'ai jamais de querelle avec mes pratiques, avec mes petits danseurs, mes compagnons de jeu, mes chers camarades, comme Jacques le boucher appelle ses moutons; en un mot, avec ceux qui, comme Votre Seigneurie, portent en grosses lettres écrit sur le front C. O. R. D. E. [1]. Non non : qu'ils me traitent comme ils le voudront, ils ne m'en

---

(1) Il y a dans l'anglais, H. E. M. P., *hemp*, *chanvre*. — Éd.

trouveront pas moins prêt, au moment convenable, à leur rendre service; et vous verrez vous-même, quand vous retomberez entre mes mains, que Petit-André sait ce que c'est que de pardonner une injure.

Après avoir ainsi parlé, et résumé le tout en jetant sur Quentin un regard ironique, il fit entendre cette interjection par laquelle on cherche à exciter un cheval trop lent, prit l'autre côté du chemin, et laissa Durward digérer ses sarcasmes aussi bien que pouvait le lui permettre son orgueil écossais.

Quentin éprouva une forte tentation de lui briser le bois de sa lance sur les côtes, mais il réprima son courroux en songeant qu'une querelle avec un tel homme ne serait honorable en aucun temps ni en aucun lieu, et qu'en cette occasion ce serait un oubli de ses devoirs qui pourrait avoir les plus dangereuses conséquences. Il ne répondit donc plus rien aux railleries malavisées de Petit-André, et se contenta de faire des vœux bien sincères pour qu'elles ne fussent point arrivées jusqu'aux oreilles des dames qu'il escortait, sur l'esprit desquelles elles ne pourraient produire une impression avantageuse en faveur d'un jeune homme exposé à de tels sarcasmes.

Il n'eut pas long-temps le loisir de se livrer à ces réflexions, car elles furent interrompues par des cris perçans que poussèrent les deux dames en même temps.

—Regardez! regardez derrière nous! pour l'amour du ciel! veillez sur nous et sur vous-même; on nous poursuit!

Quentin se retourna à la hâte, et vit qu'effectivement deux cavaliers armés semblaient les poursuivre; et ils couraient assez bon train pour les joindre bientôt. — Ce ne peut être, dit-il, que quelques hommes de la garde du grand prévôt qui font leur ronde dans la forêt. Regarde, ajouta-t-il en s'adressant à Petit-André, et vois si tu les reconnais.

Petit-André obéit: et après avoir fait sa reconnaissance, il lui répondit en se tournant sur sa selle d'un air goguenard:—Ces cavaliers ne sont ni vos camarades ni les miens, ils ne sont ni de la garde du roi ni de la garde prévôtale : car il me semble qu'ils portent des casques dont la visière est fermée, et des hausse-cols. Au diable soient ces hausse-cols ! c'est la pièce de toute l'armure qui me déplaît davantage ; j'ai quelquefois perdu une heure avant de pouvoir venir à bout de les détacher.

—Nobles dames, dit Durward sans faire attention à ce que disait Petit-André, marchez en avant, pas assez vite pour faire croire que vous fuyez, mais assez pour profiter de l'obstacle que je vais tâcher de mettre à la marche de ces deux cavaliers qui nous suivent.

La comtesse Isabelle jeta un coup d'œil sur Quentin, dit quelques mots à l'oreille de sa tante, qui adressa la parole à Quentin en ces termes :

—Nous vous avons donné notre confiance, monsieur l'archer, et nous préférons courir le risque de tout ce qui pourra nous arriver en votre compagnie, plutôt que d'aller en avant avec cet homme, dont la physionomie ne nous paraît pas de bon augure.

—Comme il vous plaira, mesdames, répondit le jeune Écossais ; après tout, ils ne sont que deux ; et quoiqu'ils soient chevaliers, à ce que leurs armes paraissent annoncer, ils apprendront, s'ils ont quelque mauvais dessein, comment un Écossais peut remplir son devoir, en présence et pour la défense de personnes comme vous. Lequel de vous, continua-t-il en s'adressant aux trois hommes qu'il commandait, veut être mon compagnon pour rompre une lance avec ces deux cavaliers ?

Deux de ses hommes d'armes parurent manquer de résolution ; mais le troisième, Bertrand Guyot, jura que, *cape de Diou !* fussent-ils chevaliers de la table ronde du roi Arthur, il se mesurerait avec eux pour l'honneur de la Gascogne.

Pendant qu'il parlait ainsi, les deux chevaliers, car ils ne paraissaient pas être d'un moindre rang, arrivèrent à l'arrière-garde de la petite troupe, composée de Quentin et du brave Gascon, tous deux couverts d'une excellente armure d'acier bien poli, mais sans aucune devise qui pût les faire distinguer.

L'un d'eux, en s'approchant, cria à Quentin : — Retirez-vous, sire écuyer : nous venons vous relever d'un poste au-dessus de votre rang et de votre condition. Vous ferez bien de laisser ces dames sous nos soins, elles s'en trouveront mieux que des vôtres ; car avec vous elles ne sont guère que captives.

— Pour répondre à votre demande, monsieur, répliqua Durward, je vous dirai d'abord que je m'acquitte d'un devoir qui m'a été imposé par mon souverain actuel ; et ensuite, que, quelque indigne que j'en puisse être, ces dames désirent rester sous ma protection.

— Comment, drôle, s'écria un des deux champions, oseras-tu, toi, mendiant vagabond, opposer résistance à deux chevaliers ?

— Résistance est le mot propre, répondit Quentin : car je prétends résister à votre attaque insolente et injuste ; et s'il existe entre nous quelque différence de rang, ce que je suis encore à apprendre, votre conduite discourtoise la fait disparaître. Tirez donc vos épées, ou, si vous vous voulez vous servir de la lance, prenez du champ.

Les deux chevaliers firent volte-face, et retournèrent à la distance d'environ deux cents pas. Quentin, jetant un regard sur les deux comtesses, se pencha sur sa selle, comme pour leur demander de le favoriser de leurs vœux ; et tandis qu'elles agitaient leurs mouchoirs en signe d'encouragement, les deux autres champions étaient arrivés à la distance nécessaire pour charger.

Recommandant au Gascon de se conduire en brave, Durward mit son coursier au galop, et les quatre cavaliers se rencontrèrent au milieu du terrain qui les séparait. Le choc fut fatal au pauvre Gascon; car son adversaire ayant dirigé son arme contre son visage, qui n'était pas défendu par une visière, sa lance lui entra dans l'œil, pénétra dans le crâne, et le renversa mort sur la place.

D'une autre part, Quentin qui avait le même désavantage, et que son ennemi attaqua de la même manière, fit un mouvement si à propos sur sa selle, que la lance de son ennemi passa sur son épaule droite, en lui effleurant légèrement la joue, tandis que la sienne frappant son antagoniste sur la poitrine, le renversa par terre. Quentin sauta à bas de cheval, pour détacher le casque de son adversaire; mais l'autre chevalier, qui, soit dit en passant, n'avait pas encore parlé, voyant la mésaventure de son compagnon, descendit du sien encore plus vite; et se plaçant en avant de son ami, privé de tout sentiment:—Jeune téméraire, dit-il à Durward, au nom de Dieu et de saint Martin, remonte à cheval, et va-t'en avec ta pacotille de femmes. Ventre-saint-gris, elles ont déjà causé assez de mal ce matin.

—Avec votre permission, sire chevalier, répondit Quentin, mécontent de l'air de hauteur avec lequel cet avis lui était donné, je verrai d'abord à qui j'ai eu affaire, et je saurai ensuite qui doit répondre de la mort de mon camarade.

—Tu ne vivras assez ni pour le savoir, ni pour le dire, s'écria le chevalier; je te le répète, retire-toi en paix. Si nous avons été assez fous pour interrompre votre voyage, nous en avons été bien payés; car tu as fait plus de mal que n'en pourraient réparer ta vie et celle de tous tes compagnons. Ah! s'écria-t-il en voyant que Durward avait tiré son épée, puisque tu le veux, bien volontiers. Pare celui-là.

En même temps il porta sur la tête du jeune Écossais un coup si bien appliqué, que Quentin, quoique né dans un pays où l'on ne les donnait pas de main morte, n'avait entendu parler d'un coup d'épée semblable que dans les romans. Il descendit avec la force et la rapidité de l'éclair, abattit la garde du sabre que Durward avait levé pour le parer, fendit son casque au point de toucher les cheveux, mais ne pénétra pas plus avant. Cependant le jeune soldat, étourdi par la violence du coup, tomba un genou en terre, et fut un moment à la merci de son adversaire, s'il eût plu à celui-ci de lui en porter un second; mais soit par compassion pour sa jeunesse, soit par admiration de son courage, soit enfin par une générosité qui ne lui permettait pas d'attaquer un ennemi sans défense, le chevalier ne voulut pas profiter de cet avantage. Cependant Quentin, revenant à lui, se releva lestement, et attaqua son antagoniste avec l'énergie d'un homme déterminé à vaincre ou à périr, et avec le sang-froid nécessaire pour faire usage de tous ses moyens. Résolu d'éviter de s'exposer à des coups aussi terribles que celui qu'il venait de recevoir, il fit valoir l'avantage d'une agilité supérieure qu'augmentait encore la légèreté relative de son armure, pour harasser son ennemi en l'attaquant de tous côtés avec des mouvemens si soudains et si rapides que celui-ci, chargé d'armes pesantes, trouva difficile de se défendre sans se fatiguer beaucoup.

Ce fut en vain que ce généreux antagoniste cria à Quentin qu'ils n'avaient plus aucune raison pour se battre, et que ce serait à regret qu'il le blesserait. N'écoutant que le désir de laver la honte de sa première défaite, Durward continua à l'assaillir avec la vivacité de l'éclair, le menaçant tantôt du tranchant, tantôt de la pointe de son épée, et ayant toujours l'œil attentif à tous les mouvemens de son adversaire, qui lui avait déjà donné une preuve si terrible de la force supérieure de son bras, de sorte qu'il était toujours prêt à faire un saut en arrière ou de côté à chaque coup que lui portait la lame pesante de son ennemi.

— Il faut que le diable ait enraciné dans ce jeune fou la présomption et l'opiniâtreté, murmura le chevalier : tu ne seras donc content que lorsque tu auras un bon horion sur la tête! Changeant alors de manière de combattre, il se tint sur la défensive, se contentant de parer les coups que Quentin ne cessait de lui porter, sans paraître chercher à les rendre, mais épiant l'instant où la fatigue, un faux pas ou un moment de distraction du jeune soldat lui fournirait l'occasion de mettre fin au combat d'un seul coup. Il est probable que cette politique adroite lui aurait réussi, mais le destin en avait ordonné autrement.

Ils étaient encore aux prises avec une égale fureur, quand une troupe nombreuse d'hommes à cheval arriva au grand galop, en criant : — Arrêtez! arrêtez! Au nom du roi! Les deux champions reculèrent au même instant, et Quentin vit avec surprise que son capitaine, lord Crawford, était à la tête du détachement qui venait d'interrompre le combat. Il reconnut aussi Tristan l'Ermite avec deux ou trois de ses gens. Toute la troupe pouvait consister en une vingtaine de cavaliers.

CHAPITRE XV.

Le Guide.

« Il me dit qu'en Egypte il avait pris naissance.
« Il était descendu de ces sorciers fameux,
« Eternels ennemis des malheureux Hébreux,
« Aux miracles divins opposant des prestiges,
« Du prophète Moïse imitant les prodiges.
« Mais quand de Jéhovah l'ange exterminateur
« Frappa les premiers nés dè son glaive vengeur,
« Ces sages prétendus, en dépit de leurs charmes,
« Comme le paysan répandirent des larmes. »
Anonyme.

L'ARRIVÉE de lord Crawford et de son détachement termina tout à coup le combat que nous avons cherché à décrire dans le chapitre précédent. Le chevalier, levant la visière de son casque, remit son épée au vieux lord en lui disant : — Crawford, je me rends, mais écoutez-moi ; un mot à l'oreille. Pour l'amour du ciel, sauvez le duc d'Orléans.

— Quoi ! comment ! le duc d'Orléans ! s'écria le commandant de la garde écossaise ; il faut donc que le diable s'en soit mêlé ! cela va le perde dans l'esprit du roi, le perdre à jamais.

— Ne me faites pas de questions, répondit Dunois, car c'était lui qui venait de figurer dans cette scène ; c'est moi qui suis coupable, et je le suis seul. Voyez, le voilà qui donne un signe de vie. Je ne voulais qu'enlever cette jeune comtesse, m'assurer sa main et ses possessions ; et voyez ce qu'il en est résulté. Faites éloigner votre canaille ; que personne ne puisse le reconnaître.

A ces mots il leva la visière du casque du duc d'Orléans, et lui jeta sur le visage de l'eau que lui fournit le lac qui était à deux pas.

Cependant Durward, pour qui les aventures se succédaient avec une telle rapidité, restait immobile de surprise. Les traits pâles de son premier antagoniste lui apprenaient qu'il avait renversé le premier prince du sang de France ; et c'était avec le célèbre Dunois, avec le meilleur champion de ce royaume, qu'il venait de mesurer son épée ! C'étaient deux faits d'armes honorables en eux-mêmes ; mais le roi les approuverait-il ? c'était une autre question.

Le duc avait repris ses sens et recouvré assez de forces pour s'asseoir, et il écoutait avec attention ce qui se passait entre Dunois et Crawford, le premier soutenant avec chaleur qu'il était inutile de prononcer le nom du duc d'Orléans dans cette affaire, puisqu'il était prêt à en prendre tout le blâme sur lui-même, et qu'il déclarait que le duc ne l'avait suivi que par amitié.

Lord Crawford l'écoutait, les yeux fixés sur la terre, en soupirant, et en secouant la tête de temps en temps.

— Tu sais, Dunois, lui dit-il enfin en le regardant, que

par amour pour ton père, aussi-bien que pour toi-même, je désirerais te rendre service...

—Je ne demande rien pour moi! s'écria Dunois; je vous ai rendu mon épée; je suis votre prisonnier; que faut-il de plus? C'est pour ce noble prince que je parle, pour le seul espoir de la France, s'il plaisait à Dieu d'appeler à lui le dauphin; il n'est venu ici qu'à ma prière, pour m'aider à faire ma fortune : le roi lui-même m'avait donné une sorte d'encouragement.

—Dunois, répondit Crawford, si tout autre que toi me disait que tu as entraîné le noble prince dans une situation si cruelle, pour servir quelqu'une de tes vues, je lui donnerais un démenti formel; et quoique ce soit toi-même qui me l'assures en ce moment, j'ai peine à croire que tu dises la vérité.

—Noble Crawford, dit le duc d'Orléans, qui avait alors repris l'usage de ses sens, votre caractère ressemble trop à celui de votre ami Dunois pour ne pas lui rendre justice. C'est moi au contraire qui l'ai amené ici, contre son gré, pour une folle entreprise conçue à la hâte et exécutée avec témérité. Regardez-moi tous, ajouta-t-il en se levant et en se tournant vers les soldats; je suis Louis d'Orléans, prêt à subir la peine de sa folie. J'espère que le déplaisir du roi ne tombera que sur moi, comme cela n'est que trop juste. Cependant, comme un fils de France ne doit rendre ses armes à personne, pas même à vous, brave Crawford, adieu, mon fidèle acier.

A ces mots il tira son épée, et la jeta dans le lac. L'épée traça dans l'air un sillon comme un éclair, tomba dans l'eau avec bruit, et disparut. Les spectateurs de cette scène étaient plongés dans l'étonnement et l'irrésolution, tant le rang du coupable était respectable, tant son caractère était estimé; tandis qu'ils sentaient, d'une autre part, qu'attendu les vues que le roi avait sur lui, les conséquences de sa témérité entraîneraient probablement sa perte.

Dunois parla le premier, et ce fut avec le ton de mécontentement d'un ami blessé du peu de confiance qu'on lui témoigne. — Ainsi donc, dit-il, Votre Altesse juge à propos, dans une même matinée, de renoncer aux bonnes graces du roi, de jeter à l'eau sa meilleure épée, et de mépriser l'amitié de Dunois!

—Mon cher cousin! répondit le duc, comment pouvez-vous croire que je méprise votre amitié, quand je dis la vérité comme l'exigent votre sûreté et mon honneur?

—Et pourquoi vous mêlez-vous de ma sûreté, mon prince? répliqua Dunois d'un ton bref; je voudrais bien le savoir, mon cher cousin. Que vous importe, au nom du ciel! si j'ai envie d'être pendu, étranglé, jeté dans la Loire, poignardé, rompu sur la roue, enfermé dans une cage de fer, enterré tout vivant dans le fossé d'un château, ou traité de toute autre manière qu'il peut plaire au roi Louis de disposer de son fidèle sujet? Vous n'avez pas besoin de cligner les yeux et de me montrer Tristan l'Ermite, je vois le coquin aussi bien que vous. Mais j'en aurais été quitte à meilleur compte.
—Croyez que la vie me fût restée. Quant à votre honneur, par la rougeur de sainte Madeleine! je crois qu'il aurait exigé que vous n'entreprissiez pas la besogne de ce matin, ou du moins que vous ne vous y fussiez pas montré. Voilà Votre Altesse qui a été désarçonnée par un jeune Écossais tout juste arrivé de ses montagnes.

—Allez, allez, s'écria lord Crawford, il n'y a pas à en rougir : ce n'est pas la première fois qu'un jeune Écossais a rompu une bonne lance. Je suis charmé qu'il se soit bien comporté.

—Je n'ai rien de contraire à dire, répliqua Dunois ; et cependant si vous étiez arrivé quelques minutes plus tard, il aurait pu se trouver une vacance dans votre compagnie d'archers.

—Oui, oui, dit lord Crawford ; je reconnais votre main sur ce morion fendu. Qu'on le retire à ce brave garçon, et qu'on lui donne un de nos bonnets doublés en acier ; cela lui couvrira le crâne mieux que les débris de ce couvre-chef. Et maintenant, Dunois, je dois vous prier ainsi que le duc d'Orléans de monter à cheval et de me suivre, car mes instructions et mes ordres sont de vous conduire en un séjour tout différent de celui que je voudrais pouvoir vous assigner.

—Ne puis-je dire un mot à ces belles dames, lord Crawford? demanda le duc d'Orléans.

—Pas une syllabe, répondit lord Crawford; je suis trop l'ami de Votre Altesse pour vous permettre une telle imprudence. Jeune homme, ajouta-t-il en se tournant vers Quentin, vous avez fait votre devoir; partez, et remplissez la mission qui vous a été confiée.

—Avec votre permission, milord, dit Tristan avec l'air brutal qui lui était ordinaire, il faut qu'il cherche un autre guide. Je ne puis me passer de Petit-André dans un moment où il est probable qu'il y aura de la besogne pour lui.

—Il n'a qu'à suivre le sentier qui est devant lui, dit Petit-André se mettant en avant, et il le conduira dans un endroit où il trouvera l'homme qui doit lui servir de guide. Je ne voudrais pas pour mille ducats m'éloigner de mon chef aujourd'hui. J'ai pendu plus d'un écuyer et d'un chevalier; de riches échevins, des bourguemestres, des comtes et des marquis même m'ont passé par les mains, mais hum! il jeta un regard sur le duc, comme pour indiquer qu'il fallait remplir le blanc qu'il laissait, par ces mots : Un prince du sang? Et il ajouta : Oh! oh! Petit-André, il sera fait mention de toi dans la chronique.

—Souffrez-vous que vos coquins parlent si insolemment en présence d'un membre de la famille royale! demanda Crawford à Tristan en fronçant les sourcils.

—Que ne le châtiez-vous vous-même, milord? répondit Tristan d'un ton bourru.

—Parce qu'il n'y a ici que ta main, répliqua lord Crawford, qui puisse le frapper sans se dégrader en le touchant.

— En ce cas, milord, dit le grand-prévôt, mêlez-vous de vos gens, et je serai responsable des miens.

Lord Crawford paraissait se disposer à lui répondre d'un ton courroucé ; mais, comme s'il eût mieux réfléchi, il lui tourna le dos ; et s'adressant au duc d'Orléans et à Dunois, qui étaient montés à cheval, il les pria de marcher à ses côtés ; puis faisant un signe d'adieu aux deux dames, il dit à Quentin : — Que le ciel te protège, mon enfant ; tu as commencé ton service vaillamment, quoique pour une malheureuse cause. Il se mettait en marche, quand Durward entendit Dunois lui demander à demi-voix : — Nous conduisez-vous au Plessis ?

— Non, mon malheureux et imprudent ami, répondit lord Crawford en soupirant : nous allons à Loches.

Loches ! Ce nom encore plus redouté que celui du Plessis retentit à l'oreille du jeune Ecossais comme le *glas* de la mort. Il en avait entendu parler comme d'un lieu destiné à ces actes secrets de cruauté dont Louis lui-même rougissait de souiller sa résidence habituelle. Il existait dans ce lieu de terreur des cachots creusés sous des cachots, dont quelques-uns étaient inconnus aux gardiens eux-mêmes; tombeaux vivans où ceux qui y étaient enfermés n'avaient plus à attendre que du pain, de l'eau, et un air infect. Il y avait aussi dans ce formidable château, de ces horribles lieux de détention nommés *cages*, dans lesquels un malheureux prisonnier ne pouvait ni se tenir debout, ni s'étendre pour se coucher ; invention qu'on attribuait au cardinal de La Balue. On ne peut donc être surpris que le nom de ce séjour d'horreur, et la connaissance qu'il avait que lui-même venait de contribuer en partie à y envoyer deux illustres victimes, eussent pénétré Quentin d'une telle tristesse qu'il marcha quelque temps la tête baissée, les yeux fixés sur la terre, et le cœur rempli des plus pénibles réflexions.

Comme il se remettait à la tête de la petite cavalcade,

suivant la route qui lui avait été indiquée, la comtesse Hameline trouva l'occasion de lui dire : —On dirait, monsieur, que vous regrettez la victoire que vous avez remportée pour nous?

Cette question était faite d'un ton qui ressemblait presque à l'ironie ; mais Quentin eut assez de tact pour y répondre avec franchise et simplicité.

—Je ne puis rien regretter de ce que j'ai fait pour servir des dames telles que vous ; mais si votre sûreté n'eût pas été compromise, j'aurais préféré succomber sous les coups d'un aussi bon soldat que Dunois, plutôt que d'avoir contribué à envoyer cet illustre chevalier et son malheureux parent, le duc d'Orléans, dans les affreux cachots de Loches.

—C'était donc le duc d'Orléans? s'écria-t-elle en se tournant vers sa nièce ; je le pensais ainsi, même à la distance d'où nous avons vu le combat. Vous voyez, belle nièce, ce qui aurait pu arriver si ce monarque cauteleux et avare nous eût permis de nous montrer à sa cour! Le premier prince du sang de France, et le vaillant Dunois, dont le nom est aussi connu que celui du héros son père! Ce jeune homme a fait bravement son devoir, mais c'est presque dommage qu'il n'ait pas succombé avec honneur, puisque sa bravoure inopportune nous a privées de deux libérateurs si illustres.

La comtesse Isabelle répondit d'un ton ferme et presque mécontent, et avec une énergie que Durward n'avait pas encore remarquée en elle.

—Madame, dit-elle, si je ne savais que vous faites une plaisanterie, je dirais qu'un pareil discours est une ingratitude envers notre brave défenseur. Si ces chevaliers avaient réussi dans leur entreprise téméraire, au point de mettre notre escorte hors de combat, n'est-il pas évident qu'à l'arrivée des gardes du roi nous aurions partagé leur captivité? Quant à moi, je donne des larmes au brave jeune homme qui a perdu la vie en nous défendant, et je ferai bientôt célébrer des messes pour le repos de son ame, et quant à celui qui survit, ajouta-t-elle d'un ton plus timide, je le prie de recevoir les remerciemens de ma reconnaissance.

Comme Quentin se tournait vers elle pour lui exprimer une partie des sentimens qu'il éprouvait, elle vit une de ses joues couverte de sang, et elle s'écria avec le ton d'une profonde sensibilité : — Sainte Vierge ! il est blessé ! son sang coule ! Descendez de cheval, il faut que votre blessure soit bandée.

Vainement Quentin répéta que sa blessure n'était que légère ; il fallut qu'il mît pied à terre, qu'il s'assît sur un tertre de gazon, qu'il ôtât son casque ; et les dames de Croye qui, suivant un ancien usage pas encore tout-à-fait passé de mode, prétendaient à quelques connaissances dans l'art de guérir, lavèrent la blessure, en étanchèrent le sang, et la bandèrent avec le mouchoir de la comtesse Isabelle, afin d'empêcher l'action de l'air, précaution qu'elles jugèrent indispensable.

Dans nos temps modernes, il est rare qu'un galant reçoive une blessure pour l'amour d'une belle, et de son côté jamais une belle ne se mêle du soin de la guérir : le galant et la belle encourent chacun un danger de moins. On reconnaîtra généralement de quel danger je veux parler pour l'homme ; mais le péril de panser une blessure comme celle de Quentin, blessure qui n'avait rien de dangereux, était peut-être aussi réel, dans son genre, pour une jeune personne, que celui auquel s'était exposé notre Ecossais pour la défendre.

Nous avons déjà dit que Quentin Durward avait la physionomie la plus prévenante. Lorsqu'il eut détaché son heaume, ou pour mieux dire son morion, les boucles de ses beaux cheveux s'en échappèrent avec profusion autour d'un visage dont l'air de jeunesse et de gaieté recevait un charme plus doux d'une rougeur causée à la fois par la modestie et le plaisir. Et quand la jeune comtesse fut obligée de tenir le mouchoir sur la blessure, tandis que sa tante cherchait quelque vulnéraire dans les bagages, elle éprouva un embarras mêlé de délicatesse, un mouvement de compassion pour le blessé, un sentiment plus vif de reconnaissance pour ses services, et tout cela ne diminua rien à ses yeux de la bonne mine et des traits agréables du jeune soldat. En un mot, il semblait que le destin eût amené cet incident pour compléter la communication mystérieuse qu'il avait établie, par des circonstances en apparence minutieuses et accidentelles, entre deux personnes qui, quoique bien différentes par le rang et la fortune, se ressemblaient pourtant beaucoup par la jeunesse, par la beauté, et par un cœur naturellement tendre et romanesque.

Il n'est donc pas étonnant qu'à compter de ce moment l'idée de la comtesse Isabelle, déjà si familière à l'imagination de Quentin, remplît entièrement son cœur, et que de son côté la jeune dame, si ses sentimens, qu'elle ignorait presque elle-même, avaient un caractère moins décidé, pensât désormais à son jeune défenseur. Elle venait en effet de témoigner au simple garde plus d'intérêt qu'à aucun des nobles de haute naissance qui, depuis deux ans, lui avaient prodigué leurs adorations. Par-dessus tout, quand elle songeait à Campo Basso, l'indigne favori du duc Charles, à son air hypocrite, à son esprit bas et perfide, à son cou de travers et à ses yeux louches, son image lui paraissait plus hideuse et plus dégoûtante que jamais, et elle faisait serment qu'aucune tyrannie ne pourrait jamais la forcer à contracter une union si odieuse.

D'une autre part, soit que la bonne comtesse Hameline se connût en beauté, et l'admirât dans un homme autant que lorsqu'elle avait quinze ans de moins ; car la bonne dame en avait au moins trente-cinq, si les mémoires de cette noble maison disent la vérité ; soit qu'elle pensât qu'elle n'avait pas rendu à leur jeune protecteur toute la justice qu'il méritait, dans la manière dont elle avait d'abord envisagé ses services, il est certain qu'elle commença à le regarder d'un œil plus favorable.

— Ma nièce vous a donné, lui dit-elle, un mouchoir pour bander votre blessure ; je vous en donnerai un pour faire honneur à votre vaillance, et pour vous encourager à marcher dans le chemin de la chevalerie.

A ces mots, elle lui présenta un mouchoir richement brodé en argent et en soie bleue ; et lui montrant la housse de son palefroi et les plumes qui ornaient son chapeau, elle lui fit observer que les couleurs en étaient les mêmes.

L'usage du temps prescrivait impérieusement la manière de recevoir une telle faveur, et Quentin s'y conforma en attachant le mouchoir autour de son bras. Cependant il accomplit ce devoir de reconnaissance d'un air plus gauche et avec moins de galanterie qu'il ne l'eût peut-être fait en toute autre occasion, et devant d'autres personnes ; quoique le fait de porter ainsi le don accordé de cette manière par une dame ne fût en général qu'une sorte de compliment sans conséquence, il aurait préféré de beaucoup pouvoir orner son bras du tissu qui servait de bandage à la légère blessure que lui avait faite la lance du duc d'Orléans.

Ils se remirent en route, Quentin marchant à côté des dames, qui semblaient l'avoir tacitement admis dans leur société. Il ne parla pourtant que peu, son cœur étant rempli par ce sentiment intime de bonheur qui garde le silence de peur de se trahir. La comtesse Isabelle parla moins encore, de sorte que presque tous les frais de la conversation furent faits par sa tante, qui ne paraissait pas avoir envie de la laisser tomber ; car pour initier Durward, comme elle le dit, dans les principes et la pratique de la chevalerie, elle lui fit le détail circonstancié, et sans en rien omettre, de tout ce qui avait eu lieu à la passe d'armes d'Haflinghem ; où elle avait elle-même distribué les prix aux vainqueurs.

Prenant peu d'intérêt, je suis fâché de le dire, à la description de cette joute splendide et des armoiries des différens chevaliers flamands et allemands dont la comtesse Hameline traçait sans pitié le tableau avec une exactitude minutieuse, Quentin commença à craindre d'avoir dépassé l'endroit où il devait trouver un guide ; accident très-sérieux, qui pouvait amener les conséquences les plus fâcheuses.

Tandis qu'il hésitait s'il enverrait en arrière un des hommes de sa suite pour s'assurer du fait, il entendit sonner du cor, et regardant du côté d'où partait ce son, il vit un cavalier accourant à toute bride. La petite taille, la longue crinière, l'air sauvage et presque indompté de l'animal qu'il montait, rappelèrent à Durward la race des petits chevaux des montagnes de son pays ; mais celui-ci était beaucoup mieux fait ; et tout en paraissant aussi en état de résister à la fatigue, il avait plus de rapidité dans ses mouvemens. La tête particulièrement, qui, dans le petit cheval d'Ecosse, est souvent lourde et mal conformée, était petite et parfaitement posée sur le cou de l'animal, qui avait en outre les lèvres fixes, les yeux pleins de feu et les naseaux bien ouverts.

Le cavalier avait l'air encore plus étranger que sa monture, quoique celle-ci ne ressemblât nullement aux chevaux de France. Il avait les pieds appuyés sur de larges étriers en forme de pelle, et attachés si haut que ses genoux étaient presque au niveau du pommeau de la selle, ce qui n'empêchait pas qu'il ne conduisît son cheval avec beaucoup de dextérité. Il portait sur la tête un petit turban rouge assujetti par une agrafe d'argent, et surmonté d'un panache qui était un peu fané. Sa tunique, de même forme que celle des Estradiotes, troupes que les Vénitiens levaient alors dans les provinces situées à l'orient de leur golfe, était de couleur verte et ornée de vieux galons d'or ternis. De larges pantalons blancs, mais qui ne méritaient plus cette épithète, se serraient autour de ses genoux, et ses jambes noires auraient été nues sans la multitude de bandelettes qui s'y croisaient pour fixer à ses pieds une paire de sandales. Il n'avait pas d'éperons, les bords de ses larges étriers étant assez tranchans pour se faire sentir avec sévérité aux flancs de sa monture. Ce cavalier extraordinaire portait une ceinture cramoisie qui soutenait du côté droit un poignard, tandis qu'un petit sabre moresque, à lame courte et recourbée, y était suspendu du côté gauche. Le cor qui avait annoncé son arrivée était passé dans un mauvais baudrier. Il avait le visage brûlé par le soleil, la barbe peu épaisse, les yeux noirs et perçans, la bouche et le nez bien formés ; et au total, il aurait pu passer pour avoir d'assez beaux traits, sans les cheveux noirs qui tombaient en désordre autour de toute sa tête, et sans une maigreur et un air de férocité qui semblaient indiquer un sauvage plutôt qu'un homme civilisé.

—C'est encore un Bohémien, se dirent les deux dames l'une à l'autre; Vierge Marie ! est-il possible que le roi accorde encore sa confiance à de tels proscrits?

—Je questionnerai cet homme si vous le désirez, dit Quentin, et je m'assurerai de sa fidélité autant que je le pourrai.

Durward, aussi-bien que les dames de Croye, avait reconnu dans le costume et dans la tournure de cet homme l'habillement et les manières de ces vagabonds avec lesquels il avait été sur le point d'être confondu, grace à la célérité des procédés de Trois-Echelles et de Petit-André; et il était assez naturel qu'il pensât aussi qu'on courait quelque risque en donnant sa confiance à un individu de cette race vagabonde.

—Es-tu venu ici pour nous chercher? lui demanda-t-il d'abord.

L'étranger répondit par un signe affirmatif.

—Et dans quel dessein?

—Pour vous conduire au palais de *celui* de Liège.

—De l'évêque, veux-tu dire?

Nouveau signe affirmatif de la part de l'étranger.

— Quelle preuve me donneras-tu que nous devons te croire?

— Deux vers d'une vieille chanson, et rien de plus :

> Le sanglier fut tué par le page,
> Toute la gloire en fut pour le seigneur.

— La preuve est bonne; marche en avant, mon garçon; je t'en dirai davantage dans un instant.

Retournant alors vers les dames, il leur dit : — Je suis convaincu que cet homme est le guide que nous devions attendre, car il vient de me donner un mot d'ordre que je crois n'être connu que du roi et de moi. Mais je vais causer avec lui plus au long, et je m'efforcerai de voir jusqu'à quel point on peut se fier à lui.

CHAPITRE XVI.

Le Vagabond.

> « Je suis libre, je suis ce qu'étaient dans les bois
> « L'homme de la nature, et le noble sauvage
> « Quand de la servitude ils ignoraient les lois. »
> DRYDEN. *La Conquête de Grenade.*

PENDANT que Quentin avait avec les deux comtesses la courte conversation nécessaire pour les assurer que ce personnage extraordinaire, ajouté à leur compagnie, était bien réellement le guide que le roi devait leur envoyer, il remarqua, car il était aussi alerte à observer les mouvemens de l'étranger, que celui-ci pouvait l'être à examiner ce qui se passait dans la petite troupe à laquelle il servait de guide; il remarqua que cet homme non-seulement tournait souvent la tête en arrière pour les regarder, mais qu'avec une agilité singulière qui ressemblait à celle d'un singe plutôt qu'à celle d'un homme, il se courbait en demi-cercle sur sa selle, de manière à avoir la tête tournée de leur côté, pour les considérer plus attentivement.

N'étant pas très-content de cette manœuvre, Quentin s'avança vers le Bohémien, et lui dit, en le voyant reprendre la position convenable sur son cheval : — Il me semble, l'ami, que vous nous conduisez en aveugle, car vous regardez la queue de votre monture plus souvent que ses oreilles.

—Et quand je serais véritablement aveugle, répondit le Bohémien, je n'en serais pas moins en état de vous conduire dans toutes les provinces de ce royaume de France, ou de ceux qui l'avoisinent.

—Vous n'êtes pourtant pas né Français?
—Non, répondit le guide.
—Et de quel pays êtes-vous?
—D'aucun.
—Comment d'aucun!
—Non, je ne suis d'aucun pays. Je suis un Zingaro, un Bohémien, un Egyptien, tout ce qu'il plaît aux Européens, dans leurs différentes langues, de nous appeler ; mais je n'ai pas de pays.

—Êtes-vous chrétien?

Le Bohémien fit un signe négatif.

—Chien, dit Quentin, car à cette époque l'esprit du catholicisme n'était guère tolérant, adores-tu Mahomet?

—Non, répondit le guide avec autant d'indifférence que de laconisme, et sans paraître offensé ni surpris du ton avec lequel Durward lui parlait.

—Êtes-vous donc païen? Qu'êtes-vous, en un mot?

—Je ne suis d'aucune religion.

Quentin tressaillit d'étonnement; car, quoiqu'il eût entendu parler de Sarrasins et d'idolâtres, il ne croyait pas, il ne lui était même jamais venu à l'idée qu'il pût exister une race d'hommes qui ne pratiquât aucun culte.

Sa surprise ne l'empêcha pourtant pas de demander à son guide où il demeurait habituellement.

—Partout où je me trouve, répondit le Bohémien; je n'ai pas de demeure fixe.

—Comment conservez-vous ce que vous possédez?

—Excepté les habits qui me couvrent et le cheval que je monte, je ne possède rien.

—Votre costume est élégant, et votre cheval est une excellente monture. Quels sont vos moyens de subsistance?

—Je mange quand j'ai faim; je bois quand j'ai soif; et je n'ai d'autres moyens de subsistance que ceux que le hasard met sur mon chemin.

—Sous les lois de qui vivez-vous?

—Je n'obéis à personne qu'autant que c'est mon bon plaisir.

—Mais qui est votre chef? qui vous commande?

—Le père de notre tribu, si je veux bien lui obéir. Je ne reconnais pas de maître.

—Vous êtes donc dépourvu de tout ce qui réunit les autres hommes. Vous n'avez ni lois, ni chef, ni moyens arrêtés d'existence, ni maison, ni demeure. Vous n'avez (que Dieu vous prenne en pitié!) point de patrie; et (puisse le ciel vous éclairer!) vous ne reconnaissez pas de Dieu: que vous reste-t-il donc, étant privé de religion, de gouvernement, de tout bonheur domestique?

—La liberté. Je ne rampe pas aux pieds d'un autre. Je n'ai ni obéissance ni respect pour personne. Je vais où je veux, je vis comme je peux, et je meurs quand il le faut.

—Mais vous pouvez être condamné et exécuté en un instant, au premier ordre d'un juge.

—Soit! ce n'est que pour mourir un peu plus tôt.

—Mais vous pouvez aussi être emprisonné; et alors où est cette liberté dont vous êtes si fier?

— Dans mes pensées, qu'aucune chaîne ne peut contraindre; tandis que les vôtres, même quand vos membres sont libres, sont assujetties par les liens de vos lois et de vos superstitions, de vos rêves d'attachement local, et de vos visions fantastiques de politique civile. Mon esprit est libre, même quand mon corps est enchaîné; le vôtre porte des fers, même quand vos membres sont ibres.

— Mais la liberté de votre esprit ne diminue pas le poids des chaînes dont votre corps peut être chargé.

— Ce mal peut s'endurer quelque temps; et si enfin je ne trouve pas moyen de m'échapper, et que mes camarades ne puissent me délivrer, je puis toujours mourir, et c'est la mort qui est la liberté la plus parfaite.

Il y eut ici un intervalle de silence qui dura quelque temps. Durward le rompit en reprenant le fil de ses questions.

— Votre race est errante, lui dit-il; elle est inconnue aux nations d'Europe. D'où tire-t-elle son origine?

— C'est ce que je ne puis vous dire, répondit le Bohémien.

— Quand délivrera-t-elle ce royaume de sa présence, pour retourner dans le pays d'où elle est venue?

— Quand le temps de son pèlerinage sera accompli.

— Ne descendez-vous pas de ces tribus d'Israël qui furent emmenées en captivité au-delà du grand fleuve de l'Euphrate? lui demanda Quentin qui n'avait pas oublié ce qu'on lui avait appris à Aberbrothock.

— Si cela était, n'aurions-nous pas conservé leur foi? ne pratiquerions-nous pas leurs rites?

— Et quel est ton nom, à toi?

— Mon nom véritable n'est connu que de mes frères. Les hommes qui ne vivent pas sous nos tentes m'appellent Hayraddin Maugrabin, c'est-à-dire Hayraddin le Maure africain.

— Tu t'exprimes trop bien pour un homme qui a toujours vécu dans ta misérable horde.

— J'ai appris quelque chose des connaissances d'Europe. Lorsque j'étais enfant, ma tribu fut poursuivie par des chasseurs de chair humaine. Une flèche perça la tête de ma mère, et elle mourut. J'étais embarrassé dans la couverture qu'elle portait sur ses épaules, et je fus pris par nos ennemis. Un prêtre me demanda aux archers du prévôt : et il m'instruisit dans les sciences franques pendant deux ou trois ans.

— Comment l'as-tu quitté?

— Je lui avais volé de l'argent, même le Dieu qu'il adorait, répondit Hayraddin avec le plus grand calme. Il me découvrit et me battit. Je le perçai d'un coup de couteau, je m'enfuis dans les bois, et je rejoignis mon peuple.

— Misérable! s'écria Quentin, osas-tu bien assassiner ton bienfaiteur?

— Qu'avais-je besoin de ses bienfaits? Le jeune Zingaro n'était pas un chien domestique, habitué à lécher la main de son maître et à ramper sous ses coups, pour en obtenir un morceau de pain. C'était le jeune loup mis à la chaîne, qui la rompait à la première occasion, déchirait son maître, et retournait dans ses forêts.

Après une nouvelle pause, le jeune Ecossais, pour tâcher de pénétrer plus avant dans le caractère et les projets d'un guide si suspect, demanda à Hayraddin s'il n'était pas vrai que son peuple, quoique plongé dans la plus profonde ignorance, prétendait avoir la connaissance de l'avenir, connaissance refusée aux sages, aux philosophes et aux prêtres d'une société plus policée.

— Nous le prétendons, répondit Hayraddin, et c'est avec raison.

— Comment un pareil don peut-il avoir été accordé à une race si abjecte?

— Comment puis-je vous le dire? Je répondrai à cette question quand vous m'aurez expliqué pourquoi le chien peut suivre à la piste les pas de l'homme, tandis que l'homme, cet animal plus noble, n'est pas en état de suivre les traces du chien. Ce pouvoir qui vous semble si merveilleux, notre race le possède d'instinct. D'après les traits du visage et les lignes de la main, nous pouvons prédire le destin futur d'un homme, aussi facilement qu'en voyant la fleur d'un arbre au printemps, vous pouvez dire quel fruit il rapportera dans la saison convenable.

— Je doute de vos connaissances, et je te défie de m'en donner la preuve.

— Ne m'en défiez pas, sire écuyer. Quelle que soit la religion que vous prétendez professer, je puis vous dire que la déesse que vous adorez se trouve dans cette compagnie.

— Silence! s'écria Quentin tout étonné; sur ta vie, ne prononce pas un mot de plus, si ce n'est pour répondre à ce que je te demande. Peux-tu être fidèle?

— Je puis... tout ce que peuvent les hommes.

— Mais veux-tu l'être?

— Quand je le jurerais, m'en croiriez-vous davantage? répondit Hayraddin avec un sourire ironique.

— Sais-tu que ta vie est entre mes mains?

— Frappe, et tu verras si je crains de mourir.

— L'argent peut-il te rendre fidèle?

— Non, si je ne le suis pas sans cela.

— Quel est donc le moyen de s'assurer de toi?

— La bonté.

— Te ferai-je le serment d'en avoir pour toi si tu nous sers fidèlement dans ce voyage?

— Non. Ce serait prodiguer inutilement une marchandise si précieuse. Je te suis déjà dévoué.

— Comment! s'écria Durward plus étonné que jamais.

— Souviens-toi des châtaigniers sur les bords du Cher.

La victime que tu as cherché à sauver était Zamet le Maugrabin; c'était mon frère.

— Et cependant je te trouve en liaison avec les gens qui ont donné la mort à ton frère, car c'est un d'eux qui m'a dit que je te trouverais ici; et c'est sans doute le même qui t'a chargé de servir de guide à ces dames.

— Que voulez-vous? répondit Hayraddin d'un air sombre, ces gens nous traitent comme le chien du berger traite les moutons : il les protège quelque temps, les fait aller où bon lui semble, et finit par les conduire à la tuerie.

Quentin eut par la suite occasion d'apprendre que le Bohémien lui avait dit la vérité à cet égard, et que la garde prévôtale, chargée de réprimer les hordes vagabondes qui infestaient le royaume, entretenait avec elles une correspondance, s'abstenait quelque temps d'exécuter ses devoirs, et finissait toujours par envoyer ses alliés à la potence. Cette sorte de relation politique entre le brigand et l'officier de police a subsisté dans tous les pays, pour l'exercice profitable de leurs professions respectives, et elle n'est nullement inconnue dans le nôtre.

Durward, en se séparant du guide, alla rejoindre le reste de la cavalcade, peu content du caractère d'Hayraddin, et ne se fiant guère aux protestations de reconnaissance qu'il en avait reçues personnellement. Il commença alors à sonder les deux autres hommes qui avaient été mis sous ses ordres, et il reconnut avec chagrin que c'étaient des gens stupides, et aussi peu en état de l'aider de leurs conseils, qu'ils s'étaient montrés peu disposés à le seconder de leurs armes.

— Eh bien! cela n'en vaut que mieux, pensa Quentin, son esprit s'élevant au-dessus des difficultés que sa situation lui faisait prévoir : ce sera à moi seul que cette aimable jeune dame devra tout. Il me semble que, sans trop me flatter, je puis compter sur mon bras et ma tête. J'ai vu les flammes dévorer la maison paternelle, j'ai vu mon père et mes frères étendus morts au milieu des débris embrasés, et je n'ai pas reculé d'un pouce; j'ai combattu jusqu'au dernier moment. Aujourd'hui, avec deux ans de plus, j'ai, pour me comporter bravement, le plus beau motif qui puisse enflammer le cœur d'un homme.

Prenant cette résolution pour base de sa conduite, Quentin déploya tant d'attention et d'activité pendant tout le voyage, qu'il semblait se multiplier au point d'être partout en même temps. Son poste favori, celui qu'il occupait le plus fréquemment, était naturellement auprès des deux dames, qui, sensibles au soin qu'il prenait de leur sûreté, commençaient à causer avec lui sur le ton d'une familiarité amicale; elles paraissaient prendre grand plaisir à la naïveté de ses entretiens, qui annonçaient aussi de la finesse et de l'esprit. Mais il ne souffrait jamais que le charme de cette liaison nuisît le moins du monde à la vigilance qu'exigeaient ses fonctions.

S'il était souvent près des comtesses, cherchant à faire à des habitantes d'un pays plat la description des monts Grampiens [1], et surtout celles des beautés de Glen-Houlakin, il marchait aussi fréquemment à côté d'Hayraddin, en tête de la petite cavalcade, le questionnant sur la route, sur les lieux où l'on devait faire halte, et gravant avec soin ses réponses dans sa mémoire, afin de découvrir, en lui faisant d'autres questions, s'il ne méditait pas quelque trahison. Enfin, on le voyait aussi à l'arrière-garde, cherchant à s'assurer l'attachement des deux hommes de sa suite par des paroles de bonté, par quelques présens, et par les promesses d'autres récompenses quand ils auraient rempli leur tâche.

Ils voyagèrent ainsi pendant plus d'une semaine, traversant les cantons les moins fréquentés, et suivant des

---

[1] Chaîne de montagnes qui s'étend en Ecosse depuis le comté d'Argyle jusqu'à Aberdeen. — ED.

sentiers et des chemins détournés, pour éviter les grandes villes. Il ne leur arriva rien de remarquable, quoiqu'ils rencontrassent de temps en temps des hordes vagabondes de Bohémiens, qui les respectaient parce qu'ils avaient pour guide un homme de leur caste; — des soldats traîneurs, — ou peut-être des bandits, qui les trouvaient trop bien armés pour oser les attaquer, — ou les détachemens de maréchaussée, comme on appellerait aujourd'hui les hommes qui les composaient, et que le roi, qui employait le fer et le feu pour guérir et cicatriser les plaies du royaume, mettait en campagne pour détruire les bandes déréglées par lesquelles la France était infestée. Ces soldats de police laissèrent passer sans difficulté les voyageurs et leur escorte, en vertu d'un passeport que le roi avait remis lui-même à Durward à cet effet.

Leurs lieux de halte étaient en général des monastères, obligés la plupart, par des règles de leur fondation, d'accorder l'hospitalité à quiconque accomplissait un pèlerinage; et l'on sait que le véritable but du voyage des deux comtesses était déguisé sous ce prétexte. On ne devait même faire aux pèlerins aucune question importune sur leur rang et leur condition, parce que plusieurs personnages de distinction désiraient garder l'incognito pendant qu'ils s'acquittaient de quelque vœu. En arrivant, les dames de Croye alléguaient ordinairement la fatigue pour se retirer dans leur appartement; et Quentin, remplissant les fonctions de majordome, veillait à ce qu'elles eussent tout ce qui pouvait leur être nécessaire, avec une activité qui ne leur laissait aucun embarras, et un empressement qui ne manquait pas de lui valoir un sentiment d'affection et de reconnaissance de la part de celles pour qui il prenait tous ces soins.

Tous les Bohémiens jouissant de la réputation bien acquise d'être des païens, des vagabons, des gens s'occupant des sciences occultes, ce n'était jamais sans de grandes difficultés que le guide, appartenant à cette caste, était admis même dans les bâtimens extérieurs situés dans la première cour des monastères où la cavalcade s'arrêtait : sa présence paraissait une sorte de souillure pour des lieux aussi saints. C'était un des plus grands embarras de Quentin Durward; car d'un côté il jugeait nécessaire de maintenir en bonne humeur un homme qui possédait le secret de leur voyage, et de l'autre il regardait comme indispensable de le surveiller avec le plus grand soin, quoique secrètement, afin de l'empêcher, autant qu'il était possible, d'avoir à son insu des communications avec qui que ce fût. Or c'était ce qui serait devenu impossible si Hayraddin n'avait pas logé dans l'enceinte des couvens où l'on faisait halte. Il ne pouvait même s'empêcher de soupçonner cet homme de chercher à s'en faire renvoyer; car au lieu de se tenir tranquille dans le réduit qu'on lui accordait, il entrait en conversation avec les novices et les jeunes frères : ses tours et ses chansons les amusaient beaucoup, mais n'édifiaient nullement les vieux pères ; de sorte qu'il fallait souvent que Durward déployât toute l'autorité qu'il avait sur le Bohémien, et recourût même aux menaces, pour le forcer à mettre des bornes à sa gaieté trop licencieuse; mais il avait en même temps besoin de tout son crédit auprès des supérieurs, pour empêcher qu'on ne mît à la porte le chien de païen. Il réussissait pourtant par la manière adroite avec laquelle il faisait des excuses du manque de décorum de son guide, donnant à entendre qu'il espérait que le voisinage des saintes reliques, son séjour dans des murs consacrés à la religion, et surtout la vue d'hommes religieux dévoués aux autels, pourraient lui inspirer de meilleurs principes, et le porter à une conduite plus régulière.

Cependant le dixième ou douzième jour de leur voyage, après leur entrée dans la Flandre, et comme ils s'approchaient de la ville de Namur, tous les efforts de Quentin devinrent insuffisans pour remédier aux suites du scandale que venait de donner son guide païen. La scène se passait dans un couvent de franciscains d'un ordre réformé et austère, dont le prieur était un homme qui dans la suite mourut en odeur de sainteté. Après bien des scrupules, que Durward avait eu beaucoup de peine à vaincre, comme on devait s'y attendre en pareil cas, il avait enfin obtenu que le malencontreux Bohémien fût reçu dans un bâtiment isolé, habité par un frère lai qui remplissait les fonctions de jardinier. Les deux dames, suivant leur usage, s'étaient retirées dans leur appartement; et le prieur, qui par hasard avait quelques alliés ou parens en Ecosse, et qui d'ailleurs aimait à entendre les étrangers parler de leur pays, invita Quentin, dont l'air et la conduite lui avaient plu, à venir faire une collation monastique dans sa cellule.

Durward, ayant reconnu que ce prieur était un homme de grand sens, ne manqua pas de saisir cette occasion pour tâcher de savoir quel était l'état des affaires dans le pays de Liège : car tout ce qu'il avait entendu dire depuis quelques jours avait fait naître dans son esprit la crainte que les dames de Croye ne pussent faire avec toute sûreté le reste de leur voyage. Il lui semblait même douteux que l'évêque pût les protéger efficacement, si elles arrivaient chez lui. Les réponses que le prieur fit à ses questions n'étaient pas très-consolantes.

— Les habitans de Liège, lui dit-il, sont de riches bourgeois qui, comme autrefois Jéhu, se sont engraissés et ont oublié Dieu. Ils sont enflés de cœur, à cause de leurs richesses et de leurs privilèges. Ils ont eu différentes querelles avec le duc de Bourgogne, leur seigneur suzerain, à cause des impôts qu'il en exige et des immunités auxquelles ils prétendent avoir droit. Ces querelles ont plusieurs fois dégénéré en rébellion ouverte, et le duc, homme ardent et impétueux, a juré dans sa colère, par saint

George, qu'à la première provocation il renouvellera à Liège la désolation de Babylone et la chute de Tyr, afin de faire un exemple et une leçon terribles pour toute la Flandre.

—Et d'après tout ce que j'ai entendu raconter, dit Quentin, il est prince à tenir ce serment; de sorte que les Liégeois prendront probablement bien garde de ne pas lui en fournir l'occasion.

—On devrait l'espérer, répondit le prieur, et c'est la prière quotidienne de tous les gens de bien du pays, qui ne voudraient pas que le sang des hommes coulât comme l'eau d'une fontaine, ni qu'ils périssent en réprouvés, sans avoir le temps de faire leur paix avec le ciel. Le bon évêque travaille aussi nuit et jour à maintenir la paix, comme cela convient à un serviteur de l'autel, car on dit dans les Ecritures, *beati pacifici*, mais.... Et ici le digne prieur poussa un profond soupir et n'acheva pas sa phrase.

Durward fit valoir avec beaucoup de modestie de quelle importance il était aux dames qu'il escortait d'obtenir les renseignemens les plus exacts sur l'état intérieur du pays, et il ajouta que ce serait un acte méritoire de charité chrétienne, si le bon et révérend père voulait bien l'éclairer sur ce sujet.

—C'en est un, répondit le prieur, dont on ne parle pas volontiers; car les paroles qu'on prononce contre les puissans de la terre, *etiam in cubiculo*, risquent de trouver un messager ailé qui ira les porter jusqu'à leurs oreilles. Cependant, pour vous rendre, à vous qui paraissez un jeune homme bien né, et à ces dames qui sont des femmes craignant Dieu, et qui accomplissent un saint pèlerinage, tous les faibles services qui sont en mon pouvoir, je n'aurai pas de réserve avec vous.

A ces mots, il regarda autour de lui avec un air de précaution, et continua en baissant la voix, comme s'il eût eu peur d'être entendu.

—Les Liégeois, dit-il, sont secrètement excités à leurs

fréquentes rébellions par des hommes de Bélial qui prétendent faussement, à ce que j'espère, avoir mission à cet effet de notre roi très-chrétien, qui sans doute mérite trop bien ce titre pour troubler ainsi la paix d'un pays voisin. Le fait est pourtant que son nom est toujours à la bouche de ceux qui sèment le mécontentement et qui enflamment les esprits parmi les habitans de Liège. Il y a en outre, dans les environs, un seigneur de bonne maison, et ayant de la réputation dans les armes, mais qui est, sous tout autre rapport, *lapis offensionis et petra scandali*, un scandale et une pierre d'achoppement pour la Bourgogne et la Flandre. Il se nomme Guillaume de la Marck.

— Surnommé Guillaume à la longue barbe, dit Quentin, ou le Sanglier des Ardennes.

— Et ce n'est pas à tort qu'on lui a donné ce dernier nom, mon fils, car il est comme le sanglier de la forêt, qui écrase sous ses pieds ceux qu'il rencontre, et qui les déchire avec ses défenses. Il s'est formé une bande de plus de mille hommes, tous semblables à lui, c'est-à-dire méprisant toute autorité civile et religieuse; avec leur aide, il se maintient indépendant du duc de Bourgogne, et il pourvoit à ses besoins et aux leurs à force de rapines et de violences, qu'il exerce indistinctement sur les laïcs et sur les gens d'église : *imposuit manus in christos Domini*, il a porté la main sur les oints du Seigneur, au mépris de ce qui est écrit : — Ne touchez pas à mes oints, et ne faites pas tort à mes prophètes. — Jusqu'à notre pauvre maison qu'il a sommée de lui fournir des sommes d'or et d'argent pour la rançon de notre vie et celle de nos frères; demande à laquelle nous avons répondu par une supplique en latin dans laquelle nous lui exposions l'impossibilité où nous nous trouvions de le satisfaire, et où nous finissions par lui adresser les paroles du prédicateur : *ne moliaris amico tuo malum, quum habet in te fiduciam* [1]. Et néanmoins, ce

(1) Ne médite pas le mal contre ton ami qui a confiance en toi. — ÉD.

Guilelmus barbatus, ce Guillaume à la longue barbe, connaissant aussi peu les règles des belles-lettres que celles de l'humanité, nous répliqua dans son jargon ridicule : *Si non payatis brulabo monasterium vestrum.*

—Il ne vous fut pas difficile, mon père, de comprendre ce latin barbare.

—Hélas! mon fils, la crainte et la nécessité sont d'habiles interprètes. Nous fûmes obligés de fondre les vases d'argent de notre autel, pour assouvir la rapacité de ce chef cruel. Puisse le ciel l'en punir au septuple! *Pereat improbus! Amen! Amen! Anathema sit.*

—Je suis surpris que le duc de Bourgogne, qui a le bras si fort et si puissant, ne réduise pas aux abois ce sanglier, dont les ravages font tant de bruit.

—Hélas! mon fils, le duc est en ce moment à Péronne, assemblant ses capitaines de cent hommes et ses capitaines de mille pour faire la guerre à la France, et c'est ainsi que, pendant que le ciel a envoyé la discorde entre deux grands princes, le pays reste en proie à des oppresseurs subalternes. Mais c'est bien mal à propos que le duc néglige de guérir cette gangrène interne; car, tout récemment, ce Guillaume de la Marck a entretenu à découvert des relations avec Rouslaer et Pavillon, chefs des mécontens de Liège, et il est à craindre qu'il ne les excite bientôt à quelques entreprises désespérées.

—Mais l'évêque de Liège n'a-t-il donc pas assez de pouvoir pour subjuguer cet esprit inquiet et turbulent? Votre réponse à cette question, mon digne père, sera très-intéressante pour moi.

—L'évêque, mon fils, a le glaive de saint Pierre comme il en a les clefs. Il est armé du pouvoir de prince séculier, et il jouit de la puissante protection de la maison de Bourgogne, de même qu'il a l'autorité spirituelle, en qualité de prélat : il soutient cette double qualité par un nombre suffisant de bons soldats et d'hommes d'armes. Or, ce Guillaume de la Marck a été élevé dans sa maison, et en a reçu des bienfaits. Mais à la cour même de l'évêque, il lâcha la bride à son caractère féroce et sanguinaire, et il en fut chassé pour avoir assassiné un des principaux domestiques de ce prélat. Banni de Liège, ayant reçu la défense de reparaître devant le bon évêque, il en a été depuis ce temps l'ennemi constant et implacable; et aujourd'hui, je suis fâché d'avoir à le dire, il s'est ceint les reins, et a revêtu l'armure de la vengeance contre lui.

— Vous regardez donc la situation de ce digne prélat comme dangereuse? lui demanda Quentin avec inquiétude.

— Hélas! mon fils, répondit le bon franciscain, existe-t-il quelqu'un ou quelque chose dans ce monde périssable, que nous ne devions pas regarder comme en danger? Mais à Dieu ne plaise que je dise que le digne prélat se trouve dans un péril imminent. Il a un trésor bien rempli, de fidèles conseillers et de braves soldats; et, de plus, un messager, qui a passé ici hier, se dirigeant du côté de l'est, nous a dit que le duc, à la requête de l'évêque, lui avait envoyé cent hommes d'armes. Cette troupe, avec la suite appartenant à chaque lance, forme une force suffisante pour résister à Guillaume de la Marck, dont le nom soit honni! *Amen!*

Leur conversation fut interrompue en ce moment par le sacristain, qui, d'une voix que la colère rendait presque inarticulée, accusa le Bohémien d'avoir exercé les plus abominables pratiques contre les jeunes frères. Il avait mêlé à leur boisson, pendant le repas du soir, une liqueur enivrante dix fois plus forte que le vin le plus capiteux, et la tête de la plupart d'entre eux y avait succombé. Dans le fait, quoique celle du sacristain eût été assez heureuse pour résister à l'influence de cette potion, sa langue épaisse et ses yeux enflammés prouvaient qu'il n'avait pas été tout-à-fait à l'abri des effets de ce breuvage défendu. En outre, le Bohémien avait chanté diverses chansons où il n'était question que de vanités mondaines et de plaisirs impurs ; il s'était moqué du cordon de saint François, il avait tourné en dérision les miracles de ce grand saint, et il avait osé dire que ceux qui vivaient sous sa règle étaient des fous et des fainéans. Enfin, il avait pratiqué la chiromancie, et prédit au jeune père Chérubin qu'il serait aimé d'une belle dame, laquelle le rendrait père d'un charmant garçon, qui ferait son chemin dans le monde.

Le père prieur écouta quelque temps ces accusations en silence, comme si l'énormité de ces crimes l'avait rendu muet d'horreur. Quand le sacristain en eut terminé la liste, il descendit dans la cour du couvent, et ordonna aux frères lais, à peine de supporter les châtimens spirituels dus à une désobéissance, de s'armer de fouets et de balais, et de chasser l'impie de l'enceinte sacrée.

Cette sentence fut exécutée sur-le-champ en présence de Durward, qui, quoique fort contrarié par cet incident, n'intervint pas en faveur d'Hayraddin, parce qu'il prévit que son intercession serait inutile.

La discipline infligée au délinquant fut pourtant, malgré les exhortations du prieur, plus plaisante que formidable. Le Bohémien parcourait la cour en galopant dans tous les sens, au milieu des clameurs de ceux qui le poursuivaient et du bruit des coups dont les uns ne l'atteignaient point, parce que la plupart de ceux qui les lui portaient n'avaient point en effet dessein de l'atteindre, et dont il évitait les autres à force d'agilité, supportant avec courage et résignation le petit nombre qui tombait sur son dos et sur ses épaules. Le désordre était d'autant plus comique et bruyant, qu'Hayraddin passait par les verges de soldats sans expérience, qui, au lieu de flageller le coupable, se frappaient souvent les uns les autres. Enfin le prieur, voulant terminer une scène plus scandaleuse qu'édifiante, ordonna qu'on ouvrît la porte de la cour ; et le

Bohémien, se précipitant vers cette issue avec la rapidité d'un éclair, profita du clair de lune pour faire ses adieux au couvent.

Pendant ce temps, un soupçon que Durward avait déjà conçu plus d'une fois se représenta à son esprit avec une nouvelle force. Ce jour-là même Hayraddin lui avait promis de se conduire, dans les monastères, d'une manière plus décente et plus réservée que par le passé. Cependant, bien loin d'exécuter cette promesse, il s'était montré et plus impudent et plus désordonné que jamais. Il était donc probable qu'il n'avait pas agi ainsi sans dessein; quels que fussent les défauts du Bohémien, il ne manquait certainement pas de bon sens, et il savait, quand il le voulait, avoir de l'empire sur lui-même. N'était-il pas possible qu'il désirât avoir quelque communication, soit avec des gens de sa horde, soit avec d'autres personnes, et que, la surveillance de Quentin y mettant obstacle pendant le jour, il eût recours à ce stratagème pour se faire chasser cette nuit du couvent.

Dès que ce soupçon fut entré dans l'esprit de Durward, alerte comme il l'était toujours dans tous ses mouvemens, il résolut de suivre le Bohémien flagellé, et de s'assurer, aussi secrètement qu'il le pourrait, de ce qu'il allait devenir. En conséquence, dès que Hayraddin eut passé la porte du couvent, Quentin expliqua très-brièvement au prieur la nécessité où il était de ne pas perdre de vue son guide, et vola comme un trait à sa poursuite.

CHAPITRE XVII.

L'Espion épié.

> « Quoi ! le grossier coquin ! l'espion épié !
> « Avec ces rustres-là vous n'avez rien à faire ?
> « Eloignez-vous. . . . . »
> BEN JOHNSON. *Conte de Robin Hood.*

Lorsque Durward sortit du couvent, il put remarquer, grace au clair de lune, la retraite précipitée du Bohémien fuyant à travers le village avec la rapidité d'un limier qui a senti le fouet ; et il le vit ensuite entrer un peu plus loin dans une prairie.

— Mon camarade court vite, se dit Quentin à lui-même, mais il faudrait courir plus vite encore pour échapper au pied le plus agile qui ait jamais foulé les bruyères de Glen-Houlakin.

Comme, heureusement, il avait quitté son manteau et son armure, le montagnard écossais put déployer une légèreté qui, étant sans égale dans son pays, devait bientôt lui faire joindre le Bohémien, en dépit de l'agilité que déployait celui-ci. Ce n'était pourtant pas ce que se proposait Quentin ; car il regardait comme beaucoup plus important de découvrir ses projets que d'y mettre obstacle. Ce qui acheva de l'y déterminer, ce fut de voir le Bohémien ne point ralentir le pas, même après la première impulsion de sa fuite ; sa course avait donc un tout autre objet que celle d'un homme chassé d'un bon logement, presqu'à minuit, sans s'y attendre, et qui naturellement n'aurait dû songer qu'à s'en procurer un autre. Quentin le suivit sans être aperçu, car le Bohémien ne tourna pas la tête une seule fois; mais après avoir traversé la prairie, celui-ci s'arrêta au bord d'un petit ruisseau dont les rives étaient couvertes d'aunes et de saules; il sonna du cor, avec précaution toutefois et en ménageant le son. Un coup de sifflet, qui partit à peu de distance, lui répondit sur-le-champ.

—C'est un rendez-vous, pensa Quentin; mais comment m'approcher pour entendre ce qui va se passer? Le bruit de mes pas et celui des branches qu'il faut que j'écarte me trahiront, si je n'y prends garde. Je les surprendrai pourtant, de part saint André! comme si c'étaient des daims de Glen-Isla[1]. Je leur apprendrai que ce n'est pas sans fruit que j'ai été instruit dans l'art de la vénerie. Les voilà ensemble; ils sont deux; l'avantage n'est pas pour moi, s'ils me découvrent et qu'ils aient des projets hostiles, comme cela n'est que trop à craindre; prenons garde que la comtesse Isabelle ne perde son pauvre ami! — Que dis-je? il ne mériterait pas ce titre, s'il n'était prêt à combattre pour elle une douzaine de ces coquins. Après avoir croisé le fer avec Dunois, avec le meilleur chevalier de la France, dois-je craindre une horde de pareils vagabonds? Fi donc! prudence et courage; et avec l'aide de Dieu et de saint André, ils me trouveront plus fort et plus fin qu'eux.

D'après cette résolution, employant une ruse que lui avait apprise l'habitude de la chasse des forêts, il descendit dans le lit de la petite rivière, dont l'eau, variant de profondeur, tantôt lui couvrait à peine les pieds, tantôt lui montait jusqu'aux genoux, et s'avança ainsi bien doucement, caché sous les branches des arbres entre-croisées sur sa tête; le bruit de ses pas se confondait avec le murmure des eaux (c'est ainsi que nous-mêmes nous nous sommes souvent approchés autrefois du nid du corbeau vigilant). De cette manière, il arriva, sans être aperçu, assez près pour entendre la voix des deux hommes qu'il voulait

(1) Glen-Isla, situé au pied des monts Grampiens.—Ed.

observer; mais il ne distinguait pas leurs paroles. Etant en ce moment sous un magnifique saule pleureur dont les branches tombaient jusque sur la surface de l'eau, il en saisit une des plus fortes, et employant en même temps l'adresse, la force et l'agilité, il se hissa sur l'arbre, sans bruit, et s'assit sur la bifurcation des premières branches, sans crainte d'être découvert.

De là il vit que l'individu avec lequel Hayraddin conversait était un homme de sa caste; mais il reconnut en même temps, à sa grande mortification, qu'ils parlaient une langue dont il ne pouvait comprendre un seul mot. Ils riaient beaucoup; et, comme Hayraddin fit un mouvement comme s'il s'esquivait, et finit par se frotter les épaules, Quentin en conclut qu'il lui racontait l'histoire de la bastonnade qu'il avait reçue avant sa fuite du couvent.

Tout à coup on entendit à quelque distance un nouveau coup de sifflet; Hayraddin y répondit en sonnant du cor, comme il l'avait fait en arrivant, et, quelques instants après, un nouveau personnage parut sur la scène. C'était un homme grand, vigoureux, ayant l'air martial, et dont les formes robustes formaient un contraste frappant avec la petite taille et le corps grêle des deux Bohémiens. Un large baudrier, passé sur son épaule, soutenait un grand sabre. Son haut-de-chausses couvert de taillades d'où sortaient des bouffettes en soie et en taffetas de diverses couleurs, était attaché au moins par cinq cents aiguillettes en ruban à une jaquette de buffle bien serrée, sur la manche droite de laquelle on voyait une plaque en argent représentant une tête de sanglier, indice du chef sous lequel il servait. Le chapeau qu'il portait de côté sur l'oreille, laissait voir une grande quantité de cheveux crépus qui ombrageaient son large visage, et allaient se mêler avec une barbe non moins large, d'environ quatre pouces de longueur. Il tenait à la main une longue lance, et tout son équipement annonçait un de ces aventuriers allemands, connus sous le nom de *lanzknechts*, en français lansquenets [1], qui formaient à cette époque une partie formidable de l'infanterie. Ces mercenaires étaient une soldatesque féroce et ne songeant qu'au pillage ; un conte absurde courait parmi eux, que la porte du ciel avait été fermée à un lansquenet à cause de ses vices, et qu'on avait refusé de le recevoir en enfer à cause de son caractère mutin, querelleur et insubordonné : il en résultait qu'ils agissaient en gens qui n'aspiraient pas au ciel et qui ne redoutaient pas l'enfer.

— *Donner und blitz!* s'écria-t-il en arrivant ; et il parla ensuite une sorte de jargon franco-germain, dont nous ne pourrons donner qu'une idée très-imparfaite : — Pourquoi vous m'avoir fait perdre trois nuits à vous attendre ?

— Je n'ai pas pu vous voir plus tôt, *mein herr*, répondit Hayraddin avec un ton de soumission. Il y a un jeune Ecossais, qui a l'œil aussi vif qu'un chat sauvage, qui épie mes moindres mouvemens. Il me soupçonne déjà ; si ses soupçons se confirmaient, je serais un homme mort, et il reconduirait ces femmes en France.

— *Washenker!* dit le lansquenet, nous être trois ; nous les attaquer demain, et enlever les femmes sans aller plus loin. Vous m'avoir dit les deux gardes être des poltrons, vous et votre camarade en avoir soin, et, *der Teufel!* moi me charger du chat sauvage.

— Vous ne trouverez pas cela si facile, dit le Bohémien ; car, outre que notre métier à nous autres n'est pas de nous battre, notre Ecossais est un gaillard qui s'est mesuré avec le meilleur chevalier de toute la France, et qui s'en est tiré avec honneur. Je l'ai vu de mes propres yeux serrer Dunois d'assez près.

— *Hagel und sturmwetter!* s'écria l'Allemand ; votre lâcheté vous fait parler ainsi.

(1) Lanciers.

—Je ne suis pas plus lâche que vous, *mein herr;* mais, encore une fois, mon métier n'est pas de me battre. Si vous conservez l'embuscade à l'endroit convenu, c'est fort bien; sinon je les conduis en sûreté au palais de l'évêque; et Guillaume de la Marck pourra aisément les y aller chercher, s'il est la moitié aussi fort qu'il prétendait l'être, il y a huit jours.

— *Potz tausend!* Nous être aussi forts et plus forts. Mais nous avoir entendu parler d'une centaine de lances arrivées de Bourgogne; et à cinq hommes par lance, voyez-vous, c'est juste cinq cents; en ce cas, *der Teufel!* eux avoir bien plus d'envie de nous chercher que nous de les trouver, car l'évêque avoir de bonnes forces sur pied; oui, avoir de bonnes forces.

— Il faut donc vous en tenir à l'embuscade de la Croix-des-Trois-Rois, ou renoncer à l'aventure.

—Renoncer à l'aventure! renoncer à enlever une riche héritière pour être la femme de notre noble capitaine! *der Teufel!* Moi plutôt attaquer l'enfer! *meine seele!* nous tous devenir bientôt des princes et des *hertzogs*, que vous appelez ducs; avoir une bonne cave, du bon argent de France en abondance, et peut-être quelques jolies filles par-dessus le marché, quand le Barbu en avoir assez.

— Ainsi donc, l'embuscade de la Croix-des-Trois-Rois tient toujours?

— *Mein Gott*, oui sans doute. Vous jurer de les y amener, et quand eux être descendus de cheval, et être à genoux devant la croix, ce que personne ne manque à faire excepté des fils païens, comme toi, nous tomber sur eux, et les femmes être à nous.

— Fort bien, mais je n'ai promis de me charger de cette affaire qu'à une condition: je n'entends pas qu'on touche à un seul cheveu de la tête du jeune homme. Si vous m'en faites serment par les carcasses de vos trois Rois qui sont à Cologne, je vous jurerai par les sept Dormans[1] de vous servir fidèlement pour tout le reste. Et, si vous ne tenez pas votre serment, je vous préviens que les sept Dormans viendront vous éveiller sept nuits de suite, et qu'à la huitième ils vous étrangleront et vous dévoreront.

—Mais, *donner un hagel!* pourquoi vous être si inquiet de la vie de ce jeune homme? lui n'être pas de votre sang ni de votre nation.

—Que vous importe, honnête Heinrick? Il y a des gens qui aiment à couper la gorge aux autres, et il y en a qui se plaisent à leur sauver le cou. Ainsi, jurez-moi qu'il ne lui en coûtera ni la vie ni la moindre blessure, ou, de par la brillante étoile d'Oldebaoran, cette affaire n'ira pas plus loin. Jurez-le-moi par les trois Rois de Cologne, comme vous les appelez, car je sais que vous ne faites cas d'aucun autre serment.

—Toi être vraiment comique! dit l'Allemand. Eh bien donc, moi jurer...

—Un moment, s'écria Hayraddin, demi-tour à droite, brave lansquenet, et tournez la tête du côté de l'orient, afin que les trois Rois vous entendent.

Le soldat prêta le serment de la manière qui lui était prescrite, et dit ensuite qu'il se tiendrait à l'embuscade, et que l'endroit était fort convenable, puisqu'il n'était guère qu'à cinq milles de distance du lieu où ils se trouvaient.

—Mais, ajouta-t-il, pour rendre l'affaire bien sûre, moi penser convenable de placer quelques braves gens sur la gauche de l'auberge, afin de tomber sur eux, si eux avoir la fantaisie de passer par là.

—Non, répondit le Bohémien après avoir réfléchi un moment, la vue de ces soldats de ce côté pourrait alarmer la garnison de Namur, et alors il y aurait un combat dou-

---

(1) La tradition des *sept Dormans* est, comme on sait, d'origine orientale.—Éd.

teux, au lieu d'un succès assuré. D'ailleurs ils suivront la rive droite de la Meuse, car je puis les conduire comme bon me semble, ce montagnard écossais, malgré sa méfiance, s'en rapportant entièrement à moi pour le guider, et n'ayant jamais demandé l'avis de personne sur la route qu'il doit suivre. Mais aussi je lui ai été donné par un ami sûr, par un homme de la parole duquel personne ne s'est jamais méfié, avant d'avoir appris à le connaître un peu.

—Maintenant, l'ami Hayraddin, dit le lansquenet, moi avoir une petite question à vous faire. Moi pas concevoir comment avoir pu faire que vous et votre frère étant, comme vous le prétendre, de grands *sternendeuter*, que vous appeler astrologues, vous n'avoir pas prévu que lui devoir être pendu. *Hunker!* cela n'être-t-il pas singulier?

—Je vous dirai, Heinrick, répliqua le Bohémien, que si j'avais su que mon frère était assez fou pour aller raconter au duc de Bourgogne les secrets du roi Louis, j'aurais prédit sa mort aussi assurément que je prédirais le beau temps en juillet. Louis a des oreilles et des mains à la cour de Bourgogne, et le duc a quelques conseillers pour qui le son de l'or de France est aussi agréable que le glouglou d'une bouteille l'est pour vous. Mais adieu, et ne manquez pas de vous trouver au rendez-vous. Il faut que j'attende à la pointe du jour mon Ecossais à une portée de flèche de l'auge de ces pourceaux fainéans, sans quoi il me soupçonnerait d'avoir fait une excursion peu favorable au succès de son voyage.

—Toi pouvoir pas partir sans boire avec moi une coup de consolation, dit l'Allemand. Oh! mais, moi oublier, toi assez bête pour ne boire que de l'eau, comme un vil vassal de Mahomet et de Termagant.

—Tu n'es, toi-même, qu'un esclave du vin et du flacon, dit le Bohémien. Je ne suis pas surpris que ceux qui sont altérés de sang te confient l'exécution des mesures de violence que de meilleures têtes ont imaginées. Quand on veut connaître les pensées des autres, ou cacher les siennes, il ne faut pas boire de vin. Mais à quoi bon te prêcher, toi qui es toujours aussi altéré que les sables de l'Arabie. Adieu; emmène avec toi mon camarade Tuisco, car, si on le voyait rôder près du monastère, cela donnerait des soupçons.

Les deux illustres alliés se séparèrent alors, après s'être promis de nouveau de ne pas manquer au rendez-vous fixé à la Croix-des-Trois-Rois.

Durward les suivit long-temps des yeux, et descendit de l'arbre. Son cœur battait en songeant combien peu il s'en était fallu que la belle comtesse ne fût victime d'un complot tramé avec une si profonde perfidie, si toutefois il était encore possible de le déjouer. Craignant de rencontrer Hayraddin en retournant au monastère, il fit un long détour, au risque d'avoir à passer par quelques mauvais sentiers.

Chemin faisant, il réfléchit très-attentivement sur ce qu'il avait à faire. En entendant Hayraddin faire l'aveu de sa trahison, il avait d'abord pris la résolution de le mettre à mort aussitôt que la conférence serait terminée, et que ses compagnons seraient à une distance suffisante; mais quand il l'eut entendu exprimer tant d'intérêt pour lui sauver la vie, il sentit qu'il lui serait difficile d'infliger à ce traître, dans toute son étendue, le châtiment que méritait sa perfidie. Il résolut donc d'épargner ses jours, et même de continuer, s'il était possible, à l'employer comme guide, en prenant toutes les précautions nécessaires pour la sûreté de la belle comtesse, à qui il s'était promis de dévouer sa vie.

Mais que fallait-il faire? les dames de Croye ne pouvaient se réfugier en Bourgogne, d'où elles avaient été obligées de s'enfuir; ni en France, d'où elles avaient été, en quelque sorte, renvoyées. La violence du duc Charles, dans le premier de ces deux pays, n'était guère moins à craindre pour elles que la politique froide et tyrannique du roi dans l'autre. Après y avoir profondément réfléchi, Durward ne put imaginer rien de mieux que d'éviter l'embuscade, en suivant la rive gauche de la Meuse pour se rendre à Liège, où ces dames, conformément à leur premier projet, se mettraient sous la protection du saint évêque. On ne pouvait douter que ce prélat n'eût la volonté de les protéger ; et, s'il avait reçu un renfort de cent hommes d'armes, il en avait le pouvoir. Dans tous les cas, si les dangers auxquels l'exposaient les hostilités de Guillaume de la Marck et les troubles de la ville de Liège devenaient imminens, il pouvait toujours envoyer ces malheureuses dames en Allemagne, avec une escorte convenable.

Pour conclusion (car quel homme a jamais terminé une délibération sans quelque considération personnelle?), Quentin pensa que le roi Louis, en le condamnant de sang-froid à la mort ou à la captivité, l'avait délié de ses engagemens envers la couronne de France, et il prit la résolution positive de s'en affranchir. L'évêque de Liège avait probablement besoin de soldats ; et, par la protection des belles comtesses, qui maintenant, et surtout la comtesse Hameline, le traitaient avec beaucoup de familiarité, il pouvait obtenir de lui quelque commandement, peut-être même être chargé de conduire les dames de Croye dans quelque place qui leur offrît plus de sûreté que Liège et ses environs. Enfin, elles avaient parlé, quoique en quelque sorte en badinant, de lever les vassaux de la comtesse Isabelle, comme beaucoup de seigneurs le faisaient dans ces temps de troubles, et de fortifier son château de manière à le mettre en état de résister à toute attaque ; elles lui avaient demandé en plaisantant s'il voulait être leur sénéchal, et remplir cette place périlleuse ; et comme il avait accepté cette proposition avec autant de zèle que d'empressement, elles lui avaient permis de leur baiser la main, en signe de sa promotion à cette fonction honorable et de confiance. Il avait même cru remarquer que la main de la comtesse Isabelle, une des mains les plus belles et les mieux faites qui eussent jamais reçu pareil hommage d'un vassal dévoué, avait tremblé tandis que ses lèvres s'y reposaient un instant de plus que ne l'exigeait le cérémonial, et que ses joues et ses yeux avaient donné quelques marques de confusion quand elle l'avait retirée. Quelque chose ne pouvait-il pas résulter de tout cela? Et quel homme brave, à l'âge de Quentin, n'aurait pas permis à de semblables considérations d'influer un peu sur sa détermination?

Ce point réglé, il eut à réfléchir sur la manière dont il agirait à l'égard de l'infidèle Bohémien. Il avait renoncé à sa première idée de le tuer dans le bois même; mais s'il prenait un autre guide, et qu'il le laissât en liberté, c'était envoyer le traître au camp de Guillaume de la Marck, pour y porter la nouvelle de leur marche. Il pensa à prendre le prieur pour confident, en l'engageant à retenir le Bohémien prisonnier jusqu'à ce qu'ils eussent le temps d'arriver à Liège; mais, en y réfléchissant, il n'osa pas hasarder de faire une pareille proposition à un homme que la vieillesse avait dû rendre timide, et qui, comme moine, considérant la sûreté de son couvent comme le plus important de ses devoirs, tremblait au seul nom du Sanglier des Ardennes.

Enfin il arrêta un plan d'opération sur lequel il crut d'autant mieux pouvoir compter, que l'exécution n'en dépendrait que de lui-même; et pour la cause qu'il avait embrassée, il se sentait capable de tout. Aussi résolu que hardi, quoique sans se dissimuler les dangers de sa position, Quentin pouvait être comparé à un homme qui marche chargé d'un fardeau dont il sent la pesanteur, mais qu'il ne croit pas au-dessus de ses forces. Ce plan venait d'être arrêté dans son esprit, quand il arriva au couvent.

Il frappa doucement à la porte; un frère, que le prieur avait eu l'attention d'y placer pour l'attendre, lui ouvrit; et, l'informant que tous les frères devaient rester dans l'église jusqu'au point du jour, pour prier Dieu de pardonner les divers scandales qui avaient eu lieu dans la communauté pendant la soirée précédente, il proposa à Quentin d'aller partager leurs exercices de dévotion; mais les vêtemens du jeune Écossais étaient tellement mouillés, qu'il ne crut pas devoir accepter cette offre, et il demanda la permission d'aller s'asseoir près du feu de la cuisine, afin de pouvoir sécher ses habits avant de se mettre en route. Il désirait d'ailleurs que le Bohémien, quand il le reverrait, n'aperçût rien en lui qui pût le porter à soupçonner son excursion nocturne.

Le digne frère non-seulement lui accorda sa demande, mais voulut même lui tenir compagnie; circonstance dont Durward fut d'autant plus charmé, qu'il désirait se procurer quelques renseignemens sur les deux routes dont il avait entendu parler pendant la conversation du Bohémien avec le lansquenet.

Le frère, qui justement se trouvait souvent chargé des affaires extérieures du couvent, était de toute la communauté celui qui pouvait le mieux répondre aux questions que Quentin lui fit à ce sujet; mais il ajouta qu'en bonnes pèlerines, c'était un devoir pour les dames qu'il escortait de suivre la rive droite de la Meuse, afin de payer le tribut de la dévotion devant la Croix-des-Trois-Rois, élevée à l'endroit où les saintes reliques de Gaspard, de Melchior et de Balthazar, noms que donne l'église catholique aux trois mages qui vinrent de l'Orient pour apporter leurs offrandes à Bethléem, s'étaient arrêtées lorsqu'on les transportait à Cologne, et où elles avaient fait plusieurs miracles.

Quentin lui répondit que ces pieuses dames étaient déterminées à observer avec la plus grande ponctualité toutes les saintes stations de leur pèlerinage, et qu'elles visiteraient certainement celle de la Croix-des-Trois-Rois, soit en allant à Cologne, soit en en revenant ; mais qu'elles avaient entendu dire que la route sur la rive droite de la Meuse était peu sûre, attendu qu'elle était infestée par les soldats du féroce Guillaume de la Marck.

— A Dieu ne plaise, s'écria le frère François, que le Sanglier des Ardennes ait porté de nouveau sa bauge si près de nous ! Au surplus, quand cela serait vrai, la Meuse est assez large pour établir une bonne barrière entre lui et nous.

— Mais elle n'établira aucune barrière entre ces dames et ce maraudeur, répondit Quentin, si nous la traversons pour prendre la route de la rive droite.

— Le ciel protègera ceux qui lui appartiennent, jeune homme, répliqua le frère. Les trois Rois de la bienheureuse ville de Cologne ne laissent pas même entrer dans l'enceinte de ses murs un juif ou un infidèle ; il serait bien dur de penser qu'ils pussent commettre un assez grand oubli pour permettre que de dignes pèlerins venant leur rendre hommage devant la croix élevée en leur honneur, fussent pillés et maltraités par un chien de mécréant comme ce Sanglier des Ardennes, qui est pire que tout un camp de païens sarrasins, et les dix tribus d'Israël par-dessus le marché.

Quelque confiance que Quentin, en bon catholique, fût tenu d'accorder à la protection spéciale de Gaspard, de Melchior et de Balthazar, il ne put s'empêcher de réfléchir que les comtesses n'ayant pris le titre de pèlerines que par les conseils d'une politique mondaine, elles n'avaient pas trop le droit d'espérer que les trois mages les mettraient sous leur sauvegarde en cette occasion ; et, en conséquence, il résolut de leur épargner, autant que possible, le besoin d'une intervention miraculeuse. Cependant, dans la simplicité de sa bonne foi, il fit vœu de faire lui-même, en propre personne, un pèlerinage aux trois Rois de Cologne, si ces illustres personnages, de sainte et royale mémoire, lui permettaient de conduire à bon port les dames qu'il escortait.

Afin de contracter cette obligation avec toute la solennité possible, il pria le frère François de le faire entrer dans une des chapelles latérales du couvent; et là, se mettant à genoux avec une dévotion sincère, il ratifia le vœu qu'il venait de faire intérieurement. Le son des voix des moines qui chantaient dans le chœur, l'heure solennelle à laquelle il faisait cet acte religieux, l'effet de la faible clarté qu'une seule lampe répandait dans ce petit édifice gothique, tout contribua à jeter Durward dans cet état où l'homme reconnaît le plus facilement la faiblesse humaine, et cherche cette aide et cette protection surnaturelle qu'aucune croyance ne promet qu'au repentir du passé et à une ferme résolution d'amendement pour l'avenir. Si l'objet de sa dévotion était mal placé, ce n'était pas la faute de Quentin; et ses prières étant sincères, nous aurions peine à croire qu'elles ne furent pas favorablement accueillies du seul vrai Dieu, qui regarde les intentions et non les formes, et aux yeux duquel la dévotion sincère d'un païen est plus estimable que l'hypocrisie spécieuse d'un pharisien.

S'étant recommandé, sans oublier ses malheureuses compagnes, à la protection des saints et à la garde de la Providence, Quentin alla se reposer le reste de la nuit, laissant le frère édifié de la ferveur et de la sincérité de sa dévotion.

CHAPITRE XVIII.

La Chiromancie.

« Quand joyeuses chansons et contes plus joyeux
« Adoucissaient pour nous un chemin sinueux,
« Nous craignions d'arriver à la fin du voyage.
« Mais d'un enchantement le tout était l'ouvrage ;
« Ce chemin escarpé, faisant mille détours,
« Au point d'où nous partions nous ramenait toujours. »
SAMUEL JOHNSON.

L'AURORE commençait à peine à paraître, quand Durward, sortant de sa petite cellule, éveilla les palefreniers endormis, et surveilla, avec un soin encore plus particulier que de coutume, tous les préparatifs du départ. Ce fut lui-même qui examina si les brides, les mors et tous les harnais des chevaux étaient en bon état; il vérifia s'ils étaient bien ferrés, afin que le hasard n'amenât pas quelques-uns de ces accidens qui, quoique peu importans en eux-mêmes, n'en retardent pas moins les voyageurs dans leur route. Il voulut aussi qu'on donnât l'avoine aux chevaux en sa présence, afin d'être sûr qu'ils seraient en état de faire une bonne journée, ou une course forcée, si le cas l'exigeait.

Retournant alors dans sa chambre, il s'arma avec un soin tout particulier, et ceignit son épée en homme qui prévoit un danger prochain, et qui a pris la ferme résolution de le braver.

Ces sentimens généreux lui donnèrent une fierté de démarche et un air de dignité que les dames de Croye n'avaient pas encore remarqués en lui, quoiqu'elles eussent vu avec plaisir et intérêt la grace et la naïveté de ses discours et de sa conduite, ainsi que l'alliance de son intelligence naturelle avec cette simplicité qu'il devait à son pays et à son éducation. Il leur donna à entendre qu'il serait à propos qu'elles partissent de meilleure heure que de coutume, et en conséquence elles quittèrent le couvent après avoir déjeuné, non sans avoir témoigné leur reconnaissance de l'hospitalité qu'elles avaient reçue, par une offrande qu'elles firent au pied des autels, et qui convenait mieux à leur rang véritable qu'à ce qu'elles paraissaient être. Cette libéralité ne fit pourtant naître aucun soupçon : elles passaient pour Anglaises, et ces insulaires jouissaient dès ce temps-là de cette réputation de richesse qu'ils conservent encore aujourd'hui.

Le prieur leur donna sa bénédiction pendant qu'elles montaient à cheval, et félicita Quentin de l'absence de son guide païen. — Car, ajouta cet homme vénérable, il vaut mieux trébucher en chemin, que d'être soutenu par la main d'un voleur ou d'un brigand.

Durward ne partageait pas tout-à-fait cette opinion; quoiqu'il sût que le Bohémien était dangereux, il croyait pouvoir profiter de ses services, et déjouer en même temps ses projets de trahison, maintenant qu'il les connaissait. Mais ses inquiétudes à ce sujet ne durèrent pas long-temps, car à peine la petite cavalcade était-elle à trois cents pas du monastère et du village, qu'il aperçut Hayraddin monté à l'ordinaire sur son petit cheval plein de feu. Le chemin cotoyait ce même ruisseau sur les rives duquel Quentin avait entendu la conférence mystérieuse de la nuit précédente, et il n'y avait pas long-temps que le Bohémien les avait rejoints, quand ils passèrent sous le saule qui avait fourni à Durward le moyen de se cacher pour écouter, sans être aperçu, la conversation du guide perfide avec le lansquenet.

Les souvenirs que ce lieu fit naître dans l'esprit de Quentin le portèrent à adresser brusquement la parole au

Bohémien, à qui il avait à peine dit un mot jusqu'alors.

— Où as-tu passé cette nuit, profane coquin? lui demanda-t-il.

— Vous pouvez aisément le deviner en regardant mes habits, répondit Hayraddin, qui lui montra du doigt ses vêtemens encore couverts de foin.

— Une meule de foin, répliqua Durward, est un lit fort convenable pour un astrologue, et beaucoup meilleur que n'en mérite un païen qui ose blasphémer contre notre sainte religion et ses ministres.

— Mon Klepper s'en est pourtant trouvé mieux que moi, dit Hayraddin en caressant le cou de son cheval, car il y a rencontré en même temps abri et nourriture. Ces vieux fous de tondus l'ont mis à la porte comme s'ils avaient peur que le cheval d'un homme d'esprit pût infecter de bon sens et de sagacité toute une congrégation d'ânes. Heureusement Klepper connaît ma manière de siffler, et il me suit comme un chien, sans quoi nous ne nous serions jamais revus; et vous auriez pu siffler à votre tour pour trouver un guide.

— Je t'ai déjà recommandé plus d'une fois, lui dit Quentin en le regardant d'un air sévère, de réprimer la licence de ta langue quand tu te trouves dans la compagnie de personnes honnêtes, ce qui, je crois, ne t'était guère arrivé jusqu'à ce jour; et je te promets que si je te croyais un guide aussi infidèle que je te crois impie et blasphémateur, mon poignard écossais ne tarderait pas à faire connaissance avec ton cœur de païen, quoique ce fût me dégrader au rang du boucher qui égorge un pourceau.

Le Bohémien, sans baisser les yeux sous le regard perçant de Quentin, et sans renoncer au ton d'indifférence caustique avec lequel il parlait toujours, répondit : — Le sanglier est proche parent du pourceau, et cependant il y a bien des gens qui trouvent honneur, plaisir et profit à le tuer.

Etonné de la confiance et de la hardiesse de cet homme, et craignant qu'il ne connût quelques points de son histoire et de ses sentimens, sur lesquels il ne se souciait pas d'entrer en conversation avec lui, Quentin rompit brusquement un entretien dans lequel il n'avait obtenu aucun avantage sur le Maugrabin, et retourna à son poste ordinaire, c'est-à-dire à côté des deux dames.

Nous avons déjà fait observer qu'il s'était établi entre elles et lui un certain degré de familiarité. La comtesse Hameline, après s'être bien assurée de la noblesse de sa naissance, le traitait en égal et en favori; et, quoique sa nièce laissât voir moins ostensiblement l'estime qu'elle avait pour lui, néanmoins, à travers sa retenue et sa timidité, Quentin croyait reconnaître que sa compagnie et sa conversation ne lui étaient nullement indifférentes.

Rien n'anime la gaieté de la jeunesse comme la certitude qu'elle plaît en s'y livrant. Aussi Quentin, pendant tout le voyage, avait-il déployé toutes ses ressources pour amuser la belle comtesse, tantôt par un entretien enjoué, tantôt en lui chantant les chansons de son pays en sa propre langue, quelquefois en lui en racontant les traditions ; les efforts qu'il faisait pour les mettre en français, langue qu'il ne connaissait pas encore parfaitement, occasionaient souvent cent petites méprises plus divertissantes que la narration même. Mais ce matin, livré à ses pensées inquiètes, il restait à côté des dames de Croye sans faire, suivant son usage, aucune tentative pour les amuser, et elles ne purent s'empêcher de trouver son silence extraordinaire.

— Notre jeune champion a vu un loup, dit la comtesse Hameline, faisant allusion à une ancienne superstition, et cette rencontre lui a fait perdre la langue.

— Dire que j'ai dépisté un renard, ce serait frapper plus près du but, pensa Quentin; mais ce fut tout bas qu'il fit cette réflexion.

—Etes-vous indisposé, monsieur Quentin? lui demanda la comtesse Isabelle avec un ton d'intérêt dont elle ne put s'empêcher de rougir, parce qu'elle sentait que c'était s'avancer un peu plus que ne le permettait la distance qui les séparait.

— Il a passé la nuit à table avec les bons frères, dit la comtesse Hameline. Les Ecossais sont comme les Allemands, qui font une telle dépense de gaieté en buvant leur vin du Rhin, qu'il n'apportent à la danse, dans la soirée, que des jambes mal assurées, et dans le boudoir des dames, le lendemain matin, que des maux de tête.

— Je ne mérite pas de tels reproches, belles dames, répondit Durward. Les bons frères ont passé à l'église presque toute la nuit; et quant à moi, j'ai à peine bu un verre de leur vin le plus commun.

— C'est peut-être la mauvaise chère qui lui a fait perdre sa gaieté, dit la comtesse Isabelle. Allons, monsieur Quentin, consolez-vous; si jamais nous allons ensemble dans mon ancien château de Braquemont, quand je devrais être moi-même votre échanson, et vous le présenter, vous aurez un verre d'excellent vin, bien au-dessus de celui que produisent les fameuses vignes de d'Hoccheim ou de Johannisberg.

— Un verre d'eau de *votre* main, noble dame..., dit Quentin; mais la voix lui manqua, et Isabelle prit la parole comme si elle n'avait fait aucune attention à l'accent de tendresse avec lequel il avait appuyé sur le pronom possessif.

— Ce vin, dit-elle, fut placé dans les caves de Braquemont par mon bisaïeul le rhingrave Gottfried.

— Qui obtint la main de sa bisaïeule, dit la comtesse Hameline en l'interrompant, pour s'être montré le plus vaillant des enfans de la chevalerie au grand tournoi de Strasbourg, où dix chevaliers perdirent la vie dans la lice. Mais ce temps est passé. Personne aujourd'hui ne pense plus à s'exposer au péril pour acquérir de l'honneur, ou pour secourir la beauté.

Elle parlait ainsi du ton que prend une beauté moderne dont les charmes commencent à être sur le retour, quand on l'entend se plaindre du peu de politesse du siècle actuel. Quentin prit sur lui de répondre qu'on ne manquait pas encore de cet esprit de chevalerie qu'elle semblait regarder comme éteint, et que, quand il aurait disparu du reste de la terre, on le retrouverait encore dans le cœur des gentilshommes écossais.

—Ecoutez-le! s'écria la comtesse Hameline; il voudrait nous faire croire que son pays froid et stérile conserve encore ce noble feu éteint en France et en Allemagne! Le pauvre jeune homme ressemble aux montagnards suisses, qui ne connaissent rien de si beau que leur affreux pays : il nous parlera bientôt des vignes et des oliviers d'Ecosse.

—Non, madame, répondit Durward; tout ce que je puis dire du vin et de l'huile qu'on trouve sur nos montagnes, c'est que notre épée sait contraindre nos voisins plus riches à nous payer un tribut de ces riches productions. Mais quant à la foi sans tache, quant à l'honneur sans reproche de l'Ecosse, je suis forcé de mettre à l'épreuve en ce moment la confiance que vous y accordez, quoique l'humble individu qui vous la demande ne puisse vous offrir rien de plus pour gage de votre sûreté.

—Vous parlez mystérieusement, dit la comtesse Hameline; vous connaissez donc quelque danger qui nous menace aujourd'hui.

—Je l'ai lu dans ses yeux depuis une heure! s'écria Isabelle en joignant les mains. Sainte Vierge, qu'allons devenir?

—Rien que ce qu'il vous plaira, dit Durward; je l'espère du moins. Mais je suis obligé de vous le demander, nobles dames, pouvez-vous vous fier à moi?

—Nous fier à vous? répondit la comtesse Hameline, certainement. Mais pourquoi cette question? et jusqu'à quel point nous demandez-vous notre confiance?

—Quant à moi, dit Isabelle, je vous l'accorde tout entière et sans réserve; et, si vous pouvez nous tromper, Quentin, je croirai qu'il n'existe de sincérité que dans le ciel.

—Noble dame, répondit Durward au comble de ses vœux, vous ne faites que me rendre justice. Mon projet est de changer de route, et de nous rendre à Liège en suivant la rive gauche de la Meuse, au lieu de la traverser à Namur. C'est m'écarter des ordres que j'ai reçus du roi Louis, et des instructions qu'il a données à notre guide. Mais j'ai entendu dire dans le couvent d'où nous sortons, qu'on a vu des maraudeurs sur la rive droite de ce fleuve, et que le duc de Bourgogne a mis en campagne des troupes pour les réprimer. Ces deux circonstances me donnent des craintes pour votre sûreté. Ai-je votre permission pour faire ce changement à votre route?

—Ma pleine et entière permission, répondit la comtesse Isabelle.

—Je crois, comme vous, ma nièce, lui dit sa tante, que le jeune homme a de bonnes intentions; mais songez-vous que c'est contrevenir aux intructions que nous a données le roi Louis, qui nous les a si souvent répétées?

—Et pourquoi aurions-nous égard à ses instructions? dit Isabelle. Grace au ciel, je ne suis pas sa sujette. Je m'étais confiée à sa protection, et il a abusé de la confiance qu'il m'avait engagée à lui accorder. Je ne voudrais pas faire injure à ce jeune homme en mettant un instant sa parole en balance contre les injonctions de ce tyran artificieux et égoïste.

—Que le ciel vous récompense de ce que vous venez de dire! s'écria Durward avec transport. Si je ne justifiais pas la confiance que vous daignez m'accorder, être déchiré par des chevaux indomptés en ce monde, et exposé dans l'autre à d'éternelles tortures, serait un supplice trop doux pour moi.

A ces mots, il piqua des deux, et alla rejoindre le Bohémien. Le caractère de ce digne personnage paraissait être tout-à-fait passif. Les injures et les menaces ne faisaient aucune impression sur lui, et, s'il ne les pardonnait pas, il semblait du moins les oublier. Durward entra en conversation avec lui, et son guide lui répondit avec la même tranquillité que s'il ne se fût rien passé de désagréable entre eux dans le cours de la matinée.

— Le chien, pensa le jeune Ecossais, n'aboie pas en ce moment, parce qu'il a dessein de régler ses comptes avec moi tout d'un coup, en me sautant à la gorge quand il pourra le faire impunément ; mais nous verrons s'il n'est pas possible de battre un traître par ses propres armes. — Eh bien ! honnête Hayraddin, depuis que vous voyagez avec nous, vous ne nous avez pas encore donné un échantillon de vos talens en chiromancie ; et cependant vous aimez tant à les exercer qu'il faut que vous déployiez votre science dans chaque couvent où nous faisons halte, au risque d'avoir à passer la nuit sur une meule de foin.

— Vous ne me l'avez jamais demandé, répondit l'Egyptien ; vous êtes comme le reste du monde, vous vous contentez de tourner en ridicule les mystères que vous ne pouvez concevoir.

— Allons, donnez-moi une preuve de votre science, dit Quentin ; et, ôtant son gantelet, il lui présenta sa main.

Hayraddin examina avec beaucoup d'attention toutes les lignes qui la traversaient, ainsi que les petites élévations qui se trouvaient à la naissance des doigts, et auxquelles on supposait alors avec le caractère, les habitudes et la fortune des individus, le même rapport qu'on attribue aujourd'hui aux protubérances du crâne.

—Voici une main, dit-il ensuite, qui parle de travaux endurés, de dangers encourus. J'y lis qu'elle a fait connaissance de bonne heure avec la garde du glaive, et que cependant elle n'a pas toujours été étrangère aux agrafes du missel.

—Tu peux avoir appris quelque chose des événemens de ma vie passée; parle-moi plutôt de l'avenir.

—Cette ligne, partant du mont de Vénus, qui n'est pas interrompue brusquement, mais qui suit et accompagne la ligne de vie, m'annonce qu'un mariage vous procurera une fortune brillante, et qu'un amour couronné par le succès vous placera parmi les grands et les riches du monde.

—Ce sont des promesses que vous prodiguez à chacun; c'est un des secrets de votre art.

—Ce que je vous prédis est aussi certain qu'il est sûr que vous serez menacé avant peu d'un grand danger; car je le lis dans cette ligne brillante, couleur de sang, qui coupe transversalement la ligne de vie, et qui annonce un coup d'épée ou quelque autre violence; et vous n'y échapperez que par l'attachement d'un ami fidèle.

—Le tien, n'est-ce pas? s'écria Durward, indigné que le chiromancien voulût en imposer à sa crédulité, et se faire une réputation en lui prédisant ainsi les conséquences de sa propre trahison.

—Mon art ne m'apprend rien de ce qui me concerne, répondit le Bohémien.

—En ce cas, reprit Quentin, les devins de mon pays sont plus savans que les vôtres, avec leur science si vantée, car ils savent prévoir les dangers qui les menacent eux-mêmes. Je n'ai pas quitté mes montagnes sans avoir participé jusqu'à un certain point au don de seconde vue, dont leurs habitans sont doués; et je vais t'en donner une preuve, en échange de ton échantillon de chiromancie. Hayraddin, le danger qui me menace existe sur la rive droite de la Meuse, et pour l'éviter je me rendrai à Liège en suivant la rive gauche.

Le Bohémien l'écouta avec un air d'apathie qui, dans les circonstances où il se trouvait, parut incompréhensible à Durvard.

—Si vous exécutez ce dessein, répondit le Bohémien, en ce cas le danger passera de vous à moi.

— Il me semble que tu me disais il y a un instant, que ton art ne t'apprenait rien de ce qui pouvait te concerner?

—Pas de la même manière qu'il m'a appris ce qui vous regarde ; mais il ne faut pas être grand sorcier, pour peu qu'on connaisse Louis de Valois, pour prédire qu'il fera pendre votre guide, parce que votre bon plaisir aura été de vous écarter de la route qui vous a été prescrite.

—Pourvu que nous arrivions heureusement et en sûreté au terme de notre voyage, on ne peut nous reprocher une légère déviation de la ligne qui nous a été indiquée.

—Sans doute, si vous êtes sûr que le dessein du roi soit que votre voyage se termine de la manière qu'il vous l'a dit.

—Et comment serait-il possible qu'il eût voulu qu'il se terminât différemment? Quel motif avez-vous pour supposer qu'il avait d'autres vues que celles qu'il m'a énoncées lui-même?

—Tout simplement parce que tous ceux qui connaissent un peu le roi très-chrétien, savent que le projet qu'il a le plus à cœur est toujours celui dont il parle le moins. Quand il fait partir douze ambassadeurs, je consens à abandonner mon cou à la corde un an plus tôt que cela ne m'est dû, s'il n'y en a pas onze qui ont au fond de leur encrier quelque chose de plus que ce que la plume a écrit sur leurs lettres de créance.

—Je ne m'inquiète nullement de vos soupçons honteux. Mon devoir est clair et positif; c'est de conduire ces dames en sûreté à Liège. Je crois y mieux réussir en déviant un peu de la route qui nous a été prescrite, et je prends sur moi de le faire. Nous suivrons donc la rive gauche de la Meuse. D'ailleurs c'est le chemin le plus direct pour aller à Liège : en traversant le fleuve, nous ne ferions que perdre du temps et nous exposer à des fatigues, sans aucune utilité. Pourquoi agirions-nous ainsi?

— Uniquement parce que tous les pèlerins qui vont à Cologne traversent toujours la Meuse avant d'arriver à Liège, et que ces dames voulant passer pour des pèlerines, la route que vous vous proposez de prendre prouvera qu'elles ne sont pas ce qu'elles prétendent être.

— Si l'on nous fait quelque observation à cet égard, nous dirons que les alarmes que nous ont données le duc de Gueldres, Guillaume de la Marck, les écorcheurs et les lansquenets qui infestent la rive droite, nous ont déterminés à ne pas suivre la route ordinaire, et à rester sur la rive gauche.

— Comme il vous plaira; quant à moi, il m'est parfaitement égal de vous conduire par la rive gauche ou par la rive droite. Ce sera votre affaire de vous justifier auprès de votre maître.

Quentin fut assez surpris de la facilité avec laquelle Hayraddin consentait à ce changement de route, ou du moins du peu de répugnance qu'il y montrait; mais il n'en fut pas moins charmé, car il avait encore besoin de ses services comme guide, et il craignait que le Bohémien, voyant son projet de trahison déjoué, ne se portât à quelque extrémité. D'ailleurs, se séparer de lui était le plus sûr moyen d'attirer sur eux Guillaume de la Marck, avec qui il était en correspondance, au lieu qu'en le conservant en tête de la cavalcade, il croyait pouvoir le surveiller d'assez près pour l'empêcher d'avoir, à son insu, des communications avec qui que ce fût.

Renonçant donc à toute idée de suivre la route qu'ils

avaient eu d'abord intention de prendre, ils cotoyèrent la rive gauche de la Meuse, et ils firent tant de diligence, qu'*ils* furent assez heureux pour arriver le lendemain de bonne heure au but de leur voyage. Ils trouvèrent que l'évêque de Liège, par raison de santé, comme il le disait, mais peut-être pour n'avoir rien à craindre de la population nombreuse et turbulente de cette ville, avait fixé sa résidence dans son beau château de Schonwaldt, à environ un mille de Liège.

Comme ils approchaient de ce château, ils virent le prélat qui revenait processionnellement de la ville voisine, où il avait été célébrer pontificalement la grand'messe. Il était à la tête d'une suite nombreuse de fonctionnaires civils et ecclésiastiques, mêlés ensemble; et il marchait, comme le dit une vieille ballade,

> Précédé de maint porte-croix,
> Et suivi de plus d'une lance.

Cette procession offrait un noble et beau spectacle; en suivant les bords verdoyans de la Meuse, elle fit un détour sur la droite et alla disparaître sous le grand portail gothique qui formait l'entrée du château épiscopal.

Mais lorsque nos voyageurs en furent plus près, ils virent que tout annonçait au dehors les craintes et les inquiétudes qui régnaient au dedans, ce qui faisait un contraste frappant avec le cérémonial pompeux dont ils venaient d'être témoins. Des piquets de la garde de l'évêque étaient placés à la porte, et à différens postes avancés: l'apparence belliqueuse de cette cour ecclésiastique annonçait que le révérend prélat craignait quelques dangers qui l'obligeaient à s'entourer de toutes les précautions d'une guerre défensive.

Quentin ayant annoncé les comtesses de Croye, on les fit entrer dans un grand salon, où l'évêque les reçut à la tête de sa petite cour, et leur fit l'accueil le plus cordial.

Il ne voulut pas leur permettre de lui baiser la main, mais il les embrassa sur la joue avec un air qui tenait en même temps de la galanterie d'un prince qui voit avec plaisir de jolies femmes, et de la sainte affection d'un pasteur pour ses ouailles.

Louis de Bourbon, évêque de Liège, était véritablement un prince dont l'excellent cœur était plein de générosité. Peut-être sa vie privée n'avait-elle pas toujours été un modèle de cette stricte régularité dont le clergé doit donner l'exemple; mais il avait toujours dignement soutenu le caractère de franchise et d'honneur de la maison de Bourbon dont il descendait.

Dans les derniers temps, et à mesure qu'il avançait en âge, ce prélat avait adopté un genre de vie plus convenable à un membre de la hiérarchie dont il faisait partie, et les princes voisins le chérissaient comme un noble ecclésiastique, généreux et magnifique dans sa conduite habituelle, quoique peu distingué par la rectitude et la sévérité de son caractère, et tenant les rênes du gouvernement avec une indolence insouciante qui, au lieu de réprimer les projets séditieux de ses sujets riches et turbulens, semblait plutôt les encourager.

L'évêque était si étroitement allié avec le duc de Bourgogne, que ce prince se regardait presque comme associé à la souveraineté temporelle du pays de Liège, et il récompensait la facilité avec laquelle le prélat admettait des prétentions qui auraient pu être contestées, en prenant son parti en toute occasion avec ce zèle fougueux et violent qui le caractérisait. Il avait coutume de dire qu'il regardait Liège comme à lui, et l'évêque comme son frère (le duc avait épousé en premières noces une sœur de ce prélat); et que quiconque serait ennemi de Louis de Bourbon, aurait affaire à Charles de Bourgogne : menace qui, d'après le caractère et la puissance du duc aurait entretenu l'effroi partout ailleurs que parmi les riches et mécontens citoyens de la ville de Liège, où, suivant un ancien proverbe, *il y avait plus d'argent que de bon sens.*

Le prélat, comme nous l'avons dit, assura les dames de Croye qu'il emploierait en leur faveur tout le crédit dont il jouissait à la cour de Bourgogne; et il se flattait d'autant plus d'y réussir, que, d'après quelques découvertes qui avaient eu lieu tout récemment, Campo Basso ne possédait plus le même degré de faveur à la cour de son maître. Il leur promit aussi toute la protection qu'il pouvait leur accorder; mais par le soupir dont cette promesse fut accompagnée, il semblait reconnaître que son pouvoir était plus précaire qu'il ne jugeait convenable de l'avouer.

— Dans tous les cas, mes chères filles, ajouta-t-il avec un air dans lequel, comme dans son premier accueil, on voyait un mélange d'onction spirituelle et de cette galanterie qui est comme héréditaire dans la maison de Bourbon, à Dieu ne plaise que j'abandonne jamais la brebis innocente au loup dévorant, et de nobles dames à l'oppression de mécréans. Je suis un homme de paix, quoique ma demeure retentisse du bruit des armes; mais soyez persuadées que je veillerai à votre sûreté comme à la mienne: et, si l'état des choses devenait plus dangereux dans les environs, quoique j'espère, avec la grace de Notre-Dame, que les esprits se calmeront au lieu de s'enflammer davantage, j'aurais soin de vous faire conduire sans danger en Allemagne; car la volonté même de notre frère et de notre protecteur Charles de Bourgogne ne pourrait nous décider à disposer de vous d'une manière contraire à vos inclinations. Nous ne pouvons satisfaire le désir que vous nous montrez d'être placées dans un couvent; car, hélas! telle est l'influence des enfans de Bélial sur les habitans de la ville de Liège, que nous ne connaissons pas de retraite sur laquelle notre autorité s'étende hors de l'enceinte de ce château, et loin de la protection de nos soldats. Mais vous êtes les bienvenues ici, votre suite y sera honorablement reçue, notamment ce jeune homme que vous avez recommandé si particulièrement à notre bienveillance, et à qui nous donnons notre bénédiction.

Quentin s'agenouilla, comme de raison, pour recevoir la bénédiction épiscopale.

— Quant à vous, continua le bon prélat, vous résiderez ici avec ma sœur Isabelle, chanoinesse de Trèves, et vous pouvez demeurer avec elle en tout honneur, même sous le toit d'un galant comme l'évêque de Liège.

En terminant cette harangue de bienvenue, le prélat conduisit les dames à l'appartement de sa sœur; et le maître de sa maison, officier qui, ayant reçu l'ordre du diaconat, n'était ni tout-à-fait séculier, ni tout-à-fait ecclésiastique, fut chargé de remplir auprès de Quentin les devoirs de l'hospitalité. Le reste de la suite des dames de Croye fut confié aux soins des domestiques inférieurs.

Dans tous ces arrangemens, Quentin ne put s'empêcher de remarquer que la présence du Bohémien, qui avait été un objet de scandale pour tous les couvens du pays, ne donna lieu à aucune remarque ni à aucune objection dans la maison de ce prélat riche, et nous pouvons peut-être ajouter mondain.

CHAPITRE XIX.

La Cité.

« Amis, mes chers amis, gardez-vous de penser
« Qu'à la sédition je veuille vous pousser ! »
SHAKSPEARE. *Jules César.*

SÉPARÉ de la comtesse Isabelle, dont les yeux avaient été depuis plusieurs jours son étoile polaire, Quentin sentit dans son cœur un vide étrange, et un froid glacial qu'il n'avait pas encore éprouvé au milieu de toutes les vicissitudes auxquelles le cours de sa vie avait été exposé. Sans doute, la fin des relations intimes et familières que la nécessité avait établies entre eux était la suite inévitable de son arrivée à une résidence fixe; car sous quel prétexte, quand même elle en aurait eu la volonté, aurait-elle pu, sans inconvenance, avoir constamment à sa suite un jeune écuyer tel que Quentin.

Mais quelque indispensable que parût cette séparation, le chagrin qu'elle occasiona à Durward n'en fut pas moins pénible; et sa fierté s'irrita en voyant qu'on le quittait comme un guide ordinaire ou un soldat d'escorte qui avait terminé ses fonctions. Ses yeux laissèrent même tomber en secret une ou deux larmes sur les ruines de ces châteaux aériens que son imagination s'était occupée à construire pendant un voyage trop intéressant. Il fit un effort sur lui-même pour sortir de cet abattement d'esprit, mais ce fut d'abord sans y réussir. S'abandonnant donc aux idées qu'il ne pouvait bannir, il s'assit dans l'embrasure profonde d'une des croisées qui éclairaient le grand vestibule gothique de Schonwald, et réfléchit sur la cruauté de la fortune, qui ne lui avait accordé ni le rang ni la richesse dont il aurait eu besoin pour arriver au terme de ses vœux. Il en fut pourtant distrait enfin, et rentra presque dans son caractère habituel, quand ses yeux tombèrent par hasard sur un vieux poëme romantique récemment imprimé à Strasbourg, qui se trouvait sur l'appui de la croisée, et dont le sommaire annonçait :

— Comment un écuyer d'une obscure famille,
Du roi de la Hongrie aima jadis la fille.

Tandis qu'il parcourait les caractères gothiques d'un passage qui avait tant de rapport avec sa propre situation, Durward se sentit toucher sur l'épaule; et levant les yeux aussitôt, il aperçut le Bohémien.

Hayraddin, qu'il n'avait jamais vu avec plaisir, lui était devenu odieux depuis la découverte de sa trahison, et il lui demanda d'un ton brusque, pourquoi il osait prendre la liberté de toucher un chrétien et un gentilhomme.

— Tout simplement, répondit son ancien guide, parce que je voulais voir si le gentilhomme chrétien avait perdu le sentiment comme la vue et l'ouïe. Il y a cinq minutes que je suis devant vous à vous parler, tandis que vous restez les yeux fixés sur ce parchemin jaune, comme si c'était un charme pour vous changer en statue, et qu'il eût déjà produit à moitié son effet.

— Eh bien! que te faut-il? Parle, et va-t-en.

— Il me faut ce qu'il faut à tout le monde, et ce dont personne ne se contente, ce qui m'est dû, dix couronnes d'or, pour avoir servi de guide aux dames depuis Tours jusqu'ici.

— De quel front oses-tu me demander une autre récompense que celle de te laisser ton indigne vie? Tu sais que ton projet était de les trahir en route.

— Mais je ne les ai pas trahies; si je l'avais fait, ce ne serait ni à vous ni à elles que je demanderais mon salaire, mais à celui qui aurait pu profiter de leur passage sur la rive droite de la Meuse. Ceux que j'ai servis sont ceux qui doivent me payer.

— Périsse donc ton salaire avec toi, traître! s'écria Durward en comptant l'argent qu'il réclamait; car en sa qualité de majordome, on lui avait remis de quoi défrayer toutes les dépenses du voyage. Va trouver le Sanglier des Ardennes, ou le diable, mais ne te montre plus à mes yeux, à moins que tu ne veuilles que je te dépêche aux enfers plus tôt qu'on ne t'y attend.

— Le Sanglier des Ardennes! répéta le Bohémien avec plus de surprise que ses traits n'en laissaient apercevoir ordinairement; ce n'était donc pas une conjecture vague, un soupçon sans objet fixe, qui vous ont fait insister pour changer de route? Serait-il possible qu'il existât réellement dans d'autres contrées un art divinatoire plus sûr que celui de nos tribus errantes? Le saule sous lequel nous parlions n'a pu faire de rapport. Mais, non, non, non, stupide que je suis! Je sais ce que c'est, j'y suis : ce saule sur le bord du ruisseau, près du couvent des Franciscains, je vous ai vu le regarder en passant, à un demi-mille de distance environ de cette ruche de bourdons fainéans; le saule n'a pu parler, mais ses branches pouvaient cacher quelqu'un qui nous écoutait. Dorénavant je tiendrai mes conseils en plaine; il n'y aura pas près de moi une touffe de chardons qui puisse cacher un Ecossais. Ah! ah! l'Ecossais a battu le Zingaro avec ses propres armes! Mais apprenez, Quentin Durward, que vous m'avez traversé dans mes projets au détriment de vos propres intérêts. Oui, la fortune que je vous ai prédite, d'après les lignes de votre main, était faite sans votre obstination.

— Par saint André! ton impudence me fait rire en dépit de moi-même! En quoi et comment le succès de ton infame trahison aurait-il pu m'être utile? Je sais que tu m'avais stipulé la vie sauve, condition que tes dignes alliés auraient bientôt oubliée quand nous en serions venus aux coups; mais à quoi aurait pu me servir ta noire perfidie, si ce n'est à m'exposer à la mort ou à la captivité? C'est un mystère au-dessus de l'intelligence humaine.

— Ce n'est donc pas la peine d'y penser, car ma reconnaissance vous ménage encore une surprise. Si vous aviez retenu mon salaire, je me serais regardé comme quitte envers vous, et je vous aurais abandonné aux conseils de votre folie; mais dans la situation où sont les choses, je suis toujours votre débiteur pour l'affaire des bords du Cher.

— Il me semble que je me suis assez bien payé en injures et en malédictions.

— Paroles d'outrages et paroles de bonté ne sont que du vent, et n'ajoutent pas le moindre poids dans la balance. Si par hasard vous m'aviez frappé, au lieu de me menacer...

— C'est un genre de paiement que je pourrai bien prendre, si tu me provoques plus long-temps.

— Je ne vous le conseille pas, car un pareil paiement, fait par une main inconsidérée, pourrait excéder la dette, et mettre malheureusement la balance contre vous, ce que je ne suis homme ni à nier ni à pardonner. Maintenant il faut que je vous quitte, mais ce n'est pas pour long-temps. Je vais faire mes adieux aux dames de Croye.

— Toi! s'écria Quentin au comble de l'étonnement; toi, être admis en la présence de ces dames! dans ce château où elles vivent presque en recluses; quand elles sont sous la protection d'une noble chanoinesse, sœur de l'évêque!... Impossible!

— Marton m'attend pourtant pour me conduire près d'elles, répliqua le Zingaro avec le sourire de l'ironie; et il faut que je vous prie de me pardonner si je vous quitte si brusquement.

A ces mots, il fit quelques pas pour s'éloigner; mais se retournant tout à coup, il revint près de Quentin, et lui dit avec une emphase solennelle : — Je connais vos espérances : elles sont audacieuses, mais elles ne seront pas vaines, si je les appuie de mon aide. Je connais vos craintes : elles doivent vous donner de la prudence, mais non de la timidité. Il n'existe pas de femme qu'on ne puisse gagner. Le titre de comte n'est qu'un sobriquet, et il peut convenir à Quentin aussi-bien que celui de duc à Charles, et celui de roi à Louis.

Avant que Durward eût eu le temps de lui répondre, Hayraddin était parti. Quentin le suivit à l'instant même; mais le Bohémien, connaissant mieux que l'Ecossais les distributions intérieures du château, conserva l'avantage qu'il avait gagné, et disparut à ses yeux en descendant un petit escalier dérobé. Durward continua pourtant à le poursuivre, quoiqu'il sût à peine pourquoi il cherchait à l'atteindre. L'escalier se terminait par une porte donnant sur un jardin; il y entra, et revit le Zingaro qui en franchissait en courant les allées irrégulières.

Ce jardin était bordé des deux côtés par les bâtimens du château, qui, par sa construction, ressemblait autant à une citadelle qu'à un édifice religieux; des deux autres, il était fermé par un mur fortifié d'une grande hauteur. Traversant une autre allée du jardin pour se rendre vers une partie des bâtimens où l'on voyait une petite porte derrière un arc-boutant massif tapissé de lierre, Hayraddin se retourna vers Durward, et lui fit un geste de la main en signe d'adieu ou de triomphe. En effet, Quentin vit Marton ouvrir la porte, et introduire le vil Bohémien, comme il le conclut naturellement, dans l'appartement des comtesses de Croye. Il se mordit les lèvres d'indignation, et se reprocha de n'avoir pas fait connaître aux deux dames toute l'infamie du caractère d'Hayraddin, et le complot qu'il avait tramé contre leur sûreté. L'air d'arrogance avec lequel le Bohémien lui avait promis d'appuyer ses prétentions ajoutait à sa colère et à son dégoût; il lui semblait même que la main de la comtesse Isabelle serait profanée, s'il était possible qu'il la dût à une telle protection.

— Mais tout cela n'est que déception, pensa-t-il, quelque artifice de jongleur. Il s'est procuré accès près de ces dames sous quelque faux prétexte, et dans de mauvaises intentions. Il est heureux que j'aie appris où est leur appartement. Je tâcherai de voir Marton, et je solliciterai une entrevue avec ses belles maîtresses, ne fût-ce que pour les avertir de se tenir sur leurs gardes. Il est dur que je sois obligé d'avoir recours à des voies détournées, et de subir des délais, quand un être pareil est admis ouvertement et sans scrupule. Elles verront pourtant que, quoique je sois exclu de leur présence, la sûreté d'Isabelle n'en est pas moins le principal objet de ma vigilance.

Pendant que le jeune amant faisait ces réflexions, un vieil officier de la maison de l'évêque, entrant dans le jardin par la même porte qui y avait donné entrée à Durward, s'approcha de lui et l'informa, avec la plus grande civilité, que ce jardin n'était pas public, mais qu'il était exclusivement réservé à l'évêque et aux hôtes de la première distinction qu'il pouvait recevoir.

Il fut obligé de répéter deux fois cet avis avant que Quentin le comprît parfaitement. Durward, sortant tout à coup de sa rêverie, le salua; et sortit du jardin, l'officier le suivant pas à pas, en l'accablant d'excuses motivées sur la nécessité où il était de remplir ses devoirs. Il semblait même tellement craindre d'avoir offensé le jeune étranger, qu'il lui offrit de lui tenir compagnie pour tâcher de le désennuyer. Quentin, maudissant au fond du cœur sa politesse officieuse, ne vit pas de meilleur moyen pour s'en débarrasser, que de prétexter le désir d'aller voir la ville voisine, et il partit d'un si bon pas, que le vieillard perdit bientôt l'envie de l'accompagner au-delà du pont-levis. Au bout de quelques minutes, Quentin se trouva dans l'enceinte des murs de Liège, qui était alors une des villes les plus riches de la Flandre, et par conséquent du monde entier.

La mélancolie, et même la mélancolie d'amour, n'est pas si profondément enracinée, du moins dans les caractères mâles, que les enthousiastes qui en sont attaqués aiment à se le persuader. Elle cède aux impressions frappantes et inattendues faites sur les sens par des scènes qui donnent naissance à de nouvelles idées, et par le spectacle bruyant d'une ville populeuse. Au bout de quelques minutes, les divers objets qui se succédaient rapidement dans les rues de Liège occupèrent l'attention de Quentin aussi entièrement que s'il n'eût existé dans l'univers ni Bohémien ni comtesse Isabelle.

Les rues sombres et étroites, mais imposantes par l'élévation des maisons; les magasins et les boutiques offrant un étalage splendide des marchandises les plus précieuses et des plus riches armures ; la foule de citoyens affairés, de toutes conditions, passant et repassant avec un air important ou préoccupé; les énormes chariots allant et venant, les uns chargés de draps, de serges, d'armes, de clous et de quincaillerie de toute espèce; les autres, de tous les objets de luxe et de nécessité qu'exigeait la consommation d'une ville opulente et populeuse, et dont une partie, achetée par voie d'échange, était même destinée à être ensuite transportée ailleurs ; tous ces objets réunis formaient un tableau mouvant d'activité, de richesse et de splendeur, qui captivait l'attention, et dont Quentin ne s'était pas fait une idée jusqu'alors. Il admirait aussi les divers canaux ouverts pour communiquer avec la Meuse, et qui, traversant la ville dans tous les sens, offraient au commerce, dans tous les quartiers, les facilités du transport par eau. Enfin il ne manqua pas d'aller entendre une messe dans la vieille et vénérable église de Saint-Lambert, construite, dit-on, pendant le huitième siècle.

Ce fut en sortant de cet édifice consacré au culte religieux, que Quentin commença à remarquer qu'après avoir examiné tout ce qui l'entourait avec une curiosité qu'il ne cherchait pas à réprimer, il était devenu lui-même l'objet de l'attention de plusieurs groupes de bons bourgeois qui paraissaient occupés à l'examiner quand il quitta l'église, et parmi lesquels il s'élevait un bruit sourd, une sorte de chuchotement qui passait de l'un à l'autre. Le nombre des curieux continuait à s'augmenter à chaque instant, et les yeux de tous ceux qui arrivaient se dirigeaient vers lui avec un air d'intérêt et de curiosité auquel se mêlait même un certain respect.

Enfin il se trouva le centre d'un rassemblement nombreux qui s'ouvrait pourtant devant lui pour lui livrer passage; mais ceux qui le composaient, tout en suivant ses pas, avaient grand soin de ne pas le serrer de trop près, et de ne le gêner aucunement dans sa marche. Cette position était pourtant embarrassante pour Durward, et il ne put la supporter plus long-temps sans faire quelques efforts pour en sortir, ou du moins pour en obtenir l'explication.

Jetant les yeux autour de lui, et remarquant un homme à figure respectable, qu'à son habit de velours et à sa chaîne d'or il crut être un des principaux bourgeois, et peut-être même un des magistrats de la ville, Quentin lui demanda si l'on voyait en sa personne quelque chose de particulier qui pût attirer l'attention publique à un degré si extraordinaire, ou si les Liégeois étaient dans l'usage de s'atrouper ainsi autour des étrangers que le hasard amenait dans leur ville.

— Non certainement, mon bon monsieur, répondit le bourgeois : les citoyens de Liège ne sont ni assez curieux, ni assez peu occupés, pour adopter une telle coutume ; et l'on ne remarque dans votre air ni dans votre costume rien qui ne soit parfaitement accueilli dans cette ville, rien que nos habitans ne soient charmés de voir et ne désirent honorer.

— On ne peut rien entendre de plus poli, monsieur; mais, par la croix de saint André, je ne puis concevoir ce que vous voulez dire.

— Ce serment joint à votre accent, monsieur, me prouve que nous ne nous sommes pas trompés dans nos conjectures.

— Par mon patron saint Quentin, je vous comprends moins que jamais.

— Encore mieux, dit le Liégeois avec un air politique et un sourire d'intelligence, mais toujours très-civilement. — Certes il ne nous convient pas d'avoir l'air de voir ce que vous jugez à propos de cacher ; mais pourquoi jurer par saint Quentin, si vous ne voulez pas que j'attache un certain sens à vos paroles ? Nous savons que le bon comte de Saint-Pol, qui est ici maintenant, favorise notre cause.

— Sur ma vie, s'écria Quentin, vous êtes trompé par

quelque illusion. Je ne connais pas le comte de Saint-Pol.

—Oh! nous ne vous faisons pas de questions, mon digne monsieur; et cependant, écoutez-moi; un mot à l'oreille : je me nomme Pavillon.

—Et en quoi cela me concerne-t-il, monsieur Pavillon?

—Oh! en rien. Seulement il me semble que cela doit vous convaincre que vous pouvez avoir confiance en moi, et voici mon collègue Rouslaer.

Rouslaer s'avança. C'était un fonctionnaire bien nourri, dont le gros ventre lui fraya un chemin dans la foule, comme un bélier fait une brèche aux murailles d'une ville. Il s'approcha de Pavillon d'un air mystérieux, et lui dit avec un accent de reproche : — Vous oubliez, mon cher collègue, que nous sommes dans un lieu trop public. Monsieur voudra bien venir chez vous ou chez moi, boire un verre de vin du Rhin au sucre, et alors il nous en dira davantage sur notre digne ami, notre bon allié, que nous aimons avec toute l'honnêteté de nos cœurs flamands.

—Je n'ai absolument rien à vous dire, s'écria Durward d'un ton d'impatience; je ne boirai pas de vin du Rhin, et tout ce que je vous demande, puisque vous êtes des hommes respectables, qui devez avoir du crédit, c'est d'écarter cette foule oisive qui m'environne, et de permettre à un étranger de sortir de votre ville aussi tranquillement qu'il y est entré.

—Eh bien! monsieur, dit Rouslaer, puisque vous tenez tant à garder l'incognito, même à l'égard de nous, qui sommes des hommes de confiance, permettez-moi de vous demander tout simplement pourquoi vous porteriez la marque distinctive de votre corps, si vous vouliez rester inconnu à Liège?

—De quelle marque, de quel corps parlez-vous? s'écria Quentin. Vous avez l'air d'hommes graves, de citoyens respectables; mais, sur mon ame, vous avez perdu l'esprit, ou vous voulez me le faire perdre.

—*Sapperment!* s'écria Pavillon, ce jeune homme ferait jurer saint Lambert! Qui a jamais porté une toque avec la croix de saint André et les fleurs de lis, sinon les archers de la garde écossaise du roi Louis XI?

—Et en supposant que je sois un archer de la garde, qu'y a-t-il d'étonnant que je porte la toque de ma compagnie? dit Quentin d'un ton d'impatience.

—Il l'a avoué! il l'a avoué! s'écrièrent en même temps Rouslaer et Pavillon en se tournant vers la foule avec un air de triomphe, les bras levés, les mains étendues, et leurs larges figures rayonnant de plaisir. Il convient qu'il est archer de la garde de Louis, de Louis, le gardien des libertés de la ville de Liège!

Un tumulte universel s'ensuivit, et l'on entendit retentir les cris suivans dans la foule:—Vive Louis de France! vive la garde écossaise! vive le brave archer! Nos libertés, nos privilèges ou la mort! Plus d'impôts! Vive le vaillant Sanglier des Ardennes! A bas Charles de Bourgogne! Confusion à Bourbon et à son évêché!

Ce tumulte ne finissait pas plus tôt d'un côté qu'il recommençait de l'autre, alternant ainsi comme le murmure des vagues, et augmenté du chorus de mille voix qui partaient de toutes les rues et de toutes les places. Quentin assourdi eut à peine le temps de faire une conjecture, et de se former un plan de conduite.

Il avait oublié que, dans son combat contre le duc d'Orléans et contre Dunois, son casque ayant été fendu d'un coup de sabre par ce dernier, un de ses camarades, par ordre de lord Crawford, l'avait remplacé par une des toques doublées en acier qui faisaient partie de l'uniforme des archers de la garde écossaise. Or, un membre de ce corps, qui, comme on le savait, entourait toujours la personne de Louis XI, se montrant dans les rues d'une ville où le mécontentement avait été attisé par les manœuvres des agens de ce monarque, sa présence était naturellement interprétée par les Liégeois comme l'annonce de la détermination qu'il avait prise d'embrasser ouvertement leur parti. La vue d'un seul de ses archers leur paraissait le gage d'un appui immédiat et efficace. Quelques-uns même y voyaient l'assurance que les forces auxiliaires de Louis arrivaient en ce moment par une des portes de la ville, quoique personne ne pût dire laquelle.

Quentin vit sur-le-champ qu'il était impossible de détruire une erreur si généralement adoptée ; il sentit même qu'il ne pourrait essayer de détromper des hommes si opiniâtrément attachés à leur idée, sans courir quelques risques personnels ; et il ne voyait pas la nécessité de s'y exposer en cette occasion. Il prit donc à la hâte la résolution de temporiser, et de se délivrer de cette foule empressée le mieux qu'il le pourrait. Cependant on le conduisait à la maison de ville, où les plus notables habitans se rassemblaient déjà pour apprendre les nouvelles dont ils le supposaient porteur, et pour lui offrir un banquet splendide.

En dépit de toutes ses remontrances, qu'on attribuait à sa modestie, il fut entouré par les distributeurs de la popularité, dont le flux importun se dirigeait alors vers lui. Ses deux amis les bourguemestres, qui étaient *schoppen*, ou syndics de la ville, avaient passé leurs bras sous les siens. Nickel Blok, chef de la corporation des bouchers, accouru à la hâte de sa tuerie, le précédait en brandissant son grand couteau encore teint du sang des victimes qu'il venait d'immoler avec un courage et une grace que le brandevin seul pouvait inspirer. Derrière Quentin on voyait le patriote Claus Hammerlein, grand homme n'ayant que la peau et les os, tellement ivre qu'il pouvait à peine se soutenir, et qui était président de la société des ouvriers en fer, dont un millier, plus sales les uns que les autres, marchaient à sa suite. Enfin, des cloutiers, des tisserands, des cordiers, et des ouvriers et artisans de toute espèce, sortaient en foule de chaque rue, et venaient grossir le cortège. Chercher à échapper à une telle foule semblait une entreprise désespérée et qui ne pouvait réussir.

Dans cet embarras, Quentin eut recours à Rouslaer, qui lui tenait un bras, et à Pavillon, qui s'était accroché à l'autre, et qui tous deux le conduisaient à la tête de cette marche triomphale, qu'il avait occasionée si inopinément. Il les informa à la hâte qu'il avait pris sans y penser la toque de la garde écossaise, par suite d'un accident arrivé au casque qu'il devait porter pendant son voyage; il regretta que cette circonstance et la sagacité avec laquelle les Liégeois avaient découvert sa qualité et le motif de son arrivée dans leur ville, y eussent donné de la publicité; car si on le conduisait à la maison de ville, il était possible qu'il se trouvât dans la nécessité de communiquer à tous les notables qui y seraient assemblés certaines choses que le roi l'avait chargé de réserver pour l'oreille privée de ses excellens compères *mein herrs* Rouslaer et Pavillon, de Liège.

Ces derniers mots opérèrent un effet magique sur les deux citoyens, qui étaient les principaux chefs des bourgeois insurgés, et qui, comme tous les démagogues de leur espèce, désiraient se réserver, autant qu'ils le pouvaient, la haute main dans toutes les affaires. Il fut donc convenu à la hâte entre eux que Durward sortirait de la ville, quant à présent, et qu'il y reviendrait la nuit suivante pour avoir une conférence particulière avec eux dans la maison de Rouslaer, située près de la porte faisant face au château de Schonwaldt. Quentin n'hésita pas à leur dire qu'il résidait alors dans le château de l'évêque, sous prétexte de lui porter des dépêches de la cour de France, quoique le véritable but de son voyage eût rapport aux citoyens de Liège, comme ils l'avaient fort bien deviné. Cette voie indirecte de communication, le rang de celui qu'on supposait en être chargé, s'accordaient si bien avec le caractère de Louis, qu'on ne pouvait concevoir ni doute ni surprise.

Presque aussitôt après cet éclaircissement, la foule arriva à la porte de la maison de Pavillon, dans une des principales rues de la ville, mais qui communiquait à la Meuse par derrière, au moyen d'un jardin et d'une grande tannerie, car le bourgeois patriote était tanneur de profession.

Il était naturel que Pavillon désirât faire les honneurs de sa demeure à l'envoyé prétendu de Louis XI, et une halte à sa porte ne surprit aucunement la multitude, qui, au contraire, accueillit *mein herr* Pavillon par de longs *vivat*, quand il fit entrer un hôte si distingué. Quentin se débarrassa aussitôt de sa toque trop remarquable, prit un chapeau de feutre, et cacha ses vêtemens sous un grand manteau. Pavillon lui remit alors un passeport, au moyen duquel il pourrait entrer dans Liège ou en sortir de nuit comme de jour, et il le confia aux soins de sa fille, jolie Flamande enjouée, à qui il donna les instructions nécessaires pour le faire sortir de Liège incognito. Il se rendit ensuite avec son collègue à la maison de ville, pour amuser leurs amis avec les meilleures excuses qu'ils purent inventer sur la disparition de l'envoyé de Louis. Nous ne pouvons, comme le dit le valet dans la comédie, nous rappeler précisément quel fut le mensonge que les béliers firent au troupeau; mais nulle tâche n'est plus facile que d'en imposer à la multitude dont les préjugés ont fait la moitié de la besogne avant que le menteur ait prononcé une seule parole.

A peine le digne bourgeois était-il parti, que sa grosse fille Trudchen, rougissant avec un sourire qui convenait à ravir à ses lèvres vermeilles comme des cerises, à ses yeux bleus pleins de gaieté, et à son teint d'une blancheur parfaite, conduisit le jeune étranger à travers le jardin de son père, jusqu'au bord de l'eau, et le fit entrer dans une barque que deux vigoureux Flamands en pantalons courts, en chapeaux de fourrure, en jaquettes fermées par cent boutons, firent partir aussi promptement que le leur permit leur nature flamande.

Comme la jolie Trudchen ne parlait qu'allemand, Quentin, sans faire tort à sa fidèle tendresse pour la comtesse de Croye, ne put la remercier que par un baiser sur ses lèvres vermeilles; baiser qui fut donné avec beaucoup de courtoisie et reçu avec une gratitude modeste, car des galans ayant des traits et une taille comme notre archer écossais ne se rencontraient pas tous les jours parmi la bourgeoisie de Liège.

Tandis que la barque remontait la Meuse et traversait les fortifications de la ville, Quentin eut le temps de réfléchir sur le rapport qu'il devait faire de son aventure à Liège quand il serait de retour au château de Schonwaldt. Ne voulant trahir la confiance de personne, quoiqu'on ne lui en eût accordé que par suite d'une méprise, mais désirant aussi ne pas cacher au digne prélat les dispositions à la mutinerie qui régnaient dans sa capitale, il résolut d'en parler en termes assez généraux pour mettre l'évêque sur ses gardes, sans désigner personne en particulier à sa vengeance.

Il débarqua à environ un demi-mille du château, et donna un *guilder* à ses conducteurs, qui parurent fort satisfaits de sa générosité. Quelque peu éloigné qu'il fût de Schonwaldt, la cloche du dîner avait déjà sonné quand il arriva, et il reconnut en outre qu'il y était arrivé par un autre côté que celui de l'entrée principale, et qu'il serait encore plus en retard s'il était obligé d'en faire le tour. Il continua donc à s'avancer vers le côté dont il était le plus près, d'autant plus qu'il y vit un mur fortifié, probablement celui qui servait de clôture au jardin dont nous avons déjà parlé; une poterne était percée dans ce mur; à côté de cette poterne était amarrée une petite barque qui servait sans doute à traverser le fossé, et il espéra qu'en appelant, on pourrait la lui envoyer.

Comme il s'en approchait dans cette espérance, la poterne s'ouvrit; un homme sortit du château, sauta seul dans la petite barque, vogua vers l'autre rive, descendit à terre, et se servit d'un long aviron pour repousser l'esquif au milieu de l'eau. Quentin reconnut le Bohémien; mais celui-ci évita sa rencontre, prit un autre chemin qui conduisait également à Liège, et disparut bientôt.

C'était encore un autre sujet de réflexions. Ce païen vagabond avait-il passé tout ce temps avec les dames de Croye? Quels motifs pouvaient-elles avoir eus pour lui accorder une si longue audience? Tourmenté par cette pensée, Durward y trouva un nouveau motif pour chercher à avoir une explication avec les deux comtesses, afin de les instruire de la perfidie d'Hayraddin, et de leur annoncer en même temps l'état dangereux dans lequel se trouvait placé leur protecteur l'évêque de Liège, par suite de l'esprit d'insurrection qui régnait dans cette ville.

Il venait de prendre cette résolution quand il arriva à la grande porte du château; il y entra, et trouva à table, dans une grande salle, le clergé de l'évêque, les officiers supérieurs de sa maison, et quelques étrangers qui, n'étant pas du premier rang de la noblesse, ne pouvaient être admis à celle du prélat. On avait pourtant réservé pour le jeune Ecossais une place au haut bout de la table, à côté du chapelain de l'évêque, qui l'accueillit en lui adressant le vieux dictum de collège *sero venientibus ossa* [1]. Mais il prit soin en même temps de le servir assez abondamment pour donner un démenti à cet adage, dont on dit dans le pays de Quentin que c'est une plaisanterie qui n'en est pas une, ou du moins qu'elle est de difficile digestion.

Pour qu'on ne l'accusât point d'avoir manqué de savoir-vivre en arrivant trop tard, Quentin fit la description du tumulte qui avait eu lieu à Liège quand on avait découvert qu'il appartenait à la garde écossaise de Louis XI; et il tâcha de donner à sa narration une tournure plaisante, en disant que ce n'avait pas été sans peine qu'il avait été tiré d'embarras par un gros bourgeois de Liège et sa jolie fille.

Mais la compagnie prenait trop d'intérêt à l'histoire pour

[1] Les os pour ceux qui viennent tard.

goûter la plaisanterie. Toutes les opérations de la table furent suspendues pendant que Quentin faisait son récit, et quand il l'eut terminé il régna un silence solennel que le majordome rompit enfin en disant d'un air mélancolique :

— Plût au ciel que ces cent lances de Bourgogne fussent arrivées !

— Pourquoi tant regretter leur absence ? demanda Quentin. Vous ne manquez pas ici de soldats dont la guerre est le métier ; et vos antagonistes ne sont que la canaille d'une ville en désordre : ils prendront la fuite dès qu'ils verront déployer une bannière soutenue par de braves hommes d'armes.

— Vous ne connaissez pas les Liégeois, répondit le chapelain. On peut dire d'eux que, sans même en excepter les Gantois, ce sont les mutins les plus indomptables de toute l'Europe. Le duc de Bourgogne les a châtiés deux fois de leurs révoltes réitérées contre l'évêque ; deux fois il les a mis à la raison, leur a retiré leurs privilèges, s'est emparé de leurs bannières, et s'est attribué des droits dont devait être exempte une ville libre de l'Empire. La dernière fois, il en a fait un grand carnage près de Saint-Tron, journée qui coûta près de six mille hommes à Liège, les uns tués dans le combat, les autres noyés en fuyant. Pour les mettre hors d'état de se soulever de nouveau, le duc Charles refusa d'entrer dans la ville par aucune des portes dont on lui avait apporté les clefs ; mais il fit abattre quarante toises des murs, et entra dans Liège par la brèche, en conquérant, la visière baissée et la lance en arrêt, à la tête de tous ses chevaliers. Les Liégeois furent même bien convaincus que, sans l'intercession du duc Philippe-le-Bon, ce Charles, alors comte de Charolais, aurait livré leur ville au pillage ; et cependant, avec le souvenir de tous ces désastres, qui ne remontent pas encore bien loin, et leurs arsenaux étant à peine regarnis, ils n'ont besoin que de voir la toque d'un archer pour songer à se livrer à de nouveaux désordres. Puisse Dieu leur inspirer de meilleurs sentimens! Mais entre une population si déterminée et un souverain si impétueux, je crains que les choses ne se terminent pas sans effusion de sang. Je voudrais que mon bon et excellent maître eût un siège qui lui procurât moins d'honneurs et plus de sûreté, car sa mitre est doublée d'épines au lieu d'hermine. Je vous parle ainsi, jeune étranger, pour vous faire sentir que, si vos affaires ne vous retiennent pas à Schonwaldt, c'est un endroit que tout homme de bon sens doit quitter le plus promptement possible. Je crois que vos dames sont du même avis, car elles ont renvoyé à la cour de France un des hommes de leur suite, avec des lettres qui annoncent sans doute leur intention de chercher un asile qui leur offre plus de sûreté.

CHAPITRE XX.

Le Billet.

« Va! va! te voilà un homme, si tu veux l'être; sinon, je te
« verrai encore figurer parmi les valets, et tu ne seras pas digne
« de toucher la main de la Fortune. »

SHAKSPEARE. *Le soir des Rois.*

QUAND on eut quitté la table, le chapelain, qui semblait avoir pris une sorte de goût pour la société de Durward, ou qui peut-être désirait en tirer de nouveaux renseignemens sur ce qui s'était passé le matin à Liège, le conduisit dans un salon dont les fenêtres donnaient d'un côté sur le jardin; et comme il vit que les yeux de son jeune compagnon s'y tournaient sans cesse, il proposa d'y descendre pour voir les plantes curieuses et les arbustes étrangers dont les soins de l'évêque l'avaient orné.

Quentin s'en excusa, en lui racontant la manière polie dont il en avait été expulsé le matin.—Il est vrai, lui dit le chapelain en souriant, qu'un ancien réglement défend d'entrer dans le jardin particulier de l'évêque; mais il a été établi lorsque notre révérend prince était encore jeune, et n'avait qu'une trentaine d'années. Un assez grand nombre de belles dames venaient alors au château pour y chercher des consolations spirituelles, et il fallait bien, ajouta-t-il en baissant les yeux avec un sourire moitié ingénu, moitié malin, que ces belles pénitentes, qui logeaient dans les appartemens qu'occupe aujourd'hui la noble chanoinesse, eussent un endroit où elles pussent prendre l'air sans avoir à craindre les regards des profanes. Mais depuis bien du temps cette prohibition, sans avoir été formellement levée, est tombée tout-à-fait en désuétude, et n'existe plus que comme une superstition dans le cerveau d'un vieil huissier. Si vous le voulez donc, nous y descendrons, et nous verrons si nous recevrons le même compliment.

Rien ne pouvait être plus agréable pour Quentin que la perspective de pouvoir entrer librement dans ce jardin. De là, grace à quelque heureux hasard, comme un de ceux qui avaient déjà favorisé sa passion, il espérait avoir quelque communication avec l'objet adoré, ou du moins l'apercevoir à la fenêtre ou au balcon de quelque tourelle, comme à l'auberge des Fleurs-de-Lis, ou dans la tour du Dauphin au château du Plessis; car en quelque lieu qu'elle se trouvât, Isabelle semblait destinée à être la Dame de la Tourelle.

Lorsque Durward fut descendu dans le jardin avec son nouvel ami, celui-ci semblait être un philosophe terrestre, entièrement occupé des choses de ce monde; tandis que les yeux du jeune Ecossais, s'ils ne cherchaient pas le firmament, comme ceux d'un astrologue, s'élevaient sans cesse vers les fenêtres et les balcons de toutes les tourelles.

qui flanquaient le vieil édifice, pour tâcher d'y découvrir sa Cynosure [1].

Pendant qu'il s'occupait ainsi, le jeune amant entendit avec une indifférence parfaite, si toutefois il l'entendit, la nomenclature des plantes, des herbes et des arbustes que son révérend conducteur désignait à son attention. Cette plante était précieuse, car elle était utile en médecine; celle-ci l'était davantage, car elle donnait une excellente saveur à un ragoût; mais cette troisième l'était encore bien plus, car elle n'avait d'autre mérite que sa rareté. Il fallait pourtant que Durward eût au moins l'air d'écouter ces détails insignifians pour lui, ce qui ne lui était pas très-facile, et il donnait au diable de tout son cœur le naturaliste officieux et tout le règne végétal. Enfin le son d'une cloche se fit entendre; et comme elle appelait le chapelain à quelque devoir religieux qu'il avait à remplir, Quentin se trouva délivré de sa présence.

Le chapelain ne le quitta pourtant qu'après lui avoir fait cent excuses fort inutiles sur la nécessité où il se trouvait de le laisser seul, et finit par lui donner l'agréable assurance qu'il pouvait se promener dans ce jardin jusqu'à l'heure du souper, sans courir grand risque d'y être troublé.

—C'est l'endroit où je viens toujours apprendre mes homélies, lui dit-il, parce que j'y suis à l'abri des importuns. Je vais en ce moment en prononcer une dans la chapelle; s'il vous plaisait de me faire l'honneur de venir l'entendre... On veut bien m'accorder quelque talent; mais gloire en soit rendue à qui de droit.

Quentin s'en excusa sous le prétexte d'un grand mal de tête pour lequel le grand air devait être le meilleur remède; et le prêtre obligeant le laissa enfin à lui-même.

On doit bien supposer que, dans l'inspection attentive qu'il fit alors plus à loisir de toutes les fenêtres et ouver-

---

[1] C'est-à-dire son étoile polaire, l'astre qu'adorait son cœur. Cynosure est le nom d'une constellation appelée aussi la petite Ourse; étoile polaire. — Éd.

tures donnant sur le jardin, ses yeux se fixèrent surtout sur celles qui étaient dans le voisinage immédiat de la petite porte par laquelle il avait vu Marton introduire Hayraddin dans l'appartement des comtesses ; à ce qu'il présumait. Mais aucune apparence ne confirma ou ne réfuta ce que lui avait dit le Bohémien ; et le jour commençant à baisser, il pensa, sans savoir pourquoi, qu'une si longue promenade dans ce jardin pouvait paraître suspecte et être vue de mauvais œil.

Comme il venait de se décider à partir, et qu'il faisait, à ce qu'il croyait, un dernier tour sous les croisées qui avaient pour lui tant d'attraits, il entendit au-dessus de sa tête un léger bruit, comme de quelqu'un qui toussait avec précaution, et de manière à attirer son attention sans éveiller celle des autres. Levant les yeux avec autant de joie que de surprise, il vit une fenêtre s'entr'ouvrir. Une main de femme s'y montra un instant, et laissa échapper un papier qui tomba sur un romarin au bas du mur. La précaution qu'on avait prise pour lui faire tenir ce billet lui prescrivait la même prudence et le même mystère pour le lire. Le jardin, entouré de deux côtés, comme nous l'avons dit, par les bâtimens du palais épiscopal, était dominé nécessairement par un grand nombre de croisées de divers appartemens ; mais il s'y trouvait une espèce de grotte que le chapelain avait montrée à Quentin avec beaucoup de complaisance. Ramasser le billet, le cacher dans son sein, et courir vers cette retraite, fut l'affaire d'une minute. Là il ouvrit ce précieux billet, non sans bénir la mémoire des bons moines d'Aberbrothock, dont les soins l'avaient mis en état d'en faire la lecture.

—Lisez en secret. — Telle était l'injonction que contenait la première ligne : le reste de ce billet était conçu en ces termes :

—Ce que vos yeux m'ont exprimé avec trop d'audace, les miens l'ont compris peut-être avec trop de facilité. Mais une persécution injuste enhardit celle qui en est la victime, et il vaut mieux se confier à la gratitude d'un seul homme, que de rester exposée à la poursuite de plusieurs. La fortune a placé son trône sur un roc escarpé; mais l'homme brave ne craint pas de le gravir. Si vous osez faire quelque chose pour une femme qui hasarde beaucoup, passez dans ce jardin demain à l'heure de prime, portant à votre bonnet un panache bleu et blanc. Jusque-là n'attendez pas de nouvelles communications. Les astres, dit-on, vous ont destiné aux grandeurs, et vous ont disposé à la reconnaissance. —Adieu, soyez fidèle, prompt et résolu, et ne doutez pas de la fortune. —

Ce billet contenait en outre une bague ornée d'un beau brillant, taillé en losange, sur lequel étaient gravées les armes antiques de la maison de Croye.

La première sensation de Quentin, en ce moment, fut une extase sans mélange. Sa joie et son orgueil semblaient l'élever jusqu'au ciel. Il prit la ferme résolution de mourir ou d'arriver au but de tous ses vœux : il ne songea aux obstacles qu'il pouvait rencontrer, que pour les mépriser.

Dans son enthousiasme, et ne pouvant endurer aucune interruption, quelque courte qu'elle fût, qui détournerait son esprit d'un sujet de contemplation si délicieux, il rentra à la hâte au palais, allégua, pour se dispenser de paraître au souper, le mal de tête qu'il avait déjà prétexté, alluma sa lampe, et se retira dans la chambre qui lui avait été assignée, pour lire et relire le précieux billet, et pour baiser mille fois cette bague non moins précieuse.

Mais une telle exaltation de sentimens ne pouvait enfin que s'affaiblir. Une pensée fâcheuse se présenta à son esprit, quoiqu'il la repoussât comme un acte d'ingratitude, comme un blasphème. Il lui sembla qu'un aveu si franc annonçait moins de délicatesse, de la part de celle qui le faisait, qu'en aurait désiré l'adoration romanesque que la jeune comtesse avait inspirée. Cette idée pénible se développait à peine en lui, qu'il se hâta de l'étouffer, comme si c'eût été une vipère qui se fût introduite dans sa couche.

Etait-ce à lui, à lui ainsi favorisé, à lui pour qui une belle et jeune comtesse daignait descendre de sa sphère élevée; était-ce à lui de la blâmer d'un acte de condescendance sans lequel il n'eût jamais osé peut-être lever les yeux jusqu'à elle! Sa fortune et sa naissance, dans la situation où elle se trouvait, ne la dispensaient-elles pas d'obéir à cette règle générale qui prescrit à toute femme de se taire jusqu'à ce que son amant ait parlé? A ces argumens, qu'il s'avouait hardiment à lui-même, et dont il faissait des syllogismes sans réplique, sa vanité en ajoutait peut-être un auquel il ne s'abandonnait pas avec la même franchise : le mérite de l'objet aimé, disait-il, autorisait peut-être une dame à dévier un peu des règles ordinaires, et après tout, il s'en trouvait des exemples dans les chroniques (tels sont à peu près les argumens sur lesquels Malvolio[1] fondait de semblables espérances). L'écuyer du roman poétique dont Quentin venait de parcourir quelques pages était, comme lui, un gentilhomme sans terres et sans revenus, et cependant la généreuse princesse de Hongrie ne s'était pas fait un scrupule de lui donner des preuves d'affection plus positives que le billet qu'il venait de recevoir.

> Doux écuyer, ami fidèle,
> Je te donnerai, lui dit-elle,
> Cinq cents livres et trois baisers.

Et la même histoire véritable fait dire ensuite au roi de Hongrie :

> J'ai vu moi-même plus d'un page,
> Devenir roi par mariage.

De sorte que, pour conclure, Quentin, avec une générosité magnanime, décida qu'il n'y avait rien à blâmer dans une conduite qui promettait de le rendre heureux.

---

(1) Personnage ridicule de la pièce d'où est tirée l'épigraphe du Chapelain. Une malicieuse soubrette persuade à Malvolio qu'il est aimé de sa maîtresse, ce qui tourne la tête au pauvre intendant. — ED.

Mais ce scrupule fut remplacé par un autre qui était plus difficile à étouffer. Le traître Hayraddin avait été dans l'appartement des deux dames, autant que Durward pouvait en juger, pendant environ quatre heures; et en réfléchissant sur la manière un peu obscure dont il s'était vanté de pouvoir exercer sur la destinée de Quentin une influence certaine au sujet de ce qui lui tenait le plus au cœur, il en vint à craindre que toute cette aventure ne fût la suite d'un nouveau complot de sa part, dont le but était peut-être de tirer Isabelle de l'asile que lui avait assuré la protection du digne prélat. C'était une affaire qui demandait à être examinée de très-près; car Durward éprouvait pour ce misérable une répugnance proportionnée à l'impudence sans égale avec laquelle il avait avoué sa perfidie, et il ne pouvait se résoudre à croire que rien dont il se mêlait pût avoir une conclusion heureuse et honorable.

Ces diverses pensées étaient pour Quentin comme de sombres vapeurs qui rembrunissaient le beau paysage que son imagination avait d'abord tracé, et le sommeil ne put lui fermer les yeux de toute la nuit. A l'heure de prime, et même une heure auparavant, il était dans le jardin, et personne alors ne s'opposa à ce qu'il y entrât, ni à ce qu'il y restât. Il avait eu soin d'attacher à sa toque un panache blanc et bleu, tel qu'il avait pu se le procurer en aussi peu de temps. Deux heures se passèrent sans qu'on parût faire attention à sa présence. Enfin le son d'un luth se fit entendre; une fenêtre placée au-dessus de la petite porte par laquelle Marton avait fait entrer Hayraddin, s'ouvrit quelques instans après; Isabelle y parut brillante de beauté, le salua d'un air de bonté mêlé de réserve, rougit en voyant la manière vive et expressive dont il lui rendit son salut, ferma la croisée, et disparut.

Ni le jour ni le lieu où se trouvait Quentin ne pouvaient lui en apprendre davantage. L'authenticité du billet lui paraissait bien prouvée. Il ne restait qu'à savoir ce qui devait s'ensuivre; et c'était là ce dont sa belle correspondante ne lui avait pas dit un mot. Au surplus nul danger immédiat ne menaçait. La comtesse était dans un château fort, sous la protection d'un prince respecté par son pouvoir séculier, comme il était vénérable par sa dignité ecclésiastique. Rien ne paraissait exiger du jeune et vaillant écuyer quelque prouesse chevaleresque; et il suffisait qu'il se tînt prêt à exécuter les ordres de la comtesse Isabelle à l'instant même où il les recevrait. Mais le destin avait résolu de lui donner de l'occupation plus tôt qu'il ne se l'imaginait; et ce fut ce qui arriva la quatrième nuit après son entrée à Schonwaldt.

Quentin s'était décidé à renvoyer le lendemain à la cour de Louis XI le second des deux hommes qui composaient son escorte, en lui donnant des lettres pour lord Crawford et pour son oncle, afin de leur annoncer qu'il renonçait au service de la France, ce dont la trahison à laquelle les instructions secrètes d'Hayraddin l'avaient exposé lui donnait un motif que l'honneur et la prudence ne pouvaient qu'approuver. Il s'était couché, l'imagination remplie de toutes ces idées couleur de rose qui entourent le lit d'un jeune homme quand il aime sincèrement et croit son amour payé d'un retour non moins sincère. Ses rêves se ressentirent d'abord de l'influence des pensées agréables qui l'avaient occupé avant qu'il eût cédé au sommeil; mais ils prirent peu à peu un caractère plus effrayant.

Il lui sembla qu'il se promenait avec la comtesse Isabelle au bord des eaux paisibles d'un beau lac, tel que celui qui faisait le principal ornement du paysage de Glen-Houlakin. Il lui sembla qu'il osait parler de son amour, sans plus songer à aucun obstacle. Isabelle rougissait et souriait en l'écoutant, précisément comme il aurait pu l'espérer d'après le contenu du billet, qu'il portait toujours sur son cœur, qu'il fût éveillé ou endormi. Mais la scène changea brusquement de l'été à l'hiver, du calme à la tempête. Les vents mugirent et les vagues s'enflèrent comme si tous les démons de l'air et des eaux se fussent disputé l'empire de leurs domaines respectifs. Des montagnes liquides opposaient de toutes parts une barrière qui ne permettait aux deux amans ni d'avancer, ni de reculer; et la fureur de la tempête, qui croissait à chaque instant, et qui poussait les vagues avec violence l'une contre l'autre, ne permettait pas de supposer qu'ils pussent rester en sûreté dans cet endroit un instant de plus. La vive émotion produite par la sensation d'un danger si imminent éveilla le dormeur.

Dès qu'il fut éveillé, les circonstances imaginaires de son rêve s'évanouirent, pour le rappeler à la réalité de sa situation ; mais un tumulte semblable à celui d'une tempête, et qui avait probablement occasioné ce songe effrayant, résonnait encore à ses oreilles.

Son premier mouvement fut de se mettre sur son séant, et d'écouter avec surprise un bruit qui, s'il était produit par un orage, l'emportait sur le plus terrible des ouragans qui fût jamais descendu des monts Grampiens. Cependant, en moins d'une minute, il ne put douter que ce bruit n'eût pour cause, non la fureur des élémens, mais celle des hommes.

Il sauta à bas de son lit, et se mit à la fenêtre de sa chambre. Elle donnait sur le jardin ; tout était tranquille de ce côté ; mais l'ouverture de la croisée l'assura encore mieux que le château était attaqué par des ennemis nombreux et déterminés, ce dont les clameurs qu'il entendait n'étaient une preuve que trop convaincante. Il chercha à tâtons ses habits et ses armes, et tandis qu'il s'en revêtait avec autant de hâte que le lui permettaient la surprise et l'obscurité, il entendit frapper à sa porte. Quentin n'ayant pas répondu aussi promptement que le désirait celui qui voulait entrer, la porte, qui n'était pas très-solide, fut enfoncée en un instant, et le Bohémien Hayraddin, facile à reconnaître à son dialecte, entra dans la chambre. Il tenait à la main une petite fiole dans laquelle il trempa une allumette. Une vive flamme qui ne dura qu'un instant éclaira tout l'appartement, et il alluma une petite lampe qu'il tira de son sein.

— L'horoscope de votre destinée, dit-il à Durward d'un ton énergique, sans le saluer autrement, dépend de la détermination que vous allez prendre en une minute.

— Misérable ! s'écria Quentin, nous sommes environnés de trahison; et partout où il s'en trouve tu dois y avoir part.

— Vous êtes fou, répondit le Maugrabin, je n'ai jamais trahi personne que pour en tirer profit. Pourquoi donc vous trahirais-je, puisque je dois gagner davantage à vous servir qu'à vous trahir? Écoutez un moment, si cela vous est possible, la voix de la raison, sans quoi ce seront la mort et les ruines qui vous la feront entendre. Les Liégeois se sont soulevés; Guillaume de la Marck est à leur tête avec sa bande. S'il y avait des moyens de résistance, leur fureur les surmonterait; mais il n'en existe presque aucun. Si vous voulez sauver la comtesse et conserver vos espérances, suivez-moi, au nom de celle qui vous a envoyé un brillant sur lequel sont gravés trois léopards.

— Montre-moi le chemin ! s'écria Quentin avec vivacité; à ce nom, je suis prêt à braver tous les dangers.

— De la manière dont je m'y prendrai, dit le Bohémien, nous n'en courrons aucun, s'il vous est possible de ne pas vous mêler de ce qui ne vous regarde pas. Que vous importe, après tout, que l'évêque, comme on l'appelle, égorge son troupeau, ou que ce soit le troupeau qui égorge son pasteur? Ha! ha! ha! suivez-moi, mais avec patience et précaution. Ne songez pas à votre courage, et rapportez-vous-en à ma prudence. La dette de ma reconnaissance est payée, et vous avez une comtesse pour épouse. Suivez-moi.

— Je te suis, répondit Quentin en tirant son épée; mais si j'aperçois en toi le moindre signe de trahison, ta tête et ton corps seront bientôt à trois pas l'un de l'autre.

Sans rien répliquer, le Bohémien, voyant que Durward

était armé et équipé, descendit précipitamment l'escalier, et traversa divers passages détournés qui conduisaient dans le jardin. A peine voyait-on une lumière dans cette partie du bâtiment, à peine y entendait-on quelque bruit; mais dès qu'ils furent dans le jardin, le tumulte se fit entendre dix fois plus violent; et Quentin distingua même les divers cris de guerre : Liège! Liège! Sanglier! Sanglier! poussés à haute voix par les assaillans, tandis que les défenseurs du château, attaqués à l'improviste, y répondaient par des cris plus faibles : Notre-Dame pour le prince-évêque!

Mais malgré le caractère martial de Durward, le combat qui se livrait n'était rien pour lui en comparaison du destin d'Isabelle de Croye, qu'il tremblait de voir tomber entre les mains de ce cruel et dissolu partisan qui travaillait en ce moment à forcer les portes du château. Il accepta même l'aide du Bohémien avec moins de répugnance, de même qu'un malade, dans une crise désespérée, se résout à prendre la potion que lui présente un empirique ou un charlatan. Il résolut de se laisser guider entièrement par ses conseils, mais de lui percer le cœur ou de lui abattre la tête au premier soupçon de perfidie. Hayraddin lui-même semblait sentir qu'il courait de grands risques pour sa sûreté; car dès qu'il fut entré dans le jardin, il perdit son ton de jactance et de sarcasme, et parut avoir fait vœu de se conduire avec modestie, courage et activité.

En arrivant à la porte qui conduisait à l'appartement des deux dames, Hayraddin donna un signal à voix basse, et deux femmes, enveloppées de la tête aux pieds d'une de ces grandes capes de soie noire portées alors par les Flamandes, comme elles le sont encore aujourd'hui, se présentèrent à l'instant même. Quentin offrit son bras à l'une d'elles, qui le saisit en tremblant et avec empressement, et qui s'y appuya tellement que, si elle eût été plus lourde, elle aurait considérablement retardé leur retraite. Le Bohémien, qui conduisait l'autre dame, marcha droit à la poterne qui donnait sur le fossé : près de là était le petit esquif sur lequel Durward, quelques jours auparavant, avait vu Hayraddin lui-même faire sa retraite du château.

Tandis qu'il faisait cette courte traversée, des cris de triomphe semblèrent annoncer que la violence l'emportait, et que le château était pris. Les oreilles de Quentin en furent si désagréablement affectées, qu'il ne put s'empêcher de s'écrier à haute voix : — Sur mon ame ! si tout mon sang n'était pas irrévocablement dévoué à la cause que je sers en ce moment, je volerais sur ces murailles; je combattrais fidèlement pour ce bon évêque, et je réduirais au silence quelques-uns de ces coquins dont les cris appellent le meurtre et le pillage.

La dame qui s'appuyait sur son bras le pressa légèrement pendant qu'il parlait ainsi, comme pour lui faire entendre qu'elle avait plus de droit que le château de Schonwaldt à compter sur son secours, tandis que le Bohémien s'écria assez haut pour être entendu : — Voilà ce que j'appelle une vraie frénésie chrétienne, vouloir retourner pour se battre, quand l'amour et la fortune ordonnent de fuir le plus vite possible ! En avant ! en avant ! ne perdez pas un instant ! nous avons des chevaux qui nous attendent près de ce bouquet de saules.

— Je n'en vois que deux, dit Quentin qui les aperçut au clair de la lune.

— Je n'aurais pu m'en procurer davantage sans donner des soupçons, répondit le Bohémien. D'ailleurs, c'est autant qu'il nous en faut. Vous vous en servirez, vous deux, pour vous rendre à Tongres, pendant que les routes sont encore sûres. Quant à Marton, elle restera avec les femmes de notre horde, dont elle est une ancienne connaissance. Marton est une fille de notre tribu; elle n'est restée avec vous que pour nous servir au besoin.

— Marton ! s'écria la dame voilée, qui s'appuyait sur le bras de Durward; ce n'est donc pas ma parente ?

—Ce n'est que Marton, répondit Hayraddin. Pardonnez-moi cette petite ruse; je n'ai pas osé enlever deux comtesses à la fois au Sanglier des Ardennes.

—Scélérat! s'écria Quentin. Mais il n'est pas... il ne sera pas trop tard. Je retourne au château, et je sauverai la comtesse Hameline.

—Hameline, lui dit sa compagne d'une voix troublée, est appuyée sur votre bras, et vous remercie de votre secours.

—Ciel! comment? que veut dire ceci? s'écria Quentin en dégageant son bras avec moins de courtoisie qu'il n'en aurait montré en toute autre occasion à une femme de la plus basse condition. C'est donc la comtesse Isabelle qui est restée au château? Adieu! adieu!

Comme il se retournait pour partir, Hayraddin lui saisit le bras.—Ecoutez-moi, lui dit-il, écoutez-moi! c'est courir à la mort! Pourquoi diable portiez-vous donc les couleurs de la tante? De ma vie je ne me fierai plus ni au bleu ni au blanc. Mais songez donc qu'elle est presque aussi riche. Elle a des joyaux, de l'or, même des espérances sur le comté.

Tandis que le Bohémien parlait ainsi en phrases entrecoupées, et qu'il cherchait à retenir Durward, celui-ci mit la main sur son poignard afin de se débarrasser.

—Ah! puisqu'il en est ainsi, dit Hayraddin, cessant de le retenir, partez, et que le diable, s'il y en a un, vous accompagne.

Dès que le jeune Ecossais se vit en liberté, il courut vers le château avec la légèreté d'un cerf. Le Bohémien se tourna alors vers la comtesse, qui s'était laissée tomber de crainte, de honte et de désappointement.

—C'est une méprise, lui dit-il; allons, relevez-vous, et venez avec moi. Avant que le jour vienne, je vous trouverai un meilleur mari que cet enfant à visage efféminé; et si un ne vous suffit pas, vous en aurez vingt.

La comtesse Hameline avait les passions aussi violentes

que son caractère était vain et faible. Comme tant d'autres femmes, elle remplissait passablement les devoirs ordinaires de la vie ; mais dans une crise telle que celle où elle se trouvait, elle était incapable de toute autre chose que de se livrer à d'inutiles lamentations, et d'accuser Hayraddin d'être un imposteur, un vagabond, un brigand, un assassin.

—Dites un Zingaro, dit le Maugrabin, et vous aurez tout dit en un seul mot?

—Monstre! s'écria la dame courroucée, vous m'aviez dit que les astres avaient décrété notre union, et vous avez si bien fait que je lui ai écrit... malheureuse que je suis!

—Et il est très-vrai que les astres l'avaient décrétée, répondit le Bohémien, pourvu que les deux parties y eussent consenti. Croyez-vous que les célestes constellations marient les gens contre leur gré? J'ai été induit en erreur par vos maudites galanteries chrétiennes, vos chiens de rubans, vos sottes couleurs : et le jeune homme, à ce qu'il paraît, préfère l'agneau à la brebis. Voilà tout. Allons, debout, et suivez-moi. Faites attention que les larmes et les évanouissemens n'ont rien qui me plaise.

—Je n'avancerai pas d'un pas, dit la comtesse d'un ton décidé.

—Et moi, je vous dis que vous avancerez! s'écria Hayraddin. Je vous jure par tout ce que tous les sots de la terre ont cru, que vous avez affaire à un homme qui s'inquiéterait fort peu de vous mettre nue comme la main, de vous lier à un arbre, et de vous y laisser attendre votre bonne aventure.

—Allons, dit Marton, avec votre permission, elle ne sera pas maltraitée. J'ai un couteau aussi bien que vous; et je sais m'en servir. C'est une bonne femme, quoique un peu folle. Et vous, madame, levez-vous, et suivez-nous. Il y a eu une méprise; mais c'est quelque chose que d'avoir sauvé votre vie et vos membres. Il y a bien des gens là-bas, dans ce château, qui donneraient tout ce qu'ils possèdent au monde pour se trouver où nous sommes.

Comme elle finissait de parler, on entendit partir du château de Schonwaldt de nouvelles clameurs parmi lesquelles on pouvait distinguer des acclamations de joie et de victoire, et des cris de désespoir et de terreur.

—Ecoutez, dit Hayraddin, et félicitez-vous de ne pas chanter dans ce concert. Fiez-vous à moi; je vous traiterai honorablement; les astres ne vous manqueront pas de parole, et vous procureront un bon mari.

Epuisée de fatigue et subjuguée par la terreur, la comtesse Hameline s'abandonna enfin à la conduite de ses deux guides, et se laissa passivement mener où bon leur sembla. Tels étaient même le trouble de son esprit et l'épuisement de ses forces, que le digne couple qui la traînait plutôt qu'il ne la conduisait, put s'entretenir en toute liberté devant elle, sans qu'elle parût comprendre ce qu'elle entendait.

—J'ai toujours regardé votre projet comme une folie, disait Marton. Si vous aviez pu assurer l'union des jeunes gens, à la bonne heure, nous aurions pu compter sur leur reconnaissance, et avoir un pied dans le château. Mais comment pouvez-vous croire qu'un si beau jeune homme voulût épouser cette vieille folle?

—Rizpah, répondit Hayraddin, vous avez porté un nom chrétien, et vous êtes restée si long-temps sous les tentes de ce peuple insensé, que vous avez fini par partager ses folies. Comment pouvais-je m'imaginer qu'il se serait mis en peine de quelques années de plus ou de moins, quand il trouvait dans ce mariage des avantages si évidens? Et vous savez qu'il aurait été bien plus difficile de décider à une démarche hasardée cette jeune fille si timide, que cette comtesse que nous portons sur les bras comme un corps mort ou un sac de laine. D'ailleurs j'aimais ce jeune homme, et je voulais lui faire du bien. Le marier à la vieille, c'était faire sa fortune; lui donner la jeune, c'était lui faire tomber sur le corps Guillaume de la Marck, la Bourgogne, la France, tous ceux qui ont intérêt à disposer de sa main.

Ensuite la fortune de celle-ci consistant principalement en or et en bijoux, nous en aurions eu notre part; mais la corde de l'arc s'est rompue, et la flèche n'a pu partir. N'en parlons plus ! Nous la conduirons à Guillaume à la longue barbe. Quand il se sera bien gorgé de vin, suivant sa coutume, il ne distinguera pas une vieille comtesse d'une jeune. Allons, Rizpah, du courage ! L'astre Aldébaran répand encore sa brillante influence sur la destinée des enfans du désert.

CHAPITRE XXI.

Le Sac du Château.

« Plus de pitié ! fermez la porte à la merci !
« Que le bras tout sanglant du soldat endurci
« Se plonge sans remords au sein de l'innocence !
« Qu'il se permette tout ! qu'il ait la conscience
« Large comme l'enfer. »
SHAKSPEARE. *Henri V.*

La garnison de Schonwaldt, bien que surprise et d'abord frappée de terreur, avait pourtant défendu quelque temps le château contre les assaillans; mais la ville de Liège vomissait sans cesse de nouveaux essaims d'ennemis qui, montant de toutes parts à l'assaut avec fureur, divisaient l'attention des assiégés et leur faisaient perdre courage.

On pouvait remarquer aussi de l'indifférence, sinon de la trahison, parmi les soldats de l'évêque; car quelques-uns criaient qu'il fallait se rendre, tandis que d'autres, désertant leur poste, cherchaient à s'échapper du château. Plusieurs se jetaient du haut des murs dans le fossé, et ceux qui parvenaient à se sauver à la nage pourvoyaient à leur sûreté en se dépouillant de tout ce qui pouvait indiquer qu'ils étaient au service du prélat, et en se mêlant ensuite à la foule des assaillans. Quelques-uns, par attachement à la personne de l'évêque, se réunirent autour de lui dans la grande tour où il s'était réfugié; et d'autres, craignant qu'on ne leur fît aucun quartier, se défendaient avec le courage du désespoir, dans quelques autres tours et sur les boulevards les plus éloignés.

Enfin les assaillans, maîtres des cours et de tout le rez-de-chaussée du vaste édifice, s'occupaient à poursuivre les vaincus et à satisfaire leur soif de pillage. Tout à coup un seul homme, comme s'il eût cherché la mort quand tous les autres ne songeaient qu'à trouver quelque moyen de l'éviter, s'efforça de se frayer un chemin au milieu de cette scène de tumulte et d'horreur, l'imagination tourmentée de craintes encore plus affreuses que l'épouvantable réalité qu'il avait sous les yeux. Quiconque eût vu Quentin Durward en ce fatal moment, l'eût pris pour un frénétique dans les accès de son délire; quiconque eût apprécié les motifs de sa conduite, l'aurait placé au niveau des plus célèbres héros de roman.

En s'approchant de Schonwaldt du même côté par où il en était parti, il rencontra plusieurs fuyards qui couraient vers le bois, et qui naturellement cherchèrent à l'éviter, le prenant pour un ennemi, parce qu'il venait dans une direction opposée à celle qu'ils suivaient. Arrivé plus près du château, il vit des hommes qui se jetaient du haut des murailles dans les fossés, ou qui en étaient précipités par les ennemis, et il entendait le bruit de la chute de ceux qu'il ne pouvait voir. Son courage n'en fut pas ébranlé un instant. Il n'avait pas le temps de chercher la barque, quand même il eût été possible de s'en servir, et il était inutile de tenter d'approcher de la petite poterne du jardin, encombrée d'un foule de fuyards, pressés par ceux qui les suivaient, et tombant les uns après les autres dans le fossé qu'ils n'avaient pas le moyen de traverser.

Evitant donc ce point, Quentin se jeta à la nage près de ce qu'on appelait la petite porte du château, où un pont-levis était encore levé. Ce ne fut pas sans difficulté qu'il échappa aux efforts que firent pour s'accrocher à lui quelques malheureux qui se noyaient, et qui auraient pu causer sa perte pour se sauver eux-mêmes.

Arrivé à l'autre bord, près du pont-levis, il en saisit la chaîne; déployant toutes ses forces, s'aidant des mains et des genoux, il parvint à se tirer de l'eau, et il était sur le point d'atteindre la plate-forme du pont quand un lansquenet accourut à lui, et levant son sabre ensanglanté, s'apprêta à lui en porter un coup qui aurait été probablement celui de la mort.

— Comment! s'écria Quentin d'un ton d'autorité; est-ce ainsi que vous assistez un camarade? Donnez-moi la main.

Le soldat, en silence et non sans hésiter, lui tendit le bras, et l'aida à monter sur la plate-forme. Aussitôt Quentin, sans laisser aux soldats le temps de réfléchir, cria sur le même ton : — A la tour de l'Ouest, si vous voulez vous enrichir! Le trésor de l'évêque est dans la tour de l'Ouest.

Cent voix répétèrent ces paroles : — A la tour de l'Ouest! le trésor est dans la tour de l'Ouest! Et tous les maraudeurs qui étaient à portée de les entendre, semblables à une troupe de loups affamés, coururent dans la direction opposée à l'endroit où Quentin était résolu d'arriver mort ou vif.

Prenant un air d'assurance, comme s'il eût été du nombre des vainqueurs, et non des vaincus, il marcha droit vers le jardin, et trouva moins d'interruption qu'il ne s'y attendait. Le cri à la tour de l'Ouest! avait emmené de ce côté une partie des assaillans, et le son des trompettes appelait les autres pour repousser une sortie tentée en ce moment par les défenseurs de la grande tour, qui, réduits au désespoir, avaient mis le prélat au milieu d'eux, et cherchaient à s'ouvrir un chemin pour sortir du château. Quentin courut donc au jardin d'un pas précipité et le cœur palpitant, se recommandant à ce pouvoir suprême qui l'avait protégé au milieu des périls sans nombre auxquels il avait déjà été exposé, et déterminé à réussir ou à perdre la vie dans son entreprise.

Comme il allait entrer dans le jardin, trois hommes coururent à lui la lance levée en criant : — Liège ! Liège !

Se mettant en défense, mais sans porter aucun coup : — France ! France ! s'écria Quentin ; ami de Liège !

— Vive la France ! s'écrièrent les trois Liégeois ; et ils continuèrent leur chemin.

Les mêmes mots lui servirent de sauve-garde contre quatre ou cinq soldats de Guillaume de la Marck qu'il trouva rôdant dans le jardin, et qui tombèrent d'abord sur lui en criant : — Sanglier ! Sanglier !

En un mot, Quentin commença à espérer que la réputation qu'il avait acquise d'être un émissaire du roi Louis, instigateur secret des Liégeois insurgés, et protecteur caché de Guillaume de la Marck, pourrait lui servir de sauve-garde au milieu des horreurs de cette nuit.

En arrivant à la tourelle, but de son expédition, il frémit en trouvant la porte par laquelle la comtesse Hameline et Marton en étaient sorties, obstruée par plusieurs cadavres.

Il en repoussa deux précipitamment, et il allait en faire autant à l'égard d'un troisième, quand le mort supposé le tira par son habit, le priant de l'aider à se relever. Quentin, arrêté si mal à propos, avait grande envie, au lieu de perdre du temps à lutter contre cet antagoniste, de recourir à des moyens moins doux pour s'en débarrasser, quand il l'entendit s'écrier : — J'étouffe sous le poids de mon armure ; je suis Pavillon, le syndic de Liège : si vous êtes pour nous, je vous enrichirai ; si vous êtes contre nous, je vous protégerai, mais ne me laissez pas mourir comme un pourceau étouffé dans son auge.

Au milieu de cette scène de carnage et de confusion, Durward eut assez de présence d'esprit pour réfléchir que ce dignitaire pouvait avoir les moyens de faciliter sa retraite. Il le releva donc, et lui demanda s'il était blessé.

— Non, pas blessé, répondit le syndic, je ne le crois pas du moins; mais je suis essoufflé.

— Asseyez-vous sur cette pierre, et reprenez haleine, lui dit Quentin; je viendrai vous rejoindre dans un instant.

— Pour qui êtes-vous? lui demanda le bourgeois, le retenant encore.

— Pour la France, répondit Quentin, en cherchant à le quitter.

— Eh! c'est mon jeune archer! s'écria le digne syndic. Puisque j'ai eu le bonheur de trouver mon ami dans cette nuit terrible, je ne le quitterai pas, je vous le promets. Allez où il vous plaira, je vous suis; et si je trouve quelques braves garçons de ma corporation je pourrai peut-être vous aider à mon tour. Mais ils roulent tous de côtés et d'autres comme les pois d'un sac percé. Oh! quelle terrible nuit!

En parlant ainsi, il se traînait appuyé sur le bras de Quentin, qui, sentant combien il lui était important de s'assurer la protection d'un homme d'une telle influence, ralentit le pas, tout en maudissant au fond du cœur le retard que lui occasionait son compagnon.

Au haut de l'escalier était une antichambre dans laquelle on voyait des caisses et des malles ouvertes, qui paraissaient avoir été pillées, une partie de ce qu'elles avaient contenu étant dispersée sur le plancher. Une lampe, placée sur la cheminée, laissait apercevoir, à la clarté de sa lueur mourante, le corps d'un homme mort ou privé de sentiment, étendu près du foyer.

S'arrachant aux bras de Pavillon, comme un lévrier qui

entraîne après lui la lesse par laquelle le retenait un piqueur, Durward s'élança rapidement dans une seconde chambre, puis dans une troisième, qui paraissait être la chambre à coucher des dames de Croye. Il ne s'y trouvait personne. Il appela Isabelle, d'abord à voix basse, ensuite plus haut, enfin avec le cri du désespoir : point de réponse.

Tandis qu'il se tordait les mains, qu'il s'arrachait les cheveux, et que du pied il frappait la terre avec violence, une faible clarté qu'il vit briller à travers une fente de la boiserie, dans un coin obscur de la chambre, lui fit soupçonner une porte secrète communiquant à quelque cabinet. Il l'examina de plus près, et reconnut qu'il ne s'était pas trompé. Il essaya de l'ouvrir, mais ne put y réussir. Enfin, méprisant le danger auquel l'exposait une telle tentative, il s'élança de toute sa force contre la porte, et telle fut l'impétuosité d'un effort inspiré autant par l'espérance que par le désespoir, qu'une serrure et des gonds plus solides n'y auraient pas résisté.

Ce fut ainsi qu'il força l'entrée d'un petit oratoire, où une femme, livrée à toutes les angoisses de l'effroi, offrait ses prières au ciel devant l'image du Créateur. Une nouvelle terreur s'empara d'elle, quand elle entendit briser ainsi la porte de cet appartement, et elle tomba sans mouvement sur le plancher. Quentin courut à elle, la releva à la hâte. Félicité des félicités ! c'était celle qu'il cherchait à sauver ; c'était la comtesse Isabelle. Il la pressa contre son cœur, la conjura de reprendre ses sens, de se livrer à l'espérance ; elle avait près d'elle maintenant un homme dont le courage la défendrait contre une armée entière.

— Est-ce bien vous, Durward ? s'écria-t-elle enfin en revenant à elle ; j'ai donc encore quelque espoir. Je croyais que tous les amis que j'avais au monde m'avaient abandonnée à mon malheureux destin. Vous ne me quitterez plus ?

— Jamais ! jamais ! s'écria Durward, quoi qu'il puisse arriver, quelques dangers qui puissent approcher : puissé-je perdre le bonheur que nous promet cette sainte image, si je ne partage pas votre destinée jusqu'à ce qu'elle devienne plus heureuse!

—Fort pathétique, fort touchant, en vérité, dit une voix essoufflée et asthmatique derrière eux; une affaire d'amour, à ce que je vois. Sur mon ame, la pauvre jeune fille m'inspire autant de compassion que si c'était la mienne, ma Trudchen elle-même.

—Vous ne devez pas vous borner à la compassion, mein herr Pavillon, dit Quentin en se tournant vers lui : il faut que vous m'aidiez à protéger cette dame. Je vous déclare qu'elle a été mise sous ma garde spéciale par votre allié, le roi de France ; et si vous ne la garantissez pas de toute espèce d'insulte et de violence, votre ville perdra la protection de Louis de Valois. Il faut surtout empêcher qu'elle ne tombe entre les mains de Guillaume de la Marck.

—Cela sera difficile, répondit Pavillon, car ces pendards de lansquenets sont de vrais diables pour déterrer les jolies filles; mais je ferai de mon mieux. Passons dans l'autre appartement, et là je réfléchirai. L'escalier est étroit, et vous pourrez garder la porte avec une pique, pendant que je me mettrai à la fenêtre pour appeler quelques-uns des braves garçons de la corporation des tanneurs de Liège, aussi fidèles que le couteau qu'ils portent à leur ceinture. Mais avant tout, détachez-moi ces agrafes. Je n'ai pas porté ce corselet depuis la bataille de Saint-Tron, et je pèse aujourd'hui quarante bonnes livres de plus que je ne pesais alors, si les balances de Flandre ne sont pas fausses.

Le brave homme se trouva fort soulagé quand il fut déchargé du poids de son armure de fer; car en la mettant il avait moins consulté ses forces que son zèle pour la cause de Liège. On apprit ensuite que le magistrat, se trouvant en quelque sorte poussé en avant par sa corporation, à la tête de laquelle il marchait, avait été hissé sur les murailles par quelques-uns de ses soldats qui montaient à l'assaut;

là il avait suivi involontairement le flux et le reflux des combattans des deux partis, sans avoir même la force de prononcer une parole; et enfin, semblable à une pièce de bois que la mer jette sur le rivage de quelque baie, il avait été définitivement renversé à l'entrée de l'appartement des dames de Croye, où le poids de son armure et celui des corps morts de deux hommes tombés sur lui l'auraient probablement retenu long-temps, si Durward ne fût arrivé pour le tirer de là.

La même chaleur qui, en politique, faisait d'Hermann Pavillon un brouillon, un écervelé, un patriote exagéré et turbulent, produisait des résultats plus heureux en le rendant, dans sa vie privée, un homme doux et humain, quelquefois un peu égaré par la vanité, mais toujours plein de bienveillance et de bonnes intentions. Il recommanda à Quentin d'avoir un soin tout particulier de la pauvre jolie *yung frau* [1]; et après cette exhortation peu nécessaire, il se mit à la fenêtre, et commença à crier de toutes ses forces:

— Liège! Liège! et la brave corporation des tanneurs et corroyeurs!

Deux membres de cette honorable compagnie accoururent à ses cris et au coup de sifflet particulier dont ils furent accompagnés, chaque corporation de la ville ayant adopté un signal de ce genre. Plusieurs autres vinrent les joindre, et formèrent une garde qui se plaça devant la porte, sous la fenêtre à laquelle le chef bourgeois se montrait.

Une sorte de tranquillité commençait à s'établir au château. Toute résistance avait cessé, et les chefs prenaient des mesures pour empêcher un pillage général. On entendait sonner la grosse cloche pour assembler un conseil militaire, et le retentissement de l'airain annonçant à Liège que les insurgés triomphaient et étaient en possession du château, toutes les cloches de la ville y répondirent, et elles semblaient dire en leur langage: — Gloire aux vainqueurs! Il

---

(1) Jeune fille. — Tr.

aurait été naturel que mein herr Pavillon sortît alors de sa forteresse ; mais soit qu'il eût quelque crainte pour ceux qu'il avait pris sur sa protection, soit peut-être par précaution pour sa propre sûreté, il se contenta de dépêcher messager sur messager, pour donner ordre à son lieutenant, Peterkin Geislaer, de venir le joindre sur-le-champ.

A sa grande satisfaction, Peterkin arriva enfin ; car dans toutes les circonstances pressantes, qu'il s'agît de guerre, de politique ou de commerce, c'était en lui que Pavillon avait coutume de mettre toute sa confiance. Peterkin était un homme vigoureux, à visage large, et à gros sourcils noirs qui ne promettaient pas facile composition à un ennemi. Il portait une casaque de buffle ; une large ceinture soutenait son coutelas, et il avait une hallebarde à la main.

—Peterkin, mon cher lieutenant ! lui dit son chef, voici une glorieuse journée, une glorieuse nuit, je devrais dire : j'espère que pour cette fois vous êtes content?

—Je suis content que vous le soyez vous-même, répondit le belliqueux lieutenant ; mais si vous appelez cela une victoire, je ne m'attendais pas à vous la voir célébrer enfermé dans un grenier, tandis qu'on a besoin de vous au conseil.

—Êtes-vous bien sûr qu'on y ait besoin de moi, Peterkin?

—Oui, morbleu, on y a besoin de vous, pour soutenir les droits de la ville de Liège, qui sont en plus grand danger que jamais.

—Allons, allons, Peterkin, tu es toujours un fâcheux, un grondeur.

—Moi, un grondeur ! non, sur ma foi : ce qui plaît aux autres me plaît toujours. Seulement, je ne me soucie pas d'avoir pour roi une cigogne au lieu d'un soliveau, comme il est dit dans un fabliau que le clerc de Saint-Lambert nous a lu plusieurs fois dans le livre de mein herr Esope.

—Je ne comprends pas ce que vous voulez dire, Peterkin.

—Eh bien, je vous dirai donc que ce Sanglier ou cet ours paraît vouloir faire sa bauge dans Schonwaldt; et il est probable que nous trouverons en lui un aussi mauvais voisin que l'était le vieil évêque, et peut-être pire. Il semble penser que nous n'avons pris le château que pour lui, et son seul embarras est de savoir s'il se fera appeler prince ou évêque. C'est une honte de voir comment ils ont traité ce pauvre vieux prêtre.

—Je ne le souffrirai pas, Peterkin! s'écria Pavillon en prenant un air d'importance; je n'aimais pas la mitre, mais je ne veux pas de mal à la tête qui la porte. Nous sommes dix contre un, Peterkin, et nous ne devons pas souffrir de tels abus.

—Oui, nous sommes dix contre un en rase campagne; mais dans ce château nous sommes homme à homme. D'ailleurs Nikkel Block le boucher, et toute la canaille des faubourgs, se déclarent pour Guillaume de la Marck, tant parce qu'il a fait défoncer tous les tonneaux de bière et toutes les pièces de vin, qu'à cause de leur ancienne jalousie contre nous, qui formons les corps et métiers et qui avons des privilèges.

—Peterkin, dit Pavillon en se levant, nous allons retourner à Liège à l'instant même. Je ne resterai pas un moment de plus à Schonwaldt.

—Mais les ponts sont levés; les portes sont fermées, et bien gardées par les lansquenets. Si nous essayons de forcer le passage, nous courons le risque d'être bien frottés, car le métier de ces coquins est de se battre tous les jours, et nous autres, nous ne nous battons que les jours de grande fête.

—Mais pourquoi a-t-il fermé les portes? demanda le syndic alarmé; pourquoi retient-il prisonniers d'honnêtes gens?

—Je n'en sais rien, non, sur ma foi, je n'en sais rien. On parle des dames de Croye, qui se sont échappées pendant l'assaut. Cette nouvelle avait mis d'abord l'homme à la longue barbe dans une fureur à lui faire perdre le bon sens; et maintenant il l'a perdu à force de boire.

Le bourguemestre jeta un regard de désolation sur Quentin, et il ne savait à quoi se résoudre. Durward n'avait pas perdu un mot de cette conversation, qui l'avait extrêmement alarmé; il sentait qu'il ne lui restait d'espoir qu'autant qu'il conserverait sa présence d'esprit, et qu'il parviendrait à soutenir le courage de Pavillon. Il prit donc part à l'entretien en ce moment, comme s'il avait eu voix délibérative.

— Je suis surpris, monsieur Pavillon, dit-il, de vous voir hésiter sur ce que vous avez à faire en cette occasion. Allez trouver hardiment Guillaume de la Marck, et demandez-lui à sortir du château, vous, votre lieutenant, votre écuyer et votre fille. Il ne peut avoir aucun prétexte pour vous retenir prisonnier.

—Moi et mon lieutenant, c'est-à-dire moi et Peterkin, fort bien; mais qui est mon écuyer?

— Moi, quant à présent, répondit l'intrépide Ecossais.

—Vous! dit le bourgeois embarrassé; mais n'êtes-vous pas l'envoyé de Louis, du roi de France?

—Sans doute, mais mon message est pour les magistrats de la ville de Liège, et ce n'est qu'à Liège que je le délivrerai. Si j'avouais ma qualité devant Guillaume de la Marck, ne faudrait-il pas que j'entrasse en négociation avec lui? N'est-il pas même vraisemblable qu'il me retiendrait ici? Non, il faut que vous me fassiez sortir secrètement du château en qualité de votre écuyer.

—A la bonne heure, mon écuyer; mais vous avez parlé de ma fille. Trudchen, j'espère, est bien tranquille à Liège, dans ma maison; et je voudrais de tout mon cœur et de toute mon ame que son père y fût aussi.

—Cette dame vous appellera son père, tant qu'elle sera dans ce château.

— Et tout le reste de ma vie, s'écria la comtesse en se

jetant aux pieds du syndic, et embrassant ses genoux! Il ne se passera pas un seul jour sans que je vous aime et vous honore comme tel, sans que je prie pour vous comme une fille pour son père, si vous me secourez dans cet extrême péril! Oh! laissez-vous attendrir! Représentez-vous votre fille aux genoux d'un étranger, lui demandant la vie et l'honneur. Pensez à cela, et accordez-moi la protection que vous voudriez qu'elle obtînt.

— Sur mon honneur, Peterkin, dit le brave syndic ému par cette prière pathétique, je crois que cette jolie fille a quelque chose du doux regard de notre Trudchen; je l'ai pensé dès le premier moment que je l'ai vue; et ce jeune homme si vif, et si prompt à donner son avis, a je ne sais quoi qui me rappelle l'amoureux de Trudchen. Je gagerais un groat, Peterkin, qu'il y a de l'amour dans cette affaire, et ce serait un péché de ne pas le favoriser.

— Un péché et une honte, dit Peterkin en s'essuyant les yeux avec une manche de sa casaque; car malgré sa suffisance, ce n'en était pas moins un bon et honnête Flamand.

— Eh bien! dit Pavillon, elle sera donc ma fille, bien enveloppée dans sa grande cape de soie noire, et s'il ne se trouvait pas assez de braves tanneurs pour protéger la fille de leur syndic, ils ne mériteraient plus d'avoir de cuir à tanner. Mais un instant, il faut pouvoir répondre aux questions. Comment se fait-il que ma fille se trouve dans une pareille bagarre?

— Et comment se fait-il que la moitié des femmes de Liège nous aient suivis jusqu'au château, demanda Peterkin, si ce n'est parce qu'elles se trouvent toujours où elles ne devraient pas être? Votre *yung frau* Trudchen a été un peu plus loin que les autres, et voilà tout.

— Admirablement parlé! s'écria Quentin. Allons, mein herr Pavillon, un peu de hardiesse, suivez ce bon conseil, et vous ferez la plus belle action qu'on ait faite depuis le temps de Charlemagne. Et vous, jeune dame, enveloppez-vous bien dans cette cape (car comme nous l'avons déjà dit, beaucoup de vêtemens à usage de femme étaient épars sur le plancher); montrez de l'assurance; quelques minutes vous rendront libre et vous mettront en sûreté. Allons, mein herr, marchez en avant.

— Un moment! un moment! dit Pavillon; j'ai de fâcheux pressentimens. Ce de la Marck est un diable, un vrai sanglier de caractère, comme de nom. Si cette jeune dame était une de ces comtesses de Croye, et qu'il vînt à le découvrir, qui sait où pourrait se porter sa colère.

— Et quand je serais une de ces malheureuses femmes! s'écria Isabelle en voulant se jeter de nouveau à ses pieds, pourriez-vous pour cela m'abandonner en ce moment de désespoir? Oh! que ne suis-je véritablement votre fille, la fille du plus pauvre bourgeois!

— Pas si pauvre, jeune dame, répliqua le syndic, pas si pauvre : nous payons ce que nous devons.

— Pardon, noble seigneur, dit l'infortunée comtesse.

— Eh non! répondit Pavillon; ni noble, ni seigneur : rien qu'un simple bourgeois de Liège qui paie ses lettres de change argent comptant. Mais tout cela ne fait rien à l'affaire; et quand vous seriez une comtesse, je vous protégerai.

— Vous êtes tenu de la protéger, quand même elle serait duchesse, dit Peterkin, puisque vous lui en avez donné votre parole.

— Vous avez raison, Peterkin, répondit Pavillon, tout-à-fait raison. Nous ne devons pas oublier notre vieux proverbe flamand : *ein word ein man*. Et maintenant, mettons-nous en besogne. Il faut que nous prenions congé de ce Guillaume de la Marck, et cependant mes forces m'abandonnent quand j'y pense. Je voudrais qu'il fût possible de nous dispenser de cette cérémonie.

— Puisque vous avez une troupe armée à votre disposition, dit Quentin, ne vaudrait-il pas mieux marcher vers la porte, et forcer le passage?

Mais Pavillon et son conseiller s'écrièrent d'une voix unanime qu'il ne convenait pas d'attaquer ainsi les soldats d'un allié; et ils ajoutèrent sur la témérité de cette entreprise quelques réflexions qui firent sentir à Durward qu'il serait imprudent de la risquer avec de tels compagnons. Ils résolurent donc de se rendre hardiment dans la grande salle, où, disait-on, le Sanglier des Ardennes était à table, et là, de demander pour le syndic la permission de sortir du château, demande qui paraissait trop raisonnable pour être refusée. Cependant le bon bourguemestre gémissait et soupirait en regardant ses compagnons, et il dit à son fidèle Peterkin : — Voyez ce que c'est que d'avoir un cœur trop sensible et trop tendre ! Hélas ! Peterkin, combien mon courage et mon humanité m'ont déjà coûté ! et combien ces vertus me coûteront-elles peut-être encore, avant que le ciel nous fasse sortir de cet infernal château de Schonwaldt !

En traversant les cours encore jonchées de morts et de mourans, Quentin, soutenant Isabelle au milieu de cette scène d'horreur, la consolait et l'encourageait à voix basse, en lui rappelant que sa sûreté dépendait entièrement de la présence d'esprit et de la fermeté qu'elle montrerait.

— Rien ne dépend de moi, lui répondit-elle ; je ne compte que sur vous. Oh ! si j'échappe aux horreurs de cette nuit affreuse, jamais je n'oublierai celui qui m'a sauvée ! J'ai pourtant encore une grace à vous demander, et je vous supplie de me l'accorder, au nom de l'honneur de votre mère, au nom du courage de votre père !

— Que pourriez-vous me demander, sans être sûre de l'obtenir ? lui répondit Durward.

— Plongez-moi donc votre poignard dans le cœur, lui dit-elle, plutôt que de me laisser captive de ces monstres.

Quentin ne répondit qu'en pressant la main de la belle comtesse, qui semblait vouloir lui exprimer sa reconnaissance de la même manière, si la terreur ne l'en eût empêchée. Enfin, appuyée sur le bras de son jeune protecteur, elle entra dans la salle formidable où était de la Marck, précédée par Pavillon et son lieutenant, et suivie d'une douzaine d'ouvriers tanneurs, qui formaient une garde d'honneur à leur syndic.

Les bruyans éclats de rire, les acclamations confusés et les cris féroces qui en partaient, semblaient plutôt annoncer des démons en débauche, se réjouissant d'avoir triomphé de la race humaine, que des mortels donnant un festin pour célébrer une victoire. Une ferme résolution, que le désespoir seul pouvait avoir inspirée, soutenait le courage factice de la comtesse Isabelle; un courage inébranlable, et qui semblait croître avec le danger, animait Durward; et Pavillon et son lieutenant, se faisant une vertu de la nécessité, étaient comme des ours enchaînés au poteau et forcés de soutenir une attaque dangereuse qu'ils ne peuvent éviter.

CHAPITRE XXII.

L'Orgie.

CADE. « Où est Dick, le boucher d'Ashford?
DICK. « Le voici, Monsieur.
CADE. « Ils sont tombés devant toi comme des bœufs et
« des moutons; et tu t'es conduit comme si tu
« avais été dans ton abattoir. »
SHAKSPEARE. *Henri VI*, partie II.

On pourrait à peine imaginer un changement plus étrange et plus horrible que celui qui avait eu lieu dans la grande salle du château de Schonwaldt depuis que Quentin y avait dîné; c'était un tableau qui offrait sous leurs traits les plus hideux toutes les misères de la guerre, d'une guerre surtout faite par les plus féroces de tous les soldats, les mercenaires d'un siècle barbare; hommes qui, par habitude et par profession, s'étaient familiarisés avec tout ce que leur métier offre de plus cruel et de plus sanguinaire, sans avoir une étincelle de patriotisme, une lueur de l'esprit romanesque de la chevalerie. Ces vertus, à cette époque, appartenaient, l'une aux hardis paysans qui combattaient pour la défense de leur pays, l'autre aux vaillans chevaliers qui prenaient les armes au nom de l'honneur et de leurs belles.

Dans cette salle où, quelques heures auparavant, des fonctionnaires civils et religieux prenaient un repas tranquille et décent, avec une sorte de cérémonial qui faisait qu'on ne s'y permettait une plaisanterie qu'à demi-voix; là où, au milieu d'une superfluité de vin et de bonne chère, régnait naguère un décorum qui allait presqu'à l'hypocrisie, on pouvait voir une scène de débauche tumultueuse à laquelle Satan lui-même, s'il y eût présidé, n'aurait pu rien ajouter.

Au haut bout de la table, sur le trône de l'évêque, qu'on y avait apporté à la hâte de la salle du conseil, était assis le redoutable Sanglier des Ardennes, bien digne de ce nom dont il affectait de tirer gloire, et qu'il cherchait à justifier par tous les moyens possibles. Sa tête était découverte, mais il portait sa pesante et brillante armure, qu'à la vérité il quittait fort rarement. Sur ses épaules était un manteau ou surtout fait d'une peau de sanglier préparée, dont la corne des pieds et les défenses étaient d'argent. La peau de la tête était arrangée de manière qu'étant tirée sur son casque, quand il était armé, ou sur sa tête nue, en guise de capuchon, comme il la portait souvent quand il était sans casque, elle lui donnait l'air d'un monstre ricanant d'une manière effroyable. Tel il paraissait en ce moment; mais sa physionomie n'avait guère besoin de ces nouvelles horreurs pour ajouter à celles qui étaient naturelles à son expression ordinaire.

La partie supérieure du visage de de la Marck, comme la nature l'avait formée, donnait presque un démenti à son caractère; car quoique ses cheveux, quand il les montrait, ressemblassent aux soies dures et grossières du monstre dont les dépouilles formaient sa parure, néanmoins un front élevé et découvert, des joues pleines et animées, de grands yeux gris pâle, mais étincelans, et un nez recourbé comme le bec d'un aigle, annonçaient la bravoure et quelque générosité. Cependant ce qu'il y avait d'heureux dans l'expression de ses traits était entièrement détruit par ses habitudes de violence et d'insolence, qui jointes à tous les excès de ses débauches, donnaient à sa physionomie un caractère tout-à-fait différent de la galanterie grossière qu'elle aurait pu annoncer. Ses fréquens accès de fureur avaient enflé les muscles de ses joues, tandis que l'ivrognerie et le libertinage avaient amorti le feu de ses yeux et teint en rouge la partie qui aurait dû en être blanche; ce qui donnait à toute sa figure une ressemblance hideuse avec le monstre auquel le terrible baron aimait à se comparer; mais, par une espèce de contradiction assez singulière, de la Marck s'efforçait, par la longueur et l'épaisseur de sa barbe, de cacher la difformité naturelle qui lui avait fait donner un nom qui avait paru le flatter dans l'origine. Cette difformité était une épaisseur extraordinaire de la mâchoire inférieure, qui dépassait de beaucoup la supérieure, et de longues dents des deux côtés, qui ressemblaient aux défenses de cet animal féroce. C'était là ce qui, joint à sa passion pour la chasse, l'avait fait surnommer, il y avait long-temps, *le Sanglier des Ardennes*. Son énorme barbe, hérissée et non peignée, ne servait ni à diminuer l'horreur qu'inspirait naturellement sa physionomie, ni même à donner la moindre dignité à son expression farouche.

Les officiers et soldats étaient assis indistinctement à table avec des habitans de Liége, dont quelques uns étaient de la dernière classe. On voyait parmi eux Nikkel Blok, le

QUENTIN DURWARD. 359

boucher, placé à côté de de la Marck, les manches retroussées jusqu'au coude. Ses bras et son grand couperet placé devant lui sur la table étaient teints de sang. La plupart des soldats avaient, comme leurs maîtres, la barbe longue et hérissée ; et leurs cheveux étaient retroussés de manière à ajouter encore à leur air de férocité naturel. Ivres comme ils le paraissaient presque tous, tant de la joie de leur triomphe que par suite de la quantité de vin qu'ils avaient bue, ils offraient un spectacle aussi hideux que dégoûtant. Leurs blasphèmes étaient si atroces, et les chansons qu'ils chantaient, sans même que l'un se donnât la peine d'écouter l'autre, si licencieuses, que Quentin remercia le ciel que le tumulte ne permît pas à sa compagne de les bien entendre.

Ce qui nous reste à dire, c'est que le visage blême et l'air inquiet de la plupart des Liégeois qui partageaient cette effroyable orgie avec les soldats de Guillaume de la Marck, annonçaient que la fête leur déplaisait autant que leurs compagnons leur inspiraient de crainte. Au contraire quelques habitans de la classe inférieure, sans éducation, ou d'un caractère plus brutal, ne voyaient dans les excès de cette soldatesque qu'une ardeur guerrière qu'ils désiraient imiter, et au niveau de laquelle ils cherchaient à se mettre en avalant de copieuses rasades de vin et de *schwartz-bier*, se livrant sans remords à un vice qui, dans tous les temps, n'a été que trop commun dans les Pays-Bas.

L'ordonnance du festin n'avait pas été plus soignée que les convives n'étaient choisis. On voyait sur la table toute la vaisselle d'argent de l'évêque, même les calices et les autres vases sacrés, car le Sanglier des Ardennes s'inquiétait fort peu qu'on l'accusât de sacrilège ; aussi étaient-ils mêlés avec des cruches de terre, des pots d'étain, et des coupes de l'espèce la plus commune.

Nous ne mentionnerons plus qu'une circonstance horrible dont il nous reste à rendre compte, et nous laisserons volontiers achever cette scène à l'imagination de nos lecteurs. Au milieu de la licence que se permettaient les soldats de Guillaume de la Marck, un lansquenet qui s'était fait remarquer par sa bravoure et son audace pendant l'attaque du château, n'ayant pas trouvé de place au banquet, avait impudemment saisi sur la table un grand gobelet d'argent, et l'avait emporté, en disant qu'il s'indemnisait ainsi de ne pas avoir eu part au festin. Un trait si conforme à l'esprit de sa troupe fit rire le chef à s'en tenir les côtés ; mais quand un autre soldat, qui, à ce qu'il paraît, n'avait pas la même réputation de vaillance, se permit de prendre la même liberté, de la Marck mit à l'instant un terme à une plaisanterie qui aurait bientôt dépouillé la table de tout ce qu'il y avait de plus précieux.

—Par l'esprit du tonnerre ! s'écria-t-il, ceux qui n'osent pas agir en hommes en face de l'ennemi auront-ils l'audace du jouer le rôle de voleurs parmi leurs compagnons ? Quoi ! lâche coquin, toi qui as attendu pour entrer dans le château que la porte en fût ouverte et que le pont-levis en fût baissé, tandis que Conrad Horst en avait escaladé les murailles, tu oseras te montrer si mal appris ! Qu'on l'accroche à l'instant à un des barreaux de fer de la croisée : il battra la mesure avec les pieds, tandis que nous boirons à l'heureux voyage de son ame en enfer.

Cette sentence fut exécutée presque aussi vite qu'elle avait été prononcé, et un instant après le malheureux était dans les convulsions de l'agonie. Son corps était encore pendu lorsque le syndic Pavillon entra dans la salle avec ses compagnons, et interceptant la pâle clarté de la lune, il jetait sur le plancher une ombre dont la forme faisait deviner l'objet affreux qui la produisait.

Tandis que le nom de Pavillon passait de bouche en bouche dans cette assemblée tumultueuse, notre syndic s'efforçait de prendre l'air d'importance et de calme qui convenait à son autorité et à son influence, mais que la scène dont il

venait d'être témoin, et surtout la vue de l'objet effrayant de la fenêtre, lui rendaient fort difficile à conserver, malgré les exhortations réitérées de Peterkin; celui-ci lui disait à l'oreille, non sans éprouver lui-même quelque trouble :
— Du courage! du courage! ou nous sommes perdus.

Le syndic soutint pourtant sa dignité, aussi bien qu'il le put, par un petit discours dans lequel il félicita la compagnie de la victoire signalée que venaient de remporter les soldats de Guillaume de la Marck et les bons habitans de Liège.

— Oui, répondit de la Marck avec un ton de sarcasme, nous avons enfin mis la bête aux abois, comme disait le bichon au chien courant. Mais, oh! oh! sire bourguemestre, vous arrivez ici comme le dieu Mars, ayant la beauté à vos côtés. Qui est cette belle voilée? Qu'elle se découvre! Il n'y a pas une femme qui puisse dire cette nuit que sa beauté est à elle.

— C'est ma fille, noble chef, répondit Pavillon, et je vous supplie de lui permettre de garder son voile. C'est un vœu qu'elle a fait aux trois bienheureux rois de Cologne.

— Je l'en reléverai tout à l'heure, répondit de la Marck; car avec un coup de couperet je vais me consacrer évêque de Liège; et je me flatte qu'un évêque vivant vaut bien trois rois morts.

A peine eut-il prononcé ces mots, qu'un murmure assez prononcé s'éleva dans la compagnie, car les habitans de Liège avaient une grande vénération pour les trois rois de Cologne, comme on les appelait, et parmi les soldats féroces du Sanglier des Ardennes, il s'en trouvait même un certain nombre qui avaient pour eux un respect qu'ils n'accordaient à personne.

— Je n'entends pas manquer à leurs défuntes majestés, ajouta de la Marck; je dis seulement que je suis déterminé à être évêque. Un prince séculier et ecclésiastique en même temps, ayant le pouvoir de lier et de délier, est ce qui convient le mieux à une bande de réprouvés comme vous autres, à qui nul autre ne voudrait donner l'absolution. Mais avancez, noble bourguemestre, prenez place à côté de moi, vous allez voir comme je sais rendre un siège vacant. Qu'on nous amène celui qui fut notre prédécesseur dans ce saint siège.

Il se fit dans la salle un mouvement pour livrer passage au syndic de Liège; mais Pavillon, s'excusant avec modestie de prendre la place d'honneur qui lui était offerte, alla se placer au bas bout de la table, son cortège lui marchant sur les talons, comme on voit quelquefois des moutons suivre le vieux bélier, chef et guide du troupeau, parce qu'ils lui croient un peu plus de courage qu'à eux-mêmes.

Près du chef vainqueur était un beau jeune homme, fils naturel, disait-on, du féroce de la Marck, et à qui il montrait quelquefois de l'affection et même de la tendresse. Sa mère, maîtresse de ce monstre, était une femme de la plus grande beauté, qui était morte d'un coup qu'il lui avait donné dans un accès d'ivresse ou de jalousie, et ce crime avait causé au tyran autant de remords qu'il était susceptible d'en éprouver. C'est peut-être même cette circonstance qui avait fait naître son attachement pour son fils. Quentin, qui avait appris tous ces faits du vieux chapelain de l'évêque, se plaça le plus près possible du jeune homme en question, déterminé à s'en faire un otage ou un protecteur, si tout autre moyen de salut lui échappait.

Tandis que tous les esprits étaient dans l'attente de ce qui résulterait de l'ordre que le tyran venait de donner, un des hommes de la suite de Pavillon dit tout bas à Peterkin. — Notre maître n'a-t-il pas dit que cette femelle est sa fille? Ce ne peut pas être Trudchen. Celle-ci a deux bons pouces de plus, et je vois une mèche de cheveux noirs sortir de dessous son voile. Par saint Michel de la place du marché! autant vaudrait appeler le cuir d'un bœuf noir celui d'une génisse blanche.

— Paix! paix! répondit Peterkin avec quelque présence d'esprit. Que sais-tu si notre maître n'a pas envie de dérober une tête de venaison dans le parc de l'évêque, sans que notre bourgeoise en sache rien? ce n'est ni à toi ni à moi d'espionner sa conduite.

— Je n'en ai nulle envie, répliqua l'autre; seulement je n'aurais pas cru qu'à son âge il lui eût pris fantaisie de dérober une pareille biche. *Sapperment!* quelle futée matoise! voyez comme elle se met derrière les autres pour ne pas être vue par les gens du Sanglier! Mais chut! chut! Voyons ce qu'on va faire du pauvre vieil évêque.

En ce moment une soldatesque brutale traînait dans la salle l'évêque de Liège, Louis de Bourbon. Ses cheveux, sa barbe et ses habits en désordre attestaient les mauvais traitemens qu'il avait déjà essuyés, et on lui avait même mis quelques-uns de ses vêtemens sacerdotaux, probablement en dérision de son caractère sacré. Par une faveur du sort, comme Quentin ne put s'empêcher de le penser, la comtesse Isabelle, dont la sensibilité, en voyant son protecteur réduit à une telle extrémité, aurait pu trahir son secret et compromettre sa sûreté, était assise de manière à ne pouvoir entendre ni voir ce qui allait se passer, et il eut grand soin de se placer toujours devant elle, de sorte qu'elle ne pût ni rien observer ni être observée elle-même.

La scène qui eut lieu ensuite fut courte et épouvantable. Lorsque l'infortuné prélat eut été amené devant le chef féroce, quoiqu'il se fût fait remarquer toute sa vie par un caractère de douceur et de bonté, il parut en ce moment critique armé de la noblesse et de la dignité convenables à son illustre race. Quand les indignes mains qui le traînaient ne le souillèrent plus de leur attouchement impur, son regard redevint tranquille et assuré; son maintien imposant et sa noble résignation participaient à la fois d'un prince de la terre et d'un martyr chrétien. Le farouche de la Marck ne put d'abord se soustraire à l'influence de la contenance héroïque de son prisonnier, et peut-être le souvenir des bienfaits qu'il en avait reçus contribua-t-il à lui donner un air d'irrésolution et à lui faire baisser les yeux. Ce ne fut qu'après avoir vidé un grand verre de vin qu'il reprit son maintien hautain et insolent. Levant alors les yeux sur l'infortuné captif, respirant péniblement, grinçant les dents, allongeant vers lui son poing fermé, et faisant tous les gestes qui pouvaient exciter et entretenir sa férocité naturelle :

—Louis de Bourbon, lui dit-il, je vous ai offert mon amitié, et vous l'avez rejetée. Que ne donneriez-vous pas aujourd'hui pour avoir agi différemment? — Nikkel, allons, sois prêt.

Le boucher se leva, saisit son couperet; et levant son bras nerveux, il se plaça derrière le tyran, prêt à exécuter ses ordres.

—Regardez cet homme, Louis de Bourbon! dit de la Marck, et dites-moi ce que vous ayez maintenant à m'offrir pour échapper à ce moment dangereux.

L'évêque jeta un regard mélancolique mais ferme sur l'affreux satellite, dont l'attitude annonçait qu'il était prêt à exécuter les volontés du despote, et répondit sans paraître ébranlé :

—Ecoutez-moi, Guillaume de la Marck, et vous tous, gens de bien, s'il est ici quelqu'un qui mérite ce nom; écoutez ce que j'ai à offrir à ce scélérat. Guillaume de la Marck, tu as excité à la révolte une cité impériale; tu as pris d'assaut le palais d'un prince du Saint-Empire germanique; tu as massacré ses sujets, pillé ses biens, maltraité sa personne. Tu as mérité pour tous ces faits d'être mis au ban de l'Empire, d'être déclaré fugitif et hors la loi, d'être privé de tes droits et de tes possessions. Tu as fait pire encore; tu as fait plus que violer les lois humaines, et mériter la vengeance des hommes : tu as osé entrer dans la maison du Seigneur, porter la main sur un père de l'Eglise, souiller le sanctuaire de Dieu par le vol et le meurtre, comme un brigand sacrilège...

— As-tu fini? s'écria de la Marck en l'interrompant, et en frappant du pied avec fureur.

— Non, répondit le prélat, car je ne t'ai pas encore dit ce que j'ai à t'offrir.

— Continue donc, reprit le Sanglier des Ardennes, et malheur à ta tête blanche si la fin de ton sermon ne me plaît pas davantage que l'exorde. Et à ces mots il s'enfonça dans son siège en grinçant des dents et en écumant de rage, comme l'animal dont il portait le nom et les dépouilles.

— Voilà quels sont tes crimes, continua l'évêque avec un ton de détermination calme : maintenant écoute ce que je veux bien t'offrir : comme prince compatissant, comme prélat chrétien, je mets de côté toute offense qui m'est personnelle. Jette ton bâton de commandement; renonce à ton autorité ; délivre tes prisonniers; restitue le butin que tu as fait ; distribue tout ce que tu possèdes aux orphelins dont tu as fait périr les pères, aux veuves que tu a privées de leurs maris ; couvre-toi d'un sac, jette des cendres sur ta tête, prends un bourdon à la main, et va à Rome en pèlerinage : nous solliciterons nous-même de la chambre impériale de Ratisbonne le pardon de tes forfaits, et de notre saint-père le pape l'absolution de tes péchés.

Tandis que Louis de Bourbon proposait ces conditions d'un ton aussi décidé que s'il eût été assis sur son trône épiscopal et que l'usurpateur eût été prosterné à ses pieds en suppliant, de la Marck se leva lentement, la surprise que lui causait cette audace cédant peu à peu à la rage. Enfin, quand le prélat eut cessé de parler, il jeta un coup d'œil sur Nikkel Blok, et leva un doigt, sans prononcer une parole. A l'instant même le scélérat frappa, comme s'il eût fait son métier dans sa tuerie, et l'évêque assassiné tomba, sans pousser un seul gémissement, au pied de son trône épiscopal.

Les Liégeois, qui ne s'attendaient pas à cette horrible

catastrophe, et qui croyaient au contraire voir cette conférence se terminer par quelque arrangement amiable, firent tous un mouvement d'horreur, et poussèrent des cris d'exécration et de vengeance. Mais la voix terrible de Guillaume de la Marck se fit entendre au-dessus de tout ce tumulte. Le poing fermé, et le bras tendu, il s'écria : — Eh quoi ! vils pourceaux de Liège, vous qui vous vautrez dans la fange de la Meuse, oseriez-vous vous mesurer avec le Sanglier des Ardennes? Holà, mes marcassins (car c'était le nom que lui-même et beaucoup d'autres donnaient souvent à ses soldats), montrez vos défenses à ces pourceaux flamands.

Tous ses soldats furent debout au même instant ; et comme ils étaient mêlés avec leurs ci-devant alliés, qui ne s'attendaient pas à être attaqués, chacun d'eux, en un clin d'œil, saisit au collet le Liégeois dont il était voisin, tandis que sa main droite tenait levé sur sa poitrine un poignard dont on voyait briller la lame à la lueur des lampes et de la lune. Tous les bras étaient levés, mais personne ne frappait. Les Liégeois étaient trop surpris pour faire résistance, et peut-être de la Marck ne se proposait-il que d'imprimer la terreur dans l'esprit des citadins ses confédérés.

Mais la face des choses changea soudain, grâce au courage de Durward, dont la présence d'esprit et la résolution étaient au-dessus de son âge, et qui était stimulé dans ce moment par tout ce qui pouvait lui prêter une nouvelle énergie. Imitant les soldats de de la Marck, il s'élança sur Carl Eberon, le fils de leur chef, le maîtrisa facilement; et lui appuyant un poignard sur la gorge, il s'écria à haute voix : — Jouez-vous ce jeu-là ? En ce cas, m'y voilà aussi.

— Arrêtez ! arrêtez ! s'écria de la Marck ; c'est une plaisanterie, ce n'est pas autre chose. Pensez-vous que je voudrais faire le moindre mal à mes bons amis et alliés de la ville de Liège? Soldats, bas les armes, et asseyez-vous ! Qu'on emporte cette charogne, qui a causé cette querelle entre des amis, ajouta-t-il en poussant du pied le corps de l'évêque, et noyons-en le souvenir dans de nouveaux flots de vin.

On obéit à l'instant, et les soldats et les Liégeois se regardaient les uns les autres comme ne sachant pas trop s'ils étaient amis ou ennemis. Quentin Durward profita du moment :

—Guillaume de la Marck! s'écria-t-il, et vous, bourgeois et citoyens de Liège, écoutez-moi un instant; et vous, jeune homme, tenez-vous en repos (car le jeune Carl cherchait à lui échapper) : il ne vous arrivera aucun mal, à moins que je n'entende encore quelqu'une de ces plaisanteries piquantes.

—Et qui es-tu ? au nom du diable! s'écria de la Marck étonné, toi qui oses venir prendre des otages en ma présence, et m'imposer des conditions, à moi qui en prescris aux autres, et qui n'en reçois de personne.

—Je suis un serviteur de Louis, roi de France, répondit Quentin avec hardiesse, un des archers de sa garde écossaise, comme mon langage, et en partie mon costume, peuvent vous en avertir. Je suis ici par son ordre, pour être témoin de ce qui s'y passe, et lui en faire mon rapport; et je vois avec surprise qu'on agit en païens plutôt qu'en chrétiens, en fous plutôt qu'en hommes raisonnables. L'armée de Charles de Bourgogne va marcher incessamment contre vous; et si vous désirez obtenir des secours de la France, il faut que vous agissiez différemment. Quant à vous, habitans de Liège, je vous invite à retourner à l'instant dans votre ville; et si quelqu'un met obstacle à votre départ, je le déclare ennemi de mon maître, Sa Majesté très-chrétienne.

—France et Liège! France et Liège! s'écrièrent les tanneurs formant la garde du corps de Pavillon, et plusieurs autres bourgeois dont l'audace de Quentin commençait à ranimer le courage ; France et Liège; vive le brave archer ! nous vivrons et nous mourrons avec lui!

Les yeux de Guillaume de la Marck étincelaient, et il porta la main à son poignard, comme s'il eût voulu le lancer droit au cœur de l'audacieux archer. Mais jetant un coup d'œil autour de lui, il vit dans les regards de ses propres soldats quelque chose qu'il dut *lui-même* respecter. Un grand nombre d'entre eux étaient Français, et aucun d'eux n'ignorait les secours secrets en hommes et en argent que leur maître recevait de la France; quelques-uns étaient même épouvantés du meurtre sacrilège qui venait d'être commis. Le nom de Charles de Bourgogne, prince dont le ressentiment ne pouvait qu'être excité par tout ce qui s'était passé cette nuit; l'imprudence de se faire une querelle avec les Liégeois; la folie d'exciter la colère du roi de France : toutes ces idées faisaient une vive impression sur leur esprit, quoiqu'ils n'en eussent pas alors l'usage bien libre. En un mot, de la Marck vit que s'il se portait à quelque nouvelle violence, il courait le risque de ne pas être soutenu, même par sa propre troupe.

En conséquence déridant son front et adoucissant l'expression menaçante de son regard, il déclara qu'il n'avait aucun mauvais dessein contre ses bons amis de Liège; qu'ils étaient libres de quitter Schonwaldt quand bon leur semblerait, quoiqu'il eût espéré qu'ils passeraient au moins la nuit à se réjouir avec lui en honneur de leur victoire. Il ajouta avec plus de calme qu'il n'en montrait communément, qu'il serait prêt à entrer en négociation avec eux pour le partage des dépouilles, et à concerter les mesures nécessaires pour leur défense mutuelle, soit le lendemain, soit tel autre jour qu'il leur plairait. Quant au jeune archer de la garde écossaise, il se flattait qu'il lui ferait l'honneur de passer la nuit à Schonwaldt.

Quentin fit ses remerciemens, mais ajouta que tous ses mouvemens devaient être déterminés par ceux de meinherr Pavillon, auquel il était particulièrement chargé de s'attacher; mais qu'il l'accompagnerait bien certainement la première fois qu'il viendrait voir le vaillant Guillaume de la Marck.

—Si vos mouvemens se règlent sur les miens, dit Pavillon, il est probable que vous quitterez Schonwaldt sans un instant de délai; et si vous n'y revenez qu'en ma compagnie, il est à croire qu'on ne vous y reverra pas de sitôt.

L'honnête citoyen ne prononça la dernière partie de cette phrase qu'entre ses dents, comme s'il eût craint de laisser entendre l'expression d'un sentiment qu'il lui était pourtant impossible d'étouffer entièrement.

—Suivez-moi pas à pas, mes braves tanneurs, dit-il à ses gardes-du-corps, et nous sortirons le plus tôt possible de cette caverne de voleurs.

La plupart des Liégeois, du moins ceux qui s'élevaient au-dessus de la canaille, partageaient à cet égard l'opinion du syndic, et il y avait eu parmi eux moins de joie quand ils étaient entrés triomphans dans Schonwaldt, qu'ils n'en éprouvèrent à l'espoir d'en sortir sains et saufs. On ne mit aucun obstacle à leur départ, et l'on peut juger de la joie qu'éprouva Quentin lorsqu'il se vit hors de ces murs formidables.

Pour la première fois depuis qu'ils étaient entrés dans la salle qui venait d'être témoin d'un meurtre abominable, Quentin se hasarda à adresser la parole à la jeune comtesse, en lui demandant comment elle se trouvait.

—Bien, bien, répondit-elle avec le langage laconique de l'effroi; parfaitement bien. —Ne vous arrêtez pas pour me faire une seule question. Ne perdons pas un instant; fuyons, fuyons.

Tout en parlant ainsi, elle s'efforçait d'accélérer le pas, mais avec si peu de succès qu'elle serait tombée d'épuisement si Durward ne l'eût soutenue. Avec la tendresse d'une mère qui veut mettre son enfant hors de danger, le jeune Ecossais la prit entre ses bras pour la porter; et tandis qu'elle lui passait le bras autour du cou, sans autre pensée que le désir de se sauver, il n'aurait pas voulu avoir couru cette nuit un péril de moins, puisque telle en était la conclusion.

L'honnête bourguemestre, de son côté, était soutenu et presque traîné par son fidèle conseiller Peterkin et un autre de ses ouvriers; ce fut ainsi qu'ils arrivèrent hors d'haleine sur les bords de la Meuse, ayant rencontré, chemin faisant, plusieurs troupes d'habitans de Liège, qui désiraient savoir quelle était la situation des choses à Schonwaldt, et s'il était vrai, comme le bruit commençait à s'en répandre, qu'une querelle s'était élevée entre les vainqueurs.

Se débarrassant de ces curieux importuns aussi bien qu'ils le purent, ils réussirent enfin, grace à Peterkin et à quelques-uns de ses compagnons, à se procurer une barque, et ils purent jouir par ce moyen d'un repos dont avait grand besoin Isabelle, qui continuait à rester presque sans mouvement dans les bras de son libérateur. Ce retour du calme n'était pas moins nécessaire au bon bourguemestre, qui, après avoir fait quelques remerciemens sans suite à Durward, commença une longue harangue adressée à Peterkin, sur le courage dont il avait fait preuve, la bienfaisance qu'il avait montrée, et les périls sans nombre auxquels ces deux vertus l'avaient exposé tant en cette occasion qu'en plusieurs autres.

—Peterkin, lui dit-il en reprenant le même chapitre que la veille, si j'avais eu le cœur moins brave, je ne me serais pas opposé à ce que les bourgeois de Liège payassent le vingtième quand tous les autres y consentaient. Un cœur moins brave ne m'aurait pas conduit à cette bataille de Saint-Tron, où un homme d'armes du Hainaut me renversa d'un coup de lance dans un fossé rempli de boue, et d'où ni ma bravoure ni mes efforts ne purent me tirer avant la fin de la bataille. Et n'est-ce pas encore mon courage qui m'a fait mettre, la nuit dernière, un corselet devenu trop étroit et dans lequel j'aurais été étouffé sans l'aide de ce brave jeune homme dont le métier est de se battre, à quoi je lui souhaite beaucoup de plaisir? Et quant à ma bonté de cœur, Peterkin, elle m'a rendu pauvre, c'est-à-dire elle m'aurait rendu pauvre, si je n'avais été passablement nanti des biens de ce misérable monde. Et Dieu sait dans quel embarras je puis encore me trouver avec des dames, des comtesses, des secrets à garder. Tout cela peut me coûter la moitié de ma fortune, et mon cou par-dessus le marché.

Quentin ne put garder le silence plus long-temps, et il l'assura que s'il courait quelques dangers ou faisait quelques pertes à cause de la jeune dame alors sous sa protection, elle s'empresserait de l'en dédommager par sa reconnaissance et par toutes les indemnités possibles.

—Grand merci, monsieur l'archer, grand merci, répondit le citoyen de Liège; mais qui vous a dit que je demande à être indemnisé pour m'être acquitté du devoir d'un honnête homme? Je regrettais seulement qu'il pût m'en coûter quelque chose de manière ou d'autre; et j'espère qu'il m'est permis de parler ainsi à mon lieutenant, sans reprocher à personne les pertes et les dangers que je puis encourir.

Quentin conclut de ce discours que le syndic était du nombre de ces gens qui se paient, en murmurant et en grondant, des services qu'ils rendent aux autres, et dont le seul motif, en se plaignant ainsi, est de donner une plus haute idée de ce qu'ils ont pu faire. Il garda donc un silence prudent, et permit au bourguemestre de s'étendre tout à son aise sur les pertes et les dangers auxquels il s'était exposé et s'exposait encore en ce moment, par suite de son zèle pour le bien public et de sa bienfaisance désintéressée pour ses semblables; sujet qui le conduisit jusqu'à la porte de sa maison.

La vérité était que l'honnête citoyen sentait qu'il avait perdu un peu de son importance en laissant figurer un jeune étranger au premier rang pendant la crise qui venait d'avoir lieu au château de Schonwaldt; et quelque enchanté qu'il eût été, dans le moment, de l'effet qu'avait produit l'intervention de Durward, cependant, en y réfléchissant, il sentait le tort que devait en souffrir sa réputation de courage, et il s'efforçait d'en obtenir une compensation, en exagérant les droits qu'il avait à la reconnaissance du pays en général, de ses amis en particulier, et plus spécialement encore à celle de la jeune comtesse et de son protecteur.

Mais lorsque la barque se fut arrêtée au bout du jardin, et qu'avec l'aide de Peterkin il eut mis le pied sur la rive, on aurait dit que le sol du terrain qui lui appartenait avait la vertu de dissiper tout à coup ses sentimens de jalousie et d'amour-propre blessé, et de changer le démagogue mécontent de s'être vu éclipsé, en ami serviable, bon et hospitalier. Il appela à haute voix Trudchen, qui parut sur-le-champ, car la crainte et l'inquiétude avaient presque entièrement banni le sommeil des murs de Liège pendant cette nuit désastreuse. Trudchen fut chargée de donner tous ses soins à la belle étrangère, qui avait à peine l'usage de ses sens; et la bonne fille du digne syndic, admirant les charmes de la jeune comtesse et prenant pitié de l'affliction dans laquelle elle paraissait plongée, s'acquitta de ce devoir hospitalier avec le zèle et l'affection d'une sœur.

Quelque tard qu'il fût, et quelque fatigué que parût Pavillon, ce ne fut pas sans difficulté que Quentin échappa à un flacon de vin précieux, aussi vieux que la bataille d'Azincourt; et il aurait été obligé d'en prendre sa part, sans l'arrivée de la maîtresse de la maison, que les cris redoublés de Pavillon pour obtenir les clefs de la cave firent sortir de sa chambre à coucher. C'était une petite femme ronde, qui paraissait avoir été assez bien dans son temps; mais qui, depuis plusieurs années, se faisait particulièrement remarquer par un nez rouge et pointu, une voix aigre, une détermination bien prononcée de tenir son mari sous une discipline sévère dans sa maison, en compensation de l'autorité qu'il exerçait quand il en était dehors.

Dès qu'elle apprit la nature du débat qui avait eu lieu entre son mari et son hôte, elle déclara positivement que le premier, bien loin d'avoir besoin de prendre du vin, n'en avait déjà que trop bu; et au lieu de se servir, comme il le désirait, d'aucune des clefs dont un gros trousseau était suspendu à sa ceinture par une chaîne d'argent, elle lui tourna le dos sans cérémonie, et conduisit Durward dans un appartement propre, si bien meublé, si bien garni du commode et de l'utile, qu'il n'en avait pas encore vu qui pût lui être comparé, tant les riches Flamands l'emportaient, à cette époque, non-seulement sur les pauvres et grossiers Ecossais, mais sur les Français eux-mêmes, pour tous les agrémens de la vie domestique.

CHAPITRE XXIII.

La Fuite.

« . . . . . Partez, dites-moi de partir;
« Vous me verrez tenter jusques à l'impossible,
« Le tenter, et bien plus ; je prétends réussir.
« . . . .
« . . . .
« Marchez, et je vous suis — dans l'ardeur qui m'enflamme
« Je me sens prêt à tout. . . . . »
SHAKSPEARE. *Jules César*.

En dépit d'un mélange de crainte, de doute, d'inquiétude, et de toutes les autres passions qui l'agitaient, les fatigues de la journée précédente avaient tellement épuisé les forces de notre jeune Ecossais, qu'il dormit d'un profond sommeil, et ne s'éveilla qu'assez tard le lendemain, à l'instant où son digne hôte entrait dans sa chambre le front chargé de soucis.

Il s'assit près du lit de Quentin, et commença un long discours assez peu clair sur les devoirs domestiques des personnes mariées, et principalement sur le pouvoir respectable et la suprématie légitime que le mari devait maintenir toutes les fois qu'il se trouvait d'un avis opposé à celui de sa femme.

Quentin l'écoutait avec quelque inquiétude; il savait que les maris, comme les autres puissances belligérantes, étaient quelquefois disposés à chanter un *Te Deum*, plutôt pour cacher une défaite que pour célébrer une victoire; et il se hâta de s'en assurer plus positivement en lui disant qu'il espérait que son arrivée chez lui n'avait occasioné aucun embarras à la maîtresse de la maison.

—Embarras! répondit le bourguemestre; non. Il n'y a pas de femme qui puisse être prise moins à l'improviste que la mère Mabel; elle est toujours charmée de voir ses amis; elle a toujours, Dieu merci, un appartement tout prêt et un garde-manger bien garni. C'est la femme du monde la plus hospitalière; seulement, c'est dommage qu'elle ait un caractère tout particulier.

—En un mot, notre séjour ici lui est désagréable, dit Quentin en se levant à la hâte et en commençant à s'habiller. Si j'étais sûr que cette jeune dame fût en état de voyager après les horreurs de la nuit dernière, nous n'ajouterions pas à nos torts en restant ici un moment de plus.

—C'est précisément ce qu'elle a dit elle-même à la mère Mabel, dit Pavillon, et j'aurais voulu que vous eussiez vu les couleurs qui lui montaient aux joues pendant qu'elle lui parlait ainsi. Une laitière qui a patiné cinq milles contre le vent, pour venir au marché, n'est qu'un lis en comparaison. Je ne suis pas surpris que la mère Mabel en soit un peu jalouse. Pauvre chère ame!

—La jeune dame a-t-elle donc déjà quitté son appartement? demanda Durward en continuant sa toilette avec une double précipitation.

— Oui vraiment, et elle désire vous voir pour déterminer quel chemin vous prendrez, puisque vous êtes tous deux décidés à partir. Mais j'espère que vous ne partirez qu'après le déjeuner.

— Pourquoi ne m'avez-vous pas dit tout cela plus tôt? s'écria Quentin avec impatience.

— Doucement! doucement! Je ne vous ai parlé que trop tôt, si vous vous démontez si vite. Cependant j'aurais encore autre chose à vous dire, si je vous voyais assez de patience pour m'écouter.

— Parlez, mein herr, parlez aussi promptement et aussi vite que vous le pourrez : je suis tout attention.

— Eh bien donc, je n'ai qu'un mot à vous dire; c'est que Trudchen, qui est aussi fâchée de se séparer de cette jeune et jolie dame que si c'était sa sœur, vous conseille de prendre un autre déguisement; car le bruit court dans la ville que les comtesses de Croye voyagent en habit de pèlerines, accompagnées d'un archer de la garde écossaise du roi de France; on ajoute que l'une d'elles a été amenée hier à Schonwaldt, comme nous venions d'en partir, par un Bohémien qui a assuré Guillaume de la Marck que vous n'étiez chargé d'aucun message ni pour lui, ni pour le bon peuple de Liège; que vous aviez enlevé la jeune comtesse, et que vous voyagiez avec elle comme son amoureux. Toutes ces nouvelles sont arrivées ce matin du château, et nous ont été annoncées à moi et aux autres conseillers, qui ne savent trop quel parti prendre; car quoique notre opinion soit que ce Guillaume de la Marck a été un peu trop brutal, tant avec l'évêque qu'avec nous, cependant on le regarde en général comme un brave homme au fond, c'est-à-dire quand il n'a pas trop bu, et comme le seul chef, dans le monde entier, qui puisse nous défendre contre le duc de Bourgogne; et moi-même, au point où en sont les choses, je suis à moitié convaincu que nous devons nous maintenir en bonne intelligence avec lui, car nous sommes trop avancés pour reculer.

Quentin ne fit ni reproches ni remontrances à Pavillon, parce qu'il vit que ce serait une peine inutile, et que le digne magistrat n'en persisterait pas moins dans une résolution que lui avaient fait prendre sa soumission à sa femme et ses opinions comme homme de parti.— Votre fille a raison, lui dit-il; il faut que nous partions déguisés, et que nous partions à l'instant même. Nous pouvons, j'espère, compter que vous nous garderez le secret, et que vous nous fournirez les moyens de nous échapper?

— De tout mon cœur, répondit l'honnête citadin, qui, n'étant pas très-satisfait lui-même de la dignité de sa conduite, désirait trouver quelque moyen de se la faire pardonner; — de tout mon cœur! Je ne puis oublier que je vous ai dû la vie la nuit dernière, d'abord quand vous m'avez débarrassé de ce maudit pourpoint d'acier, et ensuite quand vous m'avez tiré d'un embarras bien pire encore, car ce Sanglier et ses marcassins sont des diables plutôt que des hommes : aussi je vous serai fidèle autant que la lame l'est au manche, comme disent nos couteliers, qui sont les plus habiles du monde. Allons, à présent que vous voilà habillé, suivez-moi par ici, et vous allez voir jusqu'à quel point j'ai confiance en vous.

En sortant de la chambre où Quentin avait couché, le syndic le conduisit dans le cabinet où il faisait lui-même tous ses paiemens. Quand ils y furent entrés, il enferma la porte aux verroux avec soin, jeta autour de lui un regard de précaution, ouvrit un cabinet dont la porte était cachée derrière la tapisserie, et dans lequel étaient plusieurs caisses de fer. Il en ouvrit une, pleine de guilders, et la mettant à la discrétion de Durward, il lui dit d'y prendre telle somme qu'il jugerait nécessaire pour ses dépenses et celles de sa compagne.

Comme l'argent que Quentin avait reçu en partant du Plessis était alors presque entièrement dépensé, il n'hésita pas à accepter une somme de deux cents guilders; et en agissant ainsi il déchargea d'un grand poids l'esprit de Pavillon, qui regarda ce prêt risqué volontairement comme une réparation du manque d'hospitalité que diverses considérations le forçaient en quelque sorte de commettre.

Ayant bien fermé la caisse, le cabinet, et la chambre qui contenait son trésor, le riche Flamand conduisit son hôte dans le salon, où il trouva la comtesse vêtue en fille flamande de la moyenne classe. Elle était pâle, mais, malgré les scènes de la nuit précédente, encore assez forte pour se mettre en route, et jouissant de toute sa présence d'esprit. Trudchen était seule auprès d'elle, s'occupant avec soin à mettre la dernière main au costume d'Isabelle, et lui donnant les instructions nécessaires pour qu'elle pût le porter sans avoir un air emprunté.

La comtesse tendit la main à Quentin, qui la baisa avec respect, et elle lui dit : — Monsieur Durward, il faut que nous quittions ces bons amis, de peur d'attirer sur eux une partie des maux qui m'ont poursuivie depuis la mort de mon père. Il faut que vous changiez d'habits et que vous me suiviez, à moins que vous ne soyez las de protéger une infortunée.

— Moi! moi! las de vous suivre! s'écria Quentin; je vous suivrai jusqu'au bout du monde; je vous défendrai contre tout l'univers; mais vous, vous-même, êtes-vous en état d'accomplir la tâche que vous entreprenez? Pouvez-vous, après les horreurs de la nuit dernière......?

— Ne les rappelez pas à ma mémoire, répondit la comtesse. Je ne m'en souviens que confusément, comme d'un songe affreux. Le digne évêque est-il sauvé?

— Je crois qu'il n'a rien à craindre, dit Quentin en faisant un signe de silence à Pavillon, qui semblait se disposer à commencer le récit horrible de la mort du prélat.

— Nous serait-il possible de le joindre? demanda Isabelle. A-t-il réuni quelques forces?

— Il n'a d'espérance que dans le ciel, répondit Durward. Mais en quelque lieu que vous désiriez vous rendre, je serai votre guide et votre garde; je ne vous abandonnerai jamais.

—Nous y réfléchirons, dit Isabelle; et après une pause d'un instant, elle ajouta : — Un couvent serait l'asile de mon choix; mais je crains que ce ne soit une bien faible défense contre mes persécuteurs.

—Hem! hem! dit le syndic; je ne pourrais en conscience vous conseiller de choisir un couvent dans les environs de Liège; car le Sanglier des Ardennes, brave chef d'ailleurs, allié fidèle et plein de bienveillance pour notre ville, a l'humeur un peu bourrue, et ne respecte guère les cloîtres, les couvens, les monastères. On dit qu'il y a une vingtaine de nonnes, c'est-à-dire de ci-devant nonnes, qui marchent avec sa compagnie.....

—Préparez-vous à partir, monsieur Durward, et le plus promptement possible, dit Isabelle interrompant ces détails, puisque vous voulez bien encore veiller à ma sûreté.

Dès que le syndic et Quentin furent sortis, Isabelle commença à faire à Gertrude diverses questions relativement aux routes et à d'autres objets, avec tant de calme et de présence d'esprit, que la fille du bourguemestre ne put s'empêcher de s'écrier : — Je vous admire, madame; j'ai entendu parler du courage qu'ont montré quelques femmes; mais le vôtre me paraît au-dessus des forces de l'humanité.

—La nécessité, ma chère amie, répondit la comtesse, est la mère du courage comme de l'invention. Il n'y a pas long-temps, je m'évanouissais en voyant une goutte de sang tomber d'une égratignure. —Eh bien! hier, j'en ai vu couler je puis dire des flots autour de moi, et cependant mes sens ne m'ont pas abandonnée, et j'ai conservé l'usage de toutes mes facultés. Ne croyez pourtant pas que cette tâche ait été facile, ajouta-t-elle en appuyant sur le bras de Gertrude une main tremblante, quoiqu'elle parlât d'une voix ferme : — la force qui soutient mon cœur est comme une garnison assiégée par des milliers d'ennemis, et que la résolution la plus déterminée peut seule empêcher de capituler et de se rendre. Si ma situation était tant soit peu moins dangereuse; si je ne sentais pas que la seule chance qui me reste pour échapper à un sort pire que la mort est de conserver du sang-froid et de la présence d'esprit, je me jetterais en ce moment entre vos bras, Gertrude, et je soulagerais ma douleur par un torrent de larmes, les plus amères qu'on ait jamais versées.

—N'en faites rien, madame, répondit la Flamande compatissante; prenez courage; dites votre chapelet; mettez-vous sous la protection du ciel; et s'il a jamais envoyé un sauveur à quelqu'un près de périr, ce brave et hardi jeune homme doit être le vôtre. Il y a aussi quelqu'un sur qui j'ai quelque crédit, ajouta-t-elle en rougissant: n'en dites rien à mon père; mais j'ai dit à mon amoureux, Hans Glover, de vous attendre à la porte du côté de l'est, et de ne se remontrer à moi que pour m'apprendre qu'il vous a conduite en sûreté au-delà du territoire de Liège.

La comtesse ne put exprimer ses remerciemens à l'excellente fille qu'en l'embrassant tendrement; et Gertrude, lui rendant ses embrassemens avec une affection pleine de franchise, ajouta en souriant:—Ne vous inquiétez pas: si deux filles et deux amoureux qui leur sont tout dévoués ne peuvent réussir dans un projet de fuite et de déguisement, le monde n'est plus ce que j'entendis toujours dire qu'il était.

Une partie de ce discours rappela de vives couleurs sur les joues d'Isabelle, et l'arrivée soudaine de Quentin ne contribua nullement à les faire disparaître. Il était vêtu en paysan flamand de la première classe, ayant mis les habits des dimanches de Peterkin, qui prouva son zèle pour le jeune Ecossais par la promptitude avec laquelle il les lui offrit, en jurant en même temps que, dût-on le tanner comme la peau d'un bœuf, il ne le trahirait jamais.

Deux excellens chevaux avaient été préparés, grâce aux

soins actifs de la mère Mabel, qui réellement ne désirait aucun mal à la comtesse et à son écuyer, pourvu que leur départ écartât les dangers qu'elle craignait que leur présence n'attirât sur sa maison et sur sa famille. Elle les vit donc avec grand plaisir monter à cheval et partir, après leur avoir dit qu'ils trouveraient le chemin de la porte située du côté de l'orient, en suivant des yeux Peterkin, qui devait marcher devant eux pour leur servir de guide, mais sans avoir l'air d'avoir aucune communication avec eux.

Dès que ces hôtes furent partis, la mère Mabel saisit cette occasion pour faire une longue remontrance à Trudchen sur la folie de lire des romans; car c'était ainsi que les belles dames de la cour étaient devenues si hardies et si dévergondées, qu'au lieu d'apprendre à conduire honnêtement une maison, il fallait qu'elles apprissent à monter à cheval, et qu'elles courussent le pays, sans autre suite qu'un écuyer fainéant, un page libertin, ou un coquin d'archer étranger, au risque de leur santé, au détriment de leur fortune, et au préjudice irréparable de leur réputation.

Gertrude écouta tout cela en silence et sans y répondre; mais, vu son caractère, il est permis de douter qu'elle en tirât des conclusions conformes à celles que sa mère désirait lui inculquer.

Cependant nos voyageurs étaient arrivés à la porte orientale de la ville, après avoir traversé des rues remplies d'une foule de gens heureusement trop occupés des nouvelles du jour et des événemens politiques pour faire attention à un couple dont l'extérieur n'offrait rien de bien remarquable. Les gardes les laissèrent passer en vertu d'une permission que Pavillon leur avait obtenue, mais au nom de son collègue Rouslaer, et ils prirent congé de Peterkin Geislaer, en se souhaitant réciproquement, en peu de mots, toutes sortes de prospérités. Presque au même instant, un jeune homme vigoureux, monté sur un bon cheval gris, vint les joindre, et se fit connaître à eux comme Hans Glover, l'amoureux de Trudchen Pavillon. C'était un jeune homme à bonne figure flamande, ne brillant point par l'intelligence, annonçant plus de bonté de cœur et d'enjouement que d'esprit; et, comme la comtesse Isabelle ne put s'empêcher de le penser, peu digne de l'affection de la généreuse Gertrude. Il parut cependant désirer de concourir de tout son pouvoir aux vues bienfaisantes de la fille du bourguemestre; car après avoir salué respectueusement la comtesse, il lui demanda sur quelle route elle désirait qu'il la conduisît.

—Conduisez-moi, lui répondit-elle, vers la ville la plus voisine, sur les frontières du Brabant.

— Vous avez donc déterminé quel sera le but de votre voyage? lui demanda Quentin en faisant approcher son cheval de celui d'Isabelle, et lui parlant en français, langue que leur guide ne comprenait pas.

— Oui, répondit la comtesse; car dans la situation où je me trouve, il me serait préjudiciable de prolonger mon voyage; je dois chercher à l'abréger, quand même il devrait se terminer à une prison.

— A une prison! s'écria Quentin.

— Oui, mon ami, à une prison; mais j'aurai soin que vous ne la partagiez pas.

— Ne parlez pas de moi; ne pensez pas à moi; que je vous voie en sûreté, et peu m'importe ce que je deviendrai ensuite.

—Ne parlez pas si haut, dit Isabelle, vous surprendrez notre guide. Vous voyez qu'il est déjà à quelques pas devant nous.

Dans le fait le bon Flamand, faisant pour les autres ce qu'il aurait désiré qu'on fît pour lui, avait pris l'avance, pour ne pas gêner leur entretien par la présence d'un tiers, dès qu'il avait vu Quentin s'approcher de la comtesse.

— Oui, continua-t-elle quand elle vit que leur guide était trop éloigné pour qu'il pût les entendre, oui, mon ami, mon protecteur, car pourquoi rougirais-je de vous nommer ce que le ciel vous a rendu pour moi? mon devoir est de vous dire que j'ai résolu de retourner dans mon pays natal, et de m'abandonner à la merci du duc de Bourgogne. Ce sont des conseils malavisés, quoique bien intentionnés, qui m'ont déterminée à fuir sa protection pour celle du politique et astucieux Louis de France.

— Et vous êtes donc résolue à devenir l'épouse du comte de Campo Basso, de l'indigne favori de Charles?

Ainsi parlait Quentin en cherchant à cacher sous un air de feinte indifférence l'angoisse secrète qui le déchirait; comme le malheureux criminel, condamné à mort, affecte une fermeté qui est bien loin de son cœur, quand il demande si l'ordre de son exécution est arrivé.

— Non, Durward, non, répondit la comtesse en se redressant sur sa selle; tout le pouvoir du duc de Bourgogne ne suffira pas pour avilir jusqu'à ce point une fille de la maison de Croye. Il peut saisir mes terres et mes fiefs, m'enfermer dans un couvent, mais c'est tout ce que j'ai à craindre de lui; et je souffrirais des maux encore plus grands, avant de consentir à donner ma main à ce Campo Basso.

— Des maux encore plus grands! répéta Quentin; et peut-on avoir à supporter de plus grands maux que la perte de ses biens et de sa liberté? Ah! réfléchissez-y bien, tandis que le ciel permet que vous respiriez encore un air libre, tandis que vous avez près de vous un homme qui hasardera sa vie pour vous conduire en Allemagne, en Angleterre, même en Ecosse; et dans tous ces pays vous trouverez de généreux protecteurs. Ne renoncez donc pas si promptement à la liberté, au don du ciel le plus précieux! Ah! qu'un poète de mon pays a eu bien raison de dire :

> La liberté, noble trésor !
> Seule embellit l'existence mortelle;
> Au plaisir elle ajoute encor.
> On vit heureux et riche en vivant avec elle;

QUENTIN DURWARD.

Richesse, bonheur et santé,
Vous nous dites adieu quand fuit la liberté.

Elle écouta avec un sourire mélancolique cette tirade en l'honneur de la liberté, et dit, après un moment d'intervalle : — La liberté n'existe que pour l'homme : la femme doit toujours chercher un protecteur, puisque la nature l'a rendue incapable de se défendre elle-même. Et où en trouverai-je un? Sera-ce le voluptueux Edouard? Non, l'Angleterre. Irai-je me jeter dans l'Allemagne ?... Non, ces princes aux cœurs féodaux... *Ah! si vous pouviez m'assurer un asile dans quelque saint paisible*, au milieu de ces montagnes que vous vous plaisez à décrire; un asile où l'on voudrait me permettre, soit par charitée, soit pour le peu de joyaux qui me restent, de mener une vie tranquille, et d'oublier le rang auquel j'étais destinée; si vous pouviez m'assurer la protection de quelque dame honorable de votre pays, de quelque noble baron dont le cœur serait aussi fidèle que son épée, ce serait une perspective qui pourrait mériter que je bravasse la censure du monde en prolongeant mon voyage.

Elle prononça ces mots d'une voix presque défaillante, et avec un accent de tendresse et de sensibilité si touchant, que Durward en éprouva une joie qui pénétra jusqu'au fond de son cœur. Il hésita un instant avant de répondre, cherchant à la hâte en lui-même s'il pourrait lui procurer un asile sûr et honorable en Ecosse; mais il ne put fermer les yeux à cette triste vérité, qu'il commettrait un acte de bassesse et de cruauté, s'il l'engageait à une telle démarche sans avoir aucun moyen de la protéger ensuite efficacement.

— Madame, lui dit-il enfin, j'agirais contre mon honneur et contre les lois de la chevalerie, si je vous laissais former aucun projet qui aurait pour base l'idée que je pourrais vous offrir en Ecosse quelque autre protection que celle de l'humble bras qui vous est tout dévoué. A peine sais-je si mon sang coule dans les veines d'un seul autre habitant de mon pays natal. Le chevalier d'Innerquuharity prit d'assaut notre château pendant une nuit affreuse qui vit périr tout ce qui portait mon nom. Si je retournais en Ecosse, mes ennemis féodaux sont nombreux et puissans; je suis seul et sans protecteurs, et quand le roi voudrait me rendre justice, il n'oserait, pour redresser les torts d'un simple individu, mécontenter un chef qui marche à la tête de cinq cents cavaliers.

— Hélas ! dit la comtesse, il n'existe donc pas dans le monde entier un coin où l'on soit à l'abri de l'oppression, puisqu'on la voit déployer ses fureurs sur des montagnes sauvages qui offrent si peu d'attrait à la cupidité, aussi-bien que dans nos plaines riches et fertiles.

— C'est une triste vérité, répondit Durward, et je n'oserais vous la déguiser; ce n'est guère que la soif du sang et le désir de la vengeance qui arment nos clans les uns contre les autres; et les Ogilvies présentent en Ecosse les mêmes scènes d'horreur que de la Marck et ses brigands offrent en ce pays.

— Ne parlons donc plus de l'Ecosse, dit Isabelle avec un ton d'indifférence réelle ou affectée, qu'il n'en soit plus question. Dans le fait, je n'en ai parlé que par plaisanterie, pour voir si vous oseriez réellement me recommander comme un asile sûr celui des royaumes de l'Europe où il règne le plus de troubles. C'était une épreuve de votre sincérité, sur laquelle je vois avec plaisir qu'on peut compter, même quand on met le plus fortement en jeu le sentiment qui vous anime le plus, l'amour de votre patrie. Ainsi donc, encore une fois, je ne chercherai d'autre protection que celle de quelque honorable baron, feudataire du duc Charles, entre les mains duquel je suis résolue de me livrer.

— Mais que ne vous rendez-vous plutôt sur vos domaines, dans votre château fort, comme vous en formiez le projet en sortant de Tours? Pourquoi ne pas appeler à votre défense les vassaux de votre père, et traiter avec le duc de Bourgogne, au lieu de vous rendre à lui? Vous trouverez bien des cœurs qui combattront vaillamment pour votre défense; j'en connais un du moins qui perdrait volontiers la vie pour en donner l'exemple.

— Hélas! ce projet, suggestion de l'artificieux Louis, et qui, comme tous ceux qu'il a jamais formés, avait pour but son intérêt plutôt que le mien, est devenu impraticable par suite de la trahison du perfide Zamet Hayraddin, qui en a donné connaissance au duc de Bourgogne. Il a jeté mon parent dans une prison, et mis garnison dans mes châteaux. Toute tentative que je pourrais faire ne servirait qu'à exposer mes vassaux à la vengeance du duc Charles; et pourquoi ferais-je couler plus de sang qu'on n'en a déjà répandu pour une cause qui en est si peu digne? — Non, je me soumettrai à mon souverain comme une vassale obéissante, en tout ce qui ne compromettra pas la liberté que je prétends avoir de me choisir un époux. Et je m'y détermine d'autant plus aisément, que je présume que ma tante, la comtesse Hameline, qui m'a conseillé la première, et qui m'a même pressée de prendre la fuite, a déjà pris elle-même ce parti sage et honorable.

— Votre tante! répéta Quentin, à qui ces derniers mots rappelèrent des idées auxquelles la jeune comtesse était étrangère, et qu'une suite rapide de dangers et d'événemens qui exigeaient toute son attention avait bannies de sa propre mémoire.

— Oui, reprit Isabelle; ma tante, la comtesse Hameline de Croye. Savez-vous ce qu'elle est devenue? Je me flatte qu'elle est maintenant sous la protection de la bannière de Bourgogne. Vous gardez le silence. En savez-vous quelque chose?

Cette question, faite d'un ton d'intérêt et d'inquiétude, obligea Durward à lui dire une partie de ce qu'il savait du sort de la comtesse Hameline. Il lui apprit la manière dont il avait été averti de la suivre, lors de sa fuite de Schonwaldt, fuite dans laquelle il ne doutait pas que sa nièce ne l'accompagnât; la découverte qu'il avait faite qu'Isabelle n'était pas du voyage; son retour au château, et l'état dans lequel il l'avait trouvée. Mais il ne lui dit rien du motif qu'il était évident que sa tante avait en vue en partant de Schonwaldt, ni du bruit qui courait qu'elle avait été livrée entre les mains de Guillaume de la Marck; sa délicatesse lui imposant le silence sur le premier objet, et ses égards pour la sensibilité de sa compagne, dans un moment où elle avait besoin de toutes ses forces physiques et morales, l'empêchant de l'alarmer par le récit d'un fait dont il n'était informé que par une vague rumeur.

Ce récit, quoique dépouillé de ces circonstances importantes, fit une forte impression sur Isabelle, qui, après avoir gardé quelque temps le silence, dit d'un ton de froideur et de mécontentement :

— Et ainsi vous avez laissé ma malheureuse tante dans une forêt, à la merci d'un vil Bohémien et d'une perfide femme de chambre! Cette pauvre tante! Elle avait coutume de vanter votre fidélité!

— Si j'avais agi différemment, madame, répondit Quentin un peu piqué, et non sans raison, de la manière dont Isabelle semblait envisager sa conduite, quel aurait été le sort d'une personne au service de laquelle j'étais plus particulièrement dévoué? Si je n'avais pas laissé la comtesse Hameline de Croye entre les mains de ceux qu'elle avait elle-même choisis pour conseillers, la comtesse Isabelle ne serait-elle pas en ce moment au pouvoir de Guillaume de la Marck, du Sanglier des Ardennes?

— Vous avez raison, dit Isabelle en reprenant son ton ordinaire; et moi qui ai retiré tout l'avantage d'un dévouement si généreux, j'ai été coupable d'une noire ingratitude envers vous. Mais ma malheureuse tante! et cette misérable Marion, à qui elle accordait tant de confiance et qui la méritait si peu! C'est elle qui a introduit près de ma tante les deux Maugrabins, Zamet et Hayraddin, dont les prétendues connaissances en astrologie avaient obtenu un grand ascendant sur son esprit. C'est encore elle qui, en appuyant sur leurs prédictions, lui a fait concevoir — je ne sais de quel terme me servir, — des illusions, relativement à un mariage, à des amans ; ce que son âge rendait invraisemblable et presque honteux. Je ne doute pas que ce ne soit l'astucieux Louis qui nous ait environnées de ces traîtres, dès l'origine, pour nous déterminer à nous réfugier à sa cour, ou plutôt à nous mettre sous sa puissance. Et après que nous eûmes fait cet acte d'imprudence, de quelle manière ignoble, indigne d'un roi, d'un chevalier, d'un homme bien né, a-t-il agi envers nous! Vous en avez été vous-même témoin, Durward. Mais ma pauvre tante! que croyez-vous qu'elle devienne?

Cherchant à lui donner des espérances qu'il avait à peine lui-même, Quentin lui répondit que la passion dominante de ces misérables était la cupidité ; que Marton, quand il avait quitté la comtesse Hameline, semblait vouloir la protéger ; qu'enfin il était difficile de concevoir quel but Hayraddin pourrait se proposer en assassinant ou maltraitant une prisonnière dont il devait espérer de tirer une bonne rançon, s'il la respectait.

Pour détourner les pensées d'Isabelle de ce sujet mélancolique, Quentin lui raconta la manière dont il avait découvert, pendant la nuit qu'elle avait passée au couvent près de Namur, la trahison projetée par leur guide, qui lui paraissait le résultat d'un plan concerté entre le roi de France et Guillaume de la Marck. La jeune comtesse frémit d'horreur ; et revenant à elle, elle s'écria : — Je rougis de ma faiblesse ; j'ai sans doute péché en me permettant de douter assez de la protection des saints pour croire un instant qu'un projet si cruel, si vil, si déshonorant, pût s'accomplir, tandis qu'il existe dans le ciel des yeux ouverts sur les misères humaines, et qui en prennent pitié. C'est un plan auquel il ne suffit pas de penser avec crainte et horreur; il faut le regarder comme une trahison infame et abominable dont le succès était impossible. Croire qu'elle aurait pu réussir, ce serait se rendre coupable d'athéisme. Mais je vois clairement à présent pourquoi cette hypocrite de Marton cherchait souvent à semer des germes de petites jalousies et de légers mécontentemens entre ma pauvre tante et moi; pourquoi, en prodiguant des flatteries à celle de nous près de qui elle se trouvait, elle y mêlait toujours tout ce qui pouvait lui inspirer des préventions contre celle qui était absente. Et cependant j'étais bien loin de m'imaginer qu'elle réussirait à décider une parente qui naguère m'était si attachée, à m'abandonner à Schonwaldt quand elle trouva le moyen de s'en échapper.

—Ne vous en parla-t-elle donc pas? demanda Quentin.

—Non, répondit Isabelle; elle me dit seulement de faire attention à ce que Marton me dirait. A la vérité le jargon mystérieux du misérable Hayraddin, avec qui elle avait eu ce jour-là même une longue et secrète conférence, avait tellement tourné la tête de ma pauvre tante, elle venait de me tenir des discours si étranges et si inintelligibles, que la voyant dans cette humeur, je ne jugeai pas à propos de lui demander aucune explication. Il était pourtant bien cruel de m'abandonner ainsi!

—Je ne crois pas que la comtesse Hameline ait été coupable d'une telle cruauté, dit Quentin; car au milieu des ténèbres, et dans un moment où la plus grande hâte était indispensable, je suis convaincu qu'elle se croyait accompagnée de sa nièce, et cela aussi fermement que moi-même, qui, trompé par le costume et la taille de Marton, croyais suivre les deux dames de Croye, et surtout, ajouta-t-il en baissant la voix, mais en appuyant sur l'accent de ces dernières paroles, — mais surtout celle sans laquelle tous les trésors de l'univers n'auraient pu me déterminer à quitter Schonwaldt en ce moment.

Isabelle baissa la tête, et parut à peine avoir remarqué le ton exalté avec lequel Quentin venait de parler. Mais elle fixa de nouveau les yeux sur lui quand il commença à parler de la politique tortueuse de Louis, et il ne leur fut pas difficile, au moyen de quelques explications mutuelles, de s'assurer que les deux frères bohémiens et Marton, leur complice, avaient été les agens de ce monarque astucieux, quoique Zamet, le frère aîné, avec une perfidie particulière à sa race, eût essayé de jouer un double-rôle, et en eût reçu le châtiment.

Se livrant ainsi aux épanchemens d'une confiance réciproque, et oubliant la singularité de leur situation et les dangers auxquels ils étaient encore exposés, nos deux voyageurs marchèrent plusieurs heures, et ils ne s'arrêtèrent que pour donner quelque repos à leurs chevaux, dans un hameau écarté où les conduisit leur guide, qui se comporta, sous tous les rapports, en homme doué de bon sens et de discrétion, comme il en avait donné la preuve en se tenant à quelque distance pour ne pas mettre obstacle à la liberté de leur entretien.

Cependant la distance artificielle que les usages de la société établissaient entre les deux amans, car nous pouvons maintenant leur donner ce nom, semblait diminuer ou même disparaître, par suite des circonstances dans lesquelles ils se trouvaient. Si la comtesse avait un rang plus élevé, si sa naissance lui avait donné des droits à une fortune qui ne souffrait aucune comparaison avec celle d'un jeune homme ne possédant que son épée, il faut aussi faire attention que pour le moment elle était aussi pauvre que lui, et qu'elle devait sa sûreté, sa vie et son honneur à sa présence d'esprit, à sa valeur et à son dévouement. Ils ne parlaient pourtant pas d'amour; car quoique Isabelle, le cœur plein de confiance et de gratitude, eût pu lui par-

donner une telle déclaration, la langue de Quentin était
retenue autant par sa timidité naturelle que par un sentiment d'honneur chevaleresque qui lui aurait reproché
d'abuser indignement de la situation de la jeune comtesse,
s'il en eût profité pour se permettre d'exprimer ses sentimens sans contrainte.

Ils ne parlaient donc pas d'amour; mais il était impossible qu'ils n'y pensassent pas chacun de leur côté, et ils
se trouvaient ainsi placés, l'un à l'égard de l'autre, dans
cette situation où les sentimens d'une tendresse mutuelle
se comprennent plus aisément qu'ils ne s'expriment. Cette
situation permet une sorte de liberté, laisse quelques in-
certitudes, forme souvent les heures les plus délicieuses
de la vie humaine, et fréquemment en amène de plus
longues, troublées par le désappointement, l'inconstance
et tous les chagrins qui suivent un espoir trompé et un
attachement non payé de retour.

Il était deux heures après midi quand leur guide, le visage pâle et d'un air consterné, les alarma en leur annonçant qu'ils étaient poursuivis par une troupe *schwartzreiters*
de Guillaume de la Marck. Ces soldats, ou pour mieux dire
ces bandits, étaient levés dans les cercles de la Basse-Alle-
magne, et ressemblaient aux lansquenets sous tous les rapports, si ce n'est qu'ils remplissaient les fonctions de cavalerie légère. Pour soutenir le nom de *cavalerie noire*, et semer une nouvelle terreur dans les rangs de leurs ennemis,
ils étaient ordinairement montés sur des chevaux noirs,
portaient un uniforme de même couleur, et enduisaient
même de noir toute leur armure, opération qui donnait souvent aussi cette couleur à leurs mains et à leur visage. Pour
les mœurs et la férocité, les schwartzreiters étaient les dignes
rivaux de leurs compagnons, les fantassins lansquenets.
Quentin tourna la tête, et voyant s'élever dans le lointain,
au bout d'une grande plaine qu'ils venaient de traverser,
un nuage de poussière, en avant duquel une couple de ca-

valiers, précédant la troupe, couraient à toute bride, il dit à sa compagne :— Chère Isabelle, je n'ai d'autre arme qu'une épée; mais si je ne puis combattre pour vous, je puis fuir avec vous. Si nous pouvions gagner ces bois avant que ces cavaliers nous aient rejoints, nous trouverions aisément le moyen de leur échapper.

— Faisons-en la tentative, mon unique ami, répondit Isabelle en faisant prendre le galop à son cheval; et vous, mon brave garçon, dit-elle en s'adressant à Hans Glover, prenez une autre route, et ne partagez pas nos infortunes et nos dangers.

L'honnête Flamand secoua la tête, et répondit à cette généreuse exhortation :— *Nein* ; *das geht nicht* ; et il continua de les suivre, tous trois courant vers le bois aussi vite que le leur permettaient leurs chevaux fatigués. De leur côté, les schwartzreiters qui les poursuivaient, doublèrent la vitesse de leur course en les voyant fuir. Mais malgré la fatigue de leurs chevaux, les fugitifs n'étant pas chargés d'une lourde armure, et pouvant par conséquent courir plus rapidement, gagnaient du terrain sur la troupe ennemie. Ils n'étaient qu'à environ un quart de mille du bois, quand ils en virent sortir une compagnie d'hommes d'armes qui marchaient sous la bannière d'un chevalier, et qui leur interceptaient le passage.

— A leur armure brillante, dit Isabelle, il faut que ce soient des Bourguignons. Mais n'importe qui ils soient, je me rendrai à eux plutôt que de tomber entre les mains des bandits sans foi ni loi qui nous poursuivent.

Un moment après, regardant l'étendard déployé, elle s'écria :— Je reconnais cette bannière au cœur fendu que j'y aperçois; c'est celle du comte de Crèvecœur, d'un noble seigneur bourguignon, c'est à lui que je me rendrai.

Durward soupira; mais quelle autre alternative restait-il? Combien se serait-il trouvé heureux, un instant auparavant, de pouvoir acheter la sûreté d'Isabelle, même à de pires conditions! Ils joignirent bientôt la troupe de Crèvecœur, qui avait fait halte pour reconnaître les schwartzreiters. La comtesse demanda à parler au chef; et le comte la regardant d'un air de doute et d'incertitude : —Noble comte, lui dit-elle, Isabelle de Croye, la fille de votre ancien compagnon d'armes, du comte Reinold de Croye, se rend à vous, et vous demande votre protection pour elle et pour ceux qui l'accompagnent.

—Et vous l'aurez, belle cousine, envers et contre tous, toujours sauf et excepté mon seigneur suzerain le duc de Bourgogne; mais ce n'est pas le moment d'en parler; ces misérables coquins ont fait une halte comme s'ils avaient dessein de disputer le terrain. Par saint George de Bourgogne! ils ont l'insolence d'avancer contre la bannière de Crèvecœur! Quoi! ces brigands ne seront-ils jamais réprimés! Damien, ma lance! Porte-bannière, en avant! Les lances en arrêt! Crèvecœur à la rescousse!

Poussant son cri de guerre, et suivi de ses hommes d'armes, le comte partit au grand galop pour charger les schwartzreiters.

CHAPITRE XXIV.

La Prisonnière [1].

« Qu'on me secoure ou non, je me rends, chevalier;
« Captive, j'en appelle à votre courtoisie.
« Songez que quelque jour la fortune ennemie
« Peut aussi, comme moi, vous rendre prisonnier. »
Anonyme.

L'ESCARMOUCHE entre les schwartzreiters et les hommes d'armes de Crèvecœur dura à peine cinq minutes, tant les

---

(1) *The surrender.* La reddition. Mais le mot français ne s'applique qu'aux places fortes, etc. — ÉD.

premiers furent promptement mis en déroute par les Bourguignons, qui avaient sur eux la supériorité des armes, des chevaux et de la valeur impétueuse. En moins de temps que nous ne venons de le dire, le comte, essuyant son épée sanglante sur la crinière de son cheval avant de la remettre dans le fourreau, revint sur la lisière de la forêt, où Isabelle était restée spectatrice du combat. Une partie de ses gens le suivaient, tandis que les autres étaient à la poursuite des fuyards.

— C'est une honte, dit-il, que les armes de gentilshommes et de chevaliers soient souillées du sang de ces vils pourceaux.

A ces mots il remit son épée dans le fourreau, et ajouta :
— C'est un accueil un peu rude pour votre retour dans votre pays, ma jolie cousine ; mais les princesses errantes doivent s'attendre à de pareilles aventures. Il n'est pas malheureux que je sois arrivé à temps ; permettez-moi de vous assurer que les troupes noires n'ont pas plus de respect pour la couronne d'une comtesse que pour la coiffe d'une paysanne; et il me semble que vous n'aviez pas une longue résistance à espérer de votre suite.

— Avant tout, monseigneur le comte, répondit Isabelle, apprenez-moi si je suis prisonnière, et où vous allez me conduire.

— Vous savez bien, folle enfant, répondit Crèvecœur, comment je voudrais répondre à cette question. Mais vous et votre extravagante de tante, avec ses projets de mariage, vous avez fait depuis peu un tel usage de vos ailes, que je crains que vous ne deviez vous résigner à ne les déployer d'ici à quelque temps que dans une cage. Quant à moi, mon devoir, et c'en est un pénible, sera terminé quand je vous aurai conduite à la cour du duc, à Péronne ; et c'est pourquoi je juge à propos de laisser le commandement de ce détachement à mon neveu, le comte Etienne, tandis que je vous accompagnerai ; car je pense que vous pourrez avoir besoin d'un intercesseur. J'espère que ce jeune étourdi s'acquittera de ses devoirs avec prudence.

—Avec votre permission, bel oncle, dit le comte Etienne, si vous doutez que je sois en état de commander vos hommes d'armes, vous pouvez rester avec eux, et je me chargerai d'être le serviteur et le gardien de la comtesse Isabelle de Croye.

—Sans doute, beau neveu, lui répondit son oncle, c'est renchérir sur mon projet; mais je l'aime autant tel que je l'ai conçu. Faites donc bien attention que votre affaire ici n'est pas de donner la chasse à ces pourceaux noirs, occupation pour laquelle vous paraissiez tout à l'heure avoir une vocation spéciale, mais de me rapporter des nouvelles certaines de ce qui se passe dans le pays de Liège, afin que nous sachions ce qu'il faut penser de tous les bruits qu'on fait courir. Que dix de nos lances me suivent; les autres resteront sous ma bannière, et vous en prendrez le commandement.

—Un instant, cousin Crèvecœur, dit la comtesse; en me rendant prisonnière, permettez-moi de stipuler la sûreté de ceux qui m'ont protégée dans mes infortunes. Qu'il soit permis à ce brave jeune homme, mon guide fidèle, de retourner librement dans sa ville de Liège.

Les yeux pénétrans de Crèvecœur se fixèrent un instant sur la figure honnête et paisible de Glover. — Ce brave garçon, dit-il alors, ne paraît pas avoir des dispositions redoutables. Il accompagnera mon neveu aussi loin qu'il s'avancera sur le territoire de Liège, et sera ensuite libre d'aller où il voudra.

—Ne manquez pas de me rappeler au souvenir de la bonne Gertrude, dit la comtesse à son guide; et priez-la, ajouta-t-elle en détachant de son cou un collier de perles, de porter ceci en mémoire de sa malheureuse amie.

Le bon Glover prit le collier, et baisa assez gauchement, mais avec une sincère affection, la belle main qui avait trouvé ce moyen délicat de récompenser la peine qu'il avait prise et les dangers auxquels il s'était exposé.

—Oui-da! des signes et des gages! dit le comte.—Avez-vous quelque autre demande à me faire, belle cousine? il est temps que nous partions.

—Il ne me reste qu'à vous prier, répondit Isabelle en faisant un effort pour parler, d'être favorable à..... à ce jeune gentilhomme.

—Oui-da! dit Crèvecœur en jetant sur Quentin le même regard pénétrant qu'il avait d'abord fixé sur Glover, mais, à ce qu'il parut, avec un résultat moins satisfaisant.—Oui-da! répéta-t-il en imitant, mais sans chercher à l'insulter, l'embarras d'Isabelle; eh! mais ce n'est pas une lame de la même trempe... S'il vous plaît, belle cousine, qu'a donc fait ce... ce vraiment jeune gentilhomme, pour mériter une telle intercession de votre part?

—Il m'a sauvé la vie et l'honneur, répondit la comtesse en rougissant de honte et de ressentiment.

Quentin rougit aussi, mais la prudence lui fit sentir qu'il ne ferait qu'empirer les choses en s'abandonnant à l'indignation qu'il éprouvait.

—Oui-da! répéta encore le comte. La vie et l'honneur! Il me semble, belle cousine, qu'il aurait autant valu que vous ne vous fussiez pas mise dans le cas d'avoir de telles obligations à un si jeune gentilhomme. Mais n'importe, le jeune gentilhomme peut nous accompagner, si sa qualité le lui permet; et j'aurai soin qu'il n'ait à souffrir aucune injure. Seulement c'est moi qui désormais me chargerai de protéger votre vie et votre honneur, et je lui trouverai peut-être une occupation plus convenable que celle d'écuyer de damoiselles errantes.

—Comte, dit Durward, incapable de garder le silence plus long-temps,—de peur que vous ne parliez d'un étranger plus légèrement que vous n'auriez voulu, permettez-moi de vous apprendre que je me nomme Quentin Durward, et que je suis archer de la garde écossaise du roi de France, corps dans lequel on ne reçoit, comme vous devez le savoir, que des gentilshommes, des hommes d'honneur.

—Je vous remercie de cette information, et je vous baise les mains, monsieur l'archer, répondit Crèvecœur sur le même ton de raillerie. Ayez la bonté de marcher à côté de moi en tête du détachement.

Quentin obéit aux ordres du comte, qui avait alors, sinon le droit, du moins le pouvoir de lui en donner. Il remarqua qu'Isabelle suivait tous ses mouvemens avec un air d'intérêt timide et inquiet qui allait presque jusqu'à la tendresse, et cette vue lui fit venir une larme aux yeux. Mais il se rappela qu'il devait se comporter en homme devant Crèvecœur, qui, de tous les chevaliers de France et de Bourgogne, était peut-être le plus disposé à ne faire que rire d'une confidence de peines d'amour. Il résolut donc de ne pas attendre plus long-temps pour lui parler, et d'entrer en conversation avec lui d'un ton qui prouvât le droit qu'il avait d'être bien traité, et d'obtenir plus d'égards que le comte ne semblait disposé à lui en accorder, peut-être parce qu'il était offensé de voir qu'un homme de si peu d'importance avait mérité tant de confiance de sa riche et noble cousine.

—Seigneur comte de Crèvecœur, lui dit-il avec politesse, mais d'une voix ferme,—avant d'aller plus loin, puis-je vous demander si je suis libre, ou si je dois me regarder comme votre prisonnier?

—La question est insidieuse; mais en ce moment je ne puis y répondre que par une autre. Croyez-vous que la France et la Bourgogne soient en paix ou en guerre?

—Vous devez certainement le savoir mieux que moi, monseigneur. Il y a déjà quelque temps que j'ai quitté la cour de France, et je n'en ai reçu aucune nouvelle depuis mon départ.

—Eh bien! vous voyez combien il est aisé de faire des questions, et combien il est difficile d'y répondre. Moi-même qui ai passé une semaine et plus à Péronne avec le duc, je ne suis pas en état de résoudre ce problème plus que vous. Et cependant, sire écuyer, c'est de la solution de cette question que dépend celle de savoir si vous êtes libre ou prisonnier; et quant à présent je dois vous considérer en cette dernière qualité; seulement, si vous avez été réellement et honorablement utile à ma parente, et que vous répondiez franchement à mes questions, vous ne vous en trouverez pas plus mal.

—C'est à la comtesse de Croye à juger si je lui ai rendu quelque service, et je vous renvoie à elle à cet égard. Vous jugerez vous-même de mes réponses lorsque vous m'aurez questionné.

—Oui-da! murmura Crèvecœur à demi-voix; voilà assez de hauteur! c'est ainsi que doit parler un homme qui porte à son chapeau le gage d'une dame, et qui croit pouvoir lever le ton en honneur de ce précieux ruban. —Eh bien! monsieur, pouvez-vous me dire, sans déroger à votre dignité, depuis combien de temps vous êtes attaché à la personne de la comtesse Isabelle de Croye?

—Comte de Crèvecœur, si je réponds à des questions qui me sont faites d'un ton qui approche de l'insulte, c'est uniquement de crainte que mon silence ne soit interprété d'une manière injurieuse pour une dame que nous devons tous deux également honorer. J'ai servi d'escorte à la comtesse Isabelle depuis qu'elle a quitté la France pour se retirer en Flandre.

—Ah! ah! c'est-à-dire depuis qu'elle s'est enfuie du Plessis-les-Tours! et comme vous êtes archer dans la garde écossaise, vous l'avez sans doute accompagnée par les ordres exprès du roi Louis?

Quelque peu redevable que Quentin crût être au roi de France, qui, en cherchant à faire surprendre la comtesse

Isabelle par Guillaume de la Marck, avait probablement calculé que le jeune écuyer serait tué en la défendant, il ne se regarda pas comme dispensé d'être fidèle à la confiance que Louis lui avait accordée, ou du moins avait paru lui accorder. Il répondit donc au comte qu'il lui suffisait, pour agir, de recevoir les ordres de son officier supérieur, et qu'il ne remontait pas plus haut.

—Sans doute, sans doute, cela doit suffire; mais nous savons que le roi ne permet pas à ses officiers d'envoyer les archers de sa garde courir le monde, comme des paladins, à la suite de quelque princesse errante, sans qu'il ait quelque motif politique pour agir ainsi. Il sera difficile au roi Louis de continuer à soutenir si hardiment qu'il n'était pas instruit de la fuite de France des comtesses de Croye, puisqu'elles étaient accompagnées d'un archer de sa garde. Et sur quel point dirigiez-vous votre retraite, messire archer?

—Sur Liège, monseigneur; ces dames désirant se mettre sous la protection du dernier évêque de cette ville.

—Du dernier évêque! s'écria Crèvecœur; Louis de Bourbon est-il donc mort? Le duc n'a pas même appris qu'il fût malade. Et de quoi est-il mort?

—Il repose dans une tombe sanglante, monsieur le comte, si ses meurtriers en ont accordé une à ses restes.

—Ses meurtriers! Sainte mère de Dieu! jeune homme, cela est impossible!

—J'ai vu le crime de mes propres yeux, et mainte autre scène d'horreur.

—Tu l'as vu! et tu n'as pas secouru le bon prélat! Et tu n'as pas soulevé tout le château contre ses assassins! Sais-tu bien qu'être témoin d'un pareil forfait, sans chercher à l'empêcher, c'est une profanation et un sacrilège?

—Pour être bref, monseigneur, avant que ce forfait se commît, le château avait été pris d'assaut par le sanguinaire Guillaume de la Marck, avec l'aide des Liégeois insurgés.

—Je suis atterré, dit Crèvecœur! Liège en insurrection!

Schonwaldt pris! L'évêque assassiné! Messager de malheur, jamais on n'annonça tant de mauvaises nouvelles à la fois! Parle, rends-moi compte de cette insurrection, de cet assaut, de ce meurtre. Parle, tu es un des archers de confiance de Louis, et c'est sa main qui a dirigé ce trait cruel. Parle, te dis-je, ou je te fais tirer à quatre chevaux.

— Et quand vous le feriez, comte de Crèvecœur, vous n'arracheriez de moi rien dont un gentilhomme écossais pût rougir. Je suis aussi étranger que vous à toutes ces scélératesses. J'ai été si loin de prendre part à ces horreurs, que je m'y serais opposé de toutes mes forces, si mes forces avaient égalé la vingtième partie de mes désirs. Mais que pouvais-je faire? ils étaient des centaines, et je me trouvais seul. Mon unique soin fut de sauver la comtesse Isabelle, et j'eus le bonheur d'y réussir. Et cependant, si j'avais été assez près quand ce vénérable vieillard fut assassiné, j'aurais sauvé ses cheveux blancs ou je les aurais vengés, et l'horreur que m'inspirait ce forfait s'exprima même assez haut pour prévenir de nouveaux crimes.

— Je te crois, jeune homme; tu n'es pas d'un âge, et tu ne parais pas d'un caractère à être chargé d'œuvres si sanguinaires, quelque habile que tu puisses être comme écuyer d'une dame. Mais, hélas! faut-il que ce bon et généreux prélat ait été assassiné dans le lieu même où il avait si souvent accueilli l'étranger avec la charité d'un chrétien, avec l'hospitalité d'un prince! assassiné! et par un misérable, par un monstre de sang et de cruauté, élevé sous le toit même qui l'a vu se souiller les mains du sang de son bienfaiteur! Mais je ne connaîtrais pas Charles de Bourgogne, je douterais même de la justice du ciel, si la vengeance n'était aussi prompte, aussi sévère, aussi complète, que la scélératesse a été atroce et sans égale.

Ici il arrêta son cheval, lâcha la bride, frappa avec force sa cuirasse de ses deux mains couvertes de gantelets; et les levant ensuite vers le ciel, il dit d'un ton solennel : — Et si nul autre ne se chargeait de poursuivre le meurtrier, moi, moi, Philippe Crèvecœur des Cordes, je fais vœu à Dieu, à saint Lambert et aux trois rois de Cologne, de ne plus songer à toute autre affaire terrestre, jusqu'à ce que j'aie tiré pleine vengeance des assassins du bon Louis de Bourbon, dans la forêt ou sur le champ de bataille, en ville ou en campagne, sur la montagne ou dans la plaine, dans la cour du roi ou dans l'église de Dieu ; et j'y engage mes terres et mes biens, mes amis et mes vassaux, ma vie et mon honneur. Ainsi me soient en aide Dieu, saint Lambert de Liège et les trois rois de Cologne !

Après avoir fait ce vœu, le comte de Crèvecœur parut un peu soulagé de l'accablement dans lequel l'avaient plongé la surprise et la douleur dont il avait été saisi en apprenant la nouvelle de la fatale tragédie jouée à Schonwaldt, et il demanda à Quentin un récit plus circonstancié de toute cette affaire. Le jeune Ecossais était loin de vouloir calmer la soif de vengeance que le comte nourrissait contre Guillaume de la Marck, et il lui donna tous les détails qu'il désirait, sans en rien omettre.

— Ces misérables Liégois, s'écria le comte, ces brutes inconstantes et sans foi ! s'être ligués ainsi avec un infame brigand, un impitoyable meurtrier, pour mettre à mort leur prince légitime !

Durward informa ici le Bourguignon indigné que les Liégeois ou du moins ceux d'entre eux qui s'élevaient au-dessus de la populace, quoique ayant témérairement pris part à la rébellion contre l'évêque, n'avaient pourtant, à ce qu'il lui avait paru, aucun dessein d'aider de la Marck dans son exécrable projet, mais qu'au contraire ils l'auraient empêché de l'accomplir, s'ils en avaient eu les moyens, et qu'ils n'avaient pu en être témoins sans horreur.

— Ne me parlez pas de cette misérable canaille plébéienne, dit le comte. Quand ils prirent les armes contre un prince qui n'avait d'autre défaut que d'être trop bon maître pour une race ingrate et parjure ; quand ils se révoltèrent contre lui ; quand ils l'attaquèrent dans sa maison paisible, que pouvaient-ils avoir en vue, si ce n'est le meurtre? Quand ils se liguèrent avec le Sanglier des Ardennes, le plus féroce assassin qui soit dans toute la Flandre, quel projet pouvaient-ils lui supposer, si ce n'est un projet de meurtre, puisque c'est le métier qui le fait vivre? Et d'après ce que vous venez de me dire, celui dont la main a commis le crime n'appartenait-il pas à cette vile canaille? J'espère, à la lueur de leurs maisons embrasées, voir le sang couler dans leurs canaux. Quel noble et généreux prince ils ont assassiné! On a vu se révolter des vassaux accablés d'impôts, mourant de besoin ; mais ces Liégeois, c'est l'insolence de leurs trop grandes richesses qui les a poussés!

Il abandonna une seconde fois les rênes de son cheval, et fit le geste de se tordre les mains, malgré les gantelets dont elles étaient couvertes. Quentin vit aisément que son chagrin était rendu encore plus vif par le souvenir amer de l'amitié qui l'avait uni avec le défunt. Il garda donc le silence, respectant une douleur qu'il ne voulait pas aggraver, et qu'il sentait en même temps qu'il lui était impossible d'adoucir.

Mais le comte de Crèvecœur revint à plusieurs reprises sur le même sujet, multiplia ses questions sur la prise de Schonwaldt et sur les détails de la mort de l'évêque ; puis tout à coup, comme s'il se fût rappelé quelque chose qui lui était échappé de la mémoire, il lui demanda ce qu'était devenue la comtesse Hameline, et pourquoi elle n'était pas avec sa nièce.

—Ce n'est pas, ajouta-t-il avec un air de mépris, que je regarde son absence comme une grande perte pour la comtesse Isabelle ; car quoiqu'elle fût sa tante, et au total qu'elle eût de bonnes intentions, cependant la cour de Cocagne n'a jamais produit une semblable folle, et je tiens pour certain que sa nièce, que j'ai toujours regardée comme une jeune personne sage et modeste, a été entraînée dans la folie absurde de s'enfuir de Bourgogne pour courir en France, par cette vieille folle à esprit romanesque, qui ne songe qu'à marier les autres et à se marier elle-même.

Quel discours pour les oreilles d'un amant lui-même assez romanesque, et dans un moment où il aurait été ridicule à lui d'essayer ce qui était pour lui l'impossible, c'est-à-dire de convaincre le comte, par la force des armes, qu'il faisait la plus grande injustice à la jeune comtesse, perle d'esprit comme de beauté, en la désignant comme *une jeune personne sage et modeste!* Un tel éloge aurait pu convenir à la fille hâlée d'un bon paysan, dont l'occupation aurait été d'aiguillonner les bœufs tandis que son père conduisait la charrue. Et puis supposer qu'elle se laissait guider et dominer par une tante folle et romanesque! c'était une calomnie qu'il eût fallu faire rentrer dans la gorge du blasphémateur. Le comte en imposait à Quentin malgré lui, par sa physionomie pleine de franchise, quoique sévère, et son mépris pour tous les sentimens qui dominaient dans le cœur du jeune homme. Quant à la renommée que Crèvecœur avait acquise dans les armes, elle n'aurait fait qu'augmenter le désir qu'il aurait eu de lui proposer un cartel, s'il n'eût été retenu par la crainte du ridicule, celle de toutes les armes que redoutent le plus les enthousiastes de tous les genres, et qui, d'après l'influence qu'elle exerce sur leurs esprits, réprime souvent en eux des idées absurdes, mais en étouffe quelquefois d'autres qui ne sont pas sans noblesse.

Maîtrisé par la crainte de devenir un objet de dédain plutôt que de ressentiment, Durward se borna, quoique non sans difficulté, à dire en termes généraux, et d'une manière assez confuse, que la comtesse Hameline avait réussi à se sauver du château à l'instant où l'assaut commençait. Il n'aurait pu lui donner des détails plus circonstanciés sans jeter quelque ridicule sur la tante d'Isabelle, et peut-être sans s'y exposer lui-même, comme ayant été l'objet de ses spéculations matrimoniales. Il ajouta à cette narration un peu vague, qu'il courait un bruit, quoique rien n'en constatât la vérité, que la comtesse Hameline était retombée entre les mains de Guillaume de la Marck.

— J'espère que saint Lambert permettra qu'il l'épouse, dit Crèvecœur; et véritablement il me paraît probable qu'il le fera par amour pour ses sacs d'argent, et qu'il l'assommera quand il s'en sera assuré la possession, ou plus tard quand il les aura vidés.

Le comte fit alors tant de questions à Quentin sur la manière dont les deux dames s'étaient conduites pendant leur voyage, sur le degré d'intimité auquel elles l'avaient admis, et sur d'autres points assez délicats, que le jeune homme, contrarié, confus et irrité, eut peine à cacher son embarras au vieux soldat courtisan, qui ne manquait ni d'expérience ni de pénétration, et qui prit congé de lui tout à coup, en s'écriant : — Oui-da ! je vois ce que c'est; c'est ce que je pensais, d'un côté du moins; j'espère que je trouverai plus de bon sens de l'autre. Allons, sire écuyer, un coup d'éperon, et formez l'avant-garde; j'ai quelques mots à dire à la comtesse Isabelle. Je pense que vous m'en avez assez appris maintenant pour que je puisse lui parler de tout ce qui s'est passé malheureusement, sans alarmer sa délicatesse, quoique j'aie un peu blessé la vôtre ; mais un moment, jeune homme, un mot avant que vous vous éloigniez. Vous avez fait un heureux voyage, à ce que je m'imagine, dans le pays de féerie, rempli d'aventures héroïques, de hautes espérances, de flatteuses illusions, comme les jardins de la fée Morgane. Oubliez tout cela, jeune soldat, ajouta-t-il en lui frappant sur l'épaule, ne vous rappelez cette jeune dame que comme l'honorable comtesse de Croye, oubliez la demoiselle errante et aventureuse; ses amis (je puis vous répondre d'un) ne se souviendront que des services que vous lui avez rendus, et oublieront la récompense déraisonnable que vous avez eu la hardiesse d'envisager.

Dépité de n'avoir pu cacher au clairvoyant Crèvecœur

des sentimens que le comte semblait ne regarder que comme un objet de ridicule, Quentin lui répliqua avec indignation : — Monseigneur comte, quand j'aurai besoin de vos avis, je vous les demanderai ; quand j'implorerai votre assistance, il sera assez temps de me la refuser ; quand j'attacherai une valeur particulière à l'opinion que vous pouvez avoir de moi, il ne sera pas trop tard pour l'exprimer.

— Oui-da ! dit le comte. Me voici entre Amadis et Oriane, et il faut sans doute que je m'attende à un défi.

— Vous parlez comme si c'était une chose impossible. Quand j'ai rompu une lance avec le duc d'Orléans, j'avais pour adversaire un homme dans les veines duquel coule un sang plus noble que celui de Crèvecœur. Quand j'ai mesuré mon épée avec celle de Dunois, j'avais affaire à un guerrier plus illustre.

— Que le ciel t'accorde du jugement, mon bon jeune homme. Si tu dis la vérité, la fortune t'a singulièrement favorisé dans ce monde; et en vérité, s'il plaît à la Providence de te soumettre à de pareilles épreuves avant que tu aies de la barbe au menton, la vanité te rendra fou avant que tu puisses te dire un homme. Tu peux me faire rire, mais non me mettre en colère. Crois-moi, quoique par un de ces coups de fortune qu'on voit arriver quelquefois, tu aies combattu contre des princes, et aies été le champion d'une comtesse, tu ne deviens pas pour cela l'égal de ceux dont le hasard t'a rendu l'adversaire, et dont un plus grand hasard t'a fait devenir le compagnon. Je puis te permettre, comme à un jeune homme qui a lu des romans jusqu'à se croire un paladin, de te livrer pendant quelque temps à un rêve flatteur; mais il ne faut pas te fâcher contre un ami qui te veut du bien, quand il te secoue un peu rudement par les épaules pour t'éveiller.

— Ma famille, monseigneur comte....

— Ce n'est pas tout-à-fait de ta famille que je parle : je

parle de rang, de fortune, d'élévation, de tout ce qui met une distance entre les degrés et les classes. Quant à la naissance, nous sommes tous descendans d'Adam et d'Eve.

—Mes ancêtres, monseigneur comte, les Durwards de Glen-Houlakin...

—Ah! si vous prétendez faire remonter leur généalogie au-delà d'Adam, je n'ai plus rien à dire. Au revoir, jeune homme.

Le comte arrêta son cheval, et attendit la comtesse, à qui ses insinuations et ses avis, quoique donnés dans de bonnes intentions, furent, s'il est possible, encore plus désagréables qu'à Durward. Celui-ci, tout en marchant en avant, murmurait à demi-voix : Froid railleur, fat impertinent; je voudrais que le premier archer écossais qui aura son arquebuse pointée sur toi ne te laissât pas échapper si facilement que je l'ai fait!—Ils arrivèrent dans la soirée à la ville de Charleroi, sur la Sambre, où le comte de Crèvecœur avait résolu de laisser Isabelle, que la terreur et la fatigue de la veille, une course de cinquante milles dans la journée, et toutes les sensations douloureuses auxquelles elle avait été en proie, avaient rendue incapable d'aller plus loin sans danger pour sa santé. Le comte la confia, dans un état de grand épuisement, aux soins de l'abbesse d'un couvent de l'ordre de Cîteaux, dame de noble naissance, parente des deux familles de Crèvecœur et de Croye, et à la prudence et à l'amitié de laquelle il pouvait accorder toute sa confiance.

Crèvecœur ne s'arrêta dans la ville que pour recommander les plus grandes précautions au commandant d'une petite garnison bourguignonne qui occupait cette place, et le requérir de donner une garde d'honneur au couvent tant que la comtesse Isabelle de Croye y séjournerait, en apparence pour veiller à sa sûreté, mais en réalité peut-être pour prévenir toute tentative d'évasion. Le comte invita la garnison à se tenir sur ses gardes, et en donna pour cause un bruit vague qui était arrivé jusqu'à lui de troubles survenus dans l'évêché de Liège. Mais il avait résolu d'être le premier qui porterait au duc Charles les formidables nouvelles de l'insurrection de Liège et du meurtre de l'évêque, dans toute leur horrible réalité. En conséquence, s'étant procuré des chevaux frais pour lui et pour sa suite, il se prépara à aller jusqu'à Péronne sans s'arrêter ; avertissant Durward qu'il fallait qu'il l'accompagnât, il lui fit d'un ton goguenard les excuses de le séparer de si belle compagnie, et ajouta qu'il espérait qu'un écuyer si dévoué aux dames trouverait plus agréable de voyager au clair de lune, que de céder lâchement au sommeil comme un mortel ordinaire.

Quentin, déjà assez affligé d'apprendre qu'il allait être séparé d'Isabelle, brûlait d'envie de répondre à cette raillerie par un défi ; mais convaincu que le comte ne ferait que rire de sa colère et mépriserait son cartel, il résolut d'attendre du temps l'occasion où il lui serait possible d'obtenir satisfaction de ce fier chevalier, qui lui était devenu, quoique pour des raisons bien différentes, presque aussi odieux que le Sanglier des Ardennes lui-même. Il consentit donc à suivre Crèvecœur, puisqu'il n'avait pas le pouvoir de le refuser, et ils firent de compagnie et avec la plus grande célérité le chemin de Charleroi à Péronne.

CHAPITRE XXV.

La Visite inattendue.

« Il est des qualités dans la nature humaine ;
« Qui voudrait le nier ? Mais la trame et la chaîne
« N'offrent jamais aux yeux un tissu si serré
« Qu'un défaut ne s'y glisse et n'y soit rencontré.
« J'ai connu, croyez-moi, des gens pleins de vaillance
« Qui tremblaient quand un chien jappait en leur présence.
« J'ai vu maint philosophe agir en si grands fous,
« Qu'un idiot près d'eux aurait eu le dessous.
« Quant à vos courtisans si fins, si pleins d'adresse,
« Ils tendent leurs panneaux avec tant de finesse,
« Qu'eux-mêmes bien souvent les premiers y sont pris. »

Ancienne comédie.

PENDANT la première partie de ce voyage nocturne, Durward eut à combattre cette amertume de cœur qu'éprouve le jeune homme qui se sépare, et probablement pour toujours, de celle qu'il aime. Pressée par l'urgence des circonstances et par l'impatience de Crèvecœur, la petite troupe parcourait à la hâte les riches plaines du Hainaut, guidée par la lune, dont les rayons répandaient leurs pâles lueurs sur de riches pâturages, des bois et des terres encore couvertes de gerbes, que les laboureurs, profitant d'une belle nuit, travaillaient à enlever ; tant était grande, même à cette époque, l'ardeur des Flamands pour le travail. Cet astre éclairait de larges rivières portant partout la fertilité, et traversées par maints navires, messagers rapides d'un commerce florissant : aucun rocher, aucun torrent n'interrompait leur cours ; sur leurs bords étaient des villages tranquilles, où la propreté extérieure des habitations annonçait l'aisance et le bonheur; çà et là aussi se montrait le château féodal entouré de fossés profonds, avec d'épaisses murailles, et surmonté d'un beffroi, car la chevalerie du Hainaut était renommée parmi la noblesse de l'Europe. De distance en distance s'élevaient les clochers et les tours d'un grand nombre d'églises et de monastères.

Des sites si variés, si différens de ceux qu'offraient les montagnes incultes et désertes de son pays, ne pouvaient distraire Durward de ses regrets et de ses chagrins. Il avait laissé son cœur à Charleroi, et la seule réflexion qu'il fit en voyageant, c'était que chaque pas l'éloignait davantage d'Isabelle. Il mettait son imagination à la torture pour se rappeler chaque mot qu'elle avait prononcé, chaque regard adressé à lui; et comme il arrive souvent en pareil cas, l'impression que faisait sur son esprit le souvenir de ces détails, était plus forte que celle qu'avait produite la réalité.

Enfin, après que l'heure froide de minuit fut passée, en dépit de l'amour et du chagrin, l'extrême fatigue que Quentin avait subie les deux jours précédens commença à faire sur lui un effet que l'habitude qu'il avait de se livrer à des exercices de toute espèce, son caractère actif, sa vivacité naturelle, et le genre pénible des réflexions qui l'occupaient, l'avaient empêché d'éprouver jusqu'alors. Ses sens, épuisés et comme anéantis, commencèrent à exercer si peu d'empire sur les idées qui s'offraient à son esprit, que les visions de son imagination changeaient ou détournaient tout ce qui lui était transmis par les organes émoussés de l'ouïe et de la vue. Il ne savait qu'il était éveillé que par les efforts qu'il faisait par intervalles, sentant le danger de sa situation, pour résister à l'engourdissement d'un sommeil profond. De temps en temps le sentiment du risque qu'il courait de tomber de cheval lui rendait un moment de présence d'esprit; mais presque aussitôt mille ombres confuses obcurcissaient de nouveau ses yeux ; le beau paysage éclairé par la lune s'évanouissait devant lui ; et enfin son accablement devint si visible, que le comte de Crèvecœur fut obligé d'ordonner à deux de ses gens de marcher constamment de chaque côté de Durward, pour l'empêcher de tomber de cheval.

Quand ils arrivèrent à Landrecies, le comte, par compassion pour ce jeune homme, qui avait alors passé trois nuits presque sans dormir, ordonna une halte de quatre heures pour donner à sa suite et prendre lui-même le temps de se rafraîchir et de se reposer.

Quentin dormait profondément quand il fut éveillé par le son des trompettes du comte, et par les cris de ses fourriers et maréchaux-des-logis : — Debout ! debout ! Allons, en route, en route ! — Cette aubade était trop matinale pour qu'il pût l'entendre avec plaisir, et cependant il se trouva, en s'éveillant, un être tout différent de ce qu'il était en s'endormant. Sa confiance en lui-même et en sa fortune était revenue avec ses forces et la lumière du jour. Il ne pensait plus à son amour que comme à un vain rêve, à une chimère sans espoir ; il le regardait comme un principe de force et d'activité qu'il devait nourrir à jamais dans son cœur, quoiqu'il ne pût jamais espérer de voir sa tendresse couronnée de succès, au milieu des obstacles nombreux dont il était entouré.

— Le pilote, pensa-t-il, dirige sa barque par l'étoile polaire, quoiqu'il n'espère jamais être le maître de cet astre ; et le souvenir d'Isabelle de Croye fera de moi un digne homme d'armes, quoiqu'il puisse se faire que je ne la revoie jamais. Quand elle apprendra qu'un soldat écossais nommé Quentin Durward s'est distingué sur un champ de bataille, ou qu'il est resté parmi les morts sur la brèche, elle se souviendra du compagnon de son voyage comme d'un homme qui a fait tout ce qui était en son pouvoir pour la préserver des pièges et des malheurs dont elle était menacée, et peut-être honorera-t-elle sa mémoire d'une larme et son tombeau d'une guirlande.

S'étant ainsi armé de courage contre tout événement, Quentin se trouva plus en état de supporter les railleries du comte de Crèvecœur, qui ne l'épargna pas, et qui le plaisanta comme n'étant qu'un jeune efféminé, incapable de résister à la fatigue. Le jeune Ecossais répliqua sans humeur, se prêta avec grace aux plaisanteries du comte, et lui répondit d'une manière si heureuse à la fois et si respectueuse, que le changement survenu dans son ton et ses manières donna évidemment de lui au chevalier bourguignon une opinion plus favorable que celle que la conduite de son prisonnier lui en avait fait concevoir la veille, lorsque, rendu irritable par le sentiment pénible de sa situation, Quentin gardait le silence avec humeur, ou ne répondait qu'avec fierté.

Le digne chevalier commença enfin à le regarder comme un jeune homme dont il serait possible de faire quelque chose; il lui donna à entendre assez clairement que s'il voulait quitter le service de France, il lui procurerait une place honorable dans la maison du duc de Bourgogne, et veillerait lui-même à son avancement. Quentin, avec les expressions de reconnaissance convenables, s'excusa d'accepter cette faveur, au moins quant à présent, et jusqu'à ce qu'il sût positivement jusqu'à quel point il avait à se plaindre du roi Louis, son premier protecteur; mais ce refus ne lui fit pourtant pas perdre les bonnes graces du comte; et tandis que son enthousiasme, son accent étranger, sa manière de penser et de s'exprimer faisaient souvent naître un sourire sur les traits graves de Crèvecœur, ce sourire avait perdu tout ce qu'il avait naguère d'amertume, ne sentait plus le sarcasme, et exprimait autant de courtoisie que de gaieté.

Continuant à voyager ainsi avec beaucoup plus d'accord que la veille, la petite troupe arriva enfin à deux milles de la fameuse cité de Péronne, près de laquelle était campée l'armée du duc de Bourgogne, prête, comme on le supposait, à faire une invasion en France; tandis que de son côté Louis avait rassemblé des forces considérables à Pont-Saint-Maxence, pour mettre à la raison son rival trop puissant.

Péronne, située sur une rivière profonde, dans un pays plat, entourée de forts boulevards et de larges fossés, passait autrefois, comme elle passe encore aujourd'hui, pour une des place les plus fortes de la France [1]. Le comte de Crèvecœur, sa suite et son prisonnier s'approchaient de cette forteresse vers trois heures après midi, lorsqu'en traversant une grande forêt qui s'étendait du côté de l'est, presque jusqu'aux murs de la ville, ils rencontrèrent deux seigneurs de haut rang, comme on pouvait en juger par leur suite nombreuse. Ils étaient revêtus du costume qu'on portait alors en temps de paix, et d'après les faucons qu'ils avaient sur le poing, et le nombre de piqueurs et de chiens dont ils étaient suivis, il était évident qu'ils prenaient l'amusement de la chasse au vol. Mais en apercevant Crèvecœur, dont ils connaissaient parfaitement les couleurs et l'armure, ils renoncèrent à la poursuite qu'ils faisaient d'un héron, sur les bords d'un long canal, et accoururent vers lui au grand galop.

—Des nouvelles! des nouvelles! comte de Crèvecœur! s'écrièrent-ils en même temps. Voulez-vous nous en dire, ou en apprendre de nous? ou voulez-vous en échanger de gré à gré?

—J'aurais de quoi faire un échange, messieurs, répon-

(1) Quoique placée sur une frontière exposée, cette ville n'avait jamais été prise, et elle avait conservé le nom glorieux de Péronne-la-Pucelle, jusqu'au jour où le duc de Wellington, grand destructeur de ces sortes de réputations, la prit dans sa mémorable marche sur Paris, en 1815 (*).— L. T. (Ces initiales indiquent que la note est de sir Walter Scott. Voyez la note qui se trouve à la dernière page de l'*Introduction* d'Ivanhoe.

(*) Nous ne croyons pas que *le grand destructeur* de la virginité des villes ait violé celle de Péronne. Une ville n'est pas *prise* parce qu'elle ouvre ses portes à des alliés. Les Anglais oublient volontiers qu'il y avait parmi les Français, en 1815, une grande force morale en leur faveur, c'est-à-dire en faveur des Bourbons, qu'ils venaient replacer sur leur trône : nous ne croyons pas, en effet, que le siège de Péronne fit beaucoup de bruit dans la guerre de l'invasion. On en parlera moins, par exemple, que du siège de Toulouse, n'en déplaise à sir Walter et au noble duc. — ED.

dit Crèvecœur après les avoir salués, si je pouvais croire que vous eussiez des nouvelles assez importantes pour servir d'équivalent aux miennes.

Les deux chasseurs se regardèrent en souriant; et le plus grand des deux, vraie figure de baron féodal, avait ce teint brun et cet air sombre que quelques physionomistes attribuent aux tempéramens mélancoliques, tandis que d'autres, semblables à ce statuaire italien qui tirait cet augure d'après les traits de Charles Ier, le regardent comme un présage de mort violente; il se tourna vers son compagnon, et lui dit : — Crèvecœur arrive du Brabant; c'est la patrie du commerce : il en aura appris toutes les ruses, et nous aurons de la peine à faire un marché avantageux avec lui.

—Messieurs, dit Crèvecœur, il est de toute justice que le duc ait la première vue de mes marchandises, car le seigneur lève son droit avant l'ouverture du marché. Mais de quelle couleur sont vos nouvelles? sont-elles tristes ou agréables?

Celui à qui il adressait particulièrement cette question était un homme de petite taille, ayant l'air animé et l'œil plein d'une vivacité tempérée par une expression de réflexion et de gravité qu'on remarquait dans le mouvement de sa lèvre supérieure. Toute sa physionomie annonçait un homme moins fait pour l'action que doué d'un coup d'œil pénétrant, mais lent à prendre un parti, et prudent à l'exécuter. C'était le célèbre sieur d'Argenton, mieux connu dans l'histoire et parmi les historiens sous le vénérable nom de Philippe de Comines, alors attaché à la personne de Charles-le-Téméraire, et l'un des conseillers dont le duc faisait le plus de cas. Répondant à la question que lui avait faite le comte de Crèvecœur sur la couleur des nouvelles que lui et son compagnon, le baron d'Hymbercourt, avaient à lui annoncer : — Elles offrent, lui dit-il, toutes les couleurs de l'arc-en-ciel, et elles varient de teinte, suivant qu'on leur donne pour fond un nuage noir ou le pur azur du firmament. Jamais pareil arc ne s'est montré en France ou en Flandre depuis le temps de l'arche de Noé.

—Les miennes, dit Crèvecœur, ressemblent à une comète, sombres, effrayantes et terribles, et cependant devant être regardées comme le présage de maux encore plus terribles qui doivent s'ensuivre.

—Il faut que nous ouvrions nos balles, dit d'Argenton à son compagnon, sans quoi des gens plus habiles nous préviendront, et nous ne trouverons plus à débiter notre marchandise. En un mot, Crèvecœur, écoutez bien, vous serez surpris : le roi Louis est à Péronne.

—Quoi! s'écria le comte frappé d'étonnement; le duc a-t-il fait retraite sans livrer bataille? Etes-vous ici à vous amuser à chasser, quand la ville est assiégée par les Français? car je ne puis croire qu'elle soit prise.

—Non certainement, dit d'Hymbercourt, les bannières de Bourgogne n'ont pas reculé d'un pas : et cependant le roi Louis est ici.

—Il faut donc qu'Edouard d'Angleterre ait traversé la mer avec ses archers, dit Crèvecœur, et qu'il ait remporté une nouvelle victoire de Poitiers.

—Ce n'est pas cela, répondit d'Argenton. Pas une voile n'est partie d'Angleterre; pas une bannière française n'a été renversée. Edouard s'amuse trop parmi les femmes de ses bons citoyens de Londres, pour songer à jouer le rôle du Prince Noir. Ecoutez la vérité extraordinaire. Vous savez que lorsque vous nous avez quittés, la conférence entre les commissaires français et bourguignons venait d'être rompue, et qu'il ne paraissait rester aucune chance de conciliation.

—Oui, et que nous ne rêvions plus que guerre.

—Ce qui s'en est suivi, reprit d'Argenton, ressemble si bien à un rêve, que je me crois toujours au moment de m'éveiller. Il n'y avait que vingt-quatre heures que le duc avait protesté avec tant de colère dans le conseil contre tout délai ultérieur, qu'on avait résolu d'envoyer une déclaration de guerre au roi, et d'entrer en France à l'instant même. Toison-d'Or, chargé de cette mission, venait de mettre son costume officiel, et avait déjà le pied sur l'étrier pour monter à cheval, quand tout à coup voilà le héraut français Mont-Joie qui arrive dans notre camp. Nous pensâmes sur-le-champ que Louis avait voulu prendre l'avance sur nous, et nous commençâmes à songer à la colère à laquelle le duc allait se livrer contre ceux dont les avis l'avaient empêché d'être le premier à déclarer la guerre. Mais le conseil ayant été convoqué à la hâte, quelle fut notre surprise, quand le héraut nous informa que Louis, roi de France, était à peine à une heure de marche de Péronne, et qu'il venait rendre visite à Charles, duc de Bourgogne, avec une suite peu nombreuse, afin d'arranger tous leurs différends dans une entrevue particulière.

—Vous me surprenez, messieurs; et cependant vous me surprenez moins que vous ne pourriez vous y attendre. La dernière fois que j'ai été au Plessis-les-Tours, le cardinal de La Balue, en qui son maître a toute confiance, irrité contre Louis, et Bourguignon au fond du cœur, me fit entendre qu'il saurait faire agir les faibles particuliers de Louis de telle manière qu'il se mettrait de lui-même, à l'égard de la Bourgogne, dans une situation qui permettrait au duc de dicter les conditions de la paix. Mais je n'aurais jamais cru qu'un vieux renard comme Louis vînt se jeter ainsi volontairement dans le piège. Et que dit le conseil?

—Comme vous pouvez le supposer, répondit d'Hymbercourt, on y parla beaucoup d'honneur et de bonne foi, et fort peu des avantages qu'on pouvait tirer d'une telle visite, quoiqu'il fût évident que ce fût presque la seule pensée qui occupât tous les conseillers; et qu'ils ne songeassent qu'à imaginer quelque moyen pour sauver les apparences.

—Et que dit le duc?

—Suivant son usage, dit d'Argenton, il parla d'un ton

bref et décidé.—Qui de vous, demanda-t-il, fut témoin de mon entrevue avec mon cousin Louis, après la bataille de Montlhéri, quand je fus assez inconsidéré pour l'accompagner jusque dans les retranchemens de Paris, sans autre suite qu'une dizaine de personnes, mettant ainsi ma personne à sa discrétion!—Je lui répondis que la plupart de nous y avaient été présens, et que personne ne pouvait avoir oublié les alarmes qu'il lui avait plu de donner.—Eh bien! reprit-il, vous blâmâtes ma folie, et je vous avouai que j'avais agi en jeune étourdi; je sais que mon père, d'heureuse mémoire, vivait encore à cette époque, et que mon cousin Louis aurait trouvé moins d'avantage à saisir alors ma personne, que je n'en aurais aujourd'hui à m'emparer de la sienne : mais n'importe. Si mon royal parent vient ici en cette occasion avec la même simplicité de cœur qui me fit agir alors, il sera reçu en roi; mais si par cette apparence de confiance il ne veut que me circonvenir et me fasciner les yeux, jusqu'à ce qu'il ait exécuté quelque projet politique, par saint George de Bourgogne! qu'il prenne garde à lui! A ces mots, relevant ses moustaches et frappant du pied avec force, il nous ordonna de monter à cheval pour aller recevoir un hôte si extraordinaire.

—Et en conséquence vous allâtes au-devant du roi? Les miracles n'ont pas encore cessé! Et quelle suite l'accompagnait?

—La suite la plus simple et la moins nombreuse, répondit d'Hymbercourt : une trentaine d'archers de sa garde écossaise, quelques chevaliers, et un petit nombre de gentilshommes de sa maison, parmi lesquels son astrologue Galeotti était le plus brillant.

—Cet homme est en quelque sorte le protégé du cardinal de La Balue, dit Crèvecœur. Je ne serais pas surpris qu'il eût contribué à déterminer le roi à une démarche d'une politique si douteuse. A-t-il avec lui quelques nobles de haut rang?

— Monseigneur d'Orléans et Dunois, répondit d'Argenton.

— Dunois! s'écria Crèvecœur, j'aurai maille à partir avec lui, quoi qu'il puisse en arriver. Mais on m'avait dit qu'ils étaient tous deux en prison.

— Ils étaient en effet logés au château de Loches, répondit d'Hymbercourt, dans cet agréable lieu de plaisance destiné à la noblesse française ; mais Louis les en a fait sortir pour les amener ici, peut-être parce qu'il ne se souciait pas de laisser d'Orléans derrière lui. Quant au reste de sa suite, sur ma foi, je crois que les personnages les plus importans sont Olivier, son barbier, et Tristan, son grand prévôt et son compère, qui a avec lui quelques-uns de ses gens. Et toute sa troupe est si pauvrement costumée, qu'on prendrait le roi pour un vieil usurier faisant une tournée pour recouvrer ses créances, avec une bande de recors.

— Et où est-il logé? demanda Crèvecœur.

— Quant à cela, répondit d'Argenton, c'est ce qu'il y a de plus merveilleux. Le duc avait offert de donner aux archers écossais la garde d'une des portes de la ville et du pont de bateaux qui est sur la Somme ; il avait assigné au roi pour demeure la maison voisine du riche bourgeois Gilles Orthen ; mais en s'y rendant le roi aperçut les bannières de Lau et de Pencil de Rivière, qu'il a chassés de France ; et trouvant sans doute peu agréable d'être si voisin de ces réfugiés français, mécontens qu'il a faits lui-même, il a demandé à loger dans le château de Péronne, et en conséquence, il y a été installé.

— Merci de Dieu! s'écria Crèvecœur : ce n'était donc pas assez de s'aventurer dans l'antre du lion, il a voulu encore lui mettre sa tête dans la gueule. Allons, ce vieux politique rusé avait envie de se faire prendre dans une ratière !

— D'Hymbercourt ne vous a pas rapporté le propos tenu par le Glorieux? dit d'Argenton. A mon avis, c'est ce qu'on a dit de mieux dans toute cette affaire.

— Et qu'a donc dit *sa* très-illustre sagesse? demanda le comte.

— Comme le duc, répondit d'Argenton, ordonnait à la hâte qu'on préparât quelques présens d'argenterie pour le roi et pour sa suite, par forme de bienvenue : — Mon ami Charles, lui dit le Glorieux, ne trouble pas ton petit cerveau pour si peu de chose, je me charge de faire à ton cousin Louis un présent plus noble et plus digne de lui, et ce sera mon bonnet, mes grelots, et ma marotte par-dessus le marché ; car, par la messe ! il faut qu'il soit plus fou que moi pour être venu ainsi se jeter entre tes mains. — Mais si je ne lui donne pas lieu de s'en repentir, qu'en diras-tu, coquin? lui demanda le duc. — En ce cas, Charles, lui répondit le Glorieux, il faudra que tu prennes toi-même la marotte et les grelots, car tu seras le plus grand fou des trois. — Je vous réponds que ce sarcasme toucha le duc au vif. Je le vis changer de couleur et se mordre les lèvres. — Voilà nos nouvelles, Crèvecœur; à quoi pensez-vous qu'elles ressemblent?

— A une mine chargée de poudre, répondit le comte, et je crains que le sort ne m'ait destiné à en approcher la mèche. Vos nouvelles et les miennes sont comme le feu et les étoupes, ou comme certaines substances chimiques qu'on ne peut mêler ensemble sans qu'il en résulte une explosion. Messieurs, mes amis, approchez-vous de moi, et, quand je vous aurai dit ce qui vient de se passer dans l'évêché de Liège, je crois que vous serez d'avis que le roi Louis aurait agi aussi prudemment en entreprenant un pèlerinage aux régions infernales, qu'en venant faire si mal à propos une visite à Péronne.

Ses deux amis se rapprochèrent de lui et écoutèrent, avec des exclamations et des gestes de surprise, le récit des événemens qui venaient d'avoir lieu à Liège et à Schonwaldt. Quentin fut appelé et interrogé fort au long sur les détails de la mort de l'évêque, si bien qu'enfin il refusa de répondre à de nouvelles questions, ne sachant pourquoi on les lui adressait, ni quel usage on pourrait faire de ses réponses.

Ils étaient alors sur les belles rives de la Somme, en vue des anciens murs de la petite ville de Péronne-la-Pucelle, et des vastes prairies sur lesquelles étaient dressées les tentes de l'armée du duc de Bourgogne, montant à environ quinze mille hommes.

CHAPITRE XXVI.

L'Entrevue.

« Quand s'assemblent les rois, l'astrologue a raison
« D'appeler leur congrès triste conjonction,
« Comme lorsque Saturne avec Mars se rencontre. »
Ancienne comédie.

On ne saurait trop dire si c'est un privilège ou un inconvénient attaché au rang des princes, que, dans leur commerce les uns avec les autres, ils soient contraints, par suite du respect qu'ils doivent avoir eux-mêmes pour leur titre et leur dignité, de soumettre leurs sentimens et leurs discours aux lois d'une étiquette sévère. Cette règle leur défend de se livrer ouvertement à toute émotion un peu vive, ce qui pourrait passer pour une profonde dissimulation, s'il n'était pas universellement reconnu que cette complaisance pour l'usage n'est qu'une affaire de cérémonial. Il n'est pourtant pas moins certain que lorsqu'ils franchissent ces bornes, que leur impose l'étiquette, pour lâcher la bride à leurs passions haineuses, ils compromettent leur majesté aux yeux du public; ce dont on eut un exemple frappant lorsque deux illustres rivaux, François Ier et l'empereur Charles-Quint, se donnèrent un démenti direct, et voulurent vider leur querelle par un combat singulier.

Charles, duc de Bourgogne, le plus impétueux, le plus impatient, et nous pouvons dire le plus imprudent de tous les princes de son temps, se sentit pourtant comme enfermé dans un cercle magique, tracé par la déférence qu'il devait à Louis, son seigneur suzerain et son souverain, qui daignait lui faire l'honneur de venir le visiter, lui vassal de sa couronne. Revêtu de son manteau ducal, il monta à cheval, à la tête des plus distingués de ses nobles et de ses chevaliers, et alla au-devant de Louis XI. Les vêtemens des seigneurs de sa suite étincelaient d'or et d'argent; car les richesses de la cour d'Angleterre ayant été épuisées par les guerres d'York et de Lancastre, et les dépenses de celle de France étant limitées par l'économie du monarque, la cour de Bourgogne était alors la plus magnifique de toutes celles de l'Europe. Le cortège de Louis, au contraire, était peu nombreux, et mesquin comparativement; le costume du roi lui-même rendait le contraste encore plus frappant. Louis avait un habit montrant la corde, et son grand chapeau garni d'images de plomb. L'effet qu'il produisait devint presque grotesque lorsque le duc, richement vêtu, sa couronne ducale sur la tête, et les épaules couvertes d'un superbe manteau, descendit de son noble coursier, mit un genou en terre, et se disposa à tenir l'étrier pour aider Louis à descendre de son petit palefroi très-pacifique.

L'accueil que se firent les deux potentats fut aussi rempli d'affectation de plaisir et d'amitié qu'il était vide de sincérité; mais le caractère du duc lui rendait difficile de donner à sa voix, à ses discours, à toutes ses manières, les apparences convenables, tandis que le roi était si parfaitement exercé à la dissimulation, que l'habitude en était pour lui une seconde nature, et que ceux qui le connaissaient le mieux ne pouvaient distinguer en lui ce qui était joué de ce qui était naturel.

La comparaison la plus exacte, si elle n'était indigne de deux pareils potentats, serait peut-être de supposer le roi dans la situation d'un étranger connaissant parfaitement les mœurs et les caprices de la race canine, et qui, par quelque motif particulier, désire se faire ami d'un gros mâtin hargneux auquel il est suspect, et qui est disposé à se jeter sur lui au moindre motif de méfiance. Le mâtin gronde tout bas, hérisse ses poils, montre les dents, et cependant il aurait honte d'attaquer un homme qui paraît si bon et si confiant. Il souffre donc des avances qui sont loin de le pacifier, et il épie l'occasion de pouvoir sauter légitimement à la gorge de son nouvel ami.

Le roi sentit sans doute, à la voix altérée, aux manières contraintes et aux brusques mouvemens du duc Charles, que le rôle qu'il avait à jouer était fort délicat, et peut-être se repentit-il plus d'une fois de l'avoir entrepris ; mais le repentir venait trop tard, et il ne lui restait de ressource qu'en cette adresse sans égale et dans cette politique astucieuse qu'il entendait mieux que personne.

La manière dont Louis se conduisit à l'égard du duc ressemblait à cet abandon du cœur dans le premier moment d'une réconciliation avec un ami éprouvé et honoré, après un court refroidissement dont la cause est déjà loin et oubliée. Il lui dit qu'il se blâmait de n'avoir pas fait plus tôt cette démarche décisive, pour convaincre son bon et cher parent, par une preuve de confiance semblable à celle qu'il lui donnait, que les différends élevés entre eux n'étaient rien dans son souvenir, quand il les comparait à toutes les preuves d'amitié qu'il avait reçues de lui pendant son exil de France. Il lui parla du feu duc de Bourgogne, Philippe-le-Bon, comme on nommait généralement le père du duc Charles, et rappela mille marques de bonté paternelle qu'il en avait reçues.

—Je crois, beau cousin, lui dit-il, que votre père partageait presque également son affection entre vous et moi;

car je me souviens que m'étant égaré par accident dans une partie de chasse, je trouvai à mon retour le bon duc qui vous grondait de m'avoir laissé derrière vous dans la forêt, comme si vous n'eussiez pas pris assez de soin pour la sûreté d'un frère aîné.

Les traits du duc de Bourgogne étaient naturellement durs et sévères; et quand il essaya de sourire pour reconnaître poliment la vérité de ce que le roi lui disait, la grimace qu'il fit était vraiment diabolique.

—Prince des fourbes, se disait-il dans ses secrètes pensées, je voudrais bien que mon honneur me permît de vous demander comment vous avez payé tous les bienfaits de ma maison.

—Et d'ailleurs, continua le roi, si les liens du sang et de la reconnaissance ne suffisaient pas pour nous attacher l'un à l'autre, nous sommes encore unis par ceux d'une parenté spirituelle; car je suis le parrain de votre charmante fille Marie, qui m'est aussi chère que si elle était une des miennes; et quand les saints (dont le bienheureux nom soit béni) m'envoyèrent un rejeton qui se flétrit au bout de trois mois, ce fut le prince votre père qui le tint sur les fonts de baptême; il célébra cette cérémonie avec plus de pompe et de magnificence qu'elle n'en aurait pu avoir même dans Paris. Jamais je n'oublierai l'impression profonde que la générosité du duc Philippe, et la vôtre, mon cher cousin, firent sur le cœur à demi brisé d'un pauvre exilé.

Le duc fit un effort sur lui-même pour trouver quelque réponse : — Votre Majesté, dit-il, a daigné reconnaître cette légère obligation en termes qui faisaient plus que payer toute la pompe que la Bourgogne put déployer pour prouver qu'elle sentait l'honneur que vous aviez conféré à son souverain.

— Je me rappelle les termes dont vous voulez parler, beau cousin, dit le roi en souriant; c'était, je crois, que pour vous payer de cette marque d'amitié je n'avais à vous offrir, pauvre exilé que j'étais, que ma personne, celle de ma femme et de mon enfant. Eh bien, je crois que j'ai passablement tenu parole.

— Je n'entends disputer rien de ce qu'il plaît à Votre Majesté d'avancer, dit le duc; mais...

— Mais vous me demandez, dit le roi en l'interrompant, comment mes actions se sont accordées avec mes paroles. Pâques-Dieu! le voici. Le corps de mon fils Joachim repose sous une terre bourguignonne : j'ai placé ce matin sans réserve ma personne en votre pouvoir; et quant à celle de ma femme, en vérité, beau cousin, je crois que, vu le temps qui s'est passé depuis cette époque, vous n'insisterez pas pour que je tienne rigoureusement ma parole à cet égard. Elle est née le saint jour de l'Annonciation, ajouta-t-il en faisant un signe de croix et en murmurant un *ora pro nobis*, il y a quelque cinquante ans. Mais elle n'est pas plus loin que Reims; et si vous désirez que ma promesse soit exécutée à la lettre, elle sera incessamment à votre bon plaisir.

Quelque courroucé que fût le duc de la duplicité que montrait le roi en cherchant à prendre avec lui un ton d'amitié et d'intimité, il ne put s'empêcher de rire au discours singulier que lui tenait ce monarque extraordinaire, et sa gaieté s'exprima par des accens non moins discordans que ceux de la colère à laquelle il se livrait souvent. Il rit aux éclats, plus haut et plus long-temps que la bienséance ne le permettrait aujourd'hui et ne le permettait alors; tout en riant, il répondit qu'il remerciait le roi de l'honneur qu'il lui faisait en lui proposant la compagnie de la reine, mais qu'il accepterait plus volontiers celle de sa fille aînée, dont on vantait la beauté.

— Je suis charmé, beau cousin, dit le roi avec un de ces sourires équivoques qui lui étaient habituels, que votre bon plaisir ne se soit pas fixé sur ma fille Jeanne : vous auriez eu une lance à rompre avec mon cousin d'Orléans; et s'il était arrivé malheur, n'importe auquel de vous, je n'aurais pu manquer de perdre un bon ami, un cousin affectionné.

—Non, non, Sire, dit le duc Charles, je ne veux jeter aucun obstacle dans les amours du duc d'Orléans. Si jamais je romps une lance avec lui, il faudra que ce soit pour une cause plus belle et plus droite.

Louis fut bien loin de prendre en mauvaise part cette allusion brutale à la taille et au manque de beauté de sa fille Jeanne. Au contraire, il vit avec plaisir que le duc cherchât à s'amuser par des railleries grossières, science dans laquelle il était lui-même un adepte, et qui lui épargnait, pour employer une phrase moderne, beaucoup d'hypocrisie sentimentale. En conséquence, il mit la conversation sur un tel ton, que Charles, tout en sentant qu'il lui était impossible de jouer le rôle d'ami affectueux et réconcilié avec un monarque qui lui avait rendu tant de mauvais offices, et dont la sincérité lui était si suspecte en cette occasion, n'éprouva aucune difficulté pour se montrer hôte hospitalier à l'égard d'un prince si facétieux ; ce qui manquait à l'un et à l'autre en sentimens de bonne amitié, fut remplacé par ce ton de cordialité qui existe entre deux bons vivans ; ce ton, naturel au duc d'après la franchise et l'on peut ajouter la grossièreté de son caractère, ne l'était pas moins à Louis, parce que, quoiqu'il fût en état de prendre tous les tons de la conversation, celui qui lui convenait le mieux était un mélange d'idées grossières et de gaieté caustique.

Pendant tout le temps du banquet, qui fut servi dans la maison de ville de Péronne, les deux princes se trouvèrent heureusement en état de continuer le même style de conversation. C'était pour eux une sorte de terrain neutre sur lequel ils pouvaient se rencontrer sans danger ; et, comme Louis s'en aperçut aisément, rien n'était plus propre à maintenir le duc de Bourgogne dans cet état de calme que le roi jugeait nécessaire à sa sûreté.

Il fut pourtant un peu alarmé en voyant autour du duc plusieurs seigneurs français du plus haut rang, que son injuste sévérité avait exilés de France, et à qui Charles avait accordé des places de confiance dans sa maison. Ce fut donc pour se mettre à l'abri de ce qu'il pouvait avoir à craindre de leur ressentiment et de leur vengeance, qu'il demanda à être logé dans le château, c'est-à-dire la citadelle de Péronne, plutôt que dans la ville même. Le duc y consentit sur-le-champ, avec un de ces sourires équivoques dont il est impossible de dire s'ils sont de bon ou de mauvais augure pour celui à qui ils s'adressent.

Mais quand le roi, s'exprimant avec autant de délicatesse qu'il le pouvait, et de la manière qu'il croyait la moins propre à éveiller le soupçon, lui demanda si les archers de sa garde écossaise ne pourraient avoir la garde du château de Péronne pendant qu'il y séjournerait, au lieu de celle d'une des portes de la ville, suivant l'offre que le duc en avait faite lui-même, Charles répondit avec ce ton bref et cette manière brusque qui lui étaient ordinaires, et que rendait plus alarmans l'habitude qu'il avait prise de relever ses moustaches en parlant, ou de porter la main à son épée ou à son poignard, dont il tirait et faisait rentrer la lame tour à tour.

— Saint Martin! non, Sire, s'écria-t-il. Vous êtes dans le camp et dans la ville de votre vassal, c'est ainsi qu'on me nomme à l'égard de Votre Majesté; mon château et ma cité sont à vous; mes soldats sont les vôtres; il est donc indifférent que ce soient eux ou vos archers qui gardent les portes et les murailles du château de Péronne. Non, de par saint George! Péronne est une forteresse vierge, et elle ne perdra pas son honneur par suite de ma négligence. Il faut veiller de près sur ses filles, mon royal cousin, si l'on veut qu'elles conservent leur bonne renommée.

— Sans doute, beau cousin, sans doute, répondit le roi; je suis tout-à-fait d'accord avec vous; et, dans le fait, je dois prendre plus d'intérêt que vous-même à la réputation de cette bonne petite ville, puisqu'elle fait partie, comme vous le savez, des places situées sur la Somme qui ont été engagées à votre père, d'heureuse mémoire, en garantie de certain argent qu'il nous a prêté, et que nous avons conservé le droit de racheter en le remboursant; or, pour vous parler franchement, beau cousin, en débiteur honnête, prêt à s'acquitter de toutes les obligations qu'il a contractées, j'ai amené quelques mules chargées d'argent pour faire ce rachat, et vous y trouverez de quoi fournir aux frais de votre cour pendant trois ans, quelle que soit votre magnificence royale.

— Je n'en recevrai pas un écu, dit le duc en tordant ses moustaches; le jour convenu pour le rachat est passé depuis long-temps, mon royal cousin, et jamais il n'a été dans l'intention sérieuse d'aucune des parties que ce droit fût exercé; la cession de ces places étant la seule indemnité que mon père ait reçue de la France, lorsque, dans un moment heureux pour votre famille, il consentit à oublier le meurtre de mon aïeul, et à quitter l'alliance de l'Angleterre pour celle de votre père. Saint George! s'il ne l'eût pas fait, Votre Majesté, au lieu d'avoir des villes sur la Somme, aurait à peine pu conserver les villes au-delà de la Loire. Non, je n'en rendrai pas une pierre, quand je devrais en recevoir le poids en or. Grace à Dieu, grace à la sagesse et à la valeur de mes ancêtres, les revenus de la Bourgogne, quoique la Bourgogne ne soit qu'un duché, suffisent pour maintenir ma cour, même quand j'y reçois un roi, sans que je sois obligé de vendre mes héritages.

— Eh bien! beau cousin, répondit le roi avec le même ton de calme et de douceur, et sans paraître ému par les gestes violens et le ton emporté du duc, je vois que vous êtes tellement ami de la France, que vous ne voulez vous séparer de rien de ce qui lui a appartenu. Mais quand nous en viendrons à discuter nos affaires en conseil, nous aurons besoin d'un médiateur. Que dites-vous de Saint-Pol?

— Saint Paul, saint Pierre, et tous les saints du calendrier auront beau me prêcher, s'écria le duc, ils ne me feront pas renoncer à la possession de Péronne.

— Vous ne m'entendez pas, dit Louis en souriant; je vous parle de Louis de Luxembourg, notre fidèle connétable, le comte de Saint-Pol. Ah! sainte Marie d'Embrun! il ne nous manque que sa tête à notre conférence! La meilleure tête de France; celle qui serait la plus utile pour rétablir entre nous une parfaite harmonie.

— Par saint George! s'écria le duc, je suis surpris d'entendre Votre Majesté parler ainsi d'un homme qui a été faux et parjure envers la France et envers la Bourgogne, d'un homme qui a toujours cherché à exciter un incendie à l'aide de la moindre étincelle de discorde, et tout cela pour se donner des airs de jouer le rôle de médiateur. Je jure, par l'ordre que je porte, que ses marécages ne lui serviront pas long-temps de refuge.

— Pas tant de chaleur, beau cousin, dit le roi en souriant, et en baissant la voix : quand je disais que la tête du connétable pouvait servir à pacifier nos légers différends, je ne parlais pas de son corps; on pourrait bien le laisser à Saint-Quentin pour plus de commodité.

— Oh! oh! je vous comprends, mon royal cousin, s'écria Charles avec un de ces éclats de rire bruyans que lui arrachaient de temps en temps les plaisanteries grossières de Louis; et il ajouta en frappant la terre du pied : Je conviens que, dans ce sens, la tête du connétable pourrait être utile à Péronne.

Ces discours et plusieurs autres par lesquels le roi cherchait à jeter dans l'entretien de l'enjouement et de la gaieté, tout en lâchant quelquefois un mot sur des affaires plus sérieuses, ne se suivirent pas les uns les autres consécutivement, mais furent amenés adroitement, tant pendant le banquet qui eut lieu à l'hôtel-de-ville, que durant une entrevue que Louis eut ensuite avec le duc dans le propre appartement de ce prince, car il profita de toutes les occasions qui pouvaient faciliter l'introduction de sujets si délicats à traiter.

En effet, quoique Louis eût agi avec témérité en faisant une démarche dont le caractère impétueux du duc et les divers motifs d'inimitié invétérée qui existaient entre eux rendaient l'issue douteuse et dangereuse, cependant jamais pilote arrivant près d'une côte inconnue ne se conduisit avec plus de prudence et de fermeté. Il sondait avec adresse et précision ce que j'appellerai, pour continuer la métaphore, les profondeurs et les récifs, le caractère et les passions de son rival, et ne laissa apercevoir ni doute ni crainte quand le résultat de ses expériences lui eut appris qu'il s'y trouvait beaucoup moins de bons ancrages que de bancs de sable et de rochers cachés sous les eaux.

Enfin se termina une journée qui devait en avoir été une de fatigue pour Louis, par l'effet des efforts continuels d'attention, de vigilance et de précaution que sa situation exigeait, comme c'en avait été une de contrainte pour le duc, à cause de la nécessité où il se trouvait de réprimer les mouvemens impétueux de sa violence habituelle.

Dès que Charles fut rentré dans son appartement, après avoir pris congé du roi pour la nuit avec toutes les formes du cérémonial, il ne retint plus l'explosion des passions qu'il avait comprimées jusqu'alors, et, comme le dit son fou le Glorieux, il fit tomber ce soir une pluie de juremens et d'injures sur des têtes pour lesquelles il ne destinait pas cette monnaie en la frappant, car il épuisa en faveur de tout ce qui l'approchait le trésor d'invectives amassé pendant toute la journée, dont il ne pouvait décemment gratifier le roi son hôte, même en son absence. Les plaisanteries de son bouffon finirent pourtant par calmer son accès de mauvaise humeur : il rit à gorge déployée, jeta à son fou une pièce d'or, se laissa déshabiller, but un grand verre de vin épicé, se mit au lit, et dormit profondément.

Le coucher du roi Louis mérite plus d'attention que celui de Charles, car l'expression violente de la colère, de l'impatience et de la témérité, appartenant à la partie brute de notre nature plutôt qu'à celle qui est douée d'intelligence, n'a guère de quoi nous intéresser en comparaison de l'activité d'un esprit supérieur.

Louis fut escorté jusqu'au logement qu'il avait choisi dans le château ou citadelle de Péronne, par les chambellans et maréchaux-des-logis du duc de Bourgogne, et il trouva à l'entrée une forte garde d'archers et d'hommes d'armes.

En descendant de cheval pour traverser le pont-levis jeté sur un fossé d'une largeur et d'une profondeur peu ordinaires, il regarda les sentinelles, et dit à d'Argenton, qui l'accompagnait avec quelques autres seigneurs bourguignons : — Ils portent la croix de saint André, mais ce n'est pas celle de mes archers écossais.

—Vous les trouverez aussi disposés qu'eux à mourir pour vous défendre, Sire, répondit d'Argenton, dont l'oreille subtile avait reconnu dans le ton de Louis un accent de soupçon que le roi, malgré toute sa dissimulation, n'avait pu entièrement cacher. Ils portent la croix de saint André comme un des signes dépendans de l'ordre de la Toison-d'Or de mon maître le duc de Bourgogne.

—Ne le sais-je pas? dit Louis en lui montrant le collier de cet ordre, qu'il avait mis pour faire honneur à son hôte; c'est un des liens de la fraternité qui nous unit, mon beau cousin et moi. Nous sommes frères en chevalerie comme en parenté spirituelle, cousins par naissance, amis par tous les nœuds de l'affection et du bon voisinage. — Vous n'irez pas plus loin que cette cour, messieurs : je ne puis souffrir que vous alliez plus loin, vous m'avez rendu assez d'honneurs.

—Nous étions chargés par le duc, répondit d'Hymbercourt, de conduire Votre Majesté jusqu'à son appartement. Nous espérons que Votre Majesté nous permettra d'exécuter les ordres de notre maître.

— Dans une affaire de si peu d'importance, dit le roi, j'espère que vous-mêmes, quoique ses sujets, vous conviendrez que mes ordres doivent avoir plus d'autorité que les siens. Je me sens un peu indisposé, messieurs, un peu fatigué. Un grand plaisir est presque aussi difficile à supporter qu'une grande peine. Demain j'espère être plus en état de jouir de votre société, et de la vôtre surtout, seigneur Philippe d'Argenton. Je sais que vous êtes l'annaliste de ce temps. Nous qui désirons avoir un certain nom dans l'histoire, nous vous devons de belles paroles, car on dit que, lorsque vous le voulez, votre plume est bien acérée. Bonsoir, messieurs, bonsoir à tous et à chacun de vous.

Les seigneurs bourguignons se retirèrent, enchantés des manières gracieuses de Louis et des attentions qu'il avait adroitement distribuées à chacun d'eux, et le roi resta, avec deux personnes de sa suite, sous la porte voûtée qui conduisait à la cour du château de Péronne, dans un des angles de laquelle on voyait une grande tour, espèce de prison d'état. Ce vaste et sombre édifice était alors éclairé par les mêmes rayons de la lune qui guidaient Quentin Durward sur la route de Charleroi à Péronne, et qui, comme le lecteur le sait déjà, brillaient d'un éclat tout particulier. La forme de ce bâtiment ressemblait à peu près à celle de la tour Blanche de la citadelle de Londres; mais l'architecture en était encore plus ancienne, car on en faisait remonter la construction au temps de Charlemagne. Les murs en étaient d'une épaisseur formidable, les fenêtres petites, et grillées avec de grosses barres de fer, et la masse de cet édifice jetait sur toute la cour une ombre noire et presque sinistre.

— Ce n'est pas là que je vais loger, dit le roi avec un frémissement involontaire qui semblait de mauvais augure.

— Non, Sire, répondit le vieux sénéchal qui l'accompagnait, la tête nue : à Dieu ne plaise ! les appartemens de

Votre Majesté sont préparés dans cet autre bâtiment; ce sont ceux où le roi Jean coucha deux nuits avant la bataille de Poitiers.

—Hum! cela n'est pas encore un trop bon présage, murmura le roi à voix basse. Mais qu'avez-vous à dire de la tour, mon vieil ami, et pourquoi priez-vous le ciel que je n'y sois pas logé?

—Je n'ai pas le moindre mal à dire de la tour, Sire, répondit le sénéchal; seulement les sentinelles prétendent qu'on y voit des lumières, et qu'on y entend des bruits étranges pendant la nuit; ce qui ne serait pas bien étonnant, car c'était jadis une prison d'Etat, et l'on conte bien des histoires de ce qui s'est passé entre ses murailles.

Louis ne lui fit pas d'autres questions, car personne n'était obligé plus que lui à respecter les mystères d'une prison. A la porte des appartemens qui lui étaient destinés, et qui, bien que plus modernes que la tour, avaient cependant quelque chose d'antique et de sombre, il trouva un détachement de ses archers écossais, ayant à leur tête leur vieux commandant.

—Crawford, mon brave et fidèle Crawford, dit le roi, où as-tu donc été aujourd'hui? Les seigneurs bourguignons ont-ils assez peu d'hospitalité pour avoir négligé un des hommes les plus braves et les plus nobles qu'on ait jamais vus dans une cour? Je ne t'ai pas vu dans la salle du banquet.

—J'ai refusé l'invitation, Sire : je ne suis plus le même qu'autrefois. J'ai vu le temps où j'aurais défié le plus hardi buveur de Bourgogne, même avec le jus de ses propres grappes; mais aujourd'hui quatre malheureuses pintes me mettent hors de combat; et j'ai cru qu'il était important pour le service de Votre Majesté que je donnasse l'exemple de la sobriété aux hommes qui sont sous mes ordres.

—Vous êtes toujours prudent, Crawford; mais à coup sûr vous avez moins de besogne aujourd'hui que de coutume, n'ayant à commander qu'un détachement si peu nombreux; et un jour de fête n'exigeait pas une discipline aussi sévère qu'un jour de bataille.

— Moins j'ai d'hommes à commander, Sire, et plus il est important que je les maintienne en état de service. Tout ceci finira-t-il par une fête ou par un combat? C'est ce que Dieu et Votre Majesté doivent savoir mieux que le vieux John Crawford.

— Vous ne prévoyez sûrement aucun danger? lui demanda le roi avec précipitation, mais en baissant la voix.

— Non, Sire; plût à Dieu que j'en prévisse! car, comme avait coutume de le dire le vieux comte de Tineman [1], danger prévu devient plus facile à éviter. Le mot d'ordre pour cette nuit, Sire, s'il plaît à Votre Majesté?

— Que ce soit Bourgogne, Crawford, en honneur de notre hôte, et d'une liqueur qui ne vous est pas indifférente.

— Je n'aurai de querelle ni avec le duc, ni avec le vin qui porte ce nom, Sire, pourvu que l'un et l'autre soient de franche composition. Bonne nuit à Votre Majesté.

— Bonsoir, mon fidèle Ecossais, répondit le roi; et il entra dans son appartement.

A la porte de sa chambre à coucher il trouva le Balafré en faction. — Suis-moi, lui dit-il en passant devant lui; et l'archer, semblable à une mécanique à laquelle un ressort touché vient d'imprimer le mouvement, entra après lui dans l'appartement, s'arrêta à deux pas de la porte, et attendit, immobile et en silence, les ordres du roi.

— Savez-vous quelque chose de ce paladin errant, votre neveu? lui demanda le roi; car il a été comme perdu pour nous depuis que, semblable à un jeune chevalier qui part pour chercher ses premières aventures, il nous a envoyé deux prisonniers pour premiers fruits de ses exploits.

— Quelque chose m'en est revenu aux oreilles, Sire; mais

[1] Surnom donné à un des comtes de Douglas, parce qu'il perdait un grand nombre de soldats dans ses batailles. — ED.

j'espère que Votre Majesté voudra bien croire que, s'il a mal agi, il n'y a été autorisé, ni par mes préceptes, ni par mon exemple; vu que je n'ai jamais été un âne assez malavisé pour faire vider les arçons à un prince de votre illustre maison, connaissant trop bien ma situation, et....

— Gardez le silence sur ce point, Balafré; votre neveu n'a fait que son devoir à cet égard.

— Quant à cela, Sire, je l'avais bien endoctriné. Quentin, lui ai-je dit, quoi qu'il puisse arriver, souvenez-vous que vous appartenez à la garde écossaise, et faites votre devoir, quoi qu'il puisse en résulter.

— Je me doute qu'il avait reçu quelques bonnes instructions de cette sorte; mais ce qui m'importe en ce moment, c'est que vous répondiez à ma question. Avez-vous appris depuis peu quelques nouvelles de votre neveu? Retirez-vous, messieurs, dit le roi aux autres personnes de sa suite, cette affaire ne concerne que mon oreille.

— Oui, sans doute, Sire, j'ai vu ce soir même Charlot, un des hommes qui accompagnaient mon neveu, et qu'il a envoyé de Liège, ou d'un château situé dans les environs, appartenant à l'évêque, et où il a conduit en sûreté les comtesses de Croye.

— Que Notre-Dame mère de Dieu en soit bénie! Mais en es-tu bien sûr? Es-tu bien sûr de cette bonne nouvelle?

— Aussi sûr que je puis l'être, Sire; je crois même que Charlot a des lettres des dames de Croye pour Votre Majesté.

— Va me les chercher. Donne ton arquebuse à un de ces drôles; à Olivier, au premier venu. Maintenant bénie soit Notre-Dame d'Embrun! ajouta le roi quand le Balafré fut parti; je changerai en argent la grille de fer qui entoure son autel.

Dans cet accès de gratitude et de dévotion, Louis, suivant son usage, ôta son chapeau, le plaça sur une table, tourna de son côté l'endroit où se trouvait son image favorite de la Vierge, s'agenouilla, et répéta avec une nouvelle ferveur le vœu qu'il venait de faire.

Charlot, le premier messager parti de Schonwaldt, ne tarda pas à arriver, et remit au roi les lettres dont il avait été chargé par les deux comtesses de Croye. Elles le remerciaient froidement de la protection qu'il leur avait accordée tant qu'elles avaient été à sa cour, et avec un peu plus de chaleur de la permission qu'elles en avaient reçue d'en partir en sûreté ; expressions dont Louis rit de bon cœur, au lieu d'en concevoir du ressentiment. Il demanda ensuite à Charlot, d'un air qui annonçait évidemment l'intérêt qu'il mettait à cette question, s'ils n'avaient pas éprouvé en route quelque alarme, s'ils n'avaient pas été attaqués !

Charlot, homme fort stupide, et qui devait à cette qualité le choix qui avait été fait de lui pour cette mission, rendit au roi un compte fort imparfait de l'affaire dans laquelle le Gascon, son camarade, avait été tué, et l'assura qu'ils n'avaient fait aucune mauvaise rencontre pendant tout le reste du voyage. Louis lui demanda alors des détails particuliers et minutieux sur le chemin qu'ils avaient suivi pour se rendre à Liège, et son intérêt parut redoubler quand il apprit qu'en approchant de Namur ils avaient suivi la route la plus courte, en cotoyant la rive droite de la Meuse, au lieu de la traverser, comme le portaient leurs instructions. Le roi le renvoya en lui faisant donner un petit présent, et déguisa l'inquiétude manifeste qu'il avait montrée, en l'attribuant au désir qu'il avait de savoir les dames de Croye en sûreté.

Quoique cette nouvelle lui annonçât qu'il avait échoué dans un de ses plans favoris, elle sembla pourtant donner au roi plus de satisfaction intérieure qu'il n'en aurait probablement montré s'il eût obtenu le plus brillant succès. Il respira comme un homme dont la poitrine aurait été déchargée d'un pesant fardeau, murmura de nouveaux remerciemens aux saints avec un air de profonde dévotion, leva les yeux au ciel, et se hâta de méditer d'autres plans d'ambition qui pussent être plus sûrs.

Dans ce dessein, Louis fit appeler son astrologue Galeotti, qui parut avec son air de dignité emprunté, mais ayant pourtant le front chargé de quelque inquiétude, comme s'il eût douté que le roi dût lui faire un bon accueil. Il fut pourtant reçu plus favorablement que jamais. Louis le nomma son ami, son père dans les sciences, en le comparant à un verre d'optique par le moyen duquel un roi pouvait lire dans l'avenir; et il termina ses complimens en lui mettant au doigt une bague de grande valeur.

Galeotti ne savait pas quelles circonstances avaient si soudainement relevé son mérite aux yeux du roi, mais il entendait trop bien son métier pour laisser apercevoir son ignorance. Il reçut les éloges de Louis avec une gravité modeste, dit qu'ils n'étaient dus qu'à la noblesse de la science qu'il cultivait, et qui n'en était que plus admirable, puisqu'elle produisait des merveilles par le moyen d'un agent aussi faible que lui.

Après le départ de l'astrologue, Louis, en apparence fort épuisé, se jeta dans un fauteuil, renvoya tous ses gens, et ne garda qu'Olivier, qui, remplissant ses fonctions avec zèle et sans bruit, aida son maître à se préparer à se mettre au lit.

Pendant qu'il s'acquittait ainsi de son service habituel, le roi, contre sa coutume, restait préoccupé et silencieux. Olivier fut frappé de ce changement extraordinaire. Les ames les plus dépravées ne sont pas toujours dépourvues de tout bon principe; les bandits sont fidèles à leur capitaine; et il arrive quelquefois qu'un protégé, un favori, éprouve un mouvement d'intérêt sincère pour le monarque auquel il doit son élévation et sa fortune. Olivier-le-Diable, ou quelque autre surnom qu'on eût pu lui donner pour exprimer ses penchans vicieux, n'était pourtant pas encore assez complètement identifié avec Satan pour refuser tout accès dans son cœur à la reconnaissance qu'il devait à son maître, et il ne put le voir sans regret dans cet état d'accablement, et même, à ce qu'il paraissait, d'inquiétude.

Après avoir rendu au roi en silence, pendant quelque temps, les services ordinaires qu'un domestique rend à son maître à sa toilette, il fut enfin tenté de lui dire avec la liberté que l'indulgence de son souverain lui permettait en pareille occasion :

—Tête-Dieu! Sire, on dirait que vous avez perdu une bataille; et cependant moi qui ai été près de la personne de Votre Majesté pendant toute cette journée, je puis dire que je ne vous ai jamais vu combattre si vaillamment, et que le champ de bataille vous est resté.

—Le champ de bataille! s'écria Louis en levant les yeux, et en reprenant la causticité habituelle de son ton et de ses manières; Pâques-Dieu! mon ami Olivier, dites que je suis resté maître de l'arène dans un combat contre un taureau; car jamais il n'a existé brute plus aveugle, plus opiniâtre, plus indomptable que notre cousin de Bourgogne, à moins que ce ne soit un taureau de Murcie élevé pour les combats. N'importe, je l'ai joliment harcelé; mais, Olivier, réjouissez-vous avec moi de ce qu'aucun de mes plans en Flandre n'ait réussi, ni en ce qui concerne les princesses coureuses de Croye, ni relativement à Liège. Vous m'entendez?

—Non, sur ma foi, Sire, il m'est impossible de féliciter Votre Majesté d'avoir échoué dans ses projets favoris, à moins que vous ne m'appreniez quel motif a opéré ce changement dans vos vues et vos souhaits.

—Sous un point de vue général, mon ami, il n'y en est survenu aucun; mais, Pâques-Dieu! j'ai appris aujourd'hui à connaître le duc Charles mieux que je ne le connaissais encore. Lorsqu'il était comte de Charolais, du vivant de son père, le vieux duc Philippe-le-Bon, et moi le dauphin de France banni, nous buvions, nous chassions, nous battions la campagne, et nous avons fait plus d'une frasque ensemble. A cette époque j'avais sur lui un avantage décidé, celui que l'esprit le plus fort prend naturellement sur le plus faible : mais il a changé depuis ce temps ; il est devenu entêté, entreprenant, arrogant, querelleur, dogmatique ; il nourrit évidemment le désir de pousser les choses à l'extrême, quand il croit avoir l'occasion favorable. Je ne pouvais toucher à un sujet qui lui déplaisait qu'avec les mêmes précautions que si c'eût été un fer rouge. A peine lui ai-je lâché quelques mots pour lui faire entrevoir la possibilité que ces vagabondes comtesses de Croye fussent tombées entre les mains de quelque maraudeur des frontières avant d'arriver à Liège, car je lui avais avoué franchement qu'autant que je pouvais le croire c'était là qu'elles se rendaient, Pâques-Dieu ! on aurait cru que je lui parlais d'un sacrilège ! Il est inutile que je vous répète ce qu'il m'a dit à ce sujet ; il me suffit de vous dire que j'aurais cru ma tête fort aventurée, si l'on était venu lui annoncer en ce moment la réussite de l'honnête projet formé par toi et ton ami Guillaume à la longue barbe pour améliorer sa fortune par le moyen d'un mariage.

—Votre Majesté voudra bien se rappeler que je ne suis pas l'ami de Guillaume de la Marck, et que ce n'est pas moi qui ai conçu le projet dont il s'agit.

—Tu as raison, Olivier ; car ton plan était de faire la barbe au Sanglier des Ardennes ; mais tu ne choisissais pas un meilleur époux à la comtesse Isabelle, quand tu pensais modestement à toi-même. Au surplus, Olivier, malheur à qui sera son mari ; car être pendu, roué, écartelé, voilà ce que mon doux cousin promettait de mieux à quiconque épouserait sa jeune vassale sans son agrément.

—Et probablement il ne serait guère moins irrité de tout mouvement d'insurrection qui pourrait avoir lieu dans la bonne ville de Liège.

—Autant, et même beaucoup plus, Olivier, comme ton

intelligence le devine si bien. Mais dès que j'eus pris la résolution de venir ici, j'envoyai des messagers à Liège, pour calmer, quant à présent, les esprits échauffés; et j'ai fait dire à mes amis turbulens, Pavillon et Rouslaer, de se tenir tranquilles comme des souris, jusqu'après cette heureuse entrevue entre mon beau cousin et moi.

— Il paraît donc, à en juger d'après ce que Votre Majesté vient de dire, que tout ce que vous pouvez espérer de mieux de cette entrevue, c'est de ne pas vous en trouver plus mal? C'est, sur ma foi, la même histoire que celle de la cigogne qui mit son cou dans la gueule du loup, et qui eut à remercier le ciel d'avoir pu l'en tirer. Cependant Votre Majesté, encore tout à l'heure, prodiguait les complimens au sage philosophe dont les prédictions vous ont décidé à jouer un jeu dont vous espériez de si belles choses.

— Il ne faut désespérer de la partie que lorsqu'elle est perdue, Olivier, et je n'ai aucune raison pour craindre de la perdre; je dois la gagner, au contraire, s'il n'arrive rien pour exciter la rage de ce fou vindicatif; et bien certainement j'ai de grandes obligations à la science qui m'a fait choisir pour agent et pour conducteur des dames de Croye un jeune homme dont l'horoscope est si bien d'accord avec le mien, qu'il m'a sauvé d'un grand danger, même par une contravention à mes ordres, en prenant la route qui lui a fait éviter l'embuscade de Guillaume de la Marck.

— Votre Majesté ne manquera jamais d'agens prêts à la servir à pareilles conditions.

— N'importe, n'importe, Olivier: le poète païen parle de *vota diis audita malignis*[1], de souhaits dont les saints permettent l'accomplissement dans leur colère; et, dans les circonstances présentes, tel aurait été celui que j'avais formé relativement à Guillaume de la Marck, s'il eût été accompli tandis que je suis entre les mains de ce duc de Bourgogne. C'est ce qu'a prévu mon art, fortifié de celui

(1) « *Vœux exaucés par des dieux ennemis.* » —ÉD.

de Galeotti; c'est-à-dire j'ai prévu, non que de la Marck échouerait dans son entreprise, mais que la mission de ce jeune Ecossais se terminerait heureusement pour moi; et c'est ce qui est arrivé, quoique d'une manière différente de ce que je m'étais imaginé; car les astres nous prédisent des résultats généraux, mais ils se taisent sur les moyens qui les produisent, et qui sont souvent tout le contraire de ce que nous attendons, ou même de ce que nous désirons. Mais à quoi bon te parler de ces mystères, à toi qui es pire que le Diable dont on t'a donné le surnom, puisqu'il croit et qu'il tremble, au lieu que tu es un incrédule en religion et en science; tu continueras à l'être jusqu'à l'accomplissement de ta destinée, qui, comme m'en assurent ton horoscope et ta physionomie, se terminera par l'intervention d'une potence [1].

—Et si cela arrive, répondit Olivier avec un ton de résignation, ce sera pour avoir été un serviteur trop reconnaissant pour ne pas exécuter les ordres de mon maître.

Louis partit d'un de ces éclats de rire sardonique qui lui étaient habituels.—Tu as frappé juste, Olivier, s'écria-t-il; et de par Notre-Dame! tu n'as pas eu tort, car je t'avais défié au combat. Mais parle-moi sérieusement : as-tu découvert dans les mesures qu'on prend à notre égard quelque chose qui doive faire soupçonner de mauvaises intentions?

—Sire, répondit Olivier, Votre Majesté et son savant astrologue cherchent des augures dans les astres et dans l'armée des cieux; moi qui ne suis qu'un reptile terrestre, je ne puis considérer que les choses de ma sphère. Il me semble qu'on n'a pas tout-à-fait ici pour Votre Majesté ces attentions et ces soins qui prouvent qu'on reçoit avec plaisir un hôte d'un rang si élevé. Le duc, ce soir, a prétendu être fatigué; il n'a conduit Votre Majesté que jusqu'à la porte de la rue, et a laissé aux officiers de sa maison le soin

---

(1) En effet, malgré les vives recommandations de Louis à son successeur, Olivier le Dain ou le Diable fut pendu quelque temps après la mort de son maître. — Ed.

de vous accompagner jusqu'ici. Ces appartemens ont été meublés à la hâte et sans soin. Cette tapisserie est sens dessus dessous, les hommes marchent sur la tête, et les racines des arbres touchent le plafond.

— Bon! bon! dit le roi; c'est un accident occasioné par la précipitation : m'as-tu jamais vu faire attention à de pareilles bagatelles?

— Elles ne méritent pas en elles-mêmes que vous y pensiez un instant, Sire, répliqua Olivier, si ce n'est qu'elles indiquent le degré de respect que les officiers de la maison du duc remarquent en leur maître pour Votre Majesté. Soyez bien assuré que s'il avait paru désirer que rien ne manquât à votre réception, le zèle de ses gens aurait fait en chaque minute la besogne d'une journée; et montrant un bassin et une aiguière qui étaient dans la chambre : — Depuis quand, ajouta-t-il, voit-on sur la toilette de Votre Majesté des vases qui ne soient pas d'argent?

— Cette dernière remarque, Olivier, dit le roi avec un sourire forcé, se ressent trop de tes fonctions habituelles pour qu'il soit besoin d'y répondre. Il est vrai que lorsque je n'étais qu'un réfugié, un exilé, j'étais servi en vaisselle d'or par ordre de ce même Charles, qui croyait alors que l'argent était un métal à peine digne du dauphin, quoiqu'il semble le regarder maintenant comme trop précieux pour le roi de France. Eh bien! Olivier, nous allons nous mettre au lit. Nous avons pris une résolution, nous l'avons exécutée, il ne nous reste qu'à jouer bravement le rôle dont nous nous sommes chargés. Je connais mon cousin de Bourgogne : comme un taureau sauvage, il ferme les yeux quand il prend son élan; je n'ai qu'à épier ce moment, comme un des toréadores que j'ai vus à Burgos, et son impétuosité doit le mettre à ma discrétion.

CHAPITRE XXVII.

L'Explosion.

« En rapides sillons quand l'éclair fend la nue,
« La surprise muette et la crainte éperdue
« Ecoutent, en tremblant, la foudre qui mugit. »
THOMSON. *L'Été.*

Le chapitre précédent était destiné, comme l'annonçait son titre, à faire jeter un coup d'œil en arrière pour que le lecteur fût à même de juger à quels termes en étaient le roi de France et le duc de Bourgogne quand Louis avait été déterminé à confier sa royale personne à la foi d'un ennemi exaspéré, démarche dont sa croyance à l'astronomie lui promettait un résultat favorable. Mais il s'était sans doute aussi laissé persuader par le sentiment intime de la supériorité que lui donnait sur Charles la force de son esprit. Cette résolution extraordinaire et inexplicable d'ailleurs était d'autant plus téméraire, qu'on avait eu, dans ces temps de troubles, bien des preuves que les sauf-conduit les plus solennels n'étaient plus une garantie suffisante. Et dans le fait, le meurtre de l'aïeul du duc sur le pont de Montereau, en présence du père de Louis XI, dans une entrevue dont le but était le rétablissement de la paix et une amnistie générale, offrait au duc un horrible exemple, s'il était disposé à y recourir.

Mais le caractère de Charles, quoique brusque, fier, emporté et opiniâtre, n'était pas sans un mélange de bonne foi et de générosité, si ce n'est dans les instans où il se laissait entraîner par la violence de ses passions. Ce n'est qu'aux tempéramens plus froids que ces deux vertus sont entièrement inconnues. Il ne se donna aucune peine pour faire au roi un meilleur accueil que ne l'exigeaient les lois de l'hospitalité; mais, d'une autre part, il ne montra pas le dessein de franchir les barrières sacrées qu'elles imposent.

Le lendemain du jour de l'arrivée du roi, il y eut une revue générale des troupes de Charles, et elles étaient si nombreuses, si bien armées et équipées, qu'il ne fut peut-être pas fâché d'avoir l'occasion de donner ce spectacle à son rival de puissance. Tout en lui faisant le compliment dû par un vassal à son seigneur suzerain, que ces troupes étaient celles du roi et non les siennes, le mouvement de sa lèvre supérieure et l'éclair de fierté qui brilla dans ses yeux indiquaient assez que ce discours n'était qu'une courtoisie vide de sens, et qu'il savait fort bien que cette belle armée, exclusivement à ses ordres, était aussi prête à marcher sur Paris que sur tout autre point. Ce qui devait ajouter à la mortification de Louis, c'était de reconnaître parmi les bannières celles de plusieurs seigneurs français, non-seulement de Normandie et de Bretagne, mais de provinces plus immédiatement soumises à son autorité, et qui, par divers motifs de mécontentement, avaient joint le duc de Bourgogne, et fait cause commune avec lui.

Fidèle à son caractère, Louis parut faire peu d'attention à ces mécontens, tandis que dans le fait il repassait dans son esprit les moyens qu'il pourrait employer pour les détacher de la Bourgogne et les rappeler à lui; il résolut de faire sonder à cet égard les principaux d'entre eux par Olivier et d'autres agens.

Lui-même il travailla avec soin, mais avec grande précaution, à captiver la bienveillance des principaux officiers et conseillers de Charles; employant à cet effet les moyens qui lui étaient ordinaires, accordant des égards, distribuant d'adroites flatteries, et faisant des présens avec libéralité, non, disait-il à ces seigneurs, pour ébranler la fidélité qu'ils devaient à leur noble maître, mais pour les engager à faire tous leurs efforts pour maintenir la paix entre la France et la Bourgogne, but si louable en lui-même, et tendant si évidemment au bonheur des deux pays et des deux princes qui les gouvernaient.

Les égards d'un si grand roi, d'un roi si plein de prudence, faisaient déjà quelque chose par eux-mêmes ; les complimens produisaient un nouvel effet, et les présens que l'usage du temps permettait aux courtisans bourguignons d'accepter sans scrupule faisaient encore davantage. Pendant une chasse au sanglier dans la forêt, tandis que le duc, également ardent aux plaisirs et aux affaires, s'abandonnait entièrement à son goût pour la chasse, Louis, n'étant pas gêné par sa présence, trouva le moyen de causer secrètement et tour à tour avec plusieurs courtisans qui passaient pour avoir beaucoup de crédit sur l'esprit de Charles, et parmi lesquels d'Hymbercourt et d'Argenton ne furent pas oubliés. Aux avances qu'il fit à ces deux hommes distingués il ne manqua pas de mêler adroitement l'éloge de la valeur et des talens militaires du premier, comme du jugement profond et des connaissances littéraires de l'historien futur de cette époque.

Cette occasion de pouvoir personnellement se concilier, ou, si le lecteur le veut, de corrompre les ministres de Charles, était peut-être ce que le roi s'était proposé comme un des principaux objets de sa visite, quand même ses cajoleries échoueraient à l'égard du duc lui-même. Il existait tant de relations entre la France et la Bourgogne que beaucoup de nobles du second de ces pays avaient dans le premier des intérêts actuels ou des espérances futures, et la faveur de Louis pouvait leur être aussi utile à cet égard que son déplaisir aurait pu leur être nuisible.

Formé pour ce genre d'intrigue comme pour tous les autres, libéral jusqu'à la profusion lorsque ses projets l'exigeaient, habile à donner à ses propositions comme à ses présens la couleur la plus plausible, le roi réussit à faire plier l'orgueil des uns sous le joug de l'intérêt, et à présenter à l'esprit des autres, patriotes véritables ou prétendus, le bien commun de la France et de la Bourgogne comme un motif ostensible, tandis que l'intérêt personnel, semblable à la roue cachée qui fait mouvoir une machine, n'agissait pas moins puissamment. Il savait connaître l'appât propre à chacun, et la manière de le présenter : il glissait ses présens dans la manche de ceux qui étaient trop fiers pour tendre la main, et il ne doutait pas que sa générosité, tombant comme la rosée, sans bruit et imperceptiblement, ne produisît en temps convenable une moisson abondante, au moins de bonne volonté, et peut-être de bons offices, en faveur du donateur. Enfin, quoiqu'il se fût depuis long-temps frayé le chemin par le moyen de ses agens, pour se procurer à la cour de Bourgogne une influence qui pût être avantageuse aux intérêts de la France, ses efforts personnels, aidés sans doute par les informations qu'il avait préalablement reçues, le conduisirent plus directement à son but en quelques heures que les instrumens qu'il avait employés jusqu'alors n'avaient pu y réussir en plusieurs années de négociations.

Il existait à la cour de Bourgogne un individu que Louis désirait particulièrement gagner, et qu'il y chercha inutilement dès qu'il y fut arrivé : c'était le comte de Crèvecœur. Bien loin d'avoir du ressentiment contre lui à cause de la fermeté qu'il avait déployée, en sa qualité d'ambassadeur, au château du Plessis, le roi n'avait trouvé dans cette conduite qu'un motif de plus pour chercher à se l'attacher, s'il était possible. Il ne fut pas très-charmé d'apprendre que le comte était parti à la tête de cent lances, et se rendait vers les frontières du Brabant, pour porter des secours à l'évêque, en cas de nécessité, soit contre Guillaume de la Marck, soit contre ses sujets mécontens. Il ne se consola qu'en pensant que cette force, jointe aux avis qu'il avait envoyés par de fidèles messagers, empêcherait qu'il n'éclatât dans ce pays des troubles prématurés, dont il prévoyait que l'explosion rendrait sa situation fort précaire.

La cour, en cette occasion, dîna dans la forêt, quand l'heure de midi fut arrivée, comme c'était assez l'usage dans ces grandes parties de chasse : cet arrangement, pour cette fois, fut particulièrement agréable au duc, qui désirait se dispenser, autant qu'il le pouvait, de cette déférence solennelle et cérémonieuse qu'il était, en tout autre cas, obligé d'observer à l'égard du roi Louis. Dans le fait, la connaissance que le roi possédait des faibles de la nature humaine l'avait trompé en cette occasion. Il avait pensé que le duc se serait trouvé flatté au-delà de toute expression, de recevoir de son souverain une telle marque de condescendance et de confiance ; mais il avait oublié que la dépendance où était le duché de Bourgogne de la couronne de France était en secret une mortification amère pour un prince aussi riche, aussi fier et aussi puissant que Charles, qui ne désirait certainement rien tant que de pouvoir l'ériger en royaume indépendant. La présence du roi en sa propre cour lui imposait l'obligation d'y jouer le rôle subordonné de vassal, d'accomplir divers actes de soumission et de déférence féodale, ce qui, pour un homme d'un caractère si hautain, était déroger à sa qualité de prince souverain, dont il était continuellement jaloux.

Mais quoiqu'on pût, en cette occasion, dîner sur le gazon, et mettre des barils en perce au son des cors, avec toute la liberté que permet un repas champêtre, il n'en devenait que plus nécessaire de suivre, pour le festin du soir, toutes les lois de la plus stricte étiquette.

Des ordres préalables avaient été donnés à cet effet ; et en rentrant à Péronne le roi trouva un banquet préparé avec une splendeur et une magnificence dignes de la richesse de son formidable vassal, qui possédait presque tous les Pays-Bas, alors le plus riche pays de l'Europe. Le duc était assis au haut bout d'une grande table gémissant sous le poids d'une vaisselle d'or et d'argent, dans laquelle étaient servis les mets les plus recherchés. A sa main droite, et sur un siège plus élevé que le sien, était le roi son hôte. On voyait debout derrière lui, d'un côté, le fils du duc de Gueldres, qui remplissait les fonctions de grand-écuyer tranchant, de l'autre son fou le Glorieux, sans lequel le prince se montrait rarement ; car, comme la plupart des hommes de son caractère, Charles portait à l'extrême le goût général dans toutes les cours de ce siècle pour les fous et les bouffons, trouvant dans la bizarrerie de leur infirmité morale, et dans leurs saillies, ce plaisir que son rival, plus intelligent, mais sans plus de bienveillance, riant volontiers

Et des craintes du brave, et des erreurs du sage,

préférait tirer de l'observation des imperfections de l'humanité considérée sous un point de vue plus noble. Et en effet, s'il est vrai, comme le rapporte Brantôme, qu'un fou de cour ayant entendu Louis XI, dans un de ses accès de repentir et de dévotion, avouer qu'il avait été complice de l'empoisonnement de son frère Henri, comte de Guienne, en fit le récit, le lendemain à dîner, devant toute la cour assemblée, on peut croire que les plaisanteries des fous de profession eurent peu d'attraits pour ce monarque pendant tout le reste de sa vie.

Mais en cette occasion il ne dédaigna pourtant pas de faire attention au fou favori du duc de Bourgogne, et d'applaudir à ses reparties. Il le fit même d'autant plus volontiers qu'il crut remarquer, que quoique la folie du Glorieux s'exprimât souvent d'une manière grossière, elle couvrait pourtant plus de finesse et de causticité que n'en avaient ordinairement les hommes de cette profession.

Dans le fait, Tiel Wetzweiler, surnommé le Glorieux, n'était nullement un fou de trempe ordinaire. C'était un grand et bel homme, qui excellait dans un grand nombre d'exercices, ce qui semblait à peine pouvoir se concilier avec une faible intelligence, puisqu'il lui avait fallu de la patience et de l'attention pour acquérir ces talens. Il suivait ordinairement le duc à la chasse et même à la guerre; et, à la bataille de Montlhéri, quand ce prince courut un grand danger, ayant été blessé à la gorge, et se trouvant sur le point d'être fait prisonnier par un chevalier français qui tenait déjà les rênes de son cheval, Tiel Wetzweiler attaqua l'assaillant avec tant de bravoure qu'il le renversa et dégagea son maître. Peut-être craignait-il que ce service ne parût trop important pour un homme de sa condition, et qu'il ne lui suscitât des ennemis parmi les chevaliers et les seigneurs qui avaient laissé au fou de la cour le soin de la personne de leur souverain; quoi qu'il en fût, au lieu de songer à se faire donner des éloges pour cet exploit, il ne chercha qu'à faire rire à ses dépens, et il fit tant de gasconnades sur tout ce qu'il avait fait dans cette bataille, que bien des gens pensèrent que le secours qu'il avait donné si à propos au duc était une circonstance imaginaire, comme tout le reste de sa narration. Ce fut à cette occasion qu'il reçut le sobriquet de *Glorieux*, et dès-lors il ne porta plus d'autre nom.

Le Glorieux s'habillait fort richement, et ne conservait que très-peu de chose du costume ordinaire aux gens de sa profession; encore ce peu avait-il un caractère symbolique plutôt que littéral. Au lieu d'avoir la tête rasée, il portait de longs cheveux bouclés qui venaient rejoindre une barbe bien peignée et arrangée avec soin; ses traits étaient réguliers et auraient pu même passer pour beaux, s'il n'avait eu quelque chose d'égaré dans les yeux. Une petite bande de velours écarlate, placée au haut de son bonnet, indiquait plutôt qu'elle ne représentait une crête de coq, attribut distinctif d'un fou en titre d'office. Sa marotte en ébène se terminait, suivant l'usage, par une tête de fou avec des oreilles d'âne en argent, mais si petite et taillée si délicatement, qu'à moins de l'examiner de fort près on aurait pu croire qu'il portait le bâton officiel de quelque dignité plus grave. Telles étaient, dans tout son costume, les seules marques auxquelles on pût reconnaître son emploi. A tous autres égards, il disputait de splendeur avec la plupart des seigneurs de la cour. Une médaille d'or était attachée à son bonnet; il portait au cou une belle chaîne de même métal, et ses riches habits n'étaient pas taillés d'une manière plus bizarre que ceux de ces jeunes gens qui cherchent à outrer la mode du jour.

Charles et Louis, en imitation de son hôte, adressèrent souvent la parole à ce personnage pendant le repas, et tous deux, en riant de bon cœur, montraient combien les réponses du Glorieux les amusaient.

— Pour qui sont donc ces deux places vacantes? lui demanda Charles.

— L'une d'elles tout au moins devrait m'appartenir par droit de succession, répondit le Glorieux.

— Et pourquoi cela, drôle?

— Parce qu'elles appartiennent à d'Hymbercourt et à d'Argenton, qui sont allés si loin pour donner le vol à leurs faucons, qu'ils en ont oublié leur souper. Or, ceux qui préfèrent un faucon volant, à un faisan sur la table, sont proches parens des fous, et par conséquent je devrais avoir droit à leurs places à table, comme faisant partie de leur succession mobilière.

— C'est une plaisanterie réchauffée, mon ami Tiel; mais qu'ils soient fous ou sages, les voici qui arrivent pour relever leur défaut.

D'Argenton et d'Hymbercourt entraient en ce moment dans la salle; et après avoir salué respectueusement les deux princes, ils prirent les places qui leur avaient été réservées.

— Eh bien! messieurs, leur dit le duc, il faut que votre chasse ait été bien bonne ou bien mauvaise, pour qu'elle vous ait retenus si tard? Mais quoi! sire Philippe de Comines, vous avez l'air tout abattu! d'Hymbercourt vous a-t-il gagné une grosse gageure? Vous êtes un philosophe, et vous devriez savoir mieux supporter la mauvaise fortune. Mais d'Hymbercourt a l'air tout consterné! Que veut dire ceci, messieurs? n'avez-vous pas trouvé de gibier? avez-vous perdu vos faucons? avez-vous rencontré quelque sorcière? le Chasseur Sauvage [1] s'est-il montré à vous dans la forêt? Sur mon honneur, on dirait que vous venez, non à un festin, mais à une cérémonie funèbre.

Tandis que le duc parlait, les yeux de toute la compagnie se dirigeaient sur d'Argenton et d'Hymbercourt. Ils n'étaient nullement de cette classe de gens en qui une expression de mélancolie est habituelle, et ce fut une raison pour que leur embarras et leur air décontenancé en fussent plus remarqués. L'enjouement et la gaieté qu'on devait en grande partie à de copieuses libations d'excellent vin, disparurent presque au même instant; et sans que personne pût assigner la raison de ce changement survenu tout à coup dans la disposition générale des esprits, chacun se mit à parler à l'oreille à son voisin, comme si l'on eût été dans l'attente de quelque nouvelle étrange et importante.

—Que veut dire ce silence, messieurs? s'écria le duc en élevant la voix qu'il avait naturellement très-haute. Si vous apportez à notre banquet un air si étrange et une taciturnité qui l'est encore davantage, nous voudrions que vous fussiez restés dans les marais à chercher des hérons, des bécasses, et même des hibous.

—Monseigneur, dit d'Argenton, comme nous revenions ici de la forêt, nous avons rencontré le comte de Crèvecœur.

—Quoi! déjà de retour du Brabant? J'espère que tout y est tranquille.

—Le comte informera lui-même Votre Altesse, dans un instant, des nouvelles qu'il apporte, dit d'Hymbercourt, car nous ne les savons que fort imparfaitement.

—Vraiment? Et où est le comte?

---

[1] La tradition du *chasseur* est fort ancienne, et n'avait pas cours seulement en Allemagne. Voyez l'imitation de la ballade de Burger sur ce sujet, par Walter Scott.—Ed.

— Il change de costume pour se rendre près de Votre Altesse, répondit d'Hymbercourt.

— De costume ! Tête-Dieu ! que m'importe son costume ? Je crois que vous avez conspiré avec lui pour me faire perdre l'esprit ?

— Pour parler plus franchement, dit d'Argenton, les nouvelles qu'il apporte, il désire vous les communiquer dans une audience particulière.

— Tête-Dieu ! sire roi, dit Charles, voilà bien comme nos conseillers nous servent toujours. S'ils peuvent attraper quelque chose qu'ils jugent de quelque intérêt pour notre oreille, ils prennent sur-le-champ un air grave, et deviennent aussi fiers de ce qu'ils portent qu'un âne l'est d'une selle neuve. Qu'on aille dire à Crèvecœur de se rendre ici sur-le-champ. Il vient des frontières de Liège ; et quant à *nous*, du moins, dit-il en appuyant sur le pronom, nous n'avons dans ce pays aucun secret que nous ne puissions proclamer à la face du monde entier.

On s'aperçut généralement que le duc avait assez bu pour renforcer son opiniâtreté naturelle ; et, quoique plusieurs de ses courtisans lui eussent volontiers fait observer que le moment n'était convenable ni pour apprendre des nouvelles, ni pour tenir conseil, cependant ils connaissaient trop bien l'impétuosité de son caractère pour se hasarder à lui faire quelque objection, et chacun resta dans l'attente des nouvelles apportées par Crèvecœur.

Quelques minutes se passèrent, pendant lesquelles le duc resta les yeux fixés sur la porte avec un air d'impatience, tandis que tous les convives avaient les leurs baissés vers la table, comme pour cacher leur inquiétude et leur curiosité. Louis seul conservait le plus grand sang-froid, et causait alternativement avec le fou et avec le grand écuyer tranchant.

Enfin Crèvecœur arriva, et dès qu'il parut le duc le salua en lui demandant d'un ton bref : — Eh bien ! sire comte, quelles nouvelles de Liège et du Brabant? L'annonce de votre arrivée a banni la gaieté de notre table; mais nous espérons que votre présence va l'y ramener.

— Mon seigneur et maître, répondit Crèvecœur d'un ton ferme, mais triste, les nouvelles que j'apporte sont faites pour être entendues dans votre conseil plutôt qu'à votre table.

— Quelles-sont-elles? s'écria le duc; je veux le savoir, eussiez-vous à m'annoncer la venue de l'Antechrist. Mais je puis les deviner : les Liégeois se sont encore mutinés?

— C'est la vérité, monseigneur, dit Crèvecœur d'un air très-grave.

—Voyez-vous, reprit le duc, comme j'ai deviné sur-le-champ ce que vous hésitiez tellement à me dire! Ainsi donc ces bourgeois écervelés ont encore pris les armes? Cette nouvelle ne pouvait arriver plus à propos, ajouta-t-il en jetant sur Louis un regard plein d'amertume et de ressentiment, quoiqu'il cherchât évidemment à se modérer, puisque nous pouvons demander à notre seigneur suzerain son avis sur la manière de réprimer de tels mutins. Avez-vous encore d'autres nouvelles, comte? apprenez-nous-les; rendez-nous compte ensuite pourquoi vous n'avez pas marché vous-même au secours de l'évêque.

—Il m'en coûte, monseigneur, d'avoir à vous apprendre les autres nouvelles, et il sera affligeant pour vous de les entendre. Mon secours, celui de tous les chevaliers du monde, ne pourraient être d'aucune utilité au digne prélat : Guillaume de la Marck, uni aux Liégeois insurgés, s'est emparé de Schonwaldt, et l'a assassiné dans son propre château.

—*Assassiné!* répéta le duc d'une voix creuse et basse, qui fut pourtant entendue d'un bout de la salle à l'autre, tu as été trompé par quelque faux rapport, Crèvecœur; cela est impossible!

—Hélas, monseigneur, répondit le comte, je le tiens d'un témoin oculaire, d'un archer de la garde écossaise du roi de France, qui était dans la salle à l'instant où ce meurtre a été commis par ordre de Guillaume de la Marck.

—Et qui sans doute était fauteur et complice de cet horrible sacrilège, s'écria le duc en se levant et en frappant du pied avec tant de fureur qu'il brisa le marche-pied placé devant lui. Qu'on ferme les portes de cette salle! Qu'on en garde les fenêtres! Qu'aucun étranger ne bouge de sa place, sous peine de mort! Gentilshommes de ma chambre, l'épée à la main! —Et se tournant vers Louis, il avança la main lentement, mais d'un air déterminé, vers la poignée de son épée, pendant que le roi, sans montrer aucune crainte, sans même prendre une attitude défensive, lui disait froidement:

—Cette nouvelle a ébranlé votre raison, beau cousin.

—Non, répliqua le duc d'un ton terrible; mais elle a éveillé un juste ressentiment que j'avais laissé sommeiller trop long-temps par de vaines considérations de lieux et de circonstances.—Assassin de ton frère! rebelle contre ton père! tyran de tes sujets! allié traître, roi parjure, gentilhomme sans honneur! tu es en mon pouvoir, et j'en rends grace au ciel.

—Rendez-en plutôt grace à ma folie, dit le roi. Quand nous nous rencontrâmes, à termes plus égaux, à Montlhéri, il me semble que vous auriez voulu être plus loin de moi que vous ne l'êtes maintenant.

Le duc avait toujours la main sur la poignée de son épée; mais il ne la tira pas hors du fourreau. Il semblait qu'il ne pouvait se résoudre à en faire usage contre un ennemi qui ne lui offrait aucune résistance, et dont l'air calme ne pouvait justifier aucun acte de violence.

Cependant une confusion générale régnait dans la salle. Les portes en avaient été fermées par l'ordre du duc, et elles étaient gardées; mais plusieurs seigneurs français, quoique peu nombreux, s'étaient levés, et se disposaient à prendre la défense de leur souverain. Louis n'avait dit un mot ni au duc d'Orléans ni à Dunois depuis qu'il les avait fait sortir du château de Loches; et à peine pouvaient-ils se croire en liberté, traînés comme ils l'étaient à la suite du roi, et objets de sa méfiance et de ses soupçons plutôt que de ses égards et de son attachement. Cependant la voix de Dunois fut la première à se faire entendre au milieu du tumulte; et s'adressant au duc de Bourgogne : — Sire duc, lui dit-il, vous oubliez que vous êtes vassal de la France; et que nous, vos convives, nous sommes Français. Si vous levez la main contre notre monarque, préparez-vous aux plus violens efforts du désespoir; car croyez-moi, nous nous abreuverons du sang de la Bourgogne comme nous venons de le faire de son vin. Courage, monseigneur d'Orléans. Et vous, gentilshommes français, rangez-vous autour de Dunois, et faites ce que vous le verrez faire.

C'est en de pareils momens qu'un roi connaît quels sont ceux de ses sujets sur qui il peut compter avec certitude. Le peu de chevaliers et de seigneurs indépendans qui avaient suivi Louis, et dont la plupart n'avaient jamais reçu de lui que des marques de dédain et de déplaisir, sans être effrayés par une force infiniment supérieure qui ne leur permettait d'espérer qu'une mort glorieuse, se rangèrent à l'instant autour de Dunois, et se frayèrent un chemin à sa suite vers le haut bout de la table où se trouvaient les deux princes.

Au contraire, ceux que Louis avait tirés du néant pour leur confier des places importantes pour lesquelles ils n'étaient pas nés ne montrèrent que froideur et lâcheté, et restant tranquillement assis, semblèrent résolus de ne pas courir au-devant de leur destin en se mêlant de cette affaire, quoi qu'il pût arriver à leur bienfaiteur.

A la tête du parti le plus généreux et le plus fidèle était le vénérable lord Crawford, qui, avec une agilité que personne n'aurait attendue de son âge, s'ouvrit un chemin malgré toute opposition. Il est pourtant juste d'ajouter qu'il n'en éprouva guère ; car, soit par point d'honneur, soit par un secret désir de prévenir le coup qui menaçait Louis, la plupart des seigneurs bourguignons s'écartèrent pour le laisser passer. Se plaçant hardiment entre le roi et le duc, Crawford enfonça sur un côté de sa tête sa toque, d'où s'échappaient quelques mèches de cheveux blancs ; ses joues pâles et son front ridé reprirent les couleurs de la jeunesse ; son œil flétri par l'âge brilla de tout le feu d'un jeune guerrier prêt à faire un acte de courage et de désespoir ; et entourant son bras gauche du manteau attaché à son épaule, il tira son épée de la main droite.

—J'ai combattu pour son père et pour son aïeul ! s'écria-t-il, et, de par saint André ! quoi qu'il puisse arriver, je ne l'abandonnerai pas dans une pareille crise !

Tout ce qui vient de nous coûter quelque temps pour le raconter se passa avec la rapidité d'un éclair. A peine le duc avait-il pris une attitude menaçante, que Crawford s'était jeté entre lui et l'objet de sa vengeance, et que Dunois, entouré des seigneurs français, n'était plus qu'à quelques pas.

Le duc de Bourgogne avait toujours la main sur son épée, et il semblait se disposer à donner le signal d'une attaque générale dont le résultat aurait été infailliblement le massacre du parti le plus faible, quand Crèvecœur se jeta en avant, et s'écria d'une voix retentissante : —Monseigneur de Bourgogne, songez à ce que vous allez faire ! Vous êtes chez vous. Vous êtes le vassal du roi. Ne répandez pas le sang de votre hôte sous votre toit, le sang d'un roi sur le trône que vous avez élevé pour lui, et où il s'est assis sous votre sauvegarde. Par égard pour l'honneur de votre maison, ne cherchez pas à venger un meurtre horrible par un meurtre plus horrible encore.

—Retire-toi, Crèvecœur, s'écria le duc, et laisse-moi

assouvir ma vengeance. Retire-toi, te dis-je : la colère des princes est à craindre comme celle du ciel.

— Oui, répondit Crèvecœur avec fermeté; mais seulement quand elle est juste comme celle du ciel. Permettez-moi de vous supplier de maîtriser la violence de votre caractère, quelque justement irrité que vous soyez. Et vous, messeigneurs de France, votre résistance est inutile; souffrez que je vous engage à éviter tout ce qui pourrait amener une effusion de sang.

— Il a raison, dit Louis que son sang-froid n'abandonna pas dans cette crise effrayante, et qui prévoyait que si une querelle commençait, on se porterait à plus de violence dans la chaleur du moment qu'après l'examen des choses telles qu'elles étaient, si on pouvait maintenir la paix. — Mon cousin d'Orléans, mon cher Dunois, mon brave Crawford, n'amenez pas des malheurs et une effusion de sang, en vous offensant trop promptement. Notre cousin le duc est courroucé de la nouvelle de la mort d'un ami qui lui était cher, du vénérable évêque de Liège, dont nous déplorons le meurtre autant qu'il le déplore. D'anciens et malheureusement de nouveaux sujets de querelle le portent à nous soupçonner d'avoir eu quelque part à un crime qui nous fait horreur. Si notre hôte voulait nous assassiner en ce lieu même, nous son roi, nous son parent, sous la fausse supposition que nous ayons donné les mains à ce meurtre abominable, tous vos efforts n'allégeraient guère notre destin, et pourraient au contraire considérablement l'aggraver. Ainsi donc, Crawford, retirez-vous. Quand ce devraient être mes dernières paroles, je parle comme un roi à son officier, et j'exige obéissance. Retirez-vous; et si on l'exige, rendez votre épée : je vous le commande, et votre serment vous oblige à m'obéir.

— C'est la vérité, Sire, répondit Crawford en reculant, et remettant son épée dans le fourreau; oui, c'est la vérité; mais si j'étais à la tête de soixante-dix de mes braves gens, au lieu d'être chargé du même nombre d'années, sur mon honneur ! je voudrais voir si l'on peut avoir raison de ces galans si pimpans avec leurs chaînes d'or et les bijoux qui brillent à leurs chapeaux.

Le duc resta assez long-temps les yeux fixés sur le plancher, et dit ensuite avec un ton d'ironie amère : — Vous avez raison, Crèvecœur : notre honneur exige que les obligations que nous avons à ce grand roi, à cet hôte honorable, à cet ami fidèle, ne soient pas payées aussi précipitamment que nous l'avions d'abord résolu dans notre colère. Nous agirons de telle sorte que toute l'Europe connaîtra la justice de nos procédés. Messeigneurs de France, il faut que vous rendiez vos armes à mes officiers. Votre maître a rompu la trève et n'a plus droit à en profiter. Cependant, pour ménager vos sentimens d'honneur, et par respect pour la race dont il a dégénéré, nous ne demanderons pas à notre cousin Louis son épée.

—Pas un de nous, s'écria Dunois, ne rendra ses armes, et ne sortira de cette salle sans être convaincu de la sûreté de notre roi.

—Et pas un homme de la garde écossaise, ajouta lord Crawford, ne mettra bas les armes, si ce n'est par ordre du roi de France ou de son grand connétable.

—Brave Dunois, dit le roi, et vous, mon fidèle Crawford, votre zèle me nuira au lieu de m'être utile. Je compte, ajouta-t-il avec dignité, sur la justice de ma cause, plus que sur une vaine résistance qui coûterait la vie à mes meilleurs et mes plus braves sujets. Rendez vos armes : les nobles Bourguignons qui recevront ces gages honorables nous protègeront vous et moi mieux que vous ne pourriez le faire.—Rendez vos armes ; c'est moi qui vous l'ordonne.

Ce fut ainsi que dans cette crise dangereuse Louis montra cette prompte décision et cette présence d'esprit admirables qui seules pouvaient lui sauver la vie. Il savait que, jusqu'à ce qu'on en vînt aux mains, il pouvait compter sur les efforts de la plupart des seigneurs bourguignons qui se trouvaient dans la salle, pour chercher à calmer la fureur de leur maître; mais que si une mêlée avait lieu, sa vie et celle du petit nombre de défenseurs qu'il avait seraient sacrifiées à l'instant même : ses ennemis les plus acharnés avouèrent pourtant que sa conduite n'offrait en ce moment rien qui sentît la bassesse ou la lâcheté. Il ne chercha pas à changer en frénésie les transports furieux du duc : mais il parut ni craindre ni conjurer sa colère, et il continua à le regarder avec cette attention calme et fixe qu'on remarque dans les yeux d'un homme brave qui observe les gestes menaçans d'un fou, et qui sait que le sang-froid et la fermeté seront un frein suffisant pour réprimer peu à peu la rage du délire même.

Crawford, à l'ordre du roi, jeta son épée au comte de Crèvecœur.—Prenez-la, lui dit-il, et que le diable vous en donne bien de la joie. Celui à qui elle appartient légitimement n'est pas déshonoré en la rendant, car nous n'avons pas eu le champ libre pour la défendre.

—Un moment, messieurs, s'écria le duc en accens entrecoupés, comme un homme à qui la colère laisse à peine le pouvoir de s'exprimer, gardez vos armes; votre parole de ne pas vous en servir me suffira. Quant à vous, Louis de Valois, vous devez vous regarder comme mon prisonnier, jusqu'à ce que vous vous soyez justifié d'avoir été complice d'un meurtre et d'un sacrilège. Qu'on le conduise au château, dans la Tour du comte Herbert; qu'il ait avec lui six personnes de sa suite à son choix. Lord Crawford, il faut que votre garde se retire du château; on lui assignera un autre logement, un logement honorable. Qu'on lève tous les ponts-levis, et qu'on baisse toutes les herses; qu'on place une triple garde aux portes de la ville; qu'on ramène le pont de bateaux sur la rive droite de la rivière; que ma troupe de Wallons noirs entoure le château; qu'on triple le nombre des sentinelles à tous les postes. D'Hymbercourt, vous ferez faire des patrouilles à pied et à cheval autour de la ville, de demi-heure en demi-heure pendant toute la nuit, et d'heure en heure pendant la journée de demain, si toutefois cette mesure est encore nécessaire alors; car il est probable que nous ne laisserons pas vieillir cette affaire. Veillez bien sur la personne de Louis, si vous faites cas de la vie.

Il quitta la table avec le même air d'humeur et de colère, jeta sur le roi un regard d'inimitié mortelle, et sortit de l'appartement à pas précipités.

— Messieurs, dit Louis en regardant autour de lui avec dignité, le chagrin de la mort de son allié a jeté votre prince dans un accès de frénésie. J'espère que vous connaissez trop bien vos devoirs, comme nobles et comme chevaliers, pour le soutenir dans des démarches traîtreusement violentes contre la personne de son seigneur suzerain.

En ce moment on entendit dans les rues le son des tambours et des trompettes qui appelaient les soldats de toutes parts.

— Nous sommes sujets de la Bourgogne, répondit Crèvecœur, qui remplissait les fonctions de grand-maréchal de la maison du duc, et nous devons agir en conséquence. Nos espérances, nos prières et nos efforts chercheront à ramener la paix et l'union entre Votre Majesté et notre maître; mais en attendant, c'est un devoir pour nous d'exécuter ses ordres. Ces seigneurs et ces chevaliers se feront un honneur d'héberger l'illustre duc d'Orléans, le brave Dunois et le vénérable lord Crawford. Quant à moi, il faut que je sois le chambellan de Votre Majesté, et que je vous conduise dans un tout autre appartement que je ne le voudrais, me rappelant l'hospitalité que j'ai reçue au Plessis. Vous n'avez qu'à choisir votre suite, que les ordres du duc limitent à six personnes.

— En ce cas, dit le roi en regardant autour de lui, et après un moment de réflexion, je désire avoir près de moi Olivier-le-Dain, un archer de ma garde écossaise nommé le Balafré, Tristan l'Ermite, avec deux de ses gens à son choix, et mon fidèle et loyal philosophe Martius Galeotti.

— La volonté de Votre Majesté sera exécutée en tous points, répondit le comte de Crèvecœur. J'apprends, ajouta-il après avoir pris quelques informations, que Galeotti est en ce moment à souper en joyeuse compagnie, mais on va l'envoyer chercher. Les autres se rendront aux ordres de Votre Majesté à l'instant même.

— Marchons donc, dit le roi, et rendons-nous dans le nouveau logement que nous assigne l'hospitalité de notre cousin. Nous savons que la place est forte, et nous espérons qu'elle ne sera pas moins sûre.

— Avez-vous remarqué quelle suite le roi Louis a choisie? demanda le Glorieux à voix basse au comte de Crèvecœur en suivant Louis qui sortait de la salle où s'était donné le banquet.

— Sans doute, mon joyeux compère; qu'as-tu à dire à cet égard?

— Oh! rien, absolument rien, si ce n'est que c'est un choix rare : un rufian de barbier, un coupe-jarret écossais, le bourreau avec deux de ses gens, et un fripon de charlatan. J'irai avec vous, Crèvecœur; je veux prendre un grade dans la science de la coquinerie, en les observant pendant que vous allez les conduire. Satan aurait eu peine à convoquer un pareil synode, et il n'aurait pu en être lui-même un plus digne président.

Le fou, à qui tout était permis, prit alors le bras de Crèvecœur, et se mit à marcher avec lui, tandis qu'accompagné d'une forte escorte, mais avec toutes les marques extérieures du respect, le comte conduisait le roi vers son nouvel appartement.

CHAPITRE XXVIII.

Incertitude.

« Le pauvre dort en paix, et les fronts couronnés
« Ne peuvent obtenir une couche paisible. »
SHAKSPEARE. *Henri VI, partie* II.

QUARANTE hommes d'armes portant alternativement, l'un l'épée nue, l'autre une torche allumée, formaient l'escorte ou plutôt la garde qui conduisait Louis XI de l'hôtel-de-ville de Péronne au château-fort; en entrant dans cette sombre demeure, le roi crut un moment entendre une voix qui lui donnait à l'oreille cet avis que le poète florentin a écrit sur la porte des régions infernales :

Laissez ici toute espérance (1).

Peut-être quelque sentiment de remords aurait ému le cœur du roi, s'il avait songé aux victimes qu'il avait fait entasser dans ses cachots par centaines et par milliers, sur de légers soupçons, souvent même sans aucun motif, les privant sans scrupule de tout espoir de liberté, et les réduisant à maudire la vie à laquelle elles ne tenaient plus que par une sorte d'instinct animal.

La lueur des torches l'emportait sur celle de la lune, dont les rayons avaient moins d'éclat cette nuit que la précédente, et la lumière rougeâtre qu'elles répandaient sur ce vieil édifice semblait rendre encore plus sombre et

(1) Dante, liv. I. — ÉD.

plus formidable le bâtiment nommé la Tour du comte Herbert. C'était celle que Louis avait vue la veille avec une espèce de pressentiment fâcheux, et qu'il était maintenant destiné à habiter, en proie à la crainte de toutes les violences auxquelles son puissant vassal, au caractère irascible, pourrait se livrer sous ces voûtes silencieuses, si favorables au despotisme.

Les pénibles sensations du roi ne firent que s'accroître quand il aperçut, en traversant la cour, deux ou trois cadavres sur lesquels on avait jeté à la hâte une capote de soldat; et il ne fut pas long-temps à reconnaître l'uniforme des archers de sa garde écossaise. Le détachement qui était de garde près de l'appartement du roi, comme le comte de Crèvecœur l'en informa, avait refusé de quitter son poste; une querelle s'en était suivie entre eux et les Wallons noirs du duc, et avant que les officiers des deux corps eussent pu rétablir l'ordre, plusieurs d'entre eux avaient été tués.

— Mes braves et fidèles Ecossais! s'écria le roi en voyant ce triste spectacle, si vous aviez eu à combattre homme à homme, ni la Flandre ni la Bourgogne n'auraient pu fournir de champions en état de vous résister.

— Sans doute, dit le Balafré qui marchait derrière le roi; mais Votre Majesté n'ignore pas que le nombre l'emporte sur le courage. Il y a peu de gens qui puissent faire face à plus de deux ennemis à la fois. Moi-même je ne me soucierais guère d'avoir à en combattre trois, à moins que le devoir ne l'exigeât, auquel cas il ne s'agit plus de compte.

— Es-tu là, ma vieille connaissance? dit le roi. J'ai donc encore près de moi un sujet fidèle?

— Et un fidèle ministre, soit dans vos conseils, soit dans les devoirs qu'il a à remplir près de votre personne royale, dit Olivier-le-Dain d'une voix mielleuse.

— Nous sommes tous fidèles, dit Tristan l'Ermite d'un ton brusque; car si le duc vous fait périr, il ne laissera la vie à aucun de nous, quand même nous désirerions la conserver.

—Voilà ce que j'appelle une bonne garantie de fidélité, dit le Glorieux, qui, comme nous l'avons déjà dit, et avec la légèreté d'esprit qui caractérise un cerveau dérangé, s'était mis de la compagnie.

Pendant ce temps, le vieux sénéchal, appelé à la hâte, faisait de pénibles efforts pour tourner une clef pesante dans la serrure de la porte de cette vieille prison gothique, qui semblait s'ouvrir à regret; et il fut obligé de recourir à l'aide d'un des gardes de Crèvecœur. Quand elle fut ouverte, six hommes entrèrent avec des torches, et montrèrent le chemin par un passage étroit et tournant, commandé, de distance en distance, par des meurtrières et des barbacanes pratiquées dans l'épaisseur des murs. Au bout de ce passage était un escalier digne d'y faire suite, et dont les marches étaient de gros blocs de pierre grossièrement taillés à coups de marteau, et de hauteur inégale. Elles se terminaient à une porte en fer qui conduisait à ce qu'on appelait la grande salle de la tour, où la lumière pénétrait à peine, même en plein jour, car elle n'y arrivait que par des ouvertures que l'épaisseur excessive des murailles faisait paraître encore plus étroites, et qui ressemblaient à des crevasses plutôt qu'à des fenêtres. Sans la lueur des torches, il y aurait régné en ce moment une obscurité complète. Deux ou trois chauves-souris, ou autres oiseaux de mauvais augure, réveillés par cette clarté inaccoutumée, voltigèrent autour des lumières et menacèrent de les éteindre, tandis que le sénéchal s'excusait auprès du roi de ce que les grands appartemens de la tour n'étaient pas en meilleur ordre. Il fit valoir le peu de temps qui lui avait été donné pour les préparer, en ajoutant que, dans le fait, cet appartement n'avait pas servi depuis vingt ans, et qu'il avait été même habité très-rarement, à ce qu'il avait entendu dire, depuis le temps de Charles-le-Simple.

—De Charles-le-Simple! répéta Louis; oh! je connais à présent l'histoire de cette tour. C'est ici qu'il fut assassiné par la trahison de son perfide vassal Herbert, comte de Vermandois: ainsi le racontent nos annales. Je savais qu'il y avait, relativement au château de Péronne, une tradition dont je ne me rappelais pas les circonstances. Ainsi donc, c'est ici qu'un de mes prédécesseurs a été assassiné!

—Non pas, Sire, non pas exactement ici, dit le vieux sénéchal, qui s'avançait avec l'empressement d'un *cicerone* charmé de pouvoir faire l'histoire des curiosités qu'il montre;—c'est un peu plus loin, dans un cabinet qui donne dans la chambre à coucher de Votre Majesté.

Il ouvrit à la hâte une porte placée à l'autre bout de l'appartement, et qui conduisait dans une chambre à coucher assez petite, comme c'était l'usage dans ces vieux bâtimens, mais qui, par cela même, était plus commode que la grande salle. On y avait fait précipitamment quelques préparatifs pour recevoir le roi. Après en avoir caché les murs avec une tapisserie, on avait allumé du feu dans une cheminée qui n'avait pas été chauffée depuis bien des années, et l'on avait jeté à terre deux matelas pour ceux qui, suivant la coutume, devaient passer la nuit dans la chambre du roi.

—Je vais faire préparer des lits dans l'antichambre pour le reste de votre suite, Sire, dit le vieux sénéchal; je prie Votre Majesté de m'excuser: j'ai eu si peu de temps pour faire mes dispositions! Maintenant, s'il plaît à Votre Majesté de passer par la petite porte que couvre la tapisserie, elle se trouvera dans ce petit cabinet, pratiqué dans l'épaisseur du mur, où Charles perdit la vie. Un passage secret communique au rez-de-chaussée par où montèrent les hommes chargés de le mettre à mort. Votre Majesté, dont j'espère que la vue est meilleure que la mienne, pourra encore distinguer les marques du sang sur le plancher, quoique cinq cents ans se soient écoulés depuis cet événement. En parlant ainsi, il cherchait à ouvrir la petite porte dont il parlait.

—Attends, vieillard, lui dit le roi en lui retenant le bras, attends encore un peu. Tu pourras avoir une histoire plus récente à raconter, des traces de sang plus fraîches à montrer. Qu'en dites-vous, comte de Crèvecœur?

—Tout ce que je puis vous dire, Sire, répondit le comte, c'est que cet appartement est à la disposition de Votre Majesté, comme celui que vous occupez dans votre château du Plessis, et que la garde extérieure en est confiée à Crèvecœur, nom qui n'a jamais été souillé par un soupçon de trahison ou d'assassinat.

— Mais le passage secret dont parle ce vieillard? dit Louis à voix basse et d'un ton d'inquiétude, en serrant d'une main le bras de Crèvecœur, tandis que de l'autre il lui montrait la porte du petit cabinet.

—C'est quelque rêve de Mornay, dit Crèvecœur, quelque vieille et absurde tradition de ce château ; mais je vais m'en assurer.

Il allait ouvrir la porte, quand Louis le retenant, lui dit :

—Non, Crèvecœur, non : votre honneur est une garantie qui me suffit. Mais que veut faire de moi votre duc? Il ne peut espérer de me garder long-temps prisonnier, et... en un mot, Crèvecœur, dites-moi ce que vous en pensez...

—Sire, répondit le comte, Votre Majesté peut juger elle-même quel ressentiment doit avoir conçu le duc de Bourgogne de l'horrible assassinat d'un de ses alliés, d'un de ses proches parens ; et vous seul pouvez savoir quel droit il a de s'imaginer que les auteurs de ce crime y aient été excités par les émissaires de Votre Majesté. Mais mon maître a une noblesse de caractère qui le rend incapable de toute trahison, même au plus fort de sa colère. Quoi qu'il puisse faire, il le fera à la face du jour, en face des deux peuples. Et je dois ajouter que le désir de tous les conseillers qui l'entourent, à l'exception peut-être d'un seul, sera qu'il se conduise en cette occasion avec autant de modération et de générosité que de justice.

— Ah! Crèvecœur, dit Louis en prenant la main du comte, comme s'il eût été affecté par quelque souvenir pénible, qu'il est heureux le prince qui a près de sa personne des conseillers capables d'opposer un frein à ses passions et à sa colère! Leurs noms seront écrits en lettres d'or dans l'histoire de son règne. Noble Crèvecœur, que n'ai-je eu le bonheur d'avoir près de moi un homme tel que toi!

— En ce cas, dit le Glorieux, le premier soin de Votre Majesté aurait été de s'en débarrasser bien vite.

— Ah! ah! sire de la Sagesse, es-tu donc ici? dit Louis en se retournant et en quittant à l'instant le ton pathétique avec lequel il parlait à Crèvecœur, pour en prendre avec facilité un autre qui ressemblait presque à de la gaieté;— nous as-tu donc suivis jusqu'ici?

— Oui, Sire : la Sagesse doit suivre en vêtemens bigarrés; quand la Folie marche en avant sous la pourpre.

— Comment dois-je entendre ceci, sire Salomon? voudrais-tu changer de place avec moi?

— Non, sur ma foi, Sire, quand même vous me donneriez cinquante couronnes en retour.

— Et pourquoi donc? Comme sont les princes aujourd'hui, il me semble que je pourrais me contenter de t'avoir pour roi.

— Fort bien, Sire, mais la question est de savoir si, jugeant de l'esprit de Votre Majesté d'après le logement que vous occupez ici, je ne serais pas honteux d'avoir un fou si peu clairvoyant.

— Silence! drôle, dit le comte de Crèvecœur : vous donnez trop de liberté à votre langue.

— Laissez-le parler, dit le roi : je ne connais pas de sujet de raillerie mieux trouvé et plus juste que les sottises de ceux qui ne devraient pas en faire. Tiens, mon judicieux ami, prends cette bourse d'or, et reçois en même temps l'avis de ne jamais être assez fou pour te croire plus sage que les autres. Maintenant voudrais-tu me rendre le service de t'informer où est mon astrologue Martius Galeotti, et de me l'envoyer ici sans délai?

— Je m'en charge, Sire, répondit le fou, et je suis sûr que je le trouverai chez Jean Doppletbur, car les philosophes savent aussi bien que les fous où se vend le meilleur vin.

— J'espère, comte, dit Louis, que vous voudrez bien donner ordre à vos gardes de laisser entrer ce docte personnage.

— Il n'y a nulle difficulté à ce qu'il entre, Sire, répondit Crèvecœur; mais je suis fâché d'être obligé d'ajouter que mes instructions ne me permettent de laisser sortir personne de l'appartement de Votre Majesté. Je souhaite à Votre Majesté une bonne nuit, ajouta-t-il, et je vais prendre des mesures pour que les personnes de votre suite se trouvent plus à l'aise dans l'antichambre.

— Soyez sans inquiétude à cet égard, sire comte, dit le roi, ce sont des gens habitués à une vie dure; et pour vous dire la vérité, à l'exception de Galeotti, que je désire voir, je voudrais avoir cette nuit aussi peu de communications à l'extérieur que vos instructions le permettent.

— Elles sont, répondit Crèvecœur, de laisser Votre Majesté en possession paisible de son appartement. Tels sont les ordres de mon maître.

— Votre maître, comte de Crèvecœur, dit Louis, et que je pourrais aussi nommer le mien, est un très-gracieux maître. Mon royaume est un peu circonscrit en ce moment, puisqu'il ne consiste qu'en une chambre à coucher et une antichambre; mais il est assez grand pour les sujets qui me restent.

Le comte de Crèvecœur prit congé du roi, et un moment après, Louis entendit le bruit des sentinelles qu'on plaçait à leur poste, des officiers qui leur donnaient le mot d'ordre et la consigne, et des soldats qu'on relevait de garde. Enfin le silence succéda, et l'on n'entendit plus que le murmure sourd des eaux troubles et profondes de la Somme qui baignaient les murs du château.

— Retirez-vous dans l'antichambre, mes maîtres, dit Louis à Olivier et à Tristan; mais ne vous endormez pas, et tenez-vous prêts à recevoir mes ordres, car nous aurons encore quelque chose à faire cette nuit, et quelque chose d'important.

Tristan et Olivier retournèrent dans l'antichambre, où le Balafré était resté avec les deux officiers du grand prévôt, pendant qu'ils avaient suivi leur maître dans sa chambre. Ils avaient allumé un grand feu de fagots, qui servait en même temps à éclairer et à chauffer l'appartement; enveloppés de leurs manteaux, ils s'étaient étendus par terre, dans diverses attitudes annonçant l'inquiétude et l'abattement de leur esprit. Tristan et Olivier ne virent rien de mieux à faire que de suivre leur exemple; et comme ils n'avaient jamais été grands amis dans les jours de leur prospérité, aucun d'eux ne voulait prendre l'autre pour confident dans cet étrange et soudain revers de fortune. Toute la compagnie resta donc plongée dans le silence et la consternation.

Cependant leur maître était demeuré seul, en proie à des tourmens capables de servir d'expiation à quelques-uns de ceux qui avaient été infligés par son ordre. Tantôt il se promenait d'un pas inégal, tantôt il s'arrêtait en joignant les mains : en un mot, il s'abandonnait à une agitation que personne ne savait mieux que lui réprimer en public. Enfin, se plaçant devant la petite porte désignée par le vieux Mornay comme conduisant au théâtre du meurtre d'un de ses prédécesseurs, il se tordit les mains, et exprima ses sentimens sans contrainte dans le monologue suivant, qu'il interrompit plusieurs fois :

—Charles-le-Simple! Charles-le-Simple! Et quel surnom

la postérité donnera-t-elle à Louis XI, dont le sang rafraîchira probablement bientôt les taches du tien? Louis-le-Fou, Louis-l'Idiot, Louis-l'Infatué! Ce sont des épithètes trop douces pour montrer mon extrême imbécillité. Croire que ces têtes chaudes de Liégeois, à qui la rébellion est aussi nécessaire que le pain qui les nourrit, resteraient un moment en repos! penser que le féroce Sanglier des Ardennes interromprait un instant sa carrière de violences et de sanguinaire férocité! m'imaginer que je pourrais faire entendre à Charles de Bourgogne le langage de la raison et de la sagesse, avant d'avoir essayé le pouvoir de mes exhortations sur un taureau sauvage! Fou, double fou que j'étais! Mais ce scélérat de Galeotti ne m'échappera pas; il a eu la principale main à tout ceci, et j'en puis dire autant de ce vil prêtre, de ce détestable La Balue. Si jamais je puis me tirer de ce danger, je lui arracherai son chapeau de cardinal, dût la peau de son crâne y rester attachée. Mais l'autre traître est entre mes mains; je suis encore assez roi, j'ai un empire encore assez grand, pour punir un charlatan, un imposteur, un empirique, un astrologue menteur, qui a fait de moi et un prisonnier et une dupe! — La conjonction des constellations! oui, la conjonction! il m'a conté des sornettes dignes d'être adressées à une tête de mouton bouillie, et j'ai été assez idiot pour me persuader que je les comprenais! N'importe! nous verrons tout à l'heure ce que cette conjonction a réellement prédit; mais faisons d'abord nos dévotions.

Au-dessus de la porte du petit cabinet, et peut-être en mémoire de l'événement dont il avait été le théâtre, était une niche contenant un crucifix grossièrement taillé en pierre. Le roi fixa les yeux sur cette image, fit un mouvement comme pour s'agenouiller devant elle, et s'arrêta tout à coup, comme s'il eût craint de faire participer cet emblème religieux aux principes de la politique mondaine, et qu'il eût regardé comme une témérité de lui adresser des prières avant de s'être assuré quelque puissant intercesseur. Il se détourna donc du crucifix, comme s'il se fût jugé indigne de le contempler, ôta son chapeau, fit la revue des images de plomb qui le garnissaient, et choisissant celle qui représentait Notre-Dame de Cléry, il se mit à genoux devant elle, et lui adressa la prière extraordinaire ci-après. On ne manquera pas d'y remarquer que sa grossière superstition considérait jusqu'à un certain point Notre-Dame de Cléry comme un être différent de Notre-Dame d'Embrun, pour laquelle il avait une dévotion toute particulière, et à qui il adressait souvent ses vœux.

— Douce Notre-Dame de Cléry, s'écria-t-il en joignant les mains et en se frappant la poitrine, bienheureuse mère de merci, toi qui es toute-puissante auprès de la Toute-Puissance, prends pitié de moi, pauvre pécheur. Il est vrai que je t'ai un peu négligée pour ta bienheureuse sœur d'Embrun; mais je suis roi, mon pouvoir est grand, ma richesse sans bornes; et si elle ne suffisait pas, j'imposerais une double gabelle sur mes sujets, plutôt que de ne pas vous payer mes dettes à toutes deux. Ouvre ces portes de fer; comble ces larges fossés, tire-moi de ce danger pressant comme une mère qui conduit son enfant. Si j'ai donné à ta sœur le commandement de mes gardes, tu auras la grande et riche province de Champagne, dont les vignobles verseront l'abondance dans ton couvent. J'avais promis cette province à mon frère Charles; mais il est mort, comme tu le sais, empoisonné par ce méchant abbé d'Angely, que je punirai si la vie m'est laissée; je l'avais déjà promis, mais pour cette fois je tiendrai ma parole. Si j'ai eu quelque connaissance de ce crime, sois bien sûre, ma très-chère patrone, que c'était parce que je ne voyais pas de meilleur moyen pour réprimer les mécontens dans mon royaume. Ne porte pas cette vieille dette à mon compte; mais sois ce que tu as toujours été, douce, bonne, flexible aux prières. Sainte Mère de Dieu, intercède auprès de ton fils pour qu'il me pardonne tous mes péchés passés, et celui, qui n'en

est qu'un bien petit, qu'il faut que je commette cette nuit.
Ce n'est pas même un péché, chère Notre-Dame de Cléry :
non, ce n'en est pas un, c'est un acte de justice privée ; car
le scélérat est le plus grand imposteur qui ait jamais versé
le mensonge dans l'oreille d'un prince ; et d'ailleurs il a du
penchant pour l'infame hérésie des Grecs. Il n'est pas digne
de ta protection : abandonne-le-moi, et regarde comme
une bonne œuvre ce que je vais faire, car c'est un nécromancien et un sorcier, qui ne mérite pas que tu t'occupes
de lui ; un chien dont la vie ne doit pas être de plus d'importance à tes yeux que l'extinction d'une étincelle qui
tombe de la mèche d'une chandelle, ou qui saute du feu.
Ne songe pas à cette bagatelle, bonne et douce Notre-
Dame ; ne pense qu'aux moyens de me sauver de ce danger.
Je te donne ma parole royale, devant ta bienheureuse
image, que je te tiendrai ma promesse relativement au
comté de Champagne ; et ce sera la dernière fois que je
t'importunerai pour quelque affaire de sang, vu que tu as
le cœur si compatissant et si tendre [1].

Après avoir fait ce compromis extraordinaire avec l'objet
de son culte, Louis récita avec tous les signes extérieurs
d'une vive dévotion, les sept Psaumes de la Pénitence,
un certain nombre d'*ave*, et d'autres prières spécialement
consacrées à la Vierge. Il se releva ensuite, persuadé qu'il
avait mis de son côté l'intercession de la Mère de Dieu ;
d'autant plus, comme il ne manqua pas d'en faire la réflexion politique, que la plupart des péchés pour lesquels
il avait imploré sa médiation en d'autres circonstances
étaient d'un caractère tout différent, et que, par conséquent, Notre-Dame de Cléry ne devait pas le regarder

[1] En lisant ces détails dans la vieille chronique manuscrite dont j'ai parlé, je ne pus m'empêcher d'être surpris qu'un prince doué d'autant de sagacité qu'en avait certainement Louis XI, ait pu se faire illusion à lui-même par une superstition dont on soupçonnerait à peine les sauvages les plus stupides. Mais les termes d'une prière de ce monarque, dans une semblable occasion, conservée par Brantôme, ne sont pas moins extraordinaires. — L. T.

comme un meurtrier habituel et endurci ; ce qu'auraient pu faire les autres saints qu'il avait pris plus souvent pour confidens de ce genre de crime.

Après avoir ainsi purgé sa conscience, ou plutôt l'avoir blanchie comme un sépulcre, le roi ouvrit la porte de sa chambre et appela le Balafré.

—Mon brave, lui dit-il, tu m'as servi long-temps, et tu n'as eu que bien peu d'avancement. Je suis ici dans une circonstance où j'ai devant les yeux la mort aussi-bien que la vie, et je ne voudrais pas mourir sans payer, autant que les saints m'en laissent le pouvoir, les dettes de ma reconnaissance, en laissant un ami sans récompense et un ennemi sans punition. Or, j'ai un ami à récompenser, et c'est toi ; et un ennemi à punir, c'est ce scélérat, ce traître infame, ce Galeotti, qui par ses impostures et ses mensonges spécieux m'a livré au pouvoir de mon ennemi mortel, comme un boucher conduit un agneau à la tuerie.

—Je l'appellerai en défi, répondit le Balafré ; le duc de Bourgogne est trop ami des gens d'épée pour nous refuser un champ clos et un espace raisonnable ; et si Votre Majesté vit assez long-temps, et qu'elle jouisse d'assez de liberté, elle me verra soutenir sa querelle et la venger de ce philosophe autant qu'elle peut le désirer.

— Je connais ta bravoure et ton dévouement à mon service ; mais ce traître connaît parfaitement le maniement des armes, et je ne voudrais pas risquer ta vie, mon brave.

—N'en déplaise à Votre Majesté, je ne serais point brave, Sire, si j'hésitais à faire face à un homme plus redoutable que lui. Il serait beau vraiment que moi, qui ne sais ni lire ni écrire, j'eusse peur d'un gros lourdaud qui n'a presque fait que cela toute sa vie !

—N'importe ; notre bon plaisir n'est pas que tu hasardes ta vie, Balafré. Ce traître va arriver ici par notre ordre ; tu n'as besoin que de t'approcher de lui, et de le frapper sous la cinquième côte. Tu m'entends ?

— Oui, sans doute, Sire; mais Votre Majesté me permettra de lui dire que c'est un genre d'opération auquel je ne suis nullement habitué. Je ne saurais pas tuer un chien, à moins que ce ne fût dans le feu d'un combat, d'une poursuite ou d'un défi.

— Comment! Tu ne prétends pas avoir le cœur bien tendre, j'espère, toi qui, comme on me l'a rapporté, as toujours été le premier à monter à l'assaut, et à profiter de tous les avantages que pouvaient offrir la prise d'une place aux cœurs de fer et aux bras prompts à frapper?

— Le glaive à la main, Sire, je n'ai jamais craint ni épargné vos ennemis. Un assaut est une affaire sérieuse; on y court des risques qui échauffent le sang; et, de par saint André! il faut ensuite quelques heures pour qu'il se refroidisse; c'est là ce que j'appelle une excuse légitime du pillage. Dieu veuille nous prendre en pitié, nous autres pauvres soldats; le danger nous fait tourner la tête, et nous la perdons encore davantage après la victoire. J'ai entendu parler d'une légion tout entière qui n'était composée que de saints: ils devraient bien s'occuper tous à prier et à intercéder pour le reste de l'armée et pour tout ce qui porte le panache, la cuirasse et l'épée. Mais ce que Votre Majesté me propose est hors de ma route, quoique je convienne qu'elle est assez large. Quant à l'astrologue, s'il est coupable de trahison, qu'il meure de la mort d'un traître; je n'aurai rien à démêler avec lui. Votre Majesté a dans l'antichambre son grand prévôt et deux de ses agens; une pareille expédition leur convient mieux qu'à un gentilhomme écossais qui a un rang dans l'armée.

— Je crois que tu as raison, Balafré; mais du moins il est de ton devoir d'assurer l'exécution de ma juste sentence, d'empêcher qu'on n'y apporte interruption.

— Je défendrai la porte contre tout Péronne, Sire. Votre Majesté ne doit pas douter de ma loyauté en tout ce qui peut se concilier avec ma conscience, et je puis vous assurer qu'elle est assez large pour ma propre convenance et pour le service de Votre Majesté; car, certaines choses que j'ai faites pour vous, j'aurais plutôt avalé la poignée de mon poignard, que de les faire pour tout autre.

—N'en parlons plus, et écoute-moi : quand Galeotti sera entré et que la porte sera refermée, tu t'y mettras en faction, le sabre à la main, et tu ne laisseras entrer personne. Voilà tout ce que j'exige de toi. Retourne dans l'antichambre, et envoie-moi le grand prévôt.

Le Balafré se retira, et, un moment après, Tristan l'Ermite entra dans la chambre du roi.

—Eh bien! compère, lui dit le roi, que penses-tu de notre situation?

—Que nous ressemblons à gens condamnés à mort, répondit le grand prévôt, à moins que le duc ne nous envoie un sursis.

—Sursis ou non, il faut que celui qui nous a fait tomber dans ce piège parte avant nous, comme notre maréchal-des-logis, pour préparer notre place dans l'autre monde, dit le roi avec un sourire sombre et féroce. Tristan, tu as exécuté bien des actes de bonne justice : *finis*, je devrais dire, *funis coronat opus*[1]; il faut que tu me serves jusqu'à la fin.

—C'est bien ce que j'entends faire, Sire : si je ne suis pas un beau parleur, du moins je suis reconnaissant, et tant que je vivrai, le moindre mot de Votre Majesté sera une sentence de condamnation aussi irrémissible, aussi littéralement exécutée que lorsque vous étiez assis sur votre trône. Je remplirai mes devoirs entre ces murs et partout ailleurs; on fera ensuite de moi tout ce qu'on voudra, je m'en soucie peu.

—C'est ce que j'attendais de toi, mon cher compère; mais as-tu de bons aides? Le traître est un gaillard vigou-

---

(1) *La fin*, je devrais dire *la corde couronne l'œuvre*. — Jeu de mots sur les mots *finis*, fin, *funis*, corde. — Ed.

reux; il criera de toutes ses forces, sans doute, au secours. L'Ecossais ne fera que garder la porte, et il est fort heureux que j'aie pu l'y déterminer à force de flatteries et de cajoleries. Olivier n'est bon qu'à mentir, à flatter, et à suggérer des conseils dangereux; et, ventre-saint-Dieu! je crois plus probable qu'il ait un jour la corde autour du cou lui-même, que d'être chargé de l'attacher au cou d'un autre. Croyez-vous avoir les gens et les moyens convenables pour faire courte et bonne besogne?

—J'ai avec moi Trois-Echelles et Petit-André, gens si habiles dans leur métier, que sur trois hommes ils en pendraient un avant que les deux autres s'en aperçussent, et nous avons résolu, eux et moi, de vivre et de mourir avec Votre Majesté, sachant fort bien que si vous n'existiez plus, il ne nous resterait guère plus de temps à vivre que nous n'en accordons à nos patiens. Mais quel est le sujet qui doit maintenant nous passer par les mains? J'aime à être sûr de mon homme; car, comme il plaît à Votre Majesté de me le rappeler quelquefois, il m'est arrivé de temps en temps de me tromper, et de prendre, au lieu du criminel, quelque honnête laboureur qui n'avait pas offensé Votre Majesté.

—C'est la vérité. Apprends donc, Tristan, que le condamné est Martius Galeotti.... Tu parais surpris; la chose est pourtant comme je te le dis. C'est ce traître qui, par ses fausses prédictions, m'a déterminé à venir ici, parce qu'il voulait nous livrer sans défense entre les mains du duc de Bourgogne.

—Mais non sans vengeance, s'écria Tristan : quand ce devrait être le dernier acte de ma vie, je m'attacherai à lui comme une guêpe expirante, dussé-je être écrasé l'instant d'après.

—Je connais ta fidélité, dit le roi, et je sais que, comme tous les gens de bien, tu trouves du plaisir à t'acquitter de ton devoir; car la vertu, disent les savans, trouve sa récompense en elle-même. Mais va-t'en ; et prépare les sacrificateurs ; car la victime n'est pas loin.

—Votre gracieuse Majesté désire-t-elle que le sacrifice ait lieu en sa présence? demanda Tristan.

Louis n'accepta pas cette offre, mais il chargea son grand prévôt de tout disposer pour exécuter ponctuellement ses ordres à l'instant où l'astrologue sortirait de sa chambre à coucher : — Car je veux voir ce scélérat encore une fois, dit le roi, quand ce ne serait que pour observer comment il se conduira en face du maître qu'il a conduit dans le piège. Je ne serais pas fâché de voir la crainte de la mort effacer les couleurs de ses joues enluminées, et ternir l'éclat de cet œil dont le sourire était si vif quand il me trahissait. Oh! que n'ai-je également en mon pouvoir celui dont les conseils ont aidé ses pronostics! Mais si j'échappe à ce danger..., prenez garde à votre pourpre, monseigneur le cardinal! Rome même ne sera pas en état de vous sauver, soit ainsi parlé sans offenser saint Pierre ni la bienheureuse Notre-Dame de Cléry, qui est toute miséricorde. — Eh bien! qu'attends-tu? va préparer tes gens. Le traître peut arriver à chaque instant. Fasse le ciel qu'il ne conçoive pas d'inquiétude! S'il ne venait pas, ce serait une cruelle contrariété! Mais va-t'en donc, Tristan! tu n'avais pas coutume d'être si lent à t'acquitter de tes fonctions!

—Au contraire, Sire, car Votre Majesté avait coutume de dire que j'allais trop vite en besogne; que je me méprenais sur vos royales intentions, et prenais un sujet pour un autre. Je voudrais donc que Votre Majesté me donnât un signe auquel je pusse reconnaître, quand Galeotti vous quittera, que vos intentions sont toujours les mêmes, car je vous ai vu deux ou trois fois changer d'avis, et me reprocher de m'être trop pressé.

—Créature soupçonneuse! je te dis que ma résolution est invariable. Au surplus, pour mettre fin à tes remontrances, fais bien attention à ce que je dirai à ce drôle en le quittant. Si je lui dis : — *Il y a un ciel au-dessus de nous*, fais ta besogne. Si au contraire je lui dis : — *Allez en paix*, ce sera un signe que j'aurai changé d'avis.

— Je crois que dans tout mon emploi il n'y a personne qui ait le cerveau plus bouché que moi, Sire ; permettez-moi de répéter. Si vous lui dites d'aller en paix, ce sera un signe que je dois me mettre à l'ouvrage ; si....

— Et non, idiot, non ; en ce cas tu n'auras rien à faire ; mais si je lui dis : Il y a un ciel au-dessus de nous, tu rapprocheras sa tête de deux ou trois pieds des planètes qu'il connaît si bien.

— Je ne sais trop si nous en aurons les moyens ici.

— Eh bien ! si tu ne peux en rapprocher sa tête, tu l'en éloigneras. Qu'importe la manière ?

— Et le corps, qu'en ferons-nous ?

— Réfléchissons un instant. Les fenêtres de l'antichambre sont trop étroites, mais celle-ci est assez large. Vous le jetterez dans la Somme, et vous attacherez sur sa poitrine un papier avec ces mots : — Laissez passer la justice du roi.

— Les officiers du duc pourront le pêcher si bon leur semble.

Le grand prévôt quitta l'appartement de Louis et appela ses deux aides dans un coin de l'antichambre, pour y tenir conseil. Trois-Echelles ayant attaché une torche à la muraille pour les éclairer, ils causèrent à voix basse, quoiqu'ils ne courussent guère le risque d'être entendus, soit par Olivier, qui semblait plongé dans un abattement complet, soit par le Balafré, qui dormait profondément.

— Camarades, dit Tristan à ses deux ministres, vous vous imaginiez peut-être que notre vocation était finie, et qu'au lieu d'avoir à remplir notre ministère sur les autres, il était plus vraisemblable que nous jouerions nous-mêmes à notre tour le rôle de patiens ; mais courage, mes amis, notre gracieux maître nous fournit encore une noble occasion d'exercer nos talens, et il faut ici les déployer bravement, en hommes qui désirent vivre dans l'histoire.

—Je devine ce que c'est, dit Trois-Echelles; notre patron est comme les anciens césars de Rome, qui, réduits à l'extrémité, ou se voyant, comme nous dirions, au pied de l'échelle, choisissaient parmi les ministres de leur justice quelque serviteur éprouvé, pour épargner à leur main novice quelque tentative maladroite contre leur personne sacrée. C'était une bonne coutume pour des païens, mais comme bon catholique, je me ferais conscience de porter la main sur le roi très-chrétien.

—Vous êtes trop scrupuleux, confrère, dit Petit-André. Si le roi donne l'ordre de sa propre exécution, je ne vois pas comment nous pourrions nous dispenser d'y obtempérer. Celui qui vit à Rome doit obéir au pape. Les gens du grand prévôt doivent exécuter les ordres de leur maître, comme lui-même ceux du roi.

—Silence, drôles! dit Tristan : il n'est pas question ici de la personne du roi; il ne s'agit que de celle de cet hérétique grec, de ce païen, de ce sorcier mahométan, Martius Galeotti.

—Galeotti, dit Petit-André; rien n'est plus naturel. Je n'ai jamais connu un de ces charlatans, de ces faiseurs de tours, passant leur vie à danser sur une corde tendue, qui ne l'ait terminée par une dernière gambade au bout d'une corde plus lâche. — Tchick !

—Mon seul regret, dit Trois-Echelles en levant les yeux au ciel, c'est que cette pauvre créature va mourir sans confession.

— Bah! bah! répliqua Tristan, c'est un hérétique, un nécromancien; l'absolution de tout un couvent de moines ne pourrait le sauver. D'ailleurs tu ne manques pas d'invention en ce genre, Trois-Echelles, et tu as tout ce qu'il faut pour lui servir de père spirituel, si tu le veux. Mais ce qui est plus important, c'est que je crois qu'il faudra que vous fassiez usage du poignard, mes maîtres, car vous n'avez pas ici les instrumens nécessaires à votre profession.

— A Notre-Dame de l'île de Paris ne plaise que les ordres du roi me trouvent jamais au dépourvu, dit Trois-Echelles. Je porte toujours sur moi un cordon de Saint-François qui me fait quatre fois le tour du corps, et à l'un des bouts est un joli nœud coulant ; car je suis de la confrérie de Saint-François, et je pourrai en porter le froc quand je serai *in extremis*, — grace à Dieu et aux bons pères de Saumur.

— Et moi, dit Petit-André, j'ai toujours en poche une bonne poulie, et un gros clou à vis, afin de pouvoir exercer mes fonctions sans embarras, dans le cas où nous nous trouverions en quelque lieu où les arbres seraient rares et n'auraient que des branches à trop de distance de la terre.

— Voilà qui est bien, dit le grand prévôt ; vous n'avez qu'à attacher la poulie à cette poutre au-dessus de la porte, après quoi vous y passerez la corde. Quand Galeotti sortira de la chambre du roi, vous la lui ajusterez lestement sous le menton, pendant que je l'occuperai en causant avec lui, et puis....

— Et puis nous hisserons la corde, ajouta Petit-André ; et tchick ! notre astrologue sera dans le ciel, en ce sens qu'il n'aura plus un pied sur terre.

— Mais, dit Trois-Echelles en jetant les yeux vers la cheminée, est-ce que ces messieurs ne feront pas un noviciat dans notre profession, en nous donnant un coup de main ?

— Non, non, répondit Tristan : le barbier n'est fort que pour imaginer le mal, et il le laisse exécuter aux autres ; quant à l'Ecossais, il gardera la porte pendant que nous serons occupés d'une opération à laquelle il n'a ni assez d'esprit ni assez de dextérité pour prendre part. Chacun son métier.

Avec une activité et une sorte de plaisir qui leur faisaient oublier la situation précaire dans laquelle ils se trouvaient eux-mêmes, les dignes exécuteurs des ordres du grand prévôt disposèrent leur poulie et leur corde pour exécuter la sentence rendue contre Galeotti par le monarque captif, paraissant satisfaits que leur dernière action pût être si bien d'accord avec la teneur de toute leur vie. Tristan l'Ermite regardait leurs préparatifs avec un air de contentement: Olivier ne faisait aucune attention à eux, et si Ludovic Lesly fut éveillé par le bruit de leurs dispositions préalables, il pensa qu'ils s'occupaient d'affaires tout-à-fait étrangères à ses devoirs, et dont on ne pouvait, sous aucun point de vue, le considérer comme responsable.

CHAPITRE XXIX.

La Récrimination.

> « Le moment de la fin n'est pas encor venu;
> « Tu vivras, grace au Diable à qui tu t'es vendu.
> « Il aime les amis travaillant pour sa gloire :
> « Du guide et de l'aveugle en tout point c'est l'histoire.
> « L'un prêtant au second le secours de son dos,
> « Le porta sans broncher et par monts et par vaux;
> « Mais arrivant enfin au bord du précipice,
> « D'y jeter son fardeau n'eut-il pas la malice? »
>
> *Ancienne comédie.*

Obéissant à l'ordre ou plutôt à la requête de Louis, car, tout monarque qu'il était, Louis se trouvait dans une situation où il ne pouvait guère que prier, le Glorieux se mit à la recherche de Martius Galeotti, et cette mission ne lui causa pas beaucoup d'embarras. Il se rendit directement dans la meilleure taverne de Péronne, et il avait de bonnes raisons pour la connaître, car il la fréquentait lui-même assez assidûment, étant amateur prononcé de cette espèce de liqueur qui mettait la tête des autres au pair avec la sienne.

Il trouva l'astrologue assis dans un coin de la salle ouverte au public, nommée en flamand comme en allemand le *stove*, et causant avec une femme dont le costume singulier avait quelque chose de mauresque ou d'asiatique.

En voyant le Glorieux s'approcher, elle se leva comme pour se retirer; et s'adressant à Galeotti : — Ce sont des nouvelles sur lesquelles vous pouvez compter avec une certitude absolue, lui dit-elle. S'éloignant ensuite, elle disparut parmi la foule de buveurs assis en groupe autour de différentes tables.

— Cousin philosophe, dit le fou en se présentant à lui, le ciel ne relève pas plus tôt une sentinelle, qu'il en envoie une autre pour en remplir le poste. Une tête sans cervelle vient de te quitter, et moi qui n'en ai pas davantage, je viens te chercher pour te conduire dans les appartemens de Louis de France.

— Et c'est toi qu'il a choisi pour messager? dit Galeotti fixant sur lui des yeux pénétrans, et reconnaissant à l'instant le rôle que jouait à la cour celui qui lui parlait, quoique son extérieur n'en donnât que fort peu d'indices, comme nous l'avons déjà fait remarquer.

— Oui vraiment; et s'il plaît à Votre Science, quand le Pouvoir envoie la Folie chercher la Sagesse, c'est un signe infaillible pour savoir de quel pied boite le patient.

— Et si je me refuse à marcher quand un tel messager vient me chercher à une pareille heure?

— En ce cas nous consulterons vos aises, et nous vous y porterons, dit le Glorieux. J'ai ici à la porte une douzaine de vigoureux soldats bourguignons que Crèvecœur m'a donnés à cet effet. Il est bon que vous sachiez que mon ami Charles de Bourgogne et moi nous n'avons pas pris à notre cousin Louis sa couronne, qu'il a été assez âne pour mettre à notre disposition; nous nous sommes bornés à la limer et à la rogner un peu. Mais quoiqu'elle soit plus mince et plus légère, elle n'en est pas moins d'or pur. En termes clairs,

Louis est encore souverain des gens de sa suite, sans vous en excepter, et roi très-chrétien du grand appartement de la Tour d'Herbert dans le château de Péronne, où en sujet soumis il faut que vous vous rendiez sur-le-champ.

— Je vous suis, monsieur, répondit Galeotti voyant peut-être qu'il ne lui restait aucun moyen d'évasion ; et il accompagna le Glorieux.

—Et vous faites bien, lui dit le fou chemin faisant ; car nous traitons notre cousin Louis comme on traite un vieux lion affamé dans sa loge. On lui jette de temps en temps un veau pour exercer ses vieilles mâchoires.

—Voulez-vous dire que Louis ait dessein de me faire subir quelque mauvais traitement? demanda Galeotti.

—C'est ce que vous pouvez savoir mieux que moi, répondit le fou ; car quoique la nuit soit obscure, je suis sûr que vous n'en voyez pas moins les astres. Quant à moi, je n'en sais rien. Seulement ma mère m'a toujours dit qu'il ne faut s'approcher qu'avec précaution d'un vieux rat pris dans une trappe, attendu qu'il n'est jamais plus disposé à mordre.

L'astrologue ne fit plus de questions ; mais le Glorieux, suivant la coutume des gens de sa profession, continua à lui débiter des sarcasmes mêlés de vérités, jusqu'à ce qu'ils fussent arrivés à la porte du château. Là il laissa le philosophe entre les mains des gardes, qui le firent passer de poste en poste jusqu'à la Tour d'Herbert.

Les propos du fou n'avaient pas été perdus pour Galeotti ; il remarqua quelque chose qui semblait confirmer ses soupçons, dans les regards de Tristan et dans l'air sombre, taciturne et de mauvais augure qu'il avait en le conduisant à la chambre du roi. L'astrologue observait avec autant d'attention ce qui se passait sur la terre que les mouvemens des corps célestes, et la poulie ainsi que la corde n'échappèrent pas à ses yeux clairvoyans. La corde, encore en vibration, lui apprit même qu'on venait de faire ces préparatifs à la hâte, et qu'ils n'avaient été terminés qu'à l'instant de son arrivée. Il prévit le danger qui le menaçait, appela à son aide toute sa dextérité pour l'écarter, et résolut, s'il ne pouvait y réussir, de faire payer sa vie bien cher à quiconque se présenterait pour l'attaquer.

Ayant pris cette détermination, et affectant un air et une démarche qui y répondaient, l'astrologue entra dans la chambre du roi sans paraître ni déconcerté de ce que ses prédictions s'étaient si mal vérifiées, ni épouvanté de la colère du monarque et des suites qu'elle pouvait avoir.

— Que toutes les planètes soient favorables à Votre Majesté, dit Galeotti en faisant au roi une salutation presque orientale, et qu'aucune constellation ne répande sur sa personne sacrée de funestes influences.

— Il me semble, dit le roi, qu'en jetant les yeux autour de cet appartement, en voyant où il est situé et comment il est gardé, votre sagesse peut reconnaître que mes planètes favorables m'ont manqué de foi, et que les constellations ennemies ne pouvaient m'être plus funestes... Ne rougis-tu pas de me voir ici prisonnier, Martivalle, en te rappelant les assurances qui m'ont déterminé à m'y rendre?

— Et ne rougissez-vous pas vous-même, Sire, vous dont les progrès dans la science ont été si rapides, dont la conception est si vive, dont la persévérance est si constante, de vous laisser abattre par le premier revers de fortune, comme un poltron qui se laisse effrayer par le premier bruit des armes? Ne vous êtes-vous pas proposé de vous élever jusqu'à ces mystères qui mettent l'homme au-dessus des passions, des malheurs, des peines et des chagrins de la vie, privilège qu'on ne peut obtenir qu'en rivalisant de fermeté avec les anciens stoïciens? Le premier coup de l'adversité vous fera-t-il plier? Oubliez-vous le prix glorieux auquel vous prétendiez? Abandonnez-vous la carrière par la peur de malheurs imaginaires, comme un coursier timide que des ombres épouvantent?

—Des maux imaginaires! impudent que tu es! s'écria le roi d'un ton courroucé. Cette tour est-elle donc imaginaire? Les armes des gardes de mon détestable ennemi de Bourgogne, ces armes dont tu as pu entendre le cliquetis à la porte, sont-elles des ombres? Quels sont donc les maux réels, traître, si tu n'y comprends pas la perte de la liberté, celle d'une couronne, et le danger de la vie?

—L'ignorance, mon fils, répondit le philosophe avec beaucoup de fermeté, l'ignorance et le préjugé sont les seuls maux véritables. Croyez-moi : un roi dans la plénitude de son pouvoir, s'il est enfoncé dans l'ignorance et aveuglé par les préjugés, est moins libre qu'un sage dans un cachot, chargé de chaînes matérielles. C'est à moi de vous guider vers ce véritable bonheur, c'est à vous d'écouter mes instructions.

—Et c'est à cette liberté philosophique que vos leçons prétendaient me conduire? dit le roi avec amertume. Je voudrais que vous m'eussiez dit au Plessis que ce nouveau domaine, que vous me promettiez si libéralement, était un empire sur mes passions; que le succès dont vous m'assuriez avait rapport à mes progrès dans la philosophie, et que je pouvais devenir aussi sage, aussi savant qu'un charlatan vagabond d'Italie, au prix d'une bagatelle comme la perte de la plus belle couronne de la chrétienté, et ma détention dans un cachot de Péronne. Sortez, mais ne croyez pas échapper au châtiment que vous méritez. *Il y a un ciel au-dessus de nous.*

—Je ne puis vous abandonner à votre destin, Sire, avant d'avoir justifié, même à vos yeux, quelque menaçans qu'ils soient, cette renommée, perle plus brillante que toutes celles qui ornent votre couronne, et que l'univers admirera encore dans des siècles, après que toute la race de Capet ne sera plus qu'une cendre oubliée dans les caveaux de Saint-Denis.

—Eh bien! parle. Ton impudence ne changera ni mon

opinion, ni ma résolution. C'est peut-être le dernier jugement que je prononcerai comme roi, et je ne te condamnerai pas sans t'avoir entendu. Parle donc; mais le mieux que tu puisses faire, c'est d'avouer la vérité. Conviens que j'ai été ta dupe, et que tu es un imposteur; que ta prétendue science est une fourberie, et que les planètes qui brillent sur nos têtes n'ont pas plus d'influence sur nos destinées que leur image réfléchie sur les eaux d'une rivière n'a le pouvoir d'en changer le cours.

— Et comment connaîtriez-vous l'influence secrète de ces bienheureuses lumières? Vous prétendez qu'elles ne peuvent changer le cours de l'eau? Vous ignorez donc encore que la lune elle-même, la plus faible de toutes les planètes, parce qu'elle est la plus voisine de notre misérable terre, tient sous sa domination, non de simples ruisseaux comme cette Somme, mais les eaux du vaste Océan, dont le flux et le reflux suivent ses différentes phases, comme l'esclave qui obéit au moindre signe d'une sultane. Et maintenant, Louis de Valois, répondez à votre tour à ma parabole. Convenez-en, n'êtes-vous pas comme le passager insensé qui querelle son pilote parce qu'il ne peut le faire entrer dans le port sans avoir à lutter de temps en temps contre la force des vents et des courans? Je pouvais vous indiquer l'issue probable de votre entreprise comme heureuse; mais il n'était qu'au pouvoir du ciel de vous faire arriver au but; et s'il lui plaît de vous y conduire par un chemin rude et dangereux, dépendait-il de moi de l'aplanir et de le rendre plus sûr? Qu'est devenue cette sagesse qui vous faisait reconnaître hier que les voies du destin nous sont souvent utiles, lors même qu'elles sont contraires à nos désirs?

— Je m'en souviens, et tu me rappelles une de tes fausses prédictions. Tu m'avais prédit que la mission de ce jeune Ecossais se terminerait d'une manière heureuse pour ma gloire et mon intérêt. Tu sais comment elle s'est terminée. Rien au monde ne pouvait me nuire davantage que l'issue de cette affaire, et l'impression qu'elle va produire sur l'esprit furieux du taureau sauvage de Bourgogne. Tu m'as donc fait un mensonge insigne. Tu ne peux trouver aucune évasion; tu ne peux me dire que les choses changeront, et me conseiller de rester assis sur le bord du fleuve, en véritable idiot, pour attendre que l'eau s'écoule. Ta prétendue science t'a donc trompé. Tu as été assez fou pour me faire une prédiction spéciale, et l'événement en a prouvé la fausseté.

— Et l'événement en prouvera la justesse et la vérité, répondit l'astrologue avec hardiesse. Je ne voudrais pas de plus grand triomphe de l'art sur l'ignorance que celui qui résultera de l'accomplissement de cette prédiction. Je vous ai dit que ce jeune archer remplirait fidèlement toute mission honorable; ne l'a-t-il pas fait? Je vous ai prévenu qu'il se ferait un scrupule d'aider un mauvais dessein; cela ne s'est-il pas vérifié? Si vous en doutez, interrogez le Bohémien Hayraddin Maugrabin.

Le roi rougit en ce moment de honte et de colère.

— Je vous ai dit, continua Galeotti, que la conjonction des planètes sous laquelle il partait menaçait sa personne de danger; n'en a-t-il pas couru? Je vous ai prédit que son voyage serait heureux pour celui qui l'envoyait, et vous ne tarderez pas à en recueillir les fruits.

— A en recueillir les fruits! s'écria le roi; ne sont-ils pas déjà recueillis? la honte et l'emprisonnement!

— Non, répondit l'astrologue : la fin est encore à venir. Votre propre bouche sera forcée d'avouer avant peu que rien ne pouvait vous être plus heureux que la manière dont votre messager a accompli sa mission.

— C'est trop d'insolence! s'écria le roi; tromper et insulter en même temps! Retire-toi, et n'espère pas que ton impudence reste impunie; *il y a un ciel au-dessus de nous*.

Galeotti fit un mouvement pour sortir de la chambre.

— Un instant, dit le roi : tu soutiens bravement ton *imposture*; réponds encore à une question, et réfléchis avant de répondre. Ta prétendue science peut-elle t'annoncer l'heure de ta mort?

— Elle ne le peut que relativement à la mort d'un autre, répondit l'astrologue sans s'émouvoir.

— Que veux-tu dire? demanda Louis.

— Que tout ce que je puis dire avec certitude de mon trépas, Sire, répliqua Galeotti, c'est qu'il doit précéder exactement de vingt-quatre heures celui de Votre Majesté.

— Que dis-tu? s'écria le roi en changeant de visage. Attends, attends donc! ne t'en-va pas encore! Es-tu bien sûr que *ma* mort doive suivre la *tienne* de si près?

— Dans l'espace de vingt-quatre heures, répéta l'astrologue avec fermeté, s'il existe une étincelle de vérité dans ces brillantes et mystérieuses intelligences qui savent parler sans le secours d'une langue. Je souhaite une bonne nuit à Votre Majesté.

— Pas encore, pas encore, dit le roi en le retenant par le bras, et en l'écartant de la porte. Galeotti, j'ai été pour toi un bon maître, je t'ai enrichi, j'ai fait de toi mon ami, mon compagnon, mon maître dans les sciences ; sois franc avec moi, je t'en conjure. Y a-t-il quelque chose de réel dans cet art que tu prétends professer? La mission de ce jeune Ecossais me sera-t-elle véritablement avantageuse? Et est-il vrai, est-il bien sûr que la trame de ta vie et celle de la mienne doivent se rompre à si peu de distance l'une de l'autre? Conviens-en, mon bon Martius, tu ne parles ainsi que pour continuer le langage de ton métier; conviens-en, je t'en prie, et tu n'auras point à t'en repentir. Je suis vieux, prisonnier, probablement à la veille de perdre un royaume : pour un homme dans cette situation, la vérité vaut des empires, et c'est de toi, mon cher Martius, que j'attends ce joyau inestimable.

— Je l'ai déjà fait connaître à Votre Majesté, au risque

de vous voir, dans un accès de colère aveugle, vous retourner contre moi pour me déchirer.

— Qui! moi! Galeotti? Hélas! vous me connaissez bien mal! reprit Louis d'un ton de douceur. Ne suis-je pas captif? Ne dois-je pas être patient quand ma colère ne servirait qu'à donner une preuve de mon impuissance? Parlez-moi donc avec sincérité. M'avez-vous abusé, ou votre science est-elle réelle? Ce que vous m'avez dit est-il vrai?

— Votre Majesté me pardonnera si je lui réponds que le temps seul, le temps et l'événement peuvent convaincre l'incrédulité. Il conviendrait mal à la place de confiance que j'ai occupée dans le conseil de l'illustre conquérant Mathias Corvin de Hongrie, et même dans le cabinet de l'Empereur, de réitérer l'assurance de ce que j'ai avancé comme vrai. Si vous refusez de me croire, je ne puis qu'en appeler à l'avenir. Un jour ou deux de patience prouveront si je vous ai dit la vérité relativement au jeune Ecossais. Je consens à mourir sur la roue, à avoir mes membres rompus l'un après l'autre, si Votre Majesté ne retire pas un avantage, un avantage très-important de la conduite intrépide de ce Quentin Durward. Mais quand je serais mort dans les tortures, Votre Majesté ferait bien de chercher un père spirituel, car du moment que j'aurais rendu le dernier soupir, il ne lui resterait que vingt-quatre heures pour se confesser et faire pénitence.

Louis continua de tenir le bras de Galeotti, en le conduisant vers la porte; et en l'ouvrant, il lui dit à haute voix: Nous reprendrons demain cette conversation. *Allez en paix*, mon docte père; *allez en paix, allez en paix!*

Il répéta trois fois ces paroles; et craignant encore que le grand prévôt ne fît une méprise, il entra lui-même dans l'antichambre, tenant toujours Galeotti par le bras, comme s'il eût craint qu'on ne le lui arrachât pour le mettre à mort devant ses yeux. Il ne se retira dans sa chambre qu'après avoir répété encore deux fois la phrase de salut: *Allez en paix!* et il fit même en secret un signe à Tristan, pour lui enjoindre de respecter la personne de l'astrologue.

Ce fut ainsi que quelque information secrète, la présence d'esprit et le courage de l'audace sauvèrent Galeotti du danger le plus imminent; et ce fut ainsi que Louis, le plus subtil comme le plus vindicatif des souverains de cette époque, fut déjoué dans ses projets de vengeance par l'influence de la superstition sur son caractère égoïste, et par la crainte de la mort, dont une conscience bourrelée de crimes augmentait l'horreur pour lui.

Il fut cependant très-mortifié d'être obligé de renoncer au plaisir que lui promettait sa vengeance; et les satellites chargés de mettre sa sentence à exécution ne parurent pas moins contrariés par le contre-ordre qu'ils venaient de recevoir. Le Balafré seul, parfaitement indifférent à ce sujet, quitta son poste à la porte dès qu'il vit que sa présence n'y était plus nécessaire, s'étendit par terre, et s'endormit presque au même instant.

Le grand prévôt, pendant que ses gens se disposaient à goûter quelque repos après le départ du roi, avait les regards fixés sur les formes robustes de l'astrologue, comme un mâtin suit des yeux le morceau de viande que le cuisinier vient de lui retirer de la gueule, tandis que ses deux satellites se communiquaient à voix basse et en peu de mots les sentimens qui caractérisaient chacun d'eux.

— Ce pauvre aveugle de nécromancien, dit Trois-Echelles avec un air de commisération et d'onction spirituelle, a perdu la plus belle occasion d'expier quelques-unes de ses infames sorcelleries en mourant par le moyen du cordon du bienheureux saint François; j'avais même dessein de le lui laisser autour du cou, afin d'en faire un passeport pour son ame.

— Et moi donc, dit Petit-André, j'ai aussi perdu une superbe occasion, celle de voir de combien un poids de cent cinquante livres peut étendre une corde à trois brins. Cette expérience n'aurait pas été inutile dans notre profession; et puis le vieux et joyeux compère serait mort si doucement!

Pendant que ce dialogue avait lieu, Galeotti s'était placé au coin de l'immense cheminée opposé à celui près duquel ces honnêtes gens étaient groupés, et il les regardait de travers et avec un air de méfiance. Il mit d'abord la main sous sa veste, et s'assura qu'il pouvait y saisir avec facilité un poignard à double tranchant, qu'il portait toujours sur lui; car, comme nous l'avons déjà dit, quoique un peu pesant par trop d'embonpoint, c'était un homme vigoureux et adroit dans le maniement d'une arme. Convaincu que le fer fidèle était à sa portée, il tira de son sein un rouleau de parchemin sur lequel étaient tracés des caractères grecs et des signes cabalistiques, remit du bois dans la cheminée, et y fit un feu clair à l'aide duquel il pouvait distinguer les traits et l'attitude de tous ses compagnons de chambrée: le sommeil profond du soldat écossais, dont la physionomie semblait aussi impassible que si son visage eût été de bronze; la figure pâle et inquiète d'Olivier, qui tantôt avait l'air de dormir, tantôt entr'ouvrait les yeux et soulevait brusquement la tête, comme troublé par quelque mouvement intérieur ou éveillé par quelque bruit éloigné; l'aspect bourru, mécontent et sauvage de Tristan, qui semblait,

> Altéré de carnage,
> Regretter la victime échappée à sa rage;

tandis que le fond du tableau était occupé par la figure sombre et hypocrite de Trois-Echelles, dont les yeux étaient levés vers le ciel, comme s'il eût prononcé quelques oraisons mentales, et par le grotesque Petit-André qui s'amusait, avec ses mines, à contrefaire les gestes et les grimaces de son compagnon, avant de s'abandonner au sommeil.

Au milieu de ces êtres vulgaires et ignobles, rien ne pouvait se montrer avec plus d'avantage que la belle taille, la figure régulière et les traits imposans de l'astrologue;

on aurait pu le prendre pour un ancien mage enfermé dans une caverne de brigands, et occupé à invoquer un esprit pour en obtenir sa délivrance. Quand il n'aurait été remarquable que par la noblesse que donnait à sa physionomie une belle barbe flottant sur le rouleau mystérieux qu'il tenait à la main, n'eût-on pas été pardonnable de regretter que ce noble attribut eût été accordé à un homme qui n'employait les avantages des talens, du savoir, de l'éloquence et d'un bel extérieur, que pour servir les lâches projets d'un fourbe?

Ainsi se passa la nuit dans la Tour du comte Herbert, au château de Péronne. Quand le premier rayon de l'aurore pénétra dans la vieille chambre gothique, le roi appela Olivier en sa présence. Le barbier trouva Louis assis, en robe de chambre, et fut surpris du changement qu'avait produit sur tous ses traits une nuit passée dans des inquiétudes mortelles. Il aurait exprimé celles qu'il éprouvait lui-même à ce sujet; mais le roi lui imposa silence, en entrant dans le détail des divers moyens qu'il avait employés pour se faire des amis à la cour de Bourgogne, en chargeant Olivier de continuer les mêmes manœuvres dès qu'il pourrait obtenir la permission de sortir.

Jamais ce ministre astucieux ne fut plus surpris que pendant cet entretien mémorable, de l'imperturbable présence d'esprit de son maître, et de la connaissance intime qu'il avait de tous les ressorts qui peuvent influer sur les actions des hommes.

Environ deux heures après, Olivier reçut du comte de Crèvecœur la permission de sortir de la tour, et alla exécuter les ordres de son maître. Louis faisant alors entrer l'astrologue, à qui il paraissait avoir rendu sa confiance, eut avec lui une longue consultation dont le résultat lui donna plus de confiance et d'assurance qu'il n'en avait d'abord montré. Il s'habilla; et lorsque le comte de Crèvecœur vint lui faire ses complimens du matin, il le reçut avec un calme dont le seigneur bourguignon fut d'autant plus étonné, qu'il avait déjà appris que le duc avait passé plusieurs heures dans une situation d'esprit qui semblait rendre la sûreté du roi très-précaire.

CHAPITRE XXX.

L'Incertitude.

> « De cent projets divers mon esprit est bercé,
> « Celui qui chasse l'autre à son tour est chassé :
> « C'est la barque exposée à des courans contraires. »
> *Ancienne comédie.*

Si Louis passa la nuit dans l'agitation et l'anxiété la plus vive, le duc de Bourgogne fut encore plus troublé, lui qui, dans aucun temps, ne savait, comme Louis, maîtriser ses passions, et habitué, au contraire, à souffrir qu'elles exerçassent sur son esprit un empire absolu.

Suivant l'usage du temps, deux de ses principaux conseillers et des plus intimes, d'Hymbercourt et d'Argenton, étaient restés dans la chambre de Charles, où des couchettes leur étaient préparées à peu de distance du lit du prince. Jamais leur présence n'y avait été plus nécessaire; car le duc était déchiré tour à tour par le chagrin, la colère, la soif de la vengeance et un sentiment d'honneur qui lui défendait d'abuser de la situation dans laquelle Louis s'était mis lui-même. Son esprit ressemblait à un volcan en éruption vomissant toutes les matières contenues dans son sein, mêlées et fondues de manière à ne former qu'une seule masse de bitume.

Il refusa d'ôter ses habits et de faire aucun préparatif pour se coucher, et il passa la nuit à se livrer successivement aux passions les plus violentes. Dans quelques-uns de ces paroxismes, il parlait à ses conseillers d'un ton si bref et avec tant de volubilité, qu'ils craignaient qu'il ne perdît la raison. Il vantait toutes les qualités et la bonté de l'évêque de Liège, indignement assassiné, et rappelait toutes les preuves d'affection et de confiance mutuelle qu'ils s'étaient données si souvent. Enfin, à force de parler, il s'excita au chagrin à un tel point, qu'il se jeta le visage sur son lit, paraissant près d'étouffer par suite des efforts qu'il faisait pour retenir ses larmes et ses sanglots. Se relevant ensuite, il se livra à un autre transport d'un genre plus furieux. Il parcourut la chambre à grands pas en proférant des menaces sans suite et des sermens de vengeance; frappant violemment du pied, suivant sa coutume, et attestant saint George, saint André, et tout ce qu'il y avait de plus sacré à ses yeux, qu'il se vengerait d'une manière sanglante de Guillaume de la Marck, du peuple de Liège, et de celui qui était la cause première de tous leurs excès. Cette dernière menace, qui ne nommait personne, avait évidemment pour objet la personne de son prisonnier, et une fois le duc exprima la détermination d'envoyer chercher le duc de Normandie, frère du roi, avec lequel Louis était en fort mauvaise intelligence, et de forcer le monarque captif soit à se démettre de la couronne, soit à céder quelques-uns de ses droits et de ses apanages les plus importans.

Un autre jour et une autre nuit s'écoulèrent dans cette agitation tumultueuse, ou plutôt dans une suite de transitions rapides d'une passion à une autre. Pendant tout ce temps, le duc ne changea pas de vêtemens, et à peine satisfit-il aux premiers besoins de la nature. Enfin, il régnait un tel désordre dans ses discours et ses actions, que ceux qui l'approchaient de plus près commencèrent à craindre que son esprit ne se dérangeât. Il devint pourtant peu à peu plus calme, et commença à tenir avec ses ministres des consultations dans lesquelles on proposa bien des choses, sans rien décider. Comines nous assure qu'un courrier monta une fois à cheval, prêt à partir pour la Normandie; et il est probable que le monarque déposé allait trouver dans sa prison, comme cela s'est vu plusieurs fois, un court chemin vers le tombeau.

Dans d'autres instans, quand ses transports de fureur l'avaient épuisé, Charles restait l'œil fixe et le visage immobile, comme un homme qui médite quelque projet désespéré auquel il n'a pu encore se résoudre. Il n'aurait fallu que le plus léger effort de la part d'un des conseillers qui l'entouraient pour le porter aux derniers excès; mais les seigneurs bourguignons, par respect pour le caractère sacré de la personne d'un roi et d'un seigneur suzerain, et par égard pour la foi publique et pour l'honneur de leur duc, qui avait donné sa parole lorsque Louis s'était livré entre ses mains, étaient presque unanimement portés à lui recommander des mesures de modération; les argumens dont d'Hymbercourt et d'Argenton avaient hasardé de se servir pendant la nuit pour calmer le duc, furent reproduits pendant le jour par Crèvecœur et plusieurs autres, qui ne les firent pas valoir avec moins de force. Peut-être le zèle qu'ils montraient en faveur du roi n'était-il pas chez tous entièrement désintéressé. Plusieurs d'entre eux, comme nous l'avons dit, avaient déjà éprouvé les effets de la libéralité du roi; d'autres avaient en France des domaines ou des prétentions qui les soumettaient un peu à son influence; et il est certain que le trésor que le roi avait apporté à Péronne sur quatre mules s'allégea beaucoup dans le cours de ces négociations.

Le troisième jour, le comte de Campo Basso apporta au conseil de Charles le tribut de son esprit italien, et il fut heureux pour Louis qu'il ne fût pas encore arrivé quand le duc était dans sa première fureur. Un conseil régulier fut convoqué à l'instant même pour délibérer sur les mesures qu'il convenait d'adopter dans cette crise singulière.

Campo Basso exprima d'abord son opinion par l'apologue du voyageur, de la vipère et du renard, et rappela au duc l'avis que le renard donne à l'homme d'écraser son ennemi mortel pendant que le destin l'a mis à sa disposition. D'Argenton, qui vit les yeux du duc étinceler à une proposition que la violence de son caractère lui avait déjà suggérée plusieurs fois, s'empressa d'objecter qu'il était possible que Louis n'eût pas pris une part directe au meurtre épouvantable commis à Schonwaldt. — Peut-être, dit-il, le roi est en état de se justifier de cette imputation, et disposé à faire réparation pour les dommages que ses intrigues ont occasionés dans les domaines du duc et dans ceux de ses alliés. Il ajouta qu'un acte de violence exercé contre la personne du roi ne pouvait manquer d'attirer sur la France et sur la Bourgogne d'affreux malheurs qui en seraient la suite; qu'entre autres, et ce ne serait pas le moindre, les Anglais pourraient profiter de la discorde et des dissensions intestines qui éclateraient nécessairement, pour se remettre en possession de la Normandie et de la Guienne, et renouveler ces guerres désastrueuses qui ne s'étaient terminées, non sans peine, que par l'union de la France et de la Bourgogne contre l'ennemi commun. Il finit par dire qu'il n'entendait pas lui donner le conseil de rendre la liberté à son prisonnier purement et simplement et sans condition; mais qu'il était d'avis que le duc ne devait profiter de la situation du roi que pour conclure entre les deux pays un traité juste et honorable, en exigeant de Louis des garanties qui lui rendissent difficile de manquer de foi, et de troubler à l'avenir la paix intérieure de la Bourgogne. D'Hymbercourt, Crèvecœur et plusieurs autres se déclarèrent hautement contre les mesures violentes proposées par Campo Basso, et soutinrent qu'on pouvait obtenir, par le moyen d'un traité, des avantages plus durables et plus glorieux pour la Bourgogne, que par une action qui la souillerait d'une tache honteuse, celle d'avoir manqué de foi à l'hospitalité.

Le duc écouta ces argumens les yeux baissés et en fronçant les sourcils de manière non-seulement à les rapprocher, mais à les confondre; et quand le comte de Crèvecœur ajouta qu'il ne croyait pas que Louis eût pris part au meurtre sacrilège de l'évêque de Liège, ni même qu'il en eût conçu le projet, Charles leva la tête, et, jetant un regard sévère sur son conseiller, il s'écria:—Avez-vous donc aussi, Crèvecœur, entendu le son de l'or de France? Il me semble que ce son retentit dans mon conseil aussi haut que les cloches de Saint-Denis. Qui osera dire que Louis n'a pas fomenté la rébellion en Flandre?

—Monseigneur, répondit le comte, ma main a toujours été moins habituée à manier l'or que l'acier, et je suis tellement convaincu que Louis est coupable d'avoir excité les troubles de la Flandre, que naguère je l'en ai accusé en présence de toute sa cour, et lui ai fait un défi en votre nom. Mais quoique ses intrigues aient été, sans aucun doute, la cause première de tous ces malheurs, je suis si loin de croire qu'il ait autorisé le meurtre commis à Schonwaldt, que je sais qu'un de ses émissaires a protesté publiquement contre ce crime; et je pourrais le faire paraître devant Votre Altesse, si tel était votre bon plaisir.

—Si tel est notre bon plaisir! s'écria le duc; par saint George! pouvez-vous douter que nous ne désirions agir d'après la plus stricte justice? Même dans l'emportement de notre courroux, nous sommes connu pour juger avec équité et droiture. Nous verrons nous-même Louis de Valois; nous lui exposerons nos griefs et la réparation que nous en exigeons, réparation qui pourra devenir plus facile s'il est innocent de ce meurtre. S'il en est coupable, qui osera dire qu'une vie dévouée à la pénitence dans quelque monastère retiré ne soit pas une sentence aussi miséricordieuse que bien méritée? Qui osera dire, ajouta Charles en s'échauffant, qu'une vengeance plus prompte et plus directe ne serait pas légitime? Amenez-moi l'homme dont vous me parlez. Nous nous rendrons au château une heure avant midi. Nous rédigerons quelques articles, et il faudra qu'il les accepte, ou malheur à lui! La séance est levée, messieurs, et vous pouvez vous retirer. Moi, je vais changer de vêtemens, car je suis à peine en costume convenable pour paraître devant *mon très-gracieux souverain*.

Le duc appuya sur ces derniers mots avec une ironie amère, et il sortit de l'appartement.

— La sûreté de Louis et, ce qui est plus important encore, l'honneur de la Bourgogne, dépendent d'un tour de dé, dit d'Hymbercourt à d'Argenton et à Crèvecœur. Cours au château, d'Argenton : tu as la langue mieux affilée que Crèvecœur et moi. Avertis Louis de la tempête qui s'approche, il en saura mieux comment se gouverner. J'espère que ce jeune garde ne dira rien qui puisse aggraver la situation du roi : car qui sait de quelle mission secrète il était chargé?

— Ce jeune homme, répondit Crèvecœur, paraît hardi, mais circonspect, plus qu'on ne pourrait l'attendre de son âge. Dans tout ce qu'il m'a dit, il m'a eu l'air d'avoir grand soin de ménager le roi, comme un prince au service duquel il se trouve. J'espère qu'il agira de même en présence du duc. Maintenant il faut que j'aille le chercher, ainsi que la jeune comtesse de Croye.

— La comtesse! s'écria d'Hymbercourt; vous nous aviez dit que vous l'aviez laissée au couvent de Sainte-Brigitte.

— Cela est vrai, répondit le comte; mais les ordres du duc m'ont obligé de la faire venir ; elle a été amenée ici en litière, ne pouvant voyager autrement. Elle est dans la plus grande détresse, tant à cause de son incertitude sur le sort de sa tante, la comtesse Hameline, que par suite des inquiétudes qu'elle a pour elle-même; car elle s'est rendue coupable d'un délit féodal en osant se soustraire à la protection de son seigneur suzerain, et le duc Charles n'est pas homme à voir avec indifférence le moindre oubli de ses droits seigneuriaux.

La nouvelle que la jeune comtesse était entre les mains de Charles vint encore ajouter une nouvelle amertume aux réflexions de Louis. Il savait parfaitement qu'elle pouvait rendre compte des intrigues employées par lui pour la déterminer, ainsi que sa tante, à passer en France, et fournir par là les preuves qu'il avait fait disparaître en ordonnant l'exécution de Zamet Maugrabin. Or, il n'ignorait pas que cette intervention de sa part dans les droits du duc de Bourgogne fournirait à Charles un prétexte et un motif pour profiter de tous ses avantages.

Tourmenté d'inquiétudes sur sa situation, le roi s'en entretint avec le sire d'Argenton, dont l'esprit et les talens politiques étaient mieux assortis à l'humeur de Louis que le caractère franc et martial de Crèvecœur et la fierté féodale de d'Hymbercourt.

—Ces soldats bardés de fer, mon cher d'Argenton, dit-il à son futur historien, devraient rester dans l'antichambre avec les hallebardes et les pertuisanes, et ne jamais entrer dans le cabinet d'un roi. Leurs mains sont faites pour combattre; mais le monarque qui veut donner à leur tête une autre occupation que celle de servir d'enclume aux glaives et aux massues de ses ennemis, agit comme ce fou qui voulait mettre au cou de sa maîtresse un collier de chien. C'est à des hommes comme vous, Philippe, à des hommes dont les yeux sont doués de ce jugement exquis, capable de pénétrer au-delà de la surface des affaires, que les princes doivent ouvrir leur cabinet, leurs conseils, que dirai-je? les plus secrets replis de leur ame.

Il était tout naturel que d'Argenton, homme d'un esprit pénétrant, fût flatté de l'approbation du prince de l'Europe reconnu pour avoir le plus de sagacité; et il ne put assez bien déguiser la satisfaction intérieure qu'il éprouvait, pour que le roi ne s'aperçût pas qu'il avait fait quelque impression sur lui.

—Plût à Dieu, continua-t-il, que j'eusse un pareil serviteur, ou plutôt que je fusse digne d'en avoir un! Je ne me trouverais pas dans cette malheureuse situation; et cependant je regretterais à peine de m'y trouver, si je pouvais découvrir les moyens de m'assurer les services d'un homme d'Etat si expérimenté.

D'Argenton répondit que toutes ses facultés étaient au service de Sa Majesté Très-Chrétienne, sous la réserve de la fidélité qu'il devait à son seigneur légitime, Charles, duc de Bourgogne.

—Et suis-je homme à vouloir vous faire trahir votre fidélité! s'écria Louis d'un ton pathétique. Hélas! ne suis-je pas même en danger, en ce moment, pour avoir accordé trop de confiance à mon vassal? A qui la foi féodale peut-elle être plus sacrée qu'à moi, qui n'ai d'autre moyen de sûreté que d'y avoir recours? Non, Philippe de Comines, continuez à servir Charles de Bourgogne, et vous ne pouvez mieux le faire qu'en amenant un arrangement raisonnable entre lui et Louis de France. En agissant ainsi, vous nous rendrez service à tous deux, et vous verrez qu'un de nous au moins en sera reconnaissant. On m'assure que vos appointemens en cette cour égalent à peine ceux du grand fauconnier; et c'est ainsi que les services du plus sage conseiller de l'Europe sont mis au niveau, ou, pour mieux dire, ravalés au-dessous de ceux de l'homme qui nourrit et médicamente des oiseaux de proie! La France possède de bonnes terres; son roi ne manque pas d'or. Permettez-moi, mon cher ami, de rectifier cette inégalité scandaleuse. Les moyens n'en sont pas bien loin; trouvez bon que je les emploie.

A ces mots, le roi offrit à Comines un gros sac d'argent;

mais Comines, dont les sentimens étaient plus délicats que ceux de la plupart des courtisans de son temps, le remercia en lui disant qu'il était parfaitement satisfait de la libéralité de son maître; et il assura Louis que, quand même il accepterait le présent qu'il lui offrait, cette circonstance ne pourrait ajouter à son désir de lui être utile.

— Homme extraordinaire! s'écria le roi, souffrez que j'embrasse le seul courtisan de ce siècle qui soit en même temps capable et incorruptible. La sagesse est plus désirable que l'or le plus pur, et croyez-moi, Philippe, j'ai plus de confiance en votre assistance dans ce moment de crise, que dans les secours achetés de tant d'autres qui ont accepté mes présens. Je vous connais, Comines, et je suis sûr que vous ne conseillerez pas à votre maître d'abuser de l'occasion que la fortune, ou, pour vous parler franchement, que ma propre sottise lui a procurée.

— D'en *abuser!* s'écria d'Argenton; non certainement : mais je lui conseillerai sûrement d'en *user*.

— Comment? jusqu'à quel point? Je ne suis pas assez sot pour me flatter qu'il me laisse échapper sans rançon; mais qu'elle soit raisonnable. Je suis toujours disposé à écouter la raison, à Péronne aussi-bien qu'à Paris ou au Plessis.

— Mais, si Votre Majesté me permet de le lui dire, la raison, à Paris et au Plessis, avait coutume de parler d'un ton si doux et d'une voix si basse, qu'elle ne pouvait pas toujours obtenir audience de Votre Majesté. Mais à Péronne, elle emprunte la trompe parlante de la nécessité, et sa voix devient bruyante et impérieuse.

— Votre style est trop figuré, dit Louis, incapable de réprimer un mouvement d'humeur. Je suis un homme tout simple, sire d'Argenton : je vous prie de laisser vos tropes et d'en venir au fait. Qu'attend de moi votre duc?

— Je ne suis pas porteur de propositions, Sire. Le duc

vous fera bientôt connaître lui-même son bon plaisir. Cependant il s'en présente à mon esprit quelques-unes auxquelles il est bon que Votre Majesté soit préparée. Par exemple, la cession des villes sur la Somme.

— Je m'y attendais.

— Le désaveu des crimes commis par les Liégeois et Guillaume de la Marck.

— Aussi volontiers que je désavoue l'enfer et Satan.

— Il vous demandera soit des otages, soit quelques forteresses, pour garantie que vous vous abstiendrez désormais d'exciter la rébellion parmi les Flamands.

— C'est quelque chose de nouveau, Philippe, qu'un vassal demande des garanties à son souverain; mais passe encore pour cela.

— Un apanage convenable et indépendant pour votre illustre frère, l'allié et l'ami de mon maître; la Normandie ou la Champagne, par exemple. Le duc aime la maison de votre père, Sire.

— Oui, Pâques-Dieu! s'écria le roi: il l'aime tant, qu'il veut faire des rois de tous ses enfans! Eh bien! votre magasin d'insinuations préparatoires est-il épuisé?

— Pas tout-à-fait, Sire; Votre Majesté sera certainement requise de ne plus molester le duc de Bretagne, comme vous l'avez fait récemment, et de ne plus contester le droit qu'ont vos grands feudataires de battre monnaie, et de se nommer ducs et princes par la grace de Dieu.

— C'est-à-dire de faire de mes vassaux autant de rois. Sire Philippe, voulez-vous me faire fratricide? Vous vous rappelez mon frère Charles? eh bien! à peine fut-il duc de Guienne qu'il mourut. Et que restera-t-il aux descendans de Hugues Capet, après avoir donné ces riches provinces, si ce n'est le privilège de se faire oindre à Reims, et de prendre leurs repas sous un dais élevé?

— Nous diminuerons les inquiétudes de Votre Majesté à cet égard; en lui donnant un compagnon dans cette dignité solitaire. Quoique le duc de Bourgogne ne demande pas, quant à présent, le titre de roi, cependant il désire être affranchi à l'avenir de ces marques abjectes de soumission auxquelles il est tenu envers la couronne de France. Il a dessein de fermer sa couronne ducale de la même manière que celles des empereurs, et de la surmonter d'un globe, en signe de l'indépendance de ses domaines.

— Et comment le duc de Bourgogne, s'écria Louis en montrant un degré d'émotion qui ne lui était pas ordinaire, comment un vassal de ma couronne ose-t-il proposer à son souverain des conditions qui, d'après toutes les lois de l'Europe, lui feraient encourir la forfaiture de son fief?

— La sentence de forfaiture serait en ce cas difficile à exécuter, répondit d'Argenton avec calme. Votre Majesté n'ignore pas que l'observation des lois féodales commence à tomber en désuétude, même dans l'empire germanique, et que les suzerains et les vassaux cherchent à améliorer leur position respective autant que le leur permettent leur puissance et les occasions. Les pratiques secrètes de Votre Majesté avec les vassaux de mon maître, en Flandre, serviront d'excuse à mon maître, en supposant qu'il insiste pour que le roi de France, en reconnaissant son indépendance absolue, se mette hors d'état de se livrer à l'avenir à de pareilles intrigues.

— D'Argenton! d'Argenton! dit Louis en se levant et en se promenant dans la chambre d'un air pensif; ceci est un terrible commentaire sur le texte : *Væ victis*[1]! Vous ne pouvez vouloir me donner à entendre que le duc insistera sur des conditions si dures?

— Je voudrais du moins, Sire, que vous fussiez préparé à les discuter.

— Cependant la modération, d'Argenton, personne ne

---

(1) Malheur aux vaincus.—T<small>R</small>.

le sait mieux que vous, — la modération dans la prospérité est nécessaire pour assurer les avantages que la prospérité nous offre.

— Votre Majesté me permettra de lui dire que j'ai remarqué que c'est toujours le perdant qui vante le mérite de la modération. Le gagnant fait plus de cas de la prudence, qui l'engage à ne pas laisser échapper l'occasion dont il peut profiter.

— Eh bien! nous y réfléchirons; mais j'espère que vous êtes arrivé à la fin de toutes les prétentions déraisonnables du duc? Oserait-il les porter plus loin? Oui, je vois dans vos yeux que vous ne m'avez pas encore tout dit. Que veut-il donc? Que peut-il vouloir? Est-ce ma couronne? — ma couronne privée de tout son lustre si je lui accorde toutes les demandes que vous m'avez déjà fait connaître?

— Ce dont il me reste à vous parler, Sire, dépend en partie, — et en grande partie même, je puis dire, de la volonté du duc, mais il a dessein de vous inviter à y consentir; car, à la vérité, c'est une chose qui vous touche de très-près.

— Pâques-Dieu! Et de quoi s'agit-il? demanda le roi d'un ton d'impatience; faut-il que je lui envoie ma fille pour concubine! et de quel autre déshonneur prétend-il me couvrir?

— Le projet qu'il a conçu n'entraîne aucun déshonneur, Sire. Le cousin de Votre Majesté, l'illustre duc d'Orléans...

— Ah! dit le roi. Mais d'Argenton continua sans faire attention à cette interruption.

— Ayant donné son affection à la jeune comtesse Isabelle de Croye, le duc désire que Votre Majesté accorde son consentement à ce mariage, comme il y accorde le sien, et que vous vous unissiez à lui pour assurer à ce noble couple un apanage qui, joint aux domaines de la comtesse, puisse former un établissement convenable pour un fils de France.

— Jamais! jamais! s'écria le roi en se livrant à un emportement qu'il n'avait pas eu peu de peine à réprimer jusqu'alors, et en se promenant à grands pas dans la chambre, avec un air de désordre qui formait un contraste frappant avec son sang-froid habituel. Jamais! jamais! Qu'on apporte des ciseaux, et qu'on me tonde la tête comme celle d'un fou de paroisse, auquel j'ai si grandement ressemblé! Qu'on ouvre pour moi la porte d'un monastère ou celle du tombeau! Qu'on emploie des bassins rougis au feu pour me dessécher les yeux! Qu'on ait recours à la hache, au poison, à tout ce qu'on voudra! mais Orléans ne manquera pas à la foi qu'il a promise à ma fille. Il n'aura jamais une autre épouse, tant qu'elle vivra.

— Avant de vous prononcer si fortement contre ce projet, Sire, Votre Majesté réfléchira qu'elle n'a aucun moyen pour en empêcher l'exécution. Un homme sage qui voit se détacher un quartier de rocher, ne conçoit pas le dessein inutile de l'arrêter dans sa chute.

— Mais un homme courageux trouve un tombeau sous ses débris. — D'Argenton, songez qu'un tel mariage serait la ruine, la destruction entière de mon royaume; songez que je n'ai qu'un fils, un fils d'une santé faible, et qu'Orléans est, après lui, l'héritier présomptif du trône. Songez que l'Eglise a consenti à son union avec Jeanne, union qui fond si heureusement ensemble les intérêts des deux branches de ma famille. Songez que cette union a été le projet favori de toute ma vie; que j'ai rêvé, agi, combattu, prié, prêché pour l'accomplir. Non, Comines, non, je n'y renoncerai pas. Ayez compassion de moi dans cette extrémité, Philippe! votre esprit ingénieux peut trouver quelque chose à substituer à ce sacrifice, quelque bélier à offrir en la place de ce qui m'est aussi cher que l'était à son père le fils unique du patriarche. Ayez pitié de moi, Philippe; vous, du moins, vous devez savoir que l'anéantissement d'un projet à l'accomplissement duquel on a long-temps réfléchi, long-temps travaillé, offre bien plus d'amertume à un homme doué de jugement et de prévoyance, qu'à un homme ordinaire, dont les chagrins sont courts parce que ses désirs ne sont que l'effet d'une passion momentanée. Vous qui devez savoir compatir à l'affliction incomparablement plus profonde de la prudence déjouée, de la sagacité trompée, ne prendrez-vous point part à ma détresse?

—J'y prends part, Sire, autant que ce que je dois à mon maître....

—Ne parlez pas de lui! s'écria Louis, cédant, ou feignant de céder à une impulsion irrésistible qui le mettait hors de garde, et qui lui faisait oublier sa réserve ordinaire : Charles de Bourgogne est-il digne de votre attachement! lui qui peut insulter et frapper le plus fidèle de ses conseillers! lui qui peut donner au plus sage d'entre eux le surnom injurieux de *Tête bottée*.

Toute la sagesse de Philippe de Comines n'empêchait pas qu'il n'eût une assez haute opinion de son importance personnelle, et il fut tellement frappé des paroles que le roi venait de prononcer, à ce qu'il paraissait, dans un transport qui ne lui permettait pas de réfléchir, qu'il ne pût s'empêcher de répéter :—Tête bottée! il est impossible que le duc, mon maître, ait donné un pareil nom au serviteur qui a toujours été à ses côtés depuis qu'il peut monter un palefroi, et cela devant un monarque étranger! Cela est impossible.

Louis vit sur-le-champ l'impression qu'il avait faite, et, évitant de prendre un ton de condoléance qui aurait pu paraître insultant, ou de compassion qui aurait pu ressembler à de l'affection, il dit avec simplicité et en même temps avec dignité :

—Mes infortunes m'ont fait oublier ma courtoisie, sans quoi je ne vous eusse point parlé de ce qu'il doit vous être désagréable d'entendre. Mais vous prétendez que ce que je vous ai dit est impossible ; cela touche mon honneur, et je reconnaîtrais que cette accusation est fondée, si je ne vous rapportais pas comment le duc, en se tenant les côtés de rire, m'a raconté des circonstances qui ont donné lieu à ce sobriquet insultant, dont la répétition ne choquera pas vos oreilles en passant par ma bouche. Il me dit donc qu'un certain jour, au retour d'une partie de chasse où vous l'aviez accompagné, il vous pria de lui tirer ses bottes. Voyant peut-être dans vos yeux un mécontentement fort naturel d'un traitement si humiliant, il vous ordonna de vous asseoir, et se mit à vous rendre le même service qu'il venait de recevoir de vous. Mais offensé de votre obéissance littérale, il n'eut pas plus tôt tiré une de vos bottes, qu'il vous en déchargea de grands coups sur la tête, à en faire sortir le sang, se récriant contre l'insolence d'un sujet qui souffrait que la main de son souverain se dégradât à ce point ; et depuis ce temps il fait des gorges-chaudes de cette aventure, et non-seulement il vous donne le sobriquet de Tête bottée, mais trouve bon que son fou privilégié, le Glorieux, en fasse autant.

En racontant cette anecdote, Louis avait le plaisir d'abord de piquer au vif celui à qui il parlait, satisfaction dont il était dans sa nature de jouir, même quand il n'avait pas, comme dans le cas dont il s'agit, une sorte d'excuse pour se livrer à ce penchant ; et ensuite celui de voir qu'il avait enfin réussi à découvrir dans le caractère de d'Argenton un point vulnérable qui pouvait insensiblement le conduire à abandonner les intérêts de la Bourgogne pour embrasser ceux de la France. Mais quoique le ressentiment profond que le courtisan offensé conçut contre son maître l'ait porté par la suite à passer du service de Charles à celui de Louis, cependant il se contenta, en ce moment, d'assurer le roi de l'intérêt qu'il prenait à la France, en termes généraux qu'il n'ignorait pas que

Louis saurait fort bien interpréter. Il serait souverainement injuste d'accuser cet excellent historien d'avoir oublié, en cette occasion, ce qu'il devait à son maître; mais il est certain qu'il se sentait dans des dispositions plus favorables à Louis que lorsqu'il était arrivé près de lui.

— Je ne croyais pas, dit-il en faisant un effort sur lui-même pour rire de l'anecdote que Louis venait de raconter, qu'une bagatelle, une folie semblable vivrait assez long-temps dans l'esprit du duc pour qu'il en parlât jamais. Il y a bien quelque chose de vrai dans cette histoire de bottes, et Votre Majesté sait que le duc n'est pas très-délicat dans ses plaisanteries; mais celle-ci s'est ornée et amplifiée dans son souvenir. Au surplus, n'en parlons pas davantage.

— Oui, n'en parlons plus, dit le roi; c'est même une honte que nous nous y soyons arrêtés un instant. Mais j'espère, sire Philippe, que vous avez le cœur assez français pour me donner un avis dans cette crise embarrassante. Vous pourriez me tirer de ce labyrinthe, car vous en avez le fil, j'en suis sûr.

— Votre Majesté peut disposer de mes avis et de mes services, répondit d'Argenton, toujours sous la réserve de ce que je dois à mon maître.

C'était à peu près ce que le courtisan avait déjà dit; mais il le répétait alors d'un ton si différent, que Louis, qui avait conclu d'après sa première déclaration que ce que Philippe devait à son maître entrait en première ligne dans ses considérations, comprit parfaitement qu'il appuyait alors avec plus de force sur la promesse de ses avis et de ses services que sur une réserve qui ne semblait faite que pour la forme et par bienséance. Il s'assit, força d'Argenton à prendre une chaise, et l'écouta avec la même attention que s'il eût prononcé des oracles. L'homme d'Etat lui parla à voix basse, de ce ton qui manque rarement de faire impression, parce qu'il annonce de la sincérité et une sorte de précaution, et avec une lenteur qui semblait inviter le monarque à bien peser chaque mot qui sortait de sa bouche, comme s'il avait eu un sens particulier et déterminé.

— Les propositions que j'ai soumises à la considération de Votre Majesté, dit-il, ne sont que celles qui ont été substituées à d'autres, bien plus violentes encore, mises en avant, et soutenues dans le conseil par des gens animés d'intentions plus hostiles que les miennes à l'égard de Votre Majesté; je n'ai pas besoin de vous rappeler que les avis les plus violens sont ceux que mon maître écoute le plus volontiers, parce qu'il aime à marcher vers son but par la voie la plus courte, quelque dangereuse qu'elle puisse être, plutôt que de suivre un chemin plus sûr, mais qui ne l'y conduit que par un long détour.

— Je le sais fort bien. Je l'ai vu traverser une rivière à la nage au risque de se noyer, quand, à trois cents pas plus loin, il aurait pu la passer sur un pont.

— C'est la vérité, Sire; et celui qui compte sa vie pour rien quand il s'agit de satisfaire la passion impétueuse d'un moment, suivra la même impulsion pour préférer le plaisir de faire sa volonté, à l'accroissement de sa véritable puissance.

— Je pense de même. Un fou préfère l'apparence de l'autorité à la réalité; et je sais que tel est le caractère de Charles de Bourgogne. Mais, mon cher ami d'Argenton, quelle conséquence tirez-vous de ces prémisses?

— Sire, celle-ci : Votre Majesté a vu un pêcheur habile se rendre maître d'un gros poisson, et par le secours de son adresse le tirer hors de l'eau avec le simple fil de sa ligne; tandis que, s'il avait voulu l'enlever brusquement, et sans lui laisser l'espace pour s'agiter, ce fil n'aurait pu résister à la violence de ses efforts. De même, Votre Majesté, en donnant satisfaction au duc sur des objets auxquels il attache particulièrement ses idées d'honneur et de vengeance, peut éluder plusieurs autres demandes qu'elle trouverait encore plus désagréables, notamment (car je dois parler avec franchise à Votre Majesté) celles qui tendraient spécialement à l'affaiblissement de la France. Il n'y fera plus attention ; elles s'échapperont de sa mémoire ; et en les ajournant à une autre conférence, pour en retarder la discussion, il n'en sera plus question.

— Je vous comprends, mon bon sire Philippe ; mais venons au fait. A laquelle de ces heureuses propositions votre duc est-il si attaché que la contradiction le rendrait déraisonnable et indomptable ?

— A toutes, à la première venue ; précisément à celle sur laquelle il pourrait vous arriver de le contredire. C'est ce que Votre Majesté doit éviter : et, pour reprendre ma première métaphore, il faut que vous ayez toujours l'œil au guet ; et, quand vous le verrez prêt à se livrer à quelque mouvement de violence, que vous lui lâchiez assez de ligne pour l'empêcher de la briser. Sa fureur, déjà considérablement diminuée, se dissipera d'elle-même, si elle n'éprouve pas d'opposition ; et bientôt après, vous le verrez devenir plus doux, et traitable.

— Cependant, dit le roi d'un air pensif, parmi toutes les propositions que mon beau cousin a dessein de me faire, il doit s'en trouver quelques-unes qu'il ait plus à cœur que les autres. N'y aurait-il pas moyen de les connaître, mon cher d'Argenton ?

— Votre Majesté peut rendre la moindre des demandes du duc la plus importante à ses yeux, uniquement en s'y opposant. Je crois pourtant pouvoir vous dire, Sire, qu'il faut renoncer à toute espérance d'arrangement si vous n'abandonnez les Liégeois et Guillaume de la Marck.

— J'ai déjà dit que je les abandonnerai ; et c'est tout ce qu'ils méritent de moi. Les misérables ! commencer un pareil tumulte dans un moment où il pouvait m'en coûter la vie !

— Celui qui met le feu à une traînée de poudre, ne doit pas être surpris d'entendre l'explosion de la mine. Mais il ne suffira pas au duc Charles que vous les abandonniez. Je sais qu'il se propose de vous demander votre assistance pour réprimer cette insurrection, et votre présence royale pour sanctionner le châtiment qu'il destine aux rebelles.

— Je ne sais trop si notre honneur nous permet d'accorder cette demande, d'Argenton.

— Je ne sais trop si le soin de votre sûreté vous permet de la refuser, Sire. Charles est déterminé à prouver aux Flamands qu'ils ne doivent compter ni sur les promesses, ni sur les secours de la France; et que, s'ils se révoltent, rien ne peut les mettre à l'abri du courroux et de la vengeance de la Bourgogne.

— Parlons franchement, d'Argenton : si nous pouvions faire traîner les choses en longueur, ces misérables Liégeois ne pourraient-ils pas se mettre en état de tenir bon contre le duc? Les coquins sont nombreux et entêtés. Ne pourraient-ils pas défendre leur ville contre lui?

— Ils auraient pu faire quelque chose avec les mille archers français que Votre Majesté leur a promis; mais.....

— Que je leur ai promis! Hélas! mon bon sire Philippe, vous me faites tort par une telle supposition.

— Mais, ne vous en mêlant pas, continua d'Argenton sans faire attention à cette interruption, et attendu que *maintenant* Votre Majesté ne jugera probablement pas à propos de les secourir, comment des bourgeois peuvent-ils espérer de défendre une ville aux murs de laquelle les larges brèches faites par ordre de Charles, après la bataille de Saint-Tron, sont encore si peu réparées, que les lanciers du Hainaut, du Brabant et de la Bourgogne peuvent se présenter à l'attaque sur vingt hommes de front.

— Imprudens idiots! S'ils ont ainsi négligé eux-mêmes

leur sûreté, ils ne méritent pas ma protection. Je ne me ferai pas de querelle pour eux. Continuez.

— Je crains que le point suivant ne touche de plus près Votre Majesté.

— Ah! s'écria le roi, vous voulez parler de cet infernal mariage. Jamais je ne consentirai à rompre le contrat qui lie mon cousin d'Orléans à ma fille Jeanne. Ce serait arracher le sceptre de la France à ma postérité, car le dauphin a une santé bien faible; c'est un bouton flétri qui ne portera aucun fruit. Ce mariage entre Jeanne et d'Orléans a occupé mes pensées pendant le jour, mes rêves pendant la nuit. Je vous dis, d'Argenton, que je ne puis y consentir. D'ailleurs, c'est une barbarie que d'exiger de moi que je détruise de mes propres mains, et d'un seul coup, le plan de politique auquel je tiens le plus, et le bonheur d'un jeune couple élevé dès l'enfance l'un pour l'autre.

— Leur attachement est donc bien fort? demanda d'Argenton.

— D'un côté du moins, répondit le roi, et c'est le côté auquel je dois prendre le plus d'intérêt. Mais vous souriez, sire Philippe; vous ne croyez pas à la force de l'amour.

— Au contraire, Sire, permettez-moi de vous dire que je suis si peu incrédule à cet égard, que j'allais vous demander si vous éprouveriez un peu moins de répugnance à consentir au mariage proposé entre Louis d'Orléans et Isabelle de Croye, si je vous prouvais que la comtesse a un penchant tellement décidé pour un autre, qu'il est vraisemblable qu'elle refusera elle-même d'épouser le duc?

— Hélas! mon bon et cher ami, dit le roi en soupirant, de quel sépulcre avez-vous tiré cette consolation pour un homme mort? Son penchant! Quoi! Pour dire la vérité, supposons que d'Orléans déteste ma fille Jeanne; eh bien! sans ce concours d'accidens formant une trame mal tissue, il n'en aurait pas moins fallu qu'il l'épousât: quelle chance y a-t-il donc que cette jeune comtesse puisse refuser l'époux qu'on lui destine, quand elle sera exposée à une semblable nécessité; ou qu'elle veuille le refuser, quand cet époux est un fils de France? Non, non, Philippe, on ne peut se flatter qu'elle soit insensible aux vœux d'un tel amant. *Varium et mutabile* [1], Philippe.

— Je crois qu'en cette occasion Votre Majesté met trop bas le courage déterminé de cette jeune dame. Elle sort d'une race volontaire et opiniâtre, et j'ai appris de Crèvecœur qu'elle a conçu un attachement romanesque pour un jeune écuyer, qui, à la vérité, lui a rendu de grands services en route.

— Ah! s'écria le roi, un archer de ma garde, nommé Quentin Durward?

— Lui-même, à ce que je crois, répondit d'Argenton; il a été fait prisonnier avec la comtesse. Ils voyageaient ensemble, presque tête à tête.

— Bénis soient donc notre Seigneur, Notre-Dame, monseigneur saint Martin et monseigneur saint Julien! dit le roi. Gloire et honneur au savant Galeotti qui a lu dans les astres que le destin de ce jeune homme était en conjonction avec le mien. Si cette jeune comtesse lui est assez attachée pour devenir réfractaire aux ordres du Bourguignon, ce Quentin Durward m'a réellement été bien utile.

— D'après ce que m'a dit Crèvecœur, Sire, je crois qu'on peut espérer de la trouver suffisamment obstinée. D'ailleurs, malgré la supposition qu'il a plu à Votre Majesté de faire tout à l'heure, le noble duc lui-même ne renoncera sans doute pas volontairement à la belle cousine à laquelle il est engagé depuis long-temps.

— Hum! Mais vous n'avez jamais vu ma fille Jeanne; c'est une chouette, Philippe! une véritable chouette dont je suis honteux! Mais n'importe; qu'il soit assez sage

(1) Changeante et variable *est la femme*. — Tr.

pour l'épouser, et je lui permets ensuite d'être fou de la plus belle femme de France. Je présume que vous m'avez maintenant déployé toute la carte des dispositions de votre maître.

— Je vous ai fait connaître, Sire, les points sur lesquels il est à présent le plus disposé à insister. Mais Votre Majesté sait que le caractère du duc est un torrent fougeux qui ne se contient dans son lit que lorsqu'il ne rencontre aucun obstacle à son cours, et dont on ne peut prévoir celui qu'il prendra, si une digue ou un rocher l'oblige à le changer. S'il obtenait inopinément des preuves plus évidentes des pratiques de Votre Majesté (excusez cette expression, le temps presse et n'admet pas de cérémonie) avec les Liégeois et Guillaume de la Marck, les conséquences pourraient en être terribles. Il est arrivé d'étranges nouvelles de ce pays. On dit que de la Marck a épousé Hameline, l'aînée des comtesses de Croye.

— Cette vieille folle avait une telle envie de se marier, qu'elle aurait accepté la main de Satan. Mais que de la Marck, brute comme il est, ait consenti à l'épouser, c'est ce qui me paraît plus surprenant.

— On dit aussi qu'un héraut ou un envoyé arrive à Péronne de la part de de la Marck. C'en est assez pour jeter le duc dans un transport de rage. J'espère que de la Marck n'a pas quelques lettres de Votre Majesté, ou quelques autres pièces qu'il pourrait montrer?

— Moi écrire à un Sanglier! Non, non, sire Philippe, je ne suis pas assez fou pour jeter des perles aux pourceaux. Le peu de relations que j'ai eues avec cet animal sauvage n'ont jamais consisté qu'en messages de vive voix, et je n'y ai employé que des vagabonds, des misérables, dont on ne voudrait pas recevoir le témoignage pour prouver le vol des œufs d'un poulailler.

—Il ne me reste, dit d'Argenton en se levant, qu'à recommander à Votre Majesté de se tenir sur ses gardes, d'agir suivant les circonstances, et surtout d'éviter avec le duc un langage et des argumens plus convenables à votre dignité qu'à votre situation actuelle.

—Si ma dignité me gêne, répondit le roi, ce qui m'arrive rarement quand j'ai à penser à de plus grands intérêts, j'ai ici un spécifique contre ce gonflement du cœur; c'est de regarder dans un petit cabinet qui est à deux pas, sire Philippe, et de songer à la mort de Charles-le-Simple : cela m'en débarrassera aussi efficacement qu'un bain froid débarrasserait d'une fièvre. Et maintenant, mon cher ami, mon digne conseiller, faut-il donc que vous vous en alliez? Eh bien, sire de Comines, le temps viendra où vous vous lasserez de donner des leçons de politique à ce taureau bourguignon qui n'est pas en état de comprendre votre plus simple argument; alors, si Louis vit encore, songez que vous avez un ami à la cour de France. Et si vous y veniez, mon cher Philippe, je le regarderais comme une bénédiction pour mon royaume, parce qu'avec des vues profondes en affaires d'Etat, vous avez une conscience qui vous met à même de sentir et de discerner le bien et le mal; tandis que..... Que Dieu, Notre-Dame et monseigneur saint Martin me soient en aide! Olivier et La Balue ont le cœur aussi dur qu'une meule de moulin, et ma vie est remplie d'amertume par le remords et les pénitences des crimes qu'ils me font commettre. Mais vous, sire Philippe, vous qui possédez la sagesse des temps passés et celle du temps présent, vous pourriez m'apprendre à devenir grand sans cesser d'être vertueux.

—C'est une tâche difficile, dit l'historien; peu de princes l'ont remplie; et pourtant elle est encore à la portée de ceux qui voudront faire quelques efforts pour l'accomplir.

Je vous quitte, Sire; préparez-vous à la conférence que le duc ne tardera pas à avoir avec vous.

Louis resta quelque temps les yeux fixés sur la porte par où d'Argenton venait de sortir. — Il m'a parlé de pêche, dit-il en souriant amèrement; — je l'ai envoyé chez lui comme une truite bien chatouillée. Il se croit vertueux parce qu'il a refusé mon argent! mais il n'a pas fermé l'oreille à mes flatteries et à mes promesses; il n'est pas insensible au plaisir de venger un affront fait à sa vanité. Il a refusé mon argent! il en est plus pauvre, mais il n'en est pas plus honnête. Il faut pourtant qu'il soit à moi, car c'est la meilleure tête de toute la Bourgogne. A présent j'attends un plus noble gibier. Il faut faire face à ce léviathan de Charles, qui va fendre les mers pour arriver à moi. Il faut que, comme un marin tremblant, je lui jette quelque chose par-dessus le bord pour l'amuser; mais peut-être trouverai-je un jour l'occasion de le percer d'un harpon.

CHAPITRE XXXI.

L'Entrevue des deux Amans.

> « Jeune et vaillant soldat, songe à garder ta foi!
> « Et toi, jeune beauté, garde aussi ta promesse :
> « Laissez la politique à la froide vieillesse;
> « Montrez-vous aussi purs que le ciel azuré
> « Avant que de midi le soleil ait pompé
> « Les humides vapeurs qui forment les nuages. »
> *L'Épreuve.*

Pendant la matinée importante et périlleuse qui précéda l'entrevue des deux princes dans lec hâteau de Péronne, Olivier le Dain servit son maître en agent aussi vif qu'habile, prodiguant partout les présens et les promesses, pour lui procurer des partisans, afin que, lorsque la fureur du duc éclaterait, chacun se trouvât intéressé à étouffer l'incendie plutôt qu'à l'accroître. Il se glissa comme la nuit de tente en tente et de maison en maison, se faisant des amis partout, non dans le sens de l'apôtre, mais avec le Mammon d'iniquité. Comme on l'a dit d'un autre agent politique non moins actif, — il avait le doigt dans la main, et la bouche dans l'oreille de chacun; et par diverses raisons, dont nous avons déjà fait connaître plusieurs, il s'assura des bons offices d'un grand nombre de seigneurs bourguignons qui avaient quelque chose à espérer ou à craindre de la France, ou qui pensaient que si l'autorité de Louis se trouvait trop réduite, le duc en marcherait d'un pas plus ferme et plus assuré vers le despotisme, pour lequel il avait un penchant bien décidé.

Quand il s'agissait de gagner quelqu'un près de qui il craignait que ni sa présence ni ses argumens ne pussent réussir, il employait l'entremise de quelque autre serviteur du roi; et ce fut ainsi qu'il obtint du comte de Crèvecœur la permission pour lord Crawford et le Balafré, d'avoir une entrevue avec Quentin Durward, qui, depuis son arrivée à Péronne, était gardé au secret, mais traité honorablement. Des affaires particulières furent alléguées comme la cause de cette demande; mais il est probable que Crèvecœur, qui craignait que les passions impétueuses de son maître ne le portassent à se déshonorer par quelque acte de violence envers Louis, ne fut pas fâché de fournir à Crawford l'occasion de donner au jeune archer quelques avis qui pussent être utiles au roi de France.

L'entrevue des trois compatriotes fut cordiale et même touchante.

— Tu es un singulier jeune homme, dit lord Crawford

à Durward en lui frappant doucement sur la tête, comme un aïeul le ferait à son petit-fils; certes la fortune t'a favorisé comme si tu étais né coiffé.

—Tout cela vient de ce qu'il a obtenu si jeune une place d'archer, dit le Balafré : on n'a jamais tant parlé de moi, beau neveu, parce que j'avais vingt-cinq ans avant d'être *hors de page.*

— Et tu faisais un page passablement grotesque, mon brave montagnard, dit le commandant, avec ta barbe large comme une pelle de boulanger, et un dos comme celui du vieux Wallace Wight.

—Je crois, dit Quentin en baissant les yeux, que je ne porterai que peu de temps ce titre distingué, car j'ai desscin de quitter le service des archers de la garde.

Le Balafré resta muet de surprise, et les traits du vieux Crawford exprimèrent le mécontentement. Enfin le premier, recouvrant la parole, s'écria :— Quitter le service! Renoncer à votre place dans les archers de la garde écossaise! a-t-on jamais ouï parler d'un tel rêve? Je ne donnerais pas la mienne pour celle de grand connétable de France.

— Paix donc, Ludovic, dit lord Crawford; ne vois-tu pas que ce jeune homme sait suivre le vent mieux que nous, pauvres gens de l'ancien temps? Son voyage lui a fourni quelques jolis contes à faire sur le roi Louis; et il va se faire Bourguignon afin de trouver quelque petit profit à les raconter au duc Charles.

— Si je le croyais, dit le Balafré, je lui couperais la gorge de mes propres mains, fût-il cinquante fois le fils de ma sœur.

—Mais avant tout, bel oncle, dit Quentin, vous vous informeriez si j'ai mérité d'être traité ainsi? Quant à vous, milord, sachez que je ne suis pas un rapporteur de contes, et que ni la question ni les tortures n'arracheraient de moi, au préjudice du roi Louis, un seul mot de tout ce que j'ai pu apprendre pendant que j'étais à son service. Mon devoir m'impose le silence à cet égard; mais je ne resterai pas dans un service où, indépendamment des périls que je puis courir en combattant honorablement mes ennemis, je suis exposé à des embuscades dressées par mes propres amis.

—Si les embuscades ne lui plaisent pas, dit le Balafré en regardant douloureusement lord Crawford, j'en suis fâché, mais tout est dit pour lui. J'ai donné dans trente embuscades, et moi-même j'y ai été placé, car c'est une des ruses de guerre favorites de notre roi.

— C'est la vérité, Ludovic, dit lord Crawford; et cependant taisez-vous, car je crois que je comprends cette affaire mieux que vous.

—Je prie Notre-Dame que vous la compreniez, milord, répondit le Balafré; mais je souffre jusque dans la moelle des os, en pensant que le fils de ma sœur a peur d'une embuscade.

—Jeune homme, dit Crawford, je devine en partie ce que vous voulez dire. Vous avez éprouvé quelque trahison dans le voyage que vous venez de faire par ordre du roi, et vous avez lieu de le soupçonner d'en être l'auteur.

—J'ai été sur le point d'en éprouver une en m'acquittant des ordres du roi, répondit Quentin; mais j'ai eu le bonheur de la déjouer. Que Sa Majesté en soit innocente ou coupable, c'est ce que je laisse à Dieu et à sa conscience. Le roi m'a nourri quand j'avais faim; il m'a accueilli quand j'étais errant et étranger, je ne le chargerai jamais, dans l'adversité, d'accusations qui peuvent être injustes, puisque je ne les ai entendues sortir que des bouches les plus impures.

— Mon cher enfant! mon brave garçon, s'écria Crawford en le serrant dans ses bras, c'est penser et parler en Ecossais. Vous êtes Ecossais jusqu'au bout des ongles. Vous parlez en homme qui, voyant un ami le dos déjà tourné à la muraille, oublie la cause de querelle qu'il lui avait donnée, et ne se souvient que des services qu'il en a reçus.

— Puisque mon capitaine a embrassé mon neveu, dit le Balafré, je puis en faire autant. Je voudrais pourtant qu'il apprît qu'il est aussi nécessaire à un bon soldat de bien entendre le service d'une embuscade, qu'il l'est à un prêtre de savoir lire son bréviaire.

— Silence, Ludovic, dit Crawford; vous êtes un âne, mon ami, et vous ne sentez pas tout ce que vous devez au ciel pour en avoir reçu un tel neveu. Et maintenant, Quentin, mon cher ami, dites-moi si le roi a connaissance de la brave, noble et chrétienne résolution que vous avez prise? car dans la crise où il se trouve, le pauvre monarque a grand besoin de savoir sur qui il peut compter. S'il avait amené avec lui toute la brigade de ses gardes... Mais que la volonté du ciel s'accomplisse! Eh bien! dites-moi, le roi est-il instruit?

— Je ne puis trop vous le dire, répondit Quentin, cependant j'ai assuré son savant astrologue, Martius Galeotti, que je suis déterminé à garder le silence sur tout ce qui pourrait nuire au roi dans l'esprit du duc de Bourgogne. Je vous prie de m'excuser si je n'entre à cet égard dans aucun détail; et vous pouvez bien juger que j'ai été encore bien moins disposé à en donner à l'astrologue.

— Ah! ah! dit lord Crawford, effectivement je me rappelle qu'Olivier m'a dit que Galeotti a prophétisé très-fermement au roi la conduite que vous tiendriez; et je suis charmé de voir qu'il avait pour le faire une meilleure autorité que les astres.

— Lui, prophétiser? s'écria le Balafré en riant; les astres lui ont-ils jamais dit que l'honnête Ludovic aidait une joyeuse commère, au Plessis, à dépenser les beaux ducats que le philosophe lui jette sur son giron?

— Paix donc, Ludovic, lui dit son capitaine; paix donc,

brute que tu es. Si tu ne respectes pas mes cheveux gris, parce que je suis moi-même un vieux routier, respecte du moins la jeunesse et l'innocence de ton neveu, et ne nous fais plus entendre de pareilles sottises.

—Votre Honneur a le droit de dire ce que bon lui semble, répondit Ludovic; mais, sur ma foi! la seconde vue de Saunders Souplesaw, savetier à Glen-Houlakin, valait deux fois plus que le talent prophétique de ce Galeotti, Galipotty, ou n'importe quel nom vous lui donniez. Saunders a prédit d'abord que tous les enfans de ma sœur mourraient un jour; et il a fait cette prédiction à l'instant de la naissance du plus jeune, qui est Quentin que voici : or, Quentin mourra sans doute un jour, pour que la prophétie soit accomplie, et malheureusement elle l'est déjà à peu près, car excepté lui, toute la couvée est partie. Il m'a prédit ensuite à moi-même que je ferais ma fortune par un mariage, ce qui arrivera sans doute aussi en temps convenable, puisque cela n'est pas encore arrivé; mais je ne sais trop ni quand ni comment. Enfin Saunders a prédit....

—A moins que cette prédiction ne vienne sigulièrement à propos, Ludovic, dit lord Crawford, je vous prierai de nous en faire grace; il faut que vous et moi nous laissions à présent votre neveu, en adressant nos prières à Notre-dame pour qu'elle le confirme dans ses bonnes intentions; car c'est une affaire dans laquelle un seul mot prononcé à la légère pourrait faire plus de mal que tout le parlement de Paris n'en pourrait réparer. Je vous donne ma bénédiction, mon garçon; et ne vous pressez pas tant de songer à quitter notre corps, car il y aura avant peu de bons coups à donner en face du jour, et sans avoir d'embuscades à craindre.

—Je vous donne aussi ma bénédiction, mon neveu, dit Ludovic, car puisque mon noble capitaine est satisfait, je le suis aussi, comme c'est mon devoir.

—Un instant, monseigneur, dit Quentin en tirant à part

lord Crawford; je ne dois pas oublier de vous dire qu'il existe encore dans le monde quelqu'un qui a appris de moi des circonstances sur lesquelles la sûreté du roi exige que le secret soit gardé, et qui, n'ayant pas à remplir comme moi un devoir que m'imposent ma place et la reconnaissance, pourrait croire que l'obligation du silence ne s'étend pas sur elle.

— Sur *elle !* s'écria Crawford; pour le coup, s'il y a une femme dans le secret, que le ciel ait pitié de nous ! car nous sommes encore en danger de naufrage.

— Ne le croyez pas, seigneur, répondit Durward; mais employez votre crédit auprès du comte de Crèvecœur pour qu'il me permette d'avoir une entrevue avec la comtesse Isabelle de Croye. C'est elle qui est instruite de mon secret, et je ne doute pas que je ne réussisse à la décider à le garder comme moi-même sur tout ce qui pourrait exciter le ressentiment du duc contre le roi Louis.

Le vieux commandant réfléchit assez long-temps, leva les yeux au plafond, les baissa vers le plancher, secoua la tête, et dit enfin :—Il y a dans tout cela quelque chose que je ne comprends pas. La comtesse Isabelle de Croye ! une entrevue avec une dame si distinguée par son rang, par sa naissance, par sa fortune ! Et toi, jeune Ecossais n'ayant que la cape et l'épée, si sûr d'obtenir d'elle ce que tu veux lui demander !—Il faut que vous ayez une étrange confiance en vous-même, mon jeune ami, ou que vous ayez bien employé le temps pendant votre voyage. Mais, par la croix de saint André ! je parlerai en votre faveur à Crèvecœur; et comme il craint véritablement que la colère du duc ne le porte contre le roi à quelque extrémité déshonorante pour lui et pour la Bourgogne, je crois qu'il est assez probable qu'il consentira à votre demande, quoique, sur mon honneur, elle soit singulière.

A ces mots, et faisant un mouvement des épaules, le vieux lord sortit de l'appartement, suivi de Ludovic, qui, se modelant toujours sur son chef, et quoiqu'il ignorât ce qui venait de se passer entre celui-ci et Quentin, tâcha de prendre un air aussi important et aussi mystérieux que Crawford lui-même.

Au bout de quelques minutes, lord Crawford revint, mais sans être accompagné du Balafré. Le vieillard semblait dans un accès d'humeur bizarre : il riait, et à ce qu'il paraissait, en dépit de lui-même; il avait un air goguenard qui agitait singulièrement les rides de ses traits naturellement rigides; il secouait en même temps la tête, et paraissait occupé de quelque chose qu'il ne pouvait s'empêcher de condamner, quoique cette même chose lui parût burlesque.

—Certes, mon jeune concitoyen, dit-il à Quentin, vous n'êtes pas dégoûté! Jamais la timidité ne vous empêchera de réussir auprès d'une belle. J'ai fait avaler votre proposition à Crèvecœur, quoiqu'elle fût pour lui comme un verre de vinaigre, car il m'a juré par tous les saints de la Bourgogne que, s'il ne s'agissait de l'honneur de deux princes et de la paix de deux Etats, vous ne verriez jamais seulement la trace d'un pied de la comtesse Isabelle sur le sable. S'il n'avait pas une dame, et une belle dame, je le soupçonnerais de vouloir rompre une lance lui-même pour cette captive. Peut-être pense-t-il à son neveu, le comte Etienne. Une comtesse!—Vous en faut-il donc de cet aloi? Mais allons, suivez-moi. Songez que votre entrevue avec elle doit être courte. D'ailleurs vous savez sans doute mettre à profit les instans. Ho! ho! ho! sur ma foi, je n'ai pas la force de te gronder de ta présomption, tant elle me fait rire!

Les joues rouges comme de l'écarlate, offensé, déconcerté par les insinuations un peu brusques du vieux lord, piqué de voir que sa passion était regardée comme absurde et ridicule par quiconque avait du jugement et de l'expérience, Durward suivit lord Crawford en silence au couvent des Ursulines, où la jeune comtesse était logée; et en entrant dans le parloir, ils y trouvèrent le comte de Crèvecœur,

—Eh bien! jeune homme, dit le comte à Quentin, d'un ton sévère, il paraît qu'il faut que vous voyiez encore une fois la belle compagne de votre expédition romanesque?

—Oui, monsieur le comte, répondit Quentin; et qui plus est, il faut que je la voie sans témoins.

—Il n'en sera rien, s'écria Crèvecœur. Je vous en fais juge, lord Crawford. Cette jeune dame, la fille de mon ancien ami, de mon compagnon d'armes, la plus riche héritière de la Bourgogne, a avoué une sorte de...; qu'allais-je dire? en un mot, elle est folle, et votre jeune archer est un fat présomptueux. Ils ne se verront pas sans témoins.

— En ce cas je ne dirai pas un seul mot à la comtesse, car je ne lui parlerai pas en votre présence, s'écria Quentin transporté de joie. Quelque présomptueux que je sois, ce que vous venez de m'apprendre surpasse de beaucoup ce que j'aurais osé espérer.

—Il a raison, mon cher ami, dit Crawford au comte, et votre langue a marché plus vite que la prudence n'aurait dû le lui permettre. Mais puisque vous me faites juge de l'affaire, je vous dirai qu'il y a une bonne et forte grille qui divise le parloir. Je vous conseille donc de vous y fier, et qu'ils fassent ce qu'ils pourront avec leur langue. Corbleu! la vie d'un roi et celle de plusieurs milliers d'hommes doivent-elles être mises en balance avec ce que deux jeunes gens pourront se souffler dans l'oreille l'un de l'autre pendant une couple de minutes?

A ces mots, il entraîna Crèvecœur hors de l'appartement; et le comte, le suivant presque malgré lui, sortit en jetant des regards courroucés sur le jeune archer.

Ils étaient à peine partis, que la comtesse Isabelle parut de l'autre côté de la grille. Dès qu'elle vit que Quentin était seul dans le parloir, elle s'arrêta et resta les yeux baissés pendant quelques secondes.

—Et pourquoi me montrerais-je ingrate, dit-elle enfin,

parce que certaines gens ont conçu des soupçons injustes? Mon protecteur! mon sauveur! puis-je dire; au milieu de tous les dangers que j'ai courus, mon fidèle et constant ami!

Tout en parlant ainsi, elle s'avançait vers lui, et elle lui tendit la main à travers la grille. Elle ne fit même aucun effort pour la retirer, tandis qu'il la couvrait de baisers et qu'il la mouillait de larmes. Elle se borna à lui dire :—Si nous devions nous revoir encore, Durward, je ne vous permettrais pas cette folie.

Si l'on fait attention aux périls dont Quentin l'avait préservée; si l'on réfléchit qu'il avait été dans le fait son unique, son fidèle et zélé défenseur, mes lectrices, quand même il se trouverait parmi elles de belles comtesses et de riches héritières, pardonneront à Isabelle cette dérogation à sa dignité.

Elle dégagea pourtant enfin sa main de celles de Durward, s'éloigna d'un pas de la grille, et lui dit d'un ton fort embarrassé : — Eh bien! qu'avez-vous à me demander? car vous avez une demande à me faire; je l'ai appris du vieux lord écossais, qui est venu ici il y a quelques instans avec mon cousin Crèvecœur. Si elle est raisonnable, si elle est telle que la pauvre Isabelle puisse l'accorder sans manquer à son devoir et à son honneur, vous ne devez pas craindre d'être refusé. Mais ne vous pressez pas trop de parler, ajouta-t-elle en jetant autour d'elle un regard craintif; songez à ne rien dire qui puisse être interprété à notre désavantage si l'on nous entendait.

— Ne craignez rien, noble dame, répondit Quentin douloureusement : ce n'est pas ici que je puis oublier la distance que le destin a placée entre nous, et vous exposer à la censure de vos fiers parens comme l'objet de l'amour le plus dévoué d'un homme plus pauvre et moins puissant qu'ils ne le sont. Que cette idée passe, comme un rêve de la nuit, pour tout le monde, excepté pour un cœur où, tout rêve qu'elle est, elle tiendra la place de toutes les réalités.

— Silence! silence! s'écria Isabelle à demi-voix, par intérêt pour vous, par égard pour moi, ne parlez pas ainsi. Dites-moi plutôt ce que vous avez à me demander.

— Un généreux pardon pour un homme qui, dans des vues d'égoïsme, s'est conduit envers vous en ennemi.

— Je crois que je pardonne à tous mes ennemis. Mais, ô Durward, au milieu de quelles scènes votre fermeté et votre présence d'esprit m'ont-elles sauvée! Cette salle ensanglantée! ce bon évêque! ce n'est qu'hier que j'ai appris toutes les horreurs dont je fus le témoin insensible!

— Oubliez-les, dit Quentin, qui remarqua que les vives couleurs dont les joues d'Isabelle avaient été couvertes pendant cet entretien faisaient place à une pâleur mortelle; ne jetez pas les yeux en arrière; regardez en avant avec le courage que doivent avoir ceux qui voyagent sur une route dangereuse. Ecoutez-moi; vous plus que personne, vous avez le droit de faire connaître Louis pour ce qu'il est véritablement, de le proclamer un politique fourbe et astucieux. Mais si vous l'accusez de vous avoir encouragée à fuir de Bourgogne, et surtout d'avoir concerté une trahison pour vous faire tomber entre les mains de la Marck, vous causerez probablement le détrônement ou même la mort du roi; et, dans tous les cas, vous occasionerez entre la France et la Bourgogne la guerre la plus sanglante que ces deux pays aient jamais eue à soutenir l'un contre l'autre.

— A Dieu ne plaise que je sois cause de tels malheurs, s'il est possible de les éviter! Quand même je pourrais me livrer à quelques idées de vengeance, le moindre désir de votre part m'y ferait renoncer. Est-il possible que je conserve plus de souvenir des torts de Louis que des services inappréciables que vous m'avez rendus? Mais comment faire? Lorsque je serai appelée devant mon souverain, le duc de Bourgogne, il faudra que je garde le silence ou que je dise la vérité. Si je refuse de parler, on m'accusera d'opiniâtreté, et vous ne voudriez pas me voir me souiller d'un mensonge.

— Non certainement! mais quand vous aurez à parler, ne dites de Louis que ce que vous savez personnellement et par vous-même être la vérité. Si vous êtes obligée de faire mention de ce que d'autres vous ont appris, n'en parlez que comme de rapports; quelque croyables qu'ils puissent vous paraître, n'y donnez pas crédit en paraissant y ajouter foi; n'assurez rien qui ne soit à votre connaissance personnelle. Le conseil d'Etat de Bourgogne ne peut refuser à un monarque la justice qu'on accorde en mon pays au dernier des accusés : on doit le regarder comme innocent, jusqu'à ce que l'accusation portée contre lui soit démontrée par des preuves directes et suffisantes. Or, pour prouver les faits qui ne sont pas à votre connaissance personnelle, il faudra qu'on rapporte d'autres preuves que des ouï-dire.

— Je crois que je vous comprends, dit la comtesse.

— Je vais m'expliquer encore plus clairement, dit Quentin; et il commença à lui rendre ses préceptes plus intelligibles par des exemples; mais au milieu de l'explication la cloche du couvent sonna.

— Ce signal nous avertit qu'il faut nous séparer, dit la comtesse; nous séparer pour toujours! Mais ne m'oubliez pas, Durward; je ne vous oublierai jamais. Vos fidèles services....

Elle ne put lui en dire davantage, mais elle lui tendit encore la main; il la pressa de nouveau sur ses lèvres, et je ne sais comment il arriva qu'en voulant la retirer, la comtesse approcha tellement son visage de la grille, que Quentin osa imprimer son dernier adieu sur sa bouche. Isabelle ne le gronda pas, peut-être n'en eut-elle pas le temps, car au même instant Crèvecœur et Crawford, qui avaient été placés dans un réduit secret d'où ils avaient tout vu sans pouvoir rien entendre, entrèrent à la hâte dans le parloir, le premier bouillant de colère, et courant plutôt qu'il ne marchait; l'autre le retenant en riant.

—Dans votre chambre, jeune dame! dans votre chambre! cria le comte à Isabelle, qui, baissant son voile, se retira avec précipitation; et vous mériteriez qu'on vous enfermât dans une cellule, avec du pain et de l'eau pour toute nourriture. Quant à vous, mon beau monsieur, qui êtes si mal-avisé, le temps viendra où les intérêts des rois et des royaumes n'auront rien de commun avec des gens comme vous, et l'on vous apprendra quel châtiment mérite l'audace d'un mendiant qui ose lever les yeux sur....

—Paix! paix! en voilà bien assez! pas un mot de plus! s'écria le vieux lord; et vous, Quentin, silence! je vous l'ordonne, retournez dans votre appartement. Sire comte de Crèvecœur, ne prenez pas un ton si méprisant: Quentin Durward est aussi bon gentilhomme que le roi, comme disent les Espagnols; seulement il n'est pas aussi riche; il est aussi noble que moi, et je suis le chef de mon nom : ce n'est pas à nous qu'il convient de parler de châtiment pour oser....

—Milord! milord! s'écria Crèvecœur avec impatience, l'insolence de ces mercenaires étrangers est passée en proverbe; et vous qui êtes leur chef, vous devez la réprimer au lieu de l'encourager.

—Il y a cinquante ans que je commande les archers de la garde, comte de Crèvecœur, je n'ai jamais eu besoin des conseils d'aucun Français ni d'aucun Bourguignon; et sauf votre bon plaisir, je compte m'en passer tant que je conserverai cette place.

—Fort bien, milord, fort bien, votre rang et votre âge vous donnent des privilèges. Quant à ces jeunes gens, je veux bien oublier le passé, attendu que je prendrai de bonnes mesures pour qu'ils ne se revoient jamais.

—Ne promettez pas cela sur le salut de votre ame, Crèvecœur : des montagnes, dit-on, peuvent se rencontrer; et pourquoi des créatures vivantes qui ont des jambes, et de l'amour pour mettre ces jambes en mouvement, ne se rencontreraient-elles pas? Ce baiser était bien tendre, Crèvecœur; il me semble de mauvais augure.

—Vous voulez encore mettre ma patience à l'épreuve, milord; mais je ne vous donnerai pas cet avantage sur moi. Ecoutez! j'entends la cloche du château : elle convoque le conseil. Dieu seul peut prévoir l'issue de ce qui va se passer.

— L'issue, comte, je puis vous la prédire. C'est que si l'on se porte à quelque acte de violence contre la personne du roi, quoique ses amis soient en bien petit nombre, et entourés par ses ennemis, il ne succombera ni seul, ni sans vengeance. Mon plus grand regret, c'est que Sa Majesté m'ait expressément défendu de prendre des mesures pour me préparer à une telle issue.

— Prévoir de tels malheurs, milord, c'est le plus sûr moyen de les occasioner. Obéissez aux ordres de votre maître; ne donnez pas un prétexte à la violence en vous offensant trop facilement, et vous verrez que la journée se passera plus paisiblement que vous ne le présumez.

CHAPITRE XXXII.

L'Enquête.

« Croyez-vous m'abuser par votre déférence ?
« Vous fléchissez encor le genou devant moi ;
« Mais votre cœur s'élève au-dessus de son roi. »
SHAKSPEARE. *Richard II.*

Au premier son de la cloche qui appelait au conseil les principaux seigneurs bourguignons, et le très-petit nombre de pairs de France qui avaient accompagné le roi à Péronne, le duc Charles, suivi d'un détachement de ses gardes armés de haches et de pertuisanes, se rendit à la Tour d'Herbert, dans le château de Péronne.

Louis, qui s'attendait à cette visite, se leva en voyant entrer le duc, fit deux pas au-devant de lui, et l'attendit debout, avec un air de dignité qu'il savait parfaitement prendre quand il le jugeait nécessaire, en dépit de son costume peu soigné et de la familiarité habituelle de ses manières. Son maintien calme, en ce moment de crise, produisit évidemment quelque effet sur son rival. Il était entré dans l'appartement d'un ton brusque et précipité ; mais en voyant le sang-froid de Louis, sa démarche prit un caractère plus convenable à un grand vassal qui paraissait en présence de son seigneur suzerain. Il semblait que le duc avait formé la résolution de traiter Louis, du moins dans les premiers momens, avec le cérémonial dû à son rang élevé ; mais il était évident en même temps qu'en agissant ainsi, il ne lui en coûtait pas peu pour contraindre son impétuosité naturelle, et qu'à peine pouvait-il réprimer le ressentiment et la soif de vengeance qui enflammaient son cœur : aussi, quoiqu'il s'efforçât d'accomplir à l'extérieur les actes ordinaires de déférence et de respect, et d'en emprunter le langage, son visage changeait de couleur à chaque instant. Sa voix était rauque, son ton brusque, ses accens entrecoupés ; — tous ses membres tremblaient, comme s'il eût été impatienté du frein qu'il s'imposait lui-même ; — il fronçait les sourcils ; — il se mordait les lèvres jusqu'au sang. —Tous ses regards, tous ses mouvemens annonçaient le plus violent des princes en proie à un de ses plus terribles accès de fureur.

Le roi vit d'un œil serein la guerre que se livraient les passions impétueuses de Charles ; car quoique les regards du duc lui donnassent un avant-goût de l'amertume de la mort, qu'il craignait et comme homme et comme pécheur, cependant il avait résolu, en pilote habile et expérimenté, de ne pas céder à la peur, et de ne pas abandonner le gouvernail tant qu'il lui resterait quelque espérance de sauver le navire. Lorsque le duc, d'une voix brusque, lui eut fait quelques excuses sur l'ameublement un peu mesquin de son appartement, il lui répondit, en souriant, qu'il n'avait pas à se plaindre, puisque la Tour d'Herbert n'avait pas encore été pour lui une résidence aussi fâcheuse qu'elle l'avait été pour un de ses ancêtres.

— Ah ! dit le duc, on vous a donc raconté la tradition ?
— Oui... — C'est ici qu'il fut tué ; mais il ne le fut que parce qu'il refusa de prendre le froc, et de finir ses jours dans un monastère.

— Il fit une folie, dit Louis en affectant un air d'insouciance ; car il subit la mort d'un martyr, et il n'eut pas le mérite de devenir un saint.

—Je viens, dit alors le duc, prier Votre Majesté d'assister à un grand conseil dans lequel il va être délibéré sur divers objets importans qui intéressent également la France et la

Bourgogne. Vous allez donc m'y suivre, c'est-à-dire si tel est votre bon plaisir.

— Beau cousin, répondit le roi, ne forcez jamais la courtoisie au point de prier quand vous pouvez si hardiment commander. Allons au conseil, puisque tel est votre bon plaisir. Notre cortège n'est pas brillant, ajouta-t-il en jetant un coup d'œil sur le petit nombre de serviteurs qui étaient près de lui, et qui s'apprêtaient à le suivre; mais vous vous chargerez de briller pour nous deux.

Précédés par Toison-d'Or, chef des hérauts de Bourgogne, les deux princes sortirent de la Tour du comte Herbert, et traversèrent la cour du château. Louis remarqua qu'elle était remplie d'hommes d'armes et de gardes-du-corps du duc, tous sous les armes et magnifiquement équipés. Ils entrèrent dans la salle du conseil, située dans un bâtiment plus moderne que celui que Louis avait habité. Elle était dans un état évident de dégradation, mais on y avait fait quelques dispositions à la hâte pour la rendre plus digne de l'assemblée solennelle qui allait s'y réunir. Deux trônes avaient été placés sous le même dais, et le trône destiné au roi était plus élevé de deux marches que celui que le duc devait occuper. Plus bas, à droite et à gauche, étaient une vingtaine de sièges préparés pour les principaux seigneurs de la cour des deux princes; de sorte que lorsque l'assemblée fut formée, elle semblait présidée par l'individu même qu'elle était en quelque sorte convoquée pour juger.

Ce fut peut-être pour faire disparaître plus promptement cette contradiction entre les apparences et la réalité, que le duc, ayant légèrement salué le roi, ouvrit brusquement la séance ainsi qu'il suit:

— Mes bons vassaux, mes fidèles conseillers, vous n'ignorez pas combien de troubles se sont élevés dans nos domaines, tant du temps de notre père que du nôtre, combien on a vu de rébellions de vassaux contre leurs suzerains, de sujets contre leur prince; et tout récemment nous avons eu la plus forte preuve de l'excès auquel ces désordres se sont portés de nos jours, par la fuite scandaleuse de la comtesse Isabelle de Croye et de la comtesse Hameline sa tante, pour se réfugier dans les Etats d'une puissance étrangère, renonçant ainsi à la foi qu'elles nous devaient, et encourant la forfaiture de leurs fiefs : un exemple bien plus déplorable, bien plus affreux, c'est le meurtre sanguinaire et sacrilège de notre frère et allié chéri l'évêque de Liège, et la rébellion de cette ville perfide que nous avions traitée avec trop d'indulgence lors de sa dernière insurrection. Nous sommes informés que ces événemens fâcheux peuvent s'attribuer non-seulement à la folie et à l'inconséquence de deux femmes, et à la présomption de quelques bourgeois fiers de leurs richesses, mais aux intrigues d'une cour étrangère, aux pratiques d'un voisin puissant, de qui, si des services rendus méritent d'être payés en même monnaie, la Bourgogne ne devait attendre que l'amitié la plus sincère et la plus dévouée. Si ces faits viennent à être prouvés, continua le duc en grinçant les dents et en pressant fortement du talon le tapis qui couvrait les marches de son trône, quelle considération pourra nous empêcher, les moyens en étant en notre pouvoir, de prendre des mesures pour arrêter une bonne fois le cours des maux qui débordent sur nous chaque année, et pour en tarir la source?

Le duc avait commencé son discours d'un ton assez modéré, mais en le terminant il éleva la voix avec plus de chaleur, et il en prononça la dernière phrase avec un accent qui fit trembler tous les conseillers, et pâlir un instant les joues du roi. Mais Louis rappela sur-le-champ tout son courage, et adressa à son tour la parole au conseil, d'un air qui annonçait tant d'aisance et de sang-froid, que le duc, quoiqu'il parût désirer de l'interrompre et de l'arrêter, reconnut lui-même qu'il ne pouvait le faire sans blesser les lois du décorum.

—Nobles de France et de Bourgogne, dit le roi, chevaliers

du Saint-Esprit et de la Toison-d'Or, puisqu'un roi doit plaider sa cause en accusé, il ne peut désirer de meilleurs juges que la fleur de la noblesse et l'orgueil de la chevalerie. Notre beau cousin de Bourgogne n'a fait que rendre plus obscure la querelle qui nous divise, en s'abstenant par courtoisie de l'exposer en termes précis. Moi, qui n'ai pas de raisons pour observer la même délicatesse, et dont la situation d'ailleurs ne me permet peut-être pas de le faire, je vous demande la permission de vous parler plus clairement. C'est nous, messieurs, nous, son seigneur suzerain, son allié, son parent, que notre cousin, dont de malheureuses circonstances ont égaré le jugement et aigri le caractère, charge de l'accusation odieuse d'avoir porté ses vassaux à lui manquer de foi, encouragé les habitans de Liège à la révolte, et excité le proscrit Guillaume de la Marck à commettre le plus barbare et le plus sacrilège des meurtres. Nobles de France et de Bourgogne, je pourrais en appeler aux circonstances dans lesquelles je me trouve, comme étant en elles-mêmes une justification complète de cette accusation. Doit-on supposer, s'il me reste le bon sens d'un être doué de raison, que je me sois livré sans réserve au pouvoir du duc de Bourgogne, dans un moment où je me rendais coupable envers lui d'une trahison qui ne pouvait manquer de se découvrir, et qui, une fois découverte, me laissait sans défense, comme je le suis, entre les mains d'un prince justement courroucé? La folie d'un homme qui se coucherait sur une mine après avoir allumé la mèche qui va en causer la soudaine explosion, serait sagesse en comparaison de la mienne. Je ne doute pas que parmi les auteurs des horribles attentats commis à Schonwaldt, il ne se soit trouvé des misérables qui aient abusé de mon nom; mais dois-je en être responsable, quand je ne leur ai pas donné le droit de s'en servir? Si deux femmes insensées, poussées par quelque cause romanesque de mécontentement, ont cherché un refuge à ma cour, s'ensuit-il que je les aie engagées à le faire? Lorsqu'on connaîtra à fond cette affaire, on verra que puisque les lois de l'honneur et de la chevalerie ne me permettaient pas de les renvoyer prisonnières à la cour de Bourgogne, ce que je crois qu'aucun de ceux qui portent le collier de ces ordres ne m'eût conseillé, j'en suis venu autant que possible au même point, en les plaçant entre les mains d'un vénérable père en Dieu, qui est maintenant un saint dans le ciel (Ici Louis parut fort affecté, et porta son mouchoir à ses yeux); entre les mains, dis-je, d'un membre de ma propre famille, encore plus intimement lié à celle de Bourgogne; d'un homme à qui sa situation, son rang élevé dans l'Eglise, et, hélas! ses nombreuses vertus, donnaient le droit d'être le protecteur, pendant un certain temps, de deux femmes abusées, et de se rendre médiateur entre elles et leur seigneur suzerain. Je dis donc que les seules circonstances qui, dans l'opinion que notre frère de Bourgogne s'est formée à la hâte de cette affaire, semblent donner lieu à d'injustes soupçons contre moi, sont de nature à pouvoir s'expliquer par les motifs les plus purs et les plus honorables; j'ajoute que je défie qu'on rapporte la moindre preuve probable des accusations injurieuses qui, indisposant mon frère contre un monarque venu à sa cour dans la pleine confiance de l'amitié, l'ont porté à changer sa salle de conseil en tribunal, et son château hospitalier en prison.

— Sire! Sire! s'écria Charles dès que le roi eut cessé de parler, si vous vous trouvez ici dans un moment qui coïncide si malheureusement avec l'exécution de vos projets, je ne puis l'expliquer qu'en supposant que ceux qui font leur métier de tromper les autres se trompent quelquefois merveilleusement eux-mêmes. L'ingénieur est quelquefois tué par le pétard qu'il a préparé. Quant à ce qui doit suivre, cela dépendra du résultat de cette enquête solennelle. Qu'on amène ici la comtesse Isabelle de Croye.

Isabelle arriva entre l'abbesse du couvent des Ursulines

et la comtesse de Crèvecœur, qui avait reçu les ordres de son mari à cet effet. Dès qu'elle fut entrée, Charles s'écria, avec la dureté de voix et de manières qui lui était habituelle :
— Ainsi donc, vous voilà, belle princesse! vous qui pouviez à peine respirer quand vous aviez à répondre à nos ordres, justes et raisonnables, vous avez trouvé assez d'haleine pour faire une course telle que n'en a jamais fait une biche poursuivie par des chasseurs. Que pensez-vous de la belle œuvre que vous avez faite? Vous applaudissez-vous d'avoir presque occasioné une guerre entre deux grands princes et deux Etats puissans, pour votre figure de poupée?

La publicité de cette scène, la violence et les sarcasmes de Charles, firent un tel effet sur l'esprit d'Isabelle, qu'elle se trouva hors d'état d'exécuter la résolution qu'elle avait formée de se jeter aux pieds du duc pour le supplier de prendre possession de ses biens, et lui permettre de se retirer dans un cloître. Elle resta immobile comme une femme qui, surprise par un orage, et entendant le tonnerre gronder de tous côtés autour d'elle, s'arrête épouvantée, craignant, si elle fait un seul pas, d'attirer la foudre sur sa tête.

La comtesse de Crèvecœur, dont le courage était égal à sa naissance, et la beauté remarquable encore dans son âge mûr, crut devoir prendre la parole.

— Monseigneur, dit-elle au duc, ma belle cousine est sous ma protection. Je sais mieux que Votre Altesse comment des femmes doivent être traitées, et nous nous retirerons à l'instant si vous ne prenez un autre ton, et si vous n'employez, en nous parlant, un langage plus convenable à notre rang et à notre sexe.

Le duc partit d'un grand éclat de rire. — Crèvecœur! s'écria-t-il, phénix des maris, tu as fait de ta comtesse une maîtresse femme; mais ce n'est pas mon affaire. Qu'on donne un siège à cette jeune innocente. Bien loin d'avoir du ressentiment contre elle, j'ai dessein de lui accorder de nouvelles graces et de nouveaux honneurs. Asseyez-vous, la belle, et dites-nous quel démon vous obsédait quand vous vous êtes décidée à fuir votre pays natal, et à courir les champs en damoiselle aventurière.

Avec beaucoup de peine, et non sans de fréquentes interruptions, Isabelle avoua qu'étant complètement décidée à ne pas consentir à un mariage que le duc de Bourgogne lui avait proposé, elle avait espéré pouvoir obtenir la protection de la cour de France.

—Et celle du monarque français, ajouta Charles. Vous en étiez sans doute bien assurée d'avance?

—Du moins je croyais l'être, répondit Isabelle, sans quoi je n'aurais pas fait une démarche si décidée.

En ce moment Charles regarda Louis avec un sourire plein d'une amertume inexprimable; mais la fermeté du roi ne se démentit pas; on put seulement remarquer que ses lèvres étaient plus pâles que de coutume.

—Mais je ne pouvais juger des intentions du roi Louis à mon égard, continua la jeune comtesse, que d'après ce que m'en avait dit ma malheureuse tante, la comtesse Hameline; et elle n'avait elle-même fondé son opinion à cet égard que sur les assertions et les insinuations de misérables que j'ai reconnus ensuite pour être les traîtres les plus vils, les créatures les plus indignes de foi du monde entier.—Elle exposa alors en peu de mots ce qu'elle avait appris des trahisons de Marton et d'Hayraddin, et ajouta qu'elle ne doutait pas que le frère aîné de ce dernier, Zamet Maugrabin, qui avait été le premier à leur conseiller de fuir, ne fût capable de toute espèce de perfidies, et de se faire passer pour un agent du roi de France, sans avoir aucun droit à cette qualité.

Après une pause d'un instant, elle reprit son histoire, et la conduisit très-brièvement depuis l'instant où elle avait quitté le territoire de la Bourgogne avec sa tante, jusqu'à la prise du château de Schonwaldt et sa rencontre avec le comte de Crèvecœur.

Le silence le plus profond régna dans la salle quand elle

eut fini sa narration aussi brève que peu suivie; et le duc de Bourgogne, fixant sur le plancher ses yeux courroucés, restait dans l'attitude d'un homme qui cherche un prétexte pour se livrer sans contrainte à sa colère, et qui s'irrite de n'en trouver aucun assez plausible pour se justifier, même à ses propres yeux.

—La taupe, dit-il enfin en jetant un regard sur Louis, n'en creuse pas moins certainement sa demeure souterraine sous nos pieds, quoique nos yeux ne puissent la suivre dans tous ses mouvemens. Cependant je voudrais que le roi Louis voulût bien nous dire pourquoi il a reçu ces dames à sa cour, si elles ne s'y sont pas rendues sur son invitation.

—Je ne les ai pas reçues à ma cour, beau cousin, répondit le roi : je ne les ai vues qu'en particulier, par compassion, et j'ai saisi la première occasion pour les placer sous la protection du respectable évêque, votre propre allié. Que Dieu daigne lui être favorable! Ce digne prélat était plus capable que moi et qu'aucun prince séculier de concilier la protection due à des fugitives avec la foi due à un prince allié dont elles avaient fui les domaines. Je demande hardiment à cette jeune dame si elles ont trouvé beaucoup de cordialité dans l'accueil qu'elles ont reçu de moi; s'il n'a pas été, au contraire, de nature à leur faire exprimer le regret d'avoir fait de ma cour leur lieu de refuge.

—Il fut si loin d'être cordial, répondit Isabelle, que je doutai qu'il fût possible que Votre Majesté nous eût fait inviter à nous rendre à sa cour, comme nous en avaient assurées ceux qui se prétendaient vos agens; puisque, en supposant qu'ils eussent été autorisés, il aurait été difficile de concilier la conduite de Votre Majesté avec ce que nous avions droit d'attendre d'un roi, d'un chevalier, d'un simple gentilhomme.

La jeune comtesse, en parlant ainsi, jetait au roi un

coup d'œil qui semblait lui adresser un reproche; mais le cœur de Louis était à l'épreuve d'une semblable attaque. Au contraire, parcourant des yeux le cercle qui l'entourait, en étendant le bras avec un geste de satisfaction, il sembla faire un appel triomphant à tous ceux qui étaient présens, comme pour leur demander si la réponse de la comtesse n'était pas un témoignage irrésistible de son innocence.

Cependant le duc de Bourgogne jeta sur lui un sombre regard, qui semblait dire que s'il était, jusqu'à certain point, réduit au silence, il s'en fallait de beaucoup qu'il fût satisfait. Se tournant ensuite vers la comtesse, il lui dit d'un ton brusque : — Dans ce récit de tous vos voyages, belle jouvencelle, vous ne nous avez rien dit de vos aventures amoureuses? Ah! déjà rougir! Ne s'est-il pas trouvé certains chevaliers de la forêt qui ont tenté d'apporter une interruption à votre voyage? Cet incident est déjà parvenu à mes oreilles, et nous verrons tout à l'heure s'il n'est pas possible d'en tirer parti. Dites-moi, roi Louis, pour empêcher cette belle Hélène de Troie, ou de Croye, de semer encore la zizanie parmi les rois, ne serait-il pas à propos de la pourvoir d'un mari?

Le roi savait d'avance quelle proposition désagréable il allait probablement entendre, cependant il donna un assentiment calme et silencieux à ce que le duc venait de dire. Mais Isabelle, voyant qu'elle allait être poussée à l'extrémité, s'arma d'un nouveau courage. Elle quitta le bras de la comtesse de Crèvecœur sur lequel elle s'était appuyée jusqu'alors, avança d'un air timide et plein de dignité; et s'agenouillant devant le trône du duc, elle lui dit avec assez de fermeté:

—Noble duc de Bourgogne, mon seigneur suzerain, je reconnais la faute que j'ai commise en quittant vos domaines sans votre gracieuse permission, et je me soumets humblement à tel châtiment qu'il vous plaira de m'imposer. Je mets à votre disposition mes terres et mes châteaux; je demande seulement à votre générosité, par égard pour la mémoire de mon père, de m'accorder ce qui sera indispensable pour assurer l'admission du dernier rejeton de la famille de Croye dans un couvent où elle puisse passer le reste de sa vie.

— Que pensez-vous, Sire, de la requête de cette jeune personne? demanda le duc à Louis.

— Je pense, répondit le roi, que c'est une humble et sainte demande, inspirée sans doute par cette grace divine à laquelle on ne doit ni se refuser ni résister.

—L'humble sera exalté, s'écria Charles. Relevez-vous, comtesse Isabelle; nous vous voulons plus de bien que vous ne vous en voulez à vous-même. Nous n'avons dessein ni de séquestrer vos biens, ni de diminuer vos honneurs; au contraire, nous voulons augmenter les uns, et élever encore davantage les autres.

— Hélas! monseigneur, répondit Isabelle, ce sont vos bontés mêmes que je crains. Je les crains plus que votre déplaisir, puisque ce sont elles qui me forcent...

— Par saint George de Bourgogne! s'écria le duc; nos volontés seront-elles contrariées, nos ordres méprisés à chaque instant? Relevez-vous, vous dis-je, ma mignonne, et retirez-vous pour le présent. Quand nous aurons le temps de penser à vous, nous arrangerons les choses de telle sorte que, tête-saint-gris! il faudra que vous obéissiez, ou nous verrons.

Malgré cette réponse sévère, Isabelle restait à ses pieds, et son opiniâtreté aurait probablement porté le duc à lui parler encore plus durement, si la comtesse de Crèvecœur, qui connaissait l'humeur de ce prince beaucoup mieux que sa jeune parente, ne se fût avancée pour la relever, et ne l'eût emmenée hors de la salle du conseil. On fit alors comparaître Quentin Durward. Il se présenta devant le roi et le duc avec cette aisance, aussi éloignée d'une réserve timide que d'une hardiesse présomptueuse, qui convient à un jeune homme bien né et bien élevé, sachant rendre honneur et respect à qui de droit, sans se laisser éblouir ou intimider par la présence de ceux qu'il honore et qu'il respecte. Son oncle lui avait fourni les moyens de se montrer de nouveau avec les armes et l'uniforme des archers de la garde écossaise; et ses traits, son air, tout son extérieur, faisaient encore valoir son costume splendide. Sa grande jeunesse inspirait aussi à tous les conseillers des préventions favorables. Aucun d'eux ne pouvait croire qu'un roi doué de tant de sagacité eût choisi un si jeune homme pour confident de ses intrigues politiques; et c'était ainsi que Louis trouvait souvent de grands avantages dans le choix singulier qu'il faisait de ses agens, en les prenant à un âge et dans un rang où l'on ne se serait pas attendu à les trouver.

D'après l'ordre du duc, sanctionné par celui de Louis, Quentin se mit à faire la relation de son voyage avec les dames de Croye jusqu'aux environs de Liège, commençant par répéter les instructions du roi, qui le chargeaient de les conduire en sûreté au château de l'évêque.

— Et vous avez fidèlement exécuté mes ordres? demanda le roi.

— Oui, Sire, répondit Durward.

— Vous oubliez une circonstance, dit le duc; vous avez été attaqué près de Tours, dans la forêt, par deux chevaliers errans.

— Il ne me convient ni de parler de cet incident, ni de me le rappeler, répondit le jeune archer en rougissant avec modestie.

— Mais *moi*, dit le duc d'Orléans, il ne convient pas que je l'oublie. Ce jeune homme a rempli sa mission avec intrépidité, et il a exécuté ses devoirs d'une manière dont je me souviendrai long-temps. Viens me trouver dans mon appartement, jeune archer, quand cette affaire sera terminée, et tu verras que je n'ai pas oublié ta bravoure. Je suis charmé de voir que ta modestie soit égale à ton courage.

— Viens me voir aussi, lui dit Dunois : j'ai un casque à te donner, car je crois que je t'en dois un.

Quentin les salua avec respect, et l'on reprit son interrogatoire. Sur la demande du duc, il produisit les instructions qu'il avait reçues par écrit.

— Avez-vous suivi ces instructions à la lettre? lui demanda le duc.

— Non, monseigneur. Elles me prescrivaient, comme vous pouvez le voir, de traverser la Meuse près de Namur, et cependant j'ai cotoyé la rive gauche, comme m'offrant la route la plus courte et la plus sûre pour arriver à Liège.

— Et pourquoi ce changement?

— Parce que la fidélité de mon guide commençait à me devenir suspecte.

— Maintenant, reprit le duc, fais bien attention aux questions que je vais te faire. Réponds-y avec vérité, et ne crains le ressentiment de qui que ce soit. Mais si tu biaises ou si tu tergiverses le moins du monde dans tes réponses, je te ferai suspendre par une chaîne de fer au haut du clocher de l'église du marché, et tu auras à appeler la mort long-temps avant qu'elle daigne t'écouter.

Un profond silence s'ensuivit; enfin, ayant donné au jeune homme, à ce qu'il lui parut, le temps de bien réfléchir à la situation dans laquelle il se trouvait, Charles lui demanda qui était son guide, qui le lui avait donné, et pourquoi il lui était devenu suspect.

Quentin répondit à la première question en nommant Hayraddin Maugrabin, le Bohémien; à la seconde, que ce guide lui avait été donné par Tristan l'Ermite; et pour répondre à la troisième, il raconta tout ce qui s'était passé au couvent de franciscains près de Namur; comment le Bohémien en avait été chassé; par quels motifs il s'était déterminé à le suivre, et comment il avait entendu son entretien avec un lansquenet de Guillaume de la Marck, entretien dont le but était d'arranger un plan pour surprendre les deux dames voyageant sous sa protection.

— Et ces scélérats...? mais fais bien attention, dit le duc, que ta vie dépend de ta véracité ; ces scélérats ont-ils dit qu'ils étaient autorisés par le roi, par le roi Louis de France ici présent, à tramer ce plan de surprise pour s'emparer de la personne de ces deux dames?

— Quand ces infames coquins l'auraient dit, répliqua Durward, je n'en aurais dû rien croire, puisque j'avais les paroles du roi lui-même à opposer aux leurs.

Le roi, qui avait écouté jusqu'alors avec la plus grande attention, ne put s'empêcher, en entendant la réponse de Durward, de respirer fortement, comme un homme dont la poitrine est soulagée tout à coup d'un poids qui l'oppressait. Le duc parut encore déconcerté et mécontent; et revenant à la charge, il demanda de nouveau à Quentin s'il n'avait pas compris, d'après la conversation de ces misérables, que le complot qu'ils tramaient avait la sanction du roi Louis.

— Je n'ai rien entendu qui pût m'autoriser à vous répondre affirmativement, répondit Quentin, qui, quoique intérieurement convaincu qu'Hayraddin n'avait agi que d'après les ordres secrets de Louis, croyait pourtant que son devoir ne lui permettait pas de faire connaître ses soupçons ; — et je vous répète, ajouta-t-il, que quand même j'aurais entendu de pareils scélérats avancer une telle assertion, leur témoignage n'aurait pas eu pour moi le moindre poids auprès des instructions positives que j'avais reçues du roi lui-même.

— Tu es un fidèle messager, dit le duc avec un sourire amer; et j'ose dire qu'en obéissant si bien aux instructions du roi, tu as trompé son attente d'une manière qui aurait pu te coûter cher si les événemens subséquens n'avaient donné à ta fidélité aveugle l'apparence d'un bon office.

— Je ne vous comprends pas, monseigneur, répliqua Durward avec fermeté. Tout ce que je sais, c'est que mon maître le roi Louis m'a donné ordre de protéger ces dames, et que j'ai agi en conséquence, tant en nous rendant à Schonwaldt, qu'au milieu des scènes cruelles qui ont eu lieu dans ce château. Les instructions du roi étaient honorables, et je les ai honorablement exécutées. S'il en avait eu à donner d'une nature différente, elles n'auraient pu convenir à un homme de mon nom et de mon pays.

— Fier comme un Ecossais! s'écria Charles, qui, quoique mécontent de la réplique de Durward, n'était pas assez injuste pour lui en savoir mauvais gré. Mais dis-moi donc en vertu de quelles instructions tu as parcouru les rues de Liège, comme je l'ai appris de quelques fugitifs de Schonwaldt, à la tête de ces mutins qui assassinèrent cruellement ensuite leur prince temporel, leur père spirituel? — Peu de temps après que le meurtre fut commis, n'as-tu pas prononcé une harangue où tu t'annonçais comme un agent de Louis, pour te mettre en crédit parmi les scélérats qui venaient de se souiller de ce crime abominable?

— Monseigneur, répondit Quentin, il ne serait pas difficile de trouver assez de témoins pour prouver que je n'ai pas pris à Liège la qualité d'agent du roi Louis. C'est l'obstination du peuple qui m'y a conféré ce titre malgré moi, et tous mes efforts pour le désabuser ont été inutiles. Je l'ai dit aux serviteurs de l'évêque après avoir réussi à m'échapper de la ville. Je leur ai recommandé de veiller à la sûreté du château ; et s'ils avaient fait attention à mes avis, peut-être aurait-on prévenu les calamités et les horreurs de la nuit suivante. Il est vrai, j'en conviens, que dans le moment du plus grand danger, j'ai profité de l'influence que pouvait me donner la qualité qu'on m'avait gratuitement attribuée, pour sauver la comtesse Isabelle, protéger ma propre vie, et empêcher de nouveaux massacres. Je répète, et je le soutiendrai envers et contre tous, je n'avais aucune mission du roi Louis pour Liège, et qu'enfin, lorsque je me suis servi du titre de son envoyé, qu'on m'avait conféré mal à propos et malgré moi, je n'ai fait que ramasser un bouclier pour m'en servir à me protéger, moi et les autres, dans un cas urgent, sans m'inquiéter si j'avais droit aux armoiries qu'il portait.

—Et en cela, dit Crèvecœur, incapable de garder plus long-temps le silence, mon jeune compagnon et prisonnier a agi avec autant de courage que de bon sens. Ce qu'il a fait en cette occasion ne peut avec justice s'imputer à blâme au roi Louis.

Un murmure général d'assentiment se fit entendre dans toute l'assemblée. Les oreilles du roi Louis en furent agréablement affectées, mais celles de Charles s'en trouvèrent offensées. Il lança des regards de courroux autour de lui. Ces sentimens si généralement exprimés par les plus puissans de ses vassaux et les plus sages de ses conseillers, ne l'auraient probablement pas empêché de se livrer à toute la violence de son caractère despotique, si d'Argenton, qui prévit l'orage, n'eût réussi à le détourner, en lui annonçant tout à coup l'arrivée d'un héraut envoyé par la ville de Liège.

—Un héraut envoyé par des tisserands et des cloutiers! s'écria le duc; qu'on l'admette à l'instant! De par Notre-Dame, ce héraut nous apprendra, sur les projets et les espérances de ceux qui l'emploient, quelque chose de plus que ce jeune homme d'armes franco-écossais ne paraît avoir envie de le faire.

CHAPITRE XXXIII.

Le Héraut.

> *Ariel.* « Écoutez-les rugir!
> *Prospero.* « Qu'on leur donne la chasse. »
> SHAKSPEARE. *La Tempête.*

On s'empressa de faire place dans l'assemblée, car tous ceux qui en faisaient partie n'étaient pas peu curieux de voir ce héraut que les Liégeois insurgés avaient osé envoyer à un prince aussi fier que le duc de Bourgogne, dans un moment où il était contre eux au comble de l'indignation.

Il est bon de se rappeler qu'à cette époque les hérauts n'étaient envoyés que d'un prince souverain à l'autre, et seulement dans des occasions solennelles; la noblesse de second ordre n'employait que des poursuivans d'armes, officiers d'un rang inférieur. On peut aussi remarquer en passant que Louis XI, qui ne faisait cas que de ce qui lui promettait une augmentation de puissance ou quelque avantage réel, avait surtout le plus grand mépris pour l'art héraldique et les hérauts

> Rouges, bleus, verts, avec leurs friperies.

Au contraire, l'orgueil de Charles, qui était d'une nature toute différente, n'attachait pas peu d'importance à ce cérémonial.

Le héraut introduit en ce moment devant les deux princes avait pour vêtement un *tabard* ou cotte d'armes avec les écussons de son maître, dans lesquels la tête de sanglier, au jugement des experts en blason, jouait un rôle plus brillant que conforme aux véritables règles de l'art héraldique. Le reste de son costume, ridicule à force de magnificence, était surchargé de galons, de broderies et d'ornemens de toute espèce, et la plume de son panache était si haute qu'elle semblait vouloir balayer le plafond de la salle; en un mot, tous ses vêtemens avaient l'air d'être une caricature et une charge du brillant costume des hérauts. Non-seulement la tête de sanglier était brodée sur toutes les parties de ses habits, mais sa toque même en avait la forme, et était garnie de défenses couleur de sang, ou, pour employer le langage convenable, *gueules langués et dentés*. On pouvait remarquer en cet homme quelque chose qui annonçait en même temps la crainte et l'audace, comme s'il eût senti qu'il s'était chargé d'une dangereuse mission, et qu'il ne pouvait la remplir avec sûreté qu'à force de hardiesse. Le même mélange d'effronterie et de timidité fut visible dans la manière dont il salua les deux princes; et il montra, en le faisant, une gaucherie grotesque qui n'était pas ordinaire aux hérauts habitués à paraître en présence des souverains.

— Qui es-tu, au nom du diable?— Telle fut l'exclamation par laquelle Charles-le-Téméraire accueillit ce singulier envoyé.

— Je suis Sanglier-Rouge, répondit le héraut, officier d'armes de Guillaume de la Marck, par la grace de Dieu et l'élection du chapitre, prince-évêque de Liège.

—Ah! s'écria Charles; mais réprimant son impétuosité, il lui fit signe de continuer.

— Et du chef de son épouse, l'honorable comtesse Hameline, continua le héraut, comte de Croye et seigneur de Bracquemont.

Charles sembla rester muet par l'étonnement dont le frappa l'excès d'audace avec lequel on osait annoncer en sa présence de semblables titres; et le héraut, attribuant peut-être ce silence à l'impression que l'énumération des qualités de son maître avait faite sur l'esprit du duc, continua ainsi qu'il suit :

— *Annuncio vobis gaudium magnum.* Charles, duc de Bourgogne et comte de Flandre, je vous fais savoir, au nom de mon maître, qu'en vertu d'une dispense de notre saint père le pape, qu'il attend incessamment et qui contiendra la nomination d'un substitut convenable *ad sacra*, il se propose d'exercer les fonctions de prince-évêque de Liège, et de maintenir ses droits comme comte de Croye.

Le duc de Bourgogne, à cette pause du discours du héraut, comme à toutes les autres, ne fit que s'écrier de nouveau : — Ah ! — ou prononcer quelque interjection semblable, du ton d'un homme qui, quoique surpris et irrité, veut cependant entendre tout ce qu'on a à lui dire, avant de faire une réponse. A la grande surprise de tous ceux qui étaient présens, il ne se permit aucun des gestes brusques et violens qui lui étaient ordinaires ; mais il serrait entre ses dents l'ongle de son pouce, ce qui était son tic favori quand il écoutait avec attention, et il tenait les yeux baissés, comme s'il eût craint de montrer le courroux qu'on y aurait vu étinceler.

Sanglier-Rouge continua donc à s'acquitter de sa mission avec audace—J'ai à vous requérir, duc Charles, au nom du prince-évêque de Liège et comte de Croye, de vous désister de vos prétentions sur la cité libre et impériale de Liège, et des usurpations que vous avez faites sur ses droits, de connivence avec feu Louis de Bourbon, indigne évêque de cette ville.

— Ah ! s'écria encore le duc.

—Comme aussi de restituer les bannières de la communauté, au nombre de trente-six, dont vous vous êtes emparé par violence ;—de réparer les brèches que vous avez faites aux murailles ;—de reconstruire les fortifications que vous avez arbitrairement démantelées ;—de reconnaître enfin mon maître, Guillaume de la Marck, comme évêque de Liège, légalement et librement élu par le chapitre des chanoines, dont voici le procès-verbal.

— Avez-vous fini? lui demanda le duc.

— Pas encore, lui répliqua l'envoyé : je suis chargé en outre de vous requérir de la part dudit noble et vénérable prince-évêque et comte, de retirer les garnisons que vous avez mises dans le château de Bracquemont, et autres places fortes du comté de Croye, soit qu'elles y aient été placées en votre nom, en celui d'Isabelle de Croye, ou en tout autre; jusqu'à ce qu'il ait été décidé par la diète impériale si les fiefs en question ne doivent pas appartenir à la sœur du feu comte, la très-gracieuse comtesse Hameline, par préférence à sa fille, en vertu du *jus emphyteusis*.

— Votre maître est très-savant, dit le duc.

— Cependant, continua le héraut, le noble et vénérable prince-évêque et comte est disposé, lorsqu'il n'existera plus aucun sujet de querelle entre la Bourgogne et le pays de Liège, à assurer à sa nièce Isabelle un apanage convenable à sa qualité.

— Il est raisonnable et généreux, dit le duc avec le même ton d'ironie.

— Sur la conscience d'un pauvre fou, dit le Glorieux à l'oreille du comte de Crèvecœur, j'aimerais mieux être dans la peau de la plus mauvaise vache qui soit jamais morte d'une maladie contagieuse, que sous les habits brodés de ce drôle; il ressemble à un ivrogne qui vide les pots sans le compter, et sans faire attention aux marques que le garçon cabaretier trace à la craie derrière le volet.

— Avez-vous encore quelque chose à me dire? demanda le duc.

— Un seul mot de plus relativement au digne et fidèle allié de mondit noble et vénérable maître, le roi très-chrétien.

— Ah! ah! s'écria le duc; et il fit cette exclamation d'un ton tout différent de celui qu'il avait pris jusqu'alors en faisant les autres ; mais il se contint encore pour prêter toute son attention.

— Duquel roi très-chrétien, continua le héraut, on assure que vous, Charles de Bourgogne, vous retenez par contrainte la personne royale en cette ville, au mépris de vos devoirs, comme vassal de la couronne de France, et contre la foi observée parmi les princes chrétiens. Pour laquelle raison, mondit noble et vénérable maître vous ordonne, par ma bouche, de mettre à l'instant en liberté son allié royal et très-chrétien, ou de recevoir le défi que je suis chargé de vous faire de sa part.

— Avez-vous enfin tout dit?

— Oui, et j'attends la réponse de Votre Altesse, espérant qu'elle sera de nature à éviter l'effusion du sang chrétien.

— Eh bien ! s'écria le duc, de par saint George de Bourgogne !... Mais avant qu'il en pût dire davantage, Louis se leva, et prit la parole avec un tel air de majesté et d'autorité que Charles se sentit dans l'impossibilité de l'interrompre.

— Beau cousin de Bourgogne, dit le roi, avec votre permission, nous réclamons la priorité pour répondre à cet impertinent. — Coquin de héraut, ou qui que tu sois, va dire au parjure, au meurtrier, au proscrit Guillaume de la Marck, que le roi de France se trouvera incessamment devant Liège, dans le dessein de venger le meurtre sacrilège de feu son parent chéri, Louis de Bourbon, et qu'il se propose de faire pendre Guillaume de la Marck avec une chaîne de fer, pour le punir d'avoir eu l'audace de le nommer son allié, et d'avoir mis son nom royal dans la bouche de ses vils messagers.

— Et tu ajouteras de ma part, dit Charles, tout ce qu'un prince peut avoir à dire à un voleur et à un assassin. Va-t'en. Un moment pourtant : jamais héraut n'a quitté la cour de Bourgogne sans avoir à crier largesse. Qu'on l'étrille de manière à lui enlever la peau.

— Votre Altesse voudra bien faire attention, s'écrièrent en même temps Crèvecœur et d'Hymbercourt, que c'est un héraut, un homme privilégié.

— Est-ce vous, messieurs, dit le duc, qui êtes assez oisons pour croire que le tabard fasse le héraut? Je suis certain, par ses armoiries mêmes, que ce drôle n'est qu'un imposteur. Que Toison-d'Or s'avance, et qu'il le questionne en notre présence.

En dépit de son effronterie naturelle, on vit pâlir l'envoyé du Sanglier des Ardennes, quoiqu'il eût employé quelque fard pour se peindre le visage. Toison-d'Or, chef des hérauts du duc, comme nous l'avons déjà dit, et roi d'armes dans ses domaines, s'avança avec la gravité d'un homme qui savait ce qui est dû à sa place, et demanda à son prétendu confrère dans quel collège il avait étudié la science qu'il professait.

— J'ai été poursuivant d'armes au collège héraldique de Ratisbonne, répondit Sanglier-Rouge, et j'ai reçu le diplôme d'Ehrenhold de cette savante confrérie.

— Vous ne pouviez puiser la science dans une source plus pure, dit Toison-d'Or en s'inclinant plus profondément qu'il ne l'avait fait auparavant; et si je me permets de conférer avec vous sur les mystères de notre sublime science, par obéissance aux ordres du duc mon maître, c'est dans l'espoir de recevoir de vous des lumières, et non de vous en communiquer.

— Au fait, au fait! s'écria le duc d'un ton d'impatience; faites-lui quelque question qui mette sa science à l'épreuve.

— Il serait ridicule, reprit Toison-d'Or, de demander à un disciple de l'illustre collège de Ratisbonne s'il connaît les termes ordinaires du blason; mais je puis, sans l'offenser, demander à Sanglier-Rouge s'il est initié aux termes mystérieux et secrets de cette science, par laquelle les plus savans de nous s'expliquent les uns aux autres emblématiquement et paraboliquement ce qu'ils disent aux autres dans le langage ordinaire; termes qui sont, en quelque sorte, les premiers élémens de l'art héraldique ?

— Je connais toutes les branches du blason aussi bien l'une que l'autre, répondit Sanglier-Rouge avec hardiesse ; mais il est possible que nos termes en Allemagne ne soient pas les mêmes que les vôtres en Flandre.

— Pouvez-vous parler ainsi ? s'écria Toison-d'Or ; notre noble science, qui est la bannière de la noblesse et la gloire de la générosité, est la même dans tous les pays chrétiens ; elle est même connue des Maures et des Sarrasins. Je vous prierai donc de me décrire, d'après le style céleste, c'est-à-dire d'après les planètes, telles armoiries qu'il vous plaira de choisir.

— Faites-en la description vous-même, si bon vous semble, répondit Sanglier-Rouge. Je ne suis pas venu ici pour faire des tours de bouffon ; croyez-vous me faire tenir debout comme un singe, à votre volonté ?

— Montrez-lui quelques armoiries, et qu'il en fasse la description à sa manière, dit le duc ; mais s'il ne réussit pas, je lui promets que son dos sera gueules, azur et sable.

— Voici, dit le héraut bourguignon en tirant de sa poche un parchemin, voici des armoiries que certaines considérations m'ont porté à tracer aussi bien que me le permettent mes faibles talens ; je prie mon confrère, s'il appartient véritablement au savant collège de Ratisbonne, de le déchiffrer en termes convenables.

Le Glorieux, qui semblait s'amuser beaucoup de cette discussion, s'était alors avancé près des deux hérauts. — Je vais t'aider, mon garçon, dit-il à Sanglier-Rouge qui regardait le parchemin d'un air de consternation ; — Messeigneurs et messieurs, ceci représente un chat qui regarde à la fenêtre d'une laiterie.

Cette saillie fit rire ; et Sanglier-Rouge y trouva quelque avantage, car Toison-d'Or, indigné qu'on interprétât son dessin de cette manière, en donna lui-même sur-le-champ l'explication, en disant que c'était l'écu porté par Childebert, roi de France, après qu'il eut fait prisonnier Gondemar, roi de Bourgogne, et qu'il représentait une once, ou chat-tigre, derrière une grille, emblème du monarque captif. Il en donna ensuite la définition en termes techniques, qu'un héraut seul pouvait comprendre.

—Par ma marotte, dit le Glorieux, si la Bourgogne est représentée par ce chat, il faut convenir qu'aujourd'hui du moins elle est du bon côté de la grille.

—Vous avez raison, mon cher ami, dit Louis en riant, tandis que tous les spectateurs et Charles lui-même semblaient décontenancés par une plaisanterie dont l'application était si évidente; je vous dois une pièce d'or pour avoir égayé une affaire qui a commencé sur un ton un peu sérieux, mais qui finira, j'espère, plus joyeusement.

—Silence, le Glorieux, dit le duc. Et vous, Toison-d'Or, qui êtes trop savant pour être intelligible, retirez-vous. Qu'on fasse avancer ce drôle. Ecoute-moi, misérable, lui dit-il en prenant son ton le plus dur : connais-tu la différence qui existe en blason entre argent et or !

—Pour l'amour du ciel! monseigneur, ayez pitié de moi, dit le héraut pris en défaut; noble roi Louis, intercédez pour moi.

—Parle pour toi-même, s'écria le duc; es-tu héraut ou non?

—Je ne le suis que pour cette occasion.

—De par saint George! dit le duc en jetant sur Louis un regard à la dérobée, nous ne connaissons pas de monarque, pas de gentilhomme qui eût voulu prostituer ainsi la noble science sur laquelle reposent la royauté et la noblesse, si ce n'est ce roi qui envoya à Edouard d'Angleterre un valet déguisé en héraut[1].

—Un tel stratagème, dit Louis, ne pouvait se justifier qu'à une cour où il ne se trouvait aucun héraut en ce moment, et où la chose pressait; mais quoiqu'il ait pu réussir à

(1) Cette histoire d'un faux héraut n'arriva que sept ou huit ans plus tard.—Ed.

l'égard d'épais et pesans insulaires, il fallait ne pas avoir plus de bon sens qu'un sanglier, pour penser qu'un pareil tour ne serait pas découvert à la cour éclairée de Bourgogne.

— N'importe d'où ce prétendu héraut vienne, dit le duc avec courroux, il n'y retournera que bien étrillé. Qu'on le traîne sur la place du marché, et qu'on l'y batte avec des brides de chevaux et des fouets à chiens, jusqu'à ce que son tabard tombe en lambeaux.— Sus, au Sanglier-Rouge ; ça, ça! tayau! tayau!

Quatre à cinq gros chiens, semblables à ceux qu'on voit peints sur les tableaux de chasse auxquels Rubens et Schneiders travaillèrent en société, entendirent les derniers mots du duc, et se mirent à aboyer comme s'ils voyaient un sanglier sortir de sa bauge.

— Par la sainte croix! dit Louis cherchant à entrer dans l'humeur de son dangereux cousin, puisque l'âne a mis la peau du sanglier, pourquoi ne pas charger les chiens de la lui retirer?

— Rien de mieux! rien de mieux! s'écria le duc, dont cette idée flatta l'humeur pour le moment : cela va se faire. Qu'on découple les chiens, qu'on les mette sur la voie : nous le courrons depuis la porte du château jusqu'à celle du parc du côté de l'orient.

— J'espère que Votre Altesse me traitera en bête de chasse, dit le prétendu héraut, faisant autant que possible bonne mine à mauvais jeu,— et qu'elle me laissera les mêmes moyens de salut.

— Tu n'es qu'une vermine [1], répondit le duc, et en cette qualité la lettre du code des chasses ne te donne droit à aucune protection. Cependant ne fût-ce qu'à cause de ton impudence sans égale, tu auras cent pas en avance. Allons, messieurs, allons ; il faut voir cette chasse.

(1) En Anglais *variment* ou *vermin*. Ce mot en vénerie s'applique aux blaireaux, aux fouines, etc., etc., toutes bêtes indignes d'être chassées selon les nobles règles de l'art.— Éd.

La séance du conseil fut ainsi brusquement levée. Chacun courut pour jouir de l'agréable divertissement suggéré par le roi Louis; mais personne n'y mit plus d'empressement que les deux princes.

Rien ne manqua au plaisir qu'ils se promettaient; car Sanglier-Rouge à qui la terreur donnait des ailes, et qui avait à ses trousses une dizaine de chiens de chasse animés par le son des cors et les cris des piqueurs, courut avec la vitesse du vent; et s'il n'avait été gêné par ses vêtemens de héraut, le plus mauvais costume possible pour un coureur, il aurait peut-être échappé aux chiens; il évita même plus d'une fois leur poursuite, en changeant tout à coup de direction avec une adresse à laquelle tous les spectateurs rendirent justice. Mais aucun d'eux, pas même Charles, ne fut aussi enchanté de cette chasse que le roi Louis. En partie par des considérations politiques, et aussi parce que le spectacle des souffrances humaines ne lui était nullement désagréable quand il se présentait sous un point de vue burlesque, il rit à en avoir les larmes aux yeux. Dans son ravissement, il saisit le manteau d'hermine du duc, comme pour se soutenir, tandis que Charles, dans un transport semblable, appuyait la main sur l'épaule du roi, les deux princes montrant ainsi l'un pour l'autre une confiance et une familiarité qu'on n'avait guère droit d'attendre, d'après ce qui venait de se passer quelques instans auparavant.

Enfin l'agilité du faux héraut ne put le dérober plus longtemps aux dents des ennemis qui le poursuivaient. Les chiens l'atteignirent, le renversèrent, et ils l'auraient probablement étranglé, si le duc n'eût crié: — Arrêtez-les! retenez-les! rappelez les chiens! Il a si bien couru, que quoiqu'il n'ait pas fait bonne résistance aux abois, nous ne voulons pas qu'ils en fassent curée.

On s'empressa d'arracher aux chiens la proie sur laquelle ils étaient acharnés, on les accoupla de nouveau, et l'on poursuivit ceux qui s'enfuyaient portant en triomphe dans leur gueule les lambeaux de la cotte d'armes que le malheureux envoyé avait endossée dans un jour de malheur.

En cet instant, et pendant que le duc était encore trop occupé de ce qui se passait devant lui pour faire attention à ce qui se disait derrière, Olivier-le-Dain s'approcha doucement du roi, et lui dit à l'oreille : —C'est le Bohémien, c'est Hayraddin ; il ne faudrait pas qu'il parlât au duc.

—Il faut qu'il meure, lui répondit le roi du même ton, les morts ne parlent plus.

Un moment après, Tristan-l'Ermite à qui Olivier avait fait sa leçon, s'avança en présence du roi et du duc, et dit avec le ton bourru qui lui était ordinaire : — Ce gibier m'appartient, et je le réclame, sauf le bon plaisir de Votre Majesté et de Son Altesse. Il porte ma marque, une fleur de lis sur l'épaule, comme tout le monde peut le voir. C'est un scélérat bien connu ; il a assassiné nombre de sujets de Votre Majesté, pillé des églises, violé de saintes vierges, tué des daims dans les parcs royaux, et....

— En voilà bien assez! dit le duc Charles ; mon royal cousin a droit à cette propriété à plus d'un titre. Que veut en faire Votre Majesté?

—S'il est laissé à ma disposition, répondit le roi, je lui ferai donner une leçon de l'art héraldique qu'il connaît si peu ; il apprendra par expérience ce que c'est qu'une croix potencée, et l'on y joindra l'ornement d'un nœud coulant.

—Qu'il ne portera pas, mais qui lui servira de *support!* s'écria le duc en partant d'un grand éclat de rire occasioné par son trait d'esprit. Qu'il prenne ses degrés sous votre compère Tristan, il est passé maître dans cette science.

Louis partagea le gaieté du duc d'une manière si cordiale, que Charles ne put s'empêcher de le regarder d'un air presque amical.

—Ah! Louis, Louis! lui dit-il, plût au ciel que vous fussiez un allié aussi fidèle que vous êtes un joyeux compagnon!

Je pense encore bien souvent aux jours que nous avons passés si gaiement ensemble.

— Il ne tient qu'à vous de les faire renaître, répondit Louis. Je vous accorderai d'aussi belles conditions que vous puissiez m'en demander dans la situation où je me trouve, sans vous rendre la fable de la chrétienté ; et je ferai serment de les exécuter, sur la sainte relique que j'ai le bonheur de porter sur moi, et qui est un fragment du bois de la vraie croix.

En parlant ainsi, il tira de son sein un petit reliquaire d'or suspendu à son cou par une chaîne du même métal, et qu'il portait entre sa chemise et ses autres vêtemens ; puis il ajouta, après l'avoir baisé dévotement :

— Jamais faux serment n'a été prêté sur cette sainte relique sans qu'il ait été puni dans l'année.

— Cependant, dit le duc, c'est la même sur laquelle vous m'avez juré amitié en quittant la Bourgogne ; ce qui n'a pas empêché que peu de temps après vous n'y ayez envoyé le bâtard de Rudempré pour m'assassiner ou s'emparer de ma personne.

— Ah! beau cousin, voilà que vous déterrez d'anciens griefs ; mais je vous assure que vous êtes dans l'erreur à ce sujet. D'ailleurs, ce n'est pas sur la relique que voici que je vous ai fait alors le serment dont vous parlez ; c'était sur un autre fragment du bois de la vraie croix, qui m'avait été envoyé par le Grand-Seigneur ; et il avait sans doute perdu de sa vertu en restant si long-temps entre les mains des infidèles. Mais après tout, la guerre du bien public n'éclatat-elle pas dans le cours de cette année ? Ne vis-je pas l'armée bourguignonne, appuyée de tous les grands feudataires de France, camper à Saint-Denis ? Ne fus-je pas obligé d'abandonner la Normandie à mon frère ? Que Dieu nous préserve de nous parjurer sur une relique comme celle-ci !

— Eh bien ! cousin, je crois que vous avez reçu une leçon qui vous apprendra à être de bonne foi à l'avenir. Et à présent, franchement et loyalement, tiendrez-vous la parole que vous m'avez donnée de marcher avec moi contre ce meurtrier de la Marck et ces misérables Liégeois?

— Je marcherai contre eux, beau cousin, avec le ban et l'arrière-ban de France, et l'oriflamme déployée.

— Non, non! c'est plus qu'il ne faut, plus qu'il n'est convenable. La présence de votre garde écossaise et de quelques centaines de lances d'élite suffira pour prouver que vous agissez librement. Une armée considérable pourrait...

— Me rendre libre en réalité, voulez-vous dire, beau cousin? Eh bien! vous réglerez vous-même le nombre des troupes qui me suivront.

— Et pour que nous n'ayons plus rien à craindre de la belle Hélène qui a jeté entre nous la pomme de discorde, vous consentirez que la comtesse Isabelle de Croye épouse le duc d'Orléans.

— Beau cousin, vous mettez ma courtoisie à une rude épreuve. Le duc est fiancé à ma fille Jeanne. Soyez généreux; n'insistez pas sur ce point, et parlons plutôt des places sur la Somme.

— Mon conseil parlera de cet objet à Votre Majesté. Quant à moi, j'ai moins à cœur une augmentation de territoire qu'une réparation des injures que j'ai reçues. Vous vous êtes mêlé des affaires de mes vassaux: vous avez voulu disposer à votre gré de la main d'une pupille du duché de Bourgogne; eh bien! puisque vous voulez la marier, que ce soit à un membre de votre propre famille; sans cela notre conférence est rompue.

— Personne ne me croirait, beau cousin, si je disais que je le fais avec plaisir. Jugez donc quel est mon désir de vous obliger, quand je vous dis, à mon grand regret, que si les parties y consentent et peuvent obtenir la dispense du pape, je ne m'opposerai en aucune manière au mariage que vous proposez.

— Tout cela s'arrangera aisément par nos ministres, dit

le duc ; et maintenant nous voici redevenus cousins et amis.

—Rendons-en grace, dit Louis, à la bonté du ciel, qui, tenant entre ses mains les cœurs des princes, les dispose miséricordieusement à la paix et à la clémence, pour prévenir l'effusion du sang humain.

—Olivier, ajouta Louis en s'adressant à ce favori qui rôdait toujours autour de lui comme l'esprit familier aux ordres d'un sorcier, — écoute : dis à Tristan d'aller vite en besogne avec ce vagabond de Bohémien.

CHAPITRE XXXIV.

L'Exécution.

> « Je te conduirai dans le bois,
> « Tu prendras un arbre à ton choix. »
> *Ancienne ballade.*

— Graces soient rendues à Dieu, qui nous a donné le pouvoir de rire et de faire rire les autres, et honte au gros lourdaud qui rougirait de remplir les fonctions de fou ! Voici une plaisanterie (et ce n'est pas une des meilleures, bien qu'elle ait eu l'avantage d'amuser deux princes) qui a mieux réussi que n'auraient pu le faire mille raisons d'Etat, pour empêcher une guerre entre la Bourgogne et la France.

Telle fut la conclusion que tira le Glorieux lorsque, par suite de la réconciliation dont nous avons rendu compte à la fin du chapitre précédent, la triple garde qui veillait autour du château de Péronne fut relevée de ce poste. Le roi quitta la Tour du comte Herbert, cette tour de si mauvais augure; et à la grande satisfaction des Français et des Bourguignons, la confiance et l'amitié parurent rétablies, du moins à l'extérieur, entre le duc Charles et son seigneur suzerain. Cependant le roi, quoique traité avec les égards et le cérémonial d'usage, voyait parfaitement qu'il était encore l'objet des soupçons de son puissant vassal; mais il était assez prudent pour ne pas avoir l'air de s'en apercevoir, et il paraissait se regarder comme entièrement libre.

—Néanmoins, comme c'est assez l'ordinaire en pareil cas, tandis que les parties principalement intéressées avaient à peu près transigé sur leurs différends, un des agens subalternes de leurs intrigues éprouvait amèrement combien est vraie cette maxime politique, que si les grands ont souvent besoin de vils instrumens, ils en indemnisent la société en les abandonnant à leur destin dès qu'ils leur deviennent inutiles.

Cet agent était Hayraddin Maugrabin, que les officiers du duc avaient livré au grand prévôt du roi de France, et que Tristan avait confié aux soins de ses deux fidèles aides-de-camp Trois-Echelles et Petit-André, chargés de l'expédier sans perte de temps. Placé entre ces deux personnages, l'un jouant l'*Allegro*, l'autre le *Penseroso*, suivi de quelques gardes et d'une foule immense de peuple, il s'avançait (pour nous servir d'une comparaison moderne) comme Garrick entre la Tragédie et la Comédie [1], vers une forêt voisine, où pour abréger la cérémonie et s'épargner la peine de dresser un gibet, les maîtres de son destin avaient résolu de l'accrocher au premier arbre qui leur paraîtrait convenable.

Ils ne furent pas long-temps sans trouver un chêne qui, comme Petit-André le dit facétieusement, était digne de

(1) Le monument de Garrick, à Westminster, représente ce grand comédien entre Melpomène et Thalie. — ED.

porter un tel gland. Laissant donc le condamné sous la surveillance de quelques gardes, ils commencèrent à improviser leurs dispositions pour la catastrophe finale. En ce moment Hayraddin, jetant un regard sur la multitude qui l'avait accompagné, rencontra les yeux de Quentin Durward. Notre jeune Ecossais, croyant avoir reconnu les traits de son guide perfide dans ceux du héraut imposteur, avait suivi la foule pour s'assurer de son identité.

Quand les deux exécuteurs vinrent l'informer que tout était prêt, Hayraddin, avec le plus grand calme, leur dit qu'il avait une grace à leur demander.

—Demandez-nous, mon fils, tout ce qui pourra s'accorder avec notre devoir, et vous l'obtiendrez, lui répondit Trois-Echelles.

—C'est-à-dire, reprit Hayraddin, tout, excepté la vie.

—Précisément, dit Trois-Echelles, et même quelque chose de plus; car comme vous avez l'air d'être résolu à faire honneur à notre profession et à mourir en homme, sans faire de grimaces, nous ne regarderons pas à vous accorder une dizaine de minutes, s'il le faut, quoique nos ordres soient d'être expéditifs.

—C'est trop de générosité, dit Hayraddin.

—Il est très-vrai qu'on peut nous en blâmer, ajouta Petit-André; mais que m'importe? je donnerais ma vie pour un homme leste, ferme, gai et dispos, qui a dessein de faire le premier saut avec grace, comme il convient à un brave garçon.

—Ainsi donc, dit Trois-Echelles, si vous désirez un confesseur...

—Ou bien, dit son facétieux compagnon, si vous voulez une pinte de vin...

—Ou un psaume, dit la Tragédie.

—Ou une chanson, dit la Comédie.

—Rien de tout cela, mes bons, chers et très-expéditifs amis, dit le Bohémien. Tout ce que je vous demande, c'est quelques minutes d'entretien avec cet archer de la garde.

Les exécuteurs hésitèrent un instant ; mais Trois-Echelles se rappelant qu'il avait entendu dire que Quentin Durward, d'après diverses circonstances, était en grande faveur auprès du roi, ils résolurent de permettre l'entrevue.

Ils appelèrent Durward, et tout en s'avançant vers le criminel condamné, le jeune archer, quoique trouvant qu'il avait bien mérité son sort, n'en fut pas moins affligé de le voir si près de la mort. Les lambeaux de son riche costume de héraut, mis en haillons par les dents des chiens et par les mains des bipèdes qui l'avaient arraché à leur fureur pour le conduire à la mort, lui donnaient un air burlesque et déplorable en même temps. On voyait encore sur son visage quelques traces du fard dont il l'avait peint, et sur son menton quelques restes de la barbe postiche qu'il avait mise pour mieux se déguiser. La pâleur de la mort régnait sur ses joues et sur ses lèvres ; et cependant, armé d'un courage passif, comme la plupart des gens de sa caste, son œil brillant, quoique égaré, et le sourire forcé de sa bouche, semblaient défier la mort qu'il allait subir.

Quentin fut frappé d'horreur et de compassion en s'approchant de ce misérable, et ces deux sentimens lui firent sans doute ralentir le pas, car Petit-André lui cria : — Un peu plus lestement, jeune archer, un peu plus lestement : notre pratique n'a pas le loisir de vous attendre, et vous marchez comme si ces cailloux étaient des œufs, et que vous eussiez peur de les casser.

— Il faut que je lui parle en particulier, dit Hayraddin avec un accent qui tenait du désespoir.

— Cela n'est guère d'accord avec notre devoir, mon joyeux Saute-l'Echelle, dit Petit-André. Nous vous connaissons de longue main ; vous êtes une anguille trop glissante pour qu'on puisse se fier à vous.

— Ne m'avez-vous pas lié les pieds et les mains avec les sangles de vos chevaux ? dit le Bohémien. Vous pouvez me surveiller hors de la portée de la voix. D'ailleurs cet archer est un serviteur de votre roi; et si je vous donne dix guilders...

— Employée à faire dire des messes, dit Trois-Echelles, cette somme pourra être utile à sa pauvre ame.

— Employée en vin et en brandevin, dit Petit-André, elle pourra procurer quelque consolation à mon pauvre corps. Voyons donc vos guilders, mon joyeux danseur de corde.

— Rassasiez ces chiens affamés, dit Hayraddin à Durward, vous n'y perdrez rien; on ne m'a pas laissé un stiver quand on m'a arrêté.

Quentin paya aux exécuteurs ce qui leur avait été promis, et en hommes de parole ils se retirèrent assez loin pour ne rien entendre, mais en ayant soin de suivre des yeux le moindre mouvement de leur victime. Durward attendit un instant que le malheureux lui parlât; et voyant qu'il gardait le silence : — Eh bien, lui dit-il enfin, te voilà donc arrivé là?

— Oui, répondit Hayraddin; et il ne fallait être ni astrologue, ni physionomiste, ni nécromancien, pour prédire que je finirais comme le reste de ma famille.

— Et cette fin prématurée a été amenée par une longue série de crimes et de trahisons.

— Non, de par le brillant Aldeboran et tous ses radieux confrères! elle a été amenée par ma propre folie, qui m'a fait croire que la cruauté sanguinaire d'un Franc pouvait être retenue par ce qu'il regarde lui-même comme ce qu'il y a de plus sacré. Les habits d'un prêtre ne m'auraient pas mieux protégé que le tabard d'un héraut, tant il y a de bonne foi dans vos protestations de dévotion et de chevalerie!

— Un imposteur découvert n'a pas le droit de réclamer les privilèges du déguisement qu'il a usurpé.

— Découvert? Mon jargon valait bien celui de ce vieux

fou de héraut. Mais n'importe, autant vaut aujourd'hui que demain.

— Vous oubliez que le temps s'écoule. Si vous avez quelque chose à me dire, hâtez-vous de le faire, et donnez ensuite quelques instans au soin de votre ame.

— De mon ame! s'écria le Bohémien avec un sourire hideux; pensez-vous qu'une lèpre de vingt ans puisse se guérir en un moment? Si j'ai une ame, elle est dans un tel état depuis que j'ai atteint l'âge de dix ans, et même depuis plus long-temps, qu'il me faudrait un mois pour me rappeler tous mes crimes, et un autre mois pour les confesser à un prêtre : or, si cet espace de temps m'était accordé, il y a cinq contre un à parier que je l'emploierais tout différemment.

— Pécheur endurci, ne blasphème pas! dit Durward avec une horreur mêlée de pitié; dis-moi promptement ce que tu as à me dire, et je t'abandonne à ta destinée.

— J'ai un service à vous demander; mais d'abord il faut que je l'achète, car les gens de votre secte, malgré toutes leurs professions de charité, ne donnent rien pour rien.

— Je te dirais, périssent tes dons avec toi, si tu n'étais sur le bord de l'éternité. Quel service attends-tu de moi? parle, et garde tes présens; ils ne me porteraient pas bonheur : je n'ai pas encore oublié les bons offices que tu as voulu me rendre.

— Je vous aimais pourtant, je vous voulais du bien à cause de ce que vous avez fait sur les bords du Cher; je voulais vous aider à épouser une riche dame : vous portiez ses couleurs, et c'est ce qui m'induisit en erreur; d'ailleurs je pensais qu'Hameline, dont les richesses étaient faciles à transporter, vous convenait mieux que cette jeune poulette, avec son vieux poulailler de Bracquemont, sur lequel Charles a étendu ses griffes, et qu'il saura garder probablement.

—Tu perds le temps en paroles inutiles ; je vois que ces gens commencent à s'impatienter.

—Donnez-leur dix autres guilders pour dix minutes de plus, dit le Bohémien, qui, malgré son endurcissement, éprouvait, comme la plupart de ceux qui se trouvent dans la même situation, et cela peut-être sans s'en douter lui-même, le désir d'éloigner l'instant fatal : —ce que j'ai à vous dire vous vaudra bien davantage.

—Profite donc bien des instans que je vais acheter, répondit Durward : et il ne lui fut pas difficile de faire un nouveau marché avec les affidés du grand prévôt.

Cette affaire conclue, Hayraddin reprit la parole : —Oui, je vous assure que je vous voulais du bien. Hameline était la femme qui vous convenait ; vous en auriez fait ce que vous auriez voulu ; vous voyez qu'elle n'a pas même fait fi du Sanglier des Ardennes, quoiqu'il ne se soit pas donné grande peine pour lui faire la cour ; et elle règne dans sa bauge comme si elle avait été accoutumée toute sa vie à vivre de glands et de faînes.

—Finis des plaisanteries si grossières et qui viennent si mal à propos, ou, je te le dis encore une fois, je t'abandonne à ta destinée.

—Vous avez raison, dit Hayraddin après une pause d'un instant ; il faut savoir faire face à ce qu'on ne peut éviter. Sachez donc que je suis venu ici sous ce maudit déguisement dans l'espoir de recevoir une riche récompense de de la Marck, et une encore plus riche du roi Louis, non-seulement pour porter au duc le message dont vous avez pu entendre parler, mais pour apprendre au roi un secret important.

—C'était courir un grand risque.

—Aussi étais-je grandement payé ; mais cela a mal tourné. De la Marck avait déjà essayé de communiquer avec Louis par le moyen de Marton ; mais il paraît qu'elle n'a pu arriver que jusqu'à l'astrologue, à qui elle a raconté tout ce qui s'est passé dans le voyage à Schonwaldt ; c'est un grand hasard si le roi en entend jamais parler, à moins que ce ne soit sous la forme d'une prophétie. Mais écoutez mon secret, qui est plus important que tout ce qu'elle aurait pu dire. Guillaume de la Marck a assemblé une troupe nombreuse dans la ville de Liège, et il l'augmente tous les jours par le moyen des trésors du vieux prêtre. Mais il n'a pas dessein de risquer une bataille rangée contre la chevalerie de Bourgogne, et encore moins de soutenir un siège dans une place démantelée. Voici ce qu'il compte faire. Il laissera cette tête chaude de Charles camper devant la ville sans opposition, et la nuit suivante il fera une sortie contre lui avec toutes ses forces. Un certain nombre de ses troupes porteront l'uniforme de soldats français, et crieront : — France ! saint Louis ! Montjoye ! saint Denis ! — Cela ne pourra manquer de jeter la confusion parmi les Bourguignons, qui croiront qu'un corps nombreux d'auxiliaires français est arrivé dans la ville ; et si le roi Louis, avec ses gardes, sa suite et les soldats qu'il pourra avoir, veut seconder ses efforts, le Sanglier des Ardennes ne doute pas de la déconfiture totale de l'armée bourguignonne. Voilà mon secret, et je vous le donne ; faites-en ce qu'il vous plaira ; vendez-le au roi Louis ou au duc Charles. Favorisez ce projet, ou empêchez-le de réussir. Sauvez ou perdez qui bon vous semblera, je ne m'en soucie guère. Tout mon regret, c'est de ne pouvoir le faire éclater comme une mine, pour la destruction des deux partis.

— C'est véritablement un secret important, dit Quentin qui comprit sur-le-champ combien il était facile d'éveiller le ressentiment national dans un camp composé partie de Français, partie de Bourguignons.

— Oui, important, dit Hayraddin ; et maintenant que vous le possédez, vous voudriez déjà être bien loin, et me quitter sans me rendre le service pour lequel je vous ai payé d'avance.

36.

— Dis-moi ce que tu désires, et je te l'accorderai si cela m'est possible.

— Cela ne vous sera pas difficile, répondit Hayraddin. Il s'agit du pauvre Klepper, de mon cheval, seul être vivant qui puisse s'apercevoir de ma perte. A un mille d'ici, vers le sud, vous le trouverez paissant près de la cabane déserte d'un charbonnier. Sifflez comme ceci (et en même temps il siffla d'une manière particulière); appelez-le par son nom de Klepper, et il viendra à vous. Voici sa bride que j'avais cachée sous mes habits; et il est heureux que ces chiens de coquins ne me l'aient pas prise, car il n'en peut souffrir d'autre. Prenez-le, et ayez-en soin, je ne dirai pas par amour pour son maître, mais parce que j'ai mis à votre disposition l'événement d'une journée importante. Il ne vous manquera jamais au besoin. La nuit et le jour, l'avoine et le son, les bons et les mauvais chemins, une bonne écurie ou la voûte des cieux, tout est égal pour Klepper; si j'avais pu gagner la porte de Péronne, et arriver à l'endroit où je l'ai laissé, je n'en serais pas où j'en suis. Prendrez-vous bien soin de Klepper?

— Je vous le promets, répondit Quentin, affecté par ce trait d'attachement singulier dans un caractère si endurci.

— Adieu donc! Un moment pourtant, un moment. Je ne veux pas être assez discourtois pour oublier, en mourant, la commission d'une dame. Voici un billet écrit par la très-gracieuse et très-sotte épouse du Sanglier des Ardennes à sa nièce aux yeux noirs. Je vois dans vos regards que vous vous acquitterez volontiers de mon message. Encore un mot : j'allais oublier de vous dire que vous trouverez dans les entrailles de ma selle une bourse bien remplie de pièces d'or, celles qui m'ont déterminé à courir l'aventure dont l'issue me coûte si cher. Prenez-les, elles vous indemniseront au centuple des guilders que vous avez donnés à ces coquins; je vous fais mon héritier.

— Je les emploierai en bonnes œuvres, et en messes pour le repos de ton ame.

— Ne prononce plus ce mot, s'écria Hayraddin, et sa physionomie prenant une expression qui fit frémir Quentin : — Il n'y a point d'ame, il ne peut pas y en avoir, c'est un rêve inventé par les prêtres.

— Malheureux aveugle! reviens à de meilleures pensées; laisse-moi t'envoyer un prêtre; j'obtiendrai de ces gens un nouveau délai, j'achèterai leur complaisance. Que peux-tu espérer, si tu meurs dans des sentimens d'impénitence?

— D'être rendu aux élémens, répondit l'athée endurci, en pressant contre sa poitrine ses bras chargés de liens. Ma croyance, mon désir, mon espoir, c'est que le composé mystérieux de mon corps se fondra dans la masse générale d'où la nature tire ce dont elle a besoin pour reproduire ce qu'on voit disparaître tous les jours. Les particules d'eau qui se trouvent en moi enrichiront les fontaines et les ruisseaux, les particules de terre fertiliseront le sol, celles de l'air entretiendront le souffle des vents, et celles du feu alimenteront les rayons d'Aldeboran et de ses frères. Telle est la foi dans laquelle j'ai vécu, dans laquelle je veux mourir. Adieu, retirez-vous; ne me troublez pas davantage; j'ai prononcé le dernier mot que les oreilles d'un homme entendront sortir de ma bouche.

Saisi d'horreur, Durward vit bien qu'il était inutile de chercher à faire comprendre à Hayraddin les terreurs de son avenir. Il lui fit donc ses adieux, et le Bohémien n'y répondit que par un signe de tête, avec l'air distrait et morose d'un homme plongé dans une rêverie qu'il voit interrompre avec regret. Quentin entra dans la forêt, et trouva aisément la chaumière près de laquelle Klepper avait été laissé. Il siffla et l'appela, et l'animal arriva à l'instant. Mais il se passa quelque temps avant qu'il voulût se laisser prendre. Il se cabrait dès que l'étranger s'en approchait. Enfin, la connaissance générale que Durward avait des

habitudes du cheval, et peut-être celle qu'il avait acquise du caractère particulier de Klepper, ayant souvent admiré cet animal pendant le voyage qu'il avait fait avec Hayraddin, le mirent en état de prendre possession du legs que venait de lui faire le Bohémien.

Long-temps avant que Quentin fût rentré à Péronne, Hayraddin était allé où la vanité de sa croyance impie devait être mise à l'épreuve; épreuve terrible pour un coupable qui n'avait exprimé ni remords pour le passé ni crainte pour l'avenir.

CHAPITRE XXXV.

Le Prix de la Bravoure.

« Heureuse la beauté quand un brave l'obtient. »
Le comte Palatin.

Lorsque Quentin Durward arriva à Péronne, le conseil d'Etat était assemblé, et le résultat de cette délibération devait être bien plus intéressant pour lui qu'il n'aurait pu le supposer; en effet, quoique composée de personnes dont le rang ne permettait pas de croire qu'elles pussent avoir avec lui un seul intérêt commun, cette réunion eut pourtant l'influence la plus extraordinaire sur sa destinée.

Le roi Louis, après s'être amusé de l'intermède de l'envoyé de Guillaume de la Marck, n'avait laissé échapper aucune occasion de cultiver le retour d'affection que cette circonstance paraissait avoir inspiré au duc, et il s'était occupé à se concerter avec lui, on pourrait presque dire à recevoir son opinion, sur le nombre et la qualité des soldats dont il devait se faire accompagner pour suivre le duc de Bourgogne, comme auxiliaire, dans son expédition contre Liège. Il vit clairement, par le soin que mit Charles à ne demander qu'un très-petit nombre de troupes, et à insister pour qu'elles fussent accompagnées par des Français du premier rang, que son but était d'avoir des otages plutôt que des auxiliaires. Cependant, n'oubliant pas les avis que lui avait donnés d'Argenton, il consentit à tout ce que le duc lui demanda à ce sujet, d'aussi bonne grace que s'il eût agi de son propre mouvement.

Il ne manqua pourtant pas de s'indemniser de cette complaisance en faisant retomber les effets de son humeur vindicative sur le cardinal de La Balue, dont les conseils l'avaient déterminé à accorder une confiance si excessive au duc de Bourgogne. Tristan porta l'ordre du départ des forces auxiliaires qui devaient marcher contre Liège, et il fut chargé en outre de conduire le cardinal au château de Loches, et de l'enfermer dans une de ces cages de fer dont on assure qu'il était lui-même l'inventeur [1].

—Il pourra juger ainsi du mérite de son invention, dit le roi; il appartient à la sainte Eglise, et nous ne devons pas répandre son sang; mais, Pâques-Dieu! si d'ici à dix ans son évêché est resserré dans d'étroites limites, il en sera dédommagé par des remparts imprenables.—Prends soin que les troupes se mettent en marche sur-le-champ.

Peut-être Louis, par cette prompte complaisance, espérait-il éluder une condition plus désagréable pour lui, que le duc avait attachée à leur réconciliation. Mais s'il avait conçu cette espérance, il ne connaissait pas encore bien le caractère de son cousin, qui, le plus opiniâtre de tous les hommes dans ses résolutions, était le moins disposé à se re-

---

(1) Ce fut vainement que la cour de Rome voulut disputer au roi le droit de punir des évêques. Le cardinal et l'évêque de Verdun son complice, passèrent plus de dix ans dans les *filets du roi*, comme on avait surnommé les cages de fer. Ces deux prêtres étaient généralement détestés.

lâcher de ce que le ressentiment d'une injure supposée ou de l'esprit de vengeance lui avait fait une fois exiger.

A peine Louis avait-il expédié les messagers nécessaires pour faire marcher les troupes qui devaient agir comme auxiliaires de la Bourgogne, que le duc le requit de donner publiquement son consentement au mariage du duc d'Orléans avec Isabelle de Croye. Le roi y consentit en poussant un profond soupir, et se borna à faire observer qu'il convenait préalablement de s'assurer du consentement du duc d'Orléans lui-même.

—Cette formalité n'a pas été négligée, répondit Charles: Crèvecœur en a parlé à monseigneur d'Orléans, et, chose étrange, il l'a trouvé tellement insensible à l'honneur d'épouser la fille d'un roi, qu'il a regardé la proposition de recevoir la main de la comtesse de Croye comme l'offre la plus agréable que le meilleur des pères pût lui faire.

—Il n'en est que plus ingrat et plus coupable, dit le roi; mais il en sera tout ce que vous voudrez, beau cousin, pourvu que vous puissiez obtenir le consentement de toutes les parties intéressées.

—Quant à cela, soyez sans inquiétude, répondit le duc; et, en conséquence, quelques minutes après que cette affaire avait été proposée, on manda devant les deux princes le duc d'Orléans et la comtesse de Croye, qui arriva encore accompagnée de la comtesse de Crèvecœur et de l'abbesse des Ursulines. Le duc de Bourgogne leur annonça que la sagesse des deux princes avait décidé leur union, comme un gage de l'alliance perpétuelle qui devait régner désormais entre la France et la Bourgogne. Louis entendit cette déclaration sans y faire aucune objection, gardant un sombre silence, et sentant vivement l'atteinte portée à son autorité.

Le duc d'Orléans eut beaucoup de peine à réprimer les transports de joie que lui causa cette nouvelle; mais la délicatesse ne lui permettait pas de s'y livrer ouvertement en présence de Louis; il fallut toute la crainte que lui inspirait habituellement ce monarque pour qu'il pût réprimer ses propres désirs et se borner à répondre qu'il était de son devoir de laisser son choix à la disposition de son souverain.

—Beau cousin d'Orléans, dit Louis du ton le plus grave, puisqu'il faut que je parle dans une occasion si peu agréable, je n'ai pas besoin de vous rappeler que la justice que je rendais à votre mérite m'avait porté à vous choisir une épouse dans ma propre famille; mais puisque mon cousin de Bourgogne trouve qu'en disposant autrement de votre main ce sera le gage le plus sûr de l'union qui doit régner entre ses Etats et les miens, j'ai cet objet trop à cœur pour ne pas y sacrifier mes désirs et mes espérances.

Le duc d'Orléans se jeta à ses genoux, et baisa avec un attachement sincère pour cette fois la main que le roi lui présentait en détournant le visage. Dans le fait, il vit, ainsi que tous les témoins de cette scène, que le roi ne donnait ce consentement qu'à contre-cœur; car ce monarque, adepte dans l'art de la dissimulation, voulait en cette circonstance que sa répugnance fût visible, et qu'on reconnût en lui un roi renonçant à son projet favori et immolant la tendresse paternelle à l'intérêt et aux besoins de ses Etats. Le duc de Bourgogne lui-même éprouva quelque émotion, et le cœur de d'Orléans tressaillit d'une joie involontaire en se trouvant dégagé ainsi des liens qui le joignaient à la princesse Jeanne. S'il avait su de quelles malédictions le roi le chargeait en ce moment, et à quels projets de vengeance il se livrait déjà, probablement que sa délicatesse ne lui eût pas paru tant compromise.

Charles se tournant alors vers la jeune comtesse, lui annonça d'un ton brusque que l'union projetée était une affaire qui n'admettait ni délai ni hésitation, ajoutant que c'était là un résultat, qui n'était que trop heureux pour elle, de l'opiniâtreté qu'elle avait montrée dans une autre occasion.

—Monseigneur, dit Isabelle appelant tout son courage à son aide, je connais les droits de Votre Altesse, et je m'y soumets.

—Suffit! suffit! dit le duc en l'interrompant. Votre Majesté, continua-t-il en se tournant vers Louis, a eu ce matin le divertissement d'une chasse au sanglier, voudrait-elle prendre maintenant celle d'une chasse au loup?

La jeune comtesse vit la nécessité de s'armer de fermeté.
—Votre Altesse ne m'a pas bien comprise, lui dit-elle avec timidité, mais assez haut et d'un ton assez décidé pour forcer le duc à lui accorder une attention qu'une sorte de prévoyance de ce qu'elle allait dire l'aurait volontiers porté à lui refuser.— La soumission dont je parle n'a rapport qu'aux terres et aux domaines que les ancêtres de Votre Altesse ont octroyés aux miens, et que je remets à la disposition de la maison de Bourgogne, si mon souverain pense que ma désobéissance sur un seul point me rende indigne de les conserver.

—Ah! de par saint George! s'écria le duc en frappant du pied avec fureur, la sotte sait-elle en présence de qui elle se trouve, et à qui elle parle?

—Monseigneur, répondit-elle sans se déconcerter, je sais que je suis devant mon suzerain, et j'espère encore en sa justice. Si vous me privez des biens que la générosité de vos ancêtres a donnés à ma maison, vous rompez les liens qui nous attachaient à la vôtre. Ce n'est pas à vous que je dois ce corps humble et persécuté, ni l'esprit qui l'anime; j'ai dessein de consacrer l'un et l'autre à Dieu dans le couvent des Ursulines, et d'y vivre sous la direction de cette sainte mère abbesse.

La colère du duc ne connut plus de frein, et sa surprise ne peut se comparer qu'à celle qu'éprouverait un faucon, s'il voyait une colombe hérisser ses plumes pour lui résister.

—Et la sainte mère abbesse vous recevra-t-elle sans dot? lui demanda-t-il avec une ironie méprisante.

—Si, en me recevant ainsi, répondit Isabelle, elle fait d'abord quelque tort à son couvent, je me flatte qu'il reste assez de charité parmi les nobles amis de ma famille pour qu'ils ne laissent pas sans secours une orpheline, dernier rejeton de la maison de Croye, et qui veut se consacrer à Dieu.

—Cela est faux! s'écria le duc : c'est un prétexte pour couvrir quelque secrète et indigne passion. Monseigneur d'Orléans, elle sera à vous, quand je devrais la traîner à l'autel de mes propres mains.

La comtesse de Crèvecœur, femme d'un haut courage et qui comptait sur le mérite de son mari et sur la faveur dont il jouissait, ne put garder plus long-temps le silence. — Monseigneur, dit-elle au duc, votre courroux vous dicte un langage indigne de vous. La force ne peut disposer de la main d'une femme issue de sang noble.

— Et il ne convient pas à un prince chrétien, ajouta l'abbesse, de s'opposer aux désirs d'une ame pieuse qui, fatiguée des soucis et des persécutions du monde, veut devenir l'épouse de Dieu.

—Et mon cousin d'Orléans, dit Dunois, ne peut accepter honorablement des propositions de mariage avec une femme qui y fait publiquement de telles objections.

—Si l'on m'accordait quelque temps, dit d'Orléans sur qui les charmes d'Isabelle avaient fait une profonde impression, pour tâcher de faire voir mes prétentions à la belle comtesse sous un jour plus favorable....

—Monseigneur, dit Isabelle, puisant un nouvel encouragement dans ce qu'elle venait d'entendre, ce délai serait parfaitement inutile : mon parti est pris de refuser cette alliance, quoique infiniment au-dessus de ce que je mérite.

—Et moi, dit le duc de Bourgogne, je n'ai pas le temps d'attendre que ces caprices changent avec la première phase de la lune. Monseigneur d'Orléans, elle apprendra d'ici à une heure que l'obéissance est pour elle une affaire de nécessité.

—Ce ne sera pas en ma faveur, monseigneur, répondit le prince, qui sentit que l'honneur ne lui permettait pas de se prévaloir de l'opiniâtreté du duc. Avoir été refusé une fois positivement et publiquement, c'en est assez pour un fils de France ; il ne peut après cela conserver aucune prétention.

Le duc lança un regard furieux d'abord sur d'Orléans, et ensuite sur Louis ; et voyant dans les traits de celui-ci un air de triomphe secret, que le roi, en dépit de tous ses efforts, ne pouvait entièrement dissimuler, sa fureur éclata comme une tempête.

—Ecrivez, s'écria-t-il en se tournant vers le secrétaire du conseil, écrivez notre sentence de confiscation et d'emprisonnement contre cette vassale rebelle et insolente. Qu'elle soit enfermée au *Zucht-haus*, dans la maison de pénitence, et qu'elle y ait pour compagnes celles que leurs désordres ont rendues ses rivales en effronterie !

Un murmure général s'éleva dans l'assemblée.

—Monseigneur, dit le comte de Crèvecœur se chargeant de porter la parole pour les autres, un tel ordre mérite de plus mûres réflexions. Nous, vos fidèles vassaux, nous ne pouvons souffrir qu'une telle tâche soit imprimée sur la noblesse et la chevalerie de Bourgogne. Si la comtesse est coupable, qu'elle soit punie ; mais que ce soit d'une manière convenable à son rang comme au nôtre, et qui n'ait point à nous faire rougir, nous qui sommes unis à sa maison par le sang et les alliances.

Le duc garda un instant le silence, regardant en face celui qui venait de lui parler ainsi, avec l'air d'un taureau que son conducteur force à s'écarter du chemin qu'il veut suivre, et qui délibère s'il obéira ou s'il se précipitera sur lui pour le lancer en l'air avec ses cornes.

La prudence l'emporta pourtant sur la fureur. Le duc vit que les sentimens que Crèvecœur venait d'exprimer étaient partagés par tous ses conseillers ; il craignit que Louis ne pût tirer quelque avantage du mécontentement de ses vassaux, et probablement (car il était d'un caractère bouillant et violent plutôt que méchant) il rougit lui-même du honteux excès auquel il s'était laissé emporter.

—Vous avez raison, Crèvecœur, dit-il ; j'ai parlé trop à la hâte. Son destin sera déterminé d'après les lois de la chevalerie ; sa fuite dans les États du roi Louis a été le signal du meurtre de l'évêque de Liège : le vengeur de ce crime, celui qui nous rapportera la tête du Sanglier des Ardennes, réclamera de nous sa main pour récompense ; et si elle refuse de la lui donner, il obtiendra de nous tous ses domaines, et nous laisserons à sa générosité le soin de lui accorder telle somme qu'il jugera convenable pour qu'elle puisse se retirer dans un couvent.

—Monseigneur, dit Isabelle, songez que je suis la fille de votre ancien ami, de votre fidèle et vaillant serviteur, le comte Reinold ! Voudriez-vous faire de moi un prix pour le bras qui sait le mieux manier l'épée ?

—La main de votre aïeule a été gagnée dans un tournois, répondit le duc ; on combattra pour la vôtre dans une bataille véritable. Seulement, et par égard pour la mémoire du comte Reinold, votre époux devra être gentilhomme et jouir d'une réputation sans tache. Mais quel que soit le vainqueur de Guillaume de la Marck, fût-il le plus pauvre de tous ceux qui ont jamais bouclé un baudrier, il aura du moins le droit de disposer de votre main ; j'en fais serment par saint George, par ma couronne ducale, par l'ordre que je porte. Eh bien ! messieurs, ajouta-t-il en se tournant vers ses conseillers, je me flatte que cela est conforme aux lois de la chevalerie ?

Les remontrances d'Isabelle se perdirent dans les acclamations d'un assentiment universel, et l'on entendit par-dessus toutes les autres voix celle du vieux lord Crawford, qui regrettait que le poids des années l'empêchât de prétendre à un si beau prix. Le duc fut satisfait de ce murmure général d'applaudissemens, et sa violence commença à se calmer, comme celle d'une rivière débordée dont les eaux rentrent dans leur lit ordinaire.

—Et nous à qui le sort a déjà donné des compagnes, dit Crèvecœur, sommes-nous donc condamnés à n'être que spectateurs de cette lutte glorieuse? Mon honneur ne me le permet pas ; j'ai fait un vœu, et je dois l'accomplir aux dépens de cette brute aux cruelles défenses et au crin hérissé, de ce scélérat de la Marck.

—Eh bien! courage, Crèvecœur! dit le duc ; frappe d'estoc et de taille ; gagne-la, et si tu ne peux la prendre pour toi-même, tu en disposeras comme tu le voudras ; tu la donneras au comte Etienne, ton neveu, si bon te semble.

—Grand merci, monseigneur, répondit Crèvecœur. Je ferai de mon mieux dans la mêlée, et si je réussis à débusquer le Sanglier et à l'abattre, Etienne verra si son éloquence peut l'emporter sur celle de la digne abbesse.

—Je me flatte, dit Dunois, qu'il n'est pas défendu aux chevaliers français de disputer un si beau prix.

—A Dieu ne plaise, brave Dunois, répliqua le duc, quand ce ne serait que pour le plaisir de vous voir faire de votre mieux. Je consens volontiers que la comtesse Isabelle épouse un Français. Cependant, ajouta-t-il, il est entendu que le comte de Croye doit devenir vassal de la Bourgogne.

—C'en est assez, s'écria Dunois, la barre d'illégitimité de mon écu ne sera jamais surmontée de la couronne de comte de Croye. Je veux vivre et mourir Français ; mais tout en renonçant aux domaines, je puis frapper d'estoc et de taille pour la dame.

Le Balafré n'osa élever la voix dans une telle assemblée, mais il murmura tout bas :

—Allons, Saunders Souplesaw, songe à ta promesse. Tu as toujours dit que la fortune de notre maison se ferait par un mariage; jamais tu ne trouveras une si belle occasion de tenir ta parole.

— Personne ne pense à moi, dit le Glorieux; je suis pourtant plus sûr qu'aucun de vous de remporter le prix.

— Tu as raison, mon sage ami, lui dit Louis; quand il s'agit d'une femme, le plus grand fou est toujours le plus favorisé.

Tandis que les princes et les seigneurs de leur suite plaisantaient ainsi sur le destin d'Isabelle, l'abbesse et la comtesse de Crèvecœur, qui s'étaient retirées avec elle, cherchaient en vain à la consoler. La première l'assurait que la sainte Vierge ne permettrait pas qu'on réussît à l'obliger de renoncer à sa résolution de se consacrer à Dieu dans l'enceinte d'une maison protégée par sainte Ursule. La seconde lui donnait des consolations plus mondaines, en lui disant qu'aucun chevalier digne de ce nom, qui aurait réussi dans l'entreprise au succès de laquelle le duc avait attaché le don de sa main et de ses biens, ne voudrait en profiter pour contraindre ses inclinations; et elle ajouta même qu'il pouvait arriver que l'heureux vainqueur obtînt grace à ses yeux, et trouvât le moyen de la réconcilier avec l'obéissance.

L'amour, comme le désespoir, prendrait un fétu de paille pour appui: quelque faible et quelque vague que fût l'espérance que lui présentait ce discours, Isabelle pleura avec moins d'amertume en l'écoutant.

CHAPITRE XXXVI.

L'Attaque.

« L'infortuné qui va périr
« Ne perd pas toute confiance;
« Chaque coup qui le fait gémir,
« Réveille en son cœur l'espérance.

« Telle qu'un propice rayon,
« L'espérance embellit notre courte carrière,
« Et quand la nuit obscurcit l'horizon,
« Plus brillante à nos yeux se montre sa lumière. »

GOLDSMITH.

Il s'était écoulé peu de jours quand Louis reçut, avec le sourire de la vengeance satisfaite, la nouvelle que son conseiller favori, le cardinal de La Baluc, gémissait dans une cage de fer, où il ne pouvait ni se tenir debout, ni s'étendre de son long, et où il resta, soit dit en passant, près de douze ans par ordre de ce monarque impitoyable.

Les forces auxiliaires que le duc avait requises étaient arrivées, et quoique trop peu nombreuses pour lutter contre l'armée bourguignonne, si tel eût été le dessein du roi, elles étaient du moins suffisantes pour protéger sa personne, et cette réflexion lui offrait quelque consolation. D'une autre part, il se voyait libre de reprendre son projet de mariage entre le duc d'Orléans et sa fille, et quoiqu'il sentît quel affront c'était pour lui de servir avec ses plus nobles pairs sous la bannière d'un vassal, et contre un peuple dont il avait favorisé la cause, il se mit peu en peine de cette circonstance, espérant bien prendre sa revanche quelque jour; car, comme il le dit à son fidèle Olivier, au jeu, le hasard peut faire une levée, mais c'est la patience et l'expérience qui finissent par gagner la partie.

Se livrant à de telles réflexions, Louis, par un beau jour de la fin de l'été, monta à cheval; et s'inquiétant peu qu'on le regardât comme marchant à la suite d'un vainqueur triomphant plutôt que comme un monarque indépendant environné de ses gardes et de ses chevaliers, il sortit de Péronne, et passa sous la porte gothique de cette ville pour aller joindre l'armée bourguignonne en marche sur Liège.

Un grand nombre de dames de distinction, alors dans Péronne, étaient sur les remparts, parées de leurs plus riches atours, pour voir passer les guerriers. La comtesse de Crèvecœur y avait conduit Isabelle, qui ne l'y avait suivie qu'avec beaucoup de répugnance; mais Charles avait ordonné impérieusement que celle qui devait être la récompense du vainqueur se montrât aux chevaliers se rendant aux tournois.

Pendant qu'ils défilaient, on vit plus d'une bannière et plus d'un bouclier avec de nouveaux emblèmes qui exprimaient la résolution formée par bien des chevaliers de chercher à mériter un si beau prix. Ici, c'était un coursier s'élançant dans la carrière; là, une flèche lancée contre un but; un chevalier portait sur son écu un cœur percé d'un trait, pour indiquer sa passion; un autre portait une tête de mort et une couronne de lauriers, pour annoncer sa détermination de vaincre ou de mourir. Il serait trop long de décrire tous ces emblèmes, et il en existait quelques-uns qu'on avait eu l'art de rendre si compliqués et si obscurs, qu'ils auraient défié la science du plus habile interprète. On peut bien croire aussi que chaque chevalier fit faire à son coursier les courbettes les plus élégantes, et prit sur sa selle l'attitude la plus gracieuse, en passant en revue devant ce bel essaim de dames et de demoiselles qui encourageaient la valeur par d'agréables sourires et en agitant leurs voiles et leurs mouchoirs. Les archers de la garde, choisis presque homme à homme parmi la fleur de la nation écossaise, attirèrent surtout les regards et les applaudissemens par leur bonne tenue et par la magnificence de leur costume.

Ce fut même un de ces étrangers qui se hasarda à faire une attention particulière à la comtesse Isabelle, et à prouver qu'il la connaissait, ce que n'avaient point osé se permettre les plus nobles chevaliers français. Quentin Durward, en passant devant la jeune comtesse, lui présenta respectueusement au bout de sa lance la lettre de sa tante, que lui avait remise Hayraddin.

— Sur mon honneur, s'écria le comte de Crèvecœur, vit-on jamais insolence égale à celle de cet indigne aventurier?

— Ne le nommez pas ainsi, Crèvecœur, dit Dunois; j'ai de bonnes raisons pour rendre témoignage à sa valeur; et c'est pour cette dame même qu'il en a fait preuve.

— Voilà beaucoup de paroles pour peu de chose, dit Isabelle rougissant de honte et de ressentiment; c'est une lettre de ma malheureuse tante; elle m'écrit avec enjouement, quoique sa situation doive être épouvantable.

— Voyons, voyons, dit Crèvecœur, faites-nous part de ce que vous dit la femme du Sanglier.

La comtesse Isabelle lut la lettre, dans laquelle sa tante semblait chercher à faire valoir le mieux possible *un mauvais marché*, et à justifier le peu de décorum de son mariage précipité, par le bonheur qu'elle avait d'avoir pour époux un des hommes les plus braves du siècle, qui venait d'acquérir une principauté par sa valeur. Elle suppliait sa nièce de ne pas juger de son Guillaume, comme elle l'appelait, par ce qu'elle en entendait dire, mais d'attendre qu'elle le connût personnellement. Sans doute il avait ses défauts, mais c'étaient des défauts qui lui étaient communs avec des hommes pour qui elle avait toujours eu la plus grande vénération. Il aimait le vin : le brave sire Godfrey, un de leurs aïeux, ne l'avait pas moins aimé ; il avait le caractère un peu violent et même sanguinaire : tel avait été le père d'Isabelle, le comte Reinold, de bienheureuse mémoire ; il était brusque dans ses discours : quel Allemand ne l'était pas? un peu volontaire et impérieux : quel homme n'aimait pas à dominer? Ces comparaisons justificatives s'étendaient encore davantage, et la vieille comtesse finissait par inviter Isabelle à tâcher d'échapper au pouvoir du tyran de Bourgogne, à l'aide du porteur de sa lettre, et à venir à la cour de son affectionnée parente à Liège, où les petites difficultés qui pouvaient exister entre elles, relativement à leurs droits mutuels de succession au comté de Croye s'arrangeraient facilement au moyen du mariage d'Isabelle avec Carl Eberson, un peu plus jeune que sa future épouse, à la vérité; mais cette différence d'âge, comme le croyait la comtesse Hameline, peut-être par expérience, était un inconvénient plus facile à supporter qu'Isabelle ne pouvait se l'imaginer.

Ici Isabelle s'arrêta, l'abbesse ayant fait observer, avec un air de prude, que c'était s'occuper trop long-temps de vanités mondaines, et le comte de Crèvecœur s'étant écrié :
— Au diable soit la sorcière menteuse! Quoi! sa lettre ressemble au sale appât d'une souricière. Fi! cent fois fi, vieille pétrie d'imposture!

La comtesse de Crèvecœur reprocha gravement à son mari une apostrophe qui lui semblait trop violente. — De la Marck, dit-elle, peut avoir trompé la comtesse Hameline par une apparence de courtoisie.

—Lui! montrer une apparence de courtoisie? s'écria le comte : non, non, je l'absous du péché de dissimulation à cet égard. De la courtoisie! autant vaudrait en attendre d'un véritable sanglier; autant vaudrait essayer d'étendre une feuille d'or sur le vieux fer rouillé d'un carcan. Non, vous dis-je, tout idiote qu'elle est, elle n'est pas encore tout-à-fait assez bornée pour s'amouracher du renard qui l'a happée, et cela même dans son terrier. Mais vous autres femmes, vous vous ressemblez toutes : il ne vous faut que quelques belles paroles ; et j'ose dire que voici ma jolie cousine qui meurt d'envie d'aller joindre sa tante dans le paradis de ce fou, et d'épouser le marcassin.

—Bien loin d'être capable d'une telle folie, dit Isabelle, je désire doublement la punition du meurtrier du bon évêque, afin que ma tante ne soit plus au pouvoir d'un tel scélérat.

—Je reconnais la voix d'une de Croye, dit Crèvecœur.
—Et il ne fut plus question de la lettre.

Mais il est à propos de faire observer qu'Isabelle, en lisant à ses amis l'épître de sa tante, ne jugea pas nécessaire de leur faire part d'un certain *postscriptum* dans lequel la comtesse Hameline, en véritable femme, lui rendait compte de ses occupations, et lui disait qu'elle avait pour le présent suspendu la broderie d'un riche surtout qu'elle destinait à son mari, et qui porterait les armes réunies de Croye et de la Marck, attendu que son Guillaume avait résolu, par suite d'un projet politique, de faire porter ses armes et son costume par quelques-uns de ses gens, dans la première affaire qui aurait lieu, et de prendre lui-même les armoiries d'Orléans avec la barre d'illégitimité ; en d'autres termes, celles de Dunois. On avait aussi glissé dans la lettre un petit billet dont elle ne jugea pas devoir communiquer le contenu, qui ne consistait qu'en ce peu de mots d'une écriture différente :
— Si vous n'entendez pas bientôt la renommée parler de moi, concluez-en que je suis mort, mais d'une manière digne de vous.

Une pensée qu'elle avait jusqu'alors repoussée comme invraisemblable se présenta à l'esprit d'Isabelle avec une nouvelle force ; et comme l'esprit d'une femme manque rarement de moyens pour exécuter ce qu'elle a projeté, elle arrangea si bien les choses, qu'avant que les troupes fussent en pleine marche, Durward reçut, par une main inconnue, la lettre de la comtesse Hameline, avec trois croix en marge du *postscriptum*, pour y attirer son attention, et avec l'addition de ce peu de mots :—Celui qui ne craignit pas les armes de Dunois quand elles brillaient sur la poitrine du brave guerrier à qui elles appartiennent légitimement, ne peut les redouter quand il les verra sur celle d'un tyran et d'un meurtrier.

Le jeune Ecossais baisa et pressa sur son cœur mille et mille fois cet avis utile; car il lui montrait le sentier dans lequel l'attendaient l'honneur et l'amour, et il lui apprenait un secret inconnu à tout autre pour reconnaître celui dont la mort seule pouvait donner la vie à ses espérances, secret qu'il résolut prudemment de cacher avec soin dans son sein.

Il vit pourtant la nécessité d'agir autrement relativement à l'avis que lui avait donné Hayraddin, puisque la sortie que de la Marck se proposait de faire pouvait causer la destruction de l'armée des assiégeans, si l'on ne déjouait son stratagème, tant il est difficile, dans le genre de guerre encore peu régulier qui était alors en usage, de se remettre d'une surprise nocturne. Après avoir bien réfléchi à la résolution qu'il avait déjà prise de donner avis de cette ruse, il ajouta celle de ne le faire que personnellement et aux deux princes réunis, peut-être parce qu'il craignait que s'il apprenait à Louis en particulier un complot si adroit et si bien ourdi, ce ne fût une tentation trop forte pour la probité équivoque de ce monarque, et qu'il ne lui prît envie de seconder le projet, au lieu d'en empêcher l'accomplissement. Il se détermina donc à attendre, pour révéler ce secret, que Louis et Charles se trouvassent ensemble ; et cette occasion pouvait tarder de se présenter, car aucun d'eux n'était particulièrement épris de la contrainte que lui imposait la société de l'autre.

Cependant l'armée confédérée continuait sa marche, et elle entra bientôt sur le territoire de Liège. Là les soldats bourguignons, ou du moins une partie d'entre eux, c'est-à-dire ces bandes auxquelles on avait donné le surnom d'*escorcheurs*, montrèrent qu'ils méritaient ce titre honorable par la manière dont ils traitèrent les habitans des villages, sous prétexte de venger la mort de l'évêque. Cette conduite fit grand tort à la cause de Charles ; car les paysans maltraités, qui auraient pu rester neutres dans cette querelle, prirent les armes pour se défendre, harassèrent sa marche, attaquèrent les détachemens qui s'écartaient du corps d'armée, et, se repliant enfin sur Liège, allèrent augmenter les forces de ceux qui avaient résolu de défendre cette ville avec le courage du désespoir. Les Français, au contraire, en petit nombre, et formant l'élite des troupes de leur pays, restaient toujours sous leurs bannières, conformément aux ordres du roi, et observaient la plus stricte discipline ; ce contraste augmentait les soupçons de Charles, qui ne put s'empêcher de remarquer qu'ils agissaient en amis de Liège plutôt qu'en alliés de la Bourgogne.

Enfin l'armée combinée, sans avoir éprouvé aucune opposition sérieuse, arriva dans la riche vallée de la Meuse, devant la grande et populeuse cité de Liège. On vit que le château de Schonwaldt avait été rasé, et l'on apprit que Guillaume de la Marck, qui n'avait d'autres vertus que quelques talens militaires, rassemblant toutes ses forces dans la ville, avait résolu d'éviter une rencontre en rase campagne avec les armées de France et de Bourgogne ; mais on ne fut pas long-temps sans éprouver le danger qu'il y a toujours à attaquer une grande ville, quoique ouverte, lorsque les habitans ont résolu de se défendre avec opiniâtreté.

Liège ayant été démantelée, et ses murailles offrant de larges brèches, les Bourguignons composant l'avant-garde s'imaginèrent que rien ne pouvait les empêcher de pénétrer dans cette ville. Ils entrèrent donc sans précautions dans un des faubourgs, en poussant de grands cris : — Bourgogne ! Bourgogne ! — tue ! tue ! — tout ici est à nous ! —

Souvenez-vous de Louis de Bourbon! Mais comme ils marchaient en désordre dans des rues étroites, et qu'ils se dispersaient pour piller, un corps nombreux d'habitans s'élança tout à coup de la ville, tomba sur eux avec fureur, et en fit un carnage considérable. De la Marck profita même des brèches des murailles pour faire sortir en même temps les défenseurs de la ville par plusieurs points, et ces détachemens entrant de différens côtés dans le faubourg, attaquèrent les assaillans de front, sur les flancs et par derrière. Ceux-ci, surpris par une attaque si vive, et par des ennemis qui semblaient se multiplier, se servirent à peine de leurs armes pour se défendre, et la nuit, qui commençait à tomber, ajouta à la confusion.

Lorsque le duc apprit cette nouvelle, il fut saisi d'un transport de rage qui ne s'apaisa guère par l'offre du roi Louis d'envoyer ses hommes d'armes français porter du secours à l'avant-garde pour la dégager. Rejetant cette offre d'un ton sec, il voulait se mettre lui-même à la tête de sa garde; mais Crèvecœur et d'Hymbercourt le prièrent de les charger de ce service, et marchant vers la scène de l'action sur deux points, avec plus d'ordre, et de manière à se soutenir mutuellement, ces deux célèbres capitaines réussirent à repousser les Liégeois et à dégager l'avant-garde, qui, indépendamment des prisonniers, ne perdit pas moins de huit cents hommes, dont une centaine étaient des hommes d'armes.

Les prisonniers ne furent pourtant pas en grand nombre, la plupart ayant été délivrés par d'Hymbercourt, resté maître du faubourg; il plaça une forte garde en face de la ville, qui en était séparée par un espace découvert d'environ sept à huit cents pas, formant une esplanade où l'on avait abattu toutes les maisons capables de nuire à la défense de la place. Il n'y avait pas de fossé entre Liège et le faubourg, le terrain était trop pierreux en cet endroit pour qu'il eût été possible d'en pratiquer un. En face du faubourg était une porte par où l'on pouvait faire des sorties, ainsi que par deux brèches voisines, faisant partie de celles que le duc avait fait faire aux murs après la bataille de Saint-Tron, et que l'on s'était contenté de réparer avec des palissades en bois. D'Hymbercourt fit tourner deux couleuvrines contre la porte, en dirigea pareil nombre vers les brèches, afin d'en imposer à ceux qui voudraient sortir de la ville, et revint ensuite à l'armée, qu'il trouva dans un grand tumulte.

Dans le fait, le corps principal et l'arrière-garde nombreuse du duc avaient continué à avancer, pendant que l'avant-garde repoussée faisait sa retraite en désordre et avec précipitation. Les fuyards vinrent à se choquer avec les corps qui marchaient en tête, et y jetèrent une confusion qui se propagea de rang en rang. L'absence de d'Hymbercourt, qui remplissait les fonctions de maréchal-de-camp, ou, comme nous le dirions aujourd'hui, de quartier-maître-général, augmenta le désordre; et pour que rien n'y manquât, la nuit était aussi noire que la gueule d'un loup; une forte pluie survint, et le sol sur lequel il était indispensable que les assiégeans prissent position était marécageux et coupé par plusieurs canaux.

Il serait impossible de se faire une idée de la confusion qui régnait alors dans l'armée bourguignonne. Les chefs ne reconnaissaient plus leurs soldats, qui abandonnaient leurs étendards pour chercher un abri partout où ils pouvaient en trouver. Les fuyards, épuisés de fatigue, et dont un grand nombre étaient blessés, demandaient en vain des secours et des rafraîchissemens; l'arrière-garde, ignorant le désastre qui avait eu lieu, accourait au pas redoublé, et se mêlait au corps d'armée en désordre, craignant d'arriver trop tard pour prendre part au sac de la ville, qu'elle croyait déjà joyeusement commencé.

D'Hymbercourt trouva qu'il avait une tâche difficile à accomplir, et elle fut remplie d'une nouvelle amertume par la violence à laquelle se laissa emporter son maître, qui n'eut aucun égard au devoir plus pressant encore dont il venait de s'acquitter. Toute la patience du brave chevalier ne put tenir à des reproches si injustes.

—C'est d'après vos ordres, lui dit-il, que j'ai été porter du secours à l'avant-garde ; j'ai laissé à Votre Altesse le soin de l'armée ; et après avoir rempli ma mission, je la trouve dans un tel désordre que l'avant-garde, le corps d'armée, l'arrière-garde, tout est confondu.

— Nous n'en ressemblons que mieux à un baril de harengs, dit le Glorieux, et c'est la comparaison la plus naturelle pour une armée flamande.

La plaisanterie du bouffon favori fit rire le duc et empêcha que l'altercation entre lui et le chevalier n'allât plus loin.

On s'empara d'une *lust-haus*, ou maison de campagne, appartenant à un riche habitant de Liège ; on en chassa tous ceux qui l'occupaient, et le duc y établit son quartier-général. D'Hymbercourt et Crèvecœur placèrent tout auprès un poste d'une quarantaine d'hommes d'armes ; et ceux-ci, ayant démoli quelques bâtimens extérieurs qui en dépendaient, se servirent de leurs débris pour allumer un grand feu.

A peu de distance sur la gauche, entre cette maison et le faubourg, qui, comme nous l'avons déjà dit, était en face d'une des portes de la ville, et occupé par l'avant-garde de l'armée bourguignonne, s'élevait une autre maison de plaisance, située entre cour et jardin, et ayant sur le derrière deux ou trois petits enclos. Ce fut là que le roi de France, de son côté, établit son quartier-général. Il n'avait pas la prétention d'avoir de grandes connaissances militaires, mais sa sagacité peu ordinaire lui en tenait lieu, et il y joignait une indifférence naturelle pour le danger. Louis et les principaux personnages de sa suite se logèrent dans cette maison. Une partie des archers de sa garde écossaise fut placée dans la cour, où quelques bâtimens pouvaient servir de casernes, et le reste bivouaqua dans le jardin. Les autres troupes françaises furent placées dans les environs, en bon ordre, et l'on établit des postes avancés pour donner l'alarme en cas d'attaque.

Dunois et Crawford, aidés de quelques vieux officiers parmi lesquels le Balafré se faisait remarquer par son activité, parvinrent, en abattant des murailles, en perçant des haies, en comblant des fossés, et par d'autres opérations semblables, à assurer une communication facile entre les différens corps, de manière à ce qu'ils pussent se réunir aisément et sans confusion, en cas de nécessité.

Cependant Louis jugea à propos de se rendre sans cérémonie au quartier-général du duc de Bourgogne, pour connaître le plan d'opérations qu'il avait adopté, et s'informer en quoi ce prince désirait qu'il y coopérât. Sa présence fut cause qu'on tint une sorte de conseil de guerre, auquel, sans cela, Charles n'aurait peut-être pas songé. Ce fut alors que Quentin Durward demanda à y être admis, et il insista fortement, comme ayant quelque chose de très-important à communiquer aux deux princes. Ce ne fut pas sans beaucoup de difficulté qu'il obtint d'être introduit dans la salle du conseil, et Louis fut saisi du plus grand étonnement en l'entendant détailler avec calme et clarté le projet conçu par Guillaume de la Marck de faire une sortie nocturne contre le camp des assiégeans, en marchant sous des bannières françaises, et avec des soldats portant l'uniforme de la même nation. Louis aurait sans doute préféré qu'une nouvelle si importante lui eût été annoncée en particulier; mais comme elle venait d'être publiquement divulguée, il se contenta de dire qu'un tel rapport, vrai ou faux, méritait qu'on y fît attention.

—Pas le moins du monde, dit le duc avec un air d'insouciance; pas le moins du monde. S'il avait existé un tel projet, ce ne serait pas un archer de la garde écossaise qui viendrait m'en faire part.

—Quoi qu'il en soit, beau cousin, répondit Louis, je vous prie, vous et vos capitaines, de faire bien attention que, pour prévenir les conséquences très-désagréables qui pourraient résulter d'une telle attaque, si elle avait lieu, je donnerai ordre à tous mes soldats de porter une écharpe blanche à leur bras. Dunois, allez veiller sur-le-champ à l'exécution de cet ordre; c'est-à-dire s'il a l'approbation de notre beau cousin, notre général.

—Je n'ai pas d'objection à y faire, dit le duc, si les chevaliers français veulent courir le risque d'être appelés désormais *chevaliers de la manche de chemise.*

— Ce serait une dénomination qui ne serait pas mal choisie, l'ami Charles, dit le Glorieux, puisqu'une femme doit être la récompense du plus vaillant.

— Bien parlé, la Sagesse, dit Louis. Bonsoir, beau cousin, je vais m'armer; mais à propos, si je gagne moi-même la comtesse, qu'en direz-vous?

— Qu'en ce cas, répondit le duc d'une voix altérée, il faudra que Votre Majesté devienne un vrai Flamand.

— Je ne puis, répliqua le roi du ton de la plus entière confiance, le devenir plus que je ne le suis déjà. Tout ce que je voudrais, c'est que vous en fussiez bien convaincu.

Le duc ne répondit qu'en souhaitant au roi une bonne nuit; l'accent de sa voix aurait pu rappeler le hennissement d'un cheval farouche se refusant aux caresses de son cavalier qui cherche à le calmer pour pouvoir le monter en repos.

— Je pourrais lui pardonner sa duplicité, dit le duc à Crèvecœur quand le roi fut parti; mais je ne lui pardonne pas de me croire assez fou pour être dupe de ses protestations.

Louis, de retour à son quartier-général, avait aussi ses confidences à faire à Olivier.

—Cet Ecossais, lui dit-il, est un tel composé de finesse et de simplicité, que je ne sais qu'en faire. Pâques-Dieu!

quelle folie impardonnable d'aller ébruiter le projet de l'honnête de la Marck, et en présence de Charles, de Crèvecœur, et de tous ces Bourguignons, au lieu de venir m'en instruire à l'oreille, afin de me laisser au moins le choix de le seconder ou de le déjouer!

—Il vaut mieux que les choses se soient passées de cette manière, Sire, répondit Olivier. Il se trouve dans votre armée bien des gens qui se feraient un scrupule d'attaquer les Bourguignons sans provocation, et de devenir les auxiliaires de de la Marck.

—Tu as raison, Olivier, répliqua le monarque; il existe de tels fous dans le monde, et nous n'avons pas assez de temps devant nous pour neutraliser leurs scrupules par une dose d'intérêt personnel. Il faut que nous soyons loyaux et fidèles alliés de la Bourgogne, en ce moment du moins. L'avenir peut nous offrir quelque chance plus favorable; va porter l'ordre que personne ne quitte les armes, et, en cas de nécessité, qu'on charge aussi vigoureusement ceux qui crieront *France* et *Montjoie Saint-Denis*, que s'ils criaient l'*Enfer* et *Satan*. Je passerai moi-même la nuit tout armé. Que Crawford place Quentin Durward en sentinelle, en première ligne du côté de la ville; il est juste qu'il soit le premier à profiter de l'avis qu'il nous a donné. S'il a le bonheur de s'en tirer, il n'en aura que plus de gloire. Mais surtout, Olivier, prends un soin tout particulier de Martius Galeotti; fais-le rester à l'arrière-garde, dans quelque endroit où il soit en parfaite sûreté. Il n'est que trop porté à se hasarder, et il serait assez fou pour vouloir être soldat et philosophe en même temps. Veille à tout cela, Olivier, et bonsoir. Puissent Notre-Dame de Cléry et saint Martin de Tours me protéger pendant mon sommeil!

CHAPITRE XXXVII.

La Sortie.

« Il vit enfin s'ouvrir la porte redoutable,
« Et sortir de soldats une foule innombrable. »
MILTON. *Le Paradis reconquis.*

Un profond silence régna bientôt dans la grande armée rassemblée sous les murs de Liège. Pendant un certain temps les cris des soldats répétant leurs signaux et cherchant à rejoindre chacun sa bannière, retentirent comme les aboiemens de chiens égarés redemandant leurs maîtres. Mais enfin, épuisés par les fatigues du jour, ils se rassemblèrent sous les abris qu'ils purent trouver, et ceux qui n'en trouvèrent aucun s'étendirent le long des murs, des haies, partout où ils purent se faire un rempart contre les élémens; ils s'endormirent de lassitude en attendant le retour du matin, que plusieurs d'entre eux ne devaient jamais voir. Le sommeil ferma tous les yeux dans le camp, à la réserve de ceux des gardes qui étaient de faction devant le quartier-général du roi et celui du duc.

Les dangers et les espérances du lendemain, les projets même de gloire que beaucoup de jeunes seigneurs formaient en songeant au prix splendide proposé à celui qui vengerait la mort de l'évêque de Liège, cédèrent à la fatigue et au sommeil. Il n'en fut pas ainsi à l'égard de Quentin Durward. La certitude qu'il possédait seul les moyens de distinguer de la Marck dans la mêlée; le présage favorable qu'il pouvait tirer de la manière dont Isabelle l'en avait instruit; la pensée que la fortune l'avait placé dans une crise périlleuse, mais dont le résultat, quoique incertain, pouvait être pour lui le plus beau triomphe, éloignèrent de lui toute envie de dormir, et l'armèrent d'une vigueur infatigable.

Placé, par ordre exprès du roi, au poste le plus avancé entre le camp et la ville, sur la droite du faubourg dont nous avons déjà parlé, il aurait voulu percer de ses yeux les ténèbres qui lui dérobaient la vue des murs de Liège, et ses oreilles étaient tout attention pour entendre le moindre bruit qui pourrait annoncer quelque mouvement dans la ville assiégée. Mais les horloges de la ville avaient successivement sonné trois heures après minuit, et tout était encore tranquille et silencieux comme le tombeau.

Enfin, à l'instant où il commençait à croire que la sortie projetée n'aurait lieu qu'au point du jour, et qu'il songeait avec joie qu'il pourrait plus facilement reconnaître la barre d'illégitimité traversant les fleurs de lis des armoiries de Dunois, il crut entendre dans la ville un bruit semblable au bourdonnement d'abeilles troublées dans leur ruche, qui se préparent à se défendre. Il redoubla d'attention : le bruit continuait, mais toujours si sourd et si vague, que ce pouvait être le murmure du vent agitant les branches des arbres d'un petit bois situé à quelque distance; ou celui des eaux de quelque ruisseau gonflé par la pluie de la soirée précédente, et qui se jetait dans la Meuse avec plus d'impétuosité que de coutume. Ces réflexions empêchèrent Quentin de donner l'alarme, car c'eût été une grande faute, s'il l'eût donnée inconsidérément. Mais le bruit augmentant peu à peu, et semblant s'approcher du faubourg et du poste qu'il occupait, il jugea qu'il était de son devoir de se replier sur le petit corps d'archers destinés à le soutenir, et commandés par son oncle. En moins d'une seconde, tous furent sur pied aussi silencieusement que possible, et un instant après lord Crawford était à leur tête. Il dépêcha un archer pour donner l'alarme au roi et à sa maison, et se retira avec son petit détachement à quelque distance du feu qu'on avait allumé, afin que la clarté qu'il répandait ne les fît pas apercevoir. Enfin l'espèce de bruit confus qu'ils avaient entendu jusqu'alors, et qui semblait approcher d'eux, cessa tout à coup, et fit place à un autre qui annonçait évidemment la marche plus éloignée d'une troupe nombreuse s'avançant vers le faubourg.

— Ces paresseux de Bourguignons sont endormis à leur poste, dit Crawford à voix basse; courez au faubourg, Cunningham, et éveillez ces bœufs stupides.

— Faites un détour en arrière pour vous y rendre, dit Quentin; car, ou mes oreilles m'ont étrangement trompé, ou le premier corps que nous avons entendu s'est avancé entre nous et le faubourg.

— Bien parlé, Quentin, bien parlé, mon brave, dit Crawford, tu es meilleur soldat que ne le comporte ton âge. Les premiers ne se sont arrêtés que pour attendre les autres; je voudrais savoir plus précisément où ils sont.

— Je vais tâcher de les reconnaître, milord, et je viendrai vous en faire rapport.

— Va, mon enfant, va; tu as de bonnes oreilles, de bons yeux et de la bonne volonté; mais sois prudent : je ne voudrais pas te perdre pour trois placks [1].

Quentin, son arquebuse en avant, et prêt à faire feu, s'avança avec précaution sur un terrain qu'il avait reconnu la veille pendant le crépuscule, et s'assura non-seulement qu'un corps de troupes très-considérable s'avançait entre le faubourg et le quartier-général du roi, mais qu'il était précédé d'un détachement peu nombreux qui avait fait halte, et dont il était assez près pour entendre les hommes qui le composaient causer à voix basse, comme s'ils se fussent consultés sur ce qu'ils devaient faire. Enfin deux ou trois enfans perdus de cette troupe avancée s'approchèrent à très-peu de distance de lui. Voyant qu'il ne pouvait faire retraite sans

(1) Petite monnaie de cuivre d'Ecosse. Expression familière et même proverbiale. — Ed.

courir le risque d'être aperçu, Quentin cria à voix haute :
— *Qui vive ?*

— *Vive—Li—è—ge ! c'est-à-dire, vive France !* répondit un soldat, corrigeant à l'instant sa première réponse.

Durward fit feu de son arquebuse ; il entendit un homme tomber ; et au milieu du bruit d'une décharge irrégulière de coups de mousquet tirés au hasard, mais qui prouvait que cette première troupe était plus nombreuse qu'il ne l'avait d'abord supposé, il se replia sur son poste, et y arriva sans être blessé.

— Admirablement ! mon brave, dit Crawford ; et maintenant qu'on se rabatte sur le quartier-général. Nous ne sommes pas en force suffisante pour tenir contre eux en rase campagne.

Ils rentrèrent dans la maison où était logé le roi, et y trouvèrent tout dans le plus grand ordre, les diverses troupes étant déjà formées, tant dans la cour que dans le jardin. Louis lui-même était prêt à monter à cheval.

— Où allez-vous, Sire ? lui demanda Crawford. Vous êtes en sûreté ici au milieu de vos soldats.

— Non pas, répondit Louis, il faut que j'aille sur-le-champ trouver le duc, et qu'il soit convaincu de notre bonne foi dans ce moment critique ; sans quoi nous allons avoir sur nous en même temps les Liégeois et les Bourguignons.

A ces mots, montant à cheval, il ordonna à Dunois de prendre le commandement des troupes françaises hors de la maison, et à Crawford d'en garder l'intérieur avec ses archers. Il fit avancer quatre pièces de campagne laissées à un demi-mille en arrière, et recommanda aux soldats de tenir ferme à ce poste ; mais il défendit qu'on marchât en avant, quelque succès qu'on pût obtenir. Après avoir donné ces ordres, Louis partit pour se rendre au quartier-général du duc de Bourgogne.

Le délai qui permit de faire toutes ces dispositions fut dû

à un heureux hasard. Quentin, en tirant son coup d'arquebuse, avait tué le propriétaire de la maison de campagne où se trouvait le roi. Il servait de guide à la colonne destinée à l'attaquer, et sans cet événement l'attaque aurait probablement réussi.

Durward, d'après les ordres du roi, le suivit chez le duc. Ils le trouvèrent livré à des transports de fureur qui le mettaient presque hors d'état de s'acquitter des devoirs de général : et cependant l'occasion était pressante ; car indépendamment d'un combat furieux qui se livrait dans le faubourg, sur la gauche de l'armée ; outre l'attaque dirigée contre le quartier-général du roi, au centre, et qui était soutenue avec courage, une troisième colonne de Liégeois, supérieure en nombre aux deux autres, sortie de la ville par une brèche plus éloignée, et arrivée par des sentiers de traverse et des chemins qui leur étaient bien connus, venait de tomber sur l'aile droite de l'armée bourguignonne, qui, alarmée par leurs cris de *vive la France! Montjoie Saint-Denis!* mêlés à ceux de *Liège! Sanglier-Rouge!* et soupçonnant quelque trahison de la part de l'armée française confédérée, ne fit qu'une résistance faible et imparfaite, tandis que le duc, l'écume à la bouche, jurant et maudissant son seigneur suzerain et tout ce qui lui appartenait, criait qu'on tirât indistinctement sur tous les Français, noirs ou blancs, faisant allusion aux écharpes blanches dont les soldats du roi s'étaient entouré le bras, conformément à ses ordres.

L'arrivée du roi, accompagné seulement d'une douzaine d'archers, dont Quentin et le Balafré faisaient partie, fit rendre plus de justice à la loyauté des Français. D'Hymbercourt, Crèvecœur, et d'autres seigneurs bourguignons dont le nom était célèbre dans le métier des armes, se chargèrent de donner au combat une forme plus régulière ; et tandis que les uns faisaient avancer des troupes plus éloignées que la terreur panique n'avait pas encore atteintes, les autres, se jetant dans la mêlée, ranimèrent l'instinct de la discipline, et le duc lui-même se montrait au premier rang comme un simple homme d'armes. Le roi, de son côté, agissait en général plein de sang-froid, de calme et de sagacité, qui ne cherche ni ne fuit le danger; il montra tant de sagesse et de prudence, que les chefs bourguignons eux-mêmes n'hésitaient pas à exécuter tous les ordres qu'il donnait. Enfin peu à peu on rangea l'armée en bataille, et les assaillans se trouvèrent fort incommodés par le feu de l'artillerie.

Le combat était devenu une scène d'horreur. Sur l'aile gauche, le faubourg, après avoir été vivement disputé, avait été livré aux flammes, et l'épouvantable incendie n'empêchait pas qu'on ne se disputât encore la possession des ruines embrasées. Au centre, les troupes françaises, quoique pressées par des forces très-supérieures, maintenaient un feu si constant et si bien nourri, que la *lust-haus* semblait entourée de rayons de lumière comme la couronne d'un martyr. Sur la gauche, la victoire était contestée avec acharnement, et les deux partis gagnaient ou perdaient successivement du terrain, suivant qu'il arrivait aux Liégeois des renforts de la ville, ou aux Bourguignons des corps de réserve.

On se battit ainsi avec une fureur sans relâche pendant trois mortelles heures qui amenèrent enfin le lever de l'aurore, tant désiré par les assiégeans. Les efforts de l'ennemi, au centre et sur la droite, semblaient alors se ralentir, et l'on entendit plusieurs décharges d'artillerie partir du quartier-général du roi.

— Bénie soit la sainte Vierge ! s'écria Louis dès que ce bruit frappa ses oreilles. Les pièces de campagne sont arrivées, et il n'y a rien à craindre pour la *lust-haus*. Se tournant alors vers Quentin et le Balafré : — Allez dire à Dunois, leur dit-il, de se porter avec tous nos hommes d'armes, à l'exception de ceux qui sont nécessaires à la défense de la maison, entre l'aile droite et la ville, afin d'empêcher la sortie des renforts que ces obstinés Liégeois envoient à chaque instant à l'armée.

L'oncle et le neveu partirent au galop, et allèrent joindre Dunois et Crawford, qui, impatiens et las d'être restés sur la défensive, obéirent avec joie. A la tête d'environ deux cents gentilshommes français, suivis d'écuyers et d'hommes d'armes, et d'une partie des archers de la garde écossaise, ils traversèrent le champ de bataille, foulant aux pieds les morts et les blessés, et arrivèrent sur les flancs du corps principal des Liégois, qui attaquait la droite de l'armée bourguignonne avec une fureur sans égale. Le jour qui commençait à paraître leur fit voir que de nouvelles forces sortaient encore de la ville, soit pour continuer la bataille sur ce point, soit pour protéger la retraite des troupes déjà dans la mêlée.

— De par le ciel! dit le vieux Crawford à Dunois, si je n'étais sûr que vous êtes à mon côté, je croirais vous voir au milieu de ces bourgeois et de ces bandits, les rangeant en ordre, votre bâton de commandement à la main. Seulement, si c'est vous qui êtes là-bas, vous êtes plus gros que de coutume. Etes-vous bien sûr que ce soldat n'est pas votre apparition [1], votre homme double, comme disent les Flamands?

— Mon apparition! répondit Dunois; je ne sais ce que vous voulez dire [2]; mais il est certain que je vois un coquin qui ose porter mes armoiries sur son écu et sur son cimier, et je le punirai de cette insolence.

— Au nom du ciel! monseigneur, s'écria Quentin, daignez me laisser le soin de votre vengeance.

— A toi, jeune homme! répondit Dunois; c'est vraiment une demande modeste. Non, non; c'est un cas qui n'admet pas de substitution; et se tournant vers ceux qui le suivaient: — Gentilshommes français, s'écria-t-il, formez

---

(1) *Wraith*, mot qui se dit en Ecosse du fantôme d'un homme encore vivant.—ED.
(2) Le mot *wraith* est en effet inintelligible pour Dunois.—ED.

vos rangs, la lance en avant; ouvrons au soleil levant un passage à travers ces pourceaux de Liège et ces sangliers des Ardennes, qui font une mascarade de nos anciennes armoiries.

On lui répondit par de grands cris: —Dunois! Dunois! Vive le fils du brave bâtard! Orléans, à la rescousse! et suivant leur chef, ils chargèrent au grand galop. Ils n'avaient pas affaire à de timides ennemis. Le corps nombreux qu'ils chargeaient consistait entièrement en infanterie, à l'exception de quelques officiers à cheval. Le premier rang de ces soldats fléchit un genou seulement, et le troisième resta debout; de manière que les premiers fixaient à leurs pieds le bois de leurs lances, et les derniers présentaient la pointe des leurs au-dessus de la tête des autres, pour offrir à la charge des hommes d'armes la même défense que le hérisson oppose à son ennemi. Peu d'entre eux réussirent d'abord à se frayer un chemin à travers ce mur de fer; mais Dunois fut de ce nombre. Donnant un coup d'éperon à son cheval de bataille, il fit franchir à ce noble animal un espace de plus de douze pieds; et d'un seul bond, il se trouva au milieu de la phalange ennemie. Il chercha alors à joindre l'objet de son animosité, et ne fut pas peu surpris de voir Quentin Durward combattant au premier rang à côté de lui: la jeunesse, le courage, l'amour, la ferme détermination de vaincre ou de mourir, avaient maintenu le jeune Ecossais sur la même ligne que le meilleur chevalier de toute l'Europe; car Dunois jouissait de cette réputation, qui était méritée.

Leurs lances furent bientôt rompues; mais les lansquenets n'étaient pas en état de résister au tranchant de leurs épées longues et pesantes, tandis que les leurs ne faisaient que peu d'impression sur l'armure complète d'acier dont étaient couverts les deux chevaliers et leurs chevaux. Ils s'efforçaient encore, à l'égal l'un de l'autre, de percer les rangs pour arriver à celui où le guerrier qui avait usurpé les armoiries de Dunois remplissait les devoirs d'un chef habile et intrépide, quand Dunois remarquant d'un autre côté un homme d'armes dont la tête était couverte de la peau de sanglier qui distinguait ordinairement de la Marck, dit à Quentin : — Tu es digne de venger l'insulte faite aux armes d'Orléans, et je t'en laisse le soin. Balafré, soutiens ton neveu. Mais que personne n'ose disputer à Dunois la chasse du Sanglier.

On ne peut douter que Quentin Durward acceptât avec grande joie la part qui lui était attribuée dans cette division de travaux, et chacun d'eux s'empressa de se frayer un chemin vers l'objet qu'il voulait atteindre, suivi et soutenu par ceux qui purent se maintenir près de leur personne.

Mais en ce moment la colonne que de la Marck se proposait de soutenir quand il s'était vu lui-même arrêté par la charge de Dunois, avait perdu tous ses avantages gagnés pendant la nuit; et les Bourguignons, au retour du jour, avaient reconquis ceux de la supériorité de la discipline. La grande masse des Liégeois, forcée à faire retraite, prit bientôt la fuite, et vint retomber sur ceux qui combattaient les Français. Le champ de bataille n'offrit plus qu'une mêlée confuse de soldats combattans, fuyans, poursuivans : torrent qui se dirigeait vers les murs de la ville, et qui aboutit à la principale brèche par où les Liégeois avaient fait leur sortie.

Durward fit des efforts plus qu'humains pour atteindre l'objet spécial de sa poursuite, qui, par ses cris et son exemple, s'efforçait de renouveler le combat, et qui était vaillamment secondé par une troupe de lansquenets d'élite. Le Balafré et quelques-uns de ses camarades suivaient Quentin pas à pas, et admiraient la valeur extraordinaire que montrait un soldat si jeune. Sur la brèche, de la Marck, car c'était lui-même, réussit à rallier un moment les fuyards, et à arrêter ceux qui les poursuivaient de plus près. Il tenait en main une espèce de massue en fer qui terrassait tout ce qu'elle touchait; il était tellement couvert de sang, qu'il devenait presque impossible de distinguer sur son écu aucune trace des armoiries qui avaient tellement irrité Dunois.

Durward ne trouva alors que peu de difficulté à approcher de lui, car la situation avantageuse qu'il avait prise sur la brèche, et l'usage qu'il faisait de sa terrible massue, engageaient la plupart des assaillans à chercher quelque point d'attaque moins dangereux que celui qui était défendu par un si redoutable antagoniste. Mais Quentin, qui connaissait mieux l'importance de la victoire à remporter sur cet ennemi formidable, mit pied à terre au bas de la brèche, et laissant son coursier, noble don qu'il avait reçu du duc d'Orléans, il s'élança au hasard dans la mêlée, et se mit à gravir les décombres pour se mesurer avec le Sanglier des Ardennes.

De la Marck, comme s'il eût deviné son intention, se tourna vers lui la massue levée; et ils étaient sur le point de se rencontrer, quand de grands cris, des cris tumultueux de triomphe et de désespoir, annoncèrent que les assiégeans entraient dans la ville, d'un autre côté, en arrière de ceux qui défendaient la brèche. A ces cris de terreur, de la Marck abandonna la brèche, et appelant de la voix et par le son de son cor ceux qui voulaient se rallier à sa fortune désespérée, il chercha à effectuer sa retraite vers une partie de la ville d'où il pourrait gagner l'autre rive de la Meuse. Ceux qui le suivirent formaient un corps de soldats bien disciplinés, mais qui, n'ayant jamais accordé quartier à personne, étaient résolus à ne pas le demander; en ce moment de désespoir, ils se mirent en si bon ordre, que leur ligne de bataille occupait toute la largeur d'une rue. Ils ne craignaient pas de s'arrêter de temps en temps pour faire face à ceux qui les poursuivaient, et dont un certain nombre commençaient à chercher une occupation moins dangereuse, en forçant les portes des maisons pour se livrer au pillage.

Caché par son déguisement aux yeux de tous ceux qui se

promettaient de gagner des honneurs et des richesses en faisant tomber sa tête, il est probable que de la Marck aurait pu s'échapper, sans la poursuite infatigable de Quentin Durward, du Balafré, et de quelques-uns de ses camarades. A chaque pause que faisaient les lansquenets, un combat furieux s'engageait entre eux et les archers, et dans chaque mêlée Quentin cherchait à joindre de la Marck; mais celui-ci, dont l'unique but était alors d'effectuer sa retraite, semblait vouloir éviter un combat singulier. La confusion était générale. Les cris des femmes, ceux des habitans exposés à la licence d'une soldatesque effrénée, formaient un tumulte non moins épouvantable que celui de la bataille. C'était la douleur et le désespoir se disputant avec la violence et la fureur à qui élèverait plus haut la voix.

A l'instant où de la Marck, continuant sa retraite au milieu de cette scène d'horreur, venait de passer devant la porte d'une petite chapelle à laquelle on attachait une idée de sainteté particulière, de nouveaux cris : —France! France! Bourgogne! Bourgogne! lui apprirent qu'un corps nombreux d'assiégeans entrait par l'autre extrémité de la rue, et que par conséquent sa retraite était coupée.

—Conrard, dit-il à son lieutenant, prenez avec vous tous ces braves gens; chargez ces drôles avec vigueur, et tâchez de vous frayer un passage à travers leurs rangs. Quant à moi, tout est dit, le Sanglier est aux abois; mais je me sens encore la force d'envoyer aux enfers avant moi quelques-uns de ces vagabonds écossais.

Conrard obéit; et se mettant à la tête des lansquenets qui restaient, il marcha au pas de charge contre les ennemis qui s'avançaient, dans le dessein de périr ou de s'ouvrir un chemin au milieu d'eux. Il ne resta près du chef que cinq à six de ses meilleurs soldats, déterminés à périr avec leur maître, et ils firent face aux archers, qui n'étaient guère plus nombreux.

—Sanglier! Sanglier! s'écria de la Marck d'une voix de

tonnerre en brandissant sa massue. Holà! messieurs les Ecossais, qui de vous veut gagner une couronne de comte? Qui veut avoir la tête du Sanglier? Vous semblez en avoir envie, jeune homme; mais il faut mériter la récompense avant de l'obtenir.

Quentin n'entendit ces paroles que fort imparfaitement, à travers la visière du casque de Guillaume, mais il ne put se méprendre sur ses intentions, car à peine eut-il eu le temps de crier à son oncle et à ses camarades de se tenir en arrière, s'ils étaient hommes d'honneur, que de la Marck s'élança contre lui avec le bond d'un tigre, brandissant sa massue pour la lui laisser tomber sur la tête à l'instant où ses pieds toucheraient la terre. Mais Durward, dont le pied était aussi léger que l'œil vif, fit un saut de côté, et évita un coup qui lui eût été fatal.

Ils combattirent alors corps à corps, comme le loup avec le chien de berger qui l'attaque, leurs compagnons restant de chaque côté spectateurs immobiles du combat, car le Balafré criait de toutes ses forces : — Armes égales! armes égales! Fût-il aussi redoutable que Wallace, je ne craindrais pas pour mon neveu.

Sa confiance fut justifiée : quoique les coups du brigand tombassent sur le jeune archer comme ceux du marteau sur l'enclume, la vivacité des mouvemens de Durward et sa dextérité faisaient qu'il les évitait, et qu'il lui en portait d'autres avec la pointe d'une arme moins bruyante, mais qui produisait plus d'effet, car le terrain était tout couvert du sang de son antagoniste, dont la force extraordinaire commençait à céder à la fatigue. Cependant, soutenu par le courage et la colère, il combattait toujours avec la même énergie, et la victoire de Quentin paraissait encore douteuse et éloignée, quand la voix d'une femme se fit entendre derrière lui en l'appelant par son nom, et en s'écriant : — Au secours! au secours! pour l'amour de la sainte Vierge!

Il tourna la tête un instant, et il lui suffit d'un coup d'œil pour reconnaître Gertrude Pavillon. Sa mante avait été déchirée, et elle était entraînée par un soldat français, entré avec plusieurs autres dans la petite chapelle où s'étaient réfugiées des femmes épouvantées, qu'ils avaient saisies comme leur proie.

— Attends-moi seulement un instant, cria-t-il à de la Marck; et il courut délivrer sa bienfaitrice d'une situation qu'il regardait avec raison comme fort dangereuse pour elle.

— Je n'attends le bon plaisir de personne, dit de la Marck en brandissant sa massue, et il commençait à battre en retraite, n'étant sans doute pas fâché d'être débarrassé d'un si formidable adversaire.

— Vous attendrez pourtant le mien, s'il vous plaît, s'écria le Balafré. Je ne veux pas que la besogne de mon neveu reste à moitié faite. Et tirant son épée à double tranchant, il attaqua de la Marck à l'instant.

Cependant la tâche qu'avait entreprise Quentin de délivrer Gertrude ne se trouva pas aussi facile qu'il se l'était imaginé. Celui qui s'en était emparé refusa de renoncer à sa prise; quelques-uns de ses camarades le soutinrent; Durward fut obligé d'appeler à son aide deux ou trois de ses compagnons pour accomplir sa bonne œuvre, et pendant ce temps la fortune lui ravit l'occasion qu'elle lui avait présentée. Lorsqu'il eut enfin réussi à délivrer Gertrude, la rue était déserte; il s'y trouvait seul avec elle. Oubliant alors la situation de sa compagne restée sans défense, il allait se mettre à la recherche du Sanglier des Ardennes, comme le lévrier suit le lièvre à la piste; mais Gertrude au désespoir, s'attachant à ses vêtemens, s'écria: — Par l'honneur de votre mère, ne me laissez pas ici! Si vous êtes homme d'honneur, protégez-moi, conduisez-moi chez mon père, dans la maison qui vous a servi d'asile ainsi qu'à la comtesse Isabelle. Pour l'amour d'elle, ne m'abandonnez pas!

Cet appel était désespérant, mais irrésistible ; disant adieu, avec une amertume de cœur inexprimable, aux espérances qui l'avaient soutenu pendant toute la bataille, et qui avaient été un instant sur le point de se réaliser, Quentin, comme un esprit qui obéit malgré lui à un talisman, conduisit Gertrude chez son père, et y arriva fort à propos pour protéger le syndic Pavillon et sa maison contre la fureur de la soldatesque.

Cependant le roi et le duc entrèrent à cheval dans la ville par une brèche. Tous deux étaient armés de toutes pièces ; mais Charles, couvert de sang depuis son panache jusqu'à ses éperons, gravit la brèche au grand galop, tandis que Louis s'avança du pas majestueux d'un pontife en tête d'une procession. Ils envoyèrent des ordres pour arrêter le sac de la ville, qui avait déjà commencé, et pour réunir les troupes. Ils se rendirent ensuite dans la grande église, tant pour protéger les principaux habitans, qui s'y étaient réfugiés, que pour y tenir une sorte de conseil militaire après avoir entendu une messe solennelle.

Occupé, comme l'étaient les autres officiers de son rang, à réunir ceux qui servaient sous leurs ordres, lord Crawford, au détour d'une rue conduisant à la Meuse, rencontra le Balafré. Celui-ci marchait gravement vers la rivière, portant à la main la tête d'un homme, qu'il tenait par ses cheveux ensanglantés, avec autant d'indifférence qu'un chasseur porte une gibecière.

— Eh bien ! Ludovic, lui dit son commandant, que voulez-vous donc faire de ce morceau de charogne ?

— C'est une petite besogne que mon neveu a faite aux trois quarts, répondit le Balafré, et à laquelle j'ai mis la dernière main. Un pauvre diable que j'ai dépêché là-bas, et qui m'a prié de jeter sa tête dans la Meuse. Il y a des gens qui ont de singulières fantaisies, quand le vieux Petit-Dos[1] leur

---

[1] *Small-Back*, sobriquet donné à la Mort en Écosse. — ÉD.

met la griffe dessus; mais nous avons beau faire, il faut qu'il nous fasse danser tous, chacun à notre tour.

— Et vous allez jeter cette tête dans la Meuse? dit Crawford en considérant avec plus d'attention ce hideux trophée de la mort.

— Oui, sur ma foi, répondit Ludovic; si l'on refuse à un mourant sa dernière demande, on risque d'être tourmenté par son esprit; et j'aime à dormir la nuit bien tranquillement.

— Il faut que vous couriez le risque de voir l'esprit, dit lord Crawford. Cette tête est plus précieuse que vous ne vous l'imaginez. Venez avec moi; pas de réplique, suivez-moi.

— Il est bien vrai que je ne lui ai rien promis, répondit le Balafré : car je crois que je lui avais déjà coupé la tête avant que sa langue eût fini de me faire cette demande. D'ailleurs, par saint Martin de Tours! il ne m'a pas fait peur pendant sa vie, et je ne le crains pas davantage après sa mort. Et puis, en cas de besoin, mon compère, le petit père Boniface de Saint-Martin, me donnera un pot d'eau bénite.

Lorsqu'une messe solennelle eut été célébrée dans l'église cathédrale de Liège, et qu'on eut rétabli un peu d'ordre dans la ville épouvantée, Louis et Charles, entourés de leurs pairs, se disposèrent à entendre la relation des hauts faits qui avaient eu lieu pendant l'action, afin de les récompenser suivant le mérite de chacun. Comme de raison, on appela d'abord celui qui pouvait avoir droit à réclamer la main de la belle comtesse de Croye et ses riches domaines; mais, à la surprise générale, on vit se présenter plusieurs prétendans, et chacun d'eux fut encore plus surpris de trouver des rivaux, quand il se croyait sûr d'avoir mérité le prix. Cette circonstance jeta un doute mystérieux sur leurs prétentions. Crèvecœur produisit une peau de sanglier semblable à celle que de la Marck portait ordinairement; Dunois montra un bouclier criblé de coups, avec les armoiries du Sanglier des Ardennes; plusieurs autres réclamèrent également le mérite d'avoir vengé le meurtre de l'évêque, et en rapportèrent des preuves semblables, la riche récompense promise au vainqueur de de la Marck ayant attiré la mort sur tous ceux qui avaient pris son costume et des armes semblables aux siennes.

Le bruit et les contestations continuaient parmi les compétiteurs, et Charles, qui regrettait intérieurement la promesse inconsidérée qui avait confié au hasard le soin de disposer de la main et de la fortune de sa belle vassale, commençait à espérer qu'au milieu de ce conflit de réclamations il pourrait trouver quelque moyen de les éluder toutes, quand lord Crawford fendit le cercle, traînant après lui le Balafré; celui-ci s'avançait d'un air gauche et honteux, à peu près comme un mâtin suit malgré lui celui qui le tient en lesse : — Débarrassez-nous de vos cuirs et de vos morceaux de fer peints, s'écria-t-il; celui-là seul a tué le Sanglier, qui peut en montrer les défenses.

A ces mots, il jeta sur le carreau la tête sanglante, reconnaissable à la conformation singulière de ses mâchoires, qui avaient véritablement une sorte d'analogie avec celles de l'animal dont de la Marck portait le nom, et tous ceux qui l'avaient vu la reconnurent sur-le-champ.

— Crawford, dit Louis tandis que Charles gardait le silence avec un air de surprise et de mécontentement; j'espère que c'est un de mes fidèles Ecossais qui a remporté ce prix.

— Oui, Sire, répondit le vieux commandant; c'est Ludovic Lesly, surnommé le Balafré.

— Mais quelle est sa naissance? demanda le duc. Est-il de sang noble? C'est une condition attachée à notre promesse.

— Je conviens qu'il est fait d'un bois assez mal taillé, répondit Crawford en regardant l'archer qui se redressait de toute sa hauteur, d'un air gauche et emprunté; mais je vous garantis qu'il n'en est pas moins de bon bois. C'est un rejeton sorti de la souche des Rothes, et les Rothes sont aussi nobles qu'aucune famille de France ou de Bourgogne, depuis qu'on a dit du fondateur de leur maison :

>Entre Less-Lee et la prairie
>Il laissa son homme sans vie.

—Il n'y a donc pas d'objection, dit le duc; et il faut que la plus belle et la plus riche héritière de toute la Bourgogne devienne l'épouse d'un soldat mercenaire et grossier comme celui-ci, ou meure dans un couvent!... la fille unique de notre fidèle Reinold de Croye! Je me suis trop pressé!

Un sombre nuage couvrit le front du duc, à la grande surprise de tous ses conseillers, qui le voyaient rarement donner le moindre signe de regret d'une résolution qu'il avait une fois prise.

—Que Votre Altesse ait un moment de patience, dit lord Crawford, et elle reconnaîtra que l'affaire n'est pas aussi fâcheuse qu'elle se l'imagine. Ayez seulement la bonté d'écouter ce que ce cavalier veut vous dire. Eh bien! ajouta-t-il en se tournant vers le Balafré, parle donc, ou que la peste t'étouffe!

Mais le vieux soldat, quoique habitué à parler assez intelligiblement au roi Louis, à la familiarité duquel il était accoutumé, se trouva hors d'état d'exprimer sa résolution devant une assemblée si imposante. Tournant une épaule du côté des deux princes, et préludant par un sourire qui ressemblait à une grimace et par deux ou trois contorsions des moins gracieuses, les seuls mots qu'il put prononcer furent :—Saunders Souplesaw..., et le reste de son discours s'arrêta dans son gosier.

— Sous le bon plaisir de Votre Majesté et de Votre Altesse, dit Crawford, ce sera moi qui parlerai pour mon concitoyen. Il faut que vous sachiez qu'un devin lui a prédit, dans son pays, que la fortune de sa maison se ferait par un mariage. Mais comme, de même que moi, il n'est plus dans la première fleur de sa jeunesse, qu'il préfère le cabaret au boudoir d'une belle dame, en un mot, qu'il a certains goûts de caserne qui font que le rang et les grandeurs ne serviraient qu'à l'embarrasser, il suit l'avis que je lui ai donné, et cède toutes les prétentions que lui assure la mort de Guillaume de la Marck, à celui qui peut être regardé comme le véritable vainqueur du Sanglier des Ardennes, puisqu'il l'avait préalablement mis aux abois;—il les cède à son neveu, au fils de sa sœur.

—Je me rends garant de la prudence et des loyaux services de ce jeune homme, dit le roi, très-charmé de voir que le destin eût accordé un si beau prix à quelqu'un sur qui il pouvait espérer d'avoir quelque influence : sans sa vigilance et sa fidélité, cette nuit nous eût été fatale. C'est lui qui est venu nous avertir de la sortie projetée.

—En ce cas, dit le duc Charles, je lui dois une réparation pour avoir douté de sa véracité.

— Et je puis attester sa bravoure comme homme d'armes, ajouta Dunois.

—Mais, s'écria Crèvecœur, quoique l'oncle soit un *gentillâtre* écossais, cela ne prouve pas que son neveu, le fils de sa sœur, soit issu de bonne race.

—Il est de la maison de Durward, dit Crawford, descendue de cet Allan Durward qui fut grand intendant d'Ecosse.

— Ah! si c'est le jeune Durward, s'écria Crèvecœur, je n'ai plus rien à dire. La fortune se prononce trop décidément en sa faveur pour que je veuille lutter plus longtemps contre cette divinité capricieuse.

—Il nous reste à savoir, dit le duc d'un air pensif, quels pourront être les sentimens de la belle comtesse à l'égard de cet heureux aventurier.

—De par la messe! répondit Crèvecœur, je n'ai que trop de raisons pour pouvoir assurer Votre Altesse qu'elle la trouvera, en cette occasion, beaucoup plus docile à votre autorité qu'elle ne l'a été jusqu'ici.—Mais pourquoi l'avancement de ce jeune homme me donnerait-il de l'humeur? J'aurais grand tort, puisque c'est à l'esprit, au courage et à la fermeté qu'il doit la BEAUTÉ, le RANG et la RICHESSE.

CONCLUSION.

J'avais déjà envoyé à l'imprimeur les feuilles qui précèdent, et dont le dénouement offre, à ce qu'il me semble, une excellente leçon morale, pouvant servir d'encouragement à tous émigrans aux yeux bleus, à cheveux blonds et à longues jambes, de mon pays natal, qui pourraient être tentés, dans quelques momens de troubles, d'embrasser l'honorable profession de cavalier de fortune. Mais un ami, un sage conseiller, un de ces gens qui aiment le morceau de sucre qui reste au fond d'une tasse de thé, autant que la saveur du meilleur souchong [1], m'a adressé, à ce sujet, une remontrance pleine d'amertume, et insiste pour que je donne une relation détaillée et circonstanciée des épousailles du jeune héritier de Glen-Houlakin et de l'aimable comtesse flamande; il veut que j'apprenne aux lecteurs curieux combien de tournois eurent lieu en cette occasion intéressante, et combien de lances y furent rompues; enfin, que je leur fasse savoir le nombre des vigoureux garçons qui héritèrent de la valeur de Quentin Durward, et celui des charmantes filles en qui Isabelle de Croye vit renaître ses charmes.

Je lui ai répondu par le même courrier que les temps étaient changés, et que la publicité des cérémonies du mariage était tout-à-fait passée de mode. Il fut un temps, et il n'est pas si éloigné que je ne puisse m'en rappeler les traces, où non-seulement les quinze amis de l'heureux couple étaient invités à être témoins de leur union, mais les musiciens, comme dans l'*Ancien Marinier* [2], continuaient à bran-

---

(1) Nom d'une des meilleures espèces de thé noir. — Ed.
(2) Poëme bizarre et fantastique de Coleridge, qui fait arrêter par le marinier un convive obligé d'écouter sa lamentable histoire au bruit des violons de la noce à laquelle il se rendait. — Ed.

ler la tête jusqu'à l'aube matinale. On buvait le sak-posset[1] dans la chambre nuptiale, on jetait en l'air le bas de la mariée[2], et l'on se disputait sa jarretière en présence de l'heureux couple que l'hymen venait de rendre une seule et même chair. Les écrivains de cette époque en suivaient la mode avec exactitude, et ils avaient raison : ils ne vous faisaient pas grace d'un des instans où la mariée rougissait, ni d'un de ceux où son mari jetait sur elle un regard d'amour. Ils comptaient les diamans qui ornaient les cheveux de la belle, et les boutons qui garnissaient la veste brodée de l'heureux époux, et ils ne finissaient qu'après avoir placé le héros et l'héroïne dans le lit nuptial : mais ces détails ne conviennent guère aux sentimens de modestie qui engagent nos mariées modernes, douces et timides créatures, à fuir l'éclat et la pompe, l'admiration et la flatterie, et à chercher, comme le bon Shenstone[3],

La liberté dans une auberge.

Sans contredit la relation fidèle des circonstances et de la publicité qui accompagnaient toujours la célébration d'un mariage au quinzième siècle ne pourrait qu'occasioner du dégoût à nos belles. Isabelle de Croye se trouverait placée dans leur estime bien au-dessous de la fille qui trait les vaches et de celle qui est chargée des plus vils emplois de la domesticité; car celle-ci, fût-elle sous la porte de l'église, refuserait la main du garçon cordonnier qu'elle va épouser, s'il lui proposait de *faire nopces et festins* (comme disent les enseignes des faubourgs de Paris), au lieu de monter sur l'impériale d'une diligence, pour aller passer incognito à

---

(1) Breuvage fortifiant, composé de vin, de crème, de muscade, de sucre et d'œufs bien battus. — Ed.

(2) Lorsque la mariée était couchée, on éteignait les lumières dans sa chambre où étaient réunies toutes les filles de la noce. Elle jetait son bas en l'air, et si quelqu'une était assez heureuse pour le recevoir, c'était un présage qu'elle serait mariée dans l'année. — Ed.

(3) Auteur du poëme de l'Auberge. — Ed.

CONCLUSION.

Deptford ou à Greenwich, villages aux environs de Londres, la *lune de miel*. Je n'en dirai donc pas davantage, et je me retirerai sans bruit des noces de la comtesse de Croye, comme le fit l'Arioste de celles d'Angélique, laissant à mes lecteurs le soin d'ajouter à mon histoire, si bon leur semble, tous les détails que pourra leur suggérer leur imagination.

> D'autres pourront chanter comment le vieux castel
> Ouvrit avec orgueil sa porte hospitalière,
> Quand un jeune Écossais eut au pied de l'autel
> Reçu la noble main de la riche héritière.

> *E come a ritornare in sua contrada*
> *Trovasse e buon naviglio e miglior tempo,*
> *E dell' India a Medor desse lo scettro*
> *Forse altri canterà con miglior plettro.*
> Orlando Furioso, c. XXX, st. 16 (1).

(1) Le roman de *Quentin Durward* étant une véritable excursion sur notre sol et dans notre histoire, l'éditeur s'est permis de relever par des notes plusieurs fautes, peut-être volontaires, du romancier. Il croit devoir rappeler ici que sir Walter Scott cherche plutôt à peindre en artiste le caractère moral et le costume général d'une époque, qu'à raconter en froid annaliste les événemens disposés selon la chronologie.—ED.

FIN DE QUENTIN DURWARD.

www.ingramcontent.com/pod-product-compliance
Lightning Source LLC
Chambersburg PA
CBHW060404230426
43663CB00008B/1389